《资本论》研究丛书

主编 陈 征 李建平

Das Kapital

《资本论》解说（第四版）

第一卷

陈 征 著

海峡出版发行集团 | 福建人民出版社
THE STRAITS PUBLISHING & DISTRIBUTING GROUP | FUJIAN PEOPLE'S PUBLISHING HOUSE

图书在版编目（CIP）数据

《资本论》解说：全三卷 / 陈征著．—4版．—福州：福建人民出版社，2017.9（2021.2重印）

（《资本论》研究丛书 / 陈征，李建平主编）

ISBN 978-7-211-07757-1

Ⅰ.①资…　Ⅱ.①陈…　Ⅲ.①《资本论》—马克思著作研究　Ⅳ.①A811.23

中国版本图书馆 CIP 数据核字（2017）第213934号

《资本论》解说（第四版）

ZIBENLUN JIESHUO

著　　者： 陈　征

责任编辑： 陈斯敏　林俊杰　韩腾飞

出版发行： 福建人民出版社　　**电　　话：** 0591-87533169(发行部)

网　　址： http://www.fjpph.com　　**电子邮箱：** fjpph7211@126.com

地　　址： 福州市东水路76号　　**邮政编码：** 350001

经　　销： 福建新华发行（集团）有限责任公司

印　　刷： 福州德安彩色印刷有限公司

开　　本： 720毫米×1000毫米　1/16

印　　张： 103.25

字　　数： 1652千字

版　　次： 2017年9月第4版　　2021年2月第2次印刷

书　　号： ISBN 978-7-211-07757-1

定　　价： 368.00元（全三卷）

本书如有印装质量问题，影响阅读，请直接向承印厂调换

总　　序

《资本论》是马克思倾其毕生心血写就的政治经济学鸿篇巨制。《资本论》第一卷德文版从 1867 年问世至今，已整整 150 周年，它的理论价值和实践意义，不仅没有随着时间的流逝而消退，而是愈发流光溢彩、历久弥新。

在人类历史上，还从来没有一本著作像《资本论》一样，从它诞生之日起就遭遇歌颂与攻击如此激烈的双重命运：工人阶级视之为“圣经”，资产阶级则把它看作洪水猛兽。究其原因，正在于它对资本主义经济运动规律和历史趋势的深刻揭示，从而对社会的发展和人类的命运产生了深刻而持久的影响。《资本论》运用唯物主义历史观和辩证方法，深入剖析“资本主义生产方式以及和它相适应的生产关系和交换关系”，深刻揭示资本主义产生、发展和灭亡的规律，科学阐明社会主义必然胜利的发展趋势和未来社会的基本特征。它是一把刺向资本主义制度的尖刀，是一支吹响社会主义胜利进军的号角。20 世纪苏联、中国等社会主义国家的相继建立，亚非拉民族解放运动的蓬勃发展，充分证明了《资本论》对认识世界和改造世界的强大力量。20 世纪 80 年代末 90 年代初苏联、东欧各个社会主义国家的政治经济体制发生根本性改变以后，世界社会主义发展遇到了空前挫折，所谓“历史终结于资本主义的自由民主制度”等西方资本主义思想甚嚣尘上，《资本论》也被认为是已经“过时”了。进入 21 世纪后，资本主义的内在矛盾和深刻弊端日趋严重，尤其是 2008 年的全球金融危机爆发，再次表明资本主义经济危机并非如西方主流经济学家所认为的那样，成为过去式，而是愈演愈烈。与之相反，中国特色社会主义建设则表现出强劲发展势头，风景这边独好，为世人所瞩目。以致提出“历史终结”论的弗朗西斯·福山在 10 年后也不得不发出这样的疑问：“我们是否已经仅在 10 年时间内就实现了从全球资本主义的胜利向危机的转变”？尤为具有讽刺意味的是，福山这篇文章的题目就叫《重回〈资本论〉》。今天，我们要深刻认识当代资本主义的本质，胜利推进中国特色社会主义现代化建设，就有必要认真学习和研究《资本论》，从中掌握马克思主义的立场、观点、方法。诚如西方一位知名学者所言，人类“不能没有马克思。没有马克思，没有对马克思的记忆，没有马克思的遗产，也就没有将来”。

针对有人鼓吹《资本论》过时的论调，习近平同志在哲学社会科学座谈会上的讲话中特别指出：“这个说法是武断的。远的不说，就从国际金融危机看，许多西方国家经济持续低迷、两极分化加剧、社会矛盾加深，说明资本主义固有的生产社会化和生产资料私人占有之间的矛盾依然存在，但表现形式、存在特点有所不同。国际金融危机发生后，不少西方学者也在重新研究马克思主义政治经济学，研究《资本论》，借以反思资本主义的弊端。”《资本论》不仅是一部伟大的政治经济学著作，而且是一座百科全书式的理论宝库，它蕴含着马克思在哲学、政治、法律、道德、宗教、美学、文学、历史、教育、科学技术等各个方面的宝贵思想。中国特色社会主义政治经济学的探索与构建离不开《资本论》这一经典著作，如同习近平同志所强调的，首先要解决真懂真信的问题，解决好为什么人的问题，并落实到怎么用上来。我们应该以《资本论》的基本原理和方法为指导，以正在做的事情为中心，从中国改革发展的实践中不断挖掘新材料，发现新问题，提出新观点，构建新理论，努力揭示中国社会发展、人类社会发展的大逻辑大趋势，把马克思所开创的伟大事业在21世纪不断推向前进。

为了纪念马克思《资本论》第一卷出版150周年，全面展现《资本论》的研究现状和成果，进一步推动《资本论》传播、研究、运用、创新和发展，为构建中国特色社会主义政治经济学大厦添砖加瓦，在福建人民出版社的积极倡议和大力支持下，福建师范大学全国中国特色社会主义政治经济学研究中心、经济学院组织出版《资本论》研究丛书。丛书由陈征、李建平担任总主编，共8种12册，包括：陈征著《〈资本论〉解说》（第四版）(全3册)，陈征著《论现代科学劳动：马克思劳动价值论的新发展》，陈征著《社会主义城市地租研究》（第二版），李建平著《〈资本论〉第一卷辩证法探索》（第三版），陈征、李建平、李建建、郭铁民主编《〈资本论〉与当代中国经济》(第三版)，李建平、黄茂兴、黄瑾主编《对〈资本论〉若干理论问题争论的看法》（上、下册），李建平、黄茂兴、黄瑾主编《〈资本论〉与中国特色社会主义政治经济学》，李建平、黄茂兴、黄瑾主编《〈资本论〉永放光芒——纪念〈资本论〉第一卷出版150周年》(上、下册)。丛书前四种属个人专著，后四种则是集体研究成果的结晶。对于参与集体成果研究的作者和论文被我们选用的作者，在这里谨表深深的谢意！

由于本套丛书篇幅较大，而时间又很仓促，所以疏漏和错误之处在所难免，诚挚欢迎大家提出批评意见。

陈 征 李建平

2017年5月于福州

我与《资本论》*

——《〈资本论〉解说》第四版代序言

陈 征

我今年已八十八岁了，虽然也做过一些行政工作，但一辈子主要是当教师。围绕着《资本论》，学习、研究、讲授、传播马克思主义经济学，直至运用、创新和发展。我的一系列的学术活动大都是围绕着《资本论》转，可算是同《资本论》结了一辈子不解之缘。回首往事，历历在目，择其要者，聊志鸿泥。

我祖籍江苏省泰县（今泰州市姜堰区），祖父是秀才，父亲是中医。四岁读书，白天上小学，晚上读古书，到十岁时就读完了“四书”、《诗经》《左传》《楚辞》《古文观止》等经典。进中学后不久，因日本入侵中国，学校停办，辍学在家。其间还做了一年小学教员。抗战胜利后，考入无锡国专（后改为中国文学院）学习文史。学习期间，与进步同学一起读了不少进步书籍，除了读《中国革命与中国共产党》《论持久战》外，还读了《联共（布）党史简明教程》《资本论》等。当时看不懂《资本论》，说不上有什么印象。有次正在偷偷地看《资本论》时，一位同学从身后拍我一掌说：“你想做资本家吗?!”我说：“这书是反对资本家的，我怎会当资本家呢?”当时，只知道有《资本论》这本书，但究竟何意，并不完全清楚。

1949 年 5 月，我参加革命，在苏南公学做教育干事、组织干事等行政工作。苏南公学是一所革命大学（学校的前身是设在苏北解放区的华中大学，无锡解放时迁锡，当时江苏省人民政府还未正式成立），该校主

---

* 本文原载《当代经济研究》2015 年第 1 期，并收入陈美华著《陈征经济思想研究》，经济科学出版社 2016 年版，略有补充。现略作改动，作为《〈资本论〉解说》第四版代序言。

要任务是，对输送到苏南解放区的干部进行培训。当时接管的大企业很多，需要一批经济管理干部，为此，苏南公学特设企业财务管理系培养经济管理人才，并规定该系不学资产阶级的经济学，要学马克思主义经济学。但由于师资缺乏，领导要我边学边教马克思主义政治经济学课程。我虽然没有学过，但领导决定，重任在肩，我就怀着满腔热情，十分大胆地承担了这个光荣任务，力争做好。当时没有统一规定的教材，只选了狄超白著的《政治经济学讲话》，该书包括从商品到资本主义经济危机部分；参考书只有薛暮桥的《大众经济学》，但这些都是从《资本论》中来的。因此，要备好课、讲好课，就要下决心读懂《资本论》。一遍，又一遍，反复阅读、钻研、思考、表述。这样，由于工作需要，从不懂到基本上懂，从摸不清楚头脑到能通俗地介绍其基本内容，并说明其来龙去脉，不知反复多少遍，才摸进了《资本论》的“大门”。由于我勤奋努力，加上学员认真学习，成绩显著。此班三个月一期，我先后讲授了三四期，得到了同学们和领导的广泛好评。1952 年有近两万人的苏南公学开展模范工作者运动，我被评为全校五个模范工作者之一，学生们还专门开了课代表会讨论我的教学特点，并写了《我们的陈征老师》一文，在苏南公学铅字版《学习周报》1952 年 12 月 27 日第 4 版刊载。这时，我一方面感到惭愧，一方面又感到这是极大的鞭策，这就为我终身从事学习和研究《资本论》打下了坚实的思想基础。

1953 年郭大力、王亚南译的《资本论》一、二、三卷由人民出版社出版发行，三卷定价不高。由于当时实行的是供给制，虽然我享受的标准已由每月一斤猪肉、四两黄烟增加到两倍以上，但也无钱购买此书。思考再三，我下决心开几个夜车，写一篇文章。文章写完寄出后，有幸很快发表。拿到的稿费除买了全套三本《资本论》外，还买了一件衬衫。这也是一个有趣而难忘的插曲。

1952 年底，领导把我调到华东党校理论研究班学习两年，这成为我继续深造的极好机会。有名师的讲授指点和同学们的相互切磋，还获得了广泛阅读有关书籍和资料、独立思考、认真钻研的机会。两年的学习，成效甚大，我对《资本论》有了更加深刻的体会，并逐步坚定了深入研究的决心和信心。学习结束后我留校工作。不久，中组部又于 1955 年调我到中共福建省委党校工作，主讲政治经济学等课程。省委党校理论班有培训地县理论宣传干部的任务，既包括学习当前政策，也包括学习基本理论。当时，《资本论》是该班重点课程之一，由我负责讲授。课后，我根据学员听课情况，讨论时提出的问题，反复研究，及时整理讲稿。既要通俗而准确地讲清楚有关原理，又要通过讨论帮助他们弄懂疑难问题，还要把这些资料不断充实到下一次的讲稿中去。这样多次反复，教学相长，经过七八稿修改，讲稿内容逐步充实、完善。这时，省委宣传部开办了一个《资本论》业余学习班，委派理论处一位处长负责，有省直机关的厅级、处级、科级领导参加，晚上授课，每周一次，要我主讲其中的三分之二课程。因学员经常公务外出，要求我发讲稿。我同意了，省委宣传部将讲稿铅字排印。讲稿除了发给学员，还发给各县的讲师团作参考。他们反映：不听讲课，看讲稿也基本上可以看懂《资本论》了。这些讲稿，就是后来我出版《〈资本论〉解说》一书的雏形。至此，我经历了对《资本论》的学习、研究、备课、讲授，写出讲稿、教材，到基本胜任作为一名教师的初期阶段。

1958 年前后，忽然来了一阵狂风，说什么我国当前是建设社会主义，应该学习毛泽东思想，不必要再读《资本论》。加上反“右派”后又接着“反右倾”运动，理论班暂停，《资本论》课程也停止了。之后，我被派往农村搞“四清”[①]，上午劳动，晚上开会，下午休息时间恰好用来学习。我把带下乡的《资本论》和有关资料，晚上当枕头，下午拿来读。同时也了解和研究我国当时的农村情况，较深入地研究农业和农民问题。

不久，“文化大革命”发生了，带给社会和人们的是一场灾难。我真是个幸运儿，初期因为生肝病住院，治疗数月，没有受到运动的迫害。但听说东街口有我的大字报，说王亚南是翻译《资本论》的“反动学术权威”，我是福建的“小王亚南”，是“修正主义的接班人”。我听后欣然一笑，想不到竟有如此“美誉”，反而更加坚定了我对王亚南的景仰和研究《资本论》的信心。

---

① 四清运动是指 1963 年至 1966 年，中共中央在全国城乡开展的社会主义教育运动。运动的内容，一开始在农村中是“清工分，清账目，清仓库和清财物”，后期在城乡中表现为“清思想，清政治，清组织和清经济”。

1978年党的十一届三中全会召开，确立了改革开放战略，有如草木复苏，大地回春。大学复课了，有不少人都开始读《资本论》了，一时间洛阳纸贵。为什么？据说，有人去请示邓小平同志：改革开放怎么搞？邓小平同志说，你不要问我，应该去问马克思，去读《资本论》。因此，人们就把视线转移到这本书上来了。这时候，解释《资本论》的书，已出版的有：王思华的《〈资本论〉解说》，解说了《资本论》第一卷相关内容；在《中国经济问题》月刊上，每期还刊有王亚南等对《资本论》第一卷相关内容的讲座。此外的辅导读物几乎没有。人们学习《资本论》已经形成热潮，但《资本论》比较难懂，是学习上的一大障碍，迫切需要通俗而具体解说《资本论》三卷的读本。有人曾看过我给福建省直机关讲课的讲稿，感到通俗易懂，对学习《资本论》很有帮助，建议修订出版。应客观实际的要求和出版社的热情约稿，我迅速将《资本论》讲稿进一步整理、修改，命名为《〈资本论〉解说》，起初分5册由福建人民出版社出版：1978年出版第一册，解说《资本论》第一卷的前半部；1979年出版第二册，解说《资本论》第一卷后半部；1980年出版第三册，解说《资本论》第二卷；1981年和1982年分别解说第三卷，于1982年对三卷《资本论》的解说全部出齐。后因与《资本论》全三卷对应，将《解说》5册合并为3册。在本书出版前后，上海复旦大学的张薰华、洪远朋教授也编写出版了《〈资本论〉提要》三册。

1984年8月17日，《光明日报》“优秀知识分子光荣榜”指出：“陈征教授的《〈资本论〉解说》是我国对《资本论》系统解说的第一部著作，特别是第四、五册（解说第三卷）起了填补空白的作用。”由于我自幼攻读文史，中文基础较好，写出的文字简明扼要，准确清晰，重点突出，通俗易懂；又由于反复多次讲授《资本论》，通过解答学生提问，把难点、难句等摸得深透，并用通俗易懂的文字插入有关讲稿之中，经过若干次的反复，虽不算是千锤百炼，但至少也是经过十余遍深入往返研究，整理补充，对初读者确实很有帮助。因此，《〈资本论〉解说》受到读者的普遍欢迎。记得当时有一天，我到火车站去接一位客人，在火车进站后出来的人群中首先看到时任福建省委宣传部部长黄明同志。他和我熟悉，见我后抢着说：“告诉你一个好消息，这次在北京开会，研究学习《资本论》，部长在大会上说，大家都说《资本论》看不懂，的确也是。但如果对照陈征写的《〈资本论〉解说》，一段一段地对着认真看，就完全可以弄懂了。”部长在全国会议上的讲话影响力很大。此后，《〈资本论〉解说》一印再印，由初版3000余册增印到14万余册。不少人通过《〈资本论〉解说》看《资本论》，收到很好效果。有的大学生通过《〈资本论〉解说》学习《资本论》考上硕士、博士研究生，后来发展成为著名学者。有人说，《〈资本论〉解说》培养了“一代经济学人”。有的人把学习《资本论》的收获运用到从政从商实际工作中，取得很大成就，成为创造财富的著名企业家或重要部门的领导干部，这就充分显示了《资本论》巨大学术威力和思想作用。《〈资本论〉解说》作为教材被全国各地学校广泛使用，先后被评为国家级全国高等院校优秀教材奖、福建省哲学社会科学“六五”规划重点项目优秀成果奖、“光明杯”全国哲学社会科学优秀学术著作奖等国家级、省部级大奖。

这一时期，我于1979年组建了全国高等师范院校《资本论》研究会，并被选为会长。1981年中国《资本论》研究会成立，我被选为副会长。1981年和1985年两次被评为福建省劳动模范，同时获全国“五一劳动奖章”和“全国优秀教育工作者”称号。1983年开始，我连续当选为全国政协第六、七、八届委员。1983年被教育部直接批准为教授，1990年被批准为博士生导师。1983年我由系主任被直接任命为福建师范大学校长。真是盛名之下，其实难副。重任在肩，很难担当，虽夙兴夜寐，也难补遗漏于万一。

为什么改革开放要读《资本论》？《资本论》与改革开放究竟是什么关系？这是人们一时弄不清楚的问题。资本与劳动的关系是《资本论》的中心问题，不能否定，但不能因此将它绝对政治化，视为“只是阶级斗争的教科书”。资本主义发展有两个阶段，即自由竞争资本主义阶段和垄断资本主义阶段（列宁称为帝国主义阶段）。马克思处于19世纪中期，从自由竞争资本主义阶段实际出发，分析研究当时以市场为主体的商品经济，研究其经济范畴、客观规律等运动和发展。现在看来，其中所研究的一些范畴和规律，除去其自由竞争市场经济时期的特征外，对垄断时期资本主义经济，对社会主义经济也是适用的。

君不见，《资本论》中研究的范畴，如商品、货币、价值、价格、工资、利润、资本的循环周转和再生产过程中各个环节的经济分析，以及有关经济规律，如价值规律、竞争规律、供求规律、货币流通规律、再生产规律等等，不仅还适用于当今垄断时期的资本主义，对社会主义市场经济也是适用的。当然，由于社会主义经济有许多新情况、新特点，还要对具体问题具体分析。因此，我大胆地提出了一个新的理论观点，这就是：《资本论》是马克思对自由竞争资本主义时期市场经济经验的总结，对我国社会主义市场经济仍有重要的指导意义。大家想想看，如果我国社会不按价值规律实行商品交换，直接进行产品调配，那将是怎样的结果！实践证明，不按照经济规律办事是行不通的。我想，邓小平同志是精通马克思主义、有高瞻远见的领导者，提出要读《资本论》，就是要从《资本论》的原理出发，研究社会主义市场经济，大量吸收其中有用的成分，作为我国改革开放、发展社会主义市场经济的理论基础。实践也越来越证明，《资本论》中的一些范畴、规律和基本原理，对建设有中国特色的社会主义经济，仍具有重要的指导意义。我国改革开放以来的经济工作实践，完全证明了邓小平同志的高瞻远瞩，英明的预见性和正确性，也证明了马克思主义至今对我国仍有重要的指导作用，同时也是对所谓“《资本论》过时论”的错误谬论一个很好的批驳。现在看来，马克思的理论由于邓小平的正确认识而得以贯彻于中国经济发展的实践中，邓小平的正确指导使当时中国经济在正确思想指引下得以迅速发展，二者相得益彰。也可以说，邓小平同志是当代善于将马克思主义理论和实际密切结合、正确运用的杰出的马克思主义者。

20 世纪 80 年代，我国实行的还是以计划经济为主的政策，商品经济还未得到充分发展。要真正搞好改革开放，充分发展商品经济还要做更大的努力。这时我写了大力发展商品经济等数篇文章陆续发表，强调发展商品经济的重要性。如《〈资本论〉与社会主义经济——兼驳〈资本论〉过时论》一文，提出了“社会主义商品是社会主义经济学研究的出发点和立足点”“要大力发展商品经济”等观点，文中未提计划经济，以突出发展商品经济的重要性。该文在《福建论坛》1987 年第 3 期发表后，引起了国内外学术界很大反响。《新华文摘》于同年第 4 期全文转载。美国《国际社会经济杂志》（IJSE）把该文译成英文，转载于1991年第9期、第10期合刊。

至此，对《资本论》只能算是“读懂”。要在读懂的基础上进一步达到“读通”的目的，还要做更大的努力。要“读通”《资本论》，就是要根据《资本论》中研究的若干理论，如商品理论、货币理论、工资理论、再生产理论等，弄清楚这些理论的来龙去脉。例如商品理论，马克思以前的经济学家如何提出和解决了哪些问题，哪些是正确的，哪些是错误的；马克思在《资本论》中怎样创造地解决这些问题，有哪些新创造、新发展；马克思以后百余年来我国学术界对上述问题有哪些研究争论和新贡献，当前还有哪些重要的、迫切需要研究的问题；等等。一个个专题分别进行，采用历史和实际相结合的方法分析研究。这就是从历史发展过程进行纵向研究，目的是了解过去并为了指导当前需要进一步研究和解决的问题。由于工作量大，我带领几位研究生共同编写了《〈资本论〉在社会主义市场经济中的运用与发展》（福建教育出版社1998年版）一书，冀图达到在弄懂的基础上进一步弄通的目的。这是我国理论界用历史发展过程的方法研究《资本论》有关理论专题的第一部著作，虽然还有不少缺点，确实具有创新意义。后来我看到辽宁刘朝等写的《〈资本论〉与当代若干经济理论热点问题研究》（中国社会科学出版社2009年版），也是采用这样的写法，该书比我编写的书迟几年出版，也很有特色，有的章节比我们写得好。我看了以后，十分高兴。

为了达到读懂读通的目的，我主编了两套丛书：一套是《资本论》研究丛书；另一套是《资本论》教学研究参考资料丛书。

在《资本论》研究丛书中，《〈资本论〉解说》和《〈资本论〉在社会主义市场经济中的运用与发展》，一横一纵，在掌握《资本论》基本原理的基础上弄清这些理论的来龙去脉，及时提出当前需要研究的新课题；出版的《对〈资本论〉若干理论问题争论的看法》（上、下册）福建人民出版社，1983年版、1990年版），针对当时存在的争论情况，编选了我们研究《资本论》有关专题论文，着重提出我们自己的观点；编写出版的《评介国外部分学者对〈资本论〉的研究》一书（陈征、严正、林述舜著，福建人民出版社1986年版），收集介绍国外如英、美、德、日等国学术界对《资本论》研究状况、人物、学派，主要著作和观点以及学术动态等，并提出我们的评价意见，作为了解国外对《资本论》研究的参考。此书当时在国内来说是第一部，在国内一时也很难找到此类材料。因此该书出版后，受到研究生教学人员的普遍欢迎。据北京师范大学原副校长杨国昌教授见告，他们的政治经济学博士点指定该书为博士生的必读参考书。这两部书，着重研究介绍了国内外对《资本论》当前研究的情况和争论问题。当时，我们还拟编写《〈资本论〉和社会主义经济》和《〈资本论〉和当代资本主义经济》两本书，着重用理论分析当前的现实经济问题，前者已出版（《〈资本论〉和中国特色社会主义经济研究》，陈征著，山西经济出版社 2005 年版），后者因特殊原因，虽已邀请了作者，但至今未能出书。此两书着重解决《资本论》在当前社会主义和资本主义社会中的应用问题。同时，还编写出版了《〈资本论〉辩证法探索》（上册，李建平著，福建人民出版社 1986 年版）。该书是将《资本论》提升到哲学方法论的高度来研究，当时在国内这类书只出三部，需要既懂《资本论》又有哲学专业背景的人担任。《资本论》研究丛书的出版，对《资本论》的来龙去脉、上下左右、国内国外，都提供了较为系统的最新观点和资料，十分有益于弄通《资本论》。

为了帮助研究者了解我国过去对《资本论》研究的情况，节约读者在查找参考资料时所花费的时间，我们在大量收集、研究取舍的基础上，将当时我国已发表的有关文章编选为《资本论》教学研究参考资料丛书（共 5 册，福建人民出版社出版），这就是另一套研究资料丛书。该丛书包括：《〈资本论〉研究的目的、对象与方法》《〈资本论〉创作史研究》《〈资本论〉第一卷研究》《〈资本论〉第二卷研究》《〈资本论〉第三卷研究》等 5 册，选录了我国学术界已发表的有关研究《资本论》的论文，其中有老一辈的名家如郭大力、王亚南，以及当代名家如苏星、卫兴华等写的有关《资本论》的研究文章，也有当代学坛新秀有见解、有价值的文章。一书在手即可通览过去和当代，为《资本论》研究者提供了方便。

上述两套丛书（均已由福建人民出版社出版），既为学习和研究的人弄通《资本论》提供了方便，又开阔了《资本论》研究者的视野，还能进一步推动他们对《资本论》作更深入的研究。这两套丛书的编写与编选，都是由我并带领我当时的研究生严正、郭铁民以及李建建、蔡秀玲等进行的，只是个别书请有关专业人员写作。

在全国学习《资本论》高潮的背景下，当时的国家教委为了加强《资本论》的教学，委托福建师范大学举办了两期《资本论》教师进修班，参加者共20余人。从1981年起每期用一年半左右的时间研读《资本论》并备课，培养了一批《资本论》教学骨干，他们在此后的实际工作中都取得了很好的成绩，有力地促进了《资本论》的普及和提高。为了教学工作方便起见，我还组织编写了《简明〈资本论〉辞典》，我任主编，并请顾士明、林健、杨国昌、袁博文、黄强华等任副主编，由河南人民出版社于1991年1月出版。此书简明扼要，通俗易懂，便于携带，方便教学，至今仍是国内唯一的一个简明本，颇受读者欢迎。为了使《资本论》广泛传播，深入人心，我们还通过全国高等师范院校《资本论》研究会组织编写出版了《政治经济学教材》，此书我任主编，高等教育出版社出版。教材中的资本主义经济部分的四章，浓缩了《资本论》全三卷的基本原理，由我和副会长顾士明分别编写。读完这四章，就可掌握《资本论》全三卷的主要内容。一般的书读一两遍，印象不深，且容易忘记。教材的好处是，每个学生都要认真读，有的部分还要背诵，进行考试。重点要点不知要读多少遍。“幼学如漆”，做学生时将原理读懂弄通记熟，以后工作时就便于运用和研究问题了。将《资本论》基本内容写入经济学教材，是学习、运用、继承、发展的最好办法。此教材已历五版问世近30年，目前仍在使用，受到教师和同学们的普遍欢迎，这对于读懂、读通、运用《资本论》起着极其重要的作用。

我认为，只是读懂、读通《资本论》是不够的。不能为读书而读书，还要学以致用。在读懂读通《资本论》后，就要运用，而且不能到此为止，还要进一步研究。在此基础上，怎样进一步研究呢？现在看来这种研究主要有三个方面。其一，对《资本论》的版本、译文的研究，要求能有正确的文本提供给人们学习。这是很重要的基础工作，但研究的人不需要太多，有适度的专业理论和高级外语人才工作就可以了。其二，对《资本论》原著内容不同理解的研究，如对书中的某些原理有不同看法，通过争论，要求达到统一认识，正确理解，这也是完全必要的。但到一定阶段，大家通过研究、讨论，基本上差不多一致了，也就不需要进行太多的这方面的工作了。特别要注意的是，对于那些别有用心的人有意曲解《资本论》原理，攻击马克思主义，我们对此必须引经据典，有理有力有节地进行批判，以维护《资本论》的真理性。例如，在20世纪中期，国外有一种思潮，说什么“马克思的绝对地租理论过时了”，理由是，马克思在《资本论》中说，由于农业有机构成低于工业有机构成，产生了绝对地租；现在，发达国家的农业发展很快，农业有机构成不比工业低，因此，“绝对地租理论过时了”。甚至有人因此说：“马克思主义过时了”。一时风云变幻，乌云漫天，有些人信以为真。对此，我及时撰文指出，马克思在《资本论》第三卷中曾说，如果农业经济发展了，农业中有机构成等于工业，上述绝对地租不再产生，但绝对地租还是存在的，来源于垄断价格。[①] 这就有力地捍卫了马克思地租理论。其三，由于社会经济和科学技术不断向前发展，出现了新情况、新问题，这就要在运用《资本论》有关原理的基础上，提出新的理论、观点，实现创新性的发展。即在坚持运用中发展，在运用发展中坚持。这方面的工作是十分重要的，也是学习和研究《资本论》的最终目的和最高要求。为此，我的后半生主要做了两件事：一是创建了社会主义城市地租理论；二是创建了现代科学劳动理论。

第一，创建社会主义城市地租理论。

地租理论是《资本论》中最难懂的理论之一，但对整个资本主义经济来说又是十分重要的问题。如果你只懂工业不懂农业，就不可能说是真正懂得资本主义经济。马克思在《资本论》第一卷出版后，还继续坚持对资本主义农业进行深入研究。为了了解当时俄国的农业，晚年他还学习俄文，以便作为研究问题的工具。马克思地租理论虽然比较难懂，但创新性很强，在《资本论》的理论中占有重要地位。在《资本论》第三卷中，他大量研究的是资本主义农业地租，对城市地租较少涉及。但

---

① 参阅陈征：《要区分两种不同意义上的绝对地租》，见《陈征选集》，山西经济出版社1996年版，第166—167页。该文原载于《学术月刊》1982年第6期。

工业和农业是两大经济部门，只研究农业地租不研究城市地租是远远不够的。随着中国革命的胜利和中华人民共和国的成立，社会主义城市工商业不断向前发展，必须建立城市土地市场，特别是改革开放的步伐加快，大力引进外资，不管是外资企业还是内资企业，是工业还是商业，都离不开土地这一生产要素，这就出现了城市土地市场、城市土地租赁和土地价格等经济现象。地租是土地所有权在经济上的实现，是确定土地价格的基本理论依据。在市场经济体系中，要有商品市场、货币市场、资本市场、劳动力市场等，当然也要有土地市场。土地市场上的土地价格其理论依据则来源于地租。为了发展城市土地市场，就要研究城市土地价格和城市地租。城市地租与农业地租有其共同点，也有其不同点。马克思研究的主要是资本主义的农业地租，但在我国改革开放中还需要研究既是社会主义的又是城市的地租。对这一重要问题我国当时经济学界很少有人涉及。因此，我知难而上，努力探索，试图在理论和实践上有所突破，实现理论创新。

研究的起点和出发点是要找出城市地租和农业地租的共同点和不同点。它们二者都是土地所有权在经济上的实现，都有一定的表现形式和运动规律以及具体特点，但是城市地租和农业地租相比较，也有重大的不同之处。例如，农业主要是生产谷物，而农业地租主要表现在农产品的价值之中。城市则不同，工厂厂房、商店营业大楼、机关办公场所、居民住宅，不同行业对土地的利用不同，不能简单地说城市地租是土地产品，也不能简单地说城市地租包含在这些土地上的建筑物之中。由于不同行业对土地的利用不同，经营的内容和范围不同，因而不同行业形成不同地租的来源渠道，这就成为城市地租的特殊性之一。又例如，农业地租主要依赖自然条件，土地自然肥力起着重要作用，有时甚至是决定性作用。但城市地租则主要依赖土地资本的投入，作为城市功能的土地而起作用，是由于人们对土地进行改造，是社会条件形成的结果，位置在这里具有决定性作用。在明确区分它们之间的不同点的基础上，进一步依据社会主义城市地租的特点，对城市绝对地租、级差地租、垄断地租进行具体分析。

首先看城市绝对地租。有人认为，城市只有级差地租没有绝对地租。

其实，地租是土地所有权在经济上的实现，地租以土地所有权存在为前提。马克思说，“土地所有权的恰当表现，是绝对地租”[①]。要使城市土地表现为绝对地租，还要使土地所有权与使用权相分离，土地租赁关系是产生地租的客观基础。随着我国改革开放的发展，城市土地市场不断发展和完善，客观上已存在城市绝对地租。

马克思认为，资本主义农业绝对地租是农产品价值超过生产价格的余额，是由农业有机构成低于工业平均有机构成产生的。马克思还指出，一旦农业有机构成与社会平均有机构成相等，上述意义上的绝对地租就会消失，但绝对地租依然存在，它来自农产品的“市场价格超过价值和生产价格的余额”[②]，即来自农产品的垄断价格。上述两种情况的农业绝对地租都不符合城市的实际情况。我认为，研究城市绝对地租的来源必须从城市地租特点的实际出发。由于城市用地存在多种形式，它们在使用中所起的作用不同，因而绝对地租的来源也不同。大体说来可分为四类：一是工业生产用地的绝对地租的来源，是由该工业工人所创造的剩余产品价值的一部分转化而来的；二是城市商业用地绝对地租的来源，必须从商业利润中扣除，仍然是剩余产品价值的一部分；三是城市服务业用地的绝对地租的来源，应视具体行业而定，属于物质生产部门的应采取先扣除、后平均的办法，从剩余产品价值中分割出一部分作为绝对地租，属于非物质生产部分的，也应从商业利润中扣除；四是居民住宅用地的绝对地租的来源，由消费者从个人收入中支付，是职工工资的扣除，属于必要劳动所创造的价值部分。根据以上分析，虽然城市绝对地租的来源各不相同，但从总的方面来说，大都是来源于社会总剩余产品价值的一部分。这是从质的方面来看的。从量的方面看，在农业中的绝对地租量，是由劣等地支付的绝对地租量来确定的。城市绝对地租量也要由城市劣等地确定。但农业劣等地主要指土地贫瘠且又交通不便的边远地区，因为它们所生产的农产品产量很低。城市劣等地则是指离城市中心较远、交通条件较差、处于城市边缘的城乡接壤地带。一般地说，

① 《马克思恩格斯全集》第34卷，人民出版社2008年版，第371页。

② 《资本论》第3卷，人民出版社2004年版，第865页。

城市可分为市中心区、次中心区、中间地区、边缘地区。城市绝对地租量是由边缘地区的地租量决定的，这是计算城市绝对地租的起点和基础。由于不同行业对所用土地的优劣有不同的评价标准，因而城市劣等地具有相对性。不能把农业绝对地租量的规律搬到城市中来。城市绝对地租量可以确定为郊区农村土地所支付的农业级差地租和绝对地租量的总和。其下限是：不能小于郊区同等面积土地上支付的农业地租量；其上限是：不能大于使用该企业的全部超额利润。在上限与下限之间，存在一定的弹性，由供求规律来决定，这就是城市绝对地租量的运动规律。随着城市经济迅速发展，对土地的需求日益增多，城市绝对地租量有逐步上升趋势。

在农业级差地租中，土地的自然肥力、地理位置和追加投资形成不同的生产率，是产生级差地租的物质条件。在城市，土地肥力无关紧要，位置在级差地租中具有决定性作用。在城市级差地租Ⅰ中，城市土地位置的相对差别，仍然是产生不同经济效益的自然基础。由土地位置引起运输费用和资金流动速度快慢等对城市级差地租Ⅰ有决定性影响。在城市级差地租Ⅱ中，在城市一定面积土地上追加投资，就可取得更多的超额利润，在一定条件下就转化为级差地租Ⅱ。这主要是通过高层建筑而体现的。追加投资在同一块土地上进行高层建筑的情况，以容积率衡量。在一定地块上追加投资建立高层建筑物除应取得平均利润外，还会取得超额利润，这是由容积率不同而产生的，它在租约期间为投资者直接占有，租约期满后转化为级差地租Ⅱ，归土地所有者所有，下一租期的地租就会因此增多。[①] 另外，从宏观上看，从面上考虑，土地资本的投入，如发展通信设施、增加交通运输能力、改善生活环境等，可改变原有土地等级产生新的级差，对城市级差地租Ⅱ的形成也起着决定性作用，它可以使城市土地产生各种不同的新用途。“一旦投入的资本分期偿还，这种可分解为利息的地租也就会变成纯粹的级差地租。”[②] 经过改造的城市土地必然也带有土地资本化的性质。城市土地级差主要表现在位置方面，

---

① 由容积率引起超额利润转化为级差地租Ⅱ的具体情况，请参阅陈征：《社会主义城市级差地租》，载《中国社会科学》1995年第1期。

② 《资本论》第3卷，人民出版社2004年版，第844页。

但位置级差又不是由土地自然肥力形成，而是由投入土地资本进行改造的结果。由此可见，土地资本化在城市级差地租的形成中起着十分重要的作用。

城市级差地租量的运动规律是研究城市级差地租的重要内容之一。城市级差地租量的最低限应高于城市绝对地租的量，其最高限应低于使用最优城市土地的最好企业实际所获得的表现为超额利润那一部分的级差收益量。这种上限和下限的级差地租量，在各个城市不完全一样。因为城市规模有大中小之分，每个城市的单位用地收益有高有低，大城市每平方米的土地收益比中等城市高，中等城市又比小城市高，相应地大城市的级差地租量的最高限和最低限都应高于中等城市，中等城市的也应高于小城市。在这种上限和下限之间，级差地租随供求状况的变化而变动。

有没有社会主义城市垄断地租，我国学术界有不同看法。我认为，必须根据马克思的地租理论，从我国城市的实际出发，创造性地回答这一问题。农业垄断地租是由在特殊自然条件下生产的稀有产品形成垄断价格所产生的超额利润转化而来的垄断地租。从城市的情况看，这种特殊形式的垄断地租也是存在的。在城市中同样存在产生农业垄断地租的经营条件，如在城市特别好的地段上经营商业，商品的销售额高，商品流转快，资本周转速度也很快，因而利润率高，可以取得特别高超额利润，形成垄断价格，就可转化为有城市特色的城市垄断地租。城市垄断地租的特点是：在城市某些土地上的建筑物可以垄断价格出售从而带来垄断地租；在城市某些土地建筑物上进行商品经营等活动可以取得特别高额利润从而产生高房租。因此，房租中的一部分实际转化为垄断地租。在城市特殊位置的土地建造房屋，房屋与土地密不可分，地价往往与房价结合在一起，地租又与房租结合在一起，垄断地租往往包含在高额房租中。由此可见，城市垄断地租，既可能因对房屋的垄断而产生，也可能因经营企业取得特高超额利润而产生。城市垄断地租的量，“应该等于在城市黄金地段上单位用地平均承担的商业利润与非黄金地段上单位用地平均承担的商业利润之间的差额”①。它虽不是一个固定的量，也是有一定限度的量。也就是说，城市垄断地租量，限制在因使用该地而取得特高超额利润的范围之内。超过这个一定量，使用者就不愿意支付了。

总之，不管是农业地租或城市地租，不管是绝对地租、级差地租或垄断地租，都是土地所有权在经济上的实现形式。由土地所有权的垄断产生绝对地租，由土地经营权的垄断带来级差地租，由对城市特殊位置的地段的垄断带来城市垄断地租，前二者是地租的正常形式，后者是地租的特殊形式。总之，地租来源于垄断，三种不同形式的垄断产生三种不同形式的地租。

房地产市场是社会主义市场体系的有机组成部分。它包括房产市场和地产市场。地产市场经营的商品主要是土地。在地产市场进行交换的土地必须具有价格，即土地价格，包括土地资源价格和土地资本价格。土地资源价格并不是购买土地的价格，而是对由土地所提供的地租的购买价格，它是由地租量的大小和利息率的水平决定的；对土地进行城市开发所投入的一定的资本，形成城市土地功能，凝结在土地中形成土地价值，当土地物质进行让渡时就形成土地资本价格。土地资源价格和土地资本价格之和形成城市地产市场上的土地价格。城市地产市场的现实土地价格包括土地资源价格和土地资本价格这两方面，是由地产作为土地物质和土地资本的综合体所决定的；地产的这两方面属性又源于土地作为自然物质与凝结了人类社会劳动这两方面属性。

我撰写的《论社会主义城市绝对地租》和《社会主义城市级差地租》两文，先后在《中国社会科学》1993 年第 1 期和 1995 年第 1 期发表，接着，《论社会主义城市垄断地租》(《经济学家》1995 年第 3 期）以及《论城市地租的特性》(《当代经济研究》1995 年第 1 期）等文发表后，引起学术界的重视。《中国社会科学》于 1995 年第 5 期发表了郭铁民、刘春雷、赵振华撰写的专文《陈征经济学思想述评》，指出有关城市地租理论的系列文章，在运用《资本论》地租原理研究我国社会主义城市地租方面，填补了学术空白，是对《资本论》地租理论创造性的新发展。之后，

① 郝寿义：《试论社会主义城市土地有偿使用费的理论构成》，《天津社会科学》1986 年第 6 期。

《社会主义城市地租研究》一书，由山东人民出版社于 1996 年出版，这是我国研究社会主义城市地租的第一部著作，也是当时该专题唯一的一部著作。该书创造性地建立了社会主义城市地租的理论体系，提出了一系列新观点、新理论，为城市土地市场的建立和完善提供了理论基础，对完善市场体系，发展社会主义市场经济有重要的理论意义和实践意义。这就更加引起学术界的重视。《中国社会科学》1997 年第 6 期为此专门发表了郭铁民对《社会主义城市地租研究》的书评。该书于 1998 年先后获福建省第三届社会科学优秀成果一等奖，全国普通高校第二届人文社会科学研究成果二等奖。

这一时期，我于 1991 年被评为我国首批享受国务院政府特殊津贴专家，两次被评为福建省有突出贡献专家和首批优秀专家（1987 年、1992 年），1995 年我又被评为全国劳动模范（全国先进工作者），1997 年获“培养德才兼备高质量的研究生”国家级优秀教学成果二等奖和福建省优秀教学成果一等奖。在研究生教学中坚持并认真学习马克思主义理论的基础上，联系实际进行创新性的运用和研究，成为我们培养博士生、硕士生的重要特色之一。1999 年 10 月，我与李建平、郭铁民合写的《党的十五大报告对邓小平经济理论的运用和发展》一文，获中宣部“五个一工程”优秀论文奖。

第二，创建现代科学劳动理论。

剩余价值论是马克思经济理论的核心。劳动价值论是剩余价值论的理论基础，也是市场经济的理论基础。19 世纪中期，马克思批判地继承古典学派的劳动价值论创建了科学的劳动价值论。当时科学技术已有一定程度的发展，所以马克思提出了“科学技术是生产力”、“一般科学劳动”对生产有重要作用的著名论断。但由于当时还处于以蒸汽机为标志的资本主义工业化的初期阶段，科学技术在生产中的应用也处于早期阶段。20 世纪中期兴起现代科技革命，量子论、相对论以及系统的分子结构理论相继问世，原子能、航天科技、电子计算机等相继诞生。特别是 20 世纪 70 年代兴起至今仍方兴未艾的新科技革命，是以信息为先导、以新材料为基础、以新能源为动力、以生命科技为重点，包括海洋和空间科技等全方位多层次的伟大革命；更由于互联网和个人计算机的应用，信息技术出现了重大突破，一些新的尖端科技，如3D、4D打印技术的面世，将大大改变人们的工作和生活方式、走向一个崭新的科技时代，与19世纪中期马克思创建科学劳动价值论的情况有很大不同，劳动价值论必须随科学技术的发展而向前发展。

劳动价值论着重说明商品价值是由劳动创造的。随着科学技术的发展，当代劳动出现了新的特点，这就是：商品价值创造以体力劳动为主逐步转变为以脑力劳动为主；科学劳动对生产和经济生活起着越来越重要的作用；由精神劳动生产的产品得到广泛的发展和使用；管理劳动和服务劳动在社会经济生活中已居于十分重要的地位；等等。因此，创造商品价值的生产劳动的范围必须进一步扩大，科学劳动或一般科学劳动必然进一步发展为现代科学劳动。

"科学劳动"一词马克思早就提出了。他说："随着大工业的发展，现实财富的创造较少地取决于劳动时间和已耗费的劳动量，较多地取决于在劳动时间内所运用的作用物的力量，而这种作用物自身——它们的巨大效率——又和生产它们所花费的直接劳动时间不成比例，而是取决于一般的科学水平和技术进步，或者说取决于这种科学在生产上的应用"[①]。他又说："直接劳动在量的方面降到微不足道的比例……同一般科学劳动相比，同自然科学在工艺上的应用相比……却变成一种从属的要素"[②]。这就是说，随着大工业的发展，商品价值的创造主要取决于科学技术的进步及其在生产中的应用，即来自于"一般科学劳动"，而来自于直接劳动的部分降低到微不足道的比例。在一般科学技术尚处于早期发展阶段，马克思就预见到一般科学劳动在生产中大大超过一般劳动所产生的巨大威力，比一般劳动不知高多少倍，这已十分难得。当然，绝不可能要求他预见到现代科学技术发展条件下的现代科学劳动的具体形式和特点。

什么是一般科学劳动，马克思没有做过简明的概念表述。我认为，一般科学劳动是掌握了科学技术知识的劳动者所进行的高级脑力劳动，

---

① 《马克思恩格斯全集》第31卷，人民出版社1998年版，第100页。

② 《马克思恩格斯全集》第31卷，人民出版社1998年版，第94—95页。

反映着他们所掌握的科学技术虽已有一定程度的发展但尚未充分达到相当高级阶段的情况。现代科学劳动则是掌握了现代有关最新科学、多学科的前沿理论和最先进技术的科学劳动者所进行的科学劳动，是高级或超高级的脑力劳动、是高级或超高级的复杂劳动。现代各国生产力水平都直接取决于科学技术水平的高低和创新能力的大小，而科技能力和创新水平又直接取决于科学劳动者的现代科学劳动的劳动质量和水平。邓小平同志提出"科学技术是第一生产力"，要使第一生产力由潜在的生产力转化为现实的生产力，当前必须依赖现代科学劳动。当今世界的综合国力竞争，归根到底，是科技实力的竞争，是高素质人才的竞争，主要是科学劳动者所进行的现代科学劳动之间的竞争。因此，在一般科学劳动的基础上我进一步提出现代科学劳动这一新范畴，说明它是对一般科学劳动的最新发展。

现代科学劳动是通过人表现出来的，进行现代科学劳动的人可称为现代科学劳动者，是掌握现代科学技术的劳动力。现代科学劳动力有价值和使用价值。一般劳动力的价值包含三个因素，即维持劳动者自身生存所必需的生活资料的价值，养活劳动者家属所必需的生活资料的价值，劳动者接受教育和训练的费用。现代科学劳动力的价值也必须具备上述三个要素。但为了掌握现代科技知识，进行高精尖科技实践，必须接受更高层次科技教育和培训，特别是在前人研究的基础上开创更新、更精深的工作，批判、继承、创新，反复试验不断积累和修改、整理、鉴别等，要支出更大量的科研经费、实验经费等费用。这些都是知识的价值凝结，构成现代科学劳动力价值的重要组成部分。因此，现代科学劳动力的价值应大大高于一般劳动力的价值。这是从一个人来说的。但科学技术的发现与创造往往不是一个人所达到的结果，需要一个群体共同研究，经过长期共同劳动、反复探索、在继承的基础上创新，这种长期的共同探索的集体劳动的结晶所形成的价值量是相当多的，因而现代科学劳动力的价值不知要比一般劳动力价值要高多少倍，付与现代科技劳动者较高报酬是完全应该的、合理的。现代科学劳动力的使用价值是现代科学劳动，现代科学劳动则是人们借助科技驾驭、改造和利用自然力，将自然物质改变为人类有用物，由潜在生产力转化为现实生产力的过程。

在这里，虽然有体力劳动的支出，但随着新技术革命和科技的发展，脑力劳动在价值形成过程中逐渐起着重要的、决定性作用。现代科学劳动，既可转移大量的旧价值，还可创造大量的新价值。在新价值创造过程中，可以无偿地利用自然力。马克思说："用于生产过程的自然力，如蒸汽、水等，也不费分文。"[①]正由于现代科学劳动在生产过程中可以无偿地利用巨大的自然力等一切自然资源，大大提高了劳动生产率，不仅生产出大量的使用价值，而且使单位商品的价值量大大降低，促进了生产力的迅速发展。

现代科学劳动所反映的是劳动领域里的实质性内容，只要是掌握了现代最新科学技术的劳动都可称为现代科学劳动，它是一个本质范畴，可以存在于不同的劳动形式之中。例如，掌握了现代科技的经营管理工作者的劳动是现代管理劳动；掌握了现代科技的科技工作者的劳动是现代科技劳动；等等。总之，现代科学劳动反映着当代劳动的实质，而各种具体部门的劳动则是现代科学劳动这一实质性内容所表现的具体形式。当今世界的综合国力的竞争，主要是经济竞争和科技实力的竞争，归根到底，是现代科技素质的人才的竞争，这已成为决定经济社会发展和国家民族兴衰成败的关键。掌握着现代科学技术的现代科学劳动者，是先进生产力的代表，其现代科学劳动反映着生产最新发展趋势，体现着新的时代精神。总之，大至于国家民族，小至于一个企业生产单位，兴衰成败的关键，都与现代科学劳动者的劳动密切相关。党的十六大报告中指出："必须尊重劳动、尊重知识、尊重人才、尊重创造，这要作为党和国家的一项重大方针在全社会认真贯彻。"用经济学的语言说，就是要重视掌握现代科技人才所进行的现代科学劳动。

我写的《现代科学劳动探索》一文在《经济学家》2004 年第 2 期发表后，又被译成英文，刊载于《经济学家》2005 年第 1 期。《重视现代科学劳动的作用》一文在《人民日报》2001 年 11 月 27 日发表后，又被收入中宣部编的《在解放思想中统一思想》一书中（学习出版社 2001 年版），受到国内外的重视。后来，我从有关这方面前后发表的 40 余篇文

① 《资本论》第 1 卷，人民出版社 2004 年版，第 443—444 页。

章中，选了26篇编为《劳动和劳动价值论的运用与发展》一书，由高等教育出版社于2005年2月出版。当我写的《论现代科学劳动》一文提交中国《资本论》研究会讨论时，时任教育部社科中心主任田心铭认为这一观点和理论很有价值，他主张用“教育部邓小平理论研究中心”的组织名义发表，我作为执笔人，借以引起社会的重视。此文按上述意见刊登于《高校理论战线》2002年第11期，并已收入《劳动和劳动价值论的运用与发展》一书中。在该书所收的26篇文章中，《当代劳动新特点》等五篇系列论文与《现代科学劳动探索》等五篇系列论文，在2003年11月和2005年11月分别获福建省第五届、第六届社科优秀论文一等奖。2004年12月福建省又评我为“杰出人民教师”，福建省委、省政府奖励小轿车一辆。1999年合作撰写的《党的十五大报告对邓小平经济理论的运用与发展》一文获中宣部“五个一工程”优秀论文奖，名列榜首。2000年3月又获得“五个一工程先进工作者”称号。另外，我在数十年的教学工作中，以《资本论》和社会主义经济为研究方向共指导培养博士生50余人、硕士生70余人，其中，现有8人担任省部级领导，20余人担任厅局级领导，近30人评为教授，近20人兼任博导，他们在从政、治学、经商等实际工作中都取得一定的成绩，这些也都是在《资本论》引领下所产生出的成效。以上一切不仅表明，在新时期对《资本论》进行理论联系实际的研究所取得的新成果，受到了当代社会重视，还充分说明，《资本论》不会过时，它的巨大光芒将永远照耀着我们胜利前进。

1983年《〈资本论〉解说》再版时我曾作《感怀》一首，现改动三字，作为本文的结语。诗曰：

笔走龙蛇画彩笺，分明非梦亦非烟。
翻云覆雨难为手，学海书山苦着鞭。
白水早曾盟素志，黄金何处买芳年。
老来犹作鸡鸣舞，小石虽顽可补天。

2017年5月于资红书屋

第一版前记

在《资本论》第一卷出版110周年的时候，能出版这个帮助读者学习《资本论》的辅导材料——《〈资本论〉解说》，作为对马克思的最崇高的纪念，我的心情十分激动。

我国新民主主义革命的彻底胜利和社会主义革命、社会主义建设的伟大胜利，都是在马克思主义、列宁主义、毛泽东思想的指导下取得的。毛泽东教导我们："指导我们思想的理论基础是马克思列宁主义。""认真看书学习，弄通马克思主义。"一切反对马克思主义的阶级敌人，都千方百计地反对和破坏马克思主义的学习和研究，鼓吹什么"《资本论》过时论"。当前，我国进入了新的历史发展时期，认真学习马克思主义的重要经典、"工人阶级的圣经"《资本论》，对于加强理论建设，提高马克思主义理论水平，掌握马克思主义的基本理论，增强识别真假马克思主义的能力，正确理解和贯彻执行党的路线、方针、政策，搞好社会主义经济建设的各项工作，具有极其重要的意义。

《资本论》是马克思用毕生精力完成的伟大巨著，其中也包括恩格斯的大量劳动。但由于《资本论》的篇幅大、道理深，初学者会遇到不少困难。因此，恩格斯在写给凯利-威士涅威茨基夫人的信中说："如果出一套用通俗的语言解说《资本论》内容的小册子，那倒是件很好的事情"①。他还具体设想了怎样对《资本论》第一卷进行解说。② 恩格斯的这一重要指示，给理论工作者提出了一项应当努力去完成的任务。编写《〈资本

---

① 《马克思恩格斯〈资本论〉书信集》，人民出版社1976年版，第474页。

② 《马克思恩格斯〈资本论〉书信集》，人民出版社1976年版，第474—475页。

论〉解说》的目的，就是想实践恩格斯的上述指示，用通俗的语言解说《资本论》的内容，帮助读者克服阅读中可能遇到的困难，领会《资本论》的基本原理和基本思想，掌握马克思主义的立场、观点和方法。但这本书只是《资本论》的学习辅导材料，读者还是要下苦功去认真阅读《资本论》原书。

本书编写时，对于学术界争论的问题和教学中接触到的一些问题，根据个人的学习心得和体会，并参考了国内外有关学术研究成果，加以阐述。有些地方则直接采用有关著作或文章的原意原句，但为节省篇幅起见，没有注明出处。全书计划分 5 个分册，第一、二册是对《资本论》第一卷的解说，第三册是对《资本论》第二卷的解说，第四、五册是对《资本论》第三卷的解说。本书第一卷的一部分初稿 1962 年曾在《资本论》研究班印发一次，并征求了一些实际工作者和理论工作者的意见。经过“文化大革命”这场浩劫后，进一步提高了我对学习和宣传马克思主义重大意义的认识，增强了为无产阶级革命事业而坚持理论斗争的信心与决心，因而在原稿的基础上，又征求了一些同志的意见，进行改写或修改，作为纪念《资本论》第一卷出版 110 周年的献礼。

在编写过程中，得到有关领导和同志的鼓励和支持，福建人民出版社的同志也为本书的出版给予很大帮助，在此一并表示感谢。由于个人学习不够，水平有限，有些章节又是在病中改写或修改的，因而书中的缺点和错误必然很多，敬请读者批评指正。

陈　征

1977 年 6 月 15 日于福建师范大学

第三版前言

《〈资本论〉解说》问世后，得到学术界的普遍好评，不少高校、党校、军事院校采用为教材，一印再印，供不应求。1985 年出版修订版(即第二版)，累计印数超过 14 万册。此书获福建省哲学社会科学“六五”规划重点项目优秀成果奖（1987 年）、全国高等院校优秀教材奖(1988 年)、光明杯全国哲学社会科学优秀专著奖（1991 年）；就连附在书末后记中的一阕小词——《金缕曲》，也于 1992 年获首届中华诗词大赛佳作奖。面对社会的赞许，抚心甚愧。虽然我经过 20 年的努力，完成了《〈资本论〉解说》的写作，但其中还有许多缺点和错误的地方。原拟从纵的方面对《资本论》进行研究，但由于当了几年校长，忙于事务，至今未能完成，无法向马克思交账。自揣年近古稀，两鬓皆霜，精力渐衰，甚感心有余而力不足。但因教学需要，《〈资本论〉解说》又必须再印。鉴于党的十四大确立了社会主义市场经济新体制，而《资本论》是马克思在 19 世纪对自由市场经济的经验总结，其基本原理对建立社会主义市场经济有重大的现实指导意义。为了学习和研究《资本论》的需要，也必须对《〈资本论〉解说》作进一步修订，出版第三版。在第三版中，除结合国内外 10 多年来学术界的争论情况，增删了有关部分外，主要联系我国市场经济的实际，帮助读者在学习的基础上，运用其原理于社会主义市场经济的实际工作中。由于篇幅限制，只能极简单地进行提示，不可能深入分析论证。我主编的另一部书——《〈资本论〉在社会主义市场经济中的运用和发展》，将弥补这一缺陷。本书第三版能够顺利问世，首先要感谢福建人民出版社的大力支持，同时还要感谢李建平教授、郭铁民教授的大力帮助。岁月如流，春秋更迭，人寿几何，但愿有生之年，不断为学习、宣传和研究马克思主义力尽绵薄，则幸甚焉。

陈 征

1996年12月于资红书屋

目　　录

第 二 篇
货币转化为资本

第 三 篇
绝对剩余价值的生产

第四篇
相对剩余价值的生产

第 五 篇
绝对剩余价值和相对剩余价值的生产

第 六 篇
工 资

第七篇
资本的积累过程

有关《资本论》的几个问题

——介绍《资本论》第一卷的6篇序言和跋

马克思主义是无产阶级革命的科学，是无产阶级为争取解放而斗争的强大的思想武器。它包括三个重要组成部分：辩证唯物主义和历史唯物主义，政治经济学，科学社会主义。马克思主义的创始人马克思的学说，最集中地表现在他的伟大著作《资本论》一书中。

马克思在《资本论》中，从无产阶级的立场出发，运用辩证唯物主义和历史唯物主义，研究了资本主义社会的经济形态和阶级关系，揭示了资本主义产生、发展和灭亡的客观规律，指出了无产阶级的伟大历史使命，作出了无产阶级专政必然代替资产阶级专政、共产主义必然代替资本主义的结论，创建了无产阶级的政治经济学，为科学社会主义奠定了巩固的理论基础。《资本论》是一部划时代的马克思主义政治经济学经典，是一部关系人类历史命运的伟大科学巨著，100多年来，一直放射出革命的光芒。

《资本论》第一卷的6篇序言和跋，讲到有关《资本论》的一些重要问题，对于指导我们学习，关系极大。现就下列几点，略加介绍。

一、《资本论》产生的历史背景和写作情况

毛泽东指出："人们能够对于社会历史的发展作全面的历史的了解，把对于社会的认识变成了科学，这只是到了伴随巨大生产力——大工业

而出现近代无产阶级的时候，这就是马克思主义的科学。”① 《资本论》是资本主义生产方式在西欧许多国家中占统治地位、无产阶级革命运动有了一定程度的发展的历史条件下，为了适应无产阶级革命斗争的需要而产生的。

从 16 世纪起，资本主义生产方式最先在西欧的英、法等国逐步发展起来。17 世纪 40 年代，英国发生了资产阶级革命，资产阶级取得政权后，加速了资本主义的发展。到了 19 世纪 40 年代，工场手工业逐渐为机器大工业所代替，工业革命达到完成阶段。18 世纪 90 年代，法国完成了资产阶级革命，资本主义得到迅速的发展。从当时的情况看，虽然欧洲的主要资本主义国家还处在向上发展阶段，但资本主义经济的发展已经成熟，资本主义的内部矛盾已经充分暴露出来，1825 年出现了资本主义生产过剩的经济危机，并周期性地重演，这说明资本主义生产关系已在阻碍生产力的发展，资本主义的矛盾日益尖锐化。

资本主义是建立在剥削雇佣劳动的基础上的。随着资本主义的发展，资本对劳动的剥削越来越重，社会财富日益集中在少数资本家手中，而无产阶级却日益贫困化。无产阶级反对资产阶级的斗争随着资本主义的发展而发展。到了 19 世纪 40 年代，已由单纯的经济斗争发展到政治斗争，有些地方甚至出现武装起义。在一系列斗争中，无产阶级不仅建立了自己的组织，还提出了明确的政治口号，作为独立的政治力量登上历史舞台。工人运动的发展迫切需要用科学的革命理论来武装无产阶级，使他们明确认识自己阶级的利益、力量和前途，更好地指导他们去进行革命斗争。而当时流行的形形色色的“社会主义”学说，却只能把工人运动引向错误的道路。创立科学的共产主义理论这一伟大的历史任务，是由无产阶级的伟大导师马克思和恩格斯完成的。他们亲自参加了无产阶级的阶级斗争和科学实验的实践，总结了工人运动的经验教训，批判地继承了人类先进思想的优秀成果，创立了马克思主义理论。

推动马克思研究政治经济学的原因是革命斗争的需要。他在柏林大学读书时，学的专业是法律，但研究得最多的是历史和哲学。毕业后，

① 《毛泽东选集》第 1 卷，人民出版社 1991 年版，第 283—284 页。

他和左派分子创办了一种反对派的报纸——《莱茵报》。他根据自己办报工作的经验，迫切地感到政治经济学的知识不足，研究和认识当时社会有困难，1842 年，就开始从事政治经济学的研究。

马克思在研究政治经济学的过程中，几乎阅读了以往所有的政治经济学著作，以及有关的经济史料和重要文献、调查报告、蓝皮书①等等。恩格斯指出，马克思的“全部理论是他毕生研究英国的经济史和经济状况的结果”②。在研究过程中，马克思写了一系列重要著作，创立了马克思主义政治经济学。

1843 年夏，马克思写了《黑格尔法哲学批判》，同年年底，又写了《〈黑格尔法哲学批判〉导言》，第一次论证了上层建筑和经济基础的辩证关系，第一次提出了无产阶级是社会主义革命的物质力量。

与此同时，恩格斯通过对政治经济问题的研究得出了同马克思一样的结论。1844 年 2 月，恩格斯发表了《政治经济学批判大纲》，1845 年，出版了《英国工人阶级状况》，在书中，“恩格斯**第一个**指出，无产阶级**不只**是一个受苦的阶级”，指出“社会主义只有成为工人**阶级**的**政治**斗争的目标时，才会成为一种力量”。③

1847 年 8 月，马克思出版了《哲学的贫困》。这是马克思公开发表的第一部经济学著作，它对政治经济学的对象、方法、范畴，都作了新的说明。

1847 年秋冬，马克思在积极参加“共产主义者同盟”活动的同时，给布鲁塞尔的德国工人做了几次讲演，后来以讲稿为基础写了《雇佣劳动与资本》，通俗而生动地阐述了资本家剥削工人的实质。

1847 年底，马克思与恩格斯合写了《共产党宣言》。这是共产主义运动的伟大的纲领性的文件。在宣言中，提出了消灭私有制、剥夺剥夺者的任务。

1848—1849 年欧洲革命期间，马克思、恩格斯亲自参加并领导了工人运动，中断了经济研究工作。革命失败后，形势转入低潮。为了总结

---

① 蓝皮书：英国议会和政府所发表的文件的总称。封面是蓝色。

② 《资本论》第 1 卷，人民出版社 2004 年版，第 35 页。

③ 《列宁选集》第 1 卷，人民出版社 1995 年版，第 91—92 页。

这次革命失败的原因，解决革命实践面临的问题，马克思进一步研究政治经济学。伦敦是当时公认的资本主义世界的中心，“对于考察资产阶级社会是一个方便的地点”，从1850年起，马克思在伦敦又“再从头开始，批判地仔细钻研新的材料”[①]，继续从事政治经济学的研究。

1857—1858年，马克思写了《经济学手稿（1857—1858年）》[②]，这是《资本论》的最初草稿，在批判地继承古典学派的基础上，初步创立了科学的劳动价值论、剩余价值论和资本主义经济危机理论，为创造性地建立马克思主义政治经济学奠定了基础。

1859年6月，马克思的《政治经济学批判》出版了。在书中，马克思对商品、价值、货币理论，第一次作了系统而深刻的说明。特别是在该书的序言中，第一次提出了唯物史观的著名论点，作为他研究工作的“导线”。

在研究过程中，马克思确定了写三卷政治经济学著作的计划，它的内容是：一、政治经济学批判；二、社会主义者批判；三、政治经济学史。后来他又改变了计划，打算把全部著作以《政治经济学批判》作为总题目出版。他在《政治经济学批判》的序言中说：“我考察资产阶级经济制度是按照以下的顺序：**资本、土地所有制、雇佣劳动；国家、对外贸易、世界市场。**”[③] 在《政治经济学批判》出版以后，经过进一步的深入研究，马克思又改变了计划，准备写作《资本论》三卷，而以“政治经济学批判”作为副标题。1861—1863年，马克思又写了《经济学手稿（1861—1863年）》，这是《资本论》的第二稿。[④] 在第二稿中，进一步发展了剩余价值理论，对社会资本再生产过程第一次作了全面的考察，系统地阐明了价值转化为生产价格的一系列中间环节，弄清了绝对地租和

① 《马克思恩格斯全集》第31卷，人民出版社1998年版，第414页。

② 手稿收入《马克思恩格斯全集》第46卷（上、下册），人民出版社1979年第1版。第2版为第30、31卷，人民出版社1995、1998年版。

③ 《马克思恩格斯全集》第31卷，人民出版社1998年版，第411页。

④ 这个时期手稿的一部分，收入《马克思恩格斯全集》第47、48卷，人民出版社1979、1985年版；另一部分，以《剩余价值理论》为题，收入《马克思恩格斯全集》第26卷第1、2、3册，人民出版社1972、1973、1974年第1版。第2版为第32、33、34卷，人民出版社1998、2004、2008年版。

价值规律的关系。1864—1867 年，马克思又重新写了《资本论》第三稿。1866 年开始誊清和校正第一卷草稿。1867 年 9 月 14 日出版了《资本论》第一卷。马克思在该书第一版序言中说："这部著作是我 1859 年发表的《政治经济学批判》的续篇。"① 马克思还把"政治经济学批判"作为《资本论》的副标题，这是因为在揭示资本主义经济发展规律的同时，必须对维护资本主义制度的理论体系进行批判，这是对政治经济学的根本变革。②

《资本论》第一卷出版后，1873 年出版了第二版，1872 年出版了俄文版和法文版，1886 年出版了英文版。1883 年马克思逝世后，恩格斯整理马克思的遗稿，于 1885 年出版了《资本论》第二卷，1894 年出版了第三卷。但是恩格斯没有来得及整理《资本论》第四卷就逝世了。③ 从《资本论》的写作和出版过程来看，恩格斯积极参与研究和编辑整理工作，付出了大量劳动，所以恩格斯的名字和马克思的名字紧密联系在一起，成为马克思主义的创始人。列宁在《弗里德里希·恩格斯》一文中说，《资本论》第二卷和第三卷"是马克思和恩格斯两人的著作。古老的传说中有各种非常动人的友谊的故事。欧洲无产阶级可以说，它的科学是由两位学者和战士创造的，他们的关系超过了古人关于人类友谊的一切最动人的传说"④。

---

① 《资本论》第 1 卷，人民出版社 2004 年版，第 7 页。

② 关于《资本论》创作的历史过程，是需要研究的重大课题。近年来，我国学者对此已有一定的研究。马健行、郭继严合著的《〈资本论〉创作史》（山东人民出版社 1983 年版），是我国研究该课题的第一部专著，也是一部很好的著作。此外还可参阅国内近年来翻译和出版的有关书籍，如：1.《马克思政治经济学的创立》，李善明、周成启著，上海人民出版社 1979 年版。2.《资本论创作史研究》，陈征、严正编，福建人民出版社 1983 年版。3.《马克思经济理论的形成和发展》，［德］瓦·图赫舍雷尔著，人民出版社 1981 年版。4.《马克思的经济学遗产》，［苏］格·阿·巴加图利亚、维·索·维戈茨基著，贵州人民出版社 1981 年版。5.《马克思主义政治经济学的形成》，［苏］阿·伊·马雷什著，四川人民出版社 1983 年版。6.《卡尔·马克思一个伟大发现的历史》，［苏］维·索·维戈茨基著，中国人民大学出版社 1979 年版。7.《〈资本论〉创作史》，［苏］维·索·维戈茨基著，福建人民出版社 1983 年版；以及本书附录：《资本论》年表。

③ 至于题名为《剩余价值理论》的《资本论》第四卷，是考茨基根据马克思遗稿于 1905—1910 年整理编辑出版的。但考茨基对马克思的手稿做了许多删改和变动。1954—1961 年又重新按照马克思的手稿次序编辑出版了《剩余价值理论》的俄文新版本。现在《马克思恩格斯全集》第 26 卷的三卷本，人民出版社第一版，就是根据这个新版本翻译的。第二版为第 33、34 卷。

④ 《列宁选集》第 1 卷，人民出版社 1995 年版，第 95 页。

《资本论》是马克思用毕生精力写出的伟大的科学巨著，是人类历史经验和智慧的结晶，是国际工人运动斗争经验的结晶。它的出版，宣判了资本主义制度的末日，为无产阶级革命指出了正确的方向。《资本论》的出版“是向资产者（包括土地所有者在内）脑袋发射的最厉害的炮弹”①。马克思自己早就预料到，《资本论》给予资本主义制度的沉重打击，“资产阶级毕生都会记得”②。

二、《资本论》研究的对象和目的

马克思在谈到《资本论》研究对象时指出：“我要在本书研究的，是资本主义生产方式以及和它相适应的生产关系和交换关系。”③ 在谈到研究目的的时候又指出，“本书的最终目的就是揭示现代社会的经济运动规律”④。这就是说，通过对资本主义生产方式的研究，揭示资本主义生产关系产生、发展和灭亡的规律。

生产关系是人们在生产过程中所结成的相互关系。从社会生产过程看，它是由生产、分配、交换、消费四个环节构成的有机整体，在其中，生产起着支配作用。一定的生产决定着一定的分配、交换和消费，反过来，它们又会对生产起反作用。《资本论》研究的对象是“资本主义的生产方式”，这应该怎样理解呢？一般地说，社会生产方式，是指在一定条件下生产力和生产关系的统一。但马克思、恩格斯常常把生产方式当作生产关系来使用，把它们当作同义语。⑤ 这里所说的生产方式，实质上是指生产关系，即包括生产、分配、交换、消费这四个环节在内的广义的

---

① 《马克思恩格斯〈资本论〉书信集》，人民出版社 1976 年版，第 209 页。

② 《马克思恩格斯〈资本论〉书信集》，人民出版社 1976 年版，第 215 页。

③ 《资本论》第 1 卷，人民出版社 2004 年版，第 8 页。1982 年新日本出版社出版的日文新译本，按原文的复数，译为“生产诸关系和交易诸关系”。

④ 《资本论》第 1 卷，人民出版社 2004 年版，第 10 页。

⑤ 例如：恩格斯在 1894 年 1 月 25 日致瓦尔特·博尔吉乌斯的信中说：“我们视之为社会历史的决定性基础的经济关系，是指一定社会的人们生产生活资料和彼此交换产品（在有分工的条件下）的方式。”（《马克思恩格斯选集》第 4 卷，人民出版社 2012 年版，第 648 页。）

生产关系。[①] 马克思在这里没有说到分配关系，是因为“一定的分配关系只是历史地规定的生产关系的表现”[②]，它已包含在广义的生产关系之中。这种生产关系，也就是经济关系，在阶级社会里体现为阶级关系。

根据历史唯物主义的原理，生产关系是由生产力的性质决定的。一般说来，有怎样的生产力就会有与之相适应的生产关系，生产力起着决定生产关系的作用，但是生产关系对生产力也有反作用，它可以促进生产力的发展，也可以阻碍生产力的发展，在一定条件下还可以起决定作用。“当着不变更生产关系，生产力就不能发展的时候，生产关系的变更就起了主要的决定的作用。”[③]《资本论》是从生产力和生产关系的相互作用中来研究资本主义的生产关系的，研究资本主义生产关系的产生和发展，怎样从适合生产力的发展转化为生产力的桎梏，从而论证社会革命的客观根据。如果离开生产力而孤立地研究生产关系，就会犯形而上学的错误。

根据历史唯物主义的原理，生产关系的总和构成社会的经济基础。在这基础上建立起政治的、法律的上层建筑。一般说来，有怎样的经济基础，就要求有与之相适应的上层建筑。上层建筑为经济基础所决定，并随着经济基础的变化而变化，但上层建筑对经济基础也有一定的反作用，在一定的条件下，还可以起决定作用。《资本论》不是单纯以资本主义的经济基础作为研究对象，而是从上层建筑与经济基础的相互作用中，来研究资本主义的经济基础的。马克思用了大量的篇幅，论证了资本主义上层建筑的反作用，特别是对资产阶级的思想意识，资本主义国家和法律对经济的反作用，作了精辟的说明。

《资本论》是以英国作为研究的主要对象的。马克思说：“到现在为止，这种生产方式的典型地点是英国。因此，我在理论阐述上主要用英

---

① 关于《资本论》研究对象，国内外学术界有不同看法，正在进行热烈的讨论。上述解释，只是个人的看法，具体论证可参阅拙作《试论〈资本论〉的研究对象》（见《对〈资本论〉若干理论问题争论的看法》（上），福建人民出版社 1983 年版，第 1—11 页）。讨论的部分情况，可参阅陈征编《〈资本论〉的对象、方法和结构》，福建人民出版社 1983 年版，第 5—77 页。

② 《资本论》第 3 卷，人民出版社 2004 年版，第 998 页。

③ 《毛泽东选集》第 1 卷，人民出版社 1991 年版，第 325—326 页。

国作为例证。”[①] 为什么呢？因为当时英国是资本主义发展较早和比较成熟的国家，当时英国的工人运动又已有了广泛、深入的发展，在英国，有关的经济资料、思想资料、历史资料、现实的调查统计资料都非常丰富，所以马克思把英国作为资本主义的典型来考察。但是，《资本论》所揭示的资本主义生产关系产生、发展和灭亡的规律，并不只限于英国，对于法国、德国等其他资本主义国家都是完全适用的。《第一版序言》第5—9段，就是讲这个问题。马克思特别指出，对德国来说，“这正是说的阁下的事情！”当时的德国，在政治上，还是封建贵族占统治地位，在经济上，还存在着农奴制度，虽然由于18世纪末法国资产阶级革命的影响，德国也在1848年爆发了资产阶级革命，资本主义有了一定程度的发展，但和英国相比，还是相当落后的。在德国，不仅存在着“现代的灾难”，即资本主义的剥削，而且“古老的陈旧的生产方式以及伴随着它们的过时的社会关系和政治关系还在苟延残喘”，即还存在封建的压迫和剥削。“不仅活人使我们受苦，而且死人也使我们受苦。”[②] “活人”，指资本主义，“死人”，指封建剥削，德国的工人受着资本家与封建地主的双重压榨。“死人抓住活人”，封建主义阻碍着资本主义发展。所以在德国，“不仅苦于资本主义生产的发展，而且苦于资本主义生产的不发展”。即使德国和英国相比有这样的差异，但是《资本论》所揭示的资本主义产生、发展和灭亡的规律，在资本主义发展程度高低不同的国家中，都以铁的必然性发生作用，都显示着正在实现的趋势，即资本主义必然为社会主义社会所代替，所以，“工业较发达的国家向工业较不发达的国家所显示的，只是后者未来的景象”。因此，虽然德国的统计资料与英国相比还很贫乏，但从中也还是可以看出广大工农群众的苦难状况，“它还是把帷幕稍稍揭开，使我们刚刚能够窥见幕内美杜莎的头”[③]，了解资本家剥

① 《资本论》第1卷，人民出版社2004年版，第8页。后面凡是属于解说的段落和引文，均不再注明出处。

② 1982年日译本加注指出，这句话是借用法国皮艾尔·德罗姆著的《法国法律谚语集》(1914)年中的一句话，意思是指死者可以不需要任何法律手续，使其继承人占有遗产的法律格言。

③ 美杜莎：希腊神话中的三个蛇发女妖之一。马克思引用她来比喻资本家。这话的意思是：能够看到像魔鬼一样丑恶的资本家剥削工人的内幕真相。

削工人的真相。马克思还提醒大家：虽然德国资本主义的发展还不够充分，但它必然会发展起来，最后也一定要走向灭亡的，我们不能遮住自己的眼睛和耳朵，否认资本主义这个妖怪的存在，甚至连柏修斯[①]都不如。

在第9段中，马克思展望着未来，指出写作《资本论》的目的，是为了指导无产阶级的革命运动。《资本论》虽然是以英国作为研究的典型，但英国的变革过程，以及美国资本主义发展过程，“一定会波及大陆”，随着资本主义的发展，无产阶级革命必然是不可避免的。但是，这种革命，“它将采取较残酷的还是较人道的形式，那要看工人阶级自身的发展程度而定”。这就是说，是用暴力的形式还是用较少流血的和平形式，要由工人阶级的政治觉悟、组织程度、力量壮大等情况来决定。关于这点，恩格斯在英文版序言中也指出：“他从这种研究中得出这样的结论：至少在欧洲，英国是唯一可以完全通过和平的和合法的手段来实现不可避免的社会革命的国家。当然，他从来没有忘记附上一句话：他并不指望英国的统治阶级会不经过‘维护奴隶制的叛乱’而屈服于这种和平的和合法的革命。”[②] 这里可以看出，马克思和恩格斯曾经认为，当时英国工人阶级有可能采取和平手段来夺取政权，同时又指出，即使英国有和平过渡的可能，也不能指望英国的资产阶级不会挑起战争。但是，英国的情况，不是永远不变的，列宁在批判考茨基时说：“说什么马克思在70年代承认英国和美国可能和平地过渡到社会主义，这是诡辩，直率一点说，这是行骗，是用引证来骗人。第一，就在当时，马克思也认为这种可能是一个例外。第二，当时还没有垄断资本主义，即帝国主义。第三，恰恰是英国和美国当时没有（**现在有了**）军阀——资产阶级国家机器的主要机构”[③]。列宁指出：进入20世纪以后，特别是经过第一次世界大战，英国变成了帝国主义国家，军阀制度和官僚制度都已具备，和平转变的条件已经丧失。

---

① 柏修斯：据希腊神话，他是天神的儿子，后受柏里狄克特士的统治。柏里狄克特士要他去取魔女美杜莎的头。但美杜莎有一双奇怪的眼睛，谁与她的眼光接触，谁就立刻变为石头。柏修斯得到雅典娜和赫尔墨斯的帮助，戴了一顶隐身的帽子，使美杜莎看不见他，经过不少的惊人冒险，终于割下美杜莎的头。

② 《资本论》第1卷，人民出版社2004年版，第35页。

③ 《列宁全集》第35卷，人民出版社1985年版，第105页。

马克思还指出：认识到资本主义产生、发展和灭亡的规律，虽然还不能取消资本主义这个发展阶段，但“能缩短和减轻分娩的痛苦”。因为在认识规律的基础上，可以利用规律，动员广大群众，揭露资本主义的罪恶，积极投入反对资本主义制度的斗争，使社会主义革命早日获得胜利。由此可见，《资本论》的最终目的，就是要揭示资本主义产生、发展和灭亡的规律，为无产阶级革命提供思想武器，指导无产阶级更好地去进行革命斗争。

三、政治经济学的阶级性

第一版序言的第10、11段，第二版跋的第5—15段，都是讲政治经济学的阶级性。马克思分析了资产阶级政治经济学的演变；分析了德国资产阶级不可能有自己的政治经济学的原因；指出创立科学的政治经济学的任务，只有无产阶级才能完成。

政治经济学是一门社会科学，它代表一定的阶级利益，为一定的阶级服务，具有强烈的阶级性。资产阶级有资产阶级的政治经济学，无产阶级有无产阶级的政治经济学。马克思谈到这个问题的时候指出：“政治经济学所研究的材料的特殊性质，把人们心中最激烈、最卑鄙、最恶劣的感情，把代表私人利益的复仇女神召唤到战场上来反对自由的科学研究。”① 因此，不同时期政治经济学的发展情况，和当时阶级斗争的形势是密切联系着的。

在奴隶社会和封建社会，只有经济思想，还没有政治经济学。政治经济学作为一门学科，是在资本主义出现后才产生的。资本主义初期，商品流通的发展，出现了重商学派（有早期重商学派和后期重商学派），他们认为商品交换是创造价值的源泉。后来又产生了资产阶级古典政治经济学。在英国，始于威廉·配第，发展于亚当·斯密，至大卫·李嘉图而登峰造极。在法国，始于布阿吉尔贝尔，中间有重农学派的魁奈、杜尔

① 《资本论》第1卷，人民出版社2004年版，第10页。

哥，最后有小资产阶级经济学家西斯蒙第。古典学派是资产阶级的经济学家，是资产阶级利益的代表者。他们产生于19世纪初期或以前，当时的资本主义还处在工场手工业向机器大工业的过渡阶段，新兴的资产阶级和封建贵族的矛盾极其尖锐，无产阶级和资产阶级的矛盾还处在潜伏状态，这就说明，“英国古典政治经济学是属于阶级斗争不发展的时期的”[①]，因而代表这一时期资产阶级利益、反映当时资本主义经济状况的经济学家，还能面对现实，“研究了资产阶级生产关系的内部联系”[②]，揭露资本主义的一些矛盾。例如：配第提出的商品价值是劳动创造的原理，斯密提出的交换价值和使用价值的区别、生产商品的劳动量决定商品的价值量、利润和地租都是对工人劳动创造的产品的克扣等原理，李嘉图“有意识地把阶级利益的对立、工资和利润的对立、利润和地租的对立当作他的研究的出发点”等等，都具有一定的科学因素。马克思说：“只要政治经济学是资产阶级的政治经济学”，“那就只有在阶级斗争处于潜伏状态或只是在个别的现象上表现出来的时候，它还能够是科学”。[③] 这就是说，只有在无产阶级和资产阶级的阶级斗争还未公开化、表面化、普遍化时，资产阶级的政治经济学才能较为科学地反映客观经济状况。但他们都有一个共同的错误，这就是：不把资本主义看作是一种历史现象，而认为资本主义制度是永世长存、不会改变的，资本主义经济规律也是永恒的，适用于一切时代。这是由他们的资产阶级立场所决定的。所以古典学派发展到李嘉图时，“资产阶级的经济科学也就达到了它的不可逾越的界限”[④]。

从1820年到1830年，“这是李嘉图的理论庸俗化和传播的时期，同时也是他的理论同旧的学派进行斗争的时期”[⑤]。李嘉图所著的《政治经济学及赋税原理》一书，在当时产生了一定的影响，特别是李嘉图死后，有的人把它普及开来，有的人把它庸俗化，有的人利用它来反对重商主

① 《资本论》第1卷，人民出版社2004年版，第16页。
② 《资本论》第1卷，人民出版社2004年版，第99页注（32）。
③ 《资本论》第1卷，人民出版社2004年版，第16页。
④ 《资本论》第1卷，人民出版社2004年版，第16页。
⑤ 《资本论》第1卷，人民出版社2004年版，第16页。

义等旧学派，也有人利用它作为攻击资产阶级政治经济学的武器，所以，在政治经济学领域内，呈现出一片繁荣景象，人们还能够不受限制地进行研究。这是因为：大工业还刚刚脱离它的幼年时期，处在向上发展阶段；无产阶级同资产阶级的斗争暂时还未表面化，资产阶级同封建势力的斗争还是当时突出的问题。但这只像“晚秋晴日”一样，很快地就过去了。

随着资本主义的发展，资本主义的矛盾和危机日益暴露出来，无产阶级和资产阶级的斗争也日益尖锐化，古典经济学已不能再起到维护资本主义制度的思想武器的作用，在 19 世纪 40 年代，资产阶级经济学进一步庸俗化，出现了庸俗的政治经济学。由于资产阶级夺取政权以后，无产阶级和资产阶级的矛盾成为主要矛盾，这就“敲响了科学的资产阶级经济学的丧钟。现在问题不再是这个或那个原理是否正确，而是它对资本有利还是有害，方便还是不方便，违背警章还是不违背警章。无私的研究让位于豢养的文丐的争斗，不偏不倚的科学探讨让位于辩护士的坏心恶意”[①]。这个时期，在英国有西尼耳的节欲论，在美国有加雷的利益协调论，在法国有巴师夏的阶级调和论。这种纯粹为资产阶级利益辩护的庸俗经济学，不敢承认社会矛盾和阶级斗争是资本主义的必然产物，不敢承认财富是工人劳动的产物，鼓吹资产阶级和无产阶级的利益一致，可以共同合作，劳资两利，从而掩盖资本主义矛盾，取消无产阶级革命。至于这时在英国出现的以约翰·穆勒为代表的混合主义，一方面不否认资本主义社会的矛盾，承认工人受资本剥削的事实，另一方面，又主张保护资本家的利益，企图在李嘉图学说的基础上来解决资本主义的矛盾，用普及教育和限制人口来改良资本主义制度，这种混合主义的思想，只表示了古典学派的破产。

由于德国的资本主义受到封建势力的阻碍，没有得到充分发展，“政治经济学一直是外来的科学”，在德国“缺乏生长的土壤”，所以“德国的政治经济学教授一直是学生”，只能抄袭英国和法国的东西，作为教条加以搬弄。“从 1848 年起，资本主义生产在德国迅速地发展起来”[②]，但

---

① 《资本论》第 1 卷，人民出版社 2004 年版，第 17 页。

② 《资本论》第 1 卷，人民出版社 2004 年版，第 15 页。

是这时候，一方面，资产阶级政治经济学已经庸俗化，千方百计地为资本的利益作辩护，不可能再进行公正无私的科学研究；另一方面，“德国无产阶级比德国资产阶级在理论上已经有了更明确的阶级意识”，因此“德国社会特殊的历史发展，排除了‘资产阶级’经济学在德国取得任何独创的成就的可能性”[①]。

批判资产阶级政治经济学，建立真正科学的政治经济学，只有无产阶级才能完成。具体说，这个任务是由无产阶级的伟大革命导师马克思、恩格斯来完成的，也可以说，是由《资本论》的出版而完成的。无产阶级之所以能够创立真正科学的政治经济学，是因为“这个阶级的历史使命是推翻资本主义生产方式和最后消灭阶级”[②]。这个阶级和社会发展的利益是一致的，能够公正无私地揭露资本主义社会的矛盾，揭露资本的剥削实质，不受任何阶级偏见所束缚，因而能够正确地认识客观经济规律，代表社会发展的方向，所以无产阶级的政治经济学，是科学的，革命的，代表无产阶级和广大劳动群众的利益的。《资本论》一产生，就在政治经济学上完成了伟大的革命。

四、《资本论》的方法

第二版跋的第16—27段，都是讲《资本论》的方法。

概括说来，《资本论》的方法，就是唯物主义的辩证方法。

《资本论》出版后，“人们对《资本论》中应用的方法理解得很差”，有的人攻击马克思是“形而上学地研究经济学”，“是整个英国学派的演绎法”，有的人认为马克思用的是批判的分析法，也有人认为马克思研究方法是“现实主义的”“德国辩证法”。在第二版跋中，马克思针对各种错误说法，肯定了他的研究方法就是唯物主义的辩证法，并引了俄国经济学家伊·伊·考夫曼所写的一篇文章中的话来加以说明。

① 《资本论》第1卷，人民出版社2004年版，第18页。
② 《资本论》第1卷，人民出版社2004年版，第18页。

马克思首先指出：在《政治经济学批判》序言中，就已“说明了我的方法的唯物主义基础”。马克思研究方法的唯物主义基础表现在，他研究经济运动规律的时候，不是从观念出发，而是从事实出发，即坚持从客观实际出发的原则。有些资产阶级经济学家在研究资本主义经济时，往往从臆测出发，从其假设的“理论”“概念”出发，例如庸俗经济学家对商品的分析，就是从抽象的价值概念出发的，主观价值论者就认为：某个商品对我的用处大，我就认为它的价值大，因而它的价值就大，反之即小。这就根本不能科学地探求资本主义经济运动的客观规律，只能制造荒诞不经的谬论为资本主义制度作辩护。马克思则不同，他认为：“研究必须充分地占有材料，分析它的各种发展形式，探寻这些形式的内在联系。”在这里，详细占有材料是第一个重要步骤，然后根据这些客观实际的材料，进行分析研究，从现象到本质，从形式到内容，探寻其内在联系，从而找出事物本身的规律来。马克思从商品分析开始来研究资本主义经济，就是从客观实际出发的具体表现。因为在资本主义社会里，一切劳动产品都表现为商品形式，商品关系渗透到社会生活的各个领域，从商品分析开始，就是从大量的普遍存在的事实出发，就是从不以人们主观意志为转移的客观实际出发。毛泽东在谈到这个问题的时候指出：“商品这个东西，千百万人，天天看它，用它，但是熟视无睹。只有马克思科学地研究了它，他从商品的实际发展中作了巨大的研究工作，从普遍的存在中找出完全科学的理论来。”①

马克思在引用了考夫曼的话以后，明确指出了他的方法“正是辩证方法”，即唯物辩证法。“就本来的意义说，辩证法是研究**对象的本质自身中**的矛盾”②。马克思就是运用矛盾分析方法，来研究资本主义经济，揭露资本主义的矛盾，揭示无产阶级和资产阶级的根本对立。马克思从商品分析开始，研究商品内部所包含的矛盾：使用价值和价值的矛盾，具体劳动和抽象劳动的矛盾，私人劳动和社会劳动的矛盾；然后在商品与商品的交换过程中，探讨了这一商品的内部矛盾如何表现为外部矛盾，

① 《毛泽东选集》第3卷，人民出版社1991年版，第817页。

② 《列宁全集》第55卷，人民出版社1990年版，第213页。

即商品与商品的对立；随着商品交换的发展引起货币产生时，商品与商品的矛盾又转化为商品与货币的矛盾，产生了经济危机的可能性；随着商品经济内部矛盾的发展，产生了资本主义，货币转化为资本，劳动力变成商品，这就出现了特殊的商品与特殊作用的货币，因而商品与货币的对立，就发展成为资本与劳动的对立；随着资本对剩余价值剥削的加强，不断增加绝对剩余价值与相对剩余价值的生产，资本与劳动的矛盾日益深化；这种日益深化的矛盾在工资的形式下被掩盖起来了，而且由于资本家对工资形式的运用，使这种矛盾又加强起来了；在再生产过程中，由于剩余价值资本化，工人创造的生产资料却成为剥削剩余价值的手段，资本的积累与贫困的积累同时增加，这就使资本与劳动之间的矛盾日益尖锐化。这种资本与劳动的矛盾，在流通过程中就表现为实现剩余价值的矛盾；在社会资本再生产的总过程中，就表现为各个剥削集团瓜分剩余价值的矛盾；通过竞争，少数资本家吃掉多数资本家，生产资料日益集中，劳动日益社会化，无产阶级日益壮大，反抗不断增长，这就敲响了资本主义所有制的丧钟，剥夺者就要被剥夺了。由此可见，分析资本主义经济的矛盾运动和发展，是马克思在《资本论》中对唯物辩证法的具体运用。毛泽东说：“事物发展过程的自始至终的矛盾运动，列宁指出马克思在《资本论》中模范地作了这样的分析。这是研究任何事物发展过程所必须应用的方法。列宁自己也正确地应用了它，贯彻于他的全部著作中。”[①] 中国共产党人“必须学会这个方法”[②]。

唯物辩证法，是马克思批判地继承了黑格尔唯心主义辩证法和费尔巴哈形而上学唯物论的基础上建立起来的，是马克思主义认识世界、改造世界的世界观和方法论。针对有些人把马克思的唯物辩证法和黑格尔的唯心主义辩证法混为一谈的错误，[③] 马克思指出：“我的辩证方法，从根本上来说，不仅和黑格尔的辩证方法不同，而且和它截然相反。在黑格尔看来，思维过程，即甚至被他称为在观念这一名称下转化为独立主

---

① 《毛泽东选集》第1卷，人民出版社1991年版，第307页。

② 《毛泽东选集》第1卷，人民出版社1991年版，第308页。

③ 如考夫曼就说马克思的“叙述方法不幸是德国辩证法的”。参见《资本论》第1卷，人民出版社2004年版，第20页。

体的思维过程，是现实事物的创造主，而现实事物只是思维过程的外部表现。我的看法则相反，观念的东西不外是移入人的头脑并在人的头脑中改造过的物质的东西而已。”这说明，马克思的唯物辩证法和黑格尔的唯心主义辩证法存在着本质的区别。黑格尔的哲学体系是建立在所谓“绝对精神”的基础上的，他把“绝对精神”看成是发展的主体，把宇宙万物都看成是“绝对精神”的产物，这样，就把人们的思维运动和客观上存在的具体事物的关系完全颠倒了。在他看来，思维是第一性的，物质是第二性的，客观事物不是先于人们的思维而存在，相反，却是思维的产物。所以，在黑格尔那里，“辩证法是倒立着的”。马克思的辩证法是建筑在唯物主义的基础上的。他认为：物质是第一性的，思维是第二性的，不是人们意识决定客观事物的存在，相反，是客观事物的存在决定人们的意识。人们的认识只是客观事物在人脑的反映。客观世界是辩证发展的，而人们认识世界的方法，只有在其反映事物自身的客观规律时，才是正确的、科学的。客观存在的辩证法，反映到人们的认识和思维过程中，就成为思维的辩证法、认识的辩证法。思维的辩证法无非是现实世界辩证运动的反映。可见，马克思的辩证法和唯物论是一致的，所以列宁说：“在《资本论》中，唯物主义的逻辑、辩证法和认识论〔不必要三个词：它们是同一个东西〕都应用于同一门科学，这种唯物主义则从黑格尔那里吸取了全部有价值的东西并发展了这些有价值的东西。”①

黑格尔的唯心主义辩证法是错误的，但在它的神秘外壳中有着合理的内核。马克思批判了黑格尔唯心主义错误，吸取了他的唯心主义辩证法中的合理内核。但是黑格尔死后，黑格尔的门徒们只会从他们的老师那里学会搬弄最简单的技巧，拿来到处应用，直到费尔巴哈批判了黑格尔哲学，在唯心主义长期统治的德国恢复了唯物主义的权威，黑格尔哲学就逐渐销声匿迹，代之而起的却是形而上学的研究方法占统治地位。当《资本论》第一卷出版时，德国知识界的一些发号施令者，如毕希纳、朗格、杜林、费希纳等人，把黑格尔“当作一条‘死狗’”来全盘否定，他们在反对黑格尔辩证法的唯心主义神秘外壳的同时，连黑格尔辩证法

---

① 《列宁全集》第 55 卷，人民出版社 1990 年版，第 290 页。

的合理内核也全否定了。马克思为了反对当时盛行的这种形而上学方法，公开承认他是黑格尔的学生，但同时又指出，他和黑格尔有着根本的区别，必须把在黑格尔那里倒立着的辩证法再倒过来，“以便发现神秘外壳中的合理内核”。

马克思接着指出，两种不同的辩证法，对现实世界起着完全不同的作用。黑格尔的唯心主义辩证法，“在其神秘形式上，成了德国的时髦东西，因为它似乎使现存事物显得光彩”。这是因为，黑格尔运用唯心主义辩证法，企图论证普鲁士君主立宪制度的合理性，起着维护统治阶级利益的反动作用。马克思的唯物辩证法则“引起资产阶级及其空论主义的代言人的恼怒和恐怖”。为什么呢？“因为辩证法在对现存事物的肯定的理解中同时包含对现存事物的否定的理解，即对现存事物的必然灭亡的理解；辩证法对每一种既成的形式都是从不断的运动中，因而也是从它的暂时性方面去理解；辩证法不崇拜任何东西，按其本质来说，它是批判的和革命的。”例如：用唯物辩证法来分析资本主义社会，就不会把它看成是一成不变、永世长存的制度，而只能看成是历史过程中的一个发展阶段，必然向高级的社会过渡，这就必然引起资产阶级的恼怒和恐怖。

这里还要注意，“在形式上，叙述方法必须与研究方法不同”。研究必须在充分占有材料的基础上，经过思考作用，对这些材料进行“去粗取精、去伪存真、由此及彼、由表及里的改造制作工夫，造成概念和理论的系统”[①]。也就是从感性认识跃进到理性认识，从具体到抽象。这种抽象不是更空虚了，相反，通过科学的抽象，才能发现和掌握客观事物的规律。列宁说：“思维从具体的东西上升到抽象的东西时，不是**离开**——如果它是**正确的**……——真理，而是接近真理。**物质**的抽象，自然**规律**的抽象，**价值**的抽象等等，一句话，那**一切**科学的（正确的、郑重的、不是荒唐的）抽象，都更深刻、更正确、**更完全地**反映着自然。”[②]在认识了事物的内在联系、事物的发展规律后，就可以按照事物的发展规律来说明事物。这时，“现实的运动才能适当地叙述出来。这点一旦做

① 《毛泽东选集》第1卷，人民出版社1991年版，第291页。

② 《列宁全集》第55卷，人民出版社1990年版，第142页。

到，材料的生命一旦观念地反映出来，呈现在我们面前的就好像是一个先验的结构了”。在《资本论》里，马克思把资本主义社会错综复杂的各种现象“整理得井然有序”①，揭示了资本的本质及其发展规律。在那里，有时看起来好像是纯粹的逻辑推论，其实是事物发展的客观辩证法的反映。列宁在谈到马克思对价值形式的分析时指出：“这里所作的抽象的、有时好像是纯粹演绎式的叙述，实际上是再现了交换和商品生产发展史的大量实际材料”②。

这种分析方法，也是逻辑和历史的一致。“历史从哪里开始，思想进程也应当从哪里开始，而思想进程的进一步发展不过是历史过程在抽象的、理论上前后一贯的形式上的反映”③。例如：从简单价值形式发展到货币形式，是历史发展过程，也是逻辑的推论过程。在这里，历史的起点与终点和逻辑的起点与终点是一致的。当然，恩格斯指出：逻辑对历史的反映是经过修正的，“是按照现实的历史过程本身的规律修正的”，摆脱了“起扰乱作用的偶然性”④。

五、《资本论》的体系和结构

马克思在《第一版序言》中说：“这部著作的第二卷将探讨资本的流通过程（第二册）和总过程的各种形式（第三册），第三卷即最后一卷（第四册）将探讨理论史。”⑤ 现在出版的《资本论》的分卷情况，和马克思当时的设想不尽相同。《资本论》第一卷出版后，马克思继续从事对第一卷的修改和译文校订工作。并对第二、三卷的手稿反复作了修改，但是由于国际工人协会中多方面的活动占去他许多时间，更由于他健康状况不好，第二、三卷未及付印，他就逝世了。恩格斯根据马克思的遗稿，

---

① 《列宁选集》第 1 卷，人民出版社 1995 年版，第 10 页。
② 《列宁选集》第 2 卷，人民出版社 1972 年版，第 590 页。
③ 《马克思恩格斯选集》第 2 卷，人民出版社 2012 年版，第 14 页。
④ 《马克思恩格斯选集》第 2 卷，人民出版社 2012 年版，第 14 页。
⑤ 《资本论》第 1 卷，人民出版社 2004 年版，第 13 页。

把“第二册”“第三册”整理为第二卷、第三卷分别出版，而讨论理论史的“第三卷”即“第四册”，则是在恩格斯逝世后，由考茨基编辑，以《剩余价值学说史》为书名单独出版。现在，《马克思恩格斯全集》以第二十三、二十四、二十五卷出版《资本论》前三卷，二十六卷恢复为《资本论》第四卷，分3册出版。总的说来，恩格斯对《资本论》的结构是没有变动的，变动的只是分卷和名称。

对于《资本论》三卷的体系与结构，马克思有自己明确的概念。他说：“在第一册中，我们研究的是资本主义**生产过程**本身作为直接生产过程考察时呈现的各种现象，而撇开了这个过程以外的各种情况引起的一切次要影响。但是，这个直接的生产过程并没有结束资本的生活过程。在现实世界里，它还要由**流通过程**来补充，而流通过程则是第二册研究的对象。在第二册中，特别是把流通过程作为社会再生产过程的中介来考察的第三篇指出：资本主义生产过程，就整体来看，是生产过程和流通过程的统一。至于这个第三册的内容，它不能是对于这个统一的一般的考察。相反地，这一册要揭示和说明**资本运动过程作为整体考察**时所产生的各种具体形式。”[①] 简单地说，《资本论》第一卷研究资本的生产过程，这是不以流通过程为媒介的资本的直接生产过程，重点在于剩余价值的生产；第二卷研究资本的流通过程，这是在资本直接生产过程基础上的流通过程，是资本的生产过程和流通过程的统一，重点在于剩余价值的实现；第三卷研究资本主义生产总过程，研究资本的各种具体形式（如商业资本、生息资本等）和剩余价值的各种具体形式（如商业利润、利息、地租等），这是资本的生产过程、流通过程和分配过程的统一，重点在于剩余价值如何在剥削阶级内部进行分配；第四卷则是系统地分析批判资产阶级的政治经济学说。

《资本论》第一卷共七篇二十五章，其基本内容可分为三个部分。第一部分：即第一篇的第一章到第三章，研究商品和货币，创建了科学的劳动价值学说；第二部分：第二篇到第六篇，即第四章到第二十章，研究资本是怎样带来剩余价值的，创建了伟大的剩余价值学说；第三部分：

---

① 《资本论》第3卷，人民出版社2004年版，第29页。

第七篇，即第二十一章到第二十五章，研究剩余价值如何转化为资本，创建了资本积累学说，指出剥夺剥夺者的历史趋势。恩格斯曾经指出："第一册本身在很大程度上是一个整体，并且20年来一直被当作一部独立的著作。"①

《资本论》第二卷共三篇二十一章，其基本内容可分为两个部分。第一部分：第一篇和第二篇，即第一章到第十七章，研究资本的循环和资本的周转，主要是研究个别资本流通的形式和条件；第二部分：第三篇，即第十八章到第二十一章，研究社会总资本的再生产和流通，主要是研究社会总资本流通的形式和条件。

《资本论》第三卷共七篇五十二章，其基本内容可分为三个部分。第一部分：第一篇到第三篇，即第一章到第十五章，研究产业资本如何在生产和流通过程的基础上，通过自由竞争、资本转移，使利润平均化，也就是研究一般利润率的形成及其变化规律；第二部分：第四篇到第六篇，即第十六章到第四十七章，研究生产和流通领域中资本的各种具体形式和剩余价值分配给各个资本家之间的转化形式，即研究商业资本和商业利润、生息资本和利息、产业资本和企业主收入，以及地租等规定性与分配规律；第三部分：第七篇，即第四十八章到第五十二章，马克思以批判的方式对资本主义生产过程进行总结性的分析和论述，进一步揭露了资本主义经济的本质。

马克思把书名定为《资本论》，是因为他把资本看成是"资本主义生产方式下和在构成其占统治地位的范畴，构成其起决定作用的生产关系"② 来论述，通过对资本的分析，弄清资本在资本主义经济生活中的地位和作用，就能掌握资本主义经济生活中的主要矛盾和矛盾的主要方面，就能通过揭示资本和其他经济范畴的关系反映出整个资本主义经济的光怪陆离、错综复杂的画面。恩格斯在评价《资本论》第一卷的一篇论文里说，"资本和劳动的关系，是我们全部现代社会体系所围绕旋转的轴心，这种关系在这里第一次得到了科学的说明"③。恩格斯在另一篇评介

① 《资本论》第1卷，人民出版社2004年版，第33—34页。

② 《资本论》第3卷，人民出版社2004年版，第936页。

③ 《马克思恩格斯选集》第2卷，人民出版社2012年版，第70页。

《资本论》第一卷的论文里又说，“大家多少知道的社会主义理论的基本学说可以归结为一点：在现代社会中工人并没有得到他的劳动产品的全部价值作为报酬。这个原理也构成了贯穿这部著作的红线”[①]。这就是说，资本和劳动的关系是资本主义社会的中心问题，马克思紧紧抓住这个中心进行研究，从而揭示了剩余价值规律，创建了剩余价值理论；马克思关于剩余价值的理论，不仅像一根红线贯串在《资本论》第一卷中，而且贯串于《资本论》全书。

六、《资本论》的影响以及学习《资本论》的现实意义

马克思主义的建立，《资本论》的出版，使无产阶级有了强大的革命的思想武器。恩格斯谈到《资本论》第一卷出版后的影响时说：“《资本论》在大陆上常常被称为‘工人阶级的圣经’[②]。任何一个熟悉工人运动的人都不会否认：本书所作的结论日益成为伟大的工人阶级运动的基本原则”[③]，这些原则，不仅在英国、法国是这样，在美国、德国等其他资本主义国家也是这样，它是放之四海而皆准的真理，适用于一切资本主义国家，因此，“各地的工人阶级都越来越把这些结论看成是对自己的状况和自己的期望所作的最真切的表述”[④]。《资本论》第一卷德文版一出版，相继在法国、英国、俄国、荷兰、丹麦、保加利亚、意大利、西班牙、日本、瑞典、挪威、捷克斯洛伐克、波兰等国被翻译，先后出版了140多种版本[⑤]。全世界的无产阶级，都从马克思的这部著作中吸取了无穷无尽的政治营养和强大无比的精神力量。一个多世纪来，《资本论》这

---

① 《马克思恩格斯全集》第21卷，人民出版社2003年版，第317页。

② 《资本论》第一卷出版后的第二年，即1868年，根据贝克尔的提议，国际代表大会通过了一项决议案，把《资本论》作为工人阶级的圣经推荐给各国社会主义者。（见于保尔·拉法格《忆马克思》一文）

③ 《资本论》第1卷，人民出版社2004年版，第34页。

④ 《资本论》第1卷，人民出版社2004年版，第34页。

⑤ 参阅马今之：《〈资本论〉的主要版本介绍》，《人民日报》1964年5月29日；杨国昌：《〈资本论〉研究资料汇编》的第二部分，河北人民出版社1981年版。

部马克思主义的重要著作，一直放射出革命的光芒。

资产阶级慑于《资本论》的巨大威力，千方百计地进行诋毁。当第一卷出版后，他们企图“用沉默置《资本论》于死地”[①]，并在出版、发行、宣传、介绍等方面给予种种阻碍，想使人们不知道有这么一部书。但真理是封闭不住的。当《资本论》在社会上广泛传播、日益为工人阶级掌握时，“他们就借口批评”[②]，无中生有地进行攻击，或者在一条引文上肆意歪曲，大做文章；[③] 或者造谣污蔑，硬说马克思的理论是从洛贝尔图斯那里抄来的，第一卷中的劳动价值学说和第三卷中生产价格理论相矛盾等等。[④] 与此同时，资产阶级还出现了一些新的学派与马克思主义相对抗。19 世纪 50 年代，在法国出现了巴师夏学派，大肆宣扬阶级调和论，但他们在劳资对立日益尖锐化的现实面前很快就彻底破产。后来，在德国，出现了历史学派，说什么资产阶级国家是超阶级的，可以调和资产阶级和无产阶级的冲突，他们把经济理论归结为单纯的历史资料，只研究现象，不研究本质。在奥地利，出现了奥地利学派，提倡主观价值和边际效用，与马克思的劳动价值学说相对抗。他们的另一手法，就是从无产阶级的革命队伍里寻找他们的代理人，打着马克思主义的旗号来修正马克思主义，把《资本论》歪曲为纯粹经济理论的学术著作。第二国际的修正主义的老祖宗伯恩斯坦，以拥护、赞成《资本论》的姿态出现，别有用心地阉割《资本论》的革命精神，胡说什么现在资本主义国家内生产力还未充分发展，工人阶级力量还未充分壮大，无产阶级革命的条件还未成熟，无产阶级在现阶段不要进行革命斗争。

为了坚持马克思主义，反对第二国际的修正主义，恢复《资本论》的革命锋芒，列宁在新的历史条件下，运用《资本论》的基本原理，贯彻理论与实践相结合的原则，一方面，写了《俄国资本主义之发展》一书，加深了对资本主义发展阶段，特别是市场形成问题的研究；另一方面，又写了《帝国主义是资本主义发展的最高阶段》等文章，概括了垄

---

① 《资本论》第 1 卷，人民出版社 2004 年版，第 18 页。

② 《资本论》第 1 卷，人民出版社 2004 年版，第 18 页。

③ 参看《资本论》第 1 卷，人民出版社 2004 年版，第 37—44 页。

④ 参看《资本论》第 3 卷，人民出版社 2004 年版，第 12—26 页。

断资本主义阶段的新情况和新特点，指出了在帝国主义时期无产阶级革命的历史任务，并领导苏联共产党和苏联人民取得了十月革命的胜利，建立了世界上第一个无产阶级专政的国家。

毛泽东把马克思列宁主义的基本原理和中国革命的具体实践相结合，分析了半殖民地半封建社会的旧中国的政治经济状况和阶级关系，制定了我国新民主主义革命的路线、方针、政策和策略，领导中国人民取得了民主革命的胜利，丰富和发展了马克思主义政治经济学对帝国主义时代半殖民地半封建社会形态的研究。毛泽东根据现阶段帝国主义的特点，作出了帝国主义和一切反动派都是纸老虎的科学论断，指出了帝国主义时代民族解放运动的重大意义，提出了三个世界划分的理论，制定了正确的外交路线和政策，这些都是对马克思列宁主义基本原理的进一步运用和发展，有力地粉碎了现代修正主义的种种谬论，坚持了马克思列宁主义的革命旗帜，使马克思主义的彻底革命精神在国际共产主义运动中继续放射出巨大的光芒。毛泽东在领导我们全党和全国人民进行社会主义革命和社会主义建设的斗争中，总结我国社会主义革命和建设以及国际共产主义运动正反两个方面的经验，提出了一系列重大的基本原理。例如：关于社会主义社会的基本矛盾以及正确区分和处理两类不同性质的矛盾的理论，关于正确处理工农业以及各方面相互关系的理论，以及党在社会主义历史阶段的路线、方针、政策等等，都是对马克思主义政治经济学的运用和发展。邓小平在新的历史时期，用新的思想、观点继承和发展了马列主义、毛泽东思想，提出了中国特色社会主义理论，系统地回答了中国这样的经济文化比较落后的国家如何建设、巩固和发展社会主义的一系列基本问题。2016 年 5 月，习近平同志在哲学社会科学工作座谈会上的讲话中说：“有人说，马克思主义政治经济学过时了，《资本论》过时了。这个说法是武断的。远的不说，就从国际金融危机看，许多西方国家经济持续低迷，两极分化加剧、社会矛盾加深，说明资本主义固有的生产社会化和生产资料私人占有之间的矛盾依然存在，但表现形式、存在特点有所不同。国际金融危机发生后，不少西方学者也在重新研究马克思主义政治经济学，研究《资本论》，借以反思资本主义弊端。”习近平深刻而重要的论述，说明我们当前学习、研究《资本论》的重要性。同时也说明，马克思主义和《资本论》对当前仍然有用，十分重要，不会过时。

当前，我们党在国内面临着社会主义建设的艰巨任务，在国际上，还要坚持无产阶级国际主义，反对帝国主义和霸权主义。帝国主义是在自由资本主义的基础上发展起来的，“帝国主义是作为一般资本主义基本特性的发展和直接继续而生长起来的”①。学习《资本论》，可以帮助我们加深对当代垄断资本主义本性和特点的认识，加深对我们所处的时代和任务的理解，这对于我们进行反对霸权主义的斗争，发展国际共产主义运动，正确处理国际关系，也有一定的现实意义。

《资本论》是19世纪自由资本主义时期市场经济的经验总结，揭示了自由市场经济的基本特征、经济规律和基本原理，不仅对垄断资本主义时期的当代市场经济完全适用，对于社会主义市场经济也是完全适用的。②《资本论》中所研究的商品经济、市场经济，虽然包含着资本主义特质，但如舍去其资本主义特质，那就是一般的中性的范畴。例如：关于商品、价值、货币、价格等原理，关于资本市场、劳动力市场、土地市场等要素市场的原理，关于价值规律、供求规律、竞争规律、价格运动规律、平均利润和生产价格规律等原理，关于剩余产品的生产和分配的原理，再生产过程中国民经济必须按比例发展的原理，以及生产关系一定要适合生产力性质的原理等等，对于社会主义市场经济不仅是完全必要的，而且是构成社会主义市场经济理论的重要组成部分。有人说：“研究社会主义市场经济，必须从学习《资本论》开始。”真是经验之谈。可见，学习《资本论》，对于认识社会主义客观经济规律，提高理论水平，端正指导思想，增强执行社会主义建设的路线、方针、政策的自觉性，发展社会主义市场经济，搞好改革开放，都有极其重大的现实意义。恩格斯说过：德国无产阶级政党的“全部理论来自对政治经济学的研究”③，这对于其他各国的无产阶级政党也是完全适用的。马克思主义的

---

① 《列宁选集》第2卷，人民出版社1995年版，第650页。

② 对这一问题的论述，可参阅《陈征选集》中有关文章，该书已于1996年由山西经济出版社出版。

③ 《马克思恩格斯选集》第2卷，人民出版社2012年版，第8页。

政治经济学，不仅指导着无产阶级为推翻资本主义制度而斗争，也指导着工人阶级和广大劳动群众为建设社会主义、实现共产主义的伟大理想而斗争。

学习《资本论》，是会遇到不少困难的。马克思自己也说过："万事开头难，每门科学都是如此。所以本书第一章，特别是分析商品的部分，是最难理解的。"① 不仅如此，我们在弄懂《资本论》基本原理的同时，还要依据理论联系实际的原则，理解它，运用它，用来提高思想水平，指导实际工作，这就需要花更大的功夫。但是《资本论》讲的是现实社会经济生活中的基本情况，是写给工人看的，只要有坚持为社会主义事业而奋斗的决心与信心，学习中的困难也是完全可以克服的。马克思说："在科学上没有平坦的大道，只有不畏劳苦沿着陡峭山路攀登的人，才有希望达到光辉的顶点。"② 我们要牢记马克思的名言，为了社会主义、共产主义事业，敢于攀登陡峭的山路，攻克学习道路上的一切难关。

"世上无难事，只要肯登攀。"

《资本论》的革命精神永放光芒，照耀着亿万革命人民，从胜利走向胜利。

---

① 《资本论》第1卷，人民出版社2004年版，第7页。这里的第一章系指第一版而言，相当于现书的第一篇，即第一、二、三章。

② 《资本论》第1卷，人民出版社2004年版，第24页。

第一册

资本的生产过程

第一篇
商品和货币

第一章
商品

《资本论》第一卷第一篇共分三章。第一章“商品”，分析了商品的一般原理，创建了科学的劳动价值学说。第二章“交换过程”，说明货币的产生是商品交换关系的必然结果。第三章“货币或商品流通”，结合商品流通，论证了货币的各种职能及其流通规律，这就把商品的内部矛盾及其发展，以至商品和货币的矛盾，作了全面系统的分析，为进一步研究资本主义社会的劳动力成为商品提供理论基础，而这正是产生剩余价值的秘密所在。

第一章共有四节。第一节分析“商品的两个因素：使用价值和价值”，重点是论述价值的质（价值实体）和量（价值量）这两方面。第二节分析生产商品的劳动的二重性，具体劳动创造使用价值，抽象劳动创造价值，重点是阐明同一劳动的这两个方面的统一与对立。第三节分析价值形式的发展，“这里，马克思的主要任务是：研究货币价值形式的**起源**，研究交换发展的**历史过程**”[①]，重点是说明货币的起源和本质。第四

① 《列宁选集》第2卷，人民出版社1995年版，第429页。

节分析“商品拜物教及其秘密”，重点是说明商品是一种被物的外壳掩盖着的社会关系。在商品生产的历史条件下，生产者的社会关系必然反映成生产者之外的物和物的关系，商品拜物教就是这样的客观存在在人们头脑里的反映。学习商品部分的主要目的，在于揭露物和物的关系掩盖下的人和人的关系，即揭露商品生产者之间的关系。抓住这点，才能正确理解商品，正确理解价值和价值规律，才能在商品分析的基础上揭露资本主义剥削的秘密，揭露资本主义生产关系的实质。

马克思自己曾说：本书“分析商品的部分，是最难理解的”①。但是，第一章又极其重要，它是学习以后各章的基础。我们必须认真学习，读懂，弄通。

1. 商品的两个因素:使用价值和价值(价值实体,价值量)②

(一) 研究资本主义生产关系，从分析商品开始

研究资本主义的生产关系从何着手？马克思一开始就告诉我们：要从分析商品开始。因为，“资本主义生产方式占统治地位的社会的财富，表现为‘庞大的商品堆积’，单个的商品表现为这种财富的元素形式”③。具体说：第一，在资本主义社会里，商品生产占统治地位，社会的财富表现在商品的形式上。在这里，商品的数量大大增加，商品的范围更加扩大。不但劳动产品成了商品，连人的劳动力也作为特种商品，进入劳动市场。商品成为资本主义财富的“元素形式”，也是资本主义“经济的细胞形式”④。这种“元素”或“细胞”，包含着资本主义一切矛盾的萌

① 《资本论》第1卷，人民出版社2004年版，第7页。
② 1982年日文版，将“价值量”改译为“价值的大小”。
③ 《资本论》第1卷，人民出版社2004年版，第47页。
④ 《资本论》第1卷，人民出版社2004年版，第8页。

芽，所以对资本主义生产关系的研究，要从分析商品开始。列宁说："马克思在《资本论》中首先分析资产阶级社会（商品社会）里最简单、最普通、最基本、最常见、最平凡、碰到过亿万次的**关系**：商品交换。这一分析从这个最简单的现象中（从资产阶级社会的这个'细胞'中）揭示出现代社会的**一切**矛盾（或**一切**矛盾的萌芽）。往后的叙述向我们表明这些矛盾和这个社会——在这个社会的各个部分的总和中、从这个社会的开始到终结——的发展（**既是**生长**又是**运动）。"[①] 从商品开始，分析资本主义的矛盾运动，是唯物辩证法的矛盾分析方法，"这是研究任何事物发展过程所必须应用的方法"[②]。

第二，商品是资本主义社会最简单、最抽象的经济范畴。只有从商品分析入手，才能进而说明货币、资本、剩余价值等比较复杂、比较具体的范畴。例如："要知道什么是剩余价值，他就必须知道什么是价值。"[③] 不懂得商品如何发展为货币，货币如何转化为资本，不懂得商品的价值和使用价值、价值形式和价值规律，以及劳动力这个特殊商品的使用价值和价值，是不可能揭露剩余价值的秘密的。马克思在《资本论》中，就是从分析商品这一最简单、最抽象的范畴开始，逐步论述货币、资本、剩余价值等比较复杂、具体的范畴，然后分析剩余价值的转化形态利润、利息、地租等更为复杂、具体的范畴，从而揭示了资本主义生产方式的本质及其产生、发展、灭亡的规律。马克思在《〈政治经济学批判〉导言》中把他建立政治经济学的体系的方法，称为"从抽象上升到具体的方法"，并指出，这"显然是科学上正确的方法"[④]。因为这是唯物辩证法的具体运用。列宁在《谈谈辩证法问题》一文中，在谈到马克思在《资本论》中模范地分析了事物发展过程的自始至终的矛盾运动后，指出"一般辩证法的阐述（以及研究）方法也应当如此"[⑤]。从分析商品开始，正是唯物辩证法的要求。

---

① 《列宁选集》第2卷，人民出版社1995年版，第558页。
② 《毛泽东选集》第1卷，人民出版社1991年版，第307页。
③ 《资本论》第2卷，人民出版社2004年版，第21页。
④ 《马克思恩格斯选集》第2卷，人民出版社2012年版，第701页。
⑤ 《列宁选集》第2卷，人民出版社1995年版，第558页。

第三，从分析商品开始，体现了逻辑和历史的一致。资本主义是在商品经济基础上发展起来的。货币是商品生产发展的产物，货币在一定条件下又转化为资本。资本主义生产方式就是在封建社会后期，在有了相当发展的商品经济的条件下发展起来的。因此，要了解资本主义经济产生、发展和灭亡的规律，就必须从分析商品开始。当然，逻辑和历史的一致，不能理解为逻辑发展和历史进程的完全吻合。正像我们在介绍序、跋时讲过的，这种一致是经过修正的，即如恩格斯所指出的，“是按照现实的历史过程本身的规律修正的，这时，每一个要素可以在它完全成熟而具有典范性的发展点上加以考察”①。例如：第一章所分析的商品，是简单商品。不过，应该指出，第一、二节所分析的商品，并不是“在两个原始公社之间的自然形成的物物交换中刚在艰难地发展着的商品”，而是“充分发达了的商品”②，也就是商品流通已经发展很充分、可以在完全成熟而具有典范形式上来加以研究的商品。③ 第三节研究价值形式的发展，才是从原始公社时的物物交换开始，在这里，逻辑的展开和历史的发展是一致的。

这里附带说明一下，“庞大的商品堆积”注（1）的意义。为什么要指出这一句是从马克思自己著的《政治经济学批判》中引来的？恩格斯在《资本论》第一卷第三版序和英译本第一卷编者序中都曾提到引语问题。他说：“在大多数场合，也和往常一样，引文是用作证实文中提出的论断的文献上的证据。但在不少场合，引证经济学著作家的文句是为了表明：什么时候、什么地方、什么人第一次明确地提出某一观点。”④ 关于资本主义财富表现为“庞大的商品堆积”这一观点，是马克思在《政治经济学批判》中第一次提出来的，所以必须加注来说明。同页的注

---

① 《马克思恩格斯选集》第 2 卷，人民出版社 2012 年版，第 14 页。

② 《马克思恩格斯选集》第 2 卷，人民出版社 2012 年版，第 15 页。

③ 恩格斯在《资本论》第三卷序言中指出：“为什么马克思在第一卷的开头从他作为历史前提的简单商品生产出发，然后从这个基础进到资本，——为什么他要从简单商品出发，而不是从一个在概念上和历史上都是派生的形式，即已经在资本主义下变形的商品出发。”（《资本论》第 3 卷，人民出版社 2004 年版，第 17 页）可见，第一章所研究的对象是简单商品。但对这个问题，国内外学术界有不同看法，需要进一步研究。

④ 《资本论》第 1 卷，人民出版社 2004 年版，第 33 页。

(2)，也是这个意思。那里引用尼古拉斯·巴尔本的意见，因为商品具有使用价值这一观点是巴尔本首先提出来的。虽然古典学派的杰出代表亚当·斯密也区分使用价值和交换价值，但斯密的这一观点最初出现在1776年出版的《国民财富的性质和原因的研究》一书中，而巴尔本的书是在1696年出版，比斯密早。马克思没有专门注意那些大名家而抹杀那些最初提出创造性见解的一般人物。

（二）商品的使用价值

> 商品首先是靠自己的属性来满足人的某种需要的物

商品是什么？它首先是一个能够满足人的某种需要的物，虽然不仅仅是一个有用物（我们主要从社会属性方面来考察它）。每一种有用物，都有许多属性，可以在不同的方面，用不同的方法满足人们的需要。例如面包可以满足人们胃的需要，书报可以满足人们的精神需要。有的物如衣服，作为生活资料直接满足人们的需要；有的物如织布机，则作为生产资料，用它生产的东西来间接满足人们的需要。商品能够满足人们需要的这种属性，叫作商品的使用价值。

> 使用价值的质的多种用途和量的计量尺度，是在历史进程中不断发现和形成的

使用价值“可以从质和量两个角度来考察”。从质的方面看，每个商品都是许多属性的总和，可以有不同的效用。“发现这些不同的方面，从而发现物的多种使用方式，是历史的事情。”这是因为物的多种属性和多种用途，是随着人类的文化、科学知识的不断发展而逐步被人们认识和利用的。例如煤炭，起初只知道它可作燃料，现在知道它还可作染料。铜，过去只知道可以作刀子、镜子、铜钱、器皿，现在则知道还可作传电的导体。许多过去人们认为无用的东西，现在综合利用，却成了极其宝贵的物品。从量的方面看，衡量商品的尺度也是多种多样的。这是因为商品的自然性质不同，衡量的尺度也就不同。例如布匹计长短，用丈、尺来衡量，糖、盐计重量，用斤、两来衡量。同时，随着历史的发展，人们习惯逐步改变，衡量的尺度也会变化。例如过去计长短用市尺，现在大部分改

用米（公尺）。可见，使用价值的质的多种用途和量的计量单位，都是在历史进程中逐步被发现和形成的。

使用价值是商品的自然属性，不是政治经济学研究对象

“物的有用性”，即物有满足人们某种需要的作用，使物成为使用价值。这种有用性存在于商品体中，是商品的自然属性。“商品体的这种性质，同人取得它的使用属性所耗费的劳动的多少没有关系。”这就是说，生产一个商品要花费多少劳动，与商品本身有多大的使用价值，是不同的两回事。人们在考察使用价值时，总是以它们有一定的量为前提，如六尺布能做一件上衣，一丈二尺布能做两件上衣。商品的使用价值，即商品的性能、用途以及使用、保护方法等问题，是商品学研究的对象，不属于政治经济学研究的范围。

使用价值只在消费的过程中实现。当物作为使用价值时，不管是在怎样的社会形态下由什么样的人生产出来，它都是客观存在的物质财富。“不论财富的社会的形式如何，使用价值总是构成财富的物质内容”，就是这个意思。这个问题，马克思在《政治经济学批判》中有更具体的论述。他说：“不论财富的社会形式如何，使用价值总是构成财富的内容，而这个内容最初同这种形式无关。我们从小麦的滋味中尝不出种植小麦的人是谁，是俄国的农奴，法国的小农，还是英国的资本家。使用价值虽然是社会需要的对象，因而处在社会联系之中，但是并不反映任何社会生产关系。”①

在商品经济社会，使用价值是交换价值的物质承担者

既然如此，为什么政治经济学要研究商品这个使用价值属性呢？这是因为“在我们所要考察的社会形式中，使用价值同时又是交换价值的物质承担者”。交换价值是不能凭空存在的，它必须寄存在一定的使用价值里面。事实上，谁都不肯买没有用的东西。谁愿意买烂而发臭的苹果？谁愿意买不能写字的钢笔？没有使用价值的东西就没有交换价值。商品生产者生产产品并不是为了自己消费，而是为了卖出去；但是，如果产品没有使用价值，就卖不出去，也就是

---

① 《马克思恩格斯全集》第31卷，人民出版社1998年版，第420页。

说没有交换价值。因为这个缘故，商品生产者才不得不关心产品的使用价值。因此，政治经济学不是一般地研究使用价值，而是研究在产品变为商品的条件下，作为交换价值的物质承担者的使用价值。必须区别：作为社会财富的物质内容的使用价值，和作为交换价值的物质承担者的使用价值，在意义上是有所不同的。前者适用于任何社会形式，而后者却是一个特定的历史范畴，只适用于商品经济。马克思主要是从后一个意义来考察使用价值的，也就是从使用价值与交换价值的对立统一中来研究使用价值。往后我们可以看到，在论证商品的交换价值、价值、货币、资本、剩余价值等的时候，都会涉及商品的使用价值。例如剩余价值就是从劳动力这种特殊商品的使用价值产生的。马克思在他最后的一篇经济学著作《评阿·瓦格纳的"政治经济学教科书"》中指出："在我看来，使用价值起着一种与在以往的政治经济学中完全不同的重要作用，但是——这是必须指出的——使用价值始终只是在这样一种场合才予以注意，即这种研究是从分析一定的经济结构得出的，而不是从空谈'使用价值'和'价值'这些概念和词得出的。"[①] 这就是说，马克思考察使用价值，与资产阶级经济学家不同，既不是为了考察它的自然性质，也不是在概念上做游戏，而是为了揭露商品内部的矛盾，为了揭露商品经济和资本主义经济的运动规律。

（三）交换价值和价值（价值实体）

商品的交换价值

什么是交换价值？"交换价值首先表现为一种使用价值同另一种使用价值相交换的量的关系或比例，这个比例随着时间和地点的不同而不断改变。"例如，用一担谷子交换若干工业消费品，这时若干工业消费品便是一担谷子的交换价值，或者说，一担谷子值若干工业消费品。但是，不同商品互相交换的比例是随时间、地点的不同而不同的。例如，用一担谷子所交换的工业消费品，现在比工业不发达的旧中国要多一倍

① 《马克思恩格斯全集》第19卷，人民出版社1963年版，第414页。

以上；边远山区用食盐交换粮食的比例，比沿海要多几倍。因此，如果从表面上看问题，商品的交换价值就好像纯粹是由偶然因素决定的，说交换价值是“商品固有的、内在的”就“似乎是一个形容语的矛盾”。下面就来进一步考察这个问题。

必须把交换价值还原为一个共同的东西

拿10公斤米同5尺布交换，就是说“10公斤米＝5尺布”，5尺布是10公斤米的交换价值。米不但可以和布交换，也可以与鞋、酒、刀等等物品交换，从而和这些东西相等，所以米“有许多种交换价值，而不是只有一种”。但是，数学常识告诉我们，只有同质或同名称的东西才能互相比较，例如长度与长度比较，重量与重量比较，时间与时间比较。布、鞋、酒、刀等和米是不同的东西，但作为交换价值，它们彼此却可以相等。这说明，在这些极不相同的东西里面，存在着一种共同的因而可以互相比较的东西，交换价值只能是这种共同东西的表现形式。这种共同的东西就是交换价值的内容。

有些资产阶级经济学家不懂得这个“表现形式”和内容的区别与联系，停留在事物的表面现象上，把内容和形式混淆起来，因此就不去探求交换价值的内容。

那么，怎样探求交换价值的内容呢？再拿米和布来说，不管它们的交换比例是多少，“米＝布”是一个公式。但是为什么一定数量的米会等于一定数量的布？因为它们之间“有一种等量的共同的东西”。这个东西既不是米又不是布，而是“第三种东西”。我们的任务就在于探求这个第三种东西。

使用价值不是交换价值所表现的共同的东西

这种共同的东西即交换价值的内容是什么？有些资产阶级经济学家认为是由使用价值决定的。他们或者认为价值是由物品本身具有满足人类欲望的能力决定，即由客观的使用价值决定，或者认为价值是由人们认为物品对他所具有的用处决定，即由主观使用价值决定。例如：当你肚子饥饿时看到面包，它的价值就高，当你肚子很饱不想再吃面包时，面包的价值就低，甚至毫无价值。这种观点显然是荒谬的。马克思指出，“这种共同东西不可能是商品的几何的、物理的、化学的或其他的天然属性”，因为商品的物体属性各不相同，使商品的使用价值千差万别，但商品交换的特点却正是抽去使用价值，只要交换价值相等，“一种使用价值就和其他任何一种使用价值完全相等”。每一商品，从使用价值观点看，它们都是异质的，当然不好互相比较；但从交换价值的观点看，它们都是同质的，仅有量的差异，因此可以互相比较。这种同质异量的东西，正是交换价值的内容，在这里，一点点使用价值的因素（“原子”）都不包含在内。

抽象劳动形成价值实体，是交换价值所表现的共同的东西

使用价值是商品的自然属性，既然使用价值不是决定交换价值的因素，要探求交换价值的内容，就应当把使用价值这个无关的因素抽去。抽去使用价值，商品体就只剩下一个属性，“即劳动产品这个属性”。但是劳动是在具体的形式下进行的，木匠劳动的具体形式与纺纱劳动是不一样的，泥水匠劳动的具体形式与缝衣劳动是不一样的，不同的具体劳动创造不同的使用价值（有用物）。如果把劳动产品的使用价值抽去，那么，“随着劳动产品的有用性质的消失，体现在劳动产品中的各种劳动的有用性质也消失了，因而这些劳动的各种具体形式也消失了”。唯一留下来的是什么呢？那就是“全都化为相同的人类劳动，抽象人类劳动”。所以说，“共同的东西”就是抽象的人类劳动。

有人认为“共同的东西”是劳动，这是不确切的。劳动本身，既包括具体形式，也包括抽象的人类劳动力的支出。如果“共同的东西”是劳动，那就必然包括具体劳动在内；但具体劳动是各种各样的，是不同质的，不能成为共同的东西。

马克思接着在第 12 段论述了抽象劳动如何凝结成为价值的问题。当把使用价值和具体劳动都抽去以后，劳动产品所剩下的，“只是无差别的人类劳动的单纯凝结”。就是说，在这些产品的“生产上耗费了人类劳动力，积累了人类劳动”。这种凝结在商品体内的抽象人类劳动，形成商品价值。

正确理解商品价值这一经济范畴，是读懂《资本论》的一个重要问题。马克思告诉我们，价值不等于抽象劳动，而是抽象劳动的“凝结”。抽象劳动是形成价值的要素，但不等于就是价值本身。因为“处于流动状态的人类劳动力或人类劳动形成价值，但本身不是价值。它在凝固的状态中，在对象化的形式上才成为价值”①。就是说，要把人类抽象劳动凝结在一定的物体里面，即一定的对象里面，它才形成价值。“使用价值或财物具有价值，只是因为有抽象人类劳动对象化或物化在里面。”所谓“物化”，即抽象劳动凝结在某一对象中（物质中），就是价值体现的意思。马克思价值学说有一个很大的特点，就是把价值当作商品的一个因素来分析，资产阶级经济学者往往把价值作为孤立的概念来分析，离开了商品而谈价值，价值就成为空洞的毫无实际内容的东西。

但仅仅认识这一点，还没有领会马克思关于价值范畴中最根本的东西。马克思把创造价值的劳动当作社会劳动来看待，把价值作为社会关系来看待。他说：“如果我们记得，商品只有作为同一的社会单位即人类劳动的表现才具有价值对象性，因而它们的价值对象性纯粹是社会的，那么不言而喻，价值对象性只能在商品同商品的社会关系中表现出来。”②商品与商品相交换，即价值与价值相衡量，其实质，无非是人们的劳动与劳动相交换。商品的交换关系，无非是人们互相交换劳动的关系。在存在商品生产的社会里，人们交换劳动是通过交换商品来实现。所以商品的交换关系，表现人和人的关系，表现着一定的社会关系。政治经济学不是把商品当作自然物质来考察，而是就它的社会属性来研究。资产阶级经济学者不了解价值是商品的社会属性，是一定的生产关系的表现，而把价值看作是一个永恒的范畴，看作是商品的自然属性，因此不能创立科学的价值论。有的资产阶级经济学者，如意大利的加利阿尼，虽然也意识到“价值是人和人之间的一种关系”③，但他不懂得这种人和人的关系并不是一目了然的，而是被物掩盖着的。所以马克思说：“他还应当补充一句：这是被物的外壳掩盖着的关系。”④ 只有通过物和物的关系的分析，才能透视人和人的关系，这是马克思价值理论的又一重大特点。

恩格斯曾明确指出，“经济学研究的不是物，而是人和人之间的关系，归根到底是阶级和阶级之间的关系；可是这些关系总是**同物结合着**，

---

① 《资本论》第1卷，人民出版社2004年版，第65页。

② 《资本论》第1卷，人民出版社2004年版，第61页。

③ 《资本论》第1卷，人民出版社2004年版，第91页注（27）。

④ 《资本论》第1卷，人民出版社2004年版，第91页注（27）。

并且**作为物出现**”[①]。列宁在谈到马克思的价值学说时特别指出：“只有从某个一定的历史社会形态的社会生产关系体系来看，并且从表现在重复亿万次的大量交换现象中的关系体系来看，才能了解什么是价值。”[②]

这里还要附带提一下关于价值实体问题。马克思所指的价值实体，是从质的方面考察的同一的无差别的人类劳动，即抽象劳动。他说：“形成价值实体的劳动是相同的人类劳动，是同一的人类劳动力的耗费。”这本来是不成问题的。可是有人却把价值实体解释为“凝结在生产物中的一定数量的社会必要劳动”，还说是“马克思在资本论第一章第一节就论述了”的。事实上，价值实体并不包含社会必要劳动时间的量的规定。马克思在第二版跋说到“价值实体和由社会必要劳动时间决定的价值量之间的联系”[③]，可见，这是两个不同的范畴。

价值和交换价值的关系

如前所述，商品的交换价值，是“同它们的使用价值完全无关的东西”，把商品的使用价值抽去，就可看到上段所说的价值了。这个价值，是每个商品都有的“共同的东西”，而表现在交换关系或交换价值上面。“在商品的交换关系或交换价值中表现出来的共同东西，也就是商品的价值。”价值同交换价值的关系是内容和形式的关系。交换价值是价值的表现形式，价值是交换价值的内容，二者不能混为一谈。马克思在《评阿·瓦格纳“政治经济学教科书”》一文中说到商品的两种属性时指出：“一方面是使用价值，另一方面是‘价值’——不是交换价值，因为单是表现**形式**不构成其本身的**内容**。”[④]

有人把交换价值的概念直接理解为价值，是值得商榷的。虽然，马克思在1859年所写的《政治经济学批判》一书中把价值都称为交换价值，没有严格区别这两个概念，但不能以此为根据来否定交换价值和价值的区别。正如我们不能抓住马克思在他早期的著作里，如《雇佣劳动与资本》一书中，没有区分劳动和劳动力，就来否定《资本论》中所讲

---

① 《马克思恩格斯选集》第2卷，人民出版社2012年版，第14—15页。

② 《列宁选集》第2卷，人民出版社1972年版，第589—590页。

③ 《资本论》第1卷，人民出版社2004年版，第14页。

④ 《马克思恩格斯全集》第19卷，人民出版社1963年版，第412页。

的劳动和劳动力的区别一样。当然，我们不但要注意价值和交换价值的区别，还要注意它们的密切联系，价值是不能孤立地被考察的，一定要在交换关系中才能表现出来。因此，说商品是使用价值和交换价值，严格说来，这是不对的。确切地说，商品是使用价值和价值。但是，没有交换价值，价值就无法表现，“只要我们知道了这一点，上述说法就没有害处，而只有简便的好处。”①

分析了交换价值是价值的表现形式后，马克思就暂时不管这种形式，而直接研究价值的量的规定性，以及形成价值的劳动等问题。只有对价值作深入的分析考察后，然后“再把交换价值当作价值的必然的表现方式或表现形式来考察”，这是在第三节“价值形态或交换价值”中被研究的。

（四）商品的价值量

商品的价值量由劳动时间来测量

在从质的方面探讨了价值实体以后，现在就进而研究价值量的决定问题。

商品价值既然是由人类劳动创造出来的，价值量就要以劳动量来计量。劳动量是以时间来计算，劳动时间又是以日、小时等单位来计算的，这就发生了怎样计算劳动时间来衡量商品的价值量的问题。

决定商品价值量的是社会必要劳动时间

“既然商品的价值由生产商品所耗费的劳动量来决定”，这里所说的“价值”，是指价值的大小，即价值量，它和由抽象劳动的凝结而形成的价值是有区别的，前者是指量的方面，后者是指质的方面。严格说，价值的概念主要是指后者。但马克思有时为了用语方便或习惯起见，谈到商品价值时，实际上是指商品的价值量。他在注（19）中说：“‘价值’一词在这里是用来指一定量的价值即价值量，前面有的地方已经这样用

① 《资本论》第1卷，人民出版社2004年版，第76页。

过。”[①] 这一点，在阅读《资本论》时必须注意。

既然商品的价值量是由生产商品所耗费的劳动量来决定，那么，由于种种原因（工具好坏、技术高低、劳动勤懒等），生产同一商品各个人所花费的劳动时间是不同的，商品的价值由哪个人的劳动时间决定呢？当然，不能以个别人的劳动时间为标准，必须以社会必要劳动时间为标准。因为“形成价值实体的劳动是相同的人类劳动，是同一的人类劳动力的耗费”。各个劳动力的总和，形成整个社会的总劳动力，从而每一个劳动力，只起着社会平均劳动力的作用。决定商品价值量的，只是生产商品所耗费的“平均必要劳动时间或社会必要劳动时间”。

什么是社会必要劳动时间呢？马克思说：“社会必要劳动时间是在现有的社会正常的生产条件下，在社会平均的劳动熟练程度和劳动强度下制造某种使用价值所需要的劳动时间。”这就是说，决定社会必要劳动时间有三个因素：社会正常的生产条件，社会平均的劳动熟练程度，社会平均的劳动强度。前者是指物的方面，后二者是指人的方面。从社会正常的生产条件看，主要是生产工具。马克思以英国的蒸汽织布机同手工织布机比较，说明由于生产工具不同，生产一定数量的布所需的时间，前者比后者少得多。当整个社会普遍采用蒸汽机后，它就成为现有社会的正常的生产条件。这时布的价值就由前者而不是后者所决定。在社会正常的生产条件中，自然条件也有一定的影响。用同样的生产工具采煤，由于煤层有好有坏，生产一定数量的煤所需的时间就有多有少，这时正常的生产条件，就要看社会大多数所开采的煤层而定。所以“社会正常的生产条件”，包括工具和自然两个方面。所谓“正常的”，并不是整个社会平均的标准，事实上，生产条件是无法相加、无法平均的，而是指该社会绝大多数生产条件的情况。从人的方面来看，劳动本身有不同的熟练程度和劳动强度。所谓劳动熟练程度，是指劳动者的劳动技能，其水平的高低，标志着在一定时间内生产多少产品，以及产品质量的好坏。所谓劳动强度，是指劳动者在一定劳动时间内的紧张程度，它标志着在一定时间内支付出多少数量的人类抽象劳动。这两方面，要进行社会平

---

① 《资本论》第1卷，人民出版社2004年版，第68页。

均。当然，这种平均不是把全社会劳动者所有的熟练程度和强度全面平均，而只是生产某一商品的劳动者在该商品生产范围内所作的社会平均。

可见，价值量不是由生产商品的个别劳动时间决定，而是由社会必要劳动时间决定，“只是社会必要劳动量，或生产使用价值的社会必要劳动时间，决定该使用价值的价值量”。“一种商品的价值同其他任何一种商品的价值的比例，就是生产前者的必要劳动时间同生产后者的必要劳动时间的比例。”商品与商品相交换，价值与价值相交换，实质上是一定量的劳动和一定量的劳动相交换，商品交换关系，是劳动者互相交换劳动的关系。

还需注意：商品的价值量是由现在生产该商品的社会必要劳动时间决定，因此，过去生产的商品也要由现在已经变化了的生产该商品的社会必要劳动时间决定。“如果生产商品的社会必要劳动时间改变了，例如，同一数量的棉花在歉收时比在丰收时代表更多的劳动量，那就会反过来对原有的商品发生影响，因为原有的商品始终只是本类商品的一个样品，它的价值总是由社会必要劳动计量的，因而也总是由现有的社会条件下的必要劳动计量的。”[①] “假定一个商品代表 6 个劳动小时。如果一些发明使这个商品用 3 小时就可以生产出来，那么，连已经生产出来的商品的价值也会降低一半。现在，这个商品所代表的只是 3 小时社会必要劳动，而不是原先 6 小时社会必要劳动了。”[②]

价值量随劳动生产力变化而变化

既然价值量由生产该商品的社会必要劳动时间决定，那么，生产某一商品的社会必要劳动时间，是不变的，还是可变的？马克思在第 17 段回答了这个问题。

价值量由社会必要劳动时间决定，社会必要劳动时间又是随劳动生产力的变化而变化的。

劳动生产力，通常也称为劳动生产率，是指劳动者在一定劳动时间内生产某种产品的能力或劳动效率。一般是用单位时间内的劳动消耗和

① 《资本论》第 1 卷，人民出版社 2004 年版，第 244 页。
② 《资本论》第 1 卷，人民出版社 2004 年版，第 615 页。

所生产出来的产品数量来衡量。例如，一个工人过去8小时生产4支钢笔，现在8小时生产8支钢笔，这就表示他的劳动生产率提高了一倍。或者，过去生产4支钢笔，要消耗4元的原材料，现在，只消耗2元的原材料，劳动生产率也提高了一倍。前者指活劳动消耗，后者指物化劳动消耗。劳动生产率的提高，意味着物化劳动和活劳动消耗的减少，即单位商品中包含的价值量降低。

劳动生产力的高低是由许多因素决定的。“其中包括：工人的平均熟练程度，科学的发展水平和它在工艺上应用的程度，生产过程的社会结合，生产资料的规模和效能，以及自然条件。”①

社会必要劳动时间怎样随劳动生产力的变化而变化呢？“劳动生产力越高，生产一种物品所需要的劳动时间就越少，凝结在该物品中的劳动量就越小，该物品的价值就越小。相反地，劳动生产力越低，生产一种物品的必要劳动时间就越多，该物品的价值就越大。”这里的“价值”是指价值量。例如：在8小时的社会必要劳动时间里生产4支钢笔，每支钢笔的社会必要劳动时间是2小时，如果劳动生产力提高一半，8小时内生产出8支钢笔，每支钢笔只包含1小时的社会必要劳动，就是说，生产力提高一倍，每支钢笔的价值量就降低一半。反之，如果劳动生产力降低，8小时只能生产2支钢笔，生产一支钢笔所需的必要劳动时间就从2小时增加到4小时，每支钢笔的价值量就提高一倍。“可见，商品的价值量与实现在商品中的劳动的量成正比地变动，与这一劳动的生产力成反比地变动。”就是说，生产一个商品的社会必要劳动时间越多，该商品的价值量就越大。而单位商品的价值量即所包含的劳动时间，则随着劳动生产力的提高而降低，随着劳动生产力的降低而提高。

必须注意，劳动生产力的变化，只是使单位商品的价值量发生变化，而不是使单位时间内生产的全部商品的价值总量发生变化。例如，由8小时生产4支钢笔提高到8支，虽然每支钢笔的价值量从包含2小时降为1小时，这是由劳动生产力提高所引起的单位商品价值量的降低，但是，

---

① 在《资本论》第3卷第96页（人民出版社2004年版），马克思又指出：劳动生产率的提高，“归结为发挥着作用的劳动的社会性质，归结为社会内部的分工，归结为脑力劳动特别是自然科学的发展”。

8 小时的社会必要劳动时间内所生产的钢笔的总和，不管是 4 支还是 8 支，其价值总量总是 8 个小时，没有增加，也没有减少，只是 8 小时的社会必要劳动时间过去凝结在 4 支钢笔中，现在凝结在 8 支钢笔中。所以劳动生产力的变化，只改变单位商品的价值量，而没有改变这 8 小时的价值总量本身。

（五）商品是使用价值和价值的统一

现在我们回头来看看，究竟什么是商品呢？商品有两种属性：使用价值和价值。使用价值是商品的自然属性，不反映任何社会生产关系，不是商品的劳动产品也可以有使用价值。价值是商品的社会属性，不是商品的劳动产品，是没有这种社会属性的。商品实际上是在物的外壳掩盖下的一种社会关系。商品是使用价值和价值的统一体。

在第 18 段，马克思列举了四种情况来说明商品是使用价值和价值的统一。其一，有使用价值，但不是经过人类劳动创造出来的物品，没有价值，因此不是商品。例如空气、处女地、野生林等。其二，有使用价值，又是人类劳动的产品，但这些产品是生产者用来满足自己消费的需要的，也不是商品。如小农经济自产自吃的粮食之类。其三，只有为别人生产使用价值，即生产社会的使用价值，并通过交换转到别人手里，才是商品。如果仅仅是为别人使用的，但不通过交换形式，也不是商品。例如农民交给地主的地租，“为神父生产纳什一税的粮食”①。为了弄清楚这一问题，恩格斯在文内特地加注来说明，着重指出价值的社会性和历史性。同时，他又在小注里指出，把不是生产者自己消费的产品都当作商品，是常常会引起的误解。其四，没有使用价值的东西，便不可能有价值，当然也不是商品。“如果物没有用，那么其中包含的劳动也就没有用，不能算作劳动，因此不形成价值。”例如，生产出来的钢笔如果不能写字，任何人也不会买它，它是无用的，那么生产它所花费的劳动也是

---

① 什一税：是欧洲封建制度下农民向教会缴纳的一种赋税。农民除了每年向领主、国王缴纳各种捐税和服各种劳役外，还要把劳动成果的十分之一作为什一税交给教堂。这种税制之所以存在，是由于中世纪的教权与政权相结合，教主往往又是大封建主，大领地的所有人。

无用的，它就没有价值，不能成为商品。

■ 从第一节就可看出，马克思对商品的两个因素的分析有杰出的贡献。

第一，在经济学说史上，马克思是正确区分商品的使用价值和价值的第一人。资产阶级经济学者，为资产阶级的立场所局限，或则把使用价值和价值混同起来，或则以使用价值代替价值。古典学派的杰出代表——斯密和李嘉图，虽然明确划分了商品的使用价值和交换价值，指出使用价值是交换价值不可缺少的前提，但并不是交换价值的尺度，但是他们并不了解使用价值和交换价值是同一商品的对立双方，不了解商品是这两个对立面的统一体。他们虽也开始感觉到价值与交换价值有所区别，但看不见交换价值和价值的内在联系，把交换价值看成是和商品的社会性质毫无关系的东西。其结果，就会把商品、价值都看成是自然范畴，而不把它们看成是历史的范畴，是一定生产关系的理论表现；从而把资本主义生产关系看成是不变的，把资本主义制度看成是永恒的。马克思正确指出了商品是使用价值和价值的统一体，明确区别了交换价值和价值的关系，不仅为分析价值形式的发展、商品拜物教，特别是为分析劳动力这一特殊商品、揭露剩余价值的秘密奠定了必要的理论基础。如果不掌握商品二因素的理论，就不能正确区别劳动力这一特殊商品的价值和使用价值，当然也就不能揭露剩余价值的源泉了。

第二，在经济学说史上，马克思是正确分析价值实体的第一人。资产阶级学者，有的把价值作为离开商品的范畴来分析，孤立地作概念的游戏；有的则认为价值仅仅存在于我们的想象里，并不存在于现实的经济生活中，从效用论、供求论、生产费用论等等角度来解释价值。古典派的经济学者，如威廉·配第，虽然首先提出了劳动创造价值的论点，但未能进一步发挥。斯密在配第的基础上发展了劳动价值学说，可是他有时主张生产商品所投下的劳动量决定价值量，有时又主张交换商品所支配的劳动量决定价值量，陷入劳动价值学说的二元论。李嘉图批判了斯密的二元论的错误观点，坚持一元论的劳动价值学说，但他不了解价值的本质，不了解什么劳动才凝结成为商品的价值，当然也不能正确分析价值实体。马克思第一个发现了形成价值实体的不是普通意义上的劳动，不是劳动的具体形式，而是一般的人类抽象劳动，从而使劳动价值学说真正成为彻底的、科学的学说。由于解决了价值实体的问题，就为揭露资本家剥削工人劳动所创造的剩余价值奠定了理论基础。

第三，在经济学说史上，马克思是正确分析价值量、揭示价值规律的第一人。虽然古典学派也曾发现商品价值是由生产商品所耗费的劳动时间决定的规律，并认为这个规律也适用于资本主义经济，可是对价值量的规律不可能有彻底的理解。如斯密认为价值量是由较好生产条件下所消耗的劳动决定的，李嘉图则认为是由最差生产条件下所消耗的劳动决定的，他们都没有科学的定量标准。因为他们“从来没有意识到，各种劳动的纯粹量的差别是以它们的质的统一或等同为前提的，因而是以它们化为抽象人类劳动为前提的”①。“价值量的分析把他们的注意力完全吸引住了。”② 如果不阐明价值的同质性，怎能就在量上加以比较？古典学派关于价值量的分析，不是科学地奠定在价值实体（即质）的基础上，其缺陷是显而易见的。马克思在正确分析了价值的质的规定性以后，再转入价值量的分析，对价值的质和量两方面有完整全面的理解，因此才能正确地认识价值规律并进一步研究它发生作用的具体形式。

现在，我们再回头看看第一节的小标题：“商品的两个因素：使用价值和价值”，在“价值”后面括弧内，特别标出“价值实体，价值量”的字样，是有多么重大的意义了。

2. 体现在商品中的劳动的二重性

（一）研究劳动的二重性的重要意义

既然商品具有使用价值和价值这两个属性，那么，创造这种价值和

① 《资本论》第1卷，人民出版社2004年版，第98页注（31）。
② 《资本论》第1卷，人民出版社2004年版，第99页注（32）。

使用价值的劳动，也应该是二重的。劳动，从一方面看，它创造使用价值，从另一方面看，它又形成价值实体。如果我们仅从创造价值这一方面来考察，劳动就“不再具有它作为使用价值的创造者所具有的那些特征”了。

商品中包含的劳动的这种二重性，在经济思想的发展史上，是马克思首先发现的。一切资产阶级经济学家都不懂得劳动的二重性。马克思在《政治经济学批判》一书中，首先论证了它，由此建立了科学的彻底的劳动价值学说，并为进一步建立剩余价值学说奠定基础。马克思在写信给恩格斯谈到《资本论》的时候说：“我的书最好的地方是：(1) 在**第一**章就着重指出了按不同情况表现为使用价值或交换价值的**劳动的二重性**（这是对事实的**全部**理解的基础）……”[①] 在本节第 1 段，马克思又指出，劳动的二重性“是理解政治经济学的枢纽”。研究这个问题，有极其重要的意义。

（二）生产使用价值的有用劳动——具体劳动

具体劳动的概念

为了论证劳动的二重性，第 2 段首先例举了一个公式：假定 1 件上衣的价值比 10 码麻布的价值大一倍，那么，“1 件上衣＝20 码麻布”。马克思首先写出这个公式的目的，是为了说明上衣与麻布是两个不同的使用价值，是由两种不同的具体劳动创造的；又要说明形成上衣与麻布的价值的抽象劳动是同质的，但在量上又不相等。这个例子贯穿于整节之中，其后数段的例证都是以此例为基础而进行分析的。

在公式的两端，不管上衣与麻布，它都是一个使用价值，都可以满足一种特殊需要。上衣不同于麻布，它能御寒。上衣的这种特殊效用，是由生产上衣的劳动的特殊形式所决定的。这种劳动的特殊形式，主要表现在“目的、操作方式、对象、手段和结果”等方面。例如：裁缝生产一件上衣，这是他的目的，其劳动的对象是布匹，所使用的劳动手段是剪刀、针、尺等，其操作方式是用尺量、用剪裁、用针缝等等，其结

---

① 《马克思恩格斯全集》第 31 卷，人民出版社 1972 年版，第 331 页。

果是生产出一件上衣，这些都是生产上衣的劳动所具有的特殊形式。

不同的商品有不同的自然形态，能够满足人们不同的需要，与此相适应，生产不同商品的劳动的具体形式也是各不相同的。例如裁缝劳动不同于木匠劳动，等等。马克思把这种创造产品的使用价值的劳动，称为有用劳动，有时又称为具体劳动，都是一个意思。由于具体劳动各不相同，所以商品的使用价值也就千差万别。但当谈到具体劳动的时候，"总是联系到它的有用效果来考察的"。

同种具体劳动的产品不能作为商品互相对立

不同商品如上衣和麻布，是不同质的使用价值，生产这些不同质的使用价值的具体劳动，如缝劳动和织劳动，在性质上也是不相同的。就是说，不同商品所包含的具体劳动是不同质的。同质的具体劳动只能生产同质的使用价值。两个相同的使用价值是无法进行交换的，谁也不会拿一斗米去换别人的一斗米，这是毫无意思的事。所以，"一种使用价值不会与同种的使用价值交换"。因此，同质的具体劳动的产品，"不能作为商品来互相对立"。

社会分工和私有制是商品生产产生的条件

整个社会上的商品或使用价值，是多种多样的，它们是依照"属、种、科、亚种、变种分类的"①。例如：商品可以分为工业品和农产品；工业品又可分为重工业产品和轻工业产品；重工业产品又可分为冶金工业产品、机械工业产品、燃料工业产品等；冶金工业产品又可分为黑色冶金工业产品，有色冶金工业产品；黑色冶金工业产品又可分为钢、铁；钢又有许多不同的品种，如纯钢、柔钢、铸钢等。同样，生产这些商品的不同的具体劳动，也要按照这些分类来加以区别。这些具体劳动的总和，即表现为社会分工。"这种分工是商品生产存在的条件"。

为什么社会分工是商品生产存在的条件呢？这是因为，如果没有社会分工，即人们不从事不同的具体劳动，从而生产不同的使用价值，产品就根本不可能作为商品互相对立。因为，"一种使用价值不会与同种的

① 属、种、科、亚种、变种：这是生物分类系统的一些名称，马克思借用来比喻由各种各样的有用劳动组成的人类社会分工体系。

使用价值交换”。可见，分工是商品生产的必要前提条件。列宁在研究俄国资本主义经济发展时，曾指出：“社会分工是商品经济和资本主义全部发展过程的基础。”[①] 当然，我们说社会分工是商品生产存在的条件，但不能反过来说，商品生产是分工的条件。因为并不是先有了商品生产，然后才有社会分工，而是相反，先有社会分工，以后才有商品生产；而且将来商品生产不存在了，还会有社会分工。

可见，分工只是商品生产存在的一个条件，而不是商品生产存在的唯一条件。例如，“在古代印度公社中就有社会分工，但产品并不成为商品”。古代印度公社是指印度古代的氏族公社，它是一种古老的社会经济组织，大约产生于公元前 15—前 10 世纪。在公社内部，虽然存在分工，但由于不存在私有制（公社的土地是公有的），所以没有商品交换。马克思指出：“只有独立的互不依赖的私人劳动的产品，才作为商品互相对立。”这里所说的“私人劳动的产品”，当然是指在私有制的情况下而言。在存在私有制的社会里，生产者的劳动具有二重性质。一方面，生产者的产品归自已所有，因此，他们的劳动具有私有性，是私有劳动。另一方面，由于存在社会分工，每个生产者的劳动是社会分工的一部分，他们彼此为对方提供产品，因此，他们的劳动又具有社会性，是社会劳动。在这种情况下，只有通过商品交换，私人劳动的社会性质才能实现。就是说，生产者必须把自己的产品作为商品卖出去，他的劳动的社会性才得到社会的承认，才证明他的劳动确是社会分工的一部分。可见，私有制和社会分工是商品生产产生的条件。至于社会主义社会为什么还存在商品生产，这同社会主义社会存在两种不同的生产资料公有制有关，是需要另外研究的问题。

社会分工和工厂内部分工是不同的两个概念，马克思在本书第 393—396 页有具体的论述。马克思怕读者误解，特地举了另一例，即在一个工厂内，劳动是有分工的，但不产生商品交换。必须注意：在有分工的情况下，交换劳动不一定都要通过商品交换来实现。在不同的社会里，由劳动分工而引起的交换劳动的形式是不同的，有的通过商品交换，有的

---

① 《列宁全集》第 3 卷，人民出版社 1984 年版，第 19 页。

采用产品交换，有的直接交换劳动（如农民变工互助之类），并不是有了分工就一定有商品。只有既存在社会分工，又存在私人占有生产资料和劳动产品的情况下，产品才采取商品形式，生产者的劳动交换才采取商品交换的形式。

有用劳动是人类的生存条件

那么，具体劳动有什么特点呢？具体劳动创造使用价值。例如，裁缝生产的上衣，不管是自己穿，还是顾客穿，都是起使用价值的作用。使用价值和创造它的具体劳动的关系，如上衣和缝劳动的关系，是不以一切社会形式为转移的。人们为了御寒就必须穿衣，“在有人当裁缝以前，人已经缝了几千年的衣服”。总之，人类为了生存，就必须有能满足人们各种需要的物质财富，这些物质财富，除天然存在之外，都必须通过具体劳动创造出来。通过具体劳动，人们改变自然物质形态，使之适合人们的需要，如通过缝劳动，改变布的自然形态，使之成为能满足人们御寒需要的衣服。不管在什么样的社会，有商品交换的社会，还是没有商品交换的社会，这种创造满足人们生存需要的物质财富的具体劳动都是不可缺少的。马克思 1868 年 7 月 11 日致库格曼的信中指出：“任何一个民族，如果停止劳动，不用说一年，就是几个星期，也要灭亡，这是每一个小孩都知道的。”① “因此，劳动作为使用价值的创造者，作为有用劳动，是不以一切社会形式为转移的人类生存条件，是人和自然之间的物质变换即人类生活得以实现的永恒的自然必然性。”

劳动和自然物质都是物质财富的源泉

具体劳动是人类的生存条件，但是，具体劳动是不是形成物质财富的唯一源泉呢？有些资产阶级经济学者攻击马克思，硬说劳动价值学说主张劳动是财富的唯一源泉。其实，马克思早就指出：“劳动并不是它所生产的使用价值即物质财富的唯一源泉。”因为“种种商品体，是自然物质和劳动这两种要素的结合”。这是显而易见的，任何商品，把生产它的劳动抽象掉以后，“总还剩有一种不借人力而天然存在的物质基质”。例如，把开采煤矿的劳动撇开不论，还有自然存在的煤矿这个物质；把

① 《马克思恩格斯全集》第 32 卷，人民出版社 1974 年版，第 541 页。

生产桌子的劳动撇开不论，还有木头这个自然物质。人们的劳动只是改变物质的形态，使之适合人类的需要。劳动必须有对象，没有自然物质，具体劳动就不能发生作用。例如人们可以把米煮成饭，但不能搞无米之炊。不仅如此，人们在劳动过程中，“还要经常依靠自然力的帮助”，如利用风力、水力作动力，利用地心引力来建筑房屋等等。

机会主义者拉萨尔，胡说什么“劳动是一切财富的源泉”，抹杀劳动和自然物质的关系，抹杀没有生产资料就无法进行劳动的事实，为地主资产阶级靠私人占有生产资料剥削工人农民进行辩护。马克思在《哥达纲领批判》中严厉地批判了拉萨尔的上述机会主义观点，又一次明确地指出：“劳动**不是**一切财富的**源泉**。**自然界**同劳动一样也是使用价值（而物质财富本来就是由使用价值构成的!）的源泉”[①]。

附带说明一下，马克思在本节还引用了英国经济学家、资产阶级古典政治经济学创始人之一威廉·配第的话：“劳动是财富之父，土地是财富之母。”从使用价值的生产过程来理解，这句话是正确的。马克思正是在这个意义上引用这句话。但配第不懂得劳动的二重性，他虽然首先从劳动中发现了价值的源泉，这是极其重要的贡献，但却错误地认为价值的尺度不仅是劳动，而是劳动和土地。他把生产使用价值的过程和生产价值的过程混为一谈。因此，就创造价值来说，这句话是错误的。马克思指出，劳动是形成价值的唯一源泉，但不是形成物质财富的唯一源泉。

（三）形成价值实体的一般人类劳动——抽象劳动

抽象劳动的概念

“我们曾假定，上衣的价值比麻布大一倍。”这是指第2段的例子而言。“但这只是量的差别，我们先不去管它。”为什么“不管它”呢？因为“不同物的量只有化为同一单位后，才能在量上互相比较”。[②] 例如，1件上衣＝20码麻布，“那么，20码麻布就与1件上衣具有同样的价值量。作

① 《马克思恩格斯选集》第3卷，人民出版社2012年版，第357页。

② 《资本论》第1卷，人民出版社2004年版，第63页。

为价值，上衣和麻布是有相同实体的物，是同种劳动的客观表现”。

但是，生产上衣的缝劳动和生产麻布的织劳动是不同的具体劳动，它们怎么会是同种劳动？为什么能在量上互相比较？这就必须找出不同的具体劳动的共同之处。我们知道，“在有些社会状态下，同一个人时而缝时而织，因此，这两种不同的劳动方式只是同一个人的劳动的变化”。又如，在资本主义社会，有时裁缝太多，布供不应求，有些裁缝就必须改行，去从事织布劳动。虽然，这种变换“不可能没有摩擦”，因为在生产无政府状态占统治地位的社会里，换一种新的职业不是那么容易的。但是，“这种变换是必定要发生的”。可见，同一个人或同一些人可以从事不同种的劳动（如缝与织），说明这些不同的劳动有共同的特点，即它们都是人类劳动。如果把劳动的具体形式（如缝、织等）撇开，“劳动就只剩下一点：它是人类劳动力的耗费。尽管缝和织是不同质的生产活动，但二者都是人的脑、肌肉、神经、手等等的生产耗费，从这个意义上说，二者都是人类劳动”。这种抽去具体形态的劳动，这种一般人类社会劳动力的耗费，就是抽象劳动。“商品价值体现的是人类劳动本身，是一般人类劳动的耗费。”

有人认为抽象劳动是马克思分析问题时所作的一种理论假设，在现实生活中是不存在的。这是对马克思主义的一种曲解。事实上，抽象劳动是存在于现实的经济生活之中，虽然我们看不到它，摸不着它，必须靠科学的抽象才能掌握它。抽象劳动这个范畴，是人类的一定的体力和脑力的耗费这个客观过程的反映，而不是主观唯心主义的幻觉或空想。马克思在《政治经济学批判》中谈到把各种具体劳动转化为抽象劳动时指出：“这种简化看来是一个抽象，然而这是社会生产过程中每天都在实行的抽象。把一切商品化为劳动时间同把一切有机体化为气体相比，并不是更大的抽象，同时也不是更不现实的抽象。”“一般人类劳动这个抽象**存在**于平均劳动中，这是一定社会中每个平常人所能完成的劳动，是人的筋肉、神经、脑等的一定的生产消耗。”①

“当然，人类劳动力本身必须已有或多或少的发展，才能以这种或那

① 《马克思恩格斯全集》第31卷，人民出版社1998年版，第423页。

种形式耗费。”例如，人们必须经过一定的学习和训练，才能在缝衣、织布、开机器等具体劳动形式中耗费劳动力。“但是，商品价值体现的是人类劳动本身，是一般人类劳动的耗费。”因此，形成价值的抽象劳动“是每个没有任何专长的普通人的机体平均具有的简单劳动力的耗费”。

简单劳动和复杂劳动

生产各种不同商品的劳动是千差万别的，但概括起来不外是简单劳动和复杂劳动两种。不需要经过学习和专门训练，一般人都能进行的劳动叫作简单劳动，它是“简单劳动力的耗费”。需要经过专门的学习和训练才能从事的劳动叫作复杂劳动。在同一时间内，复杂劳动比简单劳动形成的价值大。这是不能用劳动强度来说明的。像工厂里，一般杂工的劳动强度比技术工人要大得多，可是他们所创造的价值却比技术工人少得多。究其原因，在于复杂劳动本身需要一定的学习和训练，在学习和训练期间，需要消费一定的物质资料。因此，能够从事复杂劳动的劳动力，“比普通劳动力需要较高的教育费用，它的生产要花费较多的劳动时间，因此它具有较高的价值。既然这种劳动力的价值较高，它也就表现为较高级的劳动，也就在同样长的时间内对象化为较多的价值”[①]。

当然，简单劳动的标准也不是固定不变的。它“在不同的国家和不同的文化时代具有不同的性质”。例如，过去到工厂里做杂工，算是复杂劳动，现在却成为简单劳动。现在看管机器算是复杂劳动吧，将来消灭了脑力劳动与体力劳动的差别，每个工人都达到工程师的水平，看管机器也将成为简单劳动了。所以，简单劳动的标准会发展，“但在一定的社会里是一定的”，发展是有阶段性的。在一定的阶段内，简单劳动的标准是相对固定的。

必须注意，简单劳动和复杂劳动，不熟练劳动和熟练劳动，是两组不同的概念，不能把它们等同起来。简单劳动和复杂劳动的差别，是不同工种的诸劳动在发展程度上的差别。例如：挖土是简单劳动，车工是复杂劳动。熟练劳动和不熟练劳动的差别，是同一工种的诸劳动在发展程度上的差别。例如：同样的车工在一小时内，一个人能生产 3 个零件，另一个人则可生产 4 个或 5 个零件。不仅如此，它们折算的基础也是不

① 《资本论》第 1 卷，人民出版社 2004 年版，第 230 页。

同的。复杂劳动折成简单劳动，其基础是简单劳动；熟练劳动与不熟练劳动的折算，不是以不熟练劳动为基础，而是以社会平均的劳动熟练程度为基础。恩格斯在写《卡·马克思“资本论”第一卷提纲》的时候，就已把这两组劳动明确区分开来。他在谈到只有抽象劳动才能在量上作比较时说，“熟练劳动和非熟练劳动的差别，复杂劳动和简单劳动的差别，**证实了**这一点”①。

在同样的时间内所创造的价值，复杂劳动比简单劳动大，“比较复杂的劳动只是**自乘的**或不如说**多倍的**简单劳动，因此，少量的复杂劳动等于多量的简单劳动”。但是，不同商品，有些是复杂劳动生产的，有些是简单劳动生产的，而复杂劳动中也还有程度不同，有的大些，有的小些，那么互相交换时，如何折算呢？马克思指出：各种商品都是以简单劳动为尺度，把各种复杂劳动折算为同一的简单劳动。但是这种折算的比例，在生产资料私有制的社会里，不可能有计划地进行，而是自发地“在生产者背后由社会过程决定的”。也就是说，是由生产者自发地根据历史习惯和实践经验来进行折算的。

在以后对商品价值的计算中，都把商品当作是简单劳动生产的，以便省去计算时的麻烦。马克思说：“在每一个价值形成过程中，较高级的劳动总是要化为社会平均劳动，例如一日较高级的劳动化为 x 日简单的劳动。因此，假定资本使用的工人是从事简单的社会平均劳动，我们就能省却多余的换算而使分析简化。”②

（四）体现在商品中的劳动是具体劳动和抽象劳动的统一

异质的具体劳动是形成使用价值的要素，同质的抽象劳动是形成价值的实体

商品是使用价值和价值的统一，创造商品的劳动，也是具体劳动和抽象劳动的统一。从使用价值的形成看，它们是具体劳动作用于劳动对象上的产物。以上衣或麻布为例，这是缝或织同布或同纱结合的结果。缝和织是不同质

① 《马克思恩格斯全集》第 21 卷，人民出版社 2003 年版，第 373 页。

② 《资本论》第 1 卷，人民出版社 2004 年版，第 231 页。

的具体劳动，生产出上衣和麻布这两种不同的使用价值。正是由于具体劳动的性质各不相同，才能创造出千差万别的使用价值。所以异质的具体劳动是形成使用价值的要素。这里讲的是“要素”，因为形成使用价值除具体劳动外，还要有自然物质，使用价值是有一定目的的生产活动同劳动对象的结合。从价值的形成看，它们是人类社会必要的抽象劳动的凝结。这种劳动所以称作劳动，不是因为它和物发生了生产的关系，而只是因为它们消耗了一定的体力和脑力，“具有相同的质”，即都是人类劳动。这种同质的抽象劳动形成价值实体。

创造使用价值的劳动在质上是不同的，因此，“就使用价值说，有意义的只是商品中包含的劳动的质”。形成价值的劳动，在每个商品中都是同质的，只是在量上大小不同，因此，“就价值量说，有意义的只是商品中包含的劳动的量”。研究具体劳动，“是怎样劳动，什么劳动的问题”，即劳动的具体形式问题；考察抽象劳动，“是劳动多少，劳动时间多长的问题”。包含在商品中的劳动的二重性，我们就是从这两个不同的角度来研究它的。

单位商品价值量的变化是由社会必要劳动的时间的变化引起的，与具体劳动无关

在第 14 段，马克思进一步论证，单位商品价值量的变化，与具体劳动无关。商品价值量是由社会必要劳动时间决定的，社会必要劳动时间又是随劳动生产力变化而变化。在劳动生产力提高，生产一个商品的社会必要劳动时间缩短的情况下，该商品的有用性即使用价值，“和从前一样”，生产该商品的劳动的具体形式“也和从前一样”，但单位商品的价值量却变化了。例如，由于劳动生产率提高，过去 10 小时生产 1 件上衣，现在能生产 2 件上衣，1 件上衣的价值量从 10 小时降为 5 小时，但上衣的使用价值依然一样，一件上衣一个人穿，两件上衣两个人穿，“上衣的效用和从前一样，上衣包含的有用劳动的质也和从前一样。但生产上衣所耗费的劳动量有了变化”。这说明，价值量的变化与使用价值、具体劳动都是无关的。

随着物质财富的量的增长，它的价值量可能同时下降，这是由劳动二重性引起的

马克思进一步分析说："然而随着物质财富的量的增长，它的价值量可能同时下降。这种对立的运动来源于劳动的二重性。"为什么这是个对立的运动呢？为什么又是由劳动二重性引起的呢？因为在劳动生产力提高的情况下，在同一时间内，生产的商品数量增加了，而单位商品的价值量却减少了。如上例，过去 10 小时生产 1 件上衣，现在生产 2 件上衣，商品量（即物质财富的量或使用价值的量）由 1 件变成 2 件，增加了一倍，但单位商品的价值量，即一件上衣的价值量由 10 小时降为 5 小时，下降了一半，这是同时产生的向不同的两极的对立运动。之所以如此，是由劳动二重性引起的。具体劳动创造使用价值，在劳动生产力提高的情况下，具体劳动的效率提高，创造的商品的数量就增多；抽象劳动形成商品价值，同一时间内抽象劳动凝结在更多的商品内，因而单位商品所包含的劳动时间就会减少。

在这里，必须注意弄清如下三个问题。第一，生产力、具体劳动与物质财富的量的关系。所谓生产力，都是有用的具体劳动的生产力，它决定具体劳动在一定时间内的效率。生产力越高，具体劳动的效率就越高，生产的商品就越多。反之，生产力越低，生产的商品就越少。所以，"有用劳动成为较富或较贫的产品源泉与有用劳动的生产力的提高或降低成正比"。第二，生产力与抽象劳动以及价值总量[①]的关系。生产力是属于劳动的具体有用形式的，与形成价值的抽象劳动无关。所以，"生产力的变化本身丝毫也不会影响表现为价值的劳动"。"不管生产力发生了什么变化，同一劳动在同样时间内提供的价值量总是相同的。"例如，由于生产力提高，在 10 小时的社会必要劳动时间内，生产的产品比过去多了，但这些产品所凝结的价值仍然是 10 小时，不会凝结成为 9 小时或 11 小时，在这里，商品的价值总量并没有发生变化。第三，生产力与单位

---

① 这里所说的价值总量，系指在一定的社会必要劳动的时间内所凝结成的价值量。例如：一万个小时，就凝结成等于一万个劳动小时的价值量，不会更多或更少。至于今年投入生产的社会必要劳动时间与过去几年相比必然有多有少，因而每年的价值总量必然发生变化，那是属于另一范畴的问题。

商品价值量的关系。既然生产力提高，商品价值总量不发生变化，那么，单位商品的价值量有没有变化呢？有的。生产力提高，生产的产品增多，虽然 10 小时所凝结的价值总量不变，但这 10 小时的价值却分配在更多的商品中，因此，单位商品的价值量就下降了。反之亦然。可见，生产力与单位商品的价值量成反比，这是我们在第一节就已学习过的。“那种能提高劳动成效从而增加劳动所提供的使用价值量的生产力变化，如果会缩减生产这个使用价值量所必需的劳动时间的总和，就会减少这个增大的总量的价值量。反之亦然。”就是这个意思。“这个增大的总量”，系指生产的物质财富的总量，或使用价值的总量；后面的“价值量”，系指单位商品的价值量。因为一方面是物质财富总量的增加，另一方面是单位商品价值量的减少；或者相反，一方面是物质财富总量的减少，另一方面是单位商品价值量的增加，这种同时产生的向相反的方向发展的运动，是由劳动二重性引起的，即是由具体劳动创造使用价值、抽象劳动形成价值这两种不同的属性所引起的。事实证明：具体劳动与抽象劳动，都是客观存在的，是反映不同内容的客观经济范畴。

劳动二重性是商品二重性的根源

在第 16 段，马克思把本节所分析的内容作了一个概括性的小结。在这个小结中，有两点值得注意。一、他明确指出了：具体劳动和抽象劳动，都是同一劳动。一切劳动，从一方面看，是抽象劳动；从另一方面看，是具体劳动。二者只是同一劳动的两个方面，而不是两次劳动。这两个方面是“一切劳动”即所有劳动都共同具有的，所以劳动二重性只是同一劳动的两个方面的对立与统一。二、对劳动二重性的考察，不是孤立进行，而是与商品密切相联系的。抽象劳动形成商品价值，具体劳动生产使用价值。商品的使用价值和价值的矛盾来源于劳动的二重性即具体劳动和抽象劳动的矛盾。我们对于劳动二重性不能仅从什么是抽象劳动，什么是具体劳动，它们的概念或范畴本身去理解，应该深入一步，从劳动与商品、从商品交换与人和人之间关系的本质联系去理解。

■ 现在，再回过头来温习马克思在本节第一段所说的话，为什么“商品中包含的劳动的这种二重性”是“理解政治经济学的枢纽”？要弄清楚这个问题，读完三卷《资本论》才能得到回答。现在，只作一些简单的提要式的说明，作为阅读以后各章、加深理解的一个线索。

第一，劳动二重性的发现，为彻底的科学的劳动价值学说奠定基础。前面说过，劳动创造价值的观点是由配第首先提出来的，但他未作详细的分析。斯密继承了这一观点，并向前发展了一步，但他的劳动价值论是二元的①，经常陷入自相矛盾的境地。李嘉图批判了斯密的二元论，坚持劳动创造价值观点，从而使古典经济学达到登峰造极的地步。可是由于他不懂得劳动二重性，就不可能把劳动价值学说奠定在彻底的科学的基础上。他指出只有劳动才能创造商品的价值，可是当有人诘问他：木匠的劳动和铁匠的劳动不相同，怎能创造同一性质的价值并在量上可以互相比较呢？他就无法回答。虽然他也承认价值量取决于社会必要劳动时间，但不懂得形成价值实体的是抽象劳动，因而在把价值量看成是社会必要劳动时间的同时，又把创造价值看成是劳动的自然属性，结果处于自相矛盾的混乱状态中。马克思创造性地分析了劳动二重性，就有可能分析抽象劳动的实质，证明价值是一个历史范畴，只是劳动在商品生产社会中所采取的一种特殊历史形式，它反映着一定社会内的人和人之间的经济关系，从而正确地揭露出价值的历史性质。马克思与以往古典派经济学家的根本不同点之一，就是在劳动二重性的基础上，论证了劳动为什么和在什么条件下采取价值这种形式，从而使劳动价值论真正成为彻底的科学的。

第二，劳动二重性的发现，为剩余价值学说奠定了科学基础。劳动二重性是劳动价值论的基础，而劳动价值论又是剩余价值论的基石。如果不懂得劳动二重性，无法正确理解商品的使用价值与价值，就无法理解劳动力这一特殊商品的使用价值与价值，就无法发现剩余价值生产的秘密。不懂得劳动二重性，就无法理解劳动过程与价值增殖过程，无法

---

① 斯密的价值学说，一方面，承认劳动创造价值，可是有时却主张生产商品所投下的劳动量决定价值量，有时又主张交换商品所支配的劳动量决定价值量。所以他的劳动价值学说是二元论的。另一方面，由于二元论的劳动价值学说不能说明问题，陷入自相矛盾的境地时，他就既主张劳动创造价值，又主张资本主义条件下，商品价值是由工资、利润（有时也有地租）的总额决定的。这样，他的价值学说又是二元的。

理解具体劳动如何转移生产资料的价值、抽象劳动如何创造价值并产生增殖额，也就不可能区分不变资本和可变资本，无法表示剩余价值率，无法揭露资本家对工人的剥削程度了。

第三，根据劳动二重性的理论，马克思解决了政治经济学上一系列重大理论问题。如果不懂得劳动二重性，就无法理解价值的实质，不可能对价值形式作科学的分析，无法理解货币的产生及其实质。不懂得劳动二重性，无法区分不变资本和可变资本，就不可能建立资本有机构成的学说，从而一系列的理论，如平均利润、生产价格学说，地租学说，就都失去其科学基础。如果不懂得劳动二重性，就不能正确理解社会资本的再生产学说，因为不懂得具体劳动如何转移不变资本的价值，就无法理解商品的价值构成，就会重蹈斯密把产品的全部价值看成是可变资本和剩余价值的错误，就会忽视不变资本在再生产中作用的分析，也就不可能发现再生产的规律性。

由此可见，对资本主义所有经济规律的理解，都与劳动二重性有密切联系。古典学派的经济学家，感到走投无路、无法解释的地方，都直接或间接同不懂得劳动二重性有关。所以劳动二重性的发现，成为“理解政治经济学的枢纽”，也是此书“最好的地方”之一。

3. 价值形式或交换价值

这一节是最难读的。马克思自己曾说：“除了价值形式那一部分外，不能说这本书难懂。”① 马克思在《资本论》第一版发行以后，曾经接受友人库格曼医师的劝告，把这部分按照教科书的式样，加了若干小标题，写成《价值形式》一文作为本节附录。② 在第二版时，马克思又把该节彻底改写，成为本书现在的形式。由于分段分节，标题明确，读起来虽较方便，但困难依然是存在的。因为第一，要把抽象的价值对象性通过具

① 《资本论》第1卷，人民出版社2004年版，第8页。

② 该文见《马克思恩格斯全集》第49卷，人民出版社1982年版，第149—178页。

体形式表现出来，不像在显微镜下面分析那样容易。第二，现象和本质往往相反，在探索相反的现象如何表现它的本质时，不能不花费更多的思考。但是，弄懂这一问题，又是相当重要的。马克思说；关于价值形式的发展，“对全书来说是太有决定意义了”。因为“**20 码麻布 = 1 件上衣**这一……最简单的商品形式……就包含着**货币形式的全部秘密**，因此也就包含着萌芽状态中的**劳动产品的一切资产阶级形式的全部**秘密”[①]。不了解商品如何发展为货币，不了解货币的本质，就无法揭露货币如何转化为资本，从而无法揭露资本的实质。

这一节最难懂之处，在于相对价值形式的内容和等价形式的特征这两方面。在阅读时，往往为纷繁的大小标题和复杂的具体内容所萦绕，而不能有明晰系统的理解。因此，首先纵观全节的段落结构，然后具体探索每段内容，通过全部理解局部，最后再通过局部掌握全部，才能得到明确而完整的系统概念。

商品具有二重形式：自然形式和价值形式

商品是一个客观存在的物体。作为物，它是以种种自然形式存在于世间。如皮鞋、钢笔都各自有其自然形式，“这是它们的日常的自然形式”。这种自然形式，也就是商品的使用价值形式。但商品不仅具有使用价值，而且具有价值。作为价值，也应该有表现形式，即价值形式。

商品是个“二重物”，即使用价值和价值的统一，只有同时具有这二重性，它才“表现为商品或具有商品的形式”。如果仅有使用价值而无价值，这只是一个产品，就不具备商品形式，就不是商品。

使用价值形式是商品的自然形式，价值形式是商品的社会形式。自然形式是附着于物体的自然存在，是人们的感官可以直接感觉到的东西，这是容易理解的。价值形式则与此相反，它是在商品生产的社会里人和人的社会关系的体现，但它又是附属于一定的物体，依靠这样的物体作为“价值承担者”，通过交换而表现出来。它是人们的感官不能直接感觉到的。我们现在的任务，就是要研究这个价值形式。

① 《马克思恩格斯全集》第 31 卷，人民出版社 1972 年版，第 311 页。

要探索商品价值就要研究价值的表现形式

价值形式是价值的具体表现。正确理解价值形式，才能掌握价值的实质。如前所述，使用价值是商品的自然形式，有种种“可感觉的粗糙的对象性”，是一目了然的。可是价值是人类抽象劳动凝结在一定的物体里面的，是对象化在一定的物体里面的，它体现着生产者之间的社会关系，不可能有一个物质原子包含在内。“每一个商品不管你怎样颠来倒去，它作为价值物总是不可捉摸的。”这就是说，价值是看不到、摸不着的，它虽依附于一定的物体中，但从物体本身是看不到它的形式的。为什么不能看到它的形式呢？因为它是社会属性而不是自然属性。怎样发现它的形式呢？只有从一商品与另一商品互相交换的关系中才能探索出来。因为商品价值是人类抽象劳动创造的，这种劳动具有社会性质，是“同一的社会单位”，商品只有表现这种社会性劳动的时候，“才具有价值对象性”。因为这种“价值对象性纯粹是社会的”，所以“只能在商品同商品的社会关系中表现出来”，即通过两个不同商品的交换关系而表现出来。我们已经懂得了抽象劳动形成价值实体的原理，但这还不够，如果真正了解价值的社会性质，还需要研究价值如何表现出来？表现出来的形式究竟是怎样？它的表现形式如何逐步向前发展而臻于完善？这就要“从商品的交换价值或交换关系出发”。现在，我们就来探讨“价值的这种表现形式”。

必须注意：价值形式和交换价值是个同义语，它说明，交换价值就是价值的表现形式。本节的标题“价值形式或交换价值”，这个“或”字，是“换句话说”的意思。不仅如此，价值关系、价值表现、交换关系、交换价值、价值形式这几个名词，在内容上、在意义上，也都是相同的。我们知道，生产商品的劳动既是私人性的，又是社会性的，如要证明生产商品的劳动的社会性质，就要把具体劳动化为抽象劳动，私人劳动化为社会劳动，个别劳动时间化为社会必要劳动时间。这个转化过程，只有通过交换才能实现。通过交换，生产中所花费的劳动的社会性质才能得到证实，抽象劳动凝结成为价值才能得到证实，这个价值的量究竟有多少，也才能得到证实。就是说，只有通过交换才能把价值表现出来。所以这种交换关系，也就是价值关系，通过这个关系，才有价值表现，也才有价值形式。因此价值形式的发展和商品交换关系的发展是完全一致的。

研究价值形式的目的在于说明货币的起源

在第 3 段里，马克思指出研究价值形式的目的，在于论证货币的起源和本质。作为商品，既有使用价值形式，又有价值形式，这是不难理解的。连儿童都知道，一个商品，例如一支钢笔，它能够写字，又能够出卖，换得货币，一支钢笔＝若干货币，这就是钢笔价值的货币形式，这也是一切商品的共同的价值形式，每种商品都可以换得货币。“以货币形式为完成形态的价值形式，是极无内容和极其简单的。”① 但对这种价值形式的研究，是“资产阶级经济学从来没有打算做的事情”。“两千多年来人类智慧对这种形式进行探讨的努力，并未得到什么结果”②。为什么资产阶级经济学家不研究价值形式呢？其原因何在呢？马克思回答了这个问题，他说：“古典政治经济学的根本缺点之一，就是它从来没有从商品的分析，特别是商品价值的分析中，发现那种正是使价值成为交换价值的价值形式。恰恰是古典政治经济学的最优秀的代表人物，像亚·斯密和李嘉图，把价值形式看成一种完全无关紧要的东西或在商品本性之外存在的东西。这不仅仅因为价值量的分析把他们的注意力完全吸引住了。还有更深刻的原因。劳动产品的价值形式是资产阶级生产方式的最抽象的、但也是最一般的形式，这就使资产阶级生产方式成为一种特殊的社会生产类型，因而同时具有历史的特征。因此，如果把资产阶级生产方式误认为是社会生产的永恒的自然形式，那就必然会忽略价值形式的特殊性，从而忽略商品形式及其进一步发展——货币形式、资本形式等等的特殊性。”③ 这就是说，古典政治经济学产生于无产阶级与资产阶级的阶级斗争还未发展时期，他们虽然能够无顾忌地从经济现象出发探求其本质，能够分析价值及价值量，发现这各种形式所包含的内容，但是，由于他们的资产阶级立场的局限性，他们都把资本主义制度看成是自然的永恒的社会形态，不能把它当作历史发展过程中的一种特殊社

① 《资本论》第 1 卷，人民出版社 2004 年版，第 7—8 页。
② 《资本论》第 1 卷，人民出版社 2004 年版，第 8 页。
③ 《资本论》第 1 卷，人民出版社 2004 年版，第 98—99 页注（32）。

会形态，因而也不能从发展过程来认识商品的价值形式，而是把价值形式看成是一个永恒的历史范畴，当然也就不会去研究为什么在资本主义社会里商品必然采取共同的价值形式，即货币形式，更不研究这种价值形式是如何、因何而发展起来的。马克思在这里所做的是前无古人的工作，那就是“指明这种货币形式的起源”，“探讨商品价值关系中包含的价值表现”，即研究价值的表现形式，怎样从简单的形式，发展到迷人视觉的货币形式，从而揭露货币的本质，揭露货币谜一般的秘密。

简单的价值形式

从什么地方着手来研究价值的表现形式呢？马克思说：“为了正确地分析这种关系中所包含的**形式**，我们必须从它**最简单**的、最不发达的形态开始。”[①] 这种“最简单的价值关系就是一个商品同另一个不同种的商品（不管是哪一种商品都一样）的价值关系”。因为一个劳动产品，在孤立的考察下，是不能表现其价值的；只有在一商品和另一不同种的商品发生交换关系时，它才表现为商品，才具有价值形式。这种简单的商品交换关系，就是一商品和另一商品的交换关系，用公式来表示，就是：20 码麻布＝1 件上衣，或 20 码麻布值 1 件上衣。这种情况，马克思称之为“简单的、个别的或偶然的价值形式”。之所以是偶然的，因为这时商品交换是偶然的，还未成为普遍的经常现象；其所以是个别的，因为在交换中相遇到的只是一对商品，不是许多商品；这时，价值也就以最简单的形式表现出来。

A. 简单的、个别的或偶然的价值形式

马克思对简单价值形式的研究，分成四个小节。第一小节说明价值形式的两极：相对价值形式和等价形式；第二、三小节分别说明这两种形式；第四小节又综合起来，把简单价值形式作为一个总体来研究。

① 《马克思恩格斯全集》第 49 卷，人民出版社 1982 年版，第 149 页。

(1) 价值表现的两极：相对价值形式和等价形式

分析简单价值形式的重要性

马克思在第 5 段指出：分析简单价值形式是困难的，又是重要的，它隐藏着“一切价值形式的秘密”。这个秘密是什么呢？这个秘密又怎样隐藏起来的呢？读完本节后再来探讨。

相对价值形式和等价形式在价值关系中起着不同作用

现在就来看看 20 码麻布＝1 件上衣这个简单价值形式的公式吧。这公式说明：两种不同的商品，处于不同的地位，有着不同的作用。处于麻布地位上的商品，它的价值不能靠自己来表现，就和一个人不能看见自己的眼睛、面孔一样，它的价值是依靠另一商品来表现的，即把自己的价值相对地表现在另一商品上面，称为相对价值形式。处于上衣地位上的商品，只是用来表现另一商品（例如麻布）价值的材料，是专门表现对方的价值的，故称之为等价形式。由于麻布处在相对价值形式的地位，就“起主动作用”，即主动地把本身的价值表现在另一商品上。而上衣处于等价形式的地位，就“起被动作用”，即被动地表现别人的价值。由于它们所处的地位不同，因而发生不同的作用。

相对价值形式和等价形式的对立统一关系

但是，它们相互之间有着怎样的关系呢？它们是“互相依赖、互为条件、不可分离的两个要素，同时又是同一价值表现的互相排斥、互相对立的两端即两极”。这就是说，它们是处于对立统一的关系中。为什么是“互相依赖、互为条件”呢？因为如果孤立地看麻布或上衣，它的价值都是无法表现的。人要想看看自己的面孔，就必须对着镜子，通过镜子把自己的面孔反映出来。麻布的价值之所以能表现出来，就是因为有上衣和它相对立，它的价值就可以相对地表现在上衣上；上衣之所以有等价形式，就是因为有麻布与它相对立，它能反映麻布的价值。所以它们的价值被表现和能够表现对方的价值，都是以对方的存在为条件，两者之间缺少哪一方都是不行的，只有在“互相依赖、互为条件”中它们的价值形式才得到表现。为什么又是“互相排斥、互相对立”的呢？

因为“同一个商品在同一个价值表现中，不能同时具有两种形式”。这就是说，麻布不能既处于相对价值形式上，同时又处于等价形式上。如果同时这样做，那就变成“20 码麻布＝20 码麻布，这不是价值表现”。这是毫无意义的。事实上，处在这两种地位上的，必须是两种不同的商品，两者之间，当作对极而互相排斥着。但是，麻布究竟是处于相对价值形式还是等价形式，“完全取决于它当时在价值表现中所处的地位”。如果说，20 码麻布＝1 件上衣，麻布的价值是被表现了的，它就处于相对价值形式；如果说，1 件上衣＝20 码麻布，麻布成为表现别人价值的材料，它就处于等价形式。

(2) 相对价值形式

(a) 相对价值形式的内容

首先从质的方面研究相对价值形式

现在，就简单价值形式中的两极分别进行考察。

先研究相对价值形式。那么，从何着手呢？不能先从量上来研究，因为“不同物的量只有化为同一单位后，才能在量上互相比较”。如果这个相同的东西还未找出以前，就来比较这相同东西的量，那是难以理解的。因此，必须首先找出这个共同的东西，然后再比较它们的量。“不同物的量只有作为同一单位的表现，才是同名称的，因而是可通约的。”

资产阶级经济学家的研究方法往往相反，“他们在价值关系中只看到两种商品的一定量彼此相等的比例”。像赛·贝利就是这样，“他们一开始就只注意量的规定性”，虽“曾分析价值形式，但没有得到任何结果”。[①] 对于价值形式的研究，“首先必须完全撇开这个价值关系的量的方面来考察这个关系”。

“麻布＝上衣是这一等式的基础。”就是说，不管一定量麻布值多少件上衣，作为麻布能与上衣相交换的这一公式，其基础就在于：麻布和

① 《资本论》第 1 卷，人民出版社 2004 年版，第 64 页注（17）。

上衣中有一个共同的东西，因为“麻布和上衣作为价值量是同一单位的表现，是同一性质的物”。

由此可见，研究相对价值形式，首先要从质的方面来考察，也就是考察这一个共同的内容是怎样被表现出来的。

一个商品的价值要通过与另一商品相交换的关系才能表现出来

处于相对价值形式地位上商品的价值，是如何表现出来的呢？马克思在第 12、13 两段中指出：一个商品的价值，要通过与另一商品相交换的关系，才能表现出来。在公式上的麻布与上衣，都是人们抽象劳动的产品，是“质上等同的商品”，但它们在公式上处于不同的地位，因而作用也就不同。处于相对价值形式上的麻布，起着主动作用，它自身的价值已经表现出来了。怎样表现出来的呢？“是通过同上衣的关系”。在这个关系中，一方面，“上衣是价值的存在形式，是价值物”，就是说，上衣这个物体，是作为麻布价值的存在形式，是麻布价值赖以表现的东西；而上衣这个物体本身，又“是价值物”，即价值的承担者。正是由于上衣本身有价值，才与麻布有一个同质的可比的内容，也才能利用它的存在形式来反映麻布的价值。这时候，上衣本身的价值却没有表现出来，所反映出来的，只是上衣的自然形式表现麻布的价值。另一方面，处于相对价值形式上的麻布的价值却表现出来了，因为麻布本身有价值，“才能把上衣当作等值的东西”。就是说，麻布能与上衣相交换，是因为麻布本身有价值。这时候，麻布就依靠上衣这个物体来证明自己是有价值的，并直接主动地把价值表现在上衣身上。可见，我们虽然懂得商品价值是人类抽象劳动的凝结物，“把商品化为价值抽象”，但是还不懂得它的表现形式。要了解它的价值形式，必须从一商品和另一商品价值关系中去寻找，“在这里，一个商品的价值性质通过该商品与另一个商品的关系而显露出来”。

马克思还举了一个化学上的例子，来证明麻布与上衣的价值实体和价值形式的区别。丁酸同甲酸丙酯是两种不同性质的物体，但它们又由相同的化学实体（碳、氢、氧）并依相同的百分比构成的，它们都是 $C_4H_8O_2$ 的存在形式。它们的化学实体是相同的，可是它们的物体是不相同的。麻布等于上衣，麻布与上衣是两种不同的物体，它们之所以能相等，就是因为有共同的实体，这就是人类抽象劳动所凝结成的价值。所以麻布等于上衣，就同丁酸等于甲酸丙酯一样，在不同的物体中，把相同的实体表现出来了。

形成价值的劳动的特殊性质，只有在不同种商品的等价表现中才能显示出来

价值是人类抽象劳动的凝结，但是，各种不同形式的具体劳动如何转化为同一的抽象劳动？同一的抽象劳动又如何转化为价值表现？马克思在第 14、15 段里回答了这个问题，同时还论述了劳动和价值的关系，进一步说明了价值的社会性质。

麻布是织劳动生产出来的，上衣是缝劳动生产出来的，缝和织是“不同的具体劳动”。但把缝劳动看成和织劳动完全相等，就要撇去它们的具体形式，找出相等的共同的性质，这就是抽象劳动。能不能以具体劳动来直接表现抽象劳动呢？不行，这是无法表现的。必须用“间接的办法”，通过商品与商品的等价交换才能表现出来。因为交换实际上是“把不同种商品所包含的不同种劳动化为它们的共同东西，化为一般人类劳动”。所以交换过程就是把具体劳动化为抽象劳动的过程。

“只把构成麻布价值的劳动的特殊性质表现出来，是不够的。”这就是说，把生产麻布的具体劳动化为抽象劳动，还不能解决价值表现的问题。因为抽象劳动是创造价值的，但不等于就是价值，它必须凝结在一定的物体里面，对象化在一定的物体里面，才成为价值。但这时，它还是看不见、摸不着的，它与物体本身的自然形式不同，“同时又是麻布与其他商品所共有的”。因此，只有在不同种商品的交换过程中，抽象劳动凝结在物体内形成的价值，才能得到具体的表现。所以价值是依附于商品而存在，并通过商品交换而表现出来的。

以上四段说明了一方面的问题，即相对价值形式上商品的价值是如何表现的，概括地说：第一，它是通过同另一对立的商品相交换而表现其价值的；第二，通过交换，把生产它的具体劳动化为抽象劳动；第三，把抽象劳动凝结在物体里面，并通过这一物体与另一物体相交换，才能取得它社会形式的价值表现。

现在，就要论证另一方面的问题，等价形式上的商品，怎样表现相对价值形式上商品的价值。

相对价值形式必须通过等价形式上商品的使用价值才能表现出来

在第16、17、18段这三段里，马克思着重说明了以下几点。第一，处于等价形式上的商品，例如上衣，它的使用价值，是表现麻布的价值的。“在这里”，上衣“是以自己的可以捉摸的自然形式表示价值的物”。所谓“自然形式”，就是上衣的使用价值形式；这里所讲的“表示价值”，是表示麻布的价值。第二，上衣是表示麻布价值的，但上衣本身的价值却得不到表现。这时候的上衣，“只是使用价值”。“一件上衣同任何一块麻布一样，不表现价值。”就是说，孤立地来看上衣，上衣自己的价值不能通过自己而表现出来。第三，上衣的使用价值之所以能表现麻布的价值，就是因为上衣与麻布处于交换关系内。“这只是证明，上衣在同麻布的价值关系中，比在这种关系之外，多一层意义”。第四，上衣的使用价值为什么能表现麻布的价值？因为上衣本身有价值，上衣本身的使用价值，只是它本身价值的物质承担者，“虽然它的这种属性即使把它穿破了也是看不出来的”。就是说，上衣本身的使用价值是自身价值的物质承担者，在单独考察上衣时，上衣本身的价值是无论如何也看不见的。但是上衣在与麻布相交换的过程中，因为上衣本身有价值，所以它的使用价值才能表现麻布的价值。“在麻布的价值关系中，上衣只是显示出这一方面，也就是当作物体化的价值，当作价值体。”如果上衣本身没有价值，不是一个“价值体”，它就不能与麻布相交换，它的使用价值就不能表现麻布的价值。第五，在等价形式上，上衣的价值是不能表现的。如果上衣的价值要得到表现，它就必须反转过来，处于相对价值形式的地位。以上的分析证明：“商品麻布的价值是表现在商品上衣的物体上，一个商品的价值表现在另一个商品的使用价值上。作为使用价值，麻布是在感觉上与上衣不同的物；作为价值，它却是‘与上衣等同的东西’，因而看起来就像上衣。麻布就这样取得了与它的自然形式不同的价值形式。它的价值存在通过它和上衣相等表现出来，正像基督徒的羊性通过他和上帝的羔羊相等表现出来一样。”马克思在这里以基督徒的羊性与上帝的羔羊相等为例，来说明价值关系是怎样表现出来的。上帝的羔羊是指耶稣，据说耶稣是上帝的儿子，温柔似羔羊。据基督教的说教，每个基督徒都应该有羊性，如所谓热爱一切人等，即要学习基督（基督徒对耶稣的称呼）的为人。马克思在这里幽默地用基督教义来比喻商品的价值表现。麻布的不可捉摸的价值通过上衣的自然形式来表现，就像基督徒的不可捉摸的羊性，通过模拟上帝的羔羊——基督的为人、与基督相等来表现一样。

一商品与另一商品相交换时，它本身的价值就表现出来了

第19段是对以上几段的分析作出的结论，在于说明：一商品与另一商品相交换时，它本身的价值性就表示出来了。在商品交换中证明：抽象劳动形成价值，在价值的限度内，上衣与麻布包含有同一劳动构成的价值实体。商品交换中又证明：尽管使用价值不同，它们所包含的价值实体却都是同一的，但价值实体又是通过一商品与另一商品相交换时，表现在另一商品的自然形式上。

马克思引用一个典故，来说明价值的社会关系。他说："巴黎确实值一次弥撒！"这个故事发生在16世纪90年代的法国。当时法国的大封建主明显地划为两个宗教政治集团，这就是加特力教和胡格诺—喀尔文教。这两个政治教派进行残酷的政治斗争。亨利三世死后，亨利四世即位，他是属于喀尔文教的，但处境非常困难。为了改善自己的处境，决定改信加特力教。他的战友们责难他叛教。亨利四世解释道："巴黎确实值一次弥撒。"① 就是说，做了一次弥撒，却得到了一个巴黎。马克思引用这个典故的意思是说，弥撒等于巴黎，只有在一定的社会关系下才能理解；上衣等于麻布，也只有在一定的社会关系下才能理解；因为上衣是麻布的价值表现，是一定社会生产关系的反映。

把一种商品的价值表现在另一种商品的使用价值上，便具有相对价值形式

分析到这里，对相对价值形式的概念就更加明确了。由于商品的交换关系，从而发生价值关系，由于价值关系的媒介，我们就看到，一方面，从等价形式地位上的商品来看，"商品B的自然形式成了商品A的价值形式，或者说，商品B的物体成了反映商品A的价值的镜子"。就是说，等价形式上商品

① 弥撒，在德文中是被用来表明加特力教的大祭祀。

的使用价值，表现相对价值形式上商品的价值，它的物体，像镜子一样，是专门当作反映别人价值的材料的。另一方面，从相对价值形式地位上的商品来看，“商品 A 同作为价值体，作为人类劳动的化身的商品 B 发生关系，就使 B 的使用价值成为表现 A 自己价值的材料”。就是说，相对价值形式上的商品，把等价形式上的商品的使用价值，作为表现自己价值的材料。可见，所谓相对价值形式，就是把一种商品的价值表现在另一种商品的使用价值上。“在商品 B 的使用价值上这样表现出来的商品 A 的价值，具有相对价值形式。”

(b) 相对价值形式的量的规定性

价值形式，既表现价值，又表现一定的价值量

弄懂了相对价值形式的内容以后，就要研究它的量的规定性问题。任何商品，“都是一定量的使用物品”，这一定的商品量，包含着一定量的价值。因此，价值形式既表现商品的价值，又表现一定量的价值，即价值量。

在这里值得注意的是：“相对价值形式的量”和价值量是有所不同的。价值量是指凝结在商品中的抽象的社会必要劳动时间。“相对价值形式的量”是指一个商品能够实现的相对的价值量，也就是商品交换价值的量，以麻布和上衣为例，20 码麻布的相对价值量就是 1 件上衣。

现在的问题是：相对价值形式的量是怎样变化的呢？它是受哪些因素影响的呢？在下几段中就要进行研究。

劳动生产力的变化引起价值量的变化，对相对价值量的影响

在第 22—28 段中，马克思论证了价值量的变化和相对价值量的关系。第 22 段首先指出，劳动生产力的变化引起单位商品价值量的变化，会对于相对价值量发生直接的影响。下面几段就阐述了这种影响的规律性。第一，相对价值量的变化是由于相对价值形式上商品的价值量变化引起的。假设：等价形式上的商品价值量不变，相对价值形式上的商品价值量增加一倍，相对价值量即增加一倍；反之，则相反。这就是说：“在商品 B 的价值不变时，商品 A 的相对价值即它表现在商品 B 上的价值的增减，与商品 A 的价值成正比。”第二，相对价值量的变化是由于等价形式上商品的价值量变化引起的。假设：相对价值形式上的商品价值量不变，等价形式上商品价值量增加一倍，相对价值量就降低一半；反之，则相反。这就是说："在商品 A 的价值不变时，它的相对的、表现在商品 B 上的价值的增减，与商品 B 的价值变化而成反比。"第三，相对价值形式上的商品和等价形式上的商品的价值量，在同一时间依同一比例、向同一方向变化，则相对价值量不变。例如：过去 8 小时生产 1 件上衣或 20 码麻布，现在 8 小时可生产 2 件上衣或 40 码麻布，1 件上衣还是等于 20 码麻布，相对价值量依然不变。可是这时候单位商品的价值量却变化了，过去是 8 小时劳动与 8 小时劳动相交换，现在是 4 小时劳动与 4 小时劳动相交换。"只有把它们同价值不变的第三种商品比较，才会发现它们的价值的变化。"第四，相对价值形式上的商品和等价形式上的商品的价值量，都发生变化，它们或者依相反方向变化，或者依同一方向但以不同程度变化，这时相对价值量也随之变化。但它变化的情况和比例，可以依据上述三项的应用来推知。综上可见：相对价值量的变化，可能是由于相对价值形式或等价形式上商品价值量的变化而引起的。而这些商品价值量的实际变化，并不能明确地毫无遗漏地反映在相对价值量上，它们的价值量变化了，相对价值量也可能不变，也可能变化的比例不相一致。庸俗经济学家曾经利用价值量和它的相对表现之间的这种不一致现象来攻击劳动价值论，马克思在第 70 页注(20) 里进行了驳斥。

(3) 等　价　形　式

商品的等价形式

在分析了简单价值形式的一极即相对价值形式的质和量以后，现在进而分析另一极即等价形式。"一个商品的等价形式就是它能与另一个商品直接交换的形式。"就是说，这种商品可以和别种商品相交换。例如：20 码麻布＝1 件上衣，上衣就具有能与另一个商品如麻布直接交换的形式。而麻布是没有这种形式的，因为在这里，麻布是主动地来和上衣相交换，但麻布本身是否具有价值，是否具有与别的商品同质的东西，却需要通过等价物的上衣来证明，麻布本身是不能直接证明这点的，所以它本身就直接具有可以交换的形式。只有等价形式的商品才具有直接和别种商品相交换的形式。

必须注意，马克思所用的“等价物”一词，系指处于等价形式上的商品。在这里，等价的含义并不是指价值量的相等，而是指能够直接交换的形式，或价值表现的材料，即指质的等同。如把等价物看成是等价值物或等价交换，那就是一个误解。

等价形式上的商品不表现它自己的价值量

等价形式上的商品不能表现它自己的价值量。在 20 码麻布＝1 件上衣的公式中，如果麻布的价值量已定，那么它能值几件上衣，就取决于上衣的价值量。而上衣的价值量，“总是取决于生产它的必要劳动时间，因而和它的价值形式无关。但是一旦上衣这种商品在价值表现中取得等价物的地位，它的价值量就不是作为价值量来表现了”。为什么呢？因为“一定量的上衣也就足以表现麻布的一定的价值量。因此，两件上衣能够表现 40 码麻布的价值量，但是两件上衣决不能表现它们自己的价值量，即上衣的价值量。”作为等价物的上衣，自己的价值量既然表现不出来，“它的价值量就不是作为价值量来表现了”，而“只是充当某物的一定的量”。“其实，商品的等价形式不包含价值的量的规定。”这就是说，20 码麻布等于 1 件上衣的交换比例只是表明，1 件上衣就足以表现 20 码麻布的价值。至于上衣本身有多少价值量，仅作为等价形式的上衣本身是表现不出来的。

资产阶级经济学家肤浅地考察表面现象，“误认为价值表现只是一种量的关系”。照他们的说法，20 码麻布由于和等价物上衣的一定量（1 件）发生关系，上衣的一定量（1 件）才构成 20 码麻布的价值，好像麻布和上衣本来就没有价值似的。其实，作为等价物的商品，它的物的一定量并不是价值本身规定，它不过是别一种商品的价值量的表现罢了。

等价形式的第一个特点：使用价值成为价值的表现形式

对等价形式的概念明确以后，现在就来研究等价形式的特点。

为什么要研究等价形式的特点呢？因为货币本身就是最发展的一种等价形式，分析等价形式及其特点，实际上就是要从萌芽状态中揭露货币的本质和特点。

在第 32—36 段里，分析了等价形式的第一个特点：使用价值成为价值的表现形式。

在两个商品发生交换关系时，“商品的自然形式成为价值形式”。就是说，在等价形式上商品的自然形式或使用价值形式，成为相对价值形式地位上商品的价值形式。为什么呢？“因为任何商品都不能把自己当作等价物来同自己发生关系，因而也不能用它自己的自然外形来表现它自己的价值，所以它必须把另一商品当作等价物来同它发生关系，或者使另一商品的自然外形成为它自己的价值形式。”如前例，20 码麻布＝1 件上衣，麻布的价值是用上衣的使用价值来表现的。麻布的价值要通过与另一个商品交换，才能表现出来。麻布不能把自己当作等价物，不能用自己的外形来表现自己的价值。麻布是把自己的价值相对地表现在上衣的使用价值上。在这里，上衣的自然形式成为麻布的价值形式。因为上衣本身也是有价值的，因此上衣的使用价值才能用来表现麻布的价值。但是要注意，上衣的自然形式要成为麻布的价值形式，只有在麻布和它“发生价值关系时，只有在这种关系中才能实现”。如果孤立地看，一件上衣只能当一件上衣穿，只有一件上衣的使用价值，除此以外，不能表现更多的东西，这时候，使用价值不能成为价值的表现形式。

为了说明这一点，马克思用衡量物体的重量为例。糖是有重量的，但它的重量有多少，自己不能表现出来，必须放在天平上，让它和有了确定重量的铁片（砝码）相比较，即让它和铁片的重量发生关系，糖的重量才得到具体表现。铁片之所以能以它的自然形式来衡量糖的重量，是因为它本身有重量，而且是在天平的两端与糖发生关系。如果孤立地看糖或铁片，它们本身只有重，但有多少重量却表现不出来。这种以铁本身的自然形式来衡量糖的重量，正如以上衣的使用价值来表现麻布的价值一样。

但是马克思接着指出，“类比只能到此为止”。因为这个比喻有一定的局限性，它们有根本的不同点。因为物品的重量，是物的自然属性，价值，却是物的社会属性。铁片能够用来衡量糖的重量，是因为铁本身有重量，铁有重量的这个属性是铁本身天然地就有的，并不是同糖发生关系时才产生出来，而只是在和糖发生关系时表现出来。如果把等价形式上的上衣能与其他物品直接交换的属性，也看作是上衣本身天然就有的，那就错了。因为上衣能够表现价值的这种属性，不是上衣本身固有的，而是超自然的属性，是“某种纯粹社会的东西”。但是，在等价形式中，上衣本身就表现价值，看来上衣好像天然就具有价值形式，天然就具有能与其他商品直接交换的属性，就像上衣天然具有保暖的属性一样，“从这里就产生了等价形式的谜的性质”。用浅薄的眼光来研究问题的资产阶级经济学家，认为金银是货币，所以才处于一般等价形式。“于是他用不太耀眼的商品代替金银，并以一再满足的心情反复列举各种曾经充当过商品等价物的普通商品，企图以此来说明金银的神秘性质。”但是他们没有想到，在等价形式中已包含货币形式的秘密。只有通过价值形式的分析，特别是阐明了等价形式的特点，才能揭开这个秘密。货币不过是等价形式的完成形态。

等价形式的第二个特点：具体劳动成为抽象劳动的表现形式

在第 37—39 段里，马克思接着论述了等价形式的第二个特点：具体劳动成为抽象劳动的表现形式。

弄懂了第一个特点，对第二个特点就不难理解了。因为使用价值是具体劳动创造的，价值是抽象劳动的凝结，使用价值既然是价值的表现形式，具体劳动也就成为抽象劳动的表现形式了。在麻布的价值表现中，上衣是表现麻布价值的，生产上衣的具体劳动，“不在于造了衣服”，“而在于造了一种物体，使人们能看出它是价值，因而是与对象化在麻布价值内的劳动毫无区别的那种劳动的凝结”。生产上衣的具体劳动，就像一面镜子一样，在与麻布交换时反映出麻布本身所包含的抽象劳动，这时，上衣的具体劳动就成为麻布的抽象劳动的表现形式。

为什么具体劳动生产的上衣能够作为抽象劳动的表现形式呢？因为上衣本身同时也是抽象劳动的凝结。就创造价值这一点而言，上衣与麻布都包含抽象劳动，它们之间在质上是完全相等的，因此上衣与麻布这两种不同形式的物体才可能相等起来。这样看来，并没有什么神秘的地方。但问题在于：“在商品的价值表现上事情却变了样。”生产麻布的抽象劳动，不能通过它自己的织劳动来表现，只能以缝这种生产上衣的具体劳动来表现。马克思说的“我们就要把缝这种制造麻布的等价物的具体劳动，作为抽象人类劳动的可以捉摸的实现形式与织相对立”，就是这个意思。正是由于这一转换，使人们的理解增加了困难。

等价形式的第三个特点：私人劳动成为直接社会形式的劳动

等价形式的第三个特点是：私人劳动成为直接社会形式的劳动。

在以私有制为基础的商品生产条件下，商品是在私有者的意志下生产出来的，因而生产商品的劳动都是私人劳动。但商品生产又以社会分工为条件，每一私人劳动又是整个社会分工的一部分，是社会总劳动的有机组成部分，从而具有社会性，都是社会劳动。但在私人劳动时，它的社会性质是不能直接表现出来的，只有通过交换，社会才承认生产该商品的私人劳动确实是社会劳动的一部分。如前所述，处于等价形式上的商品具有能够直接同别种商品相交换的形式，所以，它虽然是私人劳动的产品，但生产它的劳动的社会性却得到社会的承认，因此，这种劳动也就具有直接的社会形式。

马克思在《资本论》第一卷初版的附录《价值形态》一文中，还指出等价形式的第四个特征：商品拜物教的性质在等价形式中比在相对价值形式中更显著。后来这一部分的内容包括在第一章第四节中，就没有再在这里论述了。

等价形式所具有的这三个特点，在本质上也都是货币所具有的特点。理解等价形式的特点，目的在于探索货币形式的秘密。所不同的是：这时等价形式上的商品是多种多样的；在货币形式上，黄金却排除其他商品而取得等价形式的独占权。

揭露价值形式秘密的社会历史条件

对等价形式特点的分析，对价值形式秘密的揭露，必须在一定的历史条件下才有可能。马克思在第 41—45 段里，从分析亚里士多德的价值观点出发，论证只有在商品生产关系成为支配的社会关系时，才能揭露价值形式的秘密。

亚里士多德的伟大之处，就在于他清楚地指出：商品的货币形式不过是简单价值形式的进一步发展的形态。第一，他认识到商品与货币相交换，无异于商品与商品相交换。“5 张床＝1 间屋”，“无异于”：“5 张床＝若干货币”。第二，他看到两个商品中间包含着一个等质的东西。他说：“没有等同性，就不能交换，没有可通约性，就不能等同。”但他到此为止，没能进一步发现这个等质的东西是什么，只好说：“实际上，这样不同种的物是不能通约的”。为什么亚里士多德不能发现这个等质的东西呢？是由于他受到奴隶社会的历史条件所限制。奴隶社会“是以人们之间以及他们的劳动力之间的不平等为自然基础的”，奴隶主把劳动看成是下贱的事情，自己不参加劳动，而奴隶则仇视劳动。亚里士多德虽然是一个伟大的思想家，但他毕竟是代表奴隶主阶级的思想家，他既然不能平等地看待劳动，当然也就不能发现在诸商品中所包含的同质的因素是由同一人类社会劳动所构成。要发现价值形式的秘密，“只有在人类平等概念已经成为国民的牢固的成见的时候，才能揭示出来。而这只有在这样的社会里才有可能，在那里，商品形式成为劳动产品的一般形式，从而人们彼此作为商品占有者的关系成为占统治地位的社会关系”。这是运用历史唯物主义观点来评价历史人物，运用存在决定意识的原理来研究社会经济思想的一个范例。

（4）简单价值形式的总体

简单价值形式表明：商品价值通过交换价值而表现，交换价值是价值的表现形式

以上对简单价值形式的两极：相对价值形式和等价形式，分别进行了分析，现在，对简单价值形式的总体，综合起来进行研究。

从总体上看简单价值形式，首先说明了一个问题：商品的价值必须通过交换价值而表现，交换价值是价值的表现形式。

马克思指出：商品的简单价值形式包含在两个不同种商品的价值关系或交换关系内。“商品 A 的价值，通过商品 B 能与商品 A 直接交换而在质上得到表现，通过一定量的商品 B 能与既定量的商品 A 交换而在量上得到表现。”假设 A 是麻布，B 是上衣，就是说，麻布的价值通过上衣能与它直接交换而表现出来，麻布的价值量，通过一定量的上衣能与一定量的麻布交换而表现出来。这说明：商品价值只有通过交换关系才能表现出来，交换价值是价值的表现形式。我们不能把交换价值和价值混为一谈，但也不能把二者绝对分开。离开交换关系而谈价值，就不能发现价值的社会性质。虽然严格说来，说商品是使用价值和交换价值，这是不对的，但是，马克思说："只要我们知道了这一点，上述说法就没有害处，而只有简便的好处。"简便的好处表现在哪里呢？因为知道了价值和交换价值的关系后，说商品是交换价值，就包含着它反映的内容是价值，以及价值如何表现，如何反映社会关系等问题，比那种孤立地研究价值，或谈到价值时又要阐述其表现形式，既简便又明确。

在第47段里，马克思批判了重商主义学派和自由贸易贩子巴师夏认为价值和价值量由交换产生的观点。他们都错误地认为：由于有交换价值才产生出商品的价值和价值量，也就是交换创造价值。但是他们也有不同的地方。"重商主义者看重价值表现的质的方面，从而看重在货币上取得完成形态的商品等价形式"。为什么呢？因为重商主义者认为：能出卖并能获得货币的东西就是财富，因而财富的来源是流通，为了获得财富，就要少买多卖，扩大国际贸易，并取得顺差。他们把财富和货币混为一谈，认为金银即货币是财富的唯一形式，因而把注意力的重点放在等价物的质的方面，认为等价物必须是金银。巴师夏之流则不然，他们"看重相对价值形式的量的方面"，鼓吹扩大对外贸易，认为只要能够出售商品，就有了价值。他们主张多出卖商品，把注意力放在出售商品的数量方面，也就是放在相对价值形式的量的方面，尽管他们看法的侧重点有所不同，但都是认为交换创造价值，商品的价值和价值量"只存在于每日行情表中"。至于英国著名的银行家，最庸俗的经济学家之一的麦克劳德，把上述意见作了"一个成功的综合"。他一方面主张交换价值是外在的、相对的，价值是供给和需求产生的，因此他和自由贸易贩子一样，把注意力放在出售商品的数量方面；但另一方面又利用银行家约翰·劳的理论，认为信用就是货币，信用是生产资本，货币和信用在相等的程度上都是财富。这又使他成为一个货币主义者。他这种综合的理论，全是些乱七八糟的东西，马克思嘲笑他是用"博学的外衣来粉饰伦巴特街的杂乱的观念"，是重商主义和自由贸易贩子的大杂烩。

简单价值形式还表明：商品内部的价值和使用价值的对立，表现为商品和商品的外部对立

对简单价值形式总体的考察还说明了另一个问题：商品内部的使用价值和价值的对立，表现为商品和商品的外部对立。为什么呢？相对价值形式上的商品，其价值自己不能直接表现出来，自己只能直接表现其自然形式的使用价值；而等价形式上商品的自然形式，却当作别人的价值形式。这样，一方是使用价值形式，一方是价值形式，这两个商品之间表示一个对立的关系。为什么会有这种对立呢？因为商品内部本来就有使用价值与价值的对立。但是，商品内部的这种对立是没有表现出来的，只有在交换中才能表现，在交换时，两个不同的商品发生关系，就使一个商品的内部对立表现为商品和商品的外部对立。“所以，一个商品的简单的价值形式，就是该商品中所包含的使用价值和价值的对立的简单表现形式。”

价值形式随商品形式的发展而发展

在第49段里，马克思告诉我们：价值形式的发展和商品交换的发展是一致的。商品是一定历史条件下的产物。仅作为使用对象而不通过交换的劳动生产品，只是产品，不是商品。只有在一定的历史条件下，生产产品的劳动表现为价值，并通过交换来表现它，这时候，劳动生产品才转化成为商品。所以商品交换的产生和价值形式的产生是一致的。随着商品交换的发展，从偶然的、直接的物物交换发展到较大规模的间接的物物交换，再到商品与货币的交换；价值形式也随之发展，从简单的到扩大的到一般的价值形式，直至货币形式。因而商品交换的发展和价值形式的发展又是一致的。到将来，共产主义高级阶段的社会里，商品将会消亡，价值与货币也将随之消亡。列宁曾认为，共产主义在世界范围内取得胜利后，在世界几个最大城市的街道上用金子修一些公共厕所，是最“公正”而富有教益的。① 这也说明了：价值形式将随商品交换的消亡而消亡。因此，离开商品而谈价值，离开商品交换而谈价值形式，

① 《列宁选集》第4卷，人民出版社1995年版，第614页。

都是错误的。价值形式就是各种商品的交换关系，因而交换关系的历史的发展，也就是价值形式的发展。

简单价值形式是不充分的不成熟的，必须发展为扩大的价值形式

简单价值形式是不充分的胚胎形式，必须向前发展。因为简单价值形式只是一商品与另一商品发生交换关系，而不是与许多不同种商品发生关系，它的缺点是：不能“表现商品A同其他一切商品的质的等同和量的比例”。这就是说，在交换时，商品中所包含的价值和价值量，均不能明显地表示出来。因为20码麻布与1件上衣相交换，纯粹是偶然的事情。但是，随着商品交换的发展，同一商品有了种种不同的简单价值表现，如20码麻布可以交换1件上衣，也可以交换10磅茶、40磅咖啡，等等，这样，“商品的个别的价值表现就转化为一个可以不断延长的、不同的简单价值表现的系列”。如果用公式表示，就是：20码麻布＝1件上衣，或10磅茶，或40磅咖啡，等等，这就成为总和的或扩大的价值形式。“它可能有的价值表现的数目，只受与它不同的商品种类的数目的限制。”这就是说，除了麻布之外，其他的一切商品都可以成为等价物，作为麻布价值表现所依附的形式。

B. 总和的或扩大的价值形式

(1) 扩大的相对价值形式

扩大的价值形式进一步表明：价值是真正无差别的人类劳动的凝结物

这样的扩大价值形式有些什么特点呢？我们还是从相对价值形式和等价形式这两极来分析。在扩大了的相对价值形式方面，我们还是从质和量两方面来考察它。在第53段里，马克思指出，扩大的相对价值形式进一步表明了：价值是真正无差别的人类劳动的凝结物。为什么呢？在简单价值形式下，一种商品只能与另一异种商品相交换，在这两种商品中间究竟有没有一个“共同的东西”，是不能明确表现出来的。现在呢，可以和许多不同种商品相交换，它的价值，“表现在商品世界的其他无数的元素上。每一种

其他的商品体都成为反映麻布价值的镜子”。就是说，其他许多商品，都可像镜子一样，来反映麻布的价值。可见，麻布与上衣，或茶，或咖啡等等之间，有一个“共同的东西”。这种“共同的东西”，与商品的自然形式是无关的，也就是与创造商品体的具体劳动无关，即不管这种劳动“是物化在上衣、小麦、铁或金等等之中”。这个在质上相等的“共同的东西”，就是商品价值，“这个价值本身才真正表现为无差别的人类劳动的凝结”。因此，在扩大的相对价值形式下，商品价值的质的共同性才第一次真正地得到了表现。

扩大的价值形式还进一步表明：交换中商品的价值量总是一样大的

从量的方面来看，也是这样。扩大的相对价值形式进一步表明了，交换中商品的价值量都是一样大的。在简单价值形式下，20 码麻布换 1 件上衣，20 码与 1 件的量的比例，纯粹是偶然的事情，价值量由社会必要劳动时间决定的规律，还不能明显地表示出来。现在呢，“一个根本不同于偶然现象并且决定着这种偶然现象的背景马上就显露出来了”。这就是：“麻布的价值无论是表现在上衣、咖啡或铁等等无数千差万别的、属于各个不同所有者的商品上，总是一样大的。”偶然的比例消失了，商品之间必然有一个比例的规律就得到了证明，因而商品的价值量也得到明确而具体的表现。

从质和量两方面分析说明的问题，就是偶然性进一步体现为必然性。就是说，在偶然性现象的背景上，显露出和它本质上不同的必然性。偶然性的现象和必然性的本质是辩证地对立着，而本质也就是通过这样的现象才得到了表现。

(2) 特殊等价形式

现在再来看价值形式的另一极，等价形式方面有些什么变化。

马克思把这种等价形式称为特殊的等价形式，之所以特殊，是因为等价形式上的商品不是一个，而是许多商品都能作为麻布的等价物，“因而充当价值体”，以表现麻布的价值。前述等价形式的特点，在这时得到了特殊的表现，即许多商品的使用价值形式都可成为麻布的价值形式。许多商品的具体劳动都可成为麻布的抽象劳动的表现形式。这种多数并列的特殊等价形式，在价值表现上是有缺点的，要克服这些缺点，必须发展到一般价值形式。

(3) 总和的或扩大的价值形式的缺点

扩大的相对价值形式的缺点

在第56段里，马克思分别论证了扩大了的相对价值形式和等价形式的缺点。扩大的相对价值形式的缺点主要表现在三个方面。第一，“商品的相对价值表现是未完成的，因为它的表现系列永无止境。”例如麻布可与上衣交换，与小麦交换，与茶交换，也可与商品界新出现的任何一种商品交换，这样，公式本身就会无限延长，因而公式本身无论怎样都“是未完成的”。第二，这种价值表现是杂乱的。因为一种商品可以通过许多不同种商品而表现其价值，从而有许多不同的价值表现。就是说，麻布的价值，可以表现在上衣、小麦、茶等商品上，得不到一个共同的表现。第三，这种价值表现是不统一的。如以麻布处于相对价值形式，它的等价形式就有一系列无限的商品，如以上衣处于相对价值形式，它的等价形式又有一系列无限的商品，因而没有共同的价值表现。这种情况用公式表现出来，就是：

$$\text{20 码麻布}\begin{cases}=\text{1 件上衣}\\=\text{1 磅茶}\\=\text{1 斗米}\\=\text{其他等等}\end{cases}\quad\text{或}$$

$$\text{1 件上衣}\begin{cases}=\text{1 磅茶}\\=\text{1 斗米}\\=\text{20 码麻布}\\=\text{其他等等}\end{cases}\quad\text{或}$$

$$\text{1 斗米}\begin{cases}=\text{20 码麻布}\\=\text{1 磅茶}\\=\text{1 件上衣}\\=\text{其他等等}\end{cases}$$

“每一个商品的相对价值形式都是一个不同于任何别的商品的相对价

值形式的无穷无尽的价值表现系列”，指的就是这种情况。

扩大的等价形式的缺点

扩大的等价形式的缺点，是扩大的相对价值形式缺点的反映，它具体表现在两个方面。第一，由于相对价值形式是杂乱的，因而有无数的特殊等价形式同时并存，它们互相排斥，“其中每一个都排斥另一个”。可是，作为等价形式的只能是一个商品。第二，每一特殊等价物所包含的具体劳动，只是人类劳动的特殊的有限的表现形式，人类劳动还没有统一的表现形式。这就是说，作为等价物的具体劳动，还没有固定在一种具体形式上面，用来表现其他一切商品的抽象劳动，这是由于许多商品都可作为等价物这一事实所造成的。

由于以上缺点的存在，扩大的价值形式必须向前发展。怎样发展呢？我们知道，从简单价值形式到扩大价值形式，只是把许多简单价值形式的公式加以总和而产生的，就是说，无数的个别的偶然相交换的价值形式的综合，就转化为扩大的价值形式。现在呢？我们把扩大的价值形式倒转过来，就会出现新的情况，如用公式表示，就是：

$$\left.\begin{array}{l}1\text{ 件上衣}= \\ 10\text{ 磅茶}= \\ 40\text{ 磅咖啡}= \\ \text{其他等等}=\end{array}\right\}20\text{ 码麻布}$$

马克思把这种公式称为一般的价值形式。

这种倒转过来的公式，并不是出于纯粹的空想，而是交换历史的实际反映。当有人用麻布来交换其他商品时，别人也可以其他物品与麻布相交换，这就必然出现如上的公式。

C. 一般价值形式

(1) 价值形式的变化了的性质

一般价值形式的特点

一般价值形式克服了扩大的价值形式的缺点，这也正是一般价值形式的优点。这主要表现在两方面。第一，在扩大价值形式上，商品的相对价值表现系列是无穷无尽的，可以有许多种不同商品来表现它。现在呢？一切商品的价值都表现在唯一的商品上，即只用一种商品来表现一切商品的价值，这就避免了那种不完整和杂乱的缺点。第二，在扩大价值形式上，价值形式的表现是无限的系列，每一种商品的价值表现都可以有一个公式，因而得不到同一的表现。现在呢，一切商品的价值都表现在同一的商品上，就是说，只有一种商品作为等价物来表现其他商品的价值，商品价值用一个公式就可以全部地无遗漏地表现出来。“它们的价值形式是简单的和共同的，因而是一般的。”

相对价值形式的变化

一般价值形式较之扩大价值形式有哪些变化呢？我们还是从相对价值形式和等价形式这两极来考察。从第 61—66 段，马克思论述了相对价值形式上所发生的变化。马克思是从三种价值形式的对比来考察这种变化的。在第一种形式上，一种商品只是偶然与另一种商品相交换，价值形式的表现是不明确的。在第二种形式上，一种商品可与许多不同种商品相交换，价值形式是明确地表现在许多商品上，但又是杂乱的。在第三种形式上，许多种商品的价值通过一种商品表现出来，从而使各种商品的价值得到一个统一的共同的明确表现，因此，每个商品的价值不但与它本身的使用价值不相同，而且与其他商品的使用价值都不相同，正因为这样，价值才表现为一切商品共有的东西，或者说，一切商品都有了共同的价值表现。在这里，如果我们从现象上看，第一种形式是使一种商品的价值表现在另一种商品身上，第三种形式也是使一种商品的价值表现在另一种商品身上，似乎没有什么差异，其实不然。因为表现形式虽有相似的地方，但反映的是不同的历史条件下所产生的商品交换。在第一种形式下，商品交换是偶然的，在交换以前还不是商品。在第二种形式下，交换成为经常现象，但还是直接的物物交换。可是在第三种形式下，交换已不是直接的物物交换，而是间接的物物交换，即交换时需要等价形式上的商品起媒介作用了。所以从前两个场合来看，“使自己取得一个价值形式可以说是个别商品的私事，它完成这件事情是不用其他商品帮助的”。而现在呢？“一般价值形式的出现只是商品世界共同活动的结果。一个商品所以获得一般的价值表现，只是因为其他一切商品同时也用同一个等价物来表现自己的价值，而每一种新出现的商品都要这样做。”这两种不同情况说明了一个重要问题，在前一种情况下，商品的社会性质，价值的社会性质，表现得是不明显的。在后一种情况下，它们的社会性质才能清楚地表现出来。所以马克思说：“因为商品的价值对象性只是这些物的‘社会存在’，所以这种对象性也就只能通过它们全面的社会关系来表现，因而它们的价值形式必须是社会公认的形式。”因此，诸商品要在实际上成为商品，必须在它的等价形式成为“社会公认的形式”时才能达到，也就是只有在一般价值形式下，商品才真正当作为了出卖而不是为了自己消费的物品而有目的地生产出来，这才真正有商品生产。这种相对价值形式的质的表现，更明确地体现了一定的社会关系，是一般价值形式上相对价值形式的特点。

在一般价值形式上，一切商品“不仅表现为在质上等同，表现为价值一般，而且同时也表现为在量上可以比较的价值量”。这就是说，一般价值形式进一步证明了商品的价值量是可以互相比较的。例如；10 磅茶叶等于 20 码麻布，40 磅咖啡等于 20 码麻布，因此，10 磅茶叶的价值量也就和 40 磅咖啡相等，1 磅咖啡所含的价值量只是 1 磅茶叶所包含的$\frac{1}{4}$。

等价形式的变化

现在，再看等价形式的变化。当麻布处于一般价值形式中的等价形式的地位时，它就成为一般等价物。其所以是一般的，因为依靠它可以与其他一切商品相交换。在过去，等价形式的三个特点，或偶然表现在一个商品上，或表现在许多不同商品上，而现在，则固定在一个商品上，例如公式中的麻布。因此，麻布的自然形式（使用价值形式），成为一切商品价值的表现形式；生产麻布的织劳动虽然是私人劳动，但因为等于其他商品中的每一种劳动而采取一般的社会形式，具体形式的织劳动直接成为抽象劳动的表现形式。所以马克思说：“对象化在商品价值中的劳动，不仅消极地表现为被抽去了实在劳动的一切具体形式和有用属性的劳动。它自身的积极的性质也清楚地表现出来了。这就是把一切实在劳动化为它们共有的人类劳动的性质，化为人类劳动力的耗费”。

一般价值形式是商品世界的社会表现

分析了相对价值形式和等价形式的变化后，再综合地来看一下一般价值形式，可以清楚地看出，一般价值形式“是商品世界的社会表现”。由于每一个商品都用同一个等价物来表现自己的价值，因而在质上相等，在量上可以互相比较，这是商品世界共同活动的结果，这就更明白地体现出商品是一定的社会关系。一般价值形式比前两种价值形式更清楚地告诉我们，在商品世界中，“劳动的一般的人类的性质形成劳动的独特的社会的性质”。就是说，把生产商品的劳动表现为一般的人类劳动，是商品世界中的劳动的社会性质得以表现的特有形式。

(2) 相对价值形式和等价形式的发展关系

等价形式的发展是相对价值形式发展的表现和结果

从相对价值形式与价值形式的相互关系中，首先说明了一个问题：相对价值形式发展了，等价形式必须相适应地向前发展。但等价形式是被动的，相对价值形式是主动的，“后者是发起者”[①]，所以，“等价形式的发展只是相对价值形式发展的表现和结果”。

从什么地方证明上述论点呢？从简单价值形式看，一种商品偶然与另一种商品相交换，其相对价值只偶然表现在另一个商品上，这商品就成为个别等价物。从扩大价值形式看，该商品经常与其他诸商品相交换，其相对价值表现在其他诸商品上，这些商品都处在等价形式，取得种种不同的特殊的等价形式，成为特殊等价物。从一般价值形式看，一切商品的相对价值都共同地表现在一种商品上，这种商品就“获得一般等价形式”，成为一般等价物。以上说明：相对价值形式发展，等价形式必须随之向前发展；相对价值形式怎样表现出来，就要求有与之相适应的等价形式。

---

① 《马克思恩格斯全集》第 49 卷，人民出版社 1982 年版，第 171 页。

价值形式向前发展，相对价值形式和等价形式这两极的对立也以相同程度向前发展

相对价值形式和等价形式的相互关系还说明：价值形式向前发展，相对价值形式和等价形式这两极的对立，也以相同程度向前发展。

所谓两极对立，就是互相排斥的意思。如在简单价值形式中，麻布处于相对价值形式，上衣就必须处于等价形式；如果上衣处于相对价值形式，麻布就必须处于等价形式。不能使麻布既处于相对价值形式，又处于等价形式。相对价值形式和等价形式是互相排斥的，也就是互相对立的。但在简单价值形式中，这种对立还不固定。因为“我们从等式的左边读起，麻布是相对价值形式，上衣是等价形式，从等式的右边读起，上衣是相对价值形式，麻布是等价形式”。到了扩大价值形式时，这种两极的对立就固定下来了。麻布处于相对价值形式，上衣与一系列其他商品处于等价形式，它们之间是不能换位的。如果把上衣处于相对价值形式，把麻布处于等价形式，这个公式就不能用，必须重立一个公式来代替它；或者把这个公式全部倒转过来，那就不是扩大价值形式，而是一般价值形式了。发展到一般价值形式时，两极的对立达到完成地步。它们不仅是固定的，而且只有一个公式，不能换位，这时候，一切商品都是相对价值形式，只有一种商品处于等价形式，其他商品都不能处于这种形式。马克思在第 85 页注（24）中批判了蒲鲁东想保留商品生产，又要去掉商品不能直接交换的性质的庸俗空想。因为如果一切商品都可以取得直接交换的形式，一般等价物也就不成其为一般等价物了，就像如果一切天主教徒都成为教皇，教皇也就不成其为教皇了。相反，处于等价形式上的商品，则不得有一般的相对价值形式。如果处于一般等价形式的商品，例如麻布，要同时具有一般的相对价值形式，它就必须自己给自己充当等价物，于是就出现 20 码麻布＝20 码麻布的公式，“这是一个既不表现价值也不表现价值量的同义反复”。要表现一般等价物的相对价值，就必须把第三种形式倒过来，把等价形式上的麻布调过来，把其他商品倒过去。“一般等价物没有与其他商品共同的相对价值形式，它的价值相对地表现在其他一切商品体的无限的系列上”，那就变成扩大价值形式了。

(3) 从一般价值形式到货币形式的过渡

每一种商品都可以担任一般等价形式的职能，例如在交换发展的历史过程中，在不同地区、不同时间里，作为等价物的商品是各不相同的，有的用兽皮，有的用牲畜，有的用贝壳，以及其他等等。但是，一种商品处于一般等价形式，其他一切商品就不能处于这个形式。当一般等价物最终固定在一种商品身上后，“从这个时候起，商品世界的统一的相对价值形式才获得客观的固定性和一般的社会效力”。这时，等价形式就社会地附着在某种特定商品的自然形式上。“有一个特定的商品在历史过程中夺得了这个特权地位，这就是金。”金之所以能夺得这个位置，是因为金比其他商品更适合做货币的材料，如质地均匀，便于分割，体积小，价值大，耐腐蚀，便于携带等等。由于金的出现，“这种独特商品成了货币商品，或者执行货币的职能。在商品世界起一般等价物的作用就成了它特有的社会职能，从而成了它的社会独占权”。当金成为统一的一般等价物以后，金就从一般商品变成特殊商品，成为货币，从此商品世界就分裂为二，一方是商品，一方是货币，货币就是这样产生的。这时候的价值形式，也从一般的价值形式发展成为货币形式，成为价值形式完成的形态了。

D. 货 币 形 式

由第三种形式到第四种形式没有发生本质的变化

“在第一种形式过渡到第二种形式，第二种形式过渡到第三种形式的时候，都发生了本质的变化。而第四种形式与第三种形式的唯一区别，只是金代替麻布取得了一般等价形式。”由第一种形式到第二种形式有哪些本质的变化呢？由于偶然的交换发展到经常的交换，一个商品的价值通过一系列商品作为等价形式来表现，这种扩大的价值形式，较之简单价值形式，进一步说明了商品价值与它依以表现的使用价值毫无关系，还说明了价值是第一次真正表现为无差别的人类劳动的凝结物，同时由于交换经常化，使得商品交换的量的比例，也具有较为稳定性质，从而价值量决定的规律，也就有所表现。由第二种形式到第三种形式有哪些本质的变化呢？第一，在价值表现的形式上已有了飞跃的变化。在扩大的价值形式上，有许多商品当作价值的镜子，它的表现系列是无穷无尽的，每一种新商品的出现，表现的系列就随之增加，这公式是永未完成的，同时，它本身的表现是杂乱的，没有一个共同的统一的价值表现。一般价值形式则避免了上述缺点，它把许多商品的价值统一表现在唯一的一个商品上，这个商品的自然形式成了商品价值的表现形式，生产它的具体的私人的劳动，也成为一般社会的抽象劳动的表现形式。第二，与这两个价值表现形式相适应的，是从直接物物交换发展到间接物物交换。过去的等价物只是在交换中起等价形式作用，现在则进一步起了交换媒介物的作用。同是等价物，但它所起的作用已经有了本质的变化，因此价值形式有了崭新的意义。为什么第四种形式与第三种形式却只有一点区别呢？因为在第三种形式，麻布是一般等价物，在第四种形式，金是一般等价物，价值形式的公式本身没有变，只是把等价形式上的商品固定在黄金身上罢了。这是一个进步，但也只是“唯一的进步”。

金本身原来是商品，只是在交换发展过程中才成为货币

现在不难理解，一般等价形式为什么固定在金上，金本身就能成为货币。因为金本身原来也是商品，与其他商品相对立，在简单价值形式下，它曾当作个别等价物；在扩大价值形式下，也曾当作特殊等价物；在一般价值形式下，也曾当作一般等价物；只是随着交换的发展，金固定成为一般等价物而取得独占权时，“一般价值形式才转化为货币形式”。所以从价值形式的发展来看金，它本身不过是普通商品，但在交换中逐渐成为特殊商品，成为一般等价物，起着交换媒介物的作用，就转化成为货币。金本身能成为货币，是交换发展的历史产物。而货币本身，正是在这种历史条件下社会关系的具体表现。

一般相对价值形式转化为价格形式

只要金作为货币，商品的价值相对地表现在这个货币身上，一般相对价值形式就表现为价格形式。为什么呢？因为价格是价值的货币表现，也就是说，用货币来表现商品的价值，称为价格。现在商品价值既表现在货币身上，一般的相对价值形式也就随之转化成为价格形式了。价格形式是价值形式的最成熟的形式，这时候，一切商品的价值都通过与货币交换，即通过价格而表现出来。价值形式发展到价格形式，商品交换才有可能普遍地广泛地向前发展。

简单的商品形式是货币形式的胚胎

我们研究价值形式的目的，在于了解货币的起源。现在已经懂得了价值形式如何发展到价格形式，商品交换如何引起货币的产生，因此，货币的秘密无非是一般等价形式的秘密，而等价形式的所有特点，在简单价值形式中早已具备了，所以，“简单的商品形式是货币形式的胚胎”。也就是说，在简单价值形式里包含着货币形式的一切秘密。

现在我们回过头来看看，在第 5 段早已说过的，为什么简单价值形式（例如 20 码麻布＝1 件上衣）包含一切价值形式的秘密呢？因为在简单价值形式里所包含的下述内容和特点，无论哪一种价值形式都是具有的。第一，一切价值形式都是由相对价值形式和等价形式这两极构成的，它们互相依赖、互为条件，又互相反对、互相排斥。第二，处于这两极的商品，必须具有价值和不同的使用价值。第三，相对价值形式的商品要通过等价形式商品的使用价值来表现其价值，因此等价形式就具有三个特点，这些特点在不同的价值形式中都是存在的。第四，无论哪一种价值形式上的相对价值形式与等价形式的对立，所表示的使用价值与价值的对立，无非是商品的使用价值和价值的内部对立的外部表现。为什么“简单的商品形式是货币形式的胚胎”呢？因为货币形式的秘密实质上就是一般等价形式的秘密，而一般等价形式的秘密在简单的等价形式中就已存在。简单价值形式所揭示的等价形式的特点，也是货币形式的特点，只是发展的成熟程度不同，是个“胚胎”罢了。货币的社会性质正是这三个特点的进一步具体表现。

■ 对价值形式发展的研究，突出地表现了马克思所运用的矛盾分析方法。

商品是使用价值和价值的对立统一。在“劳动产品通过偶然的、间或的交换而转化为商品”[①] 时，出现了简单的价值形式，这种价值形式，“就是该商品中所包含的使用价值和价值的对立的简单表现形式”[②]。在这里，又包含着私人劳动和社会劳动矛盾的萌芽，简单价值形式正是这一矛盾的表现。

随着社会分工的发展，偶然的交换发展为经常的交换，有更多的商品要求实现自己的价值，要求把生产它的具体劳动转化为抽象劳动，从而，私人劳动和社会劳动的矛盾逐渐形成和发展。一方面，交换的商品增加了，有更多的商品要求实现其价值，通过交换来解决矛盾就显得非常重要。另一方面，这一实现、转化过程，是非常困难的。这是由于直接物物交换的局限性所引起的。这种直接物物交换所产生的困难，实际上反映出商品的使用价值和价值还没有完全分裂，因而相对价值形式和等价形式的分化还没有最终完成。马克思说：“直接的物物交换这个交换过程的原始形式，与其说表示商品开始转化为货币，不如说表示使用价值开始转化为商品。交换价值还没有取得自由的形态，它还直接和使用价值结合在一起。”[③]

扩大价值形式发展至一般价值形式，商品的内部矛盾没有被消灭，而是进一步发展了。一方面，商品增加了，市场扩大了，生产的盲目性也随之加强，私人劳动无法实现为社会劳动的现象也必然增长起来。另一方面，生产者专为市场的需要而生产，生产的商品能否卖出去，能否实现其价值，对生产者来说是更加重要了。在直接物物交换下，产品对双方都是使用价值，商品如果卖不出去，生产者就干脆自己使用它。而现在是间接物物交换，为市场而生产，商品卖不出去，私人劳动不能实现为社会劳动，生产者就不能继续生产和生活。这就使商品经济的内部矛盾暴露得更为明显。

货币形式的出现是商品经济内部矛盾发展的结果，一方面，它解决了交换中的困难，缓和了矛盾，另一方面，交换又带来新的困难，使得商品经济的矛盾更加扩大和发展。商品内部的使用价值和价值的对立，

---

① 《资本论》第 1 卷，人民出版社 2004 年版，第 82 页。

② 《资本论》第 1 卷，人民出版社 2004 年版，第 77 页。

③ 《马克思恩格斯全集》第 31 卷，人民出版社 1998 年版，第 443 页。

发展到商品与商品的外部对立，又发展到商品与货币的对立。整个商品世界区分为两大阵营，一方是商品，一方是货币。货币的出现使得买与卖分裂为二，一方卖而不买，另一方就卖不出去，因而货币加深了商品交换的矛盾，包含着经济危机的可能性，这在第三章分析货币的职能时就会谈到。

由此可见，商品经济内部矛盾的发展过程，就是使用价值和价值的分化过程，是生产商品的具体劳动和抽象劳动、私人劳动和社会劳动的分化过程。这种分化，这种矛盾，只有在商品顺利地取得价值形式并实现其价值的条件下，才能获得解决，而每一种价值形式的更替又都在一定程度上促进了商品交换的发展。但是，这种交换的发展过程又是商品经济矛盾的发展过程，在新的基础上内部矛盾转化为外部矛盾而更加深化。货币是商品经济矛盾发展的产物，它反过来又加深商品经济的矛盾。

在这一节中，马克思除了充分运用对立统一规律，即矛盾分析方法以外，还同时具体运用了量变到质变、本质与现象等原理，并体现了逻辑和历史的一致，因此在这一节中，同样在本书中，充满了活生生的唯物辩证法。

4. 商品的拜物教性质及其秘密[①]

（一）商品拜物教的性质和秘密

商品的神秘性质不是从它的使用价值产生的

商品这个物，最初一看，好像是一个很容易明白的极普通的东西，但经过前面的分析，又看出“它却是一种很古怪的东西”，有不可思议的神秘性质。这种神秘性质是从哪里产生

① 1982年日文版将“拜物教”译为“物神性”或“神秘的性格”。

的呢？

商品的神秘性质不是由它的使用价值产生。每一种商品都有满足人们某种需要的属性，这是一看就清楚的。同样，也不是由创造使用价值的具体劳动发生，因为具体劳动尽管各不相同，也是一目了然的，无甚神秘之处。例如：把木头做成桌子，虽然从木头的形式变为桌子的形式，可是桌子还是木头，还是人们可以直接感觉到的东西。所以，“很明显，人通过自己的活动按照对自己有用的方式来改变自然物质的形态”。在这限度内，是看不出它的神秘性质来的。“但是桌子一旦作为商品出现，就转化为一个可感觉而又超感觉的物。”桌子作为商品，从它的自然形态看，从它的使用价值形式看，是可感觉的、一目了然的；从这方面看，它是“用它的脚站在地上”。可是从价值方面看，桌子为什么有价值？价值表现什么？价值的大小由什么决定？这些都是看不见、摸不着的，是超感觉的，从这方面看，好像它是“用头倒立着”，它不是作为桌子，而是作为价值的物质承担者，它还能同其他商品交换，好像它自己会运动似的，真是比桌子自动跳舞还神秘莫测，不可思议了。

商品的神秘性质也不是由形成价值的抽象劳动的性质产生的

“商品的神秘性质不是来源于商品的使用价值。这种神秘性质也不是来源于价值规定的内容。”“价值规定的内容”是什么？简单地说，就是形成价值的抽象劳动，但它是具有社会性质的，又是以社会必要劳动时间来计算的抽象劳动。从这方面看，也没有什么神秘。为什么呢？因为：第一，从形成商品的劳动的质的方面来看，不管它是用什么具体形式表现出来，都是耗费了一定的脑力和体力，花费了一定的劳动力，“实质上都是人的脑、神经、肌肉、感官等等的耗费”。这是容易理解的，并没有什么神秘之处。第二，从形成商品的劳动的量的方面来看，价值量是由劳动量所决定，劳动量又是由劳动时间来计量的，在这里，这种劳动的量，即支出的劳动时间，和劳动的质，即在一定时间内所花费的脑力和体力，可以十分明显地区别开来。我们生产各种不同的物质资料，既需要耗费一定的脑力和体力，又要消耗一定的时间。生产某一物品所消耗的时间，在不同生产力发展水平下是不同的，人们对它的关心程度也不是一致的，可是，“在一切社会状态下，人们对生产生活资料所耗费的劳动时间必然是关心的”。从这方面说，也没有什么神秘的地方。第三，从劳动的社会性质来看，“一旦人们以某种方式彼此为对方劳动，他们的劳动也就取得社会的形式。”人的劳动本来就是整个社会总劳动的一部分，这也是不难理解的。

商品的神秘性质是由商品形式本身产生的

那么，商品的神秘性质究竟是从什么地方产生的呢？显然是从商品形式本身发生的。因为劳动产品一变成商品，就会由于下述的三个表现形式而引起人们的幻觉。第一，“人类劳动的等同性，取得了劳动产品的等同的价值对象性这种物的形式”。就是说，生产各种商品的劳动的具体形式虽然是不同的，可是从支付一定的劳动力的抽象劳动来看，它们又都是一样的、“等同”的、无差别的，可是这种无差别的同质的抽象劳动，并不直接表现出来，而是凝结在一定的物体内形成价值对象性，通过价值物而表现，这一转换，就使商品本身神秘化了。第二，“用劳动的持续时间来计量的人类劳动力的耗费，取得了劳动产品的价值量的形式”。就是说，生产物质资料所消耗的劳动量是以劳动时间来计算的，但劳动产品一变为商品以后，劳动量就不能用劳动时间直接计算，而是作为价值量来计算。但价值量又不是直接表现出来，而是通过另一种商品的一定量来表现。这一转换，又使商品本身神秘化了。第三，“生产者的劳动的那些社会规定借以实现的生产者的关系，取得了劳动产品的社会关系的形式”。就是说，不论在什么社会里，生产者互相之间都要发生关系，互相交换他们的劳动；但是在商品生产的社会里，他们互相交换劳动的关系不能直接表现出来，而要通过物和物的交换来表现。例如：20码麻布换1件上衣，形式上是麻布与上衣相交换，实质上是麻布生产者与上衣生产者互相交换自己的劳动。这一转换，人和人的关系通过物和物的关系来表现，使物本身带上不可思议的神秘性质了。因此，“商品形式的奥秘不过在于：商品形式在人们面前把人们本身劳动的社会性质反映成劳动产品本身的物的性质，反映成这些物的天然的社会属性，从而把生产者同总劳动的社会关系反映成存在于生产者之外的物与物之间的社会关系。由于这种转换，劳动产品成了商品，成了可感觉而又超感觉的物或社会的物”。

马克思以光线感觉为例来说明商品的神秘性。一个东西，比如一个茶杯，在我们视觉神经中所引起的光线感觉，本来是我们的视觉神经所感到的主观刺激，但茶杯留在视神经中的印象，看起来好像是外界存在的东西，即这个茶杯的客观形式。当然，这里存在物体之间即茶杯、光线、视觉神经之间的物理关系。但商品形式以及商品形式所表现的价值关系，和物理关系不同，而是人们之间的一定的社会关系，“但它在人们面前采取了物与物的关系的虚幻形式”。在商品生产条件下，交换商品成为人们互相联系交换劳动的主要形式，人们感受到的只是物的关系本身。因此人们就误认为商品所以能按一定数量的比例相交换，是由物的特性所决定。其实，商品不过是人们劳动和交换的产物，但人们看来，它却成为离开人而独立存在、自行运动的东西，人的一切活动都像要受它支配似的，因而就神秘莫测、不可思议了。

商品的这种神秘性质，马克思把它叫作拜物教。为什么呢？马克思以宗教世界的幻想作比喻，“在那里，人脑的产物表现为赋有生命的、彼此发生关系并同人发生关系的独立存在的东西”。就是说，人脑所幻想出来的东西，什么玉皇大帝、九殿阎君、妖魔鬼怪等，就好像果真存在似的，并且还支配着人们，和人们发生关系。其实，这些本来都是不存在的，只是由人脑幻想出来的东西；但反转过来，却成为支配人们行动的力量。商品的神秘性质和此相类似，商品是“人手的产物”，是人们用双手生产出来的，本来应该为人所支配，现在却反过来支配人。因此人们对物，好像对上帝神鬼一样，进行偶像崇拜，认为物本身有着驾驭人的无上权威。所以，商品拜物教所指的就是这种物和物的关系掩盖着人和人的关系，以及物支配着人的现象。

商品拜物教有其客观必然性。马克思说：“劳动产品一旦作为商品来生产，就带上拜物教性质，因此拜物教是同商品生产分不开的。”在商品生产社会里，人们互相交换劳动的关系，必然表现为互相交换商品的关系，而这样的客观事实，又必然反映到人脑里而产生一定的社会意识，商品拜物教这一社会意识，正是生产资料私有制条件下商品生产这一特定的经济关系的反映。

在第 5 段，对前面的分析做了简单的结论，指出“商品世界的这种拜物教性质”，“是来源于生产商品的劳动所特有的社会性质”。这一句，不仅指出商品拜物教性质的来源，而且也是理解这一问题的关键所在。

私人劳动的社会性必须通过物的交换来表现，这就使人们产生幻觉

我们既然懂得了商品拜物教的来源在于商品形式本身，现在还要进一步分析究竟有哪些具体因素使商品形式本身产生神秘的迷人的幻觉。

第 6 段主要说明：私人劳动的社会性必须通过物的交换来表现，这就使人们产生幻觉。

我们知道，劳动产品成为商品，是因为一方面它是私人劳动的产品，是在私有制条件下进行生产，并对产品实行私人占有；另一方面这种私人劳动又是整个社会总劳动的有机组成部分，其总和形成社会总劳动。这种私人劳动的社会性质在生产过程中是表现不出来的，只有发生社会接触，在商品交换中才能表现出来，“因此，在生产者面前，他们的私人劳动的社会关系就表现为现在这个样子，就是说，不是表现为人们在自己劳动中的直接的社会关系，而是表现为人们之间的物的关系和物之间的社会关系”。这就是说，本来是生产者私人劳动的社会关系，即生产者互相交换劳动的直接关系，却被看成是生产者互相交换产品的关系，看成是劳动产品相交换的社会关系。人与人的关系被物和物的关系掩盖了，人们只看到物和物的关系，看不到人和人的关系了，这就使人们产生一种幻觉：商品本身似乎有一种神秘的特性，使它们能够自行交换。

私人劳动的二重社会性采取了使用价值和价值的形式，又使人们产生幻觉

在第 7 段，马克思进一步论证了：私人劳动的二重的社会性采取了使用价值和价值的形式，又使人们产生幻觉。

“劳动产品只是在它们的交换中，才取得一种社会等同的价值对象性”。马克思这句话的意思，不能误解为在交换过程中可以创造价值。而是说，价值是表示一定的社会关系、生产关系，必须以商品交换为前提。产品之所以能表现为价值，并不是由于它具有交换的可能性，而是由于交换的事实，即现实的交换的存在。只有在交换的过程中，价值才能显现出来，得到社会的证实。在交换已经十分广泛和十分重要的时候，即出现了商品生产以后，人们是为了交换即为了价值而生产，这时，劳动产品才真正变成商品，从而“分裂为有用物和价值物”，即分裂为使用价值和价值。“从那时起，生产者的私人劳动真正取得了二重的社会性质。”一方面，私人劳动的社会有用性。就是说，生产者的私人劳动必须是对社会有用的劳动，它所创造的使用价值，必须能够满足社会的一定需要，也就是必须是对别人有用的使用价值，从而证明它是社会分工的一部分，是社会总劳动的一个有机组成部分。另一方面，私人劳动的社会共同的抽象劳动的性质。就是说，生产者为了满足自己的多种需要，必须以自己的产品与别人的产品相交换，即生产者的私人劳动必须能够同任何另一种私人劳动相交换，从而说明这些不同的劳动是共同的、相等的。为什么是共同的？为什么能够相等？因为“它们的实际差别已被抽去”，都是抽去具体形式的抽象劳动。但是，私人劳动的这种二重的社会性质不能直接反映在私人生产者的头脑里，在他们面前表现出来的，只是“从实际交易，产品交换中表现出来的那些形式”。就是说，在实际买卖中，私人劳动的二重社会性是看不出来的，所看到的只是：一方面，私人劳动的社会有用性，表现为劳动产品必须具有使用价值，而且是对别人有用的社会使用价值的形式。另一方面，私人劳动作为抽象的人类劳动所具有的共同性质，表现为各种劳动产品具有共同的价值性质的形式。这样，从交换中只能看到使用价值和价值的形式，即看到有用物和价值物，而看不到物所包含的私人劳动的社会性质了。正是由于这一转换，使人们又产生幻觉：好像劳动产品所以能成为商品，不是由于私人劳动的社会性质，不是反映人和人之间互相交换劳动的关系，而是由于物的自然性质。物的自然性质怎样能使物成为商品呢？所以就神秘莫测、不可思议了。

价值是社会关系，但被物的外壳掩盖着，也使人们产生幻觉

在第 8 段里，马克思接着说明：价值是社会关系，但被物的外壳掩盖着，也使人们产生幻觉。

商品价值是人类抽象劳动的凝结，商品本身只不过是这种价值的物质外壳，所以价值无非是在商品这一物质外壳掩盖下的社会关系。但是人们的看法却往往相反，“他们在交换中使他们的各种产品作为价值彼此相等，也就使他们的各种劳动作为人类劳动而彼此相等”。就是说，人们在交换中，总是把他们的劳动产品看作价值，使它们相等，这样无意中就把他们的不同的具体劳动化为相同的抽象劳动了。人们不知道，价值就是人类抽象劳动的凝结，表现着人和人的关系，“他们没有意识到这一点，但是他们这样做了”。即按照商品价值来进行实际的商品交换了。在商品经济中，价值的确是一个神秘莫测的东西，看不见，摸不着，“价值没有在额上写明它是什么”。人们看到的只是商品的物质形态，好像价值是商品的自然属性，商品天然的有价值，这就使人产生幻觉。

“后来科学发现，劳动产品作为价值，只是生产它们时所耗费的人类劳动的物的表现，这一发现在人类发展史上划了一个时代，但它决没有消除劳动的社会性质的物的外观。”这句话的意思是：虽然后来人们科学地发现了商品价值是由劳动创造的，这是一个划时代的伟大贡献。但是，只要存在商品生产，私人劳动的社会性质总是被物的外壳掩盖着，劳动产品总是被当作价值物，因此，在受商品生产关系束缚的人们看来，价值好像是商品本身的自然属性，是永远不变的。因此，这种科学发现并不能消除产生商品拜物教的社会条件。这好比科学分析虽然把空气分解为几种元素，空气在现象上还是作为混混沌沌的气体而存在着，不管在科学分析以前或以后，人们看到的只是空气的物理形态。

价值量运动规律的客观强制力，造成了物的运动支配人的幻觉

第 9 段主要说明：价值量运动规律的客观强制力，造成了物的运动支配人的幻觉。

本段开头的几句，首先论证价值量的重要，指出商品生产者最关心的问题，就是自己的产品能换得别人多少产品，也就是交换的比例问题。这种比例，起初是依偶然情况而定，随着商品交换的发展，逐渐习惯地固定下来。显然，它们之间的交换比例，是由价值量运动的规律所决定的。可是从现象上看，“当这些比例由于习惯而逐渐达到一定的稳固性时，它们就好像是由劳动产品的本性产生的”。就是说，交换的比例好像不是由价值量决定的，而是由商品本身的性质决定的，例如一磅铁与一磅金相等，好像是由它们本身的物理性质、化学性质相等一样。事实上，劳动产品按价值量相交换，这时劳动产品的价值性质才被确定下来。商品交换的比例不是由商品生产者的意志随心所欲地来决定，而是由价值规律客观地决定的。所以，“价值量不以交换者的意志、设想和活动为转移而不断地变动着”。这种“变动”，“在交换者看来，他们本身的社会运动[①]具有物的运动形式[②]”。因为商品交换的比例并不决定于生产者的个别的劳动时间，而是决定于社会必要劳动时间，商品价值量的高低是由客观的价值规律所决定，因而，“不是他们控制这一运动，而是他们受这一运动控制”。好像不是人支配物，而是物支配人了。

只有商品生产十分发达，才能从大量经验中得出科学的认识，理解到商品价值量是由社会必要劳动时间决定的，生产者的个别的劳动时间不断地化为它们的社会的比例尺度，即化为社会必要劳动时间。当然，生产者不是自觉地这样做。交换比例的变化是不以生产者的意志为转移的。这种变化看起来好像纯粹是偶然的事情，实际是“在私人劳动产品的偶然的不断变动的交换比例中，生产这些产品的社会必要劳动时间作为起调节作用的自然规律强制地为自己开辟道路，就像房屋倒在人的头上时重力定律强制地为自己开辟道路一样”。价值规律就是在这些偶然的不断变动的交换比例中来实现它自己，所以“价值量由劳动时间决定是一个隐藏在商品相对价值的表面运动后面的秘密”。科学地发现价值量运动的秘密，虽然使这种偶然性外观得到正确的认识，“但是决没有消除价值量的决定所采取的物的形式”，即不能消除商品拜物教。为什么呢？因为发现了价值量运动的规律，懂得了它是决定交换比例的因素，可是它的客观性和自发性发生作用所造成的物的运动支配着人的幻想，仍然在商品生产者的意识里顽强地存在着。

在价格形式上，货币能与一切其他商品相交换，更使人们为物的幻觉所迷惑

在第 10 段，马克思又指出：在价格形式上，货币能与一切其他商品相交换，更使人们为物的幻觉所迷惑。

对商品的价值、价值量、价值形式等问题的研究，人们往往不是从其历史发展的初期开

① 指他们自己生产的盲目行动。

② “物的运动形式”，指物价时高时低的涨落现象。

始，而是在“已经取得了社会生活的自然形式的固定性”的时候开始。就是说，当货币出现后，商品直接与货币相交换，货币独占了一般等价形式的地位，这时才明白地表现了：所有商品在质上有一个共同的东西，这个东西在量上又是有差别的，从而才提出，这个共同的东西是什么的问题，它的量是怎样决定的问题，要求人们去研究。这样，人们通过商品价格才进一步发现价值量的秘密，通过商品的货币表现才懂得价值的秘密。“但是，正是商品世界的这个完成的形式——货币形式，用物的形式掩盖了私人劳动的社会性质以及私人劳动者的社会关系，而不是把它们揭示出来。”为什么呢？因为不从它的历史发展过程，仅就它的完成形式来考察，就只能看到，各种劳动产品都和作为货币的金银发生关系，其实，这是不合理的，因为它们都是物，自己怎能直接发生关系呢？在这里，它们所以发生关系，是各个生产者把自己的商品拿去和当作一般等价物的货币商品发生关系，这种关系，只不过是私人劳动对社会总劳动的关系，可是表现出来的却是物与物之间的关系。正是这种物与物的关系，隐蔽着私人劳动的社会性，以及私人劳动者相互之间的关系。这一转换，使处于等价形式的货币商品的作用好像不是由它的社会属性，而是由金银本身的自然属性所产生，好像就是这种自然属性本身使货币能够直接与其他一切商品相交换。总之，人们虽然懂得了价格、货币等经济范畴，仍然不能消除货币所造成的错觉，因为货币所具有的价格形式，它能与其他一切商品相交换的属性，更加使人们处于神秘莫测的迷人幻觉中。

（二）商品拜物教是商品生产社会形式中的特有现象

商品拜物教的存在及其消灭

以上各种幻觉，使资产阶级经济学者形成他们的那一套经济范畴，如价值、价值量、货币、价格等。他们把资本主义制度看成是永存不灭的制度，把商品生产看成是永恒不变的自然生产形式，因而价格、价值、货币等都不是一个历史范畴，而是一个自然范畴，“对于这个历史上一定的社会生产方式即商品生产的生产关系来说，这些范畴是有社会效力的、因而是客观的思维形式”。就是说，这些范畴是客观的生产关系的反映，但并不是生产关系本质的反映，而是历史上一定的生产关系现象的反映，是以上种种幻觉的反映。但这种幻想，又不是出于空想，而是以商品生产的生产关系为基础的，它们反映到人的头脑里，通过人们的思维活动，就形成资产阶级对于价值、价格等等的概念，从而产生商品拜物教。

商品拜物教既然是商品生产的社会形式的产物，因此科学虽然阐明商品拜物教产生的原因，但不能消灭商品拜物教存在的基础。要消灭商品拜物教，就必须消灭它赖以存在的基础。马克思从第12—15段分析了非商品生产的四种经济形式，在那里不存在商品拜物教，从而证明商品拜物教的历史性，进一步帮助我们揭露商品拜物教的秘密，了解商品拜物教产生的原因及其消亡的条件。

在孤岛上生活的鲁滨逊，他的个人劳动和物的关系是极其简单明了的

个人劳动和社会劳动的关系如何，人和人的关系是否通过物的关系来表现，是揭露商品拜物教秘密的关键所在。马克思以在孤岛上生活的鲁滨逊[①]为例，论证他的个人劳动和物的关系，是极其简单明了，不存在什么神秘和幻觉。

在孤岛上单独生活的鲁滨逊，是有各种不同需要的。对需要的满足，只有靠自己劳动生产，靠自己支付许多不同形式的具体劳动，创造不同的产品。“尽管他的生产职能是不同的，但是他知道，这只是同一个鲁滨逊的不同的活动形式，因而只是人类劳动的不同方式。”不仅如此，他还知道，他的劳动量必须按照需要分配于各种不同职能。他不仅在账簿上记下他生产上的各种工作，“还记载着他制造这种种一定量的产品平均耗费的劳动时间”。所以，某一物品是用什么具体劳动形式创造的，以及生产它时花费了多少时间，都是一目了然，没有什么神秘，不会产生什么幻想。“但是，价值的一切本质上的规定都包含在这里了。”这就是说，

① 鲁滨逊是英国作家丹尼尔·笛福的小说《鲁滨逊漂流记》中的主角。他为了发财，多次远洋出航做生意。有一次途中失事，孤身漂流到一个荒无人烟的孤岛上，过着一个人的孤独生活。资产阶级经济学者总是离开特定的社会生产关系来考察经济现象，喜欢用鲁滨逊式的孤立的个人的经济作为出发点。其实，这种孤立的个人的经济是不存在的，因为人们从事生产总是社会地进行的，总是要发生一定的社会联系。

鲁滨逊的劳动和物的关系，已包含着决定价值本质要素的内容。这就是，在从事不同形式有用劳动的同时，还要消耗一定的体力和脑力，生产某一产品的劳动时间，是被周密计算的，这些形成价值和价值量的基本内容，都包含在他自己和他创造的物的关系中。在鲁滨逊式的经济条件下，个人劳动直接表示为人类劳动，他直接占有并消费其产品；他所花费的劳动时间，不需要通过价值量来表现，而是直接被计算。在这里，同在商品生产的社会里不一样，人和物的关系是一目了然的，没有什么神秘的地方。

在封建社会里，人们在劳动中的社会关系直接表现在人和人的关系上

马克思又以封建社会为例，指出人们在劳动上的社会关系是直接表现在人和人的关系上。在那里，“物质生产的社会关系以及建立在这种生产的基础上的生活领域，都是以人身依附为特征的”。因此，在封建社会里，人和人的关系不需要通过物和物的关系来表现，就这一点来说，也不存在商品拜物教的幻想。人和人的关系怎样直接表现呢？农奴为封建主进行无偿地劳动，如一周中，三天在自己的土地上耕作，三天在地主的土地上劳动，这就是所谓“劳役”，即封建的劳役地租形态；或者是租种地主的土地，按期以一定量的地租交给地主，形成“实物贡赋”，即封建的实物地租形态。这种无偿的劳动，无偿地交租，其剥削是显而易见的。因为“在这里，劳动的自然形式，劳动的特殊性是劳动的直接社会形式，而不是像在商品生产基础上那样，劳动的一般性是劳动的直接社会形式”。所以人和人结成的社会关系直接表现在人对人的剥削关系上，而没有被物与物的关系所掩盖。

在农村家长制生产中，劳动具有直接的社会性

马克思又以自给自足的“农村家长制”为例，说明那里的劳动具有直接的社会性，人和人关系在劳动过程中就可直接反映出来。在农民家庭里，为了自身的需要而生产各种生活资料，如粮食、牲畜、纱、麻布、衣服等等。同商品生产一样，在家庭内部的各个成员之间也存在着分工，但没有商品交换。因为对整个家庭来说，每一个家庭成员的个人劳动力是直接作为家庭总劳动力的一部分而发生作用。他们生产上述产品的具体劳动，如耕、牧、纺、织等，直接就是家庭内部分工的一部分，“在其自然形式上就是社会职能”，因此不需要通过物和物的关系来表现人和人的关系。这与商品生产的社会里，各个社会成员的劳动力自始就是各自独立的、个人的、私的劳动力，只有通过交换才能实现为社会总劳动的一部分的情况是不相同的。

在自由人的联合体，人们同他们的劳动和产品的社会关系，都是极其简单明了的

最后，马克思还以设想的“自由人联合体”为例，说明那里的人们同他们的劳动和产品的社会关系，都是极其简单明了的。这里所讲的“自由人联合体”，实际上是指社会主义社会。在这种社会里，生产资料是公有的，各个人的劳动力被自觉地当作一个社会劳动力来使用，按整个社会的统一计划分配于各个部门。马克思把这种情况称为“鲁滨逊的劳动的一切规定又重演了”。但是也有差别，“不是在个人身上，而是在社会范围内重演”。因为鲁滨逊是独自一个人生活，他自己的各种具体劳动的总和，只是他一个人的不同的活动方式，他生产的各种产品是他自己直接消费的各种对象。至于“自由人联合体”则是一个统一的整体，每个人的具体劳动是直接作为联合体总劳动的有机组成部分，联合体生产的总产品是社会的产品，为全体成员所有。其中一部分当作生产资料，以便进行再生产和扩大再生产，“这一部分依旧是社会的”，即仍然为社会所公有。另一部分，当作生活资料在劳动成员中进行分配，“由联合体成员消费”。这部分消费品如何分配呢？马克思指出：“这种分配的方式会随着社会生产机体本身的特殊方式和随着生产者的相应的历史发展程度而改变。”这就是说，会随生产力发展水平、生产关系的具体形式、人们的思想觉悟水平的变化而变化。为了同商品生产进行对比，马克思假定，“每个生产者在生活资料中得到的份额是由他的劳动时间决定的”。当时马克思设想社会主义社会不存在商品生产，他在《哥达纲领批判》中谈到社会主义社会消费品分配方式时指出：每一个劳动者参加社会劳动后，“从社会领得一张凭证，证明他提供了多少劳动（扣除他为公共基金而进行的劳动），他根据这张凭证从社会储存中领得一份耗费同等劳动量的消费资料”[①]。“这

① 《马克思恩格斯选集》第3卷，人民出版社2012年版，第363页。

样，劳动时间就会起双重作用。”第一，在生产中，对劳动时间有计划按比例地进行分配。即根据社会的各种需要，有计划地分配劳动力到各个部门去进行生产，使各种劳动职能同各种需要能保持适当的比例。第二，在生活资料的分配中，“劳动时间又是计量生产者在共同劳动中个人所占份额的尺度，因而也是计量生产者在共同产品的个人可消费部分中所占份额的尺度”。这就是说，你为社会贡献了多少劳动（扣除为社会基金而进行的劳动），决定你从社会总产品中可以领取多少消费品。可见，在那里，“人们同他们的劳动和劳动产品的社会关系，无论在生产上还是在分配上，都是简单明了的”，当然也就不会存在商品拜物教。

要消灭商品拜物教必须消灭产生它的社会基础

商品拜物教是在一定的社会基础上产生的，要消灭商品拜物教必须消灭产生它的社会基础。

在第 16 段，马克思主要论证了如下问题：

第一，商品拜物教是在特定的历史条件下产生的，是商品生产的社会存在的反映。“在商品生产者的社会里，一般的社会生产关系是这样的：生产者把他们的产品当作商品，从而当作价值来对待，而且通过这种物的形式，把他们的私人劳动当作等同的人类劳动来互相发生关系。”正是这样的社会产生了商品拜物教。马克思还用宗教来比喻商品拜物教。宗教同商品拜物教相类似，也是有其社会根源的。在商品生产者的社会里，生产者是独立的，他们的社会关系被物的关系所掩盖，“对于这种社会来说，崇拜抽象人的基督教，特别是资产阶级发展阶段的基督教，如新教、自然神教等等，是最适当的宗教形式”。

第二，在古代社会里，只能产生宗教的观念形态，不可能出现商品拜物教的社会意识。例如：“在古亚细亚的、古希腊罗马的等等生产方式下”，商品交换并不发达，劳动产品变为商品，劳动生产者变为商品生产者，都不占社会的统治地位，虽然这种现象也存在，但数量很少，对社会经济生活只起次要作用。只有到自然经济日益瓦解，商品交换发展起来，商品和商品生产者在社会中才越来越重要。在古代，真正的商人，像伊壁鸠鲁的神一样，或像波兰社会中到处生活着的专门从事商业的犹太人一样，“只存在于世界的空隙中”，在各个民族之间起着互通有无的媒介作用。当时的生产组织比起资本主义社会的生产组织，是简单明了得多，因为那时生产力水平很低，在生产中人们的社会关系和人们与自然的关系，都很狭隘。如在人们的社会关系方面，在原始社会里，人们以血缘联系为基础，在奴隶社会里，人们以直接的统治和服从的关系为基础。在人和自然的关系方面，由于生产力的极端低下，人们受自然力的统治，便把某些自然物当作神灵来崇拜。因此，在这样的社会里，必然产生古代的自然宗教和民间宗教的观念形态，但不可能出现商品拜物教的社会意识。

第三，要消灭商品拜物教，同消灭宗教一样，都必须改变它存在的社会基础。“只有当实际日常生活的关系，在人们面前表现为人与人之间和人与自然之间极明白而合理的关系的时候，现实世界的宗教反映才会消失。”商品拜物教也是这样，只有在不受剥削的自由劳动者真正掌握了生产资料，成为它的主人，有意识地有计划地来管理整个社会经济的时候，才会揭掉商品拜物教的神秘外衣。要达到这个目的，“这需要有一定的社会物质基础或一系列物质生存条件，而这些条件本身又是长期的、痛苦的历史发展的自然产物”。这就是要进行无产阶级的社会主义革命，推翻资本主义制度，建立无产阶级专政，建立以生产资料公有制为基础的社会主义生产关系，大大发展生产力，才能消灭商品拜物教存在的社会基础。

由此可见，商品拜物教是一种历史现象，是商品生产社会形态中特有的历史现象。

（三）资产阶级经济学家不了解商品拜物教的秘密

古典学派不了解商品拜物教秘密的原因

像李嘉图，这个古典学派最好的代表，“对价值量的分析并不充分，——但已是最好的分析”[①]。从好的方面看，他发现了价值是劳动创造的，价值量是由劳动时间决定的。从不充分的方面看，第一，他没有发现劳动二重性，不懂得区分创造使用价值的具体劳动和形成价值的抽象劳动，不懂得“劳动的纯粹量的差别是以它们的质的统一或等同为前

① 《资本论》第1卷，人民出版社2004年版，第98页注（31）。

提的，因而是以它们化为抽象人类劳动为前提的"[①]。第二，资产阶级古典政治经济学"从来没有从商品的分析，特别是商品价值的分析中，发现那种正是使价值成为交换价值的价值形式"[②]。古典政治经济学的优秀人物"把价值形式看成一种完全无关紧要的东西或在商品本性之外存在的东西"[③]。产生这些缺点的原因，不仅是由于他们把注意力放在价值量的分析上，最根本的是在于：由于他们的资产阶级立场和形而上学的世界观，他们把资本主义的生产方式看成是自然的、永恒的，从而看不到价值的特殊性，看不到商品形式的特殊性，看不到货币的特殊性，看不到资本的特殊性，一句话，把商品、货币、资本等都看成是自然的范畴。他们虽然曾经揭示了价值形式所掩盖的价值和价值量的内容，但"从来也没有提出过这样的问题：为什么这一内容采取这种形式呢？为什么劳动表现为价值，用劳动时间计算的劳动量表现为劳动产品的价值量呢"？这些"为什么"本身就告诉我们："它们是属于生产过程支配人而人还没有支配生产过程的那种社会形态的"，即在这种社会形态下发生的。可是他们不能说明这种社会形态所产生的种种假象，通过这些假象揭露其本质的内部秘密，而是把这种社会形态看成是"自然必然性"，和每个社会都需要生产劳动一样，是万劫不移、亘古长存的，因而就不可能认识商品生产的历史暂时性，不可能揭露商品拜物教的秘密。"就像教父对待基督教以前的宗教一样"，就是说，教父把基督教以前的宗教都看成是人们臆造的，只有基督教才是神的启示，这句话是用来比喻资产阶级经济学者把资本主义以前的社会看成是人为的，从而是不合理的，必须被更替；而却把资本主义社会看成是天然的，永久存在的。

资产阶级经济学家为商品拜物教所迷惑而产生的糊涂见解

不仅古典学派如此，资产阶级的其他经济学派对商品拜物教的认识是更加糊涂的。例如，他们曾争论一个问题："自然在交换价值的形成中的作用"如何？其实，交换价值只是交换关系，是人和人关系的一种表现，是劳动的社会性质的表现形式，因此，

① 《资本论》第1卷，人民出版社2004年版，第98页注（31）。
② 《资本论》第1卷，人民出版社2004年版，第98—99页注（32）。
③ 《资本论》第1卷，人民出版社2004年版，第98—99页注（32）。

价值不可能包括一点自然材料或物质原子在内，又怎能谈到自然对价值的形成有什么作用呢？他们就这个问题进行枯燥无味的争论，说明商品拜物教把他们完全弄糊涂了。

如果说，早就出现了的商品形式，“是资产阶级生产的最一般的和最不发达的形式……所以，它的拜物教性质显得还比较容易看穿”，那么，随着商品交换的发展而出现的货币、资本等更加发展的形式，就取得更加神秘的姿态。在商品拜物教基础上发展起来的货币拜物教、地租拜物教，更令人感到神秘莫测了。货币主义者没有看出：“金银作为货币代表一种社会生产关系，不过这种关系采取了一种具有奇特的社会属性的自然物的形式。”金银本身原是商品，只是在商品交换发展过程中独占了一般等价物的地位后才成为货币，这是由社会关系所决定的，是社会的属性。可是货币主义者不懂得这一点，看不到货币的社会性质，却错误地认为，金银能成为货币，是由金银本身固有的自然属性决定的。在资产阶级社会里，货币不仅可以购买到人们所需要的一切商品，甚至可以购买到人的名誉和良心，“有钱能使鬼推磨”，“钱能通神”，这就使受资本主义生产关系所束缚的人，对货币进行偶像崇拜，这就是由商品拜物教而引起的货币拜物教。货币主义的幻想就是由此产生的。这种货币主义的幻想，系指重商主义的货币拜物教思想而言。至于另一些资产阶级经济学家，尽管他们也曾蔑视货币主义，但他们自己却崇拜资本，迷信资本，认为资本可以创造利润，有了资本就有了一切，这不是明显的资本拜物教了吗？在重农主义学派那里，商品拜物教的幻想又发展成为地租拜物教。法国的重农主义代表魁奈和杜尔哥，都认为地租是由土地生出，是土地的特殊生产力的结果，是自然界的恩赐。这就不能揭露由地租形式所掩盖着的农业中资本主义生产关系的本质，从而产生地租拜物教。

资产阶级学者把现实的经济关系完全颠倒过来

把商品的社会属性看成是自然属性，从而产生商品拜物教的社会意识，是资产阶级经济学家所不能理解的，从而产生许多极其糊涂和错误的思想的命题。像英国经济学家赛·贝利的观点，则尤其如此。他把价值和使用价值的属性完全颠倒过来了。他认为价值是商品的自然属性，使用价值却是商品的社会属性，胡说什么

“价值（交换价值）是物的属性，财富（使用价值）是人的属性”。这真是荒谬绝伦！其实，“物的使用价值对于人来说没有交换就能实现，就是说，在物和人的直接关系中就能实现；相反，物的价值则只能在交换中实现，就是说，只能在一种社会的过程中实现”。这样很明显的事实，怎么能说使用价值是社会属性、价值是自然属性呢！马克思引用了莎士比亚的喜剧《无事烦恼》中的人物道勃雷所讲的话：“一个人长得漂亮是环境造成的，会写字念书才是天生的本领”，来讽刺贝利的错误观点。其实；一个人长得是否好看，是天生的，而写字与念书的本领，却是环境的造就，道勃雷把话讲颠倒了，正如贝利把价值和使用价值的属性看颠倒了一样。

■ 为什么马克思要把商品拜物教从第一版作为等价形式的特点之一，改为第二版专立一节加以论述呢？分析研究商品拜物教究竟有哪些实际意义呢？据个人体会，主要有如下几点：

第一，只有从无产阶级的立场和唯物辩证法的世界观出发，才能揭露商品拜物教的秘密。资产阶级经济学家是不能揭露这个秘密的，因为他们是代表资产阶级利益、站在资产阶级立场，用形而上学的方法观察问题的。在他们看来，资本主义不是人类历史发展的一个阶段，而是适合人性的永恒的社会制度；私有制是永久不能改变的，商品生产也是永久不能消灭的，商品、价值、价值量、货币、价格、地租等等不是历史的社会的范畴，而是永恒的、自然的范畴。他们见物不见人，当然就不能通过物和物的关系来揭露人和人的关系，从而发现商品拜物教的秘密。归根到底，这是由他们的资产阶级局限性所决定。马克思则不同，他站在无产阶级立场，运用唯物辩证法，科学地揭示了商品生产关系的一切秘密。他论证了商品生产的历史性质，揭露了商品、价值、价格、货币等范畴的社会属性。在“凡是资产阶级经济学家看到物与物之间的关系（商品交换商品）的地方，马克思都揭示了**人与人之间的关系**”[①]，从而揭露了商品拜物教的秘密，揭露了资本主义制度的历史性。

---

① 《列宁选集》第2卷，人民出版社1995年版，第312页。

第二，揭露商品拜物教的秘密，是马克思主义的科学性和革命性的具体表现。商品拜物教是商品生产关系的反映。只有废除了以生产资料私有制为基础的商品生产，只有废除了商品生产的社会关系，产品不再以商品形式出现，商品拜物教才能彻底消亡。这就必须进行社会主义革命，消灭生产资料私有制，建立以生产资料公有制为基础的社会主义社会。必须注意，马克思所预示的发达的社会主义社会，并不存在商品生产和商品交换，当然商品拜物教也会随之消灭。但在不发达的社会主义社会里，由于虽然已消灭了生产资料的私有制，实现了生产资料公有制，但还要大力发展商品生产和商品交换，是否还存在商品拜物教，是需要从实际出发进行研究的理论问题。对于这个问题，我国学术界的认识还不一致，有待于进一步探讨。

第三，揭露商品拜物教的秘密，是马克思价值学说的一个不可缺少的组成部分。它概括地总结了马克思价值学说和资产阶级价值学说在本质上的差异之点，也是马克思在政治经济学中所完成的革命变革的本质表现之一。《资本论》第一章的前三节，是从正面来分析商品，论述劳动价值学说，而第四节，是从批判资产阶级政治经济学入手，论证商品的社会性质和历史性质，对商品、价值做出科学的结论，进一步丰富和发展了劳动价值学说的内容。

第二章
交换过程

《资本论》第一篇是“商品和货币”，马克思在本篇第一章研究商品，第三章研究货币，为什么要插入“交换过程”作为第二章呢？第一章是运用逻辑的方法，从理论上分析了商品内部的使用价值和价值的矛盾，并通过分析价值形式的发展说明货币的起源和本质；第二章则从交换过程，即从商品的现实的运动来考察商品内部矛盾的发展，进一步说明货币的起源和本质。第二章是第一章的补充，进一步体现了逻辑和历史的一致；第二章又是第一章和第三章之间的桥梁，起着承上启下的作用。

第一章第三节分析价值形式的发展和本章分析交换过程都是为了说明货币的起源和本质，它们不同的地方是：第一章第三节从分析价值的性质出发，研究价值的表现形式和它的演变过程，最后归结为货币形式，在那里，货币是当作价值形式的必然结果和价值表现的完成形式来说明的。但是，仅仅从价值形式的发展来说明货币的起源还是不够的，因为价值形式的发展只是商品交换发展过程的反映，只了解价值形式的发展，不了解交换的历史过程，对价值形式发展的了解就还是抽象的。因此，第二章从研究商品交换过程的现实的矛盾运动，研究商品交换的历史发展如何引起货币的产生，来进一步说明货币的起源。这两章不仅在论述的范围方面不完全一样，叙述的方法也有所不同：第一章第三节侧重于价值形式发展过程的逻辑演绎，第二章则侧重于揭露交换过程的矛盾，概括交换发展的历史。

马克思说过：“只要理解了货币的起源在于商品本身，货币分析上的主要困难就克服了。”[①] 但“困难不在于了解货币是商品，而在于商品怎样、为什么、通过什么成为货币”[②]。这是资产阶级经济学者没有研究过的问题，也是马克思在第二章中着重论述和解决了的问题。

（一）商品交换的条件和交换的必然性

私有制是商品交换的基础。法的关系是由经济关系决定的

一个物品是不是商品，必须通过交换才能证明。商品自己是不能走到市场上去直接交换的，它为人所占有，受商品所有者的支配。“如果它不乐意，人可以使用强力”[③]。因此，商品交换是通过商品所有者来进行的，要使交换能够实现，交换双方要有“共同一致的意志行为”，如果一方同意，一方不同意，交换就不成功。这种共同的意志行为，是以私有制为基础的。“他们必须彼此承认对方是私有者”，通过交换，才能让渡自己的商品，并占有别人的商品。如果商品不为私人所占有，人们无法对商品行使权力，交换就不能进行。可见，私有制是商品交换的基础。

这里说的“私有者”，是指商品所有者对自己的商品的私有权问题。“这种具有契约形式的（不管这种契约是不是用法律固定下来的）法的关系，是一种反映着经济关系的意志关系。”[④] 这是因为：承认商品所有者对自己的商品的所有权，就是承认，这个商品是我的，那个商品是你的，每个商品所有者有权处理自己的商品，愿意把它出卖就出卖，不愿意出卖就不出卖。如果我把商品卖给你，那就是把对该商品的所有权让渡给你，因此，商品交换关系也就表现为所有权的让渡关系，即法的关系。商品交换既然是由商品所有者双方的意志决定的，只有双方都同意才能进行交换，从这方面说，所有权的让渡，也是由商品所有者的意志决定

① 《马克思恩格斯全集》第 31 卷，人民出版社 1998 年版，第 458 页。

② 《资本论》第 1 卷，人民出版社 2004 年版，第 112 页。

③ 1982 年日文版加注指出，这句是出自歌德的著名史诗《魔王》中第 26 行的讽刺诗句。

④ 张友仁同志指出，此句译文有误，“意志关系”不是指法权关系，而是指法的关系。见《经济研究》1978 年第 10 期。

的，因而法的关系又表现为意志关系。实质上，法的关系和意志关系是一回事，因为一定的法是一定阶级意志的表现。

这种法的关系或意志关系的内容是由这种经济关系本身决定的。为什么呢？从表面上看，商品是否出卖，是由商品所有者的意志决定的，但实际上并不能完全由商品所有者的意志所决定。因为商品生产者的目的，就是把生产的商品卖出去，购买所需要的东西，不出卖商品就无法维持生活，但商品能否卖出去，并不决定于主观意志，而是取决于市场上的供求状况。即使商品交换成功了，你的商品能够换到别人的多少东西，也不是由主观意志所决定，而是要根据社会必要劳动时间所决定的价值量进行交换。可见，商品所有者的法的关系或意志关系，是由商品生产的经济关系本身所决定，为客观的经济规律本身所支配。法的关系或意志关系，属于上层建筑的范围，只有经济关系才是决定上层建筑的客观的现实基础。蒲鲁东错误地把这种关系颠倒了。他认为：不是经济关系决定法的关系，而是法的关系决定经济关系。对这种历史唯心主义观点，马克思在第103—104页注(38)里进行了批判。

既然商品交换体现了商品所有者之间的法的关系或意志关系，而这些关系又由经济关系本身所决定，那么，商品所有者就只是作为商品的代表而存在，“人们扮演的经济角色不过是经济关系的人格化”[①]。为什么呢？在人和人的关系为物和物的关系所掩盖的商品生产的社会里，人只是表现为一定的经济关系的担负者，产品只有在一定的经济关系中才成为商品，货币只有在一定的经济关系中才转化为资本，劳动也只有在一定的经济关系中才成为雇佣劳动，商品、资本、雇佣劳动这些经济范畴，反映着一定的经济关系，所以，商品所有者、资本家、工人，无非是商品、资本、雇佣劳动的人格化。例如，马克思在谈到资本家时说：“作为资本家，他只是人格化的资本。”[②] 马克思在第一版序言中还指出：“不过这里涉及的人，只是经济范畴的人格化，是一定的阶级关系和利益的承

---

① 人格化：是童话、寓言等文艺作品中常用的一种艺术描写手法，把动物、非生物、自然现象或抽象概念，当作人一样看待。

② 《资本论》第1卷，人民出版社2004年版，第269页。

担者。”[①] 马克思所说的“经济关系的人格化”“经济范畴的人格化”“资本的人格化”，基本上是一个意思。

商品是对别人的使用价值，它是社会分工的产物

在第 2 段开始，马克思就分析了商品所有者和商品的不同。对于商品来说，它“是天生的平等派和昔尼克派”[②]，可以同任何别的商品相交换，“哪怕这个商品生得比马立托奈斯还丑”[③]。对于商品所有者来说，“商品对他没有直接的使用价值”，只是“对别人有使用价值”。如果商品所有者对该商品有直接的使用价值，那就要使用它，消费它，不能把它当作商品来出卖；反之，如果该商品对别人没有使用价值，别人也不愿意购买它。所以，商品对于它的所有者来说，只有交换价值，它的使用价值只是交换价值的物质担负物，当作交换手段。一切商品对它们的所有者是非使用价值，对它们的非所有者是使用价值，所以才有交换的必要。这里所讲的，实质上是指社会分工。因为只有社会分工，生产者才不直接生产自己需要的东西，他生产的东西，才可以对自己没有使用价值，而只对别人有使用价值。以上所谈的私有制和社会分工这两个问题，是产生商品生产的两个前提条件，商品交换就是在这两个条件下发生、发展起来的。

使用价值和价值的矛盾必须通过交换来解决

就商品本身来说，当它在生产者手中的时候，还不能实现其使用价值，因为商品对它的所有者不是使用价值，对别人才是使用价值。只有经过交换，使商品作为价值来实现，商品才转移到购买者手里，使用价值才能实现，可见，“商品在能够作为使用价值实现以前，必须先作为价值来实现”。另一方面，“商品在能够作为价值实现以前，必须证明自己是使用价值”。因为生产的物品如果对别人

---

① 《资本论》第 1 卷，人民出版社 2004 年版，第 10 页。

② 昔尼克派：又译为犬儒学派，古希腊的哲学派别之一，他们对财富、荣誉、婚姻、家庭、政治等采取无动于衷的态度。马克思用这个学派对一切抱无动于衷的态度，比喻商品在交换时，不管对方采取何种自然形态，只要价值相等，就可交换。

③ 马立托奈斯：西班牙作家塞万提斯小说《唐吉诃德》中的一个人物，是一家客店里长得很丑的女佣。

没有用，就没人购买它，生产者花费的劳动得不到社会承认，私人劳动不能转化为社会劳动，也就不可能形成价值。这是一个矛盾。要解决这个矛盾，必须通过交换。只有在商品交换的现实过程中，商品的使用价值才得到了证明，它的价值也同时得到实现，使用价值和价值的矛盾才得到解决。

交换过程既是个人的过程，又是一般社会的过程

马克思接着又从另一角度论证了使用价值和价值的矛盾。每个商品所有者都希望把自己的商品卖出去，换取自己所需要的东西，“就这一点说，交换对于他只是个人的过程”。为什么说是个人的过程呢？因为他交换的目的是为了取得对他个人有用的东西。但另一方面，商品所有者希望通过交换把自己的商品卖出去，实现其价值，而不问他自己的商品对交换的对方是否有使用价值，“就这一点说，交换对于他是一般社会的过程”。为什么说是一般社会的过程呢？因为商品生产者关心的是他的商品的价值能否实现，也就是商品生产者的劳动能否得到社会承认，私人劳动能否转化为社会劳动的问题，在这个限度内，他的商品对别人有没有使用价值，他是不管的。对于每一个商品所有者来说，交换过程既是个人的过程，又是一般社会的过程。也就是说，“同一过程不可能同时对于一切商品占有者只是个人的过程，同时又只是一般社会的过程”。这就是交换过程的二重性，交换过程的矛盾。这种交换过程的矛盾，实际上是使用价值和价值的矛盾在交换过程中的表现。交换过程的矛盾造成交换的困难。只有交换成功，矛盾才得到解决。

（二）交换的发展过程同时是货币的形成过程

货币是交换过程的必然产物

使用价值和价值的矛盾表现为交换过程的二重性的矛盾，使交换有困难。因为对每一个商品所有者来说，他要用自己的商品交换各种不同的东西，如麻布生产者，要用麻布交换上衣、钢笔、绵羊等东西，他的商品的价值要通过别人的商品来实现。这样，他的商品麻布实际上就成为别人的商品上衣、钢笔、绵羊等等的一般等价物，而别人的商品上衣、钢笔、绵羊等等，则成为他的商品麻布的特殊等价物。如果每个商品所有者都这样做，他们自己的商品就都成为一般等价物，但整个社会上却没有一种商品作为一般等价物了，因此，各种商品都不能处于一般的相对价值形式，去与这个一般等价物相交换，因而也就不可能当作价值来互相交换，当作价值量来互相比较，这就造成交换的困难。解决这个问题的办法是：所有商品生产者一致地确定一种商品，作为一般等价物，一切商品都与这一般等价物发生关系，并以它来表现自己的价值。这个办法并不是商品生产者预先设想出来的，也不是什么圣人、天才创造出来的，而是商品所有者本能地、自发地按商品本性的规律去做的结果。按照商品的价值本性，商品所有者"只有使他们的商品同任何另一个作为一般等价物的商品相对立，才能使他们的商品作为价值，从而作为商品彼此发生关系"。在第一章分析商品时已说明了这一点，而现实的交换活动则促使一般等价物的形成。商品生产者在克服交换困难的过程中，自发地通过他们的共同的"社会的行动"，使一种特定的商品分离出来，用它来表现一切商品的价值。于是这一商品就成为社会公认的一般等价物，社会赋予它充当一般等价物的"独特的社会职能"，使它可与其他一切商品直接相交换，这种商品就是货币。从此，商品就分化为两极，一极是普通的商品，另一极是作为特殊商品的货币，这样，包含在商品内部的使用价值和价值的矛盾，就在外部表现为商品和货币的矛盾。这时候，一切商品都只作为使用价值发生作用，货币则作为价值发生作用。"随着劳动产品转化为商品，商品就在同一程度上转化为货币。"因为劳动产品转化为商品的范围越广泛，数量越增加，商品内部的使用价值和价值的矛盾就越发展，反映到交换过程，就越要求商品价值有一个独立的形式，则商品转化为货币的过程也就越接近于完成。可见，商品转化为货币，是和劳动产品转化为商品以同一程度来实现的。

货币形成的历史过程

在第 8 段，马克思首先从产品如何历史地发展为商品开始，分析货币形成的历史过程。

从历史上看，交换发展的最初阶段，是"直接的产品交换"，即物物交换。从物物交换看，"一方面具有简单价值表现形式"，因为一方产品的价值通过另一方产品表现出来，但"另一方面还不具有这种形式”，因为物物交换虽有商品交换的意义，但实际上还不是商品交换。它们的公式在形式上虽然一样，但实质上是不同的。简单价值形式是“x 量商品 A＝y 量商品 B”，物物交换的形式是“x 量使用物品 A＝y 量使用物品 B”，前者的主体是商品，后者的主体是物品。“A 物和 B 物在交换之前不是商品，它们通过交换才成为商品。”这就是说，并不是因为它们是商品才进行交换，恰恰相反，而是由于交换才使它们成为商品。为什么呢？因为它们不是为了交换的目的、不是当作商品来生产的，所以在交换以前不是商品。使用物在交换时能成为商品，是因为：第一，这些物品对于所有者已经是非使用价值，是超过他本身直接需要的多余的部分，因而是可以让渡的；第二，交换双方都“彼此当作那些可以让渡的物的私有者”，他们的物品被默认为是可以让渡的私有物。

既然商品交换必须以承认交换双方都是私有者为前提，因而在以生产资料公有制为基础的“原始共同体”，即原始公社的内部是不存在商品交换的。最早的商品交换是从原始共同体的尽头处，即这个共同体与另一个共同体之间的地方开始的。由于两个共同体成员发生接触，以自己多余的东西换取自己所需要的东西，交换产生了，“但是物一旦对外成为商品，由于反作用，它们在共同体内部生活中也成为商品”，即由于共同体之间的商品交换，引起共同体内部的交换。为什么呢？因为对外交换促进了共同体内部的分工，推动了生产力的发展，为交换而生产的产品也开始出现，同时，共同体的一些领导人也逐渐积累了私产，私有和分工这两个条件在公社内部出现了，就为交换的产生提供了可能。最初，这种交换行为是偶然的，交换的量的比例也是偶然的。随着交换的发展，对商品的需要日益增多，“交换成为有规则的社会过程”，成为经常的现象，有一部分产品是为了交换而生产的。这时，“一方面，物满足直接需要的效用和物用于交换的效用的分离固定下来了。它们的使用价值同它们的交换价值分离开来”。因为生产者在生产时，并不是为了该物能满足自己的直接需要，即它的使用价值；他所考虑的只是该物的交换价值，即换取别人的东西。过去生产产品的目的是为了直接使用它，现在则是为了交换。要直接使用，它就不能交换，要交换，它就不能直接使用，这就造成使用价值与交换价值的分离。这种情况说明，产品在交换以前就已当作商品来生产了。“另一方面，它们互相交换的量的比例是由它们的生产本身决定的。习惯把它们作为价值量固定下来。”这就是说，交换成为经常的现象后，它们相交换的量的比例，不再是偶然的了，而是由生产它们的本身、即由生产它们所花费的劳动时间所决定，这样，商品就习惯地根据一定的价值量来互相交换。

商品出现后又如何历史地发展为货币，是第 9 段着重论述的问题。马克思还是从矛盾分析入手，他首先指出：物物交换的特点是，一物与另一物直接相交换，不需要以一般等价物为媒介。这些产品对于它的所有者来说，是交换手段，对于它的购买者来说，是使用价值，“因此，交换物还没有取得同它本身的使用价值或交换者的个人需要相独立的价值形式”。也就是说，交换是和个人的直接需要分不开的，交换的目的只是直接取得对本人是使用价值的生产品。随着交换的发展，参加交换的商品的数量和种类越来越多，矛盾也随之发展起来。例如，甲愿意拿麻布去换乙的钢笔，但乙却不要麻布，愿意拿钢笔去换丙的上衣，这样，交换就无法进行。“问题和解决问题的手段同时产生”，这是一个辩证法。所谓“解决问题的手段”，就是从商品中分化出一种特殊商品，作为社会公认的一般等价物，凭借它，可以同其他一切商品相交换。起初，这种一般等价物只是在交换过程中产生，随着暂时的交换的消逝而消失。它有时固定在这种商品上，有时又固定在那种商品上。“它究竟固定在哪一种商品上，最初是偶然的。但总的说来，有两种情况起着决定的作用。”一种情况是：“货币形式或者固定在最重要的外来交换物品上”，因为交换最初发生在不同的原始共同体之间，外来的产品很可能成为共同体内部的货币形式。另一种情况是：“或者固定在本地可让渡的财产的主要部分如牲畜这种使用物品上”。一般地说，在原始公社后期，对于有固定居住的从事农业的共同体来说，家畜是最重要的外来交换品，所以，“游牧民族最先发展了货币形式”。马克思还追溯历史，指出作为奴隶的人本身，也曾在历史上做过原始的货币材料。例如，在公元前 23 世纪，位于底格里斯和幼发拉底两河流域的最古老的奴隶制国家之一阿卡德，就曾经发生过把奴隶当作货币材料的情况。至于代表英国土地贵族要求的休·张伯伦、约翰·布里斯科等人，又曾经想把土地当作货币材料，即企图以地产为基础，通过银行发行有价证券，使英国贵族摆脱高利贷的盘剥。尽管这种商品或那种商品在历史上都曾做过货币材料，但是，随着商品交换的发展，货币最后还是要求由那种最适宜于担任这种社会职能的商品担任，“即转到贵金属身上”。

金银成为货币的原因

“金银天然不是货币，但货币天然是金银”，这是马克思在《政治经济学批判》中讲的一句名言。这句话的意思是说，金银并不是天然就是货币，金银作为货币材料，并不是金银天然有什么神秘的属性，而是商品交换发展的结果；但货币形式却天然地要固定在金银身上，因为金银有些特殊的自然属性最适合于充当货币的材料。

为什么金银最适合于充当货币的材料呢？就以货币充当“商品价值的表现形式”即价值尺度的职能来说，一方面，金银的每一份在物质上都是“均质的”，最适宜于表现商品的价值；另一方面，金银可以随意分割或合并，适合于表现各种不同商品在价值量上的差别。在《政治经济学批判》“贵金属”[①] 那一节中，马克思还详细分析了贵金属适合于充当货币材料的各种原因：第一，金银的每一份，在质上都是一样的，同时可以任意分割和合并，因而适合于表现商品的价值和价值量；第二，少量金银可以代表多量劳动，体积小而价值大，便于运输和携带；第三，贵金属比值高，耐久，比较不易损坏；第四，金银不适宜作生产资料，也不是生活资料的必需品，而它们的色彩却符合人们审美的要求；第五，可以从一种形态变为另一种形态，如从条块形态变为铸币形态，又可以再变回来。马克思在论述了上述原因后，作出了“货币天然是金银”的正确结论。

（三）货币的本质和对资产阶级经济学家货币理论的批判

货币是充当一般等价物的商品

第 12、13 段，主要是说明货币的本质。

货币是在商品交换发展过程中从商品界分化出来的、起着一般等价物作用的商品。“货币

① 见《马克思恩格斯全集》第 31 卷，人民出版社 1998 年版，第 548—552 页。

商品的使用价值二重化了。”这就是说，作为货币商品，一方面，它具有任何商品都具有的使用价值的属性，如金可以镶牙，可以用作奢侈品的原料等；另一方面，货币商品又具有特殊的社会职能，又取得了一种“形式上的使用价值”，即充当一般等价物。从这一点看，货币这种“形式上的使用价值”和其他商品的使用价值完全不一样。其他商品的使用价值是商品的自然属性，都是在交换以后的消费过程中实现；金银则不同，它们充作一般等价物，具有特殊的社会职能的使用价值，是在交换过程中实现的。在交换过程中，其他商品“作为特殊商品来同作为一般商品的货币发生关系”。这里所说的“特殊商品”，是指其他形形色色的商品而言。这里所说的“一般商品的货币”，是指货币作为一般等价物而言。“一般商品的货币”，实际上是说：货币是代表一切商品价值的商品，是一切商品的一般代表，所以其他商品与货币相对而言，就成为特殊商品了。必须注意：这里所说的“特殊商品”是指其他商品，不是指货币；但马克思在另外场合也有把货币称为特殊商品的。如第 112 页就说：“这个特殊的商品就成为它们共同的价值尺度或货币。”这就是说，货币不是一般的普通商品，而是具有特殊社会职能的特殊商品。上述两种说法实质上是不矛盾的，只是从不同的角度出发说明不同的问题而已。

马克思并不是只在这里才说明货币的本质的。他对货币的起源所进行的系统的分析，是对货币的本质的最好说明。从货币的起源来说明货币的本质，这是马克思关于货币理论的一个重大特点，也是一个最大的优点。

交换过程给予货币的，不是它的价值，而是它的特殊的价值形式

资产阶级经济学者不了解货币的起源，不了解货币是商品交换发展的必然产物，他们只从货币的完成的形态出发开始分析，他们最多只知道“货币是商品”。这在货币分析上是跨出很大一步的开端，但终究只是开端而已。由于资产阶级经济学家不了解商品怎样、为什么、通过什么成为货币，他们的货币理论必然是错误的。第 14—16 段，马克思批判了资产阶级经济学家的货币名目论和货币金属论。

第 14、15 段，主要是批判资产阶级经济学者所鼓吹的货币名目论。

货币名目论者认为：货币只是观念上的衡量单位。他们把金银的价值看成是想象的，即不承认金银本身有价值，把价值看成是观念上存在的东西。他们根本不懂得：交换过程给予货币的，“不是它的价值，而是它的独特的价值形式”这一重要原理，而这正是名目论者错误的关键所在。为什么呢？作为货币的贵金属，是社会劳动的生产品，它本身是有价值的；在交换过程中，货币充当一般等价物的作用，并不是由于交换创造了货币的价值，而是由于交换仅仅赋予货币以“独特的价值形式”，即当作一般等价物，可以表现其他一切商品的价值。可是，名目论者却“把这两种规定混淆起来”了。两种规定是：一、金银本身的价值规定，即金银本身的价值是由生产金银时所花费的社会必要劳动决定的；二、金银成为货币时的“独特的价值形式”的规定，即在交换过程中，起着一般等价物作用，以表现其他商品的价值。把这两个规定混淆起来，就是把价值和价值形式看成是一回事。这样一来，好像货币的价值不是由劳动创造的，而是在交换过程中随便想象出来的[①]。名目论者的另一个错误观点是：“以为货币是一种单纯符号”，货币自身是没有价值实体的东西。这是“由于货币在某些职能上可以用它本身的单纯的符号来代替”而产生的。例如：货币流通手段的职能可以使铸币的实际含量同名义含量分离，产生了用其他材料做的记号来代替金属货币的可能性[②]，因此，他们就误认为货币只是单纯的符号了。但是，在名目论者的错误观点里也包含着一种模糊的感觉：贵金属的自然形态和货币的价值形式是可以分开的，货币的价值形式是隐藏在贵金属后面的人类社会关系的表现形式。从这个意义上说，不仅货币是符号，商品也是符号，因为如把商品当作价值来看待，不管是上衣还是麻布，它们都是“人类劳动的物质外壳”，是同一的社会劳动的代表而已。但是符号论者并没有这样来理解问题，他们把货币说成是符号，并不是要通过物和物的关系来说明人和人的关系，而是简单地认为：这些符号“是人随意思考的产物”，即是由人们的主观意志制造出来的，这种认识显然是错误的。名目论者研究问题的方

---

① 马克思在《政治经济学批判》中对这个问题曾详加批判，参看《马克思恩格斯全集》第31卷，人民出版社1998年版，第557—560页。

② 参看《资本论》第1卷，人民出版社2004年版，第148页。

法，“是18世纪流行的启蒙方法”，这种方法的特点是，当对人和人的关系的谜一般的形态即货币的产生过程无法解释时，就简单地认为这是由于人们的意志经过协商而制定出来的。这种唯心主义的方法是不可能正确认识货币的本质的。到了20世纪初期，德国法西斯为了扩军备战，需要集中大量黄金，德国的经济史专家克纳普，建立了国家货币论，提出了货币符号是法律的产物、是由国家制定的荒谬观点，这是货币名目论在新的历史条件下的具体表现。这种反动的理论完全是为垄断资产阶级利用国家机器实行通货膨胀政策、加紧掠夺劳动人民、进行扩军备战服务的。

货币不是物的自然属性，而是一定社会生产关系的反映

最后一段，主要是批判资产阶级经济学者所鼓吹的货币金属论。

货币金属论者认为：金银天然就是货币，货币是金银的自然属性。为什么会产生这样的错误理论呢？在x量商品A＝y量商品B的这个最简单的价值表现中，就已经存在一种假象，好像离开A和B的价值关系，B天然具有等价形式，这样，等价形式这个社会属性，就好像是天然存在的。“这种假象是怎样确立起来的”，在第一章第三节已经探讨过。[①] 当一般等价物固定在金银身上以后，这种假象就完全形成了。这样，好像不是由于其他商品要通过货币来表现自己的价值，才使金银成为货币；相反，好像是由于金银已经是货币，其他商品才把价值表现在金银身上。因此从简单价值形式到货币形式的发展过程，从商品交换到货币产生的历史过程，即所谓“中介运动”在货币身上一点痕迹也看不见了。各种商品好像没有出什么力气，就有一个天生的货币形式作为它们的价值形式。这样，金银这些贵金属，一从地下挖掘出来，好像就是一切人类劳动的直接化身，作为一般等价物而与其他商品相对立。金属论者把货币看成是物的自然属性，就是从上述假象出发而得出来的错误结论。

其实，货币并不是物的自然属性，而是一定社会生产关系的反映。当劳动产品一经采取商品的形式，人和人的关系就表现为物和物的关系，

① 参看《资本论》第1卷，人民出版社2004年版，第72—73页。

并被物和物的关系所掩盖。这种物支配人的现象，是不以人们的主观意志为转移的。分析人们之间的“单纯原子般的关系”，即分析商品生产和商品交换的关系，可以把在物的外壳掩盖下的人和人的关系显现出来。正如在第一章第四节所研究过的商品拜物教一样，货币拜物教也是以私有制为基础的商品生产条件下必然产生的一种社会意识，“货币拜物教的谜就是商品拜物教的谜，只不过变得明显了，耀眼了”。金属论者把货币看成是物的自然属性，掩盖货币的社会性质，只见物，不见人，这就既不可能认识货币的本质，更不可能了解货币拜物教的谜一般的秘密。

■ 读完第二章，人们不禁要问：马克思是怎样解决“商品怎样、为什么、通过什么成为货币”这个困难问题的呢？马克思通过对交换发展过程的分析，通过对价值形式发展过程的分析，论证了货币从商品界分化出来的历史必然性，这就解决了商品“怎样”成为货币的问题；马克思通过商品的内部矛盾如何发展为外部矛盾的分析，通过交换过程中个人的过程和一般的社会过程矛盾的分析，论证了价值有独立化的必要，这就解决了商品“为什么”成为货币的问题；马克思通过对一般价值形式如何和贵金属相结合的过程的分析，论证了贵金属的自然属性又如何最适合充当货币的材料，这就解决了商品“通过什么”成为货币的问题。

人们不禁还要问：为什么资产阶级经济学者不可能认识货币的起源和本质，马克思却能正确地解决了上述这个困难的问题呢？这首先因为他们是从不同的阶级立场出发的；如从方法论来看，主要是由于：马克思运用了科学的唯物辩证法。

首先，唯物辩证法要求我们：对任何事物都必须坚持矛盾分析方法。整个第二章都是从分析矛盾运动而展开的。私有制和社会分工是商品生产的基本前提条件，这是一个矛盾，要解决这个矛盾，必须从产品发展到商品。商品是使用价值和价值的统一，这又是一个矛盾，要解决这个矛盾，必须进行商品交换。交换过程当作个人的过程，他们关心的只是商品的使用价值，当作一般的社会过程，他们关心的只是实现商品的价值，这又是一个矛盾，要解决这个矛盾，必须有一个商品固定地成为一般等价物，这就产生了货币。这样，商品内部的矛盾就发展成为外部的矛盾，即商品与货币的矛盾。货币的出现解决了交换的困难，但并不是矛盾的结束，而是在新的基础上产生了新的运动形式，即商品流通的形式。资本主义生产关系的萌芽和发展，就是在矛盾运动的基础上逐渐发展和展开的。紧紧掌握矛盾分析方法，才能揭露资本主义经济发展过程的客观规律，揭露资本主义经济关系和阶级关系的实质。

其次，唯物辩证法要求我们：看问题必须具备历史观点。任何事物都有一个从量变到质变的历史发展过程。马克思研究了交换发展过程的大量历史资料，探索了从商品到货币的历史发展，从交换的发展过程中研究货币的起源，把对货币本质的分析和货币的起源紧密联系起来，批判资产阶级学者的错误的货币理论，建立了科学的货币学说。资产阶级学者看问题往往割断历史，或者罗列史料，不去分析事物的本质，当然不可能揭露从商品到货币的秘密。

再次，马克思告诉我们："不是人们的意识决定人们的存在，相反，是人们的社会存在决定人们的意识。"① 由商品所有者的意志关系、法的关系所支配的商品交换，归根到底还是由经济关系本身决定的，商品、货币无非是经济关系的人格化。《资本论》是以生产关系即经济关系作为研究对象的，这就不能把物作为研究对象，只有在物和物的关系反映着人和人的关系时才去研究它；同样，也不是研究一般的人，人只是在表现为经济关系的担负者的这个限度内，才作为研究对象。因此，只有通过对商品这一经济"细胞"或"原子"的分析，才能透过物和物的关系揭露人和人的关系，才能了解商品拜物教和货币拜物教这些社会意识产生的经济根据。马克思之所以能在五色缤纷的商品货币市场上发现货币的起源和本质，并对形形色色的资产阶级思想进行有力的批判，就在于他坚持了彻底的唯物主义辩证法。

① 《马克思恩格斯选集》第2卷，人民出版社2012年版，第2页。

第 三 章

货币或商品流通

前两章研究了商品和商品的交换过程，论证了货币的起源和本质，第三章就是在上述研究的基础上论述货币的各种职能。

所谓货币的职能，就是货币在流通中所起的社会作用。马克思在第三章论述了货币有五种职能，这就是：价值尺度，流通手段，储藏手段，支付手段，世界货币。前二者是货币的基本的职能，所以说，货币“首先是作为价值尺度和流通手段的统一”①。

为什么马克思把第三章的题目定为“货币或商品流通”呢？意思是说，第三章既研究货币，也研究商品流通。这是因为货币职能的产生和商品流通的发展是互为因果、密切联系着的。一方面，货币是在商品交换过程中产生的，随着商品交换的发展，货币的职能也在逐渐扩大和发展。价值尺度和流通手段的职能，是从货币出现以后就有的；储藏手段和支付手段，是在商品生产和商品流通有了一定程度的发展以后才产生的；至于世界货币，则是世界范围内出现商品流通、对外贸易以后的事。所以货币职能的发展反映着流通的不同历史发展阶段。另一方面，由于货币的产生，货币成为交换的媒介，解决了交换的困难，使产品交换发展为商品交换；而货币的这种媒介作用，又是商品流通不可缺少的重要条件。所以，研究货币的各种职能，必然要研究商品的流通；也只有通过对商品流通的研究，才能正确理解货币的各种职能。

必须注意，马克思在这里所研究的，不是资本主义的商品流通，而是简单商品流通。马克思《政治经济学批判》第二章的标题就是“货币

① 《马克思恩格斯全集》第 31 卷，人民出版社 1998 年版，第 518 页。

或简单流通”。这是因为：一方面，在资本主义社会里，货币转化为资本，它是货币，同时又是资本，如果从资本流通过程来考察，哪些是货币的职能，哪些是资本的职能，就会混淆不清，陷入难以辨认的混乱状态中。把它放在简单商品流通过程来考察，商品就单纯表现为商品（不作为商品资本），货币就单纯表现为货币（不作为货币资本），就能明确理解货币在交换中所起的社会作用。把资本流通对货币职能有关的一些特殊现象暂时撇在一边，正是马克思主义研究方法，即科学的抽象法的特点。另一方面，商品流通的初级阶段就已出现了货币，这时的货币就已具有价值尺度和流通手段的职能，因此，把货币职能放在简单商品流通中来考察，不仅是必要的，而且是完全可能的。因此，本章所研究的，是在简单商品流通中的货币的各种职能。当然这些职能，在资本主义商品流通中，和资本的职能结合在一起，仍然会发生作用。

货币的职能是从货币的本质发生的，又是在商品流通中表现出来的，因此，学习这一章，既要从货币的本质方面来理解货币的职能，又要从商品形态的变化中探索货币职能的具体表现，把货币放在活生生的现实的商品流通过程中来研究。

1. 价　值　尺　度

（一）价值尺度和价格

价　值　尺　度

作为货币的“金的第一个职能是为商品世界提供表现价值的材料”。这就是说，货币的第一个职能就是作为价值尺度，即以货币自己作为尺度来表现其他一切商品的价值。正如用尺来衡量其他物品的长短一样，货币是衡量其他商品价值大小的尺度。或者说，依靠作为货币的金来表示各种不同的商品的价值，“使它们在质的方面相同，在量的方面可以比较”。货币作为价值尺度的这种作用，是和商品转化为货币同时出现的。货币从商品世界分化出来，就是用它作为一般等价物，作为商品交换的媒介，以表现其他商品的价值。正是由于货币有这种作用，它才从商品界分化出来，“才成为货币”。价值尺度之所以成为货币的第一个职能，是因为它是最早产生的、最基本的职能，货币的其他职能都是以这个职能为基础的。

为什么货币能成为价值尺度来衡量其他商品的价值呢？并不是因为有了货币，商品才可以互相比较。恰恰相反，因为商品的价值都是由人类劳动创造出来的，具有相同的质，所以能够互相比较。货币能起着价值尺度的作用，是因为货币本身也是商品，也有价值。如果自己是没有价值的东西，是不能衡量其他商品的价值的。正如自身是没有长度的东西，不可能衡量别物的长度一样。“货币作为价值尺度，是商品内在的价值尺度即劳动时间的必然表现形式。”在这里要区分两个不同的概念：一是商品的内在的价值尺度，一是商品的外在的价值尺度。价值量的大小是由社会必要劳动时间决定的，劳动时间是“商品内在的价值尺度”。但是，商品价值是看不见、摸不到、自己不能直接表现来的，只能通过别的商品来表现。用货币表现其他商品的价值，衡量其他商品的价值量，这就是商品的外在的价值尺度。为什么内在的价值尺度必然表现为外在的价值尺度，也就是劳动时间决定商品的价值为什么必然要表现为用货币来衡量其他商品的价值呢？这是因为在私有制和社会分工的条件下，劳动不能和劳动直接相交换，必然通过商品交换，并以货币作为交换的媒介。所以用货币来衡量商品的价值，是在以私有制为基础的商品生产的社会里，不以人们的意志为转移的客观必然。

马克思在说明了商品的内在的价值尺度必然表现为外在的价值尺度以后，在第114—115页注（50）中附带又说明了“为什么货币不直接代表劳动时间本身”的问题。他提出了两个引人思考的问题：第一，“在商品生产的基础上为什么劳动产品必须表现为商品”？第二，“为什么私人劳动不能看成是直接的社会劳动，不能看成是它自身的对立面”？商品分析已经告诉我们，这是由以私有制为基础的商品生产的特定的经济条件决定的。如果用货币直接代表劳动时间，即在每一单位货币上直接标明代表几天、几小时劳动之类，这就等于用劳动时间交换劳动时间，即直接进行劳动交换，这样做，实际上就要取消商品生产，把私人劳动直接当作社会劳动，从而也就取消了货币。那种标明劳动时间的“劳动货币”，马克思指出，已不是“货币”，而是同戏票一样。所以，在商品生产的社会里，要用货币直接代表劳动时间，这显然是不可能实现的“平庸的空想”，这也是资产阶级经济学家格雷和空想社会主义者欧文所提倡的“劳动货币”论的根本错误所在。

价　　格

在第 4 段，谈到价格问题。一个商品的价值用货币表现出来，就是商品的货币形态，也就是商品的价格。简单地说，价格是商品价值的货币表现。

为什么在分析过价值尺度的问题后，接着就研究价格呢？因为货币执行价值尺度的职能是通过价格来实现的。把商品的价值表现为一定的价格，这正是价值尺度的作用。一担米等于一钱金，在这里，一钱金就是一担米的价格。这个等式，一方面，和扩大的相对价值形式不同，但和简单的相对价值形式则很相似。“另一方面，扩大的相对价值表现，或相对价值表现的无限的系列，成为货币商品所特有的相对价值形式。”由于金的价值表现在许多其他的商品身上，如：一钱金等于一吨铁，或一担米，或一丈布等等。这就构成货币所特有的相对价值形式。如果把行情表倒转过来读，即把一吨铁值一钱金，一担米值一钱金，一丈布值一钱金倒过来，成为一钱金等于一担米，或一吨铁，或一丈布等等，就可以看出，货币的价值量是表现在各式各样的商品身上了。但“货币并没有价格”，如果说货币本身有价格，就等于说货币和别种商品一样，有一个统一的相对价值形式，这样，货币“就必须把自己当作自己的等价物”，也就是一定量的金等于一定量的金，这显然是毫无意义的。

货币当作价值尺度，只是观念上的货币，但是以实际的货币材料为依据的

货币作为价值尺度，并不需要现实的黄金，货币只是用“观念的或想象的形式”来执行价值尺度的职能。这是因为：商品是个客观存在的物体，是看得见、摸得到的。价值和商品不同，它是看不见、摸不到的，但它也是客观存在着，只有通过商品和货币发生交换关系时才能表现出来。商品所有者要把该商品的价值用货币表现出来，“必须把自己的舌头塞进它们的脑袋里”，意即替商品把它的价格告诉别人，或者在商品身上贴上价格的标签。所以，把商品的价值表现为价格，不必要在商品旁边摆上许多黄金，只用想象的或观念的金就够了。为了用金估量数百万的商品价值时，并“不需要丝毫实在的金”，“因此，货币在执行价值尺度的职能时，只是想象的或观念的货币”。许多资产阶级学者正是从此出发产生了许多荒谬的学说。马克思在《政治经济学批判》里专门列了一节“关于货币计量单位的学说”[①]，对这些谬论系统地进行了批判。

货币在执行价值尺度的时候，尽管只是想象的货币，但绝不意味着人们可以对商品任意标价，因为“价格完全取决于实在的货币材料”，即是以实在的货币材料作为依据的。商品的价格一方面取决于商品的价值，另一方面也取决于实际的货币的价值。一担米值一钱金，是因为一担米和一钱金所包含的人类劳动相等。如果用不同的货币如金或银来表现一担米的价值，那就会有完全不同的价格表现，即一担米值一钱金，或一担米值二两银。这是因为一定量的金和一定量的银代表着不同的价值量。所以，如果金银同时作为价值尺度，就会有两种不同的价格表现，即金价格和银价格。这说明：价格以货币的实际材料为依据，也就是以货币本身的价值量为依据，而不是主观任意决定的。

在金银同时充作价值尺度的情况下，如果金银价格的比例不变，两种价格可以安然并存。如果金或银本身的价值量发生变化，金银价值的比例也会发生变化，就会扰乱商品的金价格和银价格的比例。“价值尺度的二重化是同价值尺度的职能相矛盾的。”就是说，金银同时当作价值尺度（指二重化），在金银价值变化的情况下，必然引起整个商品价格的混乱，这就产生矛盾，结果是：实际发生作用的，只能落在一种金属身上。这就说明：金银同时充作价值尺度的那种货币复本位制，是不合理的。马克思在第116—117页注(53)用具体的历史事实证明，在金银同时充作价值尺度的地方，实际上只有一种金属起着价值尺度的作用。

---

① 《马克思恩格斯全集》第31卷，人民出版社1998年版，第470—481页。

（二）价格标准和价格涨落的规律

价格标准

尽管商品五花八门，都要与作为货币的黄金相等，但是不同商品的价值量是各不相同的，要表现这些大小不同商品的价值量，就需要确定黄金本身的计量单位，才能互相比较，互相计量，“这样在技术上就有必要把某一固定的金量作为商品价值的计量单位”。如一担米值一钱金，五丈布值二钱金，一钱与二钱，就是金本身的计量单位。“这个计量单位本身通过进一步分成等分而发展成为标准。”所谓等分，即较小的单位，如以两为基本单位，一两可以分为十钱，一钱可以分为十分之类，这种包含一定金属重量的货币单位（及其等分），叫做价格标准，即用以计量商品价格的标准。“在一切金属的流通中，原有的重量标准的名称，也是最初的货币标准或价格标准的名称。”在我国，斤、两、钱，原是金银的金属重量计算单位，后来也是价格标准的计算名称。

价值尺度和价格标准的区别

作为价值尺度和价格标准，货币执行着两种完全不同的职能。从内容上看，货币作为价值尺度，是代表一定量的社会劳动；而作为价格标准，则是代表一定的金属重量。从作用上看，价值尺度是衡量商品的价值，把商品的价值表现为价格，变为想象中的一定数量的货币；价格标准是计量作为货币的金本身的重量。从对象上看，价值尺度计量的对象是商品；价格标准计量的对象是金本身。

金的价值变动不会妨碍金执行价格标准的职能

金能够充当价值尺度，是因为它本身也是劳动产品，从而也有价值，而金的价值也随着生产金的劳动生产率，即生产一定量的金所花费的社会必要劳动时间的变动而变动。那么，金价值变动对价格标准和价值尺度有什么关系呢？首先讲金本身的价值变动对价格标准的关系。马克思说：“金的价值变动丝毫不会妨碍金执行价格标准的职能。”这是因为：一方面，金的价值变动了，不同的金量之间的价值比例总是不变的，例如，一钱金总是二分金的五倍；另一方面，即使金的价值变动了，一钱金仍然是表示一钱的重量，不会因此改为九分或一钱二分，这就是说，金价值的变动不会引起金本身重量的变化，所以，“不论金的价值怎样变动，金作为固定的价格标准总是起同样的作用”。

金的价值变动也不会妨碍金执行价值尺度的职能

其次讲金本身的价值变动对价值尺度的关系。马克思说：“金的价值变动也不会妨碍金执行价值尺度的职能。”因为这种变动会同时影响一切商品，所以在商品价值不变的情况下，虽然由于金价值的变动，商品的价值会在比过去或高或低的金价格中表现出来，但“它们相互间的相对价值不会改变”，即不会影响各商品价值之间的比例。因此，作为货币的金，仍然起着商品价值尺度的作用，执行着价值尺度的职能。

金价值变动对价格的影响

再次，金本身的价值变动对价格有什么影响呢？前面说过，价格既取决于商品的价值量，又取决于货币本身的价值量。货币本身价值量的变化，必然要引起价格的变动。在第 68—70 页，马克思分析简单价值形式时所揭示的相对价值量变化的规律，对此也是适用的。

价格提高或降低的规律

那么，价格的提高或降低同货币价值和商品价值的关系是怎样呢？

价格的提高：可能是由于货币价值不变、商品价值提高引起的；也可能是由于商品价值不变、货币价值降低引起的。

价格的降低：可能是由于货币价值不变、商品价值降低引起的；也可能是由于商品价值不变、货币价值提高引起的。

但是，“由此决不能得出结论说，货币价值提高，商品价格必定相应降低，货币价值降低，商品价格必定相应提高”。因为只有在商品价值不变的情况下，货币价值提高，价格才会降低；如果商品价值与货币价值同比例提高，价格就仍然不变；如果商品价值比货币价值提高得更多，价格不仅不会降低，而且会提高。反之亦然。这就说明：不能用货币价值单方面的变动来说明价格的变动。货币价值变动了，价格不变的现象是有的；即使货币价值没有变动，价格变动的现象也是有的。总之，商品价格要由商品的价值量和货币的价值量这两方面变动的方向、比例、差额来决定。货币本身的价值只是决定价格的一个因素，货币价值的变化不一定引起商品价格的变化。

（三）价 格 形 式

金属重量的货币名称同它原来的重量名称逐渐分离进一步掩盖了价值关系

马克思在第13—21段，考察了有关价格形式的一些问题。

在第7段中说过，金属重量标准的名称，也是最初的价格标准的名称。以后由于种种原因，金属重量的货币名称，又和原来的重量名称不一致。其主要原因有三点。第一，外国货币的输入。外国货币的名称和本国货币重量的名称是不同的。如清代，流通的银原是以两作为计算单位，随着资本主义国家银元的输入，银的计算名称由“两”改为“元”了，这样，中国货币单位的名称就脱离了重量单位的名称了。第二，随着财富的增长，比较贵重的金属逐渐代替不大贵重的金属作为货币材料。例如，当银是流通中的主要货币材料的，一磅银铸成一镑的货币，重量名称与货币名称是相符合的。但当金代替银成为货币材料后，如果金银的价值比例为15∶1，那么，$\frac{1}{15}$磅金就和1磅银的价值相等，因此称作1镑的金币，就只有$\frac{1}{15}$磅的重量了。第三，几百年来君主不断伪造货币，即由国家铸造分量不足的货币，也使货币逐渐脱离原来的重量名称。

这种货币单位名称与重量名称相分离的现象，成了民族的习惯。为了使货币标准能普遍使用，最后就由国家用法律来规定。官方把一定重量的贵金属分成若干等分，作为货币单位的法定名称，这种单位又分为新的等分，并给以法定名称。如英国，把1盎司金分成若干等分，取名镑为货币单位，1镑又分为20先令，1先令又分为12便士，1便士又分为4法寻。在中国，原来以银两为货币单位，后来官方把两分成若干等分，规定 0.648 两重的银为货币单位，取名“元”，一元又分为十角，一角又分为十分等等。在这里，“一定的金属重量仍旧是金属货币的标准。改变的只是分法和名称”，这就是说，镑、先令、便士、元、角、分作为金属货币的标准，仍然是代表一定的金属重量，只是分法和命名不同而已。

金作为货币，本来是表现商品的价值的；现在，在金属重量的货币名称同它原来的重量名称分离后，商品价值就不是用金属的重量名称来表现，而是用金属的货币名称或法定的计算名称来表现了。例如，人们不再说一担米值几钱金，而是说一担米值几元几角了。于是，用货币的名称说明商品值多少，货币就充当计算货币，起着直接计算商品价值的作用。

在镑、先令、便士，元、角、分等等货币名称上，商品的价值关系的任何痕迹都消失了。正如事物的名称不能说明事物的本性一样，在货币的名称上当然也辨认不出商品的价值。不但如此，因为货币名称既表示商品的价值，又表示一定的金属重量，如镑既是表示商品的价值，又表示一定重量的金，于是镑好像也是一定重量的金的价值。这样，就“产生了一种奇怪的想法，以为金（或银）用它自身的材料来估价，而且和一切其他商品不同，它从国家取得固定的价格。确定一定重量的金的计算名称被误认为确定这个重量的价值。”[①] 这样一来，用各种货币名称的“神秘记号”来表示隐藏在货币后面的价值关系的“秘密含义”，就更加看不清楚了。但是，用货币名称来表现商品价格，却又是价值形式发展的必然结果。“价值和商品世界的形形色色的物体不同，必然发展为这种没有概念的物的而又纯粹是社会的形式。”这就是说，价值形式的发展，必然引起货币的产生，货币职能的发展，必然出现货币名称，都是不以人们主观意志为转移的客观必然性。这里说的“没有概念的物的而又纯粹是社会的形式”，是指具有法定计算名称的货币而言。

价格形式包含着价格偏离价值量的可能性

第 18 段极其重要，讲的是价格与价值在量上的不一致情况，实质上是论证：在以私有制为基础的商品生产条件下，价值规律发生作用的形式。

---

① 《资本论》第 1 卷，人民出版社 2004 年版，第 121 页注（61）。

概括起来，这一大段主要论证了三个问题。第一，价格是表现商品的价值和价值量的，但价格可以和商品的价值量不一致。马克思在本段一开始就指出：“价格是对象化在商品内的劳动的货币名称”，这就是说，价格是商品价值的货币表现。所以，说价格是两个商品价值量相等的表现，或者说商品和那个同商品相交换的货币是等价，都是一个意思。接着马克思就指出：“虽然价格作为商品价值量的指数，是商品同货币的交换比例的指数，但不能由此反过来说，商品同货币的交换比例的指数必然是商品价值量的指数。”这意思是说，商品价值量要通过价格才能表现出来，但不能说，价格一定要和商品的价值量完全一致。例如，1 担米的社会必要劳动时间假定是 100 小时，这是它的价值量，又假定 20 元货币代表 100 小时的社会劳动，如以 20 元作为 1 担米的价格，正好是 1 担米的价值量的货币表现。由于其他原因，可以把 1 担米定为 15 元，也可以定为 30 元，但不管是 15 元或 30 元，都是一担米的价格。为什么呢？因为：其一，不管 15 元或 30 元，都是一担米的价值形式；其二，它们都是米同货币的交换比例的指数。这就说明：价格是表现商品价值的，但价格不一定和商品的价值量相等，可能高于商品的价值量，也可能低于商品的价值量。第二，为什么会出现价格和价值量相背离的情况呢？这里有两点必须注意。其一是：商品价值量是由社会必要劳动时间决定的，这是商品的内部关系，这种劳动时间对价值量的决定关系，是客观必然性，根本不可能发生背离。另一是：商品内部的价值关系，靠商品自己是表现不出来的，必须依靠别的商品来表现，货币出现后，用价格表现商品的价值，即“价值量转化为价格”，因而商品内部的价值关系就表现为外部关系，即表现为商品同货币的“交换比例”。这时候的价格，“既可以表现商品的价值量，也可以表现比它大或小的量”，价格与价值量就可能发生背离。为什么呢？因为货币和商品的比例关系，既由价值量决定，又受其他条件的影响。“在一定的条件下”，如在供过于求的条件下，商品所有者争着把商品卖出去，人为地压低价格，就会出现价格低于价值的情况。如在供不应求的情况下，商品所有者认为奇货可居，人为地抬高价格，就会出现价格高于价值的情况，“商品就是按这种较大或较小的量来让渡的”。所以，价格高于或低于价值的可能性，已经包含在价格形式本身中，也就是说，只要商品的价值量转化为价格，只要货币和商品在市场上进行交换，在受到市场供求影响等条件下，价格和价值量不一致的情况必然会发生。第三，价格高于价值或价格低于价值的现象，“并不是这种形式的缺点，相反地，却使这种形式成为这样一种生产方式的适当形式”。“这样一种生产方式”，就是指私有制的商品生产。在私有制的商品生产社会里，价格经常与价值不一致，这正是价值规律发生作用的表现形式。为什么呢？因为以私有制为基础的商品生产，是在竞争和无政府状态下进行的，供求脱节和比例失调是经常产生的现象，通过价格围绕价值的上下波动，价值规律就自发地发生作用。例如，当商品生产者所生产的商品超过市场的需要时，商品供过于求，价格低于价值，生产者感到获利甚少或无利可图，就转而生产价格较高的商品。反之，某种商品的生产不能满足市场的需要，供不应求，价格就会高于价值，生产者感到生产这种商品特别有利，就纷纷进行投资，扩大该商品的生产。所以市场价格的涨落，成为商品生产者了解市场状况的晴雨表，也是他们调整生产的主要根据。这样，价值规律就自发地调节着生产资料和劳动力在社会生产各部门之间的分配比例。我们还要注意两点。第一，尽管市场上的供求关系千变万化，商品价格时涨时落，但价格的变动始终是围绕着价值这个中心而进行，不会与商品价值相差太远。例如，一支钢笔的价格总不会低于一支粉笔的价格，一斤铁的价格也不会高于一斤铜的价格，因为它们本身的价值量本来就不同。第二，从孤立的交换过程看，价格可能高于或低于价值，但高者所得，正是低者所失，如从较长期的平均的角度来看，价格的上涨与下降，是可以互相抵消的，价格仍然等于价值。在以私有制为基础的商品生产条件下，“规则只能作为没有规则性的盲目起作用的平均数规律来为自己开辟道路”，说的就是上述意思。可见，以等价交换为内容的价值规律，只能通过无数不等价的交换行为来实现，这正是它“盲目起作用”的具体表现。

价格形式包含着价格和价值在质上矛盾的可能性

价格和价值不仅会在量上不一致，“而且能够包藏一个质的矛盾”，这种质的矛盾表现在哪里呢？价格本来是表现价值的，但有时价格可以完全不是价值的表现，也就是“没有价值的东西在形式上可以具有价格”。例如名誉、良心等等，本来不是商品，没有价值，但却可以出卖，具有一定的价格。从一方面看，这种“价格表现是虚幻的”，即只是一种假象；另一方面，虚幻的价格形式，“又能掩盖实在的价值关系或由此派生的关系”。例如未开垦的处女地，不是劳动的产物，是没有价值的，但由于土地为私人所占有，利用它收取地租，并作为买卖对象，土地就有了价格。这就造成一个假象：似乎商品价值不是劳动创造的，地租不是劳动创造的，这样就掩盖了地租所代表的剥削关系。同时，土地价格又使人们产生错觉，好像土地也有价值，土地价格也是土地价值的反映。这种本质和现象的不一致，是由私有制社会的生产关系所造成的。

价格形式包含着商品转化为货币的可能性和必要性

商品的价值是通过价格的方程式，如一担米＝一钱金来表现的。在这个方程式中，金是社会公认的一般等价物，所以金可以随时与米相交换。但不能反过来说，米也能直接与金相交换。如果金所有者不需要米，米就不能与金相交换，因为米不是社会公认的一般等价物，这时米的价值还只是表现为想象的金。“因此，商品要实际上起交换价值的作用，就必须抛弃自己的自然形体，从只是想象的金转化为实在的金”。这种由商品变为货币，即现实交换的成功，是极其困难的。这种困难程度，马克思形容为：“同黑格尔的‘概念，实现由必然到自由的过渡相比①，同龙虾脱壳相比②，同教父圣哲罗姆解脱原罪相比③，是‘更为困难的’”。但是，只有实现这种转化，商品所有者才能掌握一般等价物，从而满足自己的多方面的需要。因此，价格形式包含着由商品转化为货币的可能性和必要性。另一方面，金所以充当观念

---

① 黑格尔辩证地提出了必然和自由的关系问题，并认为二者是互相联系着、过渡着的。从这方面说，这是正确的。但他是唯心主义者，他脱离实践，认为这种过渡是在“概念”中实现的。可是，他又认为由于客观对象具有无限丰富性，人们除非通过长期努力，不可能从必然过渡到自由。他说：“由必然到自由……的过渡是最艰苦的过程”。（黑格尔《小逻辑》，商务印书馆1980年版，第325页。）

② 龙虾是属于节肢动物，背甲由许多节组成。龙虾自幼而壮，要蜕皮六七次，才能长成。每次蜕皮都经过相当复杂的过程，是很不容易的。

③ 圣哲罗姆：罗马教的圣徒，神学家。他为了解脱基督教传说的所谓人类的原罪（指所谓人一生下来就背上了他祖先亚当所犯下的罪过），曾进行过苦斗，但没有成功。

的价值尺度，只是因为它在现实的交换过程中已作为货币商品流通。观念是现实事物的反映。所以，“在观念的价值尺度中隐藏着坚硬的货币”，想象的金是以现实的金为基础的。

2. 流 通 手 段

(a) 商品的形态变化

商品的形态变化是交换过程的实际运动形式

现在就来研究货币的第二个职能：流通手段。

为什么研究货币的流通手段的职能首先要研究商品的形态变化呢？所谓“商品的形态变化”，就是在商品交换过程中，由商品变成货币（卖），再由货币变成商品（买）。货币是作为价值形式与作为使用价值形式的商品相对立，由商品到货币，或由货币到商品，也都是商品自身的形态变化。商品形态变化的过程，实际上也就是商品的交换过程，货币在交换中起着流通手段的作用。因此，研究流通手段这个职能必须把货币放在商品交换过程中来进行，从交换过程才能展现出流通手段的作用。

前面已说过，交换过程是矛盾的发展过程，商品交换的发展必然引起货币的出现，货币只是暂时解决了交换中的困难，并没有扬弃这些矛盾，而是使矛盾采取新的运动形式。过去的形式是，以商品交换商品；现在的形式是，以商品换货币，再以货币换商品。商品——货币——商品，是新的商品运动形态。

商品——货币——商品，把商品从这个所有者手里转移到另一个所有者手里，就是用一种有用劳动所生产的产品代替另一种有用劳动所生产的产品，这是一种“社会的物质变换”，即社会物质资料的交换。通过交换，甲把产品转移到乙手里，乙再把这产品消费掉，从交换领域转到消费领域。现在要研究的是交换领域，研究这种社会的物质变换怎样通过商品的形态变化而实现的。至于消费领域，现在是撇开不管的。

人们对商品形态变化往往感到不好理解。原因之一是：价值是看不见的、摸不到的，不懂得价值和价值的表现形式，就不可能弄清楚商品和货币的关系。另一个原因是：在交换时，往往只注意商品和金交换这个物质要素，而没有看到，金当作单纯的商品并不是货币，金作为货币与其他商品相交换时，金已经不是作为商品而与另一种商品相对立，而是作为商品的价值形式来与其他商品相对立，因而看不到商品形态发生了怎样的变化。

怎样认识“商品的形态变化”呢？商品首先是以本来面目进入交换过程的。交换过程的发展才使商品分化为商品和货币，即由商品的使用价值和价值的内部对立，发展为商品和货币的外部对立。在这种外部对立中，商品是当作使用价值发生作用的，货币是当作交换价值发生作用的，对立的双方，它们本身又都是使用价值和价值的统一。但是这种统一，是在商品和货币的这个对立的两极上，依相反的方向来表现，并从而表现它们相互之间的关系的。从商品这个角度来看，它是满足人们某种需要的物品，是实际的使用价值；“它的价值存在只是观念地表现在价格上”，即通过价格，把货币作为商品实际价值形态。从货币这个角度来看，作为货币的金，只是“充当价值化身”，即当作表现价值的东西，所以它实际上是交换价值；至于它的使用价值，只是“观念地表现在相对价值表现的系列上”，通过这些表现系列，与商品发生关系，并把各种各样和它对立着的商品当作它的实际的使用价值。商品的交换过程，就是在商品与货币这两个对立的形态上进行的。商品的这种对立的形式就是它们的交换过程的实际的运动形式。

现在来看看，这对立的两极，商品与货币，在交换过程中怎样互相转化，即怎样从商品转化为货币，又从货币转化为商品。假定商品所有者把自己的1担米卖出去，取得20元的货币，然后再以这20元去买1支钢笔，这种从米转化为货币，再由货币转化为钢笔的过程，是在两个互相对立、互为补充的形态变化中完成的，是通过卖和买这两种社会行为而实现的。米的所有者卖米的目的，是为了购买钢笔，所以，“这两种行为的统一就是：为买而卖”。

因此，商品形态变化的公式是：商品——货币——商品。从物质内容来说，这里是用商品换商品，是社会物质资料的交换。交换的目的一经达到，过程本身也就结束。

商品的第一形态变化

商品——货币，卖，这是商品的第一形态变化。

从商品转化为货币，“是商品的惊险的跳跃”，是很不容易的。如果商品卖不出去，商品不会摔坏，仍然放在仓库里，但商品所有者会因此亏损或破产。

从商品转化为货币，究竟有哪些困难呢？

从使用价值方面看，商品对于购买者必须是使用价值，否则，没有用的东西决不会有人购买它。但不同的使用价值，是社会分工的产物。“社会分工使商品占有者的劳动成为单方面的，又使他的需要成为多方面的。”分工，使生产者生产了许多不是为了自己需要的东西，必须当作商品出卖，但他又要到市场去购买别种商品，才能满足他多方面的需要。因此，商品生产者的商品能否卖出去，就成为很重要的事情。“但分工是自然形成的生产有机体，它的纤维在商品生产者的背后交织在一起，而且继续交织下去。”这就是说，社会分工是自然形成的，而且不断向前发展，分工越来越细，人们互相之间的依赖关系就越来越紧密，这种趋向，是在生产者背后，即不以商品生产者的意志为转移的客观过程。接着，马克思从分工出发，论证了从商品转化为货币的困难。第一，由于社会分工，出现新的劳动方式生产的产品，它是满足人们某种新的需要的，当人们还不了解它时，就没有人购买它。第二，由于社会分工的发展，原来只是生产半成品的特殊劳动作业，独立起来，单独生产某种商品了。他生产的商品，可能由于社会条件尚未成熟，还不为社会需要，没有什么人购买它。第三，今天还是满足社会需要的某种产品，由于分工的发展，明天就可能被别一种新的产品所代替，大家争购新产品，原有的产品就卖不出去。第四，如果市场上该商品的供给超过需要，尽管该商品是有使用价值，生产它的劳动也是社会分工的一部分，但必然还有一部分卖不出去，成为多余的、过剩的。可见，商品能否卖掉，即价值能否实现，不是那么顺利的。

商品即使能卖出去，但是否能按照它的价值卖出去，也会遇到困难。当然，商品能吸引多少货币，即实现多少价值，首先是由商品的价值量所决定，并且由价格预示出来了，但是，以下两种情况使商品很难实现它的价值量：第一，单位商品的价值量是由生产它的社会必要劳动时间决定的，也许，昨天生产 1 支钢笔的社会时间是 100 小时，今天由于不以个别生产者的意志为转移而在他背后发生的生产条件的改变，只要 80 个小时的社会必要劳动时间了。这样，即使你生产这支钢笔是花了 100 个小时，也不能取得等于 100 个小时的价值量。第二，假定某个钢笔生产者是按照社会必要劳动时间生产钢笔的，但整个社会上只需要一定数量的钢笔，而生产的钢笔数量却超过了这个总数，因而超过的部分就不在该商品的总的社会必要劳动的范围内[①]。这种超过部分，就像他个人生产钢笔的时间超过生产钢笔的社会必要劳动时间一样，是不能实现的。所以，从商品转化为货币，在价值量的实现方面也是有困难的。

商品转化为货币的困难是由私有制条件下的社会分工造成的。分工，从质的方面看，构成了许多生产部门，从量的方面看，各生产部门之间又要求有一定的比例关系，这都是不以人们的意志为转移的，“是自发地偶然地形成的”。“分工使他们成为独立的私人生产者，同时又使社会生产过程以及他们在这个过程中的关系不受他们自己支配；人与人的互相独立为物与物的全面依赖的体系所补充。”这就是说，由于私有制条件下的社会分工，一方面，商品生产者之间是互不联系的，分散进行的，商品的生产过程和这个过程中人和人的关系，不受生产者自己的意志所支配，另一方面，商品生产者之间的关系，必须通过商品和商品，即物和物的交换关系而实现。因此，分工使劳动产品转化为商品、商品转化为货币成为必然的事情；但转化能否成功，商品能否转化为货币，却是偶然的事情。这种必然性和偶然性的同时存在，反映了私有制条件下商品生产的矛盾，商品的形态变化正是这种矛盾的现实的运动。

以上是讲由商品转化为货币的困难，但为了论述方便，我们假定这

① 社会必要劳动时间有两种情况，一是生产某一单位商品所花费的社会必要劳动时间，一是整个社会生产该商品的全部所需要的社会必要劳动时间。本句系指后一情况而言。

种转化是正常进行的，进一步来分析这个转化过程。商品与货币的交换，从商品的方面看，是“同它自己的一般价值形态交换”，从货币的方面看，是“同它的使用价值的特殊形态交换”。商品转化为货币，即商品形式的转换，是通过商品的让渡完成的，就是说，是在作为使用价值的商品把作为货币的金吸引出来时完成的。因此，商品转化为货币，同时就是货币转化为商品。这是一个过程的两个方面：从商品所有者来看，是卖；从货币所有者来看，是买。或者说，“卖就是买”。

那么，货币所有者的货币是从哪里来的呢？现在只就简单商品生产的经济关系来考察，把其他种种取得货币来源的情况撇开不谈。货币所有者的货币，无非是他卖掉自己生产的商品得来的，或者他的劳动产品就是货币材料即金。如在金的产地，金是当作直接的劳动产品进入商品市场的。但这种情况不是普遍的，这里撇开不说。那么，当作货币的金，总是商品所有者出卖商品后取得的，是“商品的转换形态，都是卖的产物”。“金成为观念的货币或价值尺度，是因为一切商品都用金来计量它们的价值，从而使金成为它们的使用形态的想象的对立面，成为它们的价值形态。”这就是说，因为商品用金来计算价值，规定价格，金就成为观念上的货币。“金成为实在的货币，是因为商品通过它们的全面让渡使金成为它们的实际转换或转化的使用形态，从而使金成为它们的实际的价值形态。”这就是说，因为商品已经按照它的价格出售，金已经成为现实的货币。当商品转化成为货币后，在货币身上看不出它是由哪一种商品转化而来的任何痕迹，它已是无差别的人类社会劳动的一般代表。“货币可以是粪土”，就是说，货币可以是由出卖粪土而取得的，“虽然粪土并不是货币”。当商品所有者卖出商品取得货币时，商品第一形态的变化也就结束了。

商品的第一形态变化，即从商品到货币的变化，不是孤立的，而是同另一商品的第二形态变化即由货币到商品的变化结合在一起，错综地进行的。例如：商品所有者把 1 担米卖出去，取得 20 元，然后以 20 元购买 1 支钢笔，这是一个商品形态变换的过程。假定买米者的 20 元是卖去 1 件上衣所取得的。这样，从前一个过程看，1 担米——20 元——1 支钢笔。从后一个过程看，1 件上衣——20 元——1 担米。从卖米者来看，把米卖出，换得 20 元，是第一形态的变化，即 1 担米——20 元；从买米者来看，他拿 20 元买 1 担米，是第二形态的变化，即 20 元——1 担米。这二者是同时进行的。所以，一个商品的第一形态变化，总是和另一个商品的第二形态变化结合在一起。

商品的第二形态变化

货币——商品，买，这是商品的第二形态变化。

这时，购买者手中握有货币。从质的方面看，货币可以把自己反映在一切商品体上，可以购买任何商品。从量的方面看，价格还表明了货币转化为商品的限度，即指明货币本身的量。这种货币是从什么商品转化来的，是看不清楚的。不管它是从哪里来，现在的货币既代表已经卖掉的商品，又代表可以买到的商品。

但是，货币——商品，是买，同时另一方，就是商品——货币，是卖；一个商品的第二形态变化，又是另一商品的第一形态变化。商品生产者生产的商品是单方面的，常常大批地卖；但他的需要是多方面的，他不得不把得到的货币分散在许多次的买上，一次的卖伴随着多次的买。"这样，一个商品的最终的形态变化，就是许多其他商品的第一形态变化的总和。"

商品的总形态变化

商品——货币——商品，是商品形态变化的公式。在考察了第一形态和第二形态变化以后，再来考察商品的总形态变化。

一个商品的总形态变化是"由两个互相对立、互为补充的运动 W—G 和 G—W 组成"。为什么说"互相对立"呢？由商品——货币，和由货币——商品，是相反的，对立着的；为什么说是"互为补充"呢？如果没有由商品——货币，也就不可能由货币——商品，从一方面看是由商品——货币，从另一方面看就是由货币——商品，买和卖，是结合在一起，起着互相补充的作用的。当然，商品自己是不会运动的，而是通过商品所有者的对立运动来完成的。商品所有者作为卖的当事人，他是卖者，作为买的当事人，他是买者。在同一次商品形态的变化中，商品所有者与货币所有者处在对立的两极上，一个商品所有者当作卖者时，就有一个买者和他对立着；当他当作买者时，又有一个卖者和他对立着。而商品所有者又要依次先扮演卖者，后扮演买者。所以商品所有者的身份是不固定的，而是互相交替变化着的，处在矛盾运动的过程中的。

可见，一个商品的总形态变化，在其最简单的形式上，包含着“四个极和三个登场人物”，即有四个终点和三个当事人。首先是商品与货币相对立，如 1 担米——20 元，1 担米与 20 元是对立的两个极。当米与货币交换成功时，米所有者在卖出米取得 20 元以后，再去买 1 支钢笔，这样，又表现为 20 元与 1 支钢笔相对立，这又是对立的两个极。为什么说出现三个当事人呢？卖米者是一个当事人，买米者又是一个当事人，卖钢笔者又是一个当事人。他们既互相对立，又不断转化。

一个商品的总形态变化是由卖和买两个相反的运动阶段所组成的一个循环：起初是“商品形式”（如米所有者占有 1 担米的商品），然后是“商品形式的抛弃”（1 担米卖出后取得 20 元货币），最后是“商品形式的复归”（卖米者再购买一支钢笔），这是对立统一的运动过程。当然，这种运动不是简单的循环。如果起点是一担米，终点还是一担米，显然是毫无意义的。对商品所有者来说，起点的商品一担米，是为了出卖的，“是非使用价值”，而终点的商品是一支钢笔，是他需要消费的东西，“是使用价值”。在这个循环中，货币首先表现为商品价值的结晶，直接代表着人类社会劳动；然后又作为单纯的等价形式，转入另一个商品所有者手中。可见，在商品的总形态变化的过程中，商品是以使用价值的东西代替了非使用价值的东西，满足了生产者直接的消费需要；货币则在交换过程中起着流通手段的作用。

简单商品流通克服了物物交换的矛盾，但又包含着危机的可能性

学习了商品的总形态变化的原理以后，我们就可以进一步研究商品流通了。第 19 段就着重分析这个问题。

什么是商品流通呢？马克思首先告诉我们：“组成一个商品的循环的两个形态变化，同时是其他两个商品的相反的局部形态变化。”如前例，1 担米的总形态变化是：1 担米——20 元——1 支钢笔。假定卖米者的 20 元是上衣所有者的上衣的转化形态，即上衣——20 元——1 担米。又假定钢笔所有者得到卖米者的 20 元后拿去买茶叶，即钢笔——20 元——茶叶。这样就有三个商品

(米、上衣、钢笔) 的总形态变化:

1 担米——20 元——1 支钢笔

上衣——20 元——1 担米

1 支钢笔——20 元——茶叶

这里一个商品（米）的两个形态变化，同时是其他两个商品（上衣和钢笔）的“相反的局部形态变化”，即米的第一个形态变化同时是上衣的第二个形态变化，米的第二个形态变化同时是钢笔的第一个形态变化。同一商品（米）“开始它自己的形态变化的系列”即第一个形态变化，又结束另一个商品（上衣）的总形态变化。所以米“在出卖时，一身扮演这两种角色”，即开始自己的形态变化，又结束上衣的总形态变化。而当米“作为金蛹结束自己的生涯的时候”，即结束第二形态变化时，又结束第三个商品（钢笔）的第一个形态变化。“可见，每个商品的形态变化系列所形成的循环，同其他商品的循环不可分割地交错在一起。这全部过程就表现为商品流通。”这就是说，商品流通不只是商品——货币——商品的简单的循环，而是由这一循环和另一循环交错地密切联系在一起，形成一个不可分割的有机整体。

显然，商品流通不仅在形式上，而且在实质上，与直接的产品交换是不同的。为什么说在形式上不同呢？直接的产品交换是商品——商品，商品流通是商品——货币——商品，货币成了商品交换的媒介物。虽然，“A 同 B 彼此购买的事”（指直接交换商品）“实际上也可能发生，但这种特殊关系决不是由商品流通的一般条件引起的”。这也就是说，直接交换商品的这种特殊现象，只是一种例外，而以货币为媒介的商品交换，才是商品流通的一般条件。为什么说在实质上是不同的呢？第一，直接的产品交换还受到个人的和地方的限制，商品交换则打破了这种限制，解决了直接的产品交换时由于各个需要不同难以成交的困难，扩大了商品交换的品种、数量和地域范围。第二，在直接的产品交换时，当事人是比较容易控制的，商品流通则不然，它使人们相互之间的关系错综复杂地联结起来，这种错综复杂的经济关系是自然形成的，是“当事人”所控制不了的。第三，在直接的产品交换时，以一种商品换另一种商品，即以对自己来说的非使用价值换取另一个使用价值。商品流通则不然。

通过交换，商品不断退出流通领域，被人们消费掉，但货币却不会退出流通界，而是从一个人手里转到另一个人手里，“它不断地沉淀在商品空出来的流通位置上”，不断地和各种商品相交换，起着流通手段的作用。正是由于货币在流通中起着流通手段的作用，才解决了直接产品交换的困难，促进了商品流通的发展。

对于商品流通，资产阶级经济学者不可能有正确的认识，其典型代表如英国的经济学家詹姆斯·穆勒就认为：“一切商品的买者和卖者必然保持平衡。”[①] 因为每一次卖，同时就是买。这种“最愚蠢不过的教条”，是为资本主义辩护的，他的目的是企图证明资本主义社会里不会产生经济危机。马克思早就指出，这种“买和卖之间只有统一，没有分裂”的“思想方法”，“是要由逻辑学而不是由经济学来批判的”[②]。在第 22 段，马克思指出了这种形而上学观点的错误以后，接着就论证了买和卖的同一性与对立性。如从商品所有者与货币所有者的相互关系来看，“卖和买是同一个行为”，从商品所有者看是卖，从货币所有者看就是买。如从一个人的活动来看，先作为卖者，然后又作为买者，“卖和买是两极对立的两个行为”。因此，这种卖和买的对立的同一性，包含着如下的意思：首先，如果这种同一性不能实现，即如果商品卖不出去，它就会变成无用的东西了。其次，如果这种同一性实现了，即如果商品交换成功，那就会形成一个可长可短的“休止点”。因为商品卖出后，卖者不一定马上就买。所以，以货币为媒介的商品流通就打破了产品交换时所存在的时间、空间和个人的限制。商品所有者在一地卖出商品后，可以转到别地去买，也可以不马上买。这样，就使产品交换时所存在的卖和买的直接的同一性，分裂为卖和买之间的对立，“它们的内部统一是运动于外部的对立中”。这也就是说，卖和买本是同一的，互相补充的；现在卖而不买，这个统一的两个阶段独立化了，分成两个独立的过程了，内部的统一被外部的独立所代替，发展到一定程度时，这个内部的统一就要强制地通过危机显示出来。总之，商品内在的使用价值和价值的对立，私人劳动和

---

① 转引自马克思《政治经济学批判》。《马克思恩格斯全集》第 31 卷，人民出版社 1998 年版，第 491 页。

② 《马克思恩格斯全集》第 31 卷，人民出版社 1998 年版，第 491 页。

社会劳动的对立，具体劳动和抽象劳动的对立，以及“物的人格化”（物和物的关系代表人和人的关系）和“人格的物化”（人和人的关系表现为物和物的关系）的对立，都会在商品形态变化的对立中，取得了商品和货币的对立、卖和买的对立、卖者和买者的对立等发展的运动形式。这些形式包含着危机的可能性。因为有些人卖而不买，就会使另一些人的商品卖不出去。商品卖不出去，商品的价值和使用价值都不能实现，具体劳动不能转化为抽象劳动，私人劳动不能转化为社会劳动，物和物的关系不能表现人和人的关系，商品流通就会中断。可见，商品流通虽然解决了产品直接交换的矛盾，但又产生了新的矛盾。旧的矛盾解决了，新的矛盾又产生了。但是，这时候，危机还仅仅是可能性，而不是现实性。要使可能性发展成为现实，“必须有整整一系列的关系”，如生产社会性与资本主义私人占有形式之间的矛盾，生产与消费的矛盾，资本主义信用制度充分发展等等。但在简单商品流通的情况下，这些关系是根本不存在的。

综上所述，货币当作商品流通的媒介，就取得了流通手段的职能。

(b) 货币的流通

货币流通和商品流通的关系

第1—4段论述了货币流通与商品流通的关系。

货币流通与商品流通有一个显著的不同。商品流通，商品——货币——商品，商品作为过程的起点进入流通，最后又回到商品上退出流通，转入消费领域，“因此，商品的这种运动就是循环”。货币流通则不然，货币——商品，即拿货币去购买商品，货币离开它的起点就不再回来，而是“从一个商品占有者手里转到另一个商品占有者手里”，不断地处在流通中。所以，“货币流通表示同一个过程的不断的、单调的重复”，即货币总是“作为购买手段执行职能”，所以它的运动形态永远是货币——商品，货币——商品……

那么，货币流通和商品流通的关系到底如何呢？从表面上看，好像商品流通是由货币流通引起的，商品流通只是货币运动的结果。这是一种假象。事实上是，“货币运动的单方面形式来源于商品运动的两方面形式”。这就是说，用货币购买商品，这是单方面的形式，是货币运动，但这是由于商品运动的两方面形式，即由商品到货币，再由货币到商品这两个形态的变化而产生的，也就是说，货币运动是由于商品流通引起的。没有商品交换，就不会有货币流通。但是这一情况，由于商品形态变化过程的特点，“造成了相反的外观”，这就是：本来是商品流通引起了货币运动，但看起来，好像是货币运动引起了商品流通。为什么呢？从商品的第一形态变化即商品——货币，可以直接看出，由于生产者出卖商品，才引起货币运动，这是比较清楚的。而商品的第二形态变化即货币——商品，“表现出来的只是货币的运动”，好像是由于用货币购买商品才引起商品的流通。从商品流通看，“对商品来说包含两个对立的过程”，即由商品到货币的卖，再由货币到商品的买。“但作为货币本身的运动却总是包含同一个过程”，即由货币到商品的买，货币不断地同一个又一个商品互换位置，货币不断把商品从把它们当作非使用价值的人手里转到把它们当作使用价值的人手里，不断地使商品离开流通领域进入消费领域，这就造成货币运动引起商品流通的假象。

假象不是真实。实际上，只是商品本身的运动才引起货币作为流通手段的运动。“货币所以具有流通手段的职能，只因为货币是商品的独立出来的价值”，即货币从商品界分离出来作为社会公认的一般等价物，可与一切商品相交换。但是商品形态的变化必然明显地反映在货币流通上。在商品流通中，不管是从商品——货币，还是从货币——商品，这两个形态的变化都是由商品与货币的交换来完成的。同一枚货币，在商品——货币的第一形态变化中，转到商品所有者手里，然后在货币——商品的第二形态变化中，又从商品所有者手中离开。“这样，同一个商品的两个互相对立的形式变换”，即由商品——货币，再由货币——商品的变换，“就反映在货币的两次方向相反的位置变换上”，即货币转入该商品所有者手中，然后再从他手中离开。显然，这种货币的一进一出，是商品所有者卖出商品和买进商品的结果。所以，货币的两次变换位置是由于商品形态的两次变换引起的。反之，如果只有单方面的商品形态变化，即单纯的卖或单纯的买，那么，这个货币就只变换一次，即由货币购买商品，这时，货币总是代表商品的第二形态变化，即总是造成货币运动引起商品运动的假象。

必须注意，货币运动不仅反映商品流通的循环过程，而且反映着商品流通的错综复杂关系。商品流通不是单纯的商品循环，而是许多商品循环互相交错地联系在一起。货币在流通中不断地互换位置，作为流通手段，当然也要反映着这种商品流通的错综复杂的关系。这里考察的只限于简单商品流通领域，至于资本的流通形态，与此是不一样的，那是在本书第四章中研究的问题。

货币流通量首先是由商品价格总额决定的

每一个商品经过流通后都要转入消费领域，货币作为流通手段却不断地留在流通领域中。那么，流通领域究竟要有多少货币呢？流通中所需要的货币量，首先是由商品价格总额决定的。

在商品市场上，一方面是卖，另一方面是买，一方面是商品，另一方面是货币，有多少商品要进行买卖，它的价格是多少，就需要多少货币作为交换的媒介。“所以，商品世界的流通过程所需要的流通手段量，已经由商品的价格总额决定了。”当然，这种价格总额不仅是观念的货币，而且是实际存在的货币，即在流通过程中直接用来进行交换的货币。这里所讲的流通过程，主要是指市场上进行交换的商品而言。如果市场关系发生变动，商品价格总额也会发生变动。

但是，商品的价格总额又是由什么因素决定的呢？前面说过，商品价格既由商品的价值量决定，又由货币的价值量决定。决定商品价格的因素，也是决定商品价格总额的一个因素。在商品价值量不变的情况下，货币本身价值量的变化就是决定商品价格总额的因素之一。在第 6 段，马克思着重考察，货币本身价值量的变化会引起商品价格的变化，也就会使货币流通量发生变化。

如前所述，在商品价值量不变的情况下，商品的价格会随货币本身价值量的变化而变动。货币本身的价值量降低了，商品价格就会提高；货币本身的价值量提高了，商品的价格就会降低。商品价格的增加或减少，就会引起商品价格总额的增加或减少，“流通的货币量必须以同一程度增加或减少”。在这里，流通手段量的变化都是由货币本身价值量的变化引起的。确定商品价格是货币的价值尺度的职能，实现商品价格是货币的流通手段的职能。因此，由货币本身价值量的变动而引起商品价格的变动，由商品价格变动而引起货币流通量的变化，是由货币当作价值尺度的职能发生，而不是由流通手段的职能发生的。先是货币价值量的变化引起商品价格的变化，然后引起货币流通量的变化。“先是商品价格同货币价值成反比例地变化，然后是流通手段量同商品价格成正比例地变化。”例如，货币价值量降低了，商品价格就提高，与此同时，货币流通量就要增多。反之，货币价值量提高了，商品价格就会降低，同时，货币流通量也会随之减少。如用银代替金而引起的货币单位价值量的下降，也完全适用于上述情况。

在16、17世纪，随着美洲金银矿的发现和开发，随着开采金银矿的劳动生产率的提高，使得金银产量大大增加，价值降低。由于价值量已经下降了的金银大量流入市场，引起物价普遍上涨。这就造成一种假象，好像物价的上涨是作为流通手段的金银数量增加所造成的。资产阶级的货币数量论者就是这样表面地片面地考察问题的，如英国的资产阶级经济学家休谟，就认为金银数量增加，商品价格就会上涨，反之，金银数量减少，商品价格就会下降。就是说，商品价格的高低是由流通中金银数量的多少决定的。[①] 马克思批判了这种“错误的结论”，正确地指出：这时候的价格上涨，不是由于货币数量增加，而是由于货币本身的价值量降低。我们知道，在金银产地，金银不是作为货币，而是作为商品与另一商品相交换，但当它进入流通领域时，金本身的价值是已经规定了的，即金本身的价值是已知的，“是作为前提而存在的”。如果在产金的地方，由于劳动生产率提高，金价值降低，在那里，直接与金相交换的商品的价格就会提高。“而很大一部分其他商品会在一个较长的时期继续按照价值尺度的已变得虚幻的旧有的价值来估价”。这就是说，除金银产地外，其他地方的大部分商品，在一个较长时期内，仍会依照货币原有的价值进行交换，这是由于资本主义社会还未充分发展，交通还不方便，

① 在《资本论》第1卷第146页注（79）中，马克思指出，英国资产阶级经济学家巴尔本也提出上述观点。

商品流通的速度还不快的缘故。但随着商品流通的发展，这种本身价值量已经下降了的金和其他商品价值量的比例，逐渐在变动中趋向一致，直到最后所有的商品价值都相应地根据货币金属的新价值来估价。这种发展过程的情况证明：商品价格的变化是由于作为货币本身价值量的变化引起的，“商品改订价格普遍到什么程度”，在流通中需要的货币量也会增加到同样的程度。显然，不是货币数量的增加引起商品价格上涨，而是货币本身价值的下降引起商品价格上涨，从而使流通所需的货币数量增加。

决定商品价格总额的另一个因素，是流通中的商品的数量。不进入市场而长期存放在仓库里的商品，是不在这个范围之内的。因此，流通中的商品量越多，商品价格总额就越大。如 1 担米值 20 元，以 10 担米投入交换，就需要 200 元，这是显而易见的。

如果流通中的商品量是已定的，商品价格的变动就会引起价格总额的变动，流通货币量也要随之变动。这种由于商品价格总额变动而引起的流通货币量的变动，并不需要全部商品都上涨或下降，只要有若干主要商品价格的上涨或下降就行了。这种商品价格的变动，不管它是“反映实际的价值变动”，即由商品价值量的变化而引起的，“或只是反映市场价格的波动”，即由市场上供求关系的变化而引起的，对于流通货币量的影响都是一样的。

综合上述，可见：流通中所需要的货币量，首先是由商品价格总额决定的；而商品价格总额，又是由流通中的商品量和这些商品的价格决定的；而流通中的商品价格，又是由商品的价值量和货币的价值量决定的。也可以说，商品价格总额包含三个决定的因素：流通中的商品量；这些商品的价值；货币的价值。

货币流通量又是由货币流通的速度决定的

其次，流通中所需要的货币量，又是由货币流通的速度决定的。

在一定的时间内，同一单位的货币可以流转多次。例如，在 1 天之内，上衣所有者把上衣卖出，换得 20 元，再买 1 担米；米所有者把 1 担米卖出，换得 20 元，再买 1 支钢笔；钢笔所有者把钢笔卖出，换得 20 元，再买 10 尺布。同样的 20 元货币，在 1 天内流转了 3 次，实现了共计 60 元的商品价格。这种在一定时间内的货币流通次数，表示货币流通的速度。同一枚货币在一定时间内可以流通几次，这一枚货币就会当几枚货币发挥流通手段的作用。如上例，在一天的时间内，待实现的商品价格总额是 60 元，同一枚货币在 1 天内流通 3 次，那么，流通中所需要的货币量就是 20 元，20 元就发挥了 60 元的作用。

对于货币流通量规律，马克思用如下公式来表示：

$$\frac{\text{商品价格总额}}{\text{同名货币的流通次数}}=\text{执行流通手段职能的货币量}$$

货币的流通次数是指货币的流通速度。例如，商品价格总额是 60 元，1 天之内货币流通速度是 3 次，$\frac{60}{3}=20$ 元。这 20 元就是流通中所需要的货币量。这个规律是客观存在的，是普遍地适用的，只要有商品生产和货币流通，这个规律就会发生作用。但是，在不同的社会里，由于客观条件不同，这个规律发生的作用也是不同的，在资本主义社会里，货币流通规律自发地发生作用，往往引起通货膨胀、经济危机。在社会主义社会里，人们可以自觉地利用它，有计划地调节货币流通量，搞好货币管理，货币回笼，现金上交，划拨清算等工作，以适应社会主义建设的需要。

但是，计算货币流通速度，是比较复杂的事情。在一定的时间内，一个国家的流通过程包括两方面：一方面，买卖行为分散地同时发生，其中，有的货币只流通一次；另一方面，商品买卖行为有的同时并行，有的互相交错，因此，有的货币流通的次数就有多有少。但是，总可以从同名货币的总流通次数求出每个货币的平均流通次数或货币流通的平均速度。例如，每天在流通开始时进入流通的货币量，是由流通着的商品的价格总额来决定的，即使各枚货币的流通次数不同，有的多些，有的少些，但每一枚货币都会影响到别一枚货币，一枚货币的流通速度加快了，另一些货币流通的速度就会放慢，有的甚至还会退出流通领域，因为流通领域只能吸收这么多的货币量。“这个金量乘以它的单个元素的平均流通次数，等于待实现的价格总额。”“这个金量”系指每日实际参加流通的货币量，“单个元素”系指“这个金量”中的每一枚个别的货币。例如：每日实际参加流通的货币量为100元，总流通次数为500次，每个货币的平均流通次数为5次，以100元乘5次，就得500元，这就是待实现的商品价格总额。当然这种计算应该包括许多复杂情况，但并不是不可计算的，而是可以由经验来确定的。因此，在一定时期内，“货币的流通次数增加，流通的货币量就会减少，货币的流通次数减少，货币量就会增加”。流通中所需要的货币量与货币的流通速度成反比例。

既然货币流通只是商品流通的表现，所以货币流通的速度也就表现商品形式变换的速度，表现商品退出流通领域并为新商品所代替的速度。因此，货币流通迅速，表现商品顺利地通过它的形态变化的两个阶段，表现卖和买两个过程的流水般的统一。相反，货币流通缓慢，则表现买和卖这“两个过程分离成互相对立的独立阶段，表现形式变换的停滞，从而表现物质变换的停滞”。这就是说，商品卖出后，没有再买，商品——货币和货币——商品这两个阶段不相衔接，分离了，独立化了，表现为商品流通停滞了。当然，这种停滞现象是由什么原因产生，从流通本身是看不出来的。流通本身只能表现出这一客观现象。可是遇到这种情况时，一般人总认为，流通停滞是由于流通中的货币量不足而产生的。这种看法是不正确的。因为货币流通只是商品流通的表现，商品流通的停滞，根源并不在于货币流通量本身。马克思在第141页注(77)就批判了那种认为生产过程和流通过程的停滞，是起因于货币流通量不足的观点。

货币流通量规律

在第11段，马克思综合以上分析的情况，概括地指出：流通中所需要的货币量，一方面取决于商品价格总额，另一方面取决于由商品流通快慢所决定的货币流通速度。但是，商品价格总额又决定于流通中的商品量和这些商品的价格。所以决定货币流通量的，实际上是价格的变动、流通的商品量、货币流通速度这三个因素。这三个因素可以按不同的方向和不同的比例变动，因此，货币流通量的增加或减少，可能有多种多样的组合。马克思从价格史上略举了最重要的如下几种组合情况。

一种情况是：在商品价格不变的情况下，由于流通中的商品量增加，或货币流通速度减低，或在这两种情况同时发生时，货币流通量就会增加。反之，由于流通中的商品减少，或货币流通速度加快，货币流通量就会减少。

一种情况是：在商品价格普遍上涨的情况下，如果流通中的商品量的减少同商品价格的上涨保持相同的比例，或者是流通中的商品量不变，而货币流通速度的加快同价格上涨一样迅速增加起来，这样，货币流通量就会保持不变。如果流通中的商品量减少或货币流通速度加快比价格上涨更快，货币流通量就会减少。

一种情况是：在商品价格普遍下降的情况下，如果流通中的商品量增加同商品价格的下降保持相同的比例，或货币流通速度的降低和价格的下降保持相同的比例，货币流通量就会依然不变。如果流通中的商品量增加或货币流通速度减低比价格下降更快，货币流通量就会增加。

上述各种因素的变动所发生的影响，是可以互相抵消的。从现象看，每一因素的变动都会引起货币流通量的变动，但实际上，“在每一国家中流通的货币量的平均水平比我们根据表面现象所预料的要稳定得多”。除了周期性的经济危机和货币价值本身的强烈变动的情况以外，货币流通量偏离这一平均水平的程度，比我们根据表面现象所预料的要小得多。

在论述了影响货币流通量多种情况变化的规律以后，为了批判货币数量论者，马克思在第 16 段对货币流通量规律又作了另一表述：“已知商品价值总额和商品形态变化的平均速度，流通的货币量或货币材料量决定于货币本身的价值。”这就是说，在其他条件已知的情况下，货币流通量是由货币本身的价值决定的。如果货币本身的价值增加了，商品价格总额就要降低，从而货币流通量就要减少；反之，如果货币本身的价值降低了，商品价格总额就要增加，从而货币流通量也要增多。马克思对货币流通量规律作这样表述的目的在于说明：货币的价值是决定货币流通量的重要因素之一，不是货币流通量决定货币价值，而是货币价值决定货币流通量。显然，马克思关于货币流通量规律的公式，是建立在科学的劳动价值学说的基础上的。资产阶级货币数量论者则认为：商品价格决定于流通手段量，而流通手段量又决定于一个国家现有的货币材料量。马克思指出，他们的错误是建立在下面这个荒谬的假设上的：在进入流通过程时，商品没有价格，货币也没有价值，只是在流通过程内，由于一定数量的商品和一定数量的货币相交换，才创造了商品价格和货币价值。这就揭露了货币数量论者的谬论，是和流通创造价值这个错误理论紧密联系在一起的。

近几十年来，资产阶级大力宣传货币数量论，作为他们实行通货膨胀政策、掠夺广大人民的理论根据。现代资产阶级经济学家凯恩斯，就是货币数量论的积极鼓吹者。他认为：既然商品价格取决于货币的数量，国家就可以用调节货币数量的办法来控制商品价格，进而调节整个资本主义经济，消灭经济危机。这说明，货币数量论已变成为垄断资本服务的理论。

(c) 铸币。价值符号

铸　币

铸币是具有一定形状、重量、成色和额面价值的金属货币。它是从货币当作流通手段的职能中产生的。

起初，流通中的金属货币曾经是自然形状的金银条块，但由于重量、成色不等，交换时很不方便。最早是由大商人，然后是由代表统治阶级利益的国家，把金银铸造成一定形状和一定重量的铸币，并规定成色和额面价值，以便利商品流通。“金银作为铸币穿着不同的国家制服”，就是说，各国铸币的样式、形状是各不相同的，因而只能在本国范围内进行流通。但一到世界市场，它们就要还原为自然的条块形状。

那么，铸币与金块有哪些差别呢？它们本来只有形状上的差别，如金块是块状，金条是条状，而铸币则是统一的形式，如方形、刀形、圆形等等。当然这种差别是容易改变的，可以从一种形式变为另一种形式。金块可以铸造成铸币，铸币也可以熔化为金块。但是随着商品流通的发展，它们之间又出现了实际上的差别：金块金条都有一定的重量，代表着一定的价值；但铸造的金币由于在流通中受到磨损，它的重量不断减少，出现了“名义含量和实际含量”相分离。例如，一个金币原来是二钱重，磨损后只剩一钱重，名义含量是二钱，实际含量只有一钱了。但是，这个一钱重的金币，仍然代表着二钱金的价值，发挥流通手段的作用，“作为流通手段的金同作为价格标准的金偏离了”。这就是说，作为价格标准，必须具有原来一个铸币的重量，即二钱，但作为流通手段，即使这一个金币只有一钱，也能同价值等于二钱金的商品相交换，“因此，金在实现商品的价格时不再是该商品的真正等价物”了。金的存在变为金的假象，是流通过程发展的自然倾向，这是无法避免的，甚至连统治阶级的法律也承认这种倾向，但同时又规定铸币磨损到一定程度，便不能通用。

价值记号和纸币

既然货币流通本身使铸币的实际含量与名义含量分离，这就产生了用其他材料做的记号来代替金币的可能性。由于制造重量极小的金币或银币在技术上有困难，于是就用较贱的金属（如铜）铸造辅币，在流通最快、磨损最快的小额商品流通领域内代替金币。本来，像铜这样的金属，也曾一度充当货币，作为价值尺度，只是由于金银成为货币后，才把它赶下历史舞台，所以用铜铸造辅币是完全可以的。但是，为了不让铜篡夺金的位置，法律规定了一个极小的比例，只有在这个比例内，辅币才能代替金币而被人们所接受。“不同种铸币流通的各种特殊领域当然是互相交错的”，有的用金币，有的用银元，有的用铜辅币（像我国古代的铜钱），铜辅币只是在支付最小金币的尾数时才与金同时出现。铜辅币也都是由国家制造，它们的重量又是法律任意规定的。它们流通比较快，比金币磨损得更快，所以，铜辅币的职能实际上和它们的重量无关，也就是说，与它们的价值无关，仅仅成为价值的记号。既然如此，“相对地说没有价值的东西，例如纸票，就能代替金来执行铸币的职能”，这就又产生了纸币。“在金属货币记号上”（如铸币的名义金量与实际金量相分离，铜辅币实际上与价值无关等等），“这种纯粹的象征性质”即作为价值记号的性质，还没有完全清楚地表现出来。“但在纸币上，这种性质就暴露无遗了。”因为纸币本身没有价值，仅仅是价值的记号，这是最清楚明白，一望而知的。但是，真正“困难的只是第一步”，即在流通领域里，可以用价值记号来代替金；这个困难解决了，那么第二步，用纸币来代替金属货币就不太困难了。因为第一步要解决能不能代替的问题，至于第二步，用什么东西来代替，就好办得多了。

纸币有两种，一种是国家纸币，一种是信用货币，它们具有不同的性质。我们在上面所讲的，只是指由国家发行的强制流通的国家纸币，它是直接从金属流域中产生出来的。至于信用货币，只是作为流通货币代表的信用证券，如期票、汇票、支票、银行券等。这种证券，一方面体现了债权人和债务人的信用关系，另一方面又能在市场上代替货币充当流通手段和支付手段。信用货币的产生，要以资本主义生产关系的产生、发展为条件。在简单商品生产的情况下，是不具备这些条件的，所以这里暂且不谈。但在研究货币的职能时可以看到，国家纸币是从流通手段的职能中产生的，信用货币则是从支付手段的职能中产生的。

纸币流通规律

纸币既然是在商品流通中代替金属货币发生作用的，因此，它们的运动就只反映货币流通本身的规律。所以纸币流通的特殊规律，只能从纸币是金的代表这种关系中产生。“这一规律简单说来就是：纸币的发行限于它象征地代表的金（或银）的实际流通的数量。”这就是说，纸币的发行量，必须限制在没有纸币流通时，流通中所需要的货币量的范围以内。

流通领域所能吸收的金属，是经常变动的，总是时高时低地围绕着平均水平而上下波动，但不管怎样，一个国家的货币流通量决不会降到由经验确定的最低限量以下。尽管构成这个最低限量的货币额，时而由这些铸币构成，时而由另外一些铸币构成，也不会对这个最低限量的大小和不断流动发生影响。既然这个最低限量是可以测定的，就可以用一定量的纸币来代替它。所以纸币的数量，就是代表着流通领域里所需要的货币的最低限量。

如果纸币的发行量相当于流通中所需要的金属货币量，纸币就同金属货币一样，具有相等的购买力。如果纸币的发行量超过了流通中所需要的金属货币量，单位纸币所代表的金属货币量就会减少，纸币就会贬值，物价就会上涨。例如，假定在一定时间内，流通中需要的货币流通量是 100 亿元，如果也发行纸币 100 亿元，则 1 元纸币代表着 1 元的金属货币；如果纸币发行量达 200 亿元，这时纸币就要贬值一半，2 元纸币只代表 1 元的金属货币，在其他条件不变时，物价就要上涨一倍，原来卖 1 元的商品，现在就要卖 2 元。可见，不管纸币发行量增加多少，它总是代表着流通中需要的一定货币量，只不过是它们之间的比例变动而已。这种因纸币发行过多而引起的纸币贬值，就叫作通货膨胀。资本主义国家为了弥补财政赤字，常常用滥发纸币的办法，造成通货膨胀，物价上涨，与此同时，工人阶级的实际工资下降，劳动人民生活状况恶化。

纸币与商品价值的关系

货币是表现商品价值的，那么，纸币和商品价值的关系究竟是怎样的呢？“纸币是金的符号或货币符号。”因此，纸币和商品价值的关系是：商品价值用一定量的金属货币观念地表现出来，这一定量的金属货币又由纸币象征地可感觉地体现出来。纸币代表金，金则表现商品的价值，所以，“纸币只有代表金量（金量同其他一切商品量一样，也是价值量），才成为价值符号”。纸币本身没有价值，不能执行价值尺度的职能。在纸币流通的条件下，商品价值仍然要通过金银来表现，执行价值尺度职能的仍然是金或银。

但是，没有任何价值的符号的纸币，为什么能代替金执行流通手段的职能呢？这是由于货币作为流通手段本身的特点所决定的。金只有当作铸币成为流通手段时，才能被符号所代替。至于个别金币可能随时退出流通领域，这种职能并没有独立出来。但是能够用纸币代替的最低限度的金量，是不断地停留在流通领域，不断地执行着流通手段的职能的。这些货币的运动，表现着商品交换的买卖行为的不断交错，它不断地从这个人手中转到另一个人手中，它在每个人手里的停留时间是短暂的、转瞬即逝的。在这种情况下，只要货币能够作为交换的媒介，商品所有者依靠它把自己的商品卖出去，并能买回与货币面额价值相等的商品，人们就不再过问这种纸币本身是否具有价值，因而金属货币就可能由完全没有价值的货币符号来代替。所以马克思说：“货币作为商品价格的转瞬即逝的客观反映，只是当作它自己的符号来执行职能，因此也能够由符号来代替。”

“货币符号本身需要得到客观的社会公认”，所以纸币作为货币符号是国家的强制行动，只能在一国之内发生效力。只有在本国的范围内，纸币才能离开它所代表的金属货币实体，取得流通手段职能的存在形式。

3. 货 币

这一节分析货币的后三个职能：储藏手段，支付手段，世界货币。

但是，这一节的标题是“货币”，难道第一、二节不也是研究货币吗？其实，马克思这样安排，是从严密的逻辑体系出发的。首先，货币的五种职能具有不同的重要性：价值尺度和流通手段，是货币的基本职能，商品必须同时具有价值尺度和流通手段的职能，才成为货币。其次，货币的五种职能代表着不同的发展阶段。价值尺度和流通手段，是货币产生时就具有的，储藏手段、支付手段、世界货币都是在商品生产有了一定程度发展以后才产生的。最后，马克思在《政治经济学批判》中曾经说过：“作为价值尺度，金只是观念上的货币和观念上的金；作为单纯的流通手段，金是象征性的货币和象征性的金；但在它的简单的金属实体上，金是货币，或者说，货币是实在的金。”① 马克思根据货币职能的三种不同情况，故分为三节来叙述。本节所探讨的是以“金体（或银体）出现”的货币的职能。金作为货币执行职能，要在下述两种场合：一方面，必须是实在的金，既不像价值尺度只是观念上的，又不像流通手段可以用别的东西来代表；另一方面，即或在执行支付手段的场合，有时可以不必由金亲自执行，而由它的代表执行，但是它的职能也必须“使它固定成为唯一的价值形态，成为交换价值的唯一适当的存在，而与其他一切仅仅作为使用价值的商品相对立”，否则，它就不能承担这样的职能②。这就揭示了货币贮藏、支付手段和世界货币这三种职能和价值尺度、流通手段的区别。

---

① 《马克思恩格斯全集》第 31 卷，人民出版社 1998 年版，第 518 页。

② 河上肇著的《资本论入门》，把第三节标题的货币称作“狭义的货币”，实际上是把第三章“货币”看成是广义的。

(a) 货币贮藏

货币贮藏的职能是在商品流通的基础上发生的

商品流通，买卖循环，货币不断地在流通。如果这种变化系列一旦中断，卖之后没有继之以买，货币就会停止流动，成为停滞的货币，即“由铸币变为货币”。

为什么说由铸币变为货币呢？“铸币”，是指起流通手段作用的货币，“货币”，是指起储藏手段作用的货币。由铸币变为货币，即是由流通中的货币变为储藏的货币。马克思在其他地方也是这样使用这个术语的。如在本节第 10 段中就说，“有时货币必须当作铸币被吸收，有时铸币必须当作货币被排斥”，也是这个意思。

这种货币停止流动的现象，是在商品流通发展的基础上产生的。随着商品交换的发展，人们的欲望也发展起来。本来，出售商品的目的是为了购买商品，货币仅是在交换的瞬间起着中介作用；现在，人们售卖后不立即去购买，以便掌握货币后随时购买他多方面需要的东西，因此，售卖的目的是为了直接取得货币，“这一形式变换从物质变换的单纯中介变成了目的本身”。货币流通受到阻碍，这时的货币，已不是作为交换中介执行流通手段的职能了，“于是货币硬化为贮藏货币，商品出售者成为货币贮藏者”。

货币贮藏的职能随商品流通的发展而发展

在商品流通的初期，生产者把多余的使用价值卖出去转化为货币，这样，金银就成为财富的社会表现，这就是说，储藏货币的目的，实际上是为了保存使用价值。在自给自足的生产方式的民族内，他们有限的需要不必靠外界来满足，因而把多余的使用价值换成金银储藏起来“就永恒化了”。也就是较长期地保持这种货币贮藏形式。“特别是在印度人那里，情况就是这样。”货币数量论者范德林特不懂得这个问题，他认为印度的商品便宜，是因为印度人埋藏货币的缘故。这是从他的货币数量论的错误观点出发的，他完全不懂得当时印度人埋藏货币的实际目的。

随着商品生产的进一步发展，情况就不一样了。每个商品生产者都必须握有货币——“这个物的神经，这个‘社会的抵押品’”，以便随时购买他所需要的东西。他要买而不卖，必须事前就已经卖而不买。这看起来似乎是自相矛盾的，因为一方是卖，另一方就是买，卖而不买是不可能的。但实际上，卖而不买是可能，在贵金属产地，用金银交换商品，就是只卖不买的。这样，就把金银分配到一切商品所有者手上，因此，在交易的各个点上，有不同数量的金银储藏。这说明，用卖而不买的方法来储藏货币是完全可能的。这时候，贮藏货币的目的就不是为了使用价值，而是为了交换价值了。“自从有可能把商品当作交换价值来保持，或把交换价值当作商品来保持以来”，即把货币作为随时可以购买一切商品的手段来保存，储藏货币就是为了取得交换价值，以便积累更多的社会财富。这时，“求金欲就产生了”。随着商品流通的发展，货币的权力日益增大，人们求金欲也不断增大。有了货币，能够购买一切东西，连“圣徒的遗骨”都可用货币去换取，因而货币具有很大的社会权力。由于货币是私人占有的，货币的“社会权力就成为私人的私有权力”。握有货币的人，就可凭借它换取自己所需要的一切东西。“钱能通神”，“有钱能使鬼推磨”，虽然是唯心主义的俗语，却也是广大群众对货币社会权力的形象化的写照。因此，古代社会曾经咒骂货币，说它破坏了经济秩序和社会秩序。但是到了资本主义社会初期，资本家疯狂地追求它，则“颂扬金的圣杯是自己最根本的生活原则的光辉体现”，即使货币像普路托①钻到地心里，也要抓着他的头发把他拖出来。

货币贮藏者的特点

在第7—9这三段中，分析了货币贮藏者的特点。

第一个特点是：货币贮藏者的欲望按其本性说是无止境的。商品作为使用价值，可以满足人们多方面的需要；作为价值，表明它能够换到多少别人的使用价值，表明它的所有者占有社会财富的多少。简单商品所有者或西欧的农民，虽然不懂得价值与价值

① 普路托是希腊神话中的司管财宝之神。相传他拥有地下的全部资源，能使植物生长，给人们带来财富。

形式的区别，但懂得金贮藏的增加就是价值的增加，就是社会财富的增加。不管货币的价值怎样变化，一方面，多量的货币比少量的货币仍然是代表较多的社会财富，另一方面，货币是商品的一般等价形式，能够吸引物质财富的一切要素，所以货币贮藏者追求货币的本性是没有止境的。货币在质的方面是无限的，它是社会财富的一般代表，能与任何商品相交换；在量的方面是有限的，一定量货币只是一定社会劳动的体化物，只能充作有限的购买手段，换取一定量的商品。“货币的这种量的有限性和质的无限性之间的矛盾，迫使货币贮藏者不断地从事西西弗斯式①的积累劳动。”因为货币越多，可换的商品也越多，正像征服者新征服了一个国家只看成是扩大了新的国界一样，货币贮藏者也把贮藏货币看成是永无止境的。

第二个特点是：货币贮藏者要把货币贮藏起来，就要求只卖不买，不用货币去购买消费品，因此，就要暂时牺牲自已的享受，“信奉禁欲的福音书”。另一方面，只有生产得越多，卖出的商品越多，能够贮藏的货币才越多。因此，“勤劳、节俭、吝啬”就成了货币贮藏者的主要美德，“多卖少买”就成为他的指导思想。

第三个特点是：货币贮藏者除了直接贮藏货币这种形式外，“还有一种美的贮藏形式，即占有金银制的商品”。因此，形成了一个日益扩大的金银市场，把金银当作普通商品来买卖；一旦社会上出现经济危机，这些金银又会作为货币投入市场，成为“潜在的货币供应源泉”。

货币贮藏调节货币流通量

在使用金银作为流通手段的经济中，货币贮藏起着种种作用。它的第一职能是对货币流通量起着调节作用。这个职能是从金属铸币的流通条件中产生的。由于商品流通的范围（指流通中的商品量），商品的价格，货币流通速度等经常发生变动，流通中所需要的货币量必须具有伸缩力。有时候，一些贮藏的货币要当作流通手段投到市场上来，有时候，一些作为流通手段的货币又要转为贮藏货币从流通中排挤出去。为了调节流通中需要的货币量，“一个国家的现有的金银量必须大于执行铸

---

① 西西弗斯：希腊神话中的人物。他原是一个贪婪的国王。据说他死后被罚做苦工，把石块搬上山垒起来，但石块一到山上又落下来，他只得不停地来回把石块再运上山。马克思在这里比喻积累货币永无止境。

币职能的金银量”。这样，在需要增加货币流通量时，才有补充的来源。“这个条件是靠货币的贮藏形式来实现的。”货币贮藏像蓄水池一样，如果水多了，它就蓄起来，如果水少了，它又引出去。如果流通中的货币量不足，贮藏的货币就投放进去；如果流通中的货币过多，有些货币就贮藏起来，使流通中的货币量不致过多或过少。可见，货币贮藏调节着流通中的货币量。

(b) 支 付 手 段

产生支付手段职能的历史条件

在上面我们研究过的“商品流通的直接形式中”，一极是商品，另一极是货币，直接进行现金交易。但是，随着商品流通的发展，商品的让渡和它的价格实现，在时间上会分离开来。为什么呢？从一方面看，各种商品的生产时间是不同的，有些商品的生产时间比较长，有些则比较短，有些商品的生产还带有季节性。各种商品的销售时间也是不同的，有些离市场近，有些离市场远。由于这些情况，有些商品所有者在另一些商品所有者尚未作为买者出现之前，就要先作为卖者出现。当同一交易在相同的几个人中反复发生时，“商品的出售条件就按照商品的生产条件来调节”。就是说，为了适应在生产和销售的时间上分离的情况，买卖要能够成功，买卖双方就不能坚持现金交易了，而是先交货，后付款，商品的出卖同商品价格的实现，在时间上分开了。另一方面，还有一些商品的售卖，如房屋出租，售卖的是一定期限的房屋使用权，买者是先居住，到一定期限才付房租。在上述交易中，有的人让渡自己的商品，别人却不同时付款，而是作为未来货币的代表购买商品。这样，在买者和卖者之间便形成了债务关系，卖者成为债权人，买者成为债务人。在这种用延期支付方式来买卖商品的情况下，货币作为清偿债务的手段时就执行着支付手段的职能。

债权人和债务人的关系

债权人和债务人在这里是从简单商品流通中产生的。“简单商品流通形式的改变”，即现金交易变为赊欠买卖，使卖者成为债权人，买者成为债务人，卖者和买者身上都打上了新的烙印，并暂时地由相同的流通当事人轮流来扮演。这种债权人和债务人的对立，一方有追债的权利，一方有还债的义务，一开始就是不愉快的，而且能够固定起来。

这种债权人与债务人的关系，不一定必须依赖商品流通才出现。在古代，债权人和债务人之间的斗争，是阶级斗争的主要形式。例如：在古代罗马氏族社会向奴隶社会过渡时，债权人是原来的罗马贵族，债务人是被罗马所征服或从其他地区搬来的平民。平民为了要求废除债务，争取政治权利，进行了长期激烈的斗争，结果不少平民债务者还是沦为奴隶。货币在这里并不表现商品买卖的支付关系，只是表现为债权债务关系。又如：在中世纪末期，城市高利贷者、商人积累了大量财富，有些生活豪华的贵族为了购买奢侈品，就向他们借高利贷，有些贵族因此而破产了。货币在这里并不表现商品买卖的支付关系，只表现为货币的借贷关系。上述情况，和在简单商品流通的基础上因买卖关系而产生的支付是有所不同的。在那里，货币形态与商品流通没有关系，它直接反映着经济生活中的阶级对抗。

在支付手段的职能上，货币运动的新特点

在支付手段的职能上，货币运动具有新的特点。

第一，从支付手段和其他职能的区别来看。现在，等价的商品和货币不再在卖的过程的两极上同时出现了。如同价值尺度相比，现在的价格不仅是观念上的，而且是通过契约来规定，买者到期必须支付这些货币额。如同购买手段相比，货币不必在购买时直接出现，而是观念上的，存在于购买者的承诺中，只有到支付日期，货币才作为支付手段真正进入流通。如同贮藏手段相比，作为贮藏手段的货币，在流通过程的商品——货币的第一阶段上，货币就退出了流通，作为支付手段的货币，则是在商品已经退出流通之后进入流通。如同流通手段相比，货币不再是流通过程的媒介，相反，“它作为交换价值的绝对存在，或作为一般商品，独立地结束这一过程”。

第二，从流通当事人的售卖目的看。从一般售卖者说，把商品转化为货币，是为了用货币再购买商品，以满足自己的某种需要；从货币贮藏者来说，售卖商品取得货币，是为了使自己的商品在货币的形态上保存下来；从债务人来说，出卖商品，取得货币，是为了到期用货币去支付债务。如果他到期不支付，就有破产的危险。虽然，货币贮藏者和债务人出卖商品的目的都是为了货币本身，但前者是从个人的求金欲引起的，而后者则是从债权人与债务人的关系中产生的。

第三，从商品的总形态变化来看，买者不是先完成商品的第一形态变化，即从商品——货币，然后再完成第二形态变化，即从货币——商品，而是在自己的商品未卖出前就作为购买者。所以，是“先完成商品的第二形态变化，后完成商品的第一形态变化”。卖者虽然把商品卖出去了，但没有取得货币，而是按照私法规定[①]，获得到一定时间向买者索债的权利。因此，商品在没有转化为货币之前，就已实现它的使用价值，即进入消费领域了。这就说明，商品的总形态变化，不再像分析商品流通时所说的，作为卖者的商品的第一形态变化，是和买者的商品的第二形态变化错综复杂地交织在一起，相反，“它的第一形态变化只是以后才完成的”。

制约着支付手段的必要量的诸因素

到了一定的支付期限，需要一定的货币量用作支付手段。那么，这些货币量是受哪些因素制约着的呢？

首先，到期支付的货币量，是由债务者已经购买的商品的价格总额决定的。很明显，当时买了多少钱的商品，现在就需要支付多少货币。这些必须支付的货币量，又取决于支付手段的流通速度。假如其他事情不变，这些货币的流通速度越快，用作支付手段的货币量就越少，反之亦然。支付手段的流通速度又是由下述两种情况决定的：“一是债权人和债务人的关系的锁链”，如甲从乙处取得货币再交给丙，丙再交给丁等等，锁链越长，同一货币的流通速度就越快，需要支付的货币量就越小；“一是各种不同的支付期限的间隔”，如一天支付一次，或两天支付一次之类，支付期限的间隔时间越长，支付手段的流通速度就越慢，反之，

① 资产阶级的法律分为公法和私法两大类，与国家和公民之间以及国家机关之间有关的法律称为公法，与公民相互之间的有关的法律称为私法。

支付时间间隔越短，货币流通速度就越快。必须注意：这种一个接一个的支付锁链，同在前面考察商品形态变化时第一形态和第二形态变化系列的交错，在本质上是不同的。在商品的形态变化系列中，货币是当作流通手段，货币的流通表示卖者与买者之间的联系，而且这种联系是以货币作为中介，“只是在货币流通中产生，并且是与货币流通一同产生”。相反，支付手段的流通则是表明债权人与债务人的关系，这种关系在支付手段的流通以前，即支付以前，就已现成地存在着了。

其次，若干买卖的同时并行，限制了货币流通速度对流通手段量的补偿作用。相反，这种情况却为节省支付手段提供了条件。因为随着支付集中于同一地点，就会产生互相抵消、结算清账的支付制度和方法。例如：甲对乙、乙对丙、丙对丁等等的支付，不一定全部用现实的货币，可以互相转账、抵消，需要支付的只是债务差额。“支付越集中，差额相对地就越小，因而流通的支付手段量也相对地越小。”

支付手段的矛盾和货币危机

货币作为支付手段的职能包含着一个直接的矛盾。一方面，在各种支付手段互相抵消时，货币只是观念上的价值尺度或计算货币，不需要现实的货币；另一方面，在实际进行支付时，货币又不是充当流通手段作为交换媒介，人们要的是实在的货币，是“充当社会劳动的单个化身，充当交换价值的独立存在，充当绝对商品”的货币。这就包含着产生货币危机的可能性。当一个接一个的支付锁链和抵消支付的结账制度获得充分发展的地方，一旦由于种种原因，商品的生产和销售发生了困难，在一定环节上出了故障，就会引起连锁反应，引起整个锁链的混乱，造成整个信用的崩溃。如甲欠乙的钱，乙欠丙的钱，丙又欠丁的钱，甲能够按期向乙支付，乙丙丁就都能互相顺利地支付、清账；如甲因为商品卖不出去，到期不能向乙支付，乙就无钱给丙，丙也无钱给丁，这种到期无钱支付的现象，表现为货币危机。这种货币危机是生产危机和商业危机中的一个阶段。当货币发生危机时，整个锁链的系列被打乱，本来作为进行结账清算的观念上的计算货币，现在也要用现实的坚硬的货币来支付，这就造成了货币的紧张。这时，“商品的使用价值变得毫无价值，而商品的价值在它自己的价值形式面前消失了”。这就是说，由于货币奇缺，人们都要货币，不要商品，商品既不能实现它的使用价值，也不能实现它的价值，它成了既无价值、又无使用价值的东西了。在繁荣时期，资本家还自鸣得意地认为："只有商品才是货币"；到了危机时期，资本家又到处叫嚷："只有货币才是商品"。"在危机时期，商品和它的价值形态（货币）之间的对立发展成绝对矛盾"，即商品到货币的转化绝对不能发生，商品的价值也绝对不能实现。商品卖不出去，这就形成生产过剩的经济危机。货币危机往往是和生产过剩的经济危机结合在一起的。在货币作为流通手段时就产生的危机的可能性，在货币作为支付手段时又有了进一步的发展。

货币流通规律的总公式

货币当作支付手段发生作用后，并没有使货币流通规律发生根本的变化，但也增加了一些新的内容。现在，流通中需要的货币量，除了作为流通手段的货币量外，还要考虑作为支付手段的货币量。马克思说："假定流通手段和支付手段的流通速度是已知的，这个总额就等于待实现的商品价格总额加上到期的支付总额，减去彼此抵消的支付，最后减去同一货币交替地时而作为流通手段、时而作为支付手段执行职能的流通次数。"由于支付手段发生作用，待实现的商品价格总额，等于售出商品的价格总额减去赊欠商品的价格总额。因此，货币流通公式可以表示如下：

$$\frac{\begin{matrix}\text{售出商品的}\\\text{价格总额}\end{matrix}-\begin{matrix}\text{赊欠商品的}\\\text{价格总额}\end{matrix}+\begin{matrix}\text{到期支付}\\\text{的总额}\end{matrix}-\begin{matrix}\text{互相抵消的}\\\text{支付总额}\end{matrix}}{\text{同一单位货币流通的平均速度（次数）}}$$

$$=\text{一定时期内流通中所需要的货币量}$$

这是货币流通规律的总公式。本章第二节（第 142 页）也有一个货币流通规律的公式，那是讲在全部商品买卖都是现金交易的条件下，所需要的货币流通量。但在资本主义社会里，信用普遍发展，货币流通量包括流通手段的量和支付手段的量，因此，前述公式必须加以补充。但是必须注意，这里所说的货币流通量，仅限于商品流通所需要的货币量，不包括商品流通以外所需要的货币量。马克思在研究货币流通量规律时，是以商品流通为前提的。如果把这里所研究的货币量当作整个社会流通所需要的货币量，那是错误的。有人主张把劳务供应、储蓄存款和居民纳税这些非商品收入纳入公式中，显然是离开了马克思在这里所研究的前提，是对公式的误解。

这里有一个问题：对马克思说的“最后减去同一货币交替地时而作为流通手段、时而作为支付手段执行职能的流通次数”这句话应该如何理解，我国学术界有不同意见。有人主张：其中的“减去”应该是“除以”。[①] 也有人理解为“减去”由于流通次数所包含的货币量。曾有人用减法进行了一系列的演算，经过复杂的公式演算，用减法也可以解释清楚[②]。但是，不管是用“减去”也好，还是改用“除以”也好，都有一个问题，这就是：前面几点都是指货币额，最后这点却成为流通次数。货币额是货币的数量，数量和次数并不是同名数，只有同名数才能相加或相减，用货币数量与货币流通次数相减，是违反数学规则的。因此，“流通次数”这几个字如何解释，是一个问题。有人查对德文原文，主张把“流通次数”改译为“流通数额”。[③] 但这样做，并不尽合德文原意。王惟中、洪大鸬认为：根据马克思亲自校订过的法文版，这句话译为“最后减去同一些货币作为流通手段和支付手段的双重功能而两次或更多次的被使用”来看，德文该句的“Anzahl”一词，可不作为名词，而作为形容词来译，“Anzahl Umlaufe”可以译为“一定数量的流通”，则德文该句可译为：“最后减去一定数量的货币流通，其中同一货币交替地时而作为流通手段、时而作为支付手段作用着。”这就是说，从商品价格总额中所要减去的就是在流通中由于同一货币被重复使用所代替的货币额[④]。王、洪二人的上述看法是有一定道理的。

货币流通规律采取了上述公式后，一定时期内“流通的货币量和流通的商品量也不再相符”。这是由支付手段发生作用引起的。马克思列举了三种情况：一是货币作为支付手段在流通中出现，但它所代表的商品

① 参见《中国社会科学》1980年第3期第53—54页。

② 参看《光明日报》1963年11月18日映梧的文章。

③ 参见《中国经济问题》1981年第1期第55页。

④ 参阅王惟中、洪大鸬著：《〈资本论〉专题研究》，上海人民出版社1983年版，第211—221页。

早已退出流通界；一是商品在流通，而代表它的货币尚未出现，要等到将来到期时才支付；一是每天订立的支付和同一天到期的支付，完全是不同的量。不管哪一种情况，都会使流通的货币量和流通的商品量不相等。

信用货币

前面说过，信用货币不是从商品流通中直接产生的。在第19段，马克思指出："信用货币是直接从货币作为支付手段的职能中产生的"。一方面，出售商品，不直接付款，采用信用货币（如债券、支票等），商品因信用货币而流通，信用货币也会"因债权的转移而流通"；另一方面，信用事业越扩大，货币作为支付手段的职能也越扩大。这种信用货币采取它特有的各种存在形式，如支票、汇票等，占据了大规模的商品交易领域，这就把一部分金银铸币排挤到小额贸易的领域中去。可见，信用货币的发展，对流通中所需要的货币量也有影响。

由支付手段职能所引起的问题

在货币发挥支付手段的作用时，出现了一些新的问题。

第一，商品经济发展到一定程度，货币作为支付手段的职能就会越出商品流通领域。在非商品流通领域中，"货币变成契约上的一般商品"。不管是商业契约还是非商业契约，都规定到期要支付一定数量的货币。本来，地租、赋税等都是用实物交纳的，现在也改为用货币支付了。这就表明：货币作为支付手段的作用，已经超出了商品流通领域的范围。

马克思接着用典型的历史事例，首先说明：商品生产和货币流通的发展，是改实物税、实物地租为货币税、货币地租的前提条件，指出法国因改实物税为货币税，造成大批农民的贫困破产。其次说明：实物地租形态是建立在封建的自然经济的基础上，反过来，又起着维持封建的自然经济的作用。土耳其帝国普遍采用实物地租，是使落后的封建的生产关系赖以长期保存的因素之一。相反，日本把实物地租改为货币地租，就破坏了封建的自给自足的农业经济，促进了封建生产关系的瓦解。马克思的上述分析，是为了证明：支付手段超越出流通领域的范围是"取决于生产过程的总的形态"，而又反作用于社会经济生活。

第二，在支付手段职能发展的情况下，要有一定量的货币作为支付的准备金，以应付总的支付期限的需要。每个国家都有一定的总的支付期限，如在旧中国，每年春节前夕是一年内普遍清账结算的支付期限。“这些期限部分地是以同季节变化有关的生产的自然条件为基础的”，如货币地租一般都在农业收成后支付。为了在支付期限到来时能够支付，就需要集中大量的货币，这也会引起周期性的混乱。但这种混乱和经济危机完全不同。

“从支付手段的流通速度的规律中可以看出，一切周期性的支付（不问其起因如何）所必需的支付手段量，与支付期限的长短成反比[①]。”例如：房租 1 个月付一次要 10 元，3 个月付一次就要 30 元。因此，支付期间越长，在一定时期到期的支付总额就越大。第 166 页注(107)就是说的这个道理。

第三，由于支付手段的发展，必须积累货币，以便到期偿还债务。因此，随着资本主义的发展，过去那种“作为独立的致富形式的货币贮藏消失了，而作为支付手段准备金的形式的货币贮藏却增长了”。这就是说，贮藏货币的目的，不是为了致富，而是为了到期支付。

(c) 世 界 货 币

随着国际贸易的产生和发展，在世界市场上，货币充当世界货币的职能。很明显，货币的这个职能是商品交换发展到世界范围的产物。

世界货币的特点

世界货币具有如下特点：

第一，世界货币必须以金银来担当。货币一越出国内流通领域，便失去在国内所规定的价格标准和铸币、辅币、价值符号等地方形式，“又恢复原来的贵金属块的形式”。当商品进入世界市场时，它的价值便会得到世界范围的普遍承

① 在《马克思恩格斯全集》历史考证版收入的《资本论》第 1 卷第 1—4 版中，除第 1 版直接改为“正比”外，其余各版仍为“反比”，但编者在注释中作了如下说明：“马克思这里指的是货币流通的一般规律（参见《资本论》第 1 卷，人民出版社 2004 年版，第 141—144 页）。由此得出，在支付期限较长的情况下，流通的货币手段增加了。”

认，作为商品独立的价值形态的金、银，就会起着世界货币的作用，而与其他商品相对立。这样，货币才真正成为一般人类劳动的代表形式，“货币的存在方式与货币的概念相适合了”。

第二，在世界市场上，金银同时执行价值尺度的职能。在国内市场上，只能有一种商品，即金或银充当价值尺度。在世界市场上，“占统治地位的是双重价值尺度，即金和银”。

第三，支付手段是世界货币的最主要职能。世界货币有三种职能：支付手段，购买手段和“一般财富的绝对社会化身”（金银是整个社会所公认的社会财富的绝对代表）。为什么支付手段是它的最主要的职能呢？因为国际贸易主要是靠货币作为支付手段来平衡国际贸易差额。至于购买手段的职能，只是在国际贸易的平衡受到破坏时，货币作为单方面的购买手段而发挥作用。如果不是为了购买，也不是为了支付，而是要把财富从一个国家转移到另一个国家，由于种种原因，这种转移不容许采取商品输出的形式，而必须在货币的形态上转移，这时，世界货币就充当财富的绝对社会化身而发生作用。

第四，在世界市场的流通上，必须贮藏一定量的金银，作为准备金。每个国家，为了国内流通，需要有准备金，为了世界市场的流通，也需要有准备金。因此，货币贮藏的职能，一部分来源于货币作为国内流通手段和国内支付手段的职能，一部分来源于货币作为世界货币的职能。在世界货币的职能上，必须是真实的金和银。英国的重商主义者詹姆斯·斯图亚特，虽然在货币问题上有许多错误观点，但他明确指出，在国内流通的铸币、纸币，在世界市场上就会失去作用，只有金银才是世界货币，这种看法是正确的。

在国际上，金银的流动是二重的

在国际上，“金银的流动是二重的”。一方面，金银从产地分散到整个世界市场，在不同程度上，为不同国家的流通领域所吸收，以便进入国内的流通渠道，“补偿磨损了的金银铸币，供给奢侈品的材料，并且凝固为贮藏货币”。另一方面，金银又随着汇率的不断变动，不断往返于不同国家的流通领域之间。当一国的外汇市场价格高时，金银就从该国流往别国去；反之，金银就从别国再流到该国来。

资本主义发达的国家把集中在银行的准备金，限制在必需的最低限度以内。如果准备金超过了这个平均水平，这个超过部分不是为了不久到来的支付需要，也不是由于出卖商品之后暂时尚未购买，“那就表明商品流通停滞了，或者商品形态变化的流动中断了”。所以，银行库存的准备金不宜过多。

■ 从第三章可以看出，马克思对于货币职能的研究，有着显著的特点。

首先，马克思不是孤立地在研究货币职能，而是把它放在商品流通中研究的。货币本来是商品，只是由于商品交换的发展才成为货币。货币是商品流通的产物，它是交换过程中的一般等价物。货币能作为一般等价物，就必然要起价值尺度的作用。如果货币不是价值尺度，无法衡量其他商品的价值，就不能成为货币了。所以，价值尺度是和商品发展为货币、货币成为一般等价物密切联系在一起的。离开了商品交换，既无法理解货币的本质，也无法理解价值尺度的职能，更无法理解货币的职能是怎样从货币的本质中产生的。由于货币作为交换的一般等价物，作为交换的媒介，也就产生了流通手段的职能。离开了商品交换，也就谈不上货币流通，货币作为流通手段是在商品流通过程中才发生的。马克思在研究货币流通手段时，对商品形态的变化着重进行分析，就是从商品流通中来研究货币流通的明显表现。至于货币贮藏则是商品交换发展到一定程度的产物，贮藏货币的目的还是为了把它作为一般的社会财富的代表来保存，以便随时换取多种多样的其他商品。货币作为支付手段，则更是和大量的商品交换相适应的，它不仅解决了商品大量交换时所发生的困难，又促进了商品大量交换的发展。世界货币则是随着世界市场的出现，在国与国之间进行商品交换而产生的。世界货币的职能，不外是货币在世界市场上发挥其价值尺度、购买手段、支付手段职能的继续。货币的这五种职能，并不是简单的总和，而是有机地联系在一起，表现其一般等价物的本质的。把货币放在活生生的商品流通中来研究，货币的职能才得到鲜明而具体的表现。

其次，马克思通过对货币职能的研究，进一步揭示了客观的经济规律，揭露了商品生产者之间的错综复杂的经济关系。在价值尺度的职能中，论述了价格是价值的货币表现，分析了价格和价值相背离的原因，揭示了价值规律在私有制的商品生产条件下发生作用的表现形式，从而也就揭露了商品生产者之间的关系及商品经济发展的趋向。在流通手段和支付手段的职能中，论述了决定流通中所需要的货币量的各种因素，分析了各种因素的变化情况，揭示了货币流通量的规律，以及这个规律发生作用的社会后果，在分析纸币产生的历史原因及纸币的实质的同时，又揭示了纸币流通的客观规律，分析了由于资产阶级滥发纸币而引起通货膨胀等等经济现象。规律是事物内部的本质联系。经济规律是经济过程内部的本质的反映。只有对经济规律的深刻认识，才能了解经济过程的一切复杂现象。马克思在第三章中所作的分析，可以帮助我们理解商品生产社会里的一些经济现象。

最后，马克思是把货币的职能放在矛盾运动中来进行研究的。商品的使用价值和价值的对立，表现为商品和货币的外部对立，价值尺度的职能，是在这个对立的统一中表现出来的。价格是表现价值的，它们是统一的，又是对立的，是对立的统一。价格与价值相一致，是价值规律的客观要求；但在市场上，价格却经常和价值相背离，围绕价值为中心而上下波动，这种价格和价值不相一致的情况，正是价值规律发生作用的表现形式，也是商品和货币矛盾运动的具体表现。在光怪陆离错综复杂的商品市场上，规律通过无规律的现象形态显示出来，货币充作价格执行价值尺度的职能，就是在价格和价值的矛盾运动中发挥其作用的。如果离开价格和价值的矛盾运动，也就不可能从价格背离价值的经济现象去探索价值规律的客观实质。又如：货币充作流通手段的职能，是在买与卖的对立统一的过程中发生的，货币既是解决交换矛盾的手段，但货币的出现又引起了新的矛盾，加深了商品所有者之间的对立。在买卖过程中，有些人卖而不买，有些人就卖不出去，这就产生了经济危机的可能性。随着现实的买和卖的矛盾运动，货币充作支付手段，又加深了债权人和债务人的对立。在信用充分发展、结账清算普遍出现以后，只要在某一个环节上不能到期支付，就会引起整个信用锁链的崩溃而产生货币危机。货币的职能就是在这些活生生的矛盾运动中显示出来的。随着简单商品生产发展为资本主义商品生产，矛盾运动进一步展开。货币转化为资本，货币除原有的职能外，又执行着资本的职能。这样，就在分析矛盾的运动和发展中，逐步把资本主义的经济本质和现象科学而生动地显示出来。这种从本质到现象、再从现象到本质的分析方法，是围绕矛盾运动而展开的，是唯物辩证法的具体运用。

第 二 篇
货币转化为资本

第 四 章
货币转化为资本

第二篇只有一章，即第四章。在第一篇，马克思从简单商品生产出发，研究了商品和货币，因为资本主义是在简单商品生产的基础上产生和发展起来的，这是研究资本主义生产的历史前提；在研究商品和货币的过程中，马克思建立了科学的劳动价值学说，为建立剩余价值学说奠定了牢固的理论基础。第二篇至第六篇，是马克思剩余价值学说的核心部分，它主要说明，“资本本身是怎样被生产出来的”[①]。第二篇的第四章，是承前启后的一章，着重研究货币如何转化为资本，研究资本主义生产过程的前提条件。作为资本主义生产过程必须具备两方面的条件，一方面，它必须有商品、货币、商品流通等商品关系的存在，这是资本主义生产的最一般的条件，在第一篇已经研究过；另一方面，还必须在流通过程中把劳动力作为商品来买卖，这是资本主义生产的特殊的条件，对这个特殊条件的研究，构成本章的重要内容。

第四章共分三节。第一节“资本的总公式”，研究简单商品流通和资

① 《资本论》第1卷，人民出版社2004年版，第204页。

本流通的共同点和区别，指出资本实质上是在运动中带来剩余价值的价值，解决了作为货币的货币和作为资本的货币在本质上是不同的这一课题。第二节“总公式的矛盾”，论证了要把货币转化为资本，只靠商品生产的一般经济规律是不够的，必须有新的特殊条件的出现。第三节“劳动力的买和卖”，对劳动力这一特殊商品进行分析，解决了货币转化为资本所必备的特殊条件。由于劳动力成为商品，货币转化为资本，这就既解决了剩余价值的来源问题，也揭露了资本的实质。所以这一章很重要，是关键性的一章。

1. 资本的总公式

商品流通是资本的起点。货币是资本的最初表现形式

从什么地方开始对资本进行研究呢？第四章的标题就告诉我们：资本是从货币转化而来的，因此，商品流通是研究资本的起点或出发点。

为什么“商品流通是资本的起点”呢？从产生资本的国内条件来说，商品、货币出现以后，随着商品流通的发展，一方面，流通中的货币逐渐积累起来，达到一定数量，货币就转化为资本。另一方面，商品交换的发展，促进了小商品生产者的分化，大部分人成为无产者，不得不出卖劳动力，这就使劳动力成为商品。资本主义商品生产是在小商品生产的基础上产生和发展起来的，所以，“商品生产和发达的商品流通，即贸易，是资本产生的历史前提”。从产生资本的国际条件来说，只有出现了世界贸易和世界市场，出现了国际的商品流通，资本才在世界范围内出现。16 世纪，产生资本的国内和国际的条件都逐渐具备，“揭开了资本的现代生活史”，在这个时候，资本主义就开始出现了。

不管是从历史上看，还是从现实生活中看，资本都首先表现为一定数量的货币。从历史上看：在奴隶社会和封建社会里，资本就表现在货币形式上，如商业资本、高利贷资本，作为货币财产，与当时的地产相对立。例如：封建地主依靠封建的土地私有制来剥削农民，高利贷资本

则通过贷款来剥削劳动者，在这里，地产和高利贷资本都是财产的存在形式；但地产权力和货币权力也有区别，前者以人身依附为特点，后者则与人身依附无关，它们互相对立着。从资本主义的现实生活中看：每一个新资本最初都是以货币的形式出现，或者出现于商品市场上购买生产资料，或者出现于劳动力市场上用来支付工资，或者出现于货币市场上作为借贷资本。可见，商品——货币——资本，货币是商品流通的必然产物，又是资本的最初表现形式。马克思从商品流通出发来分析资本，正是他的资本学说的一个最大特点。

商品流通和资本流通在流通形式上的共同点和区别

那么，“作为货币的货币”（指货币在流通中起媒介作用）和“作为资本的货币”（指货币具有资本的机能），有哪些区别呢？也就是说，同一货币，在什么情况下只执行货币的职能，在什么情况下又执行资本的职能呢？这就首先要从流通的不同形式上来区别商品流通和资本流通。

商品流通的公式是：商品——货币——商品，即由商品转化为货币，货币再转化为商品，为买而卖。货币在商品交换中只起着媒介作用，它是作为货币的货币，不是资本。资本流通的公式是：货币——商品——货币，由货币转化为商品，再由商品转化为货币，为卖而买，在这一形式中的货币，就是作为资本发生作用。因为，从开始到结束，都是从货币到货币，是货币与货币相交换。显然，如果等额货币与等额货币相交换，如以 100 元换 100 元，那是毫无意义的事情。在这里，与商品流通不同，“货币总是经过一种独特和新奇的运动”，最后取得的货币量比起初投入的货币量更多，如以 100 元换得 110 元，这就是说，这种处在运动中的货币，能够带来更大的货币量。

现在，对商品流通公式和资本流通公式进行较细致的分析。首先，看看他们在形式上的共同点：

第一，这两种流通公式，都有商品和货币互相对立的两个阶段，有卖（商品——货币）有买（货币——商品）。

第二，它们都是买和卖两个阶段的统一，都有买者和卖者两种经济角色的人互相对立。

第三，在每个流通过程中，都有三个当事人登场，一个是卖者，一个是买者，一个既是买者又是卖者。

其次，看看它们在形式上的区别：

第一，卖和买这两个流通阶段的次序相反。商品流通以卖开始，以买结束。资本流通则以买开始，以卖结束。在商品流通中，起点和终点都是商品，货币起着媒介作用；在资本流通中，起点和终点都是货币，商品则成为全过程的媒介。

第二，货币在流通中所起的作用不同。在商品流通中，货币作为媒介，用来购买商品，于是，货币被花掉了。在资本流通中，起初用货币购买商品，投入流通，还是为了出卖商品，再从流通中把货币收回来，因此，货币只是被预付出去。

第三，在流通中两次换位的因素不同。在商品流通中，同一枚货币换位二次，使货币从一个人手里转到另一个人手里；在资本流通中，一件商品换位二次，使货币又回到原来的出发点。

第四，从货币的支出与流回的关系看，在商品流通中，“货币的支出和货币的流回没有任何关系”。如果货币再流回到原出发点，那只是重新售卖商品的结果，是另一次新的流通过程。在资本流通中，“货币的流回是由货币支出的性质本身决定的”，即由为卖而买的性质所决定的。如果货币不流回，整个活动就失败，或者是过程被中断了。

商品流通与资本流通在内容上的区别

上述两种流通公式在形式上的差别，归根到底，还是由于它们在内容上存在着本质的差别。

首先，从交换的目的看：在商品流通中，开始是一种商品，终结是另一种商品，后一种商品在交换过程完结时退出流通，进入消费领域。因此，这一循环的最终目的是消费，是满足需要，是使用价值。相反，在资本流通中，是从货币开始，以货币告终，货币所有者购买商品，是为了取回他所垫支的货币。“因此，这一循环的动机和决定目的是交换价值本身”，即是为了取得更多的交换价值，取得更多的货币。

其次，从交换的内容看：在商品流通中，交换的两极都是商品，它们在价值量上是相等的，但又是不同质的使用价值，“在这里，产品交换，表现社会劳动的不同物质的变换”，如谷物与衣服相交换，即用一种使用价值代替另一种使用价值。资本流通则不同，货币—商品—货币（G—W—G），两极都是货币，不是性质上不同的使用价值。初看起来，这种流通好像是没有内容的，用同样的东西交换同样的东西，仅仅是兜了一个圈子，“这似乎是一种既无目的又很荒唐的活动”。但事实上，这种循环是有内容的，它表现在：从流通中收回的货币和开始投入的货币，是两个不同的量。“最后从流通中取出的货币，多于起初投入的货币。”也就是说，运动终点的货币量大于起点的货币量。和商品流通的公式不同，运动的结果，不是使用价值的交换，而是价值的增殖。所以，资本流通（G—W—G）的完整形式应该是：一定量的货币，经过流通，变为更多的货币。如用公式来表示，就是 G—W—G′，“其中的 G′＝G＋ΔG①，即等于原预付货币额加上一个增殖额”。马克思把这个增殖额或超原价值的余额叫做剩余价值。原来预付的价值，不仅在流通中保存了自己，还加上了一个剩余价值。“正是这种运动使价值转化为资本。”所以资本是带来剩余价值的价值。由于剩余价值的产生，货币才转化为资本。

马克思在第 17 段中附带指出，这个增殖部分，不是由于偶然性的贱买贵卖所造成的结果，相反，等价交换才是资本流通形式正常运动的条件，也就是说，必须在等价交换的条件下，来研究这个增殖部分即剩余价值是从哪里来的。这个问题将在本章第三节和第五、六章中探讨。

最后，从运动的限度看：商品流通是为买而卖，目的是取得某种使用价值，满足一定的需要，因此，商品流通是有限度的。例如，农民出卖农产品是为了购买工业品，满足日用的需要，他不会无休止地去购买同样的工业品。相反，资本流通是为卖而买，目的是为了取得价值的增殖。这种运动是没有止境的。“因为只是在这个不断更新的运动中才有价值的增殖。”这就是说，只有不断的运动，才有价值的不断的增殖。运动一停止，货币就立刻失去增殖能力，丧失资本的本性了。因此，资本家为了不断地增殖价值，不断地取得剩余价值，就要把资本不断地投入反复更新的运动中。“资本的运动是没有限度的”，在资本家看来，赚的钱

① 公式中的Δ是数学增量符号，表示“加量”的意思。

是越多越好。

从以上的分析中可以看到，马克思从两种流通形式上的差别，进而研究它们在内容上的差别，把货币向资本的转化同剩余价值的产生联系起来考察，引导人们从本质上认识资本。作为资本，实质上是指那些能够带来剩余价值的货币，即能够增殖价值的价值。

货币所有者和资本家的区别

分清楚作为货币的货币和作为资本的货币的区别以后，就可以进一步分清楚货币所有者和资本家的区别了。货币所有者变成资本家的主要标志是什么呢？马克思说："作为这一运动的有意识的承担者，货币占有者变成了资本家。"就是说，只有当货币所有者自觉地有意识地把他所掌握的货币投入流通，在不断的运动过程中，不断取得剩余价值，他才成为资本家。也就是说，货币所有者把他的货币作为剥削剩余价值的手段时，货币才发挥资本的作用，货币转化为资本，货币所有者同时也转化成为资本家。作为资本家，他把货币投入流通的目的，不是为了取得使用价值，而是为了"越来越多地占有抽象财富"，即占有能与任何商品相交换的一般等价物——货币，即占有更多的剩余价值。所以，"价值增殖——是他的主观目的"。作为资本家，他不只是为了取得一次利润，而是为了不断地取得利润，由于对利润的追求是无限的，就要不断地把货币投入流通中。货币贮藏者和资本家，他们都有"绝对的致富欲"，都是"价值追逐狂"，都是一心一意地追求更多的社会财富，这是他们共同的地方。但在增加财富的方法上，在对待货币流通的态度和做法上，他们却不一样。货币贮藏者把货币从流通中取出来，以扩大财富。资本家则是把货币不断地投入流通，以便在不断的运动中带来更多的货币，他的方法比货币贮藏者更精明、更巧妙。马克思形象地说："不过货币贮藏者是发狂的资本家，资本家是理智的货币贮藏者。"因为货币贮藏者从流通中把货币取出贮藏起来后，货币就不能再增加一分一毫；而资本家把货币不断投放到流通中去，却会不断地带来剩余价值，取得更多的货币。

资本的实质

第20—23段主要研究资本的实质。

资本，首先表现为一定量的价值。在商品流通中，流通的主体是商品，货币只是交换的媒介，在交换结束后就退出流通。资本流通则不同，货币——商品——货币，它的主体是一定量的价值。这一定量的价值本身，以不同的方式存在着，时而表现为货币的形式，时而表现为商品的形式，并且“不断地从一种形式转化为另一种形式”，即从商品形式转化为货币形式，再从货币形式转化为商品形式。尽管在形式上不断变换，但价值“在这个运动中永不消失，这样就转化为一个自动的主体”。就是说，价值不仅在货币形式和商品形式的不断运动中保存下来，而且成为运动的中心。

但是，仅仅是有价值的东西，并不能成为资本，作为资本，必须不断地运动。如果把一定量的价值固定在某一形式上，就会认为“资本是货币，资本是商品”。但这只是表面现象，不是过程的本质。它不能说明：为什么资本要不断采取货币形式又不断地采取商品形式，并且不断地互相交替着？也不能说明：货币为什么有带来剩余价值的神秘魔力？实际上，不管是货币形式还是商品形式，资本，都是以一定量的价值作为主体，并处在不断的运动中。

那么，这个在运动中的价值，起着什么作用呢？它不像货币在商品交换中起着媒介物的作用，也不像使用价值起着满足人们某种需要的作用，而是起着“自行增殖”的作用，即起着剥削工人所创造的剩余价值的作用。它在不断的运动过程中，不断带来剩余价值，不断“改变着自己的量”。如果它在运动中不能带来剩余价值，不起剥削的作用，就不成为资本。如果这部分价值固定下来，不进行运动，当然不可能成为剥削的手段，更不可能带来剩余价值。资本的这种剥削工人劳动、带来剩余价值的特殊作用，是资本本身所固有的，是资本的本性。马克思说：“既然它生出剩余价值的运动是它自身的运动，它的增殖也就是自行增殖。”显然，“自身的运动”，“自行增殖”，都是指资本的剥削实质而言。所以马克思又说：“生产资料和生活资料，作为直接生产者的财产，不是资本。它们只有在同时还充当剥削和统治工人的手段的条件下，才成为资本。”①

价值为什么要时而采取货币形式、时而采取商品形式，并在不断的

---

① 《资本论》第1卷，人民出版社2004年版，第878页。

变换和运动中保存自己和扩大自己呢？这是因为：一方面，如果资本不采取货币的形式，就不能确定自身的同一性。作为资本的价值，首先要在货币形式上出现，以货币为起点；最后还要从商品形式转化为货币形式，以货币为终点；起点的货币和终点的货币，它本身是同一的，而且在量上又是可以比较的。例如：以前是100元，现在是110元，说明在过程结束时，作为“扩张着的主体”的价值增加了10元。可见，资本如不采取货币形式，价值本身的同一性就无法得到证明，价值量的大小就不能互相比较。价值增殖既然是资本运动的内容，就要不断测量自己的价值量，因此，货币是每个价值增殖过程的起点和终点。另一方面，如果货币不采取商品形式，就不会变成资本。因为资本家如果不用货币购买生产资料和劳动力，就无法取得剩余价值，货币就不能转化为资本。“货币在这里不像在货币贮藏的情况下那样，与商品势不两立。”因为在那里，要购买商品，就不能贮藏货币；要贮藏货币，就不能购买商品。但在资本的运动中，商品都要和货币相交换，都要转化为货币，并生出更多的货币来。这生出来的货币，和商品的买卖分不开，因此，商品买卖成为资本家赚钱的手段。正如“行过内部割礼的犹太人”① 才是真正的犹太人一样，商品不管它的外表难看难闻，都可以卖钱，都可以赚钱，可以说这就是真正的货币。这就是资本在运动中必须交替采取货币形式和商品形式的原因。

为什么运动中的价值能成为剥削剩余价值的手段？这和一定社会的生产关系分不开。在简单商品流通中，价值只表现商品生产者与商品生产者之间的关系，表现双方交换劳动的关系。但在这里，在资本流通中，价值表现为运动过程的实体，不管是采取货币形式或商品形式，它都“不是表示商品关系”，即不是表示等价物与等价物相交换的关系，“而可以说同它自身发生私自关系”。因为通过资本流通，货币——商品——货币，货币变成更多的货币，即G变成G+ΔG，前者（G）是流通开始时就存在的价值，后者（ΔG）是过程结束时增加的价值，这样，价值就分

① 割礼，是犹太人的习俗。按照这种习俗，男孩初生时，必须割除少许阴茎包皮。据说，实行过割礼的人，就会变成心地纯洁的人。

为原价值和剩余价值两个部分。G—W—G′，就不是表示两个商品生产者之间的关系，而是表现为原价值与剩余价值的关系，这种原价值和剩余价值在质上是没有区别的，所以原价值和剩余价值的关系，就是商品价值自己和自己发生关系，即“同它自身发生私自关系”。“它作为原价值同作为剩余价值的自身区别开来，作为圣父同作为圣子的自身区别开来[①]，而二者年龄相同，实际上只是一个人。”这就是说，原价值和剩余价值是有区别的，正如圣父和圣子有区别一样；但原价值和剩余价值又都是价值，正如圣父和圣子都表现为耶稣一样，他们实际上只是一个人。由于原价值带来了剩余价值，原价值成为剥削劳动的手段，它就成为资本，资本和剩余价值是分不开的，没有剩余价值，价值就不能成为资本。资本带来了剩余价值，但剩余价值又会和资本合为一体，重新投入生产，如上例，以 10 元的剩余价值和原价值 100 元合在一起投入生产，便形成 110 元的资本了，这时候，原价值与剩余价值的区别马上就消失，这就是说，由资本生了儿子（剩余价值），“并由于有了儿子而生了父子”，即剩余价值转化为资本。总之，资本与剩余价值是密切联系在一起的，资本所表现的是资本家剥削工人创造的剩余价值的关系，如果离开了这样的社会关系，就不会有资本。所以马克思说：“资本不是一种物，而是一种以物为中介的人和人之间的社会关系。”[②]“黑人就是黑人。只有在一定的关系下，他才成为奴隶。纺纱机是纺棉花的机器。只有在一定的关系下，它才成为资本。脱离了这种关系，它也就不是资本了……资本是一种社会生产关系。它是一种历史的生产关系。”[③] 马克思所说的“同它自身发生私自关系”，正是指资本剥削剩余价值而言。

第 23 段实际是对上述三段的内容所作的小结，指出价值、货币是在运动中起着剥削剩余价值的作用时，才成为资本的。资本只有在不断的运动中，才能存在。如果离开价值增殖的运动，资本也就失去灵魂。我

---

① 基督教的教义中，有圣父、圣子、圣灵“三位一体”的神这样一个教条。三者指的都是耶稣：对于上帝来说，耶稣是圣子；对于教徒来说，耶稣则是圣父；对于教徒能得到启示与灵感来说，耶稣又是圣灵。

② 《资本论》第 1 卷，人民出版社 2004 年版，第 877—878 页。

③ 《资本论》第 1 卷，人民出版社 2004 年版，第 878 页注（256）。

们要在运动中把握资本的实质。重商主义者不懂得资本的实质，他们从流通创造价值的错误观点出发，认为贸易是增加财富的源泉，资本是“生出货币的货币”，他们的研究，显然是停留在经济现象和流通领域的表面联系上。

G—W—G′是资本的总公式

通过资本流通公式和商品流通公式的对比研究，揭示了资本的实质以后，马克思还进一步指出：“G—W—G′事实上是直接在流通领域内表现出来的资本的总公式。”

如果从为贵卖而买出发，来看G—W—G′这个公式，似乎只是商人资本所特有的形式，只是商业资本的公式。但如果从用货币购买商品，进行生产，然后把生产的商品卖出去，再转化为货币来看，那么，G—W—G′这个公式，也是产业资本的公式。虽然生产过程是在流通领域以外发生的，也丝毫不会改变这种运动的形式。至于生息资本的公式G—G′，也只是G—W—G′的公式的简化，它是没有媒介的流通，但也同样由G出发，取回更多的货币，也和资本流通的公式相符。所以马克思说：“G—G，货币交换货币，不仅是商业资本，而且是一切资本的特有的流通形式”①。

G—W—G′，是资本流通的基本形式，由G出发，取回更多的货币——G′，对各种资本形式都是适用的，所以马克思称它为资本的总公式。作为资本的主体——价值，必须不断地在流通中保存自己、扩大自己；所以，资本的总公式是“直接在流通领域内表现出来的”。

2. 总公式的矛盾

总公式的矛盾

资本是个吸血鬼，只有依靠剥削工人所创造的剩余价值才能生存。资本是带来剩余价值的价值，没有剩余价值也就没有资本。货币转

① 《资本论》第1卷，人民出版社2004年版，第176页脚注。

化为资本的根本标志就在于获取剩余价值。那么，剩余价值究竟是从哪里带来的呢？

粗略一看，资本流通的总公式有一个矛盾，一方面，G—W—G′，经过流通，要带来更多的货币，即产生剩余价值；另一方面，按照商品流通本身性质的规律，即等价交换的规律的要求，起初投放的货币与最后收回的货币在数量上应该是一样大，这就无法解释剩余价值的产生。这样来看，资本流通的总公式似乎有一个显著的矛盾，马克思所说的“货币羽化[①]为资本的流通形式，是和前面阐明的所有关于商品、价值、货币和流通本身的性质的规律相矛盾的”，就是这个意思。

关于商品、价值、货币和流通本身的性质的规律，在前面，即在第一、二章就已阐明了。商品是使用价值和价值的统一，所谓商品性质的规律，也就是由商品的使用价值与价值的矛盾所决定的商品必须进行交换的必然性。价值是凝结在商品体内的抽象的人类社会必要劳动，所谓价值性质的规律，也就是商品价值是由生产它所花费的社会必要劳动时间决定的。在价值形式的发展中产生了货币，货币是价值的独立存在形式，所谓货币性质的规律，也就是货币充当一般等价物作为交换媒介的客观必然性。在商品流通中，商品与货币相交换，是按照等价的原则进行的，所谓流通本身的性质的规律，实际上是指等价交换。所以商品、价值、货币、流通本身这一系列的发展规律，都最后归结到等价交换这一规律身上。在上述研究的基础上，运用这些规律来看待“货币羽化为资本的流通形式”，即货币转化为资本的资本流通的总公式，就会看出，等价交换不能产生剩余价值，而资本流通却一定要带来剩余价值，这不是一个矛盾吗？

分析这一矛盾必须与第一节联系起来考察。第一节论述了资本流通和商品流通不同，主要在于资本带来了剩余价值。第二节紧接上节，根据已经研究过的简单商品生产的规律来看资本的总公式，就发现了矛盾，这就是：在论证剩余价值的产生时，既要经过商品流通，又不能用商品流通的规律来解释。

---

① 昆虫由蛹经过蜕皮，变为成虫的过程，称为羽化。

资本流通的总公式和商品流通公式在形式上不同的地方，在于“次序相反”。如果把次序颠倒过来，它们好像都差不多似的。但它们之间确实存在着本质的区别。马克思在第二段着重说明：如果仅从形式上的颠倒来看，人们就看不出：为什么货币会转化为资本？为什么货币通过流通会带来剩余价值？换句话说，商品流通发展为资本流通，“是用什么魔法使这一过程的性质改变的呢”？也就是说，剩余价值究竟是从哪里产生的呢？

剩余价值不能从流通中产生

不少资产阶级经济学家，从资产阶级的立场观点出发，把剩余价值说成是流通过程的产物。马克思从批判资产阶级政治经济学的错误思想入手，针锋相对地指出，剩余价值不能从流通中产生。他分别论证了：不管是在等价交换的情况下，或是在不等价交换的情况下，在流通中都不能产生剩余价值。

为什么在等价交换的情况下，不能在流通中产生剩余价值呢？这是因为：商品的价值量是由生产它的社会必要劳动时间决定的，商品交换只引起所有权的转移，对于它的价值量丝毫不会发生影响。

在商品流通中，从使用价值的方面来看，通过交换，双方都能得到好处。因为交换双方，都是以自己多余的东西，换取自己没有而又需要的东西。不仅如此，他们双方还能通过交换得到更多的使用价值。例如：生产面包的 A，如果拿一半时间生产面包，拿一半时间生产葡萄酒，这一半时间所生产的葡萄酒，由于技术操作不够熟练之故，就不如专门生产葡萄酒的 B 在同时间内的产量多。因此，面包生产者专门生产面包，然后拿出一半面包去换葡萄酒，就会比自己拿一半时间生产的葡萄酒多。反之亦然。所以通过交换，A 能得到更多的面包，B 能得到更多的葡萄酒。所以说，从使用价值的方面看，交换双方都能得到好处。如果从交换价值的方面来看，情况就不同了。因为在交换以前，交换双方已经生产了相等价值的商品；在交换中，进行等价交换，对于任何一方，都不会有价值增殖。这种在等价交换中不会产生剩余价值的情况，不管是单纯的商品交换或用现金交易，都是一样的。马克思在第 3 段中指出，不用现实的货币作媒介的单纯的商品交换，不会产生剩余价值；在第 4 段中又指出，就是在商品交换中以现实的货币作媒介，也不会因此产生剩余价值。

在第5段中，马克思进一步指出：在以货币作媒介的简单商品流通中，只能发生商品形态的变化，不能引起价值量的变化，即不能产生剩余价值。马克思首先“把不是从简单商品流通的内在规律中产生的情况撇开”，也就是把供求关系、欺诈、暴力掠夺等偶然发生的事情撇开，纯粹地从商品交换的条件出发，就会看出，在交换中，或者是：用一种使用价值交换另一种使用价值，只是商品形式的变化；或者是：由商品转化为货币，再由货币转化为商品，也只是商品和货币的形式变化。这种形式变换并不包含价值量的改变，只是引起等价物的交换，不会产生剩余价值。当然，也会有一种情况，即商品的价值会与出售的价格相偏离，“但这种偏离是一种违反商品交换规律的现象”。从商品交换的纯粹形态来说，是等价物的交换，因此，对于这种偏离的现象，在这里也是撇开不管的。

在第6、7段中，马克思批判了法国资产阶级经济学家孔狄亚克认为在流通中产生剩余价值的错误观点。孔狄亚克认为：等价交换原则是不存在的。他说什么“当事人双方总是用较小的价值去换取较大的价值”；说什么“物的价值只在于物和我们的需要的关系”，这就是说，商品价值是由使用价值决定的。他还说什么“我们是要把自己用不着的东西拿去卖，以取得自己需要的东西；我们是要以少换多”，即以自己没有价值或价值较小的物品，去换对自己有价值或价值较大的物品。马克思指出：孔狄亚克的错误在于：第一，把使用价值和交换价值混淆了，他根本不懂得价值的性质。我们知道，商品的价值是由生产它所花费的社会必要劳动时间决定的，绝不是由使用价值所决定，也不是由人们的主观需要所决定。孔狄亚克根本不懂得商品交换的实际内容，他根本不懂得前面谈到的：商品交换或者是一种使用价值代替另一种使用价值，或者是由商品到货币、再由货币到商品，即同一价值形式的变化，根本不包含价值量的变化。第二，孔狄亚克十分幼稚地把商品生产发达的社会的商品交换同自给自足经济时代的剩余产品的交换混为一谈。在自给自足的经济条件下，生产者自己生产自己的生活资料，而只把满足自己需要以后的剩余物投入流通。在商品生产发达的社会里，投入流通中的商品，是为了交换而生产的劳动产品，根本不是什么生产者自身需要以外的多余部分。显然，这是两种不同的交换，是不能混淆的。

资产阶级经济学家在要说明贸易会产生剩余价值的时候，常常引用孔狄亚克的上述谬论。美国资产阶级经济学家纽曼就是一个例子。纽曼认为："贸易使产品增添价值，因为同一产品在消费者手里比在生产者手里具有更大的价值"。他认为"贸易应看作是一种生产活动"。这种观点当然是错误的。商品的使用价值，是在它通过交换实现了价值以后，由生产者手中转移到消费者手中，并由消费者使用时才实现的；当它还在商品所有者手中的时候，只是可能的使用价值。但是，人们购买商品不是付两次钱，一次是为了它的使用价值，一次是为了它的价值。只要购买者支付了它的价值，同时也就占有了它的使用价值。商品由生产者转入商人之手，再转到消费者手中的时候，价值决不会因此增加一分一毫。纽曼所说的"同一产品在消费者手里比在生产者手里具有更大的价值"，和孔狄亚克所说的"当事人双方总是用较小的价值去换取较大的价值"完全一样，都是把使用价值和交换价值混在一起所产生的错误。

由此可见，在等价交换的条件下，在流通中是不会产生剩余价值的。

那么，在不等价交换的条件下，能不能在流通中产生剩余价值呢？

首先，在第10—15段中，马克思论证了：剩余价值的产生，既不是由于在价值以上售卖，也不是由于在价值以下购买。

在市场上，商品所有者和商品所有者相对立，他们各自持有自己不需要但别人需要的物品，他们只能对他们的商品拥有权力，可以出卖，换成货币，他们只是卖者或买者，只是商品所有者或货币所有者，此外并无任何特权。因此，在交换中，企图通过某种特权来取得剩余价值的这种情况是暂时排除在外的。现在，我们假定卖者有某种无法说明的特权，可以在价值以上出售商品，如把价值100元的商品按照120元出售，好像取得了20元的剩余价值。但在商品流通领域里，只卖不买的人是不存在的，每个资本家必须既是卖者，又是买者。他作为卖者所获得的20元剩余价值，又会作为买者损失掉。整个事情的结果是：全部商品的价格都以高于价值的20%来出卖，形成"价格上涨"，但商品间的价值比例仍然不会发生变化，当然也不会因此产生剩余价值。反之，假定买者享有某种特权，可以低于商品价值购买商品，并由此得利，但他作为卖者时，又会把这部分所得丧失掉。所以不管是贵卖还是贱买，都不能创造价值，当然也不能创造出剩余价值来。“因此，剩余价值的形成，从而货币的转化为资本，既不能用卖者高于商品价值出卖商品来说明，也不能用买者低于商品价值购买商品来说明。”

接着，马克思批判了英国资产阶级庸俗经济学家托伦斯的错误观点。托伦斯认为：“消费者通过直接的或间接的交换能够和愿意〈!〉付给商品的部分，大于生产它们时所耗费的资本的一切组成部分。”这就是说，剩余价值来源于消费者的支付。其实，这只不过是商品所有者有贵卖特权的这一命题的伪装罢了。为什么呢？因为在简单商品流通领域，任何人一方面是生产者，另一方面又是消费者，作为生产者他是卖者，作为消费者他是买者。他虽然在生产者的名义下高于价值出卖商品，又会在消费者名义下对商品付出高价。这同上面所说的贱买贵卖的情况完全一样，仅仅是同样一件事情的两种不同说法而已。

其次，在第 16 段中，马克思论证了：即使有一个贵卖者的特权阶级，能够通过强权掠夺货币，也不能产生剩余价值。这是针对英国资产阶级庸俗经济学家马尔萨斯的谬论进行批判的。马尔萨斯“假定有一个只买不卖，从而只消费不生产的阶级”，即土地所有者阶级。他们从农民那里无代价地攫取地租，然后再用高价购买商品，他们只作为买者，不作为卖者。这种情况能不能提供剩余价值呢？从简单商品流通的观点看，商品生产者都是卖者与买者，不可能有只买不卖的阶级。虽然资本主义社会里有靠剥削地租生活的土地所有者阶级，但这里论证的前提是简单商品生产，土地所有者阶级是不在论证的范围之内的。就算有这样的阶级存在吧，也不能由此说明剩余价值的产生。因为这些人用来购买商品而付给生产者的货币，必须由一种权力或暴力，不断从商品所有者那里攫取过来。如果一个人无偿地拿了你的钱，然后用这些钱再向你买商品，你就是按照高价把商品卖给他，也只不过是把已被他掠夺去的财富再骗回来而已，这绝不是发财致富或创造剩余价值的方法。马克思引用的小亚细亚和古罗马的例子，就充分说明了这个问题。

再次，在第 17、18 两段中，进一步论证了：狡猾的资本家，采用互相欺诈的办法，也不能产生剩余价值。马克思指出：如果不把人理解为人格化的范畴，而只是理解为个人，即不是从整个资产阶级角度来考察，而仅仅从资本家个人的角度来考察，能否说明剩余价值的产生呢？例如：甲把价值 40 元的酒卖给乙，换到 50 元的谷物，甲好像取得了 10 元的剩余价值，但乙却将 50 元的谷物，换了 40 元的酒，甲所赚得的，正是乙所失去的，在交换以后，谷物与酒的价值总共还是 90 元，价值一点儿也没有增加。可见，靠欺诈行为，只能改变总价值在各个资本家之间的分配。“显然，流通中的价值总量不管其分配情况怎样变化都不会增大，正像一个犹太人把安女王时代的一法寻当作一基尼来卖，不会使本国的贵金属量增大一样。”①

“可见，无论怎样颠来倒去，结果都是一样。如果是等价物交换，不产生剩余价值；如果是非等价物交换，也不产生剩余价值。流通或商品交换不创造价值。”

马克思关于在流通中不能产生剩余价值的论述，是针对资产阶级经济学家的谬论而进行批判的。有些资产阶级经济学家硬说剩余价值是在流通中产生的，不是工人在生产劳动中创造的，从而否定对雇佣劳动的剥削，掩盖资产阶级和无产阶级之间的矛盾。马克思揭穿了他们的丑恶意图，批判了他们的反动谬论，有极其重大的科学意义和实践意义。

在分析剩余价值产生时，暂时撇开商业资本和高利贷资本

在第 20—23 段，马克思又提出一个问题：为什么在分析“资本的基本形式”即产业资本时，根本不提所谓洪水期②前形态的商业资本和高利贷资本？

产业资本是“决定现代社会的经济组织的资本形式”，即决定资本主义经济制度的资本形式，它反映了资本主义社会的生产关系，即资本

① 安女王时代，指 1072—1714 年间，英国女王安娜在位的年代。买卖古钱的犹太商人，将安女王时代的 1 法寻（货币名称，4 法寻合 1 便士）换 1 基尼（货币名称，值 21 先令，1 先令合 12 便士），他因此增加了自己的收入。但这只是改变了货币在商人之间的分配，犹太商人所得，正是另一商人所失，价值量不会因此增加，更不会产生剩余价值。

② 洪水期是基督教《圣经》旧约创世纪中的神话故事。马克思在这里用来比喻资本主义产生以前即已存在的商业资本和高利贷资本。

家剥削雇佣工人的关系。弄清楚产业资本，就能弄清楚资本主义社会的经济实质和阶级实质。所以，分析资本要把产业资本作为资本的基本形式。

资本主义以前的商业资本，同资本主义社会的商业资本有着根本的区别。在奴隶社会、封建社会就已存在着商业资本，它是靠不等价交换、贱买贵卖进行剥削的。资本主义的商业资本，只是产业资本的代销机构，是产业资本家把剥削到的剩余价值的一部分转让给商业资本家。因此，资本主义以前的商业资本，不可能在等价交换的条件下产生；而资本主义的商业资本，恰恰要以等价交换为条件，不能靠贱买贵卖来说明。

G—W—G′的形式最纯粹地表现在商业资本上。它的全部运动是在流通领域之内进行的。但剩余价值的形成既然不可能从流通本身来说明，所以在等价交换条件下，资本主义以前的商业资本是不可能存在的，当然不需要把它拿来分析。如果要分析资本主义的商业资本，那就必须举出一长串的中间环节。这是因为，资本主义的商业资本是从产业资本在流通中的职能分割出来的，一部分剩余价值转化为商业利润，经过了相当长的历史发展过程，即资本主义产生和发展的过程。不先分析产业资本这个基本的资本形式，其他的资本形式，如商业资本、高利贷资本，就无法得到科学的说明。从分析产业资本到商业资本，从分析产业利润到商业利润，研究剩余价值在资产阶级各个集团之间的分配，需要经过一系列的分析，即“中间环节”才能达到。现在的研究是以简单商品流通作为前提，这些“中间环节”还完全不存在。所以分析的对象主要是产业资本，而把商业资本暂时撇开，以后再去研究。

至于高利贷资本，也是这样。高利贷资本的形式 G—G′，是 G—W—G′的简化，即交换成更多货币的货币，好像货币本身能够生出更多货币似的。G—G′这种形式是和货币的性质相矛盾的。“货币的性质”是指货币作为一般等价物，起着交换媒介的作用，G—G′这个形式既与商品流通无关，两极都是货币，在量上又不相等，因此不能用货币作为一般等价物进行等价交换的原则来说明。所以，G—G′货币生出更多的货币，从商品交换的角度看是无法解释的。既然我们现在的研究是以简单商品流通作为前提，也就可以把高利贷资本暂时撇开。

事实上，商业资本和高利贷资本都是派生的形式，是从属于产业资本的。在探讨剩余价值来源这个问题时，可以暂时撇开它们。至于商业资本和高利贷资本为什么是派生的形式，为什么它们在历史上的出现早于资本的现代基本形式，这是在《资本论》第三卷第四、五篇中研究的问题。

离开流通领域也不能说明剩余价值的产生

既然剩余价值不能从流通中产生，“因此，在剩余价值的形成上，必然有某种在流通中看不到的情况发生在流通的背后”。这种情况，就是在本书第五章中所阐述的资本主义的生产过程，即剩余价值的生产过程。这个生产过程，是以流通为媒介，发生在流通的背后的。

“但是，剩余价值能不能从流通以外的什么地方产生呢?”也就是说，离开流通领域能不能说明剩余价值的产生呢？也不能。因为在以私有制为基础的商品生产条件下，商品生产者之间的关系，只有在流通领域，通过商品和商品的交换才能反映出来，所以“流通是商品占有者的全部相互关系的总和”。离开了流通领域，商品生产者之间就不能发生任何关系。“在流通以外，商品占有者只同他自己的商品发生关系。”商品价值是商品的社会属性，它反映着商品生产者之间的社会关系。但就商品生产者同他所生产的商品的关系来说，在商品中包含着他所消耗的按一定社会规律计量的劳动量，这个劳动量表现为价值量，而价值是要通过货币表现出来的，因此这个劳动量又表现为一个价格，例如若干元。如果不进入流通过程，他的劳动不能表现为商品的价值和超过这个商品本身价值而形成的余额。以皮匠把皮子做成皮鞋为例。皮鞋的价值大于皮子的价值，因为皮鞋中既有皮子的价值，又有皮匠生产皮鞋新消耗的劳动所体现的新创造的价值，但皮子的价值仍然保存在皮鞋中，仍然和从前一样，不会更多，皮匠生产皮鞋新创造的价值，没有通过商品交换，也无法表现出来，更不会添加剩余价值。“可见，商品生产者在流通领域以外，也就是不同其他商品占有者接触，就不能使价值增殖”。

在这里，马克思一方面说明，剩余价值不是在流通领域里产生的，只能“发生在流通的背后”，即是在生产过程中发生的。但不是任何生产过程都产生剩余价值，简单商品生产是不会创造剩余价值的，只有以劳动力买卖为特征的资本主义的生产过程，才会产生剩余价值。另一方面又说明，离开流通领域也不能说明剩余价值的产生。因为剩余价值的产生必须以流通为条件。离开流通领域，我们所看到的只是单纯的生产过程，或者说只是使用价值的生产过程，只看到人与自然的关系，看不到人与人的关系，这就有一种危险，好像剩余价值是自然的产物，就会滑到资产阶级的错误立场上去。

解决资本总公式的矛盾的条件

根据以上分析，马克思得出结论说："资本不能从流通中产生，又不能不从流通中产生。它必须既在流通中又不在流通中产生。"资本是带来剩余价值的价值，所谓资本的产生，实际上就是说剩余价值的产生。说资本"又不能不从流通中产生"，也就是说，既不能从流通过程来说明剩余价值的起源，也不能仅从生产过程来说明剩余价值的起源。因为剩余价值虽然不能直接从流通中产生，但要以流通过程作为条件。如不经过流通过程，剩余价值还是产生不出来的。

"这样，就得到一个双重的结果。"这双重的结果是什么呢？就是最后一段所说的：一方面，货币转化为资本，必须根据商品交换的内在规律，即价值规律来加以说明，而不能离开价值规律，离开商品按价值出卖的原则来研究剩余价值的产生。另一方面，资本家在过程终了时必须取出比他投入的价值更大的价值。就是说，资本家在按商品的价值购买商品，又按商品的价值出卖商品，即按等价原则进行交换以后，他还要取得剩余价值。货币转化为资本，"必须在流通领域中，又必须不在流通领域中。这就是问题的条件"。为什么呢？说它"必须在流通领域中"进行，因为"它是以流通为中介，因为它以在商品市场上购买劳动力为条件。它不在流通中进行，因为流通只是为价值增殖过程作准备，而这个过程是在生产领域中进行的"[①]。这就是问题的条件，就是说，这是解决资本总公式矛盾的条件。矛盾本身包含着解决矛盾的条件。解决资本总公式矛盾的条件，必须符合资本总公式矛盾本身所赋予的条件。所以马

① 《资本论》第1卷，人民出版社2004年版，第227页。

克思说："这里是罗陀斯，就在这里跳跃吧！"[①] 就是说，解决矛盾的条件就在这里，不要到别的地方去找，就在这里着手进行研究吧！

3. 劳动力的买和卖

劳动力的买和卖是研究剩余价值产生的关键

在等价交换的前提下，剩余价值究竟是从哪里产生的呢？马克思关于劳动力商品的理论，是解决剩余价值产生的关键，也是货币转化为资本的关键。

还是从分析 G—W—G′这个资本总公式入手。首先，剩余价值能不能发生在这个刚投入流通的货币身上呢？不能。因为这时的货币只作为购买手段和支付手段，实现商品的价格，而它如果停滞在自己原来的形式上，它就凝固为价值量不变的化石了。这就是说，当货币充当交换媒介物的时候，它的价值量是不可能有丝毫变化的。其次，剩余价值能不能发生在流通的第二行为 W—G′这一阶段上呢？也不能。因为这一行为只是使商品转化为货币，在等价交换条件下，价值量不会发生变化的。因此，这种变化只能发生在流通的第一行为 G—W 中所购买的商品上，但由于是等价交换，又不能发生在这种商品的价值上，只能发生在这种商品的使用价值本身，即从这种商品的使用上取得新的价值。这就要从市场上买到这样一种商品，它和其他商品一样，都具有价值，但它和其他商品不同，其他商品的使用，是满足人们的某种需要，而这种商品的使用却能够创造价值，就是说："它的使用价值本身具有成为价值源泉的独特属性，因此，它的实际消费本身就是劳动的对象化，从而是价值的创造。"货币所有者在市场上找到了这种特殊商品，这就是劳动力。劳动力商品之所以特殊，就在于它的使用价值，即它在使用时有创造价值的

---

① 这句话出自《伊索寓言》中的一个故事：一个有五种竞技的人，外出旅行回来后，吹嘘他在罗陀斯（地名）曾跳得很远，没有一个奥林匹克选手能够赶得上。在旁的一个人对他说："这里就算是罗陀斯，你跳好了。"这个故事表明：要用事实证明的事，说空话是无用的。马克思引用这句话的意思是，解决矛盾的条件就在这里。

特殊属性。

什么是劳动力？马克思说："我们把劳动力或劳动能力，理解为人的身体即活的人体中存在的、每当他生产某种使用价值时就运用的体力的智力的总和。"理解劳动力这一范畴，必须弄清几点：一、劳动力就是劳动能力，是存在于活的人身上的。劳动能力离开了活的人就不可能存在，但劳动能力又不等于就是劳动者本人，这是劳动力和劳动者的联系和区别。二、劳动能力只有在劳动时才能表现出来，在人们生产某种使用价值时，劳动能力才具体发挥作用。三、劳动能力既包括体力，也包括智力，它是体力和智力的总和。如果把劳动力只理解为体力，显然是不全面的。

劳动力成为商品是历史发展的产物

一般的人都有劳动力。自从人类在地球上出现以来，劳动力就已产生了。但劳动力作为商品，是一定历史条件的产物，它和一定的社会生产关系密切联系着。那么，劳动力在怎样的历史条件下才能成为商品呢？从第3—6段，马克思指出，劳动力成为商品必须具备两个条件：

第一，劳动者必须有人身自由，能够把自己的劳动力当作自己的商品来出卖。商品是从属于商品所有者的，一个商品所以能出卖，就在于商品所有者有权支配它。劳动力能当作商品出卖，必须以劳动者本人有权支配自己的劳动力为前提，即劳动者必须有人身自由。他在市场上和货币所有者相遇，"彼此作为身份平等的商品占有者发生关系"，双方在法律上都是平等的人，所不同的只是一个是卖者，一个是买者。这里要注意的是，劳动者只把劳动力出卖一定的时间。如果他把劳动力一次全部卖光，那就是出卖了自己，即所谓"卖身"，"就从自由人转化为奴隶，从商品占有者转化为商品"，那就不是出卖劳动力了。因此，要使劳动力的买卖能够不断进行，劳动者必须只把劳动力出卖一段时间，在这段时间内，买者有权支配它、使用它，但劳动者仍是自己劳动力的所有者。从这里可以看出，雇佣劳动者出卖劳动力和奴隶出卖人身是有区别的：工人是以商品所有者的资格出现于市场上，出卖的是他自己的劳动力，而奴隶则是把他自己的人身当作商品来出卖。工人只出卖劳动力的一定时间，但不放弃对自己的劳动力的所有权；奴隶一经出卖，就终生由奴隶主支配，为奴隶主所占有，没有人身自由。

第二，劳动者没有生产资料和生活资料，只能靠出卖自己的劳动力来维持生活。一个人要出卖他自己生产的商品，他就必须占有生产资料，因为任何物质资料的生产，都是生产资料和劳动力的结合。没有劳动工具和原材料，当然不能生产出商品来。不仅如此，在生产以前和生产期间，劳动者都要消费一定数量的生活资料，即使商品生产出来还未卖出时，也仍然要消费生活资料。所以劳动者丧失了生产资料和生活资料时，就不能自己生产商品拿去出卖，为了维持自己的生存，他不得不把劳动力当作商品卖给资本家。从这里可以看出，雇佣工人和小商品生产者（如个体农民）是不同的，后者是出卖自己生产的劳动产品，前者是出卖自己的劳动力。

可见，要使货币转化为资本，货币所有者必须在市场上买到特殊商品劳动力，也就是要在商品市场上找到自由的工人。这种自由“具有双重意义”：一方面，工人具有人身自由，另一方面，“他没有别的商品可以出卖，自由得一无所有”，只能靠出卖劳动力来维持生活。前者是指出卖劳动力的可能性，后者是指出卖劳动力的必要性。只有在这两个条件同时具备时，劳动力才会作为商品出现在市场上。

为什么劳动者会丧失生产资料，成为自由工人，在流通领域里和货币所有者相遇呢？马克思在第四章并没有分析这个问题。一般说来，直接生产者丧失生产资料成为雇佣劳动者，有两个原因：一是价值规律的自发作用，使小商品生产者发生阶级分化；一是对生产者的暴力剥夺，进行资本的原始积累，这是马克思在第二十四章研究的问题。但有一点是很清楚的，即：货币所有者和劳动力所有者的买卖关系，既不是与人类社会无关的自然史上的关系，也不是人类社会的一切历史时期所共有的社会关系。“它本身显然是已往历史发展的结果，是许多次经济变革的产物，是一系列陈旧的社会生产形态灭亡的产物。”这就是说，这种劳动力的买卖关系，是一个历史的产物，是在旧的封建主义生产方式逐渐解体的历史过程中形成的。

既然劳动力商品的买卖关系，不是一切历史时期所共有的社会关系，只是资本主义社会的特有现象，那么，对封建社会就已存在的雇佣劳动，应该怎样理解呢？必须注意，封建社会的雇佣劳动和资本主义的雇佣劳动，是有本质差别的。前者只是偶然的和当作副业的一种过渡状态，后者已成为整个生产的基本形式；前者往往是临时的、短期的，后者却变为终身的雇工；前者是和小生产联系着，后者则和大机器生产联系在一起；前者往往和封建剥削的半人身依附有关，后者则在法律上完全是自由的人。封建的雇佣劳动发展为资本主义的雇佣劳动，是一个从量变到质变的过程。而资本对雇佣劳动的剥削，则是资本主义生产的基本特征。

其实，不仅劳动力商品是一个历史的产物，商品、货币、资本也都是一定历史条件的产物。在第 8、9 段中，马克思论述了产品转化为商品，商品转化为货币，货币转化为资本的历史条件。全部或大部产品采取商品形式，只有到资本主义社会才会发生，因为资本主义财富表现为“庞大的商品堆积”[①]，生产资料和生活资料都变成商品。但产品转化成商品，在资本主义社会以前很早就已存在了，其基本条件是：社会分工和生产资料的私有制。马克思说：“产品要表现为商品，需要社会内部的分工发展到这样的程度：在直接的物物交换中开始的使用价值和交换价值的分离已经完成。”这种情况，在原始公社末期就已出现，所以它“是历史上完全不同的经济的社会形态所共有的”。那么，在怎样的历史条件下商品才转化为货币呢？货币的产生是以商品交换发展到一定高度为前提，货币的五种职能则“表示社会生产过程的极不相同的阶段”。但是，要使商品转化成为货币，有不很发达的流通就可以了，货币和商品流通几乎是同时出现的。货币转化为资本的历史条件则不同。有了商品流通和货币流通，还不能使货币转化为资本。“只有当生产资料和生活资料的占有者在市场上找到出卖自己劳动力的自由工人的时候，资本才产生”。这就是说，劳动力成为商品是货币转化为资本的历史条件。这一历史条件“包含着一部世界史”。从原始公社末期产生商品、货币开始，一直到封建社会的崩溃，这几千年人类世界历史发展的结果，才出现了劳动力成为商品这一特殊社会现象，因此，货币也才转化为资本。资本的出现，标志着人类社会发展的一个新时代，即资本主义新时代的开始。“资本主

① 《资本论》第 1 卷，人民出版社 2004 年版，第 47 页。

义时代的特点是，对工人本身来说，劳动力是归他所有的一种商品的形式，因而他的劳动具有雇佣劳动的形式。另一方面，正是从这时起，劳动产品的商品形式才普遍化。”① 在社会主义制度下，实行生产资料的公有制，劳动者是生产资料的主人，劳动者可以直接同生产资料相结合，因此劳动力不是商品。劳动力成为商品，是资本主义生产关系的具体表现，也是资本主义制度的特有现象。这种现象随着资本主义的产生而产生，也将随着资本主义的消灭而消灭。

劳动力的价值

商品是使用价值和价值的统一。劳动力既已成为商品，当然也具有使用价值和价值。那么，劳动力这个特殊商品的价值是怎样决定的呢？马克思说：“同任何其他商品的价值一样，劳动力的价值也是由生产从而再生产这种独特物品所必要的劳动时间决定的。”具体地说，劳动力的价值决定，主要有三个因素：

第一，维持工人自己所需要的生活资料的价值。价值是一定量社会必要劳动的凝结，劳动力的价值也“只代表在它身上对象化的一定量的社会平均劳动”。但劳动力是存在于活的人身上的，劳动力的生产必须以活的人的存在为前提。人为了维持生存，必须消费一定数量的生活资料。“因此，生产劳动力所必要的劳动时间，可以归结为生产这些生活资料所必要的劳动时间，或者说，劳动力的价值，就是维持劳动力占有者所必要的生活资料的价值。”这里所说的“维持”，是指维持劳动力所有者正常的劳动能力。劳动力必须通过劳动才能发挥出来，而劳动要耗费人的一定量的肌肉、神经、脑等等，这些消耗都必须得到补偿。消耗得越多，需要的补偿量也越大。为了使工人能够维持正常的劳动能力，以便明天能在同样精力和健康的条件下继续进行劳动，就必须维持他自身的“再生产”，使他所需要的“一定量的生活资料”能够保证他的正常消费的需要。因此，“假设个人已经存在，劳动力的生产就是这个个人本身的再生产或维持”。那么，这些生活资料的范围和数量是怎样确定的呢？一方面，是由“一个国家的气候和其他自然特点不同”所决定的。例如：在

① 《资本论》第1卷，人民出版社2004年版，第198页注（41）。

寒带，就需保暖设备和必要的棉衣，反之，在热带，就不需要。另一方面，“多半取决于一个国家的文化水平，其中主要取决于自由工人阶级是在什么条件下形成的，从而它有哪些习惯和生活要求”。例如：在工业比较发达的国家，自来水、电和交通等费用，都是维持劳动者生活所必需的，但在比较落后的国家，就不是这样。所以，“和其他商品不同，劳动力的价值规定包含着一个历史的和道德的要素”。尽管如此，在一定的国家内，在一定的时期内，工人所必要的生活资料的平均范围总是可以确定的。

第二，工人养活他的家属所需要的生活资料的价值。劳动力所有者是会死的，要使劳动力源源不断地在市场上出现，因损耗和死亡而退出市场的劳动力，至少要不断由同样数目的新劳动力来补充，这就要求工人能世世代代永远延续下去。因此，在生产劳动力所必需的生活资料中，还应该包括工人为养活其子女所必需的那一部分生活资料，这也是货币不断转化为资本的一个不可缺少的前提条件。

第三，工人在训练和学习时所支出的教育费用。要操纵现代化的大机器，必须有一定的技术和技能，而这是必须经过学习和训练，即接受一定程度的教育才能掌握。在接受教育期间是要消费一定的物质资料的，这些物质资料也都包含了一定量的社会劳动，它们的价值必须包括在劳动力所消耗的价值总和中。由于技术高低不同，所需要的教育费也不同。但是，尽管对普通劳动力来说，这种费用极小，微乎其微，它还是要包括在劳动力的价值总和中。

由此可见，“劳动力的价值可以归结为一定量生活资料的价值”。劳动力的价值既然是由所消费的生活资料的价值决定的，如果生产这些生活资料的劳动时间改变了，这些生活资料的价值就要改变，劳动力的价值也要随之改变。

生活资料的种类和满足需要的范围各有不同，有些生活资料是每天消耗掉的，如食品、燃料等等；有些生活资料能使用较长时间，只有经过较长时间才需要补充，如衣服、家具等等。“但不管这些支出的总和在例如一年当中怎样分配，都必须由每天的平均收入来补偿。”因此我们就要计算出一个劳动力在一天中所必须消耗的生活资料量。假设 A 是生产

劳动力每日需要的商品，B是每星期（一年有52个星期）需要一次的商品，C是每季需要一次的商品等等，那么，

$$\text{一个劳动力每天平均需要的商品量}=\frac{365A+52B+4C+\text{其他等等}}{365}$$

这种一个劳动力每天平均需要的商品量，“构成劳动力的日价值”。如果这些商品的价值代表6小时社会必要劳动，那么每日劳动力的价值就是6小时。就是说，劳动者每日劳动6小时，就可补偿自己的价值。商品价值用货币表现出来就是商品的价格，劳动力的价值用货币表现出来就是劳动力的价格。例如，6小时社会劳动可表现为3元，3元就构成劳动力的日价格。劳动力的日价值是资本主义社会特有的经济范畴，它说明了在劳动力每日的生产上所需要的社会必要劳动时间，这对于分析资本主义的生产过程，揭露资本剥削剩余价值的秘密和剥削程度，都是很重要的。

劳动力价值有一个最低限度或最小限度，就是每天都要消耗维持身体必不可少的生活资料。如果降到这个限度以下，工人的生活消费不能得到必需的供应，劳动力就不能得到正常的维持，只能在萎缩的状态下维持和发挥。在资本主义社会里，资本家购买劳动力所支付的价格，经常低于劳动力的价值。但马克思在这里还是假定货币所有者是按照劳动力的价值来支付的，这是为了从商品交换的纯粹形态下（等价交换）来分析资本主义的生产过程，科学地说明剩余价值的来源。

资产阶级经济学家不懂得劳动力和劳动的区别。像意大利的庸俗经济学家罗西，就把劳动、劳动力、生活资料混为一谈，并认为劳动力的价值规定是粗暴的而为之叹息。马克思批判地指出：“谈劳动能力并不就是谈劳动，正像谈消化能力并不就是谈消化一样。”劳动和劳动力是完全不同的两回事，“正如机器不同于机器的运转一样”①。当我们谈到劳动力的时候，我们不能撇开维持劳动力所必需的生活资料。劳动力如果不卖出去，对工人就毫无用处，“工人就会感到一种残酷的自然必然性”，因为要维持劳动力的生产和再生产，都需要一定的生活资料，如果劳动力

① 《资本论》第1卷，人民出版社2004年版，第617页。

不卖出去，工人无法取得生活资料，就会直接影响到生存。可见，把劳动力当作商品出卖，对工人来说，是一种残酷的自然必然性，是一定历史条件发展的必然结果。罗西为之叹息，不过是“一种极其廉价的感伤主义”，这表现了他对劳动力这个特殊商品的茫然无知。

在第19段，马克思又分析了劳动力价值的支付方式问题。劳动力价值的支付方式，和一般商品价值的支付方式是不同的。一般商品在交换以前，它本身的价值就已由生产它的社会必要劳动时间决定了；劳动力也是这样，它的价值也是在它进入流通以前，就由它所消费的生活资料的价值决定了。但是，一般商品在交换时，卖者取得货币，买者取得商品，同时也就取得该商品的使用价值。这时，使用价值已实际转入买者手中。劳动力却不是这样，它是存在于活的人身上的，“它的使用价值只是在以后的力的表现中才实现”，即只有通过劳动才能实现出来。工人把劳动力卖给资本家，只是缔结一个契约，使资本家取得了劳动力在一定时期内的使用权。这时，劳动力的使用价值还未实际转到买者手中，还是蕴藏在劳动者身上。只有当工人到工厂劳动时，才消费劳动力的使用价值。所以，“力的让渡（按：指劳动力的买和卖）和力的实际表现即力作为使用价值的存在（按：指劳动），在时间上是互相分开的”。这就是说，在交换时，资本家只取得一定时间内劳动力的使用权，只有在生产过程中才能叫工人实际使用劳动力。正是因为买者在交换时没有直接取得劳动力商品的使用价值，只有在购买以后的生产过程中才能消费它，因此，在购买时，就不直接支付货币，而是在工人劳动以后，才给劳动力支付报酬。这就看出：劳动力价值支付方式的特点是：与一般商品在交换时一方付出商品、一方付出货币的情况不同，劳动力价值不是在交换时支付，而是在劳动力使用后即劳动以后才进行支付的。这种对劳动力先使用后支付的方式，实际上“到处都是工人把劳动力的使用价值预付给资本家”，“到处都是工人给资本家以信贷”。这种情况并不是臆想，是为现实生活证明了的。例如：资本家破产时，记在账上的工资，工人往往会拿不到。“而且也为一系列远为持久的影响所证明。”例如：工人在劳动时就需要消费生活资料，但由于在劳动以后才得到工资，工人不得不借贷或赊欠，这就要支付利息，忍受资本家的高价盘剥。在注（51）中，马克思用实际材料证明，由于先劳动后支付，给劳动者所造成的危害。

尽管劳动力价值的支付方式存在如上的特点，但并不会影响劳动力这一特殊商品的买卖本身，因为"无论货币执行购买手段还是支付手段的职能，商品交换本身的性质并不因此发生变化"。劳动力的价格既已由契约规定下来，在劳动以后是必须支付的，正如房子住一段时间后必须支付房租一样。为了着重分析剩余价值是怎样产生的，对劳动力价值支付方式的特点暂时撇开不谈。

劳动力的使用价值

现在，再来看看劳动力的使用价值。

马克思说，"劳动力的使用价值，即劳动力的使用，劳动"[①]。劳动，是劳动力的使用价值。它和一般商品的使用价值不同。一般商品在使用过程就被消费掉，"劳动力这种特殊商品具有独特的使用价值，它能提供劳动，从而能创造价值"[②]。劳动力的消费过程，一方面是使用价值的生产过程，另一方面又是新价值的创造过程，包括剩余价值的生产过程。作为使用价值的生产过程，是一切社会都共有的；作为剩余价值的生产过程，则是资本主义社会所特有的现象。资本剥削剩余价值的秘密，就是由此产生的。

劳动力的使用即劳动，和其他商品的消费一样，都是在流通领域之外进行的。要研究劳动力的使用，就要分析资本主义的生产过程，"在那里，不仅可以看到资本是怎样进行生产的，而且还可以看到资本本身是怎样被生产出来的"。这就是说，可以看到资本是怎样把剩余价值生产出来，剩余价值又怎样转化为资本。

在流通领域进行劳动力买卖时，自由平等的形式掩盖资本主义剥削的实质

劳动力的买和卖，是在流通领域里进行的，从现象上看，在"那里占统治地位的只是自由、平等、所有权和边沁[③]"。自由！货币所有者和劳动力所有者都是自由的人，一方有货币可以自由购买，另一方有劳动力可以自由出卖。平

① 《资本论》第1卷，人民出版社2004年版，第216页。

② 《资本论》第1卷，人民出版社2004年版，第675页。

③ 边沁，18世纪英国资产阶级思想家，功利主义的创始人。他认为个人利益是人类行为的基础。马克思在这里把边沁直接作为普通名词，用以代表功利主义。

等！双方都以商品所有者的身份相对待，按等价原则进行交易，用等价物交换等价物。所有权！一方有权支配自己的货币，一方有权支配自己的劳动力，他们都是自己商品的所有者，他们都只支配自己的东西。边沁！一方购买劳动力，是为了在生产中取得剩余价值，一方出卖劳动力，是为了取得生活资料，维持生活，双方都是为了自己的特殊利益结合在一起。“这个领域确实是天赋人权的真正伊甸园”[①]，是多么美妙啊！资产阶级的自由平等，是资本主义商品交换关系在意识形态领域里的反映。事实上，这些都是虚假现象：资本家私人占有生产资料，劳动者一无所有，哪里谈得上所有权！劳动者没有其他产品可以出卖，只能出卖自己的劳动力，哪里谈得上自由！资本家剥削劳动者，劳动者受资本家剥削，哪里谈得上平等！毛泽东说：“在阶级斗争的社会里，有了剥削阶级剥削劳动人民的自由，就没有劳动人民不受剥削的自由。有了资产阶级的民主，就没有无产阶级和劳动人民的民主。”[②] 资产阶级的自由、民主，完全是骗人的鬼话。

马克思为了揭露这个假象，接着就指出：一离开商品流通领域，进入生产过程，一个人压迫人、人剥削人的世界就呈现在我们的面前了。“原来的货币占有者作为资本家，昂首前行；劳动力占有者作为他的工人，尾随于后。一个笑容满面，雄心勃勃；一个战战兢兢，畏缩不前，像在市场上出卖了自己的皮一样，只有一个前途——让人家来鞣。”马克思在这里形象而生动地告诉我们：在资本主义的自由平等的现象的背后，隐藏着资本家对工人的剥削实质。揭露这个剥削实质，探求剩余价值是怎样生产出来的，分析工人和资本家之间的阶级对立关系，这是第三篇以后的研究内容。

庸俗的自由贸易论者，如法国的萨伊、巴师夏之流，用来判断资本主义社会的那些观点、概念和标准，都是从简单商品流通领域产生的。

---

① 天赋人权，是18世纪法国资产阶级启蒙思想家提出来的，作为动员人民反对封建制度的口号，意思是说，人的权利是生下来就有的。这个口号在当时也曾起过积极作用，但它纯粹是代表资产阶级利益的，是唯心主义的。马克思在这里引用它，作为讽刺资产阶级社会的一句反话。意思是说，流通领域确实是资产阶级的真正乐园。

② 《毛泽东文集》第7卷，人民出版社1999年版，第208页。

事实上，简单商品流通领域是没有资本家参加的，交换双方都是商品生产者，只是平等地进行着商品买卖关系。但在资本主义社会里，劳动力成为商品，交换的一方是工人，一方是资本家，他们之间是剥削与被剥削的关系。用简单商品流通作为判断资本主义的观点和标准，必然会歪曲资本主义生产关系的实质，掩盖资本主义社会的阶级矛盾。

■ 在第四章中，马克思运用唯物辩证法，分析了资本的实质。什么是资本？资本是带来剩余价值的价值。没有资本也就没有剩余价值。但剩余价值又是从哪里产生的呢？马克思辩证地指出：剩余价值不能从流通中产生，又不能不从流通中产生，它必须既在流通中又不在流通中产生。因为剩余价值是在生产过程中由工人的劳动创造出来的，但是，资本要剥削剩余价值，又必须以在流通领域中购买劳动这一特殊商品作为前提条件。资产阶级经济学者从资产阶级立场出发，代表资本家的利益，千方百计地掩盖资本对剩余价值的剥削，歪曲剩余价值的来源。他们有的把利润说成是从流通领域里产生的，把利润说成是让渡利润。事实上，流通不能创造价值，当然也不能创造剩余价值。马克思在本章第一节中对资产阶级学者的上述错误思想，进行了详尽的批判。有的资产阶级经济学者虽然承认利润是在生产过程中产生的，但却把利润说成是资本的一种自然性质，就同一粒种子会长出谷穗一样，资本本身会产生剩余价值。这种把资本看成是自然的永恒的经济范畴的观点，显然是错误的。种子会长出谷穗，是任何社会都存在的自然现象，而资本剥削剩余价值，则是资本主义特有的社会现象，这是两种完全不同的范畴，怎能混为一谈！把流通领域和生产领域从统一的经济发展过程中割裂开来，孤立起来，用经济生活中的表面现象来掩盖经济关系的本质，是资产阶级庸俗政治经济学的一个基本特征，也是资产阶级庸俗经济学家惯用的一种手法。马克思在批判资产阶级庸俗政治经济学的谬论时，把流通过程和生产过程当作一个统一的整体来考察，从经济现象入手揭示经济关系的本质，对资本的本质和剩余价值的来源作了科学的说明，这是他运用唯物辩证法进行分析的结果。我们要学习马克思用唯物辩证法来分析问题、研究问题的观点和方法，反对资产阶级的片面的、孤立的、形而上学的观点和方法。

其次，把经济范畴放在一定的历史条件下进行分析，从而揭示资本主义生产关系的特殊性质，是马克思研究本章方法的突出之点。所有的资产阶级经济学家都不懂得劳动和劳动力的区别，不懂得劳动力商品的特殊性质，把劳动力看成是自然存在的一个经济范畴。马克思在经济学说史上第一次提出了劳动力商品这个经济范畴，第一次对劳动力商品的特殊性质进行深刻的分析，指出了劳动和劳动力的根本区别，指出了工人出卖的是劳动力而不是劳动，指出了劳动力的使用是剩余价值的源泉，论证了产品转化为商品、商品转化为货币、货币转化为资本的历史条件，而劳动力成为商品，又是货币转化为资本的重要前提，这就从根本上揭露了资本主义的剥削实质，阐明了工人在资本主义制度下所处的地位，这样，才能进一步揭示资产阶级和无产阶级的阶级对立关系。恩格斯在论述马克思关于劳动力商品这一学说的重要意义时说："他研究了货币向资本的转化，并证明这种转化是以劳动力的买卖为基础的。他以劳动力这一创造价值的属性代替了劳动，因而一下子就解决了使李嘉图学派破产的一个难题，也就是解决了资本和劳动的相互交换与李嘉图的劳动决定价值这一规律无法相容这个难题。"[①] 把劳动力放在一定的历史条件下进行分析，才能发现劳动力商品的特殊性质；只有劳动力成为商品，货币才有可能转化为资本，因此，研究资本，研究剩余价值，都要以在一定历史条件下产生的劳动力商品的理论为基础。

最后，马克思在第四章中，从经济基础与上层建筑相互关系出发，分析了资本主义生产关系和资产阶级意识形态的基本特征。如果说，货币转化为资本，劳动力转化为商品，标志着资本主义生产关系的基本特征，那么，自由、平等、所有权和边沁，也就是资产阶级意识形态的基本特征了。马克思从一方面论证了：资产阶级的自由平等观念，是资本主义社会经济条件的反映，是由商品交换而产生的资产阶级意识形态，是代表了资产阶级的利益和要求，并为巩固资本主义的经济基础服务的。从另一方面又论证了：资产阶级的自由平等观念，是商品关系所形成的

① 《资本论》第二卷，人民出版社 2004 年版，第 22 页。

假象，也是对现存关系的一种颠倒的反映，而资本剥削剩余价值，才是隐藏在假象背后的真实内容。这就既揭示了资本主义经济的实质，也揭示了资本主义思想的实质。当然，无产阶级也有自己的自由平等观，这就是要消灭阶级，消灭剥削。只有消灭资本对劳动的剥削，才有无产阶级的真正自由；只有彻底消灭阶级，才有真正的人类平等。在存在阶级的社会里，空谈自由和平等，完全是资产阶级骗人的空话。

第 三 篇
绝对剩余价值的生产

第 五 章
劳动过程和价值增殖过程

《资本论》第一卷是研究“资本的生产过程”，揭露资本主义生产过程的剥削实质。但是严格地说，对资本的生产过程的研究，是从第三篇开始的。从资本的总公式来看，资本家首先以一定数量的货币购买生产资料和劳动力；然后使劳动者进行劳动，发动生产资料，创造出新的使用价值；最后再把这些使用价值当作商品出卖，以换回比原货币更多的货币。从整个公式看，资本的循环可分为三个阶段，第一阶段与第三阶段，均属流通领域，第二阶段属生产领域。马克思在第一卷第一篇中，着重研究了商品和货币的一些基本理论，论证商品交换的发展如何引起货币的产生。在第二篇中，研究货币如何转化为资本，研究资本的实质，分析劳动力这一特殊商品，解决了资本循环的第一阶段由货币资本购买劳动力商品的问题。接着，在第三篇和第四篇中，研究了绝对剩余价值的生产和相对剩余价值的生产，也就是研究资本主义生产的实质，揭露剩余价值产生的秘密，这才真正进入生产过程的分析。至于把商品再销售出去以收回更多的货币，实现剩余价值，那是在《资本论》第二卷中所研究的问题。

“绝对剩余价值的生产构成资本主义制度的一般基础，并且是相对剩余价值生产的起点。”① 所以在分析相对剩余价值之前，必须研究绝对剩余价值。绝对剩余价值的生产，既是剩余价值生产的最一般形式，构成资本主义体系的一般基础，又有它的特殊形式。在第三篇的五章中，前三章（第五、六、七章）广泛地说明资本主义生产的实质，论证一般剩余价值的生产；第八章对工作日的研究，才讲到提高绝对剩余价值生产的方法，涉及它的特殊形式。

第五章研究“劳动过程和价值增殖过程”。这里所讲的劳动过程和价值增殖过程，并不是两个不同的过程，而是同一过程的两方面。劳动过程是劳动者推动物质资料生产使用价值的过程，它的产物是具体劳动的结果，它是社会生存和发展的必要条件，是任何社会生产过程所共有的。价值增殖过程是劳动者的劳动创造价值和剩余价值的过程，这是资本主义方式所特有的。同一生产过程具有劳动过程和价值增殖过程两方面，也是同生产商品的劳动具有具体劳动和抽象劳动两方面相适应的。不理解体现在商品中的劳动的二重性，就无法理解资本主义生产的二重性。劳动过程不是政治经济学研究的对象，而是专门学科工艺学研究的对象。研究劳动过程，是为了更好地理解价值增殖过程。在资本主义的生产过程中，劳动过程不过表现为手段；价值增殖过程，或剩余价值的生产则表现为目的。这里是手段和目的的关系。我们要通过对劳动过程的分析，着重研究价值增殖过程，从而揭露剩余价值产生的秘密，揭露资本主义的剥削实质。

1. 劳　动　过　程

（一）劳动过程的一般性质

首先研究劳动过程一般性质的原因

从何处入手来研究资本主义生产过程呢？货币所有者从市场上买到生产资料和劳动力，要把劳动力和生产资料消费掉，并生产出新的

① 《资本论》第1卷，人民出版社2004年版，第583页。

使用价值来，就必须让工人进行劳动。在劳动力市场上，货币所有者购买劳动力的时候，工人只不过在可能性上是工人，因为他还没有进行劳动，还没有使用其劳动力。到了资本家的工厂里，工人就要变成现实的劳动者，成为发挥作用的劳动力了。劳动过程的结果，创造出一定的产品，特殊的使用价值，从而劳动也就表现在这种产品中，表现在这种特殊的使用价值中。这种劳动过程能创造产品的事实，不是资本主义生产所特有的，而是一切社会生产都具有的共同现象。因此，从最一般的意义上说，劳动过程就是物质资料的生产过程。在资本主义制度下，“虽然使用价值或财物的生产是为了资本家，并且是在资本家的监督下进行的，但是这并不改变这种生产的一般性质”。现在，我们就首先从劳动过程的一般性质来分析生产过程。

为什么不直接从资本主义的生产入手，而从劳动过程一般性质进行分析呢？马克思是根据历史唯物主义观点研究资本主义社会的。资本主义只是人类历史发展的一个阶段，是以前社会经济形态发展的产物，因此资本主义生产不仅与以前诸社会形态有许多不同的地方，也有许多共同之处。只有从共同的地方开始研究，才易于进一步研究它们之间的差别，以便从它们的差异中揭露资本主义生产的实质。

劳动过程的三要素：劳动，劳动对象，劳动资料

不管在怎样的社会里，劳动过程必须具备三个要素，这就是：有目的的活动或劳动本身，劳动对象和劳动资料。

先看第一个要素——人类劳动的一般特点。什么是劳动？“劳动首先是人和自然之间的过程，是人以自身的活动来引起、调整和控制人和自然之间的物质变换的过程。”这就告诉我们：第一，劳动是人自身的活动，是一个活动过程；第二，这种活动表明人与自然的关系，即表明人与物的关系；第三，这种活动是为引起物质变换以满足人们的某种需要而进行的。马克思在这里所指的人，首先是当作自然的人，把人作为一种自然力与自然物质相对立来考察的。他说的“人本身单纯作为劳动力的存在来看，也是自然对象，是物，不过是活的有意识的物，而劳动本身则是这种力的在物上的表现”[①]，就是这个意思。但是，人不仅是自然的人，也是社会的人，生产、劳动，不仅有人和自然发生关系的一方面，也有人与人发生关系的另一方面。因此，马克思说，“劳动首先是人和自然之间的过程”，即指首先研究劳动中人和自然的关系，并不是说劳动过程仅有人和自然的关系。为什么要首先研究人和自然的关系呢？因为没有自然所提供的物质，劳动就无法进行。再者，在劳动中，人和自然之间关系的发展和变化，影响着人和人之间关系的发展和变化。因此，研究劳动的一般特点，首先从研究人和自然关系入手。

人作为一种自然力，又不同于一般的自然力，从而形成人类劳动的一般特点。

第一个特点是：人们在劳动过程中，“作用于他身外的自然并改变自然时，也就同时改变他自身的自然”。这就是说，一方面，人们不断改变自然物质，以满足某种需要；另一方面，人们在不断改变自然物质的劳动过程中，不断地积累经验，增长知识，提高技术，改进活动方法，增强劳动效果，使自己的脑力和体力都得到发展，这就改变了他自身的自然。所以，人类在劳动中一方面改造自然界，另一方面也改造人类自己。

第二个特点是：人的劳动是一种有目的的活动。“劳动过程结束时得到的结果，在这个过程开始时就已经在劳动者的表象中存在着，即已经观念地存在着。他不仅使自然物发生形式变化，同时他还在自然物中实现自己的目的”。这一点与一般动物不同。蜘蛛吐丝结网，蜜蜂建筑蜂房，都是极其细致的，但只是动物的本能，它没有思想，没有意志，没有目的，不同于人的劳动。因此，马克思说：“我们要考察的是专属于人的劳动。”

马克思从正面论述了人类劳动的一般特点，实质上是针对亚当·斯密对劳动的错误看法进行批判的。斯密错误地认为，动物的劳动也创造价值。这说明他不仅不懂得价值的实质无非是人和人的社会关系，也不懂得人的劳动和动物的活动有根本区别。

---

① 《资本论》第 1 卷，人民出版社 2004 年版，第 235 页。

人们必须在一定的对象上进行劳动，因此，劳动对象成为劳动过程不可缺少的一个因素。劳动对象有两种情况。一种是天然存在的劳动对象，如土地提供的现成的生活资料，它未经人的协助，就作为人类劳动的一般对象而存在，劳动只是使它们同大地脱离直接联系，如从水中捕获的鱼，从原始森林中砍伐的树木。另一种是通过人们劳动加工过的东西，已经被过去劳动滤过的劳动对象，如用棉花纺成的棉纱，已经开采出来的矿石。这种经过人们劳动加工过的对象，其本身已经是劳动产品，我们称之为原料。“一切原料都是劳动对象，但并非任何劳动对象都是原料。劳动对象只有在它已经通过劳动而发生变化的情况下，才是原料。”

劳动资料是劳动过程的又一个要素。什么是劳动资料[①]？马克思说：“劳动资料是劳动者置于自己和劳动对象之间、用来把自己的活动传导到劳动对象上去的物或物的综合体。”可见，劳动资料首先是一个物，可能是单纯的物，也可能是由许多物结合而成的综合体。但不是所有的物都是劳动资料。只有把物用在劳动者和劳动对象之间，把劳动者的活动传导到劳动对象上去，影响和改变劳动对象，这个物才成为劳动资料。物之所以能被当作发挥力量的手段作用于劳动对象，是由于劳动者利用物本身的机械的、物理的、化学的属性的结果。马克思接着从人类的历史上论述了劳动资料的发展情况。首先，人身上的器官，如手和脚，一开始就当作劳动资料来运用，如用手采集果实。但是，劳动资料主要是指传导人的劳动的生产工具，这些工具就等于人的肢体的直接延长。人们最初的劳动资料是直接取自土地，土地是人类的“原始的劳动资料库”，如“用来投、磨、压、切等等的石块就是土地供给的”。但是，土地“在农业上要起劳动资料的作用，还要以一系列其他的劳动资料和劳动力的较高的发展为前提”。这就是说，要使土地作为农业的劳动资料来生产，还必须依靠一系列其他的劳动资料，如用牛犁田、用锄锄地之类，还要有会掌握这些劳动资料进行耕作、有农业生产知识和技术的劳动者。随着劳动力的发展，人类除了利用自然存在的劳动资料外，还制造适合各

---

① 劳动资料过去译为劳动手段，它包括：生产工具，供生产使用的建筑物，运输工具，保存劳动对象的各种容器等等。劳动对象加劳动资料，称为生产资料。

种需要的劳动资料，这就是“经过加工的劳动资料”，如原始人的石刀、石斧，以后发展至使用青铜器、铁器，直至机械工具等。除了这些“死”的工具外，还有一些由人们驯养了的动物，也可起劳动资料的作用，如耕田的牛、拉车的马等等。随着人类劳动经验的不断积累，新的劳动资料不断地被创造出来。人和动物的不同就在于，人能够使用和制造工具，这是“人类劳动过程独有的特征”。在劳动资料中，生产工具是最重要的，马克思把它叫作“生产的骨骼系统和肌肉系统”。

对研究劳动资料的重要性，马克思作了充分的评价。他说：“动物遗骸的结构对于认识已经绝迹的动物的机体有重要的意义，劳动资料的遗骸对于判断已经消亡经济的社会形态也有同样重要的意义。”这就是说，研究劳动资料对研究社会经济形态具有重大作用。大家知道，生产关系是由生产力决定的，而生产关系的总和，即社会经济形态。因此，要了解该社会的社会经济形态，就要了解该社会生产力发展的水平和情况，就必须研究当时所使用的是些什么劳动资料。“各种经济时代的区别，不在于生产什么，而在于怎样生产，用什么劳动资料生产。劳动资料不仅是人类劳动力发展的测量器，而且是劳动借以进行的社会关系的指示器。”

如此看来，马克思是不是把劳动资料作为划分人类社会经济形态的标准呢？事实并非如此。马克思只教导我们，研究不同社会经济形态，要注意当时所使用的劳动资料。因为劳动资料在生产力中起着重要作用，正如毛泽东所指出的，“生产力是最革命的因素。生产力发展了，总是要革命的”[①]。生产关系一定要适合生产力的性质。至于划分社会经济形态的标准，则是劳动者和生产资料的结合形式。不是只看用什么劳动资料生产，而且要看“怎样生产”。马克思在《资本论》第 2 卷第 44 页中明确指出：“不论生产的社会形式如何，劳动者和生产资料始终是生产的因素。但是，二者在彼此分离的情况下只在可能性上是生产因素。凡要进行生产，它们就必须结合起来。实行这种结合的特殊方式和方法，使社会结构区分为各个不同的经济时期。”

---

① 《毛泽东选集》第 5 卷，人民出版社 1998 年版，第 319 页。

以上所讲的劳动资料，主要是指生产工具而言。但“广义地说，除了那些把劳动的作用传达到劳动对象、因而以这种或那种方式充当活动的传导体的物以外，劳动过程的进行所需要的一切物质条件都算作劳动过程的资料”。如工厂的厂房，虽然它不是劳动者直接传导其活动于劳动对象的东西，但没有厂房，工人就无法生产，劳动便无从进行。土地是劳动者立足的地方，也起着同样的作用。所以，生产工具是劳动资料中的主要部分；除生产工具外，劳动资料还包括一些劳动过程的进行所需要的一切物质条件。

但是，为什么马克思有时把土地作为劳动对象，有时又把它作为劳动资料呢？土地究竟是劳动对象，还是劳动资料呢？马克思说过：“一个使用价值究竟表现为原料、劳动资料还是产品，完全取决于它在劳动过程中所起的特定的作用，取决于它在劳动过程中所处的地位，随着地位的改变，它的规定也就改变。”① 土地究竟是劳动对象或劳动资料，完全根据它在劳动过程中的地位而定。

现在就来看看这三个要素在劳动过程中的相互作用。在劳动过程中，人们的劳动推动着劳动资料作用于劳动对象，使劳动对象发生变化，从而生产出新的产品，即新的使用价值。通过劳动过程，劳动物化了，凝结在新的产品中，而劳动对象被加工了，变成新的产品。这样，“在劳动者方面曾以动的形式表现出来的东西，现在在产品方面作为静的属性，以存在的形式表现出来”。这就是说，活劳动变成了死劳动，现实的劳动凝结成为物化的劳动。

从三个要素的相互关系看，基本上可以分为两个方面。“劳动资料和劳动对象二者表现为生产资料”，这是物的方面；“劳动本身则表现为生产劳动”，这是人的方面。在劳动过程中，物必须与人相结合，才能发生作用。最好的富矿不进行开采，永远是沉眠在地底的东西。最好的机器不进行开动，就同一堆无用的废铁一样。因此，人在劳动过程中起着决定的作用。

马克思关于生产劳动这一概念，在第 211 页注(7)作了进一步的说

① 《资本论》第 1 卷，人民出版社 2004 年版，第 213 页。

明。他指出："这个从简单劳动过程的观点得出的生产劳动的定义，对于资本主义生产过程是绝对不够的。"上文所讲的"劳动本身则表现为生产劳动"，是对劳动过程一般性质的分析而言。因为劳动生产出一定的产品，这种劳动本身就是生产性劳动。可是如从资本主义生产过程的立场来说，只有为资本家生产剩余价值的劳动才是生产劳动，如仅生产使用价值，是不算作生产劳动的。为什么只有生产剩余价值的劳动才算做资本主义的生产劳动呢？马克思在第581—583页，专门分析这个问题。

劳动产品在劳动过程中的作用

由劳动生产出来的新产品，有些进入流通领域，被购买者消费掉；有些留在生产领域，作为劳动对象或劳动资料。现在就来分析一下留在生产领域里的这些劳动产品究竟起着怎样的作用。

在第9—16段，马克思分析了这种作用的一个方面："产品不仅是劳动过程的结果，同时还是劳动过程的条件"。

"同一个使用价值，既是这种劳动的产品，又是那种劳动的生产资料。"例如：棉纱是纺纱厂工人的劳动产品，织布机是机器制造厂工人的劳动产品，到了织布厂里，棉纱就成为劳动对象，织布机就成为劳动资料了。棉纱与织布机，不仅是劳动过程的结果，同时还是劳动过程的条件。所谓"劳动过程的条件"，系指劳动对象和劳动资料而言。

如果我们把天然存在的劳动对象撇开不谈，一切原料都是"已被劳动滤过的劳动对象，本身已经是劳动产品"。没有原料，劳动生产就无法进行。原料在生产过程中起着不同的作用，它"可以构成产品的主要实体"，如纺纱厂的棉花，织布厂的棉纱，就是这样；"也可以只是作为辅助材料参加产品的形成"。辅助材料大致有三种：一、由劳动资料消费掉的东西，如发动蒸汽机所烧的煤炭，滑润车轮所加的机油等等；二、加在原料之上使其发生变化的东西，如漂白粉、染料之类；三、帮助劳动自身得以正常进行的东西，如工作地点取暖和照明的材料。

如果从一般产品在生产过程中所起的作用看，基本上有四种情况：一、同一产品有多种使用价值，也可以作为许多不同劳动过程的原料。如木材可以造房屋，可以制桌椅，可以作其他用途等等。二、同一产品在同一劳动过程中，可兼作劳动资料和原料。如家畜，既是加工的原料，又是制造肥料的手段。三、一种已经可以供人消费的产品，又可重新作为别种产品的原料。如荔枝是可以直接消费的水果，但同时又可用作酿酒的原料。四、有一些劳动产品只能当作原料，重新投入生产，不能直接供人消费。这样的原料称为半成品或中间成品，如纺纱厂生产的棉纱，必须重新当作原料进入生产过程。总之，劳动产品再投入劳动过程，根据它所处的地位，就会发生各种不同的作用。但产品一旦加入新的劳动过程，就会丧失产品的性质，即不再当作产品发生作用，而是当作生产资料来发生作用了。在它发生作用时，人们往往不会想起过去生产它时花费了多少劳动；只有当发现它有某种缺点时，人们才会联想到过去生产它的那些生产者。

在第 17、18 段中，马克思又分析了这种作用的另一方面，即：产品必须投入劳动过程，才能保持和实现它的使用价值。

产品如果不投入劳动过程（直接进入个人消费的产品除外），就不能发挥上述作用，它的使用价值就不能保持。最好的机器如果不开动，就不能发生作用，时间久了，还会生锈、毁坏。任何生产资料，如果活的劳动不去接触它，不把它从可能的使用价值变为现实的使用价值，它就成了无用的东西。这也就是说；只有劳动者所依以推动的物，才是劳动对象和劳动资料。死劳动依靠活劳动而保持它自己，并依一定的生产目的，当作新产品的形成要素。

在劳动过程中消耗的劳动对象和劳动资料，属于生产消费的范畴，它与个人消费是不同的。劳动过程同时也是生产资料和劳动力的消费过程，这种消费的结果会生产出新的使用价值。个人消费的结果则是保存了消费者自己。在这里，我们就看到一个极其重要的现象：在劳动过程中，“劳动就是为创造产品而消耗产品，或者说，是把产品当作产品的生产资料来使用”。如果离开这些客观物质，人们要进行劳动生产是不可能的。如果只有物而没有人的活劳动推它，生产也是不可能的。

劳动过程是人类生活的永恒的自然条件

综上所述，劳动过程就是一个有目的的活动过程，其结果，会产生出某种使用价值，以满足人类的某种需要。这个过程，“一边是人及其劳动，另一边是自然及其物质”，因而是人的活动作用于自然物质而引起物质变换的过程，它表示着人与自然之间的关系，“是人和自然之间的物质变换的一般条件”。劳动过程还“是人类生活的永恒的自然条件”。因为不管在什么社会里，人们为了生存，就不能停止消费，消费品要从生产中来，因而也就不能停止劳动。从这点来看，劳动过程的一般性质，在任何社会里都是存在的、适用的，它和人类社会生活的各种形态无关。因此，在论述劳动过程时，“我们不必来叙述一个劳动者与其他劳动者的关系”。“根据小麦的味道，我们尝不出它是谁种的，同样，根据劳动过程，我们看不出它是在什么条件下进行的：是在奴隶监工的残酷的鞭子下，还是在资本家的严酷的目光下；是在辛辛纳图斯[1]耕种自己的几亩土地的情况下，还是在野蛮人用石头击杀野兽的情况下。”

（二）资本主义劳动过程的特点

在劳动过程开始前，资本家不仅购买了生产资料，还买到劳动力这一特殊商品

以上论述劳动过程的一般性质，指出它表现着人和自然的关系，是每个社会形态所共有的。但是，劳动过程不可能绝对孤立地由单独的人来进行，人和人之间必然发生关系，因此在各个不同的社会里，劳动过程必然受不同的生产关系所规定而具有不同的特点。现在我们就来分析资本主义的劳动过程不同于劳动过程的一般性质的特点。

资本主义的劳动过程开始前，在劳动者和生产资料怎样结合上就不同于其他社会。在奴隶社会里，奴隶主占有一切生产资料，连作为劳动者的奴隶自身也为奴隶主所占有。在封建社会里，地主占有土地，农奴则依附于地主。可是，在资本主义制度下，生产者与生产资料相分离，劳动者丧失生产资料，一无所有，资本家则占有生产资料，为使劳动得以进行，劳动者和生产资料必须在新的条件下结合起来。怎样才能结合呢？这就要回头来看看那位还在形成中的资本家。他一方面在商品市场上购买到生产资料，另一方面在劳动力市场上购买到劳动力，“让劳动力

① 辛辛纳图斯是罗马的将军，引退后，亲自在小块园地上从事耕种。

的承担者，工人，通过自己的劳动来消费生产资料”，这是劳动过程得以进行的必备条件。

由于这一特点，是否会改变劳动过程的一般性质呢？不会的。不管是为地主的利益而生产，还是为资本家的利益而生产，劳动过程的操作技术是依然不变的。“起初，资本家在市场上找到什么样的劳动力就得使用什么样的劳动力，因而劳动在还没有资本家的时期是怎样的，资本家就得采用怎样的劳动。”事实上，劳动一旦隶属于资本之下，生产技术就会引起很大变化，但这种变化“以后再来考察”，即放在本书第四篇内去考察。因为理论研究要由简单到复杂，历史的实际和逻辑的发展相适应。事实上，资本主义初期的生产方法和未有资本家参与时是一样的。劳动隶属于资本后所引起的生产技术方面的变化，是资本主义生产发展中的问题。

资本主义劳动过程的两种特殊现象

从资本主义的劳动过程看，比较劳动过程的一般性质，出现了两种特殊现象，从而构成资本主义劳动过程最一般的特征。

第一个特殊现象是：工人的劳动属于资本家，工人是在资本家的监督下进行劳动的。工人出卖给资本家的是他的劳动力，不是劳动者本身。但劳动力离开了工人本身是不能独立存在的，所以出卖了劳动力的工人，在劳动时间之内就要受劳动力的购买者（资本家）所支配，生产管理权不属于工人，而属于资本家；工人进行劳动时，不得不服从资本家的意志，按资本家的要求去做。

第二个特殊现象是：产品不是归直接生产者工人所有，而是归不参加劳动的资本家所占有。为什么呢？从形成产品的两个要素来看，一是生产资料，这部分早就为资本家私人占有；一是劳动力的使用权，这部分也为资本家占有着。诚然，劳动力的出卖者只出卖其劳动力，并非出卖劳动者本身。但一日的劳动力既经出卖，该日劳动力的使用就归购买者支配。这时候，“劳动力的占有者提供他的劳动，实际上只是提供他已卖出的使用价值”。因此，这种使用价值就归资本家所有。资本家在掌握生产资料和占有劳动力的使用权以后，让劳动者进行劳动，既消费了生产资料，也消费了劳动力，所以从资本家的立场看，“劳动过程是资本家购买的各种物之间的过程，是归他所有的各种物之间的过程”。这就是说，资本家把他所购买的物（包括生产资料和劳动力）当作他自己所有的东西，并使它们结合起来，发生作用，这种使用的结果，生产出新的使用价值，即新的产品。在资本家看来，这些新的产品无疑是属于他的。

2. 价值增殖过程

（一）资本家的目的在于生产剩余价值

就劳动过程的一般性质而言，劳动过程是使用价值的生产过程。但使用价值是不是生产的直接目的呢？在自给自足的自然经济情况下，生产某一物品就是为了直接消费它，使用价值是生产的直接目的。在小商品生产经济情况下，生产者生产某一使用价值，不是为了直接消费它，而是为了将它出卖，换取自己所需要的东西，使用价值之所以被生产，仅仅因为它是交换价值的承担者。在资本主义商品生产的情况下，资本家生产某一商品，是为了用来售卖，是为了“生产具有交换价值的使用价值”；但这还不是他的最终目的，他是企图通过商品的售卖，取得比原有价值更多的价值，就是说，“他要使生产出来的商品的价值，大于生产该商品所需要的各种商品即生产资料和劳动力……的价值总和”。这两个价值之间的差额就是剩余价值。所以资本家不仅要生产使用价值，而且要生产商品，即生产具有交换价值的商品，也就是生产价值；不仅要生产价值，还要生产剩余价值。可见，剩余价值的生产是资本主义生产的唯一目的。马克思说：“剩余价值的生产是资本主义生产的决定的目的”①。“生产剩余价值或赚钱，是这个生产方式的绝对规律。”②

---

① 《资本论》第1卷，人民出版社2004年版，第265页。

② 《资本论》第1卷，人民出版社2004年版，第714页。

（二）价值形成过程

要了解剩余价值是怎样产生的，必须研究价值形成过程，然后在价值形成过程的基础上，分析价值增殖过程。以上我们只考察了商品生产过程的一个方面，即从生产使用价值的角度研究了劳动过程的一般性质。但商品是使用价值和价值的统一，“商品生产过程必定是劳动过程和价值形成过程的统一”。因此，仅仅分析生产使用价值的劳动过程是不够的，还必须分析生产过程的另一方面，即价值的形成过程。

必须根据商品价值由社会必要劳动时间决定的原理来研究价值形成过程

怎样研究价值形成过程呢？我们知道，价值是凝结在商品体内的人类社会劳动，价值量是由社会必要劳动时间决定的。这一点也适用于归资本家占有的产品。因此，研究价值形成过程，首先必须计算物化在这个产品中的劳动。当然应该假定，这种物化的劳动是以社会必要劳动时间为标准的。

现在，我们就以棉纱生产为例来分析价值形成过程。

生产资料的价值是产品价值的构成部分

前面说过，一切产品都是生产资料和人的劳动相结合的结果，要计算产品中所包含的社会必要劳动量，就要分别从这两方面加以考察，即考察生产资料中所包含的社会必要劳动，以及劳动过程中新消耗的劳动。

第 6—12 段，是从生产资料中所包含的社会必要劳动部分来考察的。

生产棉纱，必须消耗一定数量的生产资料。首先，要消耗一定数量的原料，即棉花。棉花是人们过去劳动生产出来的。“在棉花的价格中，生产棉花所需要的劳动已经表现为一般社会劳动。”棉花的价值成为棉纱价值的一个构成部分。其次，还要消费一定量的劳动资料，如纺纱机等。没有劳动资料的作用，棉花不会自动地变成棉纱。棉花加工时消耗的劳动资料（假定以纱锭为代表），也是人们过去劳动生产出来的。虽然它会不断地为生产棉纱服务，但也在不断地被消耗，到一定程度，它本身会损坏，所以它本身的价值也要逐步转移到棉纱中去，成为棉纱价值的一个构成部分。所以一个产品的价值，例如棉纱的价值，首先是由生产资料的价值（即劳动对象和劳动资料的价值）转移来的。

例如，生产10磅棉纱，要消费：

a. 10磅棉花＝10元＝20劳动小时

b. 纱锭＝2元＝4劳动小时

因此，由生产资料转移到产品中去的价值，相当24个劳动小时，假定以1元代表2个小时所创造的价值，24小时等于12元。

这里有几个值得注意的问题：

第一，棉花的形态改变为棉纱，纱锭也被消耗了，但价值量仍不变。过去，24小时的社会必要劳动是凝结在10磅棉花和纱锭中，现在是凝结在10磅棉纱中（指10磅棉纱所包含的生产资料的价值）。

第二，生产资料的价值必须转移到新产品中去。棉花生产上的社会必要劳动时间，成为棉纱生产上的社会必要劳动时间的一部分；纱锭生产上的社会必要劳动时间，也成为棉纱生产上的社会必要劳动时间的一部分。它们在生产过程中并没有丧失其价值，只是转移其价值。

第三，计算棉纱的价值时，只计算其社会必要劳动时间的总量，不管它所消耗的时间的先后。不管棉花是在今年生产的还是去年生产的，纱锭是在几年以前生产的，生产它们所花费的劳动都是过去的劳动。不同时间内劳动的积累形成劳动总量，决不会因为劳动时间的先后次序不同而影响劳动总量本身。

总之，生产资料的价值是产品价值的构成部分。

当然，还需要具备两个条件。第一，生产资料必须实际参加使用价值的生产，就是说，必须生产出一个使用价值来作为价值的承担者。如果消耗了棉花和纱锭，却没有生产出棉纱来，生产资料的价值就无从转移了。第二，“所用的劳动时间只是一定社会生产条件下的必要劳动时间”。假定纺10磅棉纱，按照社会生产条件只应消耗10磅棉花，如果由于生产上的浪费，消耗了12磅棉花，那么，转移到10磅棉纱的价值，不能以12磅棉花计算，只能以10磅棉花计算。这就是说，生产资料的消耗必须以社会生产条件为标准。

劳动者新消耗的劳动，创造出新的价值，是产品价值的另一组成部分

生产一个产品，既要消耗一定量的生产资料，也要消耗一定量的劳动力。我们知道，劳动力的使用是劳动，劳动是能创造价值的。所以，产品的价值，除去已转移来的生产资料的价值部分外，还应包括新消耗的劳动所创造的价值。例如，把 10 磅棉花纺成 10 磅棉纱，需要劳动 6 个小时，那么 10 磅棉纱中就要包含 6 个劳动小时的新创造的价值。

这里也要注意几个问题：

第一，这里所考察的不是特殊形态的具体劳动，而是抽象的社会必要劳动量。具体劳动创造使用价值，同时也起着转移生产资料价值的作用，它有特殊的目的和活动方法，运用着特殊的生产资料，生产出特殊的使用价值，所以，"棉花和纱锭充当纺纱劳动的生活资料，但是不能用它们制造线膛炮"。但谈到新消耗的劳动形成价值时，是要撇开这一点的。"就纺纱工人的劳动是形成价值的劳动，是价值源泉来说，它却和炮膛工人的劳动毫无区别"。因为在这里考察的是抽象劳动，是同一的人类劳动力的支出。"这里涉及的不再是劳动的质，即劳动的性质和内容，而只是劳动的量。"这就是说，不是研究具体劳动，而是研究抽象的社会必要劳动量，研究这种劳动如何"由运动形式转为对象性形式"，研究它有多少量凝结在商品体里，从而构成多少新创造的价值量。

第二，这里所消耗的只是社会必要劳动时间。假定用 10 磅棉花生产出 10 磅棉纱，社会必要劳动时间是 6 小时，如果个别人花费的时间比 6 小时更多，也只能按 6 小时计算，因为决定价值量的不是个别劳动时间，而是社会必要劳动时间。

第三，新消耗的劳动一定要凝结在一种新的产品内，但究竟是凝结在何种产品内，那是与问题无关的。把棉花纺成棉纱，棉花的具体形态不见了，而它的价值通过工人的具体劳动转移到棉纱中去。在这里，棉花可以被视为一定量劳动的吸收器，而棉纱"只是棉花所吸收的劳动的测量器"。劳动是凝结在一定的物体里了，但它是凝结在棉纱中，或煤矿中，或其他诸物中，都是一样的，都表现为一定的价值量。

假定一日劳动新创造出来的价值等于劳动力的日价值，结果产品的价值只等于预付资本的价值

现在我们就来看看新消耗的劳动所创造的价值。先假定，一个劳动力的日价值等于 3 元，需要 6 个劳动小时把它再生产出来。工人在 6 小时的劳动过程中，消耗了 10 磅棉花，生产出 10 磅棉纱。这 10 磅棉纱中也包含新消耗的劳动所创造的价值，即 6 小时，等于 3 元。这样就可以计算出 10 磅棉纱的总价值了。

原料（10 磅棉花）的价值＝20 劳动小时＝10 元

劳动资料（纱锭）的价值＝4 劳动小时＝2 元

＋劳动新创造的价值＝工人劳动 6 小时＝3 元

产品（10 磅棉纱）价值＝30 劳动小时＝15 元

产品的总价值是 30 小时＝15 元，和资本家预付出去的数目完全一样（预付 12 元购买生产资料，预付 3 元购买劳动力，合计也是 15 元）。资本家愕然了。一日劳动新创造出来的价值，只等于一日劳动力本身的价值；产品的价值只等于预付资本的价值。预付的价值没有增殖，没有产生剩余价值，因此，“货币没有转化为资本”。虽然这些价值过去分散在三种不同的商品中，即棉花、纱锭、劳动力中，现在集中在一个商品即棉纱中，可是价值量并没有发生变化。这只是一般的价值形成过程。

但是资本家是不会满足于这种一般的价值形成过程的，因为这种生产在他看来是毫无意义的事。他必须使价值增殖，使商品的总价值大于他预付资本的总价值。为此，资产阶级经济学者提出种种为资本家辩护的谬论。马克思对这些谬论分别进行了批判。

批判资产阶级庸俗政治经济学为价值增殖辩护的谬论

马克思在第四章第二节对于有些资产阶级经济学者企图从流通领域来探求和说明价值增殖的种种谬论，已作了彻底的批判，明白地指出，在流通中不能产生剩余价值。在本节，马克思又批判了有些资产阶级庸俗经济学者鼓吹的关于价值增殖的原因的三种谬论，这就是：节欲论、服务论、“劳动”论。

节欲论者认为：财产所有者的财产主要有两种用途，一是用于个人消费，一是用作生产资料。资本家尽量节欲，减少个人消费，把它用作生产资料，于是财产就变成资本，从这方面说，难道就没有报酬吗？这个理论的创造者英国的庸俗经济学家西尼耳就说："我用节欲一词来代替被看作生产工具的资本一词。"①

马克思在本书第二十二章第三节里彻底批判了这种谬论。这个问题留待以后再来研究。但这种理论的荒谬是极其明显的，因为节欲行为无论如何不是生产过程，它本身不能产生剩余价值，更何况实际生活中，资本家过着花天酒地的奢侈浪费的糜烂生活，什么节欲都没有。

服务论者认为：工人赤手空拳不能创造产品，资本家拿出生产资料和生活资料，不是对"工人本身进行了莫大的服务吗？难道他的服务不应该得到报酬吗"？这种谬论也是不值一驳的。生产资料为资本家私人所占有，他们用以生产的目的，是为了剥削工人，取得剩余价值，根本不是为工人服务，怎么能说是服务的报酬呢？再退一步说，如果资本家的"服务"应该得到报酬，那么，"工人把棉花和纱锭变为棉纱，不也就是为他服务了吗？"而且，问题不在于服务，而在于交换价值，资本家"付给工人 3 先令价值。工人还给他一个完全相当的等价物"，哪来额外报酬？服务论也不能说明剩余价值的来源问题。

"劳动"论者认为：剩余价值的来源是资本家本人的"劳动"。"难道他自己没有劳动吗？难道他没有从事监视和监督纺纱工人的劳动吗？他的这种劳动不也形成价值吗？"事实上，资本家指挥、监督工人去劳动，是为了加强对工人的剥削，是为了取得剩余价值②，这怎能算是劳动呢？这怎能创造出价值呢？资本家是不劳而获、专门剥削工人的劳动的，如果资本家本身也劳动，那就不成其为资本家了。"劳动"论者实质上是把资本家的剥削职能和劳动者的劳动混为一谈了。

---

① 《资本论》第 1 卷，人民出版社 2004 年版，第 688 页。

② 资本家的全部时间，不是劳动，而是进行剥削。马克思在本书第 342 页中曾指出："资本主义生产发展到一定高度，就要求资本家能够把他充当资本家即人格化的资本的全部时间，都用来占有从而控制别人的劳动，用来出售这种劳动的产品。"

（三）价值增殖过程

价值增殖的秘密在于劳动力这一商品的特殊性质

那么，产品的价值怎么会超过预付资本的价值呢？就是说，产生剩余价值的秘密究竟何在呢？研究劳动力这一特殊商品，是了解剩余价值生产秘密的关键。

问题在于："包含在劳动力中的过去劳动和劳动力所能提供的活劳动，劳动力一天的维持费和劳动力一天的耗费，是两个完全不同的量。前者决定它的交换价值，后者构成它的使用价值。""劳动力的价值和劳动力在劳动过程中的价值增殖，是两个不同的量。资本家购买劳动力时，正是看中了这个价值差额。"例如：由工人所需的生活费用决定的劳动力的日价值，是 6 个小时创造出的商品量，2 小时的价值表现为 1 元，劳动力的日价值就是 3 元。资本家以 3 元付给工人，从而取得劳动力一日的使用价值，在这个限度内，是符合等价交换原则的。但是，工人把一日的劳动力的使用价值卖给资本家，这一日劳动力的使用价值（即劳动本身）就不归卖者（即工人）所有，而归买者（即资本家）所有。该日劳动力的使用权既归资本家，资本家就可以命令工人不是劳动 6 小时，而是劳动 12 小时、14 小时，甚至更多。假定劳动 12 小时吧，资本家付给 3 元的劳动力的日价值，却取得了劳动 12 小时新创造出来的等于 6 元的价值，3 元变成 6 元，劳动力使用一天所创造的价值就比劳动力自身一天的价值大一倍了。价值增值的秘密就在这里。

以棉纱生产为例，说明剩余价值是怎样产生的

现在仍以棉纱生产为例，说明剩余价值是怎样产生的。

资本家以 3 元购买了劳动力的日价值，却使工人劳动 12 小时。如果 6 小时消耗 10 磅棉花，生产 10 磅棉纱，12 小时就消耗 20 磅棉花，生产 20 磅棉纱。这 20 磅棉纱的总价值是：棉花转移的价值 20 元，加纱锭转移的价值 4 元，再加劳动新创造的价值 6 元，合计 30 元。而资本家的预付资本是：棉花、纱锭 24 元，加劳动力的日价值 3 元，合计 27 元。假设资本家在出卖时仍

然按照等价交换原则，20 磅棉纱卖 30 元，可是他自己只预付了 27 元，这里就多出 3 元的价值。这 3 元是劳动新创造的价值超过劳动力价值部分，就是剩余价值。“戏法终于变成了。货币转化为资本了。”

剩余价值的生产完全符合商品交换规律，解决了资本总公式的矛盾

现在，“问题的一切条件都履行了，商品交换的各个规律也丝毫没有违反。等价物换等价物”。一方面按价值支付了棉花、纱锭、劳动力的价值，另一方面又按价值出卖了 20 磅棉纱，取得 30 元的价值。这两方面买和卖的过程，“既不比它的价值贵，也不比它的价值贱”，都是按照等价交换的规律进行的。我们在前面谈到的资本总公式的矛盾，现在完全解决了。投放的资本是 27 元，收入的货币是 30 元，取得剩余价值 3 元。这 3 元剩余价值的取得，是以流通为媒介的，因为如果不在市场上购买到劳动力，剩余价值就不能生产出来；但又不是在流通领域内产生的，因为剩余价值是在生产中创造出来的，“流通只是为价值增殖过程作准备”而已。

现在，我们就看到资本主义生产过程的两个转化：第一，从货币转化为商品，使价值形式的货币转化为物质成分，成为生产过程的客观的和主观的因素；第二，再把这些因素转为资本，使死劳动和活劳动相结合，从而增殖价值。

（四）资本主义的生产过程是劳动过程和价值增殖过程的统一

价值形成过程和价值增殖过程的关系

把价值形成过程和价值增殖过程比较一下，就会看出它们是既有联系又有区别的。广义地说，价值形成过程和价值增殖过程是一致的，它们都是价值的生产过程。但它们之间还有严格的区别。“如果价值形成过程只持续到这样一点，即资本所支付的劳动力价值恰好为新的等价物所补偿，那就是单纯的价值形成过程。”单纯的价值形成过程，是指新生产的产品的价值量和预付的价值量是一样的。但是，如果价值形成过程超过了这一点，从而使新生产的产品的价值量超过预付的价值量，即劳动者不仅生产了与劳动力的价值相等价值量，还生产了更多的价值，即生产了剩余价值，那就成为价值增殖过程。

价值形成过程和劳动过程的区别是由劳动二重性引起的

再把劳动过程和价值形成过程比较一下，我们又看出：它们同是商品生产过程的相互联系、不可分割的两方面。这两方面的差别是由劳动的二重性引起的。

从劳动过程看，它是使用价值的生产过程。使用价值的生产，是具体劳动的结果。对具体劳动的考察，着眼点在它的质的方面，“在这里，运动只是从质的方面来考察，从它的特殊的方式和方法，从目的和内容方面来考察”。

从价值形成过程看，同一劳动过程“只是表现出它的量的方面”，在这范围内，只研究抽象劳动如何凝结为价值，抽象的社会必要劳动量如何凝结为价值量，至于一切劳动的具体形式都是撇开不谈的。不管这种劳动量所凝结的价值量，是由于过去劳动的结果而形成的物化劳动，还是现在的劳动新创造的价值加进商品中的，都是与问题无关的。价值形成过程所要考察的，只是一定量的劳动时间，多少小时，多少日等等。

在价值形成过程中，必须保持社会必要劳动时间的正常消耗

计算劳动时间、考察价值形成过程中的一个重要问题，就是“劳动只是在生产使用价值所耗费的时间是社会必要时间的限度内才被计算”。也就是说，在生产时必须保持正常的社会必要劳动时间的消耗，不能以个别劳动时间作为计算价值形成的基础。为此，第一，必须具备正常的生产条件。既要有社会上通用的劳动资料，又要有正常质量的原材料。如果使用落后的劳动资料和劣质的原材料，就会超过社会必要劳动时间，这超过的部分是不会形成价值的。第二，“劳动力本身的正常性质”。这就是说，劳动力必须具备一定的熟练和技巧，用社会一般的强度来支出。第三，“不允许不合理地消费原料和劳动资料”。否则就会形成浪费，就是对物化劳动的过分支出，而过分支出的部分是不能计算入价值形成中去的。

资本主义生产过程是劳动过程和价值增殖过程的统一

从以上分析中，我们可以看到，生产商品的劳动的二重性，即创造使用价值的具体劳动和创造价值的抽象劳动，现在表现为生产过程不同方面的差别了。现在我们就可把生产过程的一般性质和资本主义生产过程的特殊性质加以比较，从而认识资本主义生产过程的本质。

当作一般的生产过程，同时是劳动过程，它生产使用价值以满足人类的某种需要。

当作商品的生产过程，它不仅要生产使用价值，而且要生产价值，商品生产过程是劳动过程与价值形成过程的统一。

当作资本主义的商品生产过程，不仅要生产使用价值，而且要生产价值；不仅要生产价值，而且要生产剩余价值。剩余价值的生产是资本主义生产的最终目的，是资本主义生产的实质。资本主义生产过程是劳动过程与价值增殖过程的统一。

简单劳动和复杂劳动的区别，不会影响价值增殖过程

在研究价值增殖过程时，资本家所占有的劳动是简单劳动还是复杂劳动，是与问题无关的。资本家所考虑的，只是超过劳动力价值的剩余部分，而计算这部分时，都是以平均的社会必要劳动为基础。复杂劳动和简单劳动，都是劳动力，它的生产要花费较多的劳动时间，因此具有较高的价值。在同一时间内，它能创造较多的价值。但不管劳动力本身价值高低，不管劳动所创造的价值量多少，在计算价值形成时，复杂劳动都要化为简单劳动，都是以社会必要劳动时间作为统一的计算尺度。至于超过劳动力价值的那一部分，即剩余价值部分，不管是简单劳动创造的，还是复杂劳动创造的，都不会影响到剩余价值本身的性质。在计算时，“较高级的劳动总是要化为社会平均劳动”。为了使分析更简单起见，我们假定资本使用的工人，只是从事简单的社会平均劳动。

马克思在第 230 页注(18)里提出了一种特殊情况。他说：“较高级劳动和简单劳动，熟练劳动和非熟练劳动之间的区别，有一部分是基于单纯的错觉”。怎么理解这种“单纯的错觉”呢？在资本主义制度下，简单劳动和复杂劳动的区别是相对的，由于各种偶然的情况，它们甚至会互换位置。在资本主义生产发达的国家中，由于工人受到残酷的剥削，体质孱弱，费较大力气的粗活往往被视为高级劳动，而一些细活反而被看作是简单劳动。正是在这一意义上，马克思指出“有一部分是基于单纯的错觉”的特殊现象。这种特殊现象的产生，是资本主义的特殊经济关系在复杂劳动与简单劳动区别上的一种反映。当然，这一现象并不会影响复杂劳动与简单劳动在客观上的区分，更不会因此影响到剩余价值的性质。即使在这种特殊情况下，剩余价值的来源同样是劳动的量超过补偿劳动力价值的量，同样是同一个劳动过程的延长。

■ 本章的中心内容是论证剩余价值的起源。

大家知道，剩余价值学说是马克思创立的。“资本主义下的人，生产剩余价值已经有几百年了，他们渐渐想到剩余价值起源的问题。”[①] 古典学派的经济学家，虽然也曾探索过这一秘密，并提出若干科学的见解，但不能创立科学的剩余价值学说。重农学派虽曾正确指出，生产过程是剩余价值的源泉，只有生产剩余价值的劳动才是生产性劳动。但又错误地认为：只有农业劳动才创造剩余价值，地租是剩余价值的一般形态，至于企业利润，仅是熟练劳动的工资。他们把剩余价值的自然基础和剩余价值的来源混淆在一起，当然不可能发现剩余价值的起源。亚当·斯密发展了重农学派的见解，他说：“工人**加到原料上的价值**，在这里分成**两部分**，一部分支付**工人的工资**，另一部分支付**雇主的利润**”。“工人……必须把用自己的**劳动**收集或生产的东西**让给**土地所有者**一部分**，这一部分，或者说，这一部分的价格，就构成**地租**。”[②] 在这里，斯密已把利润、地租作为非劳动收入，并化为剩余劳动，已经接近于了解剩余价值的边缘；但他分析这些问题时，不是从资本主义生产过程的实质出发，而是把它们当作资本主义条件下的收入分配问题，因此不能把剩余价值和它的具体形式，如利润、地租等区别开来，不能揭示剩余价值的来源。

---

① 《资本论》第 2 卷，人民出版社 2004 年版，第 13 页。

② 转引自《资本论》第 2 卷，人民出版社 2004 年版，第 14 页。

当他把资本主义条件下商品的价值分解为工资、利润和地租时，利润、地租又都成为价值的源泉，因此不能揭露剩余价值的性质。这种庸俗见解掩盖了他的某些科学意见。大卫·李嘉图克服了斯密对商品价值的矛盾说法，坚持了劳动创造价值的一元论。他认为价值量要分配于工人和资本家之间，分割为工资与利润。李嘉图所讲的利润实际上是剩余价值。他指出工资与剩余价值间相互关系的根本规律，必须以工作日长度和劳动强度不变、只有劳动生产率可变为条件，换句话说，他已在研究相对剩余价值。但和一切古典经济学家一样，“李嘉图从来没有考虑到剩余价值的起源。他把剩余价值看作资本主义生产方式固有的东西，而资本主义生产方式在他看来是社会生产的自然形式。他在谈到劳动生产率的时候，不是在其中寻找剩余价值存在的原因，而只是寻找决定剩余价值量的原因”[①]。在李嘉图的眼里，从具体形态中抽象出来的剩余价值是不存在的，剩余价值转化为利润、地租等问题也是不存在的。使李嘉图学派在剩余价值面前破产的两件事，一是不能区别劳动力与劳动，认为资本是直接和活劳动相交换，因而无法在等价交换的原则下说明剩余价值的生产；另一是不懂得平均利润率的形成和价值规律的关系，[②] 把利润和剩余价值、利润率和剩余价值率混淆在一起，因而不可能科学地论证剩余价值的起源。这也不奇怪，因为他们都是资产阶级的经济学家，不能不为资产阶级的偏见所束缚，他们的思想不能不具有阶级的烙印。马克思说得好：“这些资产阶级经济学家实际上具有正确的本能，懂得过于深入地研究剩余价值的起源这个爆炸性问题是非常危险的。”[③]

马克思从无产阶级立场出发，代表广大劳动群众的利益，不为剥削阶级偏见所束缚，经过缜密的理论分析和科学研究，剖视资本主义生产的实质，发现了剩余价值产生的秘密，创立了科学的剩余价值学说。恩格斯在谈到剩余价值学说的巨大意义时说：“这种事实必定要使全部经济学发生革命，并且把理解全部资本主义生产的钥匙交给那个知道怎样使

---

① 《资本论》第 1 卷，人民出版社 2004 年版，第 590 页。

② 参看《资本论》第 2 卷，人民出版社 2004 年版，第 24 页。

③ 《资本论》第 1 卷，人民出版社 2004 年版，第 590 页。

用它的人。”[①] 由于剩余价值学说的建立，创建了无产阶级的政治经济学，使政治经济学真正成为科学的学说，这就使全部经济学发生革命。由于剩余价值学说的建立，我们就可以掌握资本主义生产的实质，从而了解资本主义生产关系的实质，阶级关系的实质，并了解资本主义社会的一切经济现象，认识资本主义社会发展的历史趋势和无产阶级革命的客观必然性，所以它是理解资本主义生产方式的一把钥匙。马克思主义是具有高度革命性和科学性的统一，剩余价值学说武装着工人阶级的思想，鼓励着工人阶级去进行正义的革命斗争。所以恩格斯在《反杜林论》中又指出：“这个问题的解决是马克思著作的划时代的功绩。这个问题的解决使明亮的阳光照进了经济学的各个领域，而在这些领域中，从前社会主义者也曾像资产阶级经济学家一样在深沉的黑暗中摸索。科学社会主义就是以这个问题的解决为起点，并以此为中心的。”[②]

马克思为了揭露剩余价值的起源，解决前人从未完成的伟大历史任务，究竟做了哪些精辟的理论分析呢？

首先，劳动价值学说的建立是剩余价值学说的基础。马克思在批判地继承古典学派的劳动价值学说的基础上，建立了科学的劳动价值学说。他分析了商品的二重性和创造商品的劳动的二重性，概括了从商品到货币的历史过程，这就为分析劳动力这一特殊商品，货币如何转化为资本，创立了必要的理论前提。

其次，马克思科学地完成了对劳动力这一特殊商品的分析，他是在经济思想史上区别劳动力和劳动的第一人。他不仅指出了劳动力是商品，劳动不是商品，还指出了劳动新创造的价值可以比劳动力本身的价值更大，这是揭露剩余价值起源的关键。

最后，马克思依据劳动的二重性的原理分析了资本主义生产过程，指出劳动过程是具体劳动创造使用价值的过程，同时也起着转移旧价值的作用；但劳动过程又是劳动力的支出和消耗的过程，抽象的人类社会劳动创造出新的价值，从而引起价值增殖。马克思辩证地分析了资本主

① 《资本论》第2卷，人民出版社2004年版，第21页。
② 《马克思恩格斯选集》第3卷，人民出版社2012年版，第584页。

义生产过程，指出资本主义生产是劳动过程和价值增殖过程的统一，剩余价值就是在这样的生产过程中产生的。

马克思围绕着剩余价值所作的一系列精辟的理论分析，以后各章还要继续研究。

第六章

不变资本和可变资本

本章是上一章的直接继续。上一章主要研究剩余价值是怎样产生的，从而揭露工人被剥削的真相以及资本家发财致富的秘密。这一章进一步分析生产资料和劳动力在剩余价值生产过程中所起的不同作用，将变为生产资料的那部分资本和变为劳动力的那一部分资本明确区分为不变资本和可变资本，从而说明只有工人的劳动才是剩余价值的源泉，而生产资料只是生产剩余价值的必要条件。

不变资本和可变资本的理论，是马克思根据创造商品的劳动的二重性学说，分析资本的不同构成部分在价值形成过程和价值增殖过程中的不同作用所得出的科学结论。因此，不掌握劳动二重性的学说，就不可能理解不变资本和可变资本的区分，就不可能真正理解马克思的剩余价值学说。

（一）价值的转移和创造是由劳动的二重性产生的

新价值的创造和旧价值的转移，是同一劳动的两种不同结果

上一章说过，生产资料的价值只转移到产品内，不能增加和减少，只有新消耗的劳动所创造的价值超过劳动力本身价值的部分，才是剩余价值。现在我们就要进一步研究：为什么生产资料的价值向产品中转移时不能增加和减少？转移旧价值和创造新价值是怎样进行的？

劳动过程的不同因素，即生产资料和劳动力在价值形成过程中所起的作用是不同的。劳动一方面消耗劳动力，把它凝固到产品中去，创造出新的价值；另一方面又消耗生产资料，生产出新的使用价值，从而把生产资料的价值转移到产品中去。这种转移旧价值和创造新价值的过程，都是以劳动为媒介。但是，“工人并不是在同一时间内劳动两次”，而是在同一次劳动中产生出二重的结果。“他只是由于加进新价值而保存了旧价值。”就是说，工人在创造新价值的同时，也起了保存旧价值的作用。为什么同一次劳动既能创造新价值，又能转移旧价值呢？这是由生产商品的劳动的二重性所决定的。“在同一时间内，劳动就一种属性来说必然创造价值，就另一种属性来说必然保存或转移价值。”前一属性系指抽象劳动，后一属性系指具体劳动。

抽象劳动创造价值，具体劳动转移生产资料的价值

为什么劳动的二重性会产生出这种二重的结果呢？我们知道，生产商品的劳动的二重性是抽象劳动和具体劳动，这不是两项不同的劳动，而是同一劳动的两个方面。不管劳动是在怎样的形式、目的、方法和手段下进行的，不管是纺纱劳动、织布劳动，还是木匠劳动，都只是劳动力的一定量的支出，“因此，纺纱工人的劳动，就它的抽象的一般的属性来说，作为人类劳动力的耗费，把新价值加到棉花和纱锭的价值上”。从另一方面看，具体劳动是创造使用价值的要素，生产资料就是由于具体形式的劳动而不断消灭和磨损，它的旧使用价值形态消灭了，而新的使用价值形态的产品却相应地产生。例如：在纺纱过程中，棉花、纱锭的旧形态消灭了，却同时出现棉纱的新形态。但是生产棉花和纱锭都要耗费一定的人类社会劳动，它们都具有价值，价值是依靠使用价值作为物质承担者的，因此它必须从旧的使用形态转移到新的使用形态中来。在这里必须注意两点。第一，和一般商品的消费过程不同。在一般商品消费过程里，旧使用价值形态消灭了，不会产生出新的使用价值，当然价值也随使用形态的消灭而消灭。但在这里，虽然旧的使用价值形态在生产过程中也消灭了，但却生产出一个新的使用价值，因此价值也保存下来。第二，这种旧价值的转移是具体劳动完成的，具体劳动把生产资料的价值转移到新产品中去。所以，纺纱工人的劳动，“就它的具体的特殊的有用的属性来说，作为纺纱的过程，把这些生产资料的价值转移到产品上，从而把这些价值保存在产品中”。因此，同一劳动的二重性就得出结果的二重性。

同一劳动的二重作用，表现在种种不同的现象上

同一劳动的二重作用，不是人臆想的结果，它清楚地表现在种种不同的现象上。马克思在第 7—10 段中，具体分析了三种不同情况。

一种情况是：在劳动生产率提高的情况下，同一劳动时间内新创造的价值量不变，而转移的旧价值却增多。反之，劳动生产率降低了，同一劳动时间新创造的价值量仍然不变，但转移的旧价值会减少。例如：过去劳动 6 小时，生产出 6 磅棉纱，假定每磅棉纱中转移来的旧价值为 5 小时，共转移 30 小时的旧价值。现在由于某种原因，劳动生产率提高 1 倍，6 小时可生产出 12 磅棉纱，就可转移 60 小时的旧价值，但新创造的价值仍是 6 小时。这种情况证明，“劳动保存价值的属性和创造价值的属性在本质上是不同的”。所以，“纺同量的棉花所必要的劳动时间越多，加到棉花上的新价值就越大”。这是指在劳动生产率降低的情况下，纺同量棉花比以前要费更多的时间，因此新创造的价值就较大。“在同一劳动时间内纺的棉花磅数越多，保存在产品内的旧价值就越大。”这是指在劳动生产率提高的情况下，在同一时间内，纺的棉花越多，转移的旧价值就越大。

另一种情况是：在劳动生产率不变，但生产资料本身的价值增加或减少的情况下，同一劳动时间内所转移的旧价值也随之增加或减少。例如：生产 1 磅棉纱需要消耗 1 磅棉花和一定量的纱锭，过去，它们代表 5 小时的劳动。可是，商品价值不仅要由生产它的社会必要劳动时间决定，而且要由现有条件下再生产该商品所消耗的社会必要劳动时间决定，如果现在棉花和纱锭从代表 5 小时劳动降低为 4 小时，那么，6 小时劳动所转移的旧价值就不是 30 小时，而只是 24 小时，这就是说，转移的旧价值减少了。反之，棉花和纱锭的价值如提高到代表 7 小时，6 小时的劳动就会转移 42 小时的旧价值，这就是说，转移的旧价值增加了。

再一种情况是：在劳动生产率不变，生产资料的价值也不变的情况下，同一劳动时间所转移的旧价值和创造的新价值成正比例。两星期所转移的生产资料的旧价值是一星期的两倍，两星期所创造的新价值也是一星期的两倍，可见“在已定的不变的生产条件下，工人加进的价值越多，他保存的价值就越多。但是，他能保存更多的价值，并不是因为他加进了更多的价值，而是因为他在不变的和不以他自己的劳动为转移的条件下加进了这个价值”。这就是说，能保存较多的旧价值，不是因为他的劳动创造了较多的新价值，而是因为他在一定的不变的条件下所进行的具体劳动的结果。

但是，无论劳动生产率怎样变动，无论生产资料的价值怎样变动，“从某种相对的意义上可以说，工人保存的旧价值同他加进的新价值总是保持同一比例”。例如，不管怎样，工人 2 个劳动小时保存的价值总是 1 个劳动小时的 2 倍。

（二）生产资料的价值转移到产品中去

生产资料的价值能够转移，是因为它在劳动过程中失掉自己原来的使用价值形态，获得另一种使用价值形态

“把价值的纯粹象征性的表现——价值符号撇开，价值只是存在于某种使用价值中，存在于某种物中。”这就是说，把具有价值符号的货币除外，价值都是存在于某种使用价值的物体中。没有使用价值，价值就不能存在。“如果使用价值丧失，价值也就丧失。”那么，在生产过程中，生产资料的使用价值是逐渐丧失了，为什么它的价值不会丧失，反而转移了呢？这是因为生产资料的使用价值形态虽已丧失了，但同时却转化为一个新的使用价值形态。棉花的形态在生产中消失了，但却取得了棉纱的新使用价值形态。从一种使用价值形态的消灭到另一种使用价值形态的产生，当然要依靠活劳动的加入。活劳动不仅增加价值，同时也转移价值。

生产资料价值在转移中的两种不同形式

生产资料的价值都是要转移的，但转移的形式却因生产资料的种类不同而不相同。简单地说，可分为两种：一种是原料和辅助材料一类的生产资料，它们的使用价值形态在生产过程中完全消灭，并构成产品的实体，[1] 因而它的价值就一次转移到新产品中去，例如棉花经过加工

---

① 辅助材料种类多而复杂，有些可构成产品的实体，如染料；有些则不能，如燃料。此处系指一般情况而言。

变成棉纱，棉花的价值就转移到棉纱之中；另一种是机器、容器等一类的生产资料，它们的使用价值在生产过程中完全保持原来的形态，继续不断地加入劳动过程，甚至在其完全丧失使用价值时，与新产品也是截然分开的，因此它们的价值不是一次转移，而是逐步转移。例如机器，今天加入生产过程，明天同样加入生产过程，即使它已变成废铁，它的形骸也不会包含于新的产品之中。它的价值是怎样逐步转移的呢？它从进入工作场所那天起到被扔进废品库那天止，是发挥作用的整个时期，根据它发生作用时期的长短，按比例地移转价值。如某一纺纱机可使用 6 年，其价值等于 7.2 万元，那么每年就转移价值 1.2 万元，每月转移 1000 元，然后再分摊在该月生产的新产品中。这种逐步转移的价值，在会计项目上通常是作为折旧费支出的。

在生产资料中，除去一部分是过去人们劳动生产出来的东西，因此本身有价值者外，还有一些是自然界原已存在的东西，它不是过去人类劳动的产物，它本身没有价值，当然也没有什么价值可以转移。

那些价值逐步转移的生产资料，其发生作用时间的长短是如何推知呢？譬如说，一架纺纱机，是可使用 6 年呢，还是 4 年或 10 年？马克思说："根据经验可以知道，一种劳动资料，例如某种机器，平均能用多少时间。"这里讲的"平均"是指社会上平均经用的时间。如果纺纱机平均经用的时间是 6 年，个别资本家由于保管护理较好，可以用 8 年或 9 年，但别一个资本家却只能用 3 年或 4 年，那么在计算折旧费时，都是以 6 年的这个平均经用时间为标准。在资本主义国家里，为了统一这个标准，往往由国家规定折旧政策，即规定某种生产工具所使用的年限，确定应提折旧费的比例。但资本家们为了早日收回预付资本，取得更多的剩余价值，避免生产工具的精神磨损，都尽量提高折旧率。因此机器的实际使用时间，往往比规定的标准平均经用时间为长。这就发生一个问题；已经提完折旧费，即其价值已全部转移，但仍在生产过程中发生作用的机器，它是不是还有价值可以转移呢？价值全部转移后仍投入生产的机器，它本身就如同自然力一样发生作用，既没有价值可以转移，更不会有新价值的创造。这一点，马克思在第 444—445 页说得很清楚。

生产资料价值在转移中的两种有趣的现象

现在我们可以看到，生产资料价值在转移中有两种有趣的现象。一种现象是：一种生产资料全部参加劳动过程，但只部分地参加价值增殖过程。例如一台可使用 6 年的机器，其价值是 7.2 万元，每月折旧费只 1000 元，即只有 1000 元加入价值增殖过程，所以是部分的。“同一生产资料，作为劳动过程的要素，是全部加入同一生产过程；作为价值形成的要素，则只是部分加入同一生产过程。”另一种现象是：一种生产资料全部参加价值增殖过程，但仅部分地参加劳动过程。假设纺纱时每日用 115 磅棉花，其中 15 磅不形成棉纱，只变成飞花，而这种耗费又是必要的和正当的，是棉纱的一个生产条件，因此这 15 磅棉花的价值也转移到棉纱中去。可见，这 115 磅棉花全部参加价值增殖过程，其中的 15 磅棉花不形成棉纱，因而没有直接进入劳动过程。这两种现象证明了一个问题：同一生产过程的这种二重性质，即创造使用价值的生产过程的性质，和作为创造价值的价值形成过程的性质，是两个完全不同的东西。所以马克思说：“劳动过程和价值增殖过程的区别反映在它们的物质因素上”。所谓“物质因素”，是指生产资料而言。

由生产资料转移到产品中去的价值，不能比它原有的价值更大

生产资料价值的转移，必须以它本身的价值量为限。它本身有多少价值，就可转移多少价值（当然转移方式可以不同），不能在转移时使价值量因此增加或减少（超过社会必要消耗的生产资料，那是属于浪费范围，不在此例），没有价值的生产资料当然也就没有价值可以转移。这里必须把这两种现象区别开来，这就是：所转移的生产资料价值量的大小，和生产资料在生产过程中发挥作用的大小，是不同的两回事。因为生产资料作用的大小，是从使用价值方面来考察的，而转移的价值量的大小，则是从价值方面来考察的。因此，用处大的东西，它的价值不一定大；在生产过程中发挥作用较大的生产资料，它转移的价值不一定较多。马克思说：“它的价值不是由它作为生产资料进入的劳动过程决定的，而是由它作为产品被生产出来的劳动过程决定的。”就是说，生产资料的价值不是由它在劳动过程中所起的作用决定，而是由生产它时所花费的劳动决定。

转移生产资料价值的劳动和创造价值的劳动是不可分割、互为条件的

从劳动过程看，工人推动着生产资料，作用于劳动对象，消灭旧产品，生产出新的产品。就在这个过程中，实现了价值转移。这种转移过程也同价值本身一样，是看不到、摸不着的，所以它“似乎是在现实的劳动背后发生的”。这种转移旧价值的劳动和创造新价值的劳动，是不可分割、互为条件的。“工人不保存旧价值，就不能加进新劳动，也就不能创造新价值”。因为工人要进行劳动，创造新价值，就必须运用劳动资料，作用于劳动对象，没有这些生产资料，劳动是不可能进行的，而劳动正是由于凝结在新的产品中，才形成价值。可见，劳动过程就是消费生产资料创造新的使用价值的过程，也是转移生产资料价值和创造新价值的过程。工人的劳动既保存了旧价值，同时也创造了新价值。这种加入价值而把价值保存，是活劳动的自然恩惠，不花费资本家一文钱。当资本家在生意兴隆时，他们只知道赚钱，当然不会去注意这种自然的恩惠。“但当劳动过程被迫中断的时候，当危机到来的时候，资本家对此就有切肤之感了。”因为在危机期间，工厂停工了，没有工人去劳动，既无新价值的创造，也无旧价值的转移。但机器虽然停止转动，它还会受自然的腐蚀力的影响，还应按期提取折旧，这部分折旧造成资本家的无形损失，这时资本家才深刻感觉到转移旧价值的重要性。

旧价值的转移，只是生产资料价值在产品中的再现

生产资料价值的转移，只是生产资料的价值在产品中的再现，不是被再生产。为什么呢？从使用价值的角度说，旧的生产资料的使用价值形态消灭了，新的产品的使用价值形态产生了，即重新生产出另一种使用价值。从价值的角度说，它保存在生产资料中的价值并没有被消费，只是转移到另一种使用价值形态中去，不能说是价值的再生产。消费掉的只是原有的使用价值，再生产的是新的使用价值。所以生产资料的价值转移到产品中，只是价值的再现。

（三）劳动力价值的再生产和剩余价值的生产是新价值的构成部分

劳动力价值的再生产是新价值的构成部分

现在我们再来分析创造新价值的劳动部分。

如前所述，新创造的价值包括两个部分：相当于劳动力价值的部分和为资本家无偿占有的剩余价值部分。如果生产过程到一定点为止，工人只生产出它本身劳动力价值的等价，例如，劳动力日价值是 3 元，工人劳动 6 小时也表现为 3 元，这 3 元价值是工人新创造的，它和生产资料的价值同时构成为新产品的价值要素。“这个价值是产品价值超过其中由生产资料价值构成的部分而形成的余额。”“它只是补偿资本家在购买劳动力时预付的，工人自身在生活资料上花费的货币。”这种新价值是真正的再生产，即劳动力价值的再生产，不是价值的再现。

有些人把劳动力价值的再生产和生产资料的价值转移混同起来，以为劳动力价值同生产资料的价值一样，也是转移到产品中去。这是一种错觉，它们是全然不同的两回事。第一，生产资料的价值从一个产品转移到另一个产品中，只是保存和转移；劳动力的价值却不是这样。劳动力价值是由工人所必需的生活资料的价值决定的，这些生活资料已为劳动者所消费，包含在生活资料中的价值也随之消失。这里不是旧价值的保存和转移，而是再生产出相等于劳动力价值的一个等价作为补偿。马克思说：“在这里，一个价值用另一个价值来补偿是通过创造新价值来实现的。”第二，生产资料转移的价值和生产资料本身的价值相等，不会因转移而有所增减；劳动力的价值既不转移，因而它的提高或降低不会影响到新创造的价值。新创造的价值的多少，完全是由抽象的社会必要劳动时间的多少决定的，即由工人的劳动时间决定的，而不是由劳动力的价值决定的。至于劳动力价值的高低，那只是影响剩余价值量的一个因素而已。第三，生产资料价值的转移，只是旧价值的再现；而劳动力价值的再生产，并不是劳动力价值的再现，它是新价值的创造。所以劳动力价值再生产的含义是：工人用他劳动新创造的价值部分，补偿已消耗掉的劳动力价值部分。从形式上看，是资本家以工资付给工人。

剩余价值的生产是新价值的另一构成部分

如果工人只劳动 6 小时，只能补偿劳动力本身的价值，资本家就无法取得剩余价值了。但是，资本家购买了劳动力，就获得了劳动力的使用权，就会迫使工人不是劳动 6 小时，而是劳动更多小时，例如 12 小时，那么在 12 小时新创造的价值中，除去 6 小时补偿劳动力的价值外，另外 6 小时的劳动就形成剩余价值了。所以，剩余价值是工人所创造的新价值的一部分，是工人所创造的新价值超过劳动力价值的多余部分。如果从整个产品的价值构成看，“这个剩余价值就是产品价值超过消耗掉的产品形成要素即生产资料和劳动力的价值而形成的余额”。可见，剩余价值不是由机器创造出来的，不是由生产资料转移过来的，而是由工人的劳动创造出来的。

（四）不变资本和可变资本

变为生产资料那部分资本叫作不变资本；变为劳动力那部分资本叫作可变资本

以上的分析可以看出：生产资料，物的因素，是生产过程的必要条件，没有它，人类劳动便无法进行；但它的价值只能保存和转移，不会因转移而增加。至于人的劳动，人的因素则不然，它不仅能创造出新的价值，还能创造出超过劳动力价值的多余部分，即剩余价值。而生产资料和劳动力，不过是原有资本在抛弃货币形式后所采取的存在形式。因此，马克思根据资本的两个组成部分即生产资料和劳动力在资本本身的价值增殖过程中所起的不同作用，把它们区分为不变资本和可变资本。①

变为生产资料的那部分资本，在生产过程中，只能发生价值的转移，

---

① 不变资本是生产过程中以生产资料形式存在的资本，可变资本是在生产过程中以劳动力形式存在的资本。不变资本和可变资本的划分，仅仅是就生产资本而言。有的同志认为：不变资本是指资本家用于购买生产资料的那一部分资本，可变资本是指资本家用于购买劳动力的那一部分资本。这是不确切的。“用于购买”的，当然只是货币资本，那就不是生产资本了。马克思在这里用“变为”二字，就是为了把它限制在生产资本的范围内，限制在价值增殖的过程中。

不会变动它的价值量，所以叫作不变资本部分，或简称不变资本。

变为劳动力的那部分资本，在生产过程中不仅会生产出它自身的等价，还会生产出剩余价值，它的价值量“是可以变化的，是可大可小的。这部分资本从不变量不断转化为可变量”[①]，所以叫作可变资本部分，或简称可变资本[②]。

资本的这两个组成部分，从劳动过程的角度看，从物质形态看，是作为客观因素和主观因素，作为生产资料和劳动力相区别；从价值形态看，从价值增殖的角度看，它们是当作不变资本和可变资本相区别的。

必须注意：不变资本和可变资本是资本的两个不同组成部分，它们处于统一和对立的同一资本范畴内。就统一的方面来看，它们是互为前提、互相依赖，每一方都是不能缺少的。在以雇佣劳动制度为特征的资本主义社会里，工人丧失生产资料，资本家占有生产资料，工人与生产资料相分离，但要进行生产，又必须使它们重新结合起来。如果只有不变资本而没有可变资本，生产资料就成为一堆死的东西；如果只有可变资本而没有不变资本，赤手空拳的工人也无法进行生产，当然也无从创造价值。不变资本是生产过程的客观因素，可变资本是生产过程的主观因素，没有不变资本与可变资本的相互结合，就不可能有工人同生产资料的重新结合，不可能有资本主义生产。就对立的方面来看，不变资本与可变资本在价值增殖过程中起着不同的作用，不变资本是生产剩余价值的客观条件，可变资本则直接带来剩余价值。这就证明：资本家是依靠生产资料为手段，来剥削工人的劳动的。剩余价值不是由不变资本带来的，而是由可变资本带来的。生产资料不能产生剩余价值，只有工人的劳动才是剩余价值的唯一源泉。这就进一步揭露了资本主义的剥削实质。

生产资料的价值变动不会改变不变资本的性质

如果生产资料本身的价值变动了，转移的价值量也会随之变动，这会不会影响不变资本的概念呢？对于这个问题，在第 24、25 段中进行了分析。

---

① 为什么这部分资本从不变量不断变为可变量？马克思在第七章第一节第 6 段作了说明。

② 可变资本，是资本家用于购买全部劳动力的总价值。马克思说：“可变资本是资本家同时使用的全部劳动力的总价值的货币表现。”（《资本论》第 1 卷，人民出版社 2004 年版，第 351 页）

不管是劳动对象，例如棉花，还是劳动资料，例如机器，它本身的价值是会发生变化的。前面说过，单位商品的价值量是随劳动生产率的变化而变化，它们相互间成反比例，即劳动生产率越高，单位商品所包含的价值量就越少；反之亦然。不仅如此，单位商品的价值量，不仅由生产它所消耗的社会必要劳动时间决定，而且是由现在再生产它所消耗的社会必要劳动时间决定，也就是说，“决定商品的价值量的，是生产商品所必需的劳动量，而不是劳动的对象形式”①。例如：某工厂储存 1000 磅棉花，过去生产 1 磅棉花需要花费 2 小时的社会必要劳动，现在由于社会劳动生产率提高，1 磅棉花只要 1 小时就可生产出来，那么储存的这 1000 磅棉花的价值，就不再是代表 2000 劳动小时，而是只代表 1000 劳动小时了。这是生产该商品的社会必要劳动时间的变动，在一切旧商品身上所发生的反映，这说明生产资料本身的价值量是会发生变动的。

生产资料本身价值量的变动，会使它的转移到产品上去的价值也相应发生变化。例如，由于一种新发明，同种机器可由较少的劳动再生产出来，那么旧机器就要或多或少地贬值，因而转移到产品上去的价值也要相应地减少。但是，在这种情况下，仍然是它本身有多少价值就只能转移多少；转移的价值量的变化，是由劳动过程所决定的生产资料本身价值量的变化引起的，而不是因转移过程而引起的。因此，从转移价值的角度看，这种情况并不会改变生产资料作为不变资本的性质。

不变资本和可变资本间的比例的变动，不会影响它们在职能上的区别

如果生产资料本身所包含的价值减少了，那么资本家用于不变资本的部分也会随之减少，不变资本和可变资本之间的比例也就会随之变动，这是一种情况。还有另一种情况：由于新的发明创造或实现技术改革，劳动过程的技术条件大大变动了，过去 10 个工人可以推动的生产资料，现在只要 1 个工人就可推动了，因而用于可变资本的部分就会减少，用于不变资本的部分就会增加，这也引起可变资本与不变资本之间比例的变化。但不变资本和可变资本比例的变化，不会改变可变资本和不变资本的不同作用，

① 《资本论》第 1 卷，人民出版社 2004 年版，第 615 页。

不会影响它们的区别。因为尽管不变资本增多，可变资本减少，不变资本还是只能转移那么多的价值，不能创造出剩余价值；剩余价值还是要由工人的劳动来创造，即因可变资本的作用而产生。

■ 在第706页注(66)中，马克思曾经说过："这里我要提醒读者，可变资本和不变资本这两个范畴是我最先使用的"。在经济思想史上，马克思是区分不变资本与可变资本的第一人。重农学派从资本周围的角度出发，把资本划为年预付与原预付，但他们不懂得剩余价值生产的实质，当然也不可能揭露不变资本与可变资本的区别。斯密在重农学派的基础上，提出了固定资本与流动资本的概念，他"对重农学派所分析的差别采用了更稳定的名称"[①]。但他对这二者区别的说明，还不如重农学派。李嘉图接受斯密划分流动资本和固定资本的观点，但他对划分的说明和斯密不同，他是以资本的耐久程度作为划分的根据。他说："资本有些消耗得快，必须经常进行再生产，有些则消耗得慢。根据这种情形，就有流动资本和固定资本之分。"[②] 接着他自己又加注说明："这种区分不是本质的区分，其间不能划出明确的界线。"在有些地方，李嘉图认为流动资本是由工资构成，固定资本是由劳动资料（厂房、机器等）和劳动工具构成，但没有把原料和辅助材料包括在流动资本之内。这种对流动资本和固定资本的划分，就接近于马克思的不变资本和可变资本。但是他把资本和资本的物质形态看成是同一的东西，把购买劳动力的资本和维持工人生活的消费资料等同起来，而消费资料作为一种物质形态，和生产资料一样，其价值也是不会变化的，当然他就无法把这部分资本当作可变量来看待，所以他不可能认识不变资本和可变资本的区分。究竟什么原因阻碍他进一步的研究呢？马克思指出："无论李嘉图，还是在他以前或以后的其他任何经济学家，都没有把劳动的两个方面准确地区分开来，自然更没有对这两方面在价值形成上所起的不同作用作出分析。"[③] 这是说，这是和他们不懂得生产商品的劳动的二重性分不开的。

---

① 《马克思恩格斯全集》第33卷，人民出版社2004年版，第15—16页。

② 李嘉图：《政治经济学及赋税原理》，商务印书馆1962年版，第24页。

③ 《资本论》第1卷，人民出版社2004年版，第238页注（21）。

马克思对不变资本和可变资本的区分，是以他的劳动的二重性学说为基础的。从具体劳动看，它创造使用价值，同时起转移旧价值的作用；从抽象劳动看，它创造出新的价值，并能创造出超过劳动力价值的剩余价值。如果不理解同一劳动的这种二重性，就无法理解同一生产过程为什么既是使用价值的形成过程又是价值的增殖过程，更不能了解用于生产资料的资本和用于劳动力的资本在价值增殖过程中起着怎样不同的作用，也就不能区分不变资本和可变资本。在这里，我们可以进一步体会到马克思把劳动二重性作为理解政治经济学的枢纽的巨大意义。[①] 如果说，马克思在劳动价值学说上，把劳动区分为抽象劳动和具体劳动，是一个十分重要的创见；那么，他在以劳动价值学说为基础的剩余价值学说上，把资本区分为不变资本和可变资本，又是一个极其重要的创见。

不变资本和可变资本的区分，是理解资本主义生产实质的关键。它告诉我们：不变资本只是生产剩余价值的条件，只有可变资本才能带来剩余价值，只有工人的劳动才是剩余价值的唯一源泉，从而驳斥了一些资产阶级学者所主张的全部资本都带来利润的谬论。同时，由于可变资本和不变资本的区分，才能进一步计算剩余价值率，研究工人被剥削的程度。不仅如此，可变资本和不变资本的区分，又是马克思关于资本有机构成学说的基础。在资本有机构成学说的基础上，马克思发现了资本积累的一般规律，建立了再生产理论，以及平均利润、生产价格和地租等理论，这对于分析整个资本主义社会的经济现象和经济实质都是极其重要的。区分不变资本和可变资本，是马克思在经济学上的一个巨大的不可磨灭的功绩。

---

① 参见《资本论》第1卷，人民出版社2004年版，第55页。

第七章

剩余价值率

在第五、六章中，已经从质的方面说明了剩余价值及其产生的源泉，论证了资本主义剥削的特殊形式；现在，就要从量的方面来说明资本主义的剥削程度及其表现方法。因此，本章的任务是：通过对剩余价值率的研究，一方面进一步揭露资本关系的剥削实质，批判资产阶级为了掩盖这种剥削实质而采取的计算剩余价值的种种方法；另一方面通过剩余价值率的计算，进一步了解资本家对工人的剥削程度。

马克思在第一篇中采用了资产阶级政治经济学古典学派经常使用的范畴，如商品、货币、价值、价格等等，只是在其中增加了新的内容，从而建立彻底的科学的劳动价值学说。从第二篇起，转入对资本主义生产过程的分析，资产阶级经济学者所使用的范畴就不能利用了，因为那些范畴有一个共同的特点，就是掩盖资本主义的剥削实质，因此，马克思第一次使用了一系列新的科学的经济范畴。例如，资产阶级学者把资本划分为固定资本和流动资本，马克思却根据资本在剥削剩余价值过程中的不同作用，划分为不变资本和可变资本。又如，资本家为了掩盖对工人的剥削实质和剥削程度，提出了利润和利润率的概念，马克思为了阐明资本对工人的剥削实质和剥削程度，则提出了剩余价值和剩余价值率的概念。剩余价值率这一概念的提出，在经济思想史上首先要归功于马克思，是他的剩余价值学说的有机组成部分之一。

本章共分四节，第一节，研究剩余价值率这一概念的实际内容，指出这是资本对劳动力剥削程度的纯粹的而不是歪曲形态的表现；第二节，研究产品价值的成分在产品相应部分上的表现，论证这种表现所造成的对劳动力受资本剥削的程度的严重歪曲；第三节，批判这种歪曲表现的理论代表者：西尼耳的“最后一小时”；第四节，指出剩余价值表现为剩余产品，即剩余价值所依以表现的物质形式。

1. 劳动力的剥削程度

（一）剩余价值完全是可变资本价值变动的结果

剩余价值首先表现为产品价值超过它所消耗的生产资料和劳动力价值的部分

资本家剥削的是剩余价值，因此，要研究资本家对工人剥削的程度，必须从分析剩余价值开始。

从剩余价值产生的源泉方面来考察，剩余价值是工人新创造的价值超过补偿劳动力价值以后的多余部分。从单位商品的价值构成方面来考察，“剩余价值就是产品价值超过消耗掉的产品形成要素即生产资料和劳动力的价值而形成的余额”①。

一个商品的价值由三个因素构成：不变资本，可变资本，剩余价值。不变资本和可变资本是用于生产资料和劳动力方面的资本，剩余价值是工人新创造而为资本家无偿占有的价值。“各种生产要素的价值等于预付资本的价值”，就是说，用于生产资料和劳动力这些生产要素上的价值，等于预付资本（包括不变资本和可变资本）的价值。例如某一商品，不变资本 410 元，可变资本 90 元，剩余价值 90 元，其价值就是 590 元；但预付资本只是 500 元，这 500 元与价值 590 元之差的 90 元，就是剩余价值。“所以，说产品价值超过产品的各种生产要素的价值而形成的余额，等于预付资本的价值增殖额，或等于生产出来的剩余价值，实际上是同义反复。”

但是，“对这个同义反复需要作进一步的规定”，因为“预付资本的价值增殖额”和“生产出来的剩余价值”，在某一点上还是有区别的。前

① 《资本论》第 1 卷，人民出版社 2004 年版，第 242 页。

面说过，在预付资本的不变资本部分中，有一些因素的价值是逐步转移的，它的价值全部参加劳动过程，但只部分地参加价值增殖过程。我们说产品价值中的各种生产要素的价值等于预付资本的价值，这里的预付资本中的不变资本，并不包括全部参加劳动过程的不变资本的全部价值，而仅包括它参加价值增殖过程的那部分价值。例如，产品中包含的转移来的机器的旧价值为 54 元，但实际上这一机器本身的价值是 1054 元，那么，在产品中计算这一部分的预付资本时，就不是 1054 元，而只是 54 元。由于它们之间还有这点区别，“因此，凡从上下文联系中得不出相反意思的地方，我们谈到为生产价值而预付的不变资本时，总只是指在生产中消耗的生产资料的价值”。这样做的目的，是为了分析上的方便，对理解问题的实质并无妨碍。

产品中新生产的价值和产品价值是不同的

在研究单位商品的价值构成时，必须注意：“在生产过程中实际新生产的价值产品，是和从这个过程中得到的产品价值不同的。”“实际新生产的价值产品”，是指劳动过程中新创造的价值，它只是商品价值构成的一个部分，即等于可变资本加剩余价值，并不是商品价值的全部。“从这个过程中得到的产品价值”，系指商品中所包含的全部价值，既包括新创造的价值部分，也包括旧价值的转移部分，等于不变资本、可变资本和剩余价值的总和。如用公式来表示，前者$=v+m$，后者$=c+v+m$。

亚当・斯密不懂得二者之间的区分，把它们混为一谈。这是由于他不懂得劳动的二重性，不懂得具体劳动具有转移旧价值的作用，因而在再生产过程中只看到新价值的创造，不管生产资料的价值的补偿，从而得出错误的结论。对此，马克思在第一卷第七篇和第二卷中进行了批判。

有没有“新生产的价值产品”和“产品价值”相等的现象呢？马克思做了一个假设：如果有这样一些产业部门，它们的资本家可以不使用经过生产的生产资料，不使用原料、辅助材料，也不使用劳动工具，而只是使用天然存在的材料和劳动力，这样，就没有生产资料的旧价值可以转移，不变资本等于零，“新生产的价值产品”和“产品价值”就完全相等了。事实上，这种部门几乎是不存在的。不过我们在分析问题时，可以作出不变资本等于零的假设；但这假设，并不能把上述两个不同的概念等同起来。

> **剩余价值完全是可变资本价值变动的结果，在研究剩余价值率时，应把不变资本抽去**

剩余价值直接来源于可变资本，是可变资本的价值发生变动的结果。但是，从现实的价值情况来看，由于资本可变部分的增加，全部预付资本也增加了。如从 500 元变为 590 元，这 90 元剩余价值好像是全部预付资本带来的，这种现象掩盖着资本家对工人的剥削程度。要对这种剥削程度有真实的了解，就必须对这个过程进行纯粹的分析，即暂时把不变资本价值再现的部分完全抽出，单从可变资本与剩余价值的比率关系来考察。

马克思在第 6 段里提出一个问题：可变资本的 90 元，是已知量，因而是不变量，因此把它当作可变量似乎是不合理的。那么，不变量怎样被可变量代替呢？当然，用于 90 元的可变资本，也是一定量的物化劳动(死劳动)，和所购买的劳动力价值一样，它本身确实是个不变量。但是在生产过程中，这 90 元就被“发挥作用的劳动力所代替，死劳动为活劳动所代替，静止量为流动量所代替，不变量为可变量所代替”。活劳动发挥作用的结果，既补偿了可变资本的价值部分，又生产了一个可变资本的递加量。“从资本主义生产的观点来看，这全部进程是转变为劳动力的那个原来不变的价值的自行运动。”这种说法“看来是矛盾的”，但这种矛盾“只是表现了资本主义生产固有的矛盾”。

剩余价值对预付总资本的比率，在经济上是极其重要的，它表示着资本家投入多少资本取得多少利润（即剩余价值的转化形态）或平均利润，但这样的比率看不出工人受剥削的程度。而剩余价值对可变资本的比率却可以看出工人所受剥削的程度，因为只有可变资本才是剩余价值的直接来源。所以在计算剩余价值率时，应把不变资本抽去。这样做，并不是否定不变资本在生产过程中的作用，因为“要使资本的一部分转变为劳动力而增殖，就必须使资本的另一部分转化为生产资料。要使可变资本起作用，就必须根据劳动过程的一定的技术性质，按相应的比例来预付不变资本”。只有可变资本所购买的劳动力，而没有不变资本所表现的生产资料，是不能进行生产的。但是我们现在是对价值创造和价值变化本身作纯粹的考察，完全可以把不变资本抽去。正如化学过程需要一定的容器，但在分析时可把容器抽去一样。

不变资本数量的变化，必然引起单位商品价值量的变化，但不会影响剩余价值量，这一事实说明我们在研究剩余价值率时可以把不变资本抽去。例如，不变资本由 410 元增至 510 元，可变资本与剩余价值各为 90 元，商品价值就会由 590 元增至 690 元，虽然不变资本的价值增加了，但剩余价值还是 90 元，完全没有变化。所以不变资本量的变化，不会直接影响剩余价值量本身。

（二）剩 余 价 值 率

剩余价值率表现为剩余价值同可变资本的比率

把不变资本抽去，就只剩下可变资本和剩余价值了。我们需要考察的问题是：工人的被剥削程度是怎样决定的？这就要研究工人究竟创造了多少新价值，在这新价值中，工人取得多少，资本家取得多少。仍以上例而论，在 590 元的商品价值中，减去不变资本 410 元，仍有 180 元，这是工人新创造的价值，如果可变资本是 90 元，剩余价值也是 90 元。90 元是剩余价值的绝对量，单从价值量看，只能说明资本家究竟剥削了多少，还看不出工人受剥削的程度。要考察工人的被剥削程度，必须把剩余价值和可变资本相比较，把资本家所得的部分和工人所得的部分相比较，“可变资本的这种相对的价值增殖或剩余价值的相对量，称为剩余价值率”。简单地说，剩余价值率就是剩余价值同可变资本的比率。它可用$\frac{\text{剩余价值}}{\text{可变资本}}$的公式来表示，或用$\frac{m}{v}$来表示。如上例，可变资本是 90 元，剩余价值也是 90 元，那么，剩余价值率是$\frac{90}{90}=100\%$。这就是说，在工人创造的价值中，有一半被资本家剥削去了。

剩余价值率也表现为剩余劳动同必要劳动的比率

剩余价值率还可用另一种方法来表示，即用剩余劳动对必要劳动的比率来表示。

什么是必要劳动呢？一般是指维持或再生产劳动者所必要的劳动，在资本主义制度下，就是再生产劳动力价值所必要的劳动。劳动力的价值，等于他所必需消费的生活资料的价值。资本主义生产是以社会分工为前提的，工人不是直接生产他自己所需要的各项生活资料，而是在一定分工的范围内，在某种商品形式上生产出同他的生活资料的价值相等的价值，或者说，同他用来购买生活资料的货币相等的价值。工人每日用于生产相等于自身劳动力日价值的时间，是为他所消费的生活资料的价值所决定的，也就是为生产这些生活资料所花费的社会必要劳动时间所决定的。如果工人生产他一日所需的生活资料的社会必要劳动时间为 6 小时，工人每日也需劳动 6 小时，才能再生产他的劳动力的日价值。这种维持人类生命的生活资料，在任何社会都是必需的，即使工人不是为资本家而是为自己劳动，像独立手工业者那样，也不能取消这一部分的生活资料的消费，也要同样劳动这么多小时，才能获得维持自己所必需的生活资料。但是在资本主义制度下，这一部分时间内所创造的价值，是为了补偿预付的可变资本的价值，它不是可变资本价值的转移，而是可变资本价值的再生产。马克思说："我把进行这种再生产的工作日部分称为必要劳动时间，把在这部分时间内耗费的劳动称为必要劳动。这种劳动对工人来说所以必要，是因为它不以他的劳动的社会的形式为转移。这种劳动对资本和资本世界来说所以必要，是因为工人的经常存在是它们的基础。"这就是说，必要劳动有两重意义：从一般的意义说，也就是从工人方面说，不管在任何社会里，工人为了维持自己的生存，恢复和再生产劳动力，必须消耗一定量的生活资料，必须在一定时间内生产这些生活资料。从特殊的意义说，也就是从资本的方面说，在资本主义社会里，资本剥削剩余价值，是以购买到劳动力这一特殊商品为前提的。如果工人不能取得这一部分的生活资料，就无法生存，就不能不断地出卖劳动力，资本也就无法剥削到剩余价值，资本主义生产方式也就不能存在。因此马克思说，必要劳动是资本和资本世界的基础。

马克思使用的"必要劳动时间"这一概念，在不同的地方有不同的含义。其一是泛指生产一般商品的社会必要劳动时间，这是在第一章就已论证了的；另一是指生产劳动力这一特殊商品的必要劳动时间，这正是现在研究的问题。马克思为了避免误解，特在第 250 页注（29）加以说明，并指出："用同一术语表示不同的意思是容易发生误会的，但这种现象在任何科学中都不能完全避免。"

什么是剩余劳动呢？它是在剩余劳动时间内所从事的劳动。在资本主义社会里，则是创造剩余价值的劳动。在劳动生产率极低的原始公社初期，劳动者每日所得很难维持一饱，当然谈不到有剩余，也不会形成剩余劳动。随着生产力的不断发展，到了原始社会后期，劳动产品不仅能满足必要的消费，而且还有剩余，从此，人类的统一劳动就划分为两部分，即必要劳动和剩余劳动。在剩余劳动时间内创造出剩余产品，逐渐产生了交换，人们逐渐产生了私有观念，产生了私有制，产生了阶级和剥削。所以，剩余劳动为私有制、阶级、剥削的出现，创造了物质前提，它是由生产力的发展水平所决定的。"没有一定程度的劳动生产率，工人就没有这种可供支配的时间，而没有这种剩余时间，就不可能有剩余劳动，从而不可能有资本家，而且也不可能有奴隶主，不可能有封建贵族，一句话，不可能有大占有者阶级。"①

有人认为剩余劳动是有剥削的阶级社会里才存在的经济范畴，在社会主义制度下是不存在的。这种看法是不符合马克思的原意的。事实上，剩余劳动是个一般的经济范畴，在一切社会里都是存在的。马克思说过："剩余劳动一般作为超过一定的需要量的劳动，应当始终存在。"② 又说："如果我们把工资和剩余价值，必要劳动和剩余劳动的独特的资本主义性质去掉，——那么，剩下的就不再是这几种形式，而只是它们的为一切社会生产方式所共有的基础。"③ 问题在于：在不同的社会里，剩余劳动有不同的表现形式，这是由不同社会的生产关系的性质所决定的。所以马克思又说："使各种社会经济形态例如奴隶社会和雇佣劳动的社会区别开来的，只是从直接生产者身上，劳动者身上，榨取这种剩余劳动的形式。"例如：在奴隶社会里，奴隶的全部劳动（包括剩余劳动和必要劳动）都直接为奴隶主无偿占有，而必要劳动是作为"工具维修费"的形式，由奴隶主"恩赐"给奴隶。在封建社会里，剩余劳动采取了封建地

---

① 《资本论》第1卷，人民出版社2004年版，第585页。
② 《资本论》第3卷，人民出版社2004年版，第927页。
③ 《资本论》第3卷，人民出版社2004年版，第992页。

租和超经济强制的形式，为封建主所占有，其中往往也包括必要劳动的一部分。在资本主义社会里，必要劳动采取劳动力价值的形式及其转化为工资的形式，剩余劳动则采取剩余价值形式及其各种转化形式，如利润、利息、地租等。在阶级社会里，必要劳动和剩余劳动所采取的具体形式，反映阶级剥削的生产关系，具有阶级对抗性质。在这里，需要注意资本主义剥削剩余劳动的形式的特点：第一，资本主义的剩余劳动采取剩余价值的形式；第二，剩余劳动时间和必要劳动时间之比，采取了剩余价值对可变资本之比的形式；第三，对剩余劳动的剥削不像在奴隶社会、封建社会那样一目了然，而是为物和物的关系所掩盖，为形式上的“自由”、“平等”、等价交换所掩盖，使剥削关系物化了。马克思说的“把剩余价值看作只是剩余劳动时间的凝结，只是对象化的剩余劳动，这对于认识剩余价值也具有决定性的意义”，就是对资本主义剩余劳动的表现形式而言的。它所以“具有决定性的意义”，是因为当工人认识到剩余价值是他们的剩余劳动创造的时候，资本剥削的真相就全部暴露出来了，这就揭穿了剩余价值的剥削实质。

在阶级社会里，必要劳动和剩余劳动转化成为付给报酬的劳动和没有付给报酬的劳动[①]，反映着剥削关系和阶级利益的对抗。在实行生产资料公有制、消灭剥削的社会主义社会则不然，虽然也还存在必要劳动和剩余劳动的概念，它的性质已发生根本的改变，已不表现剥削与被剥削的关系，而表现为个人、集体和社会的关系了。与此同时，它也具有新的表现形式，这就是：必要劳动采取工资、劳动工分的形式，剩余劳动采取企业纯收入、利润和税金的形式。这种新的社会形式，是新的生产关系的反映。所以社会主义并不排斥剩余劳动的概念，相反，只有生产力越发展，劳动生产率越提高，剩余劳动越增多，从而生产出更多的剩余产品，才更有利于全面地高速度地发展国民经济。特别是农业中的剩余劳动，是为工业和整个国民经济提供粮食、原料、市场、资金和劳动力的客观基础；只有农业劳动生产率不断提高，农业中的剩余劳动不断增多，才能为工业的发展和整个国民经济的发展提供必要的前提。

---

① 参阅《资本论》第1卷，人民出版社2004年版，第262页。

剩余价值和可变资本的比率，等于剩余劳动和必要劳动的比率

剩余价值率，既可用剩余价值和可变资本的比率来表示，又可用剩余劳动和必要劳动的比率来表示。这两个比率，是以不同的形式来表示同一种关系。因为可变资本的价值等于它所购买的劳动力的价值，而劳动力的价值又是由必要劳动来补偿的，在这意义上，可变资本和必要劳动是一致的；而剩余价值是由剩余劳动创造的，它们也是一致的。所以“剩余价值和可变资本之比等于剩余劳动和必要劳动之比”。剩余价值率既可用$\frac{m}{v}$的公式来表示，也可用$\frac{剩余劳动}{必要劳动}$的公式来表示。为什么要用两个不同的比率来表述同一种关系呢？因为剩余价值和可变资本之比，“是对象化劳动的形式”，就是说，是通过物的关系来表现的形式，它指示着资本主义所特有的关系。剩余劳动和必要劳动之比，“是流动劳动的形式”，就是说，以活的劳动形式来表现的，它不被物的外壳所掩盖，指示着一切阶级社会所共有的关系。马克思特别指出剩余价值和可变资本之比等于剩余劳动和必要劳动之比的目的，不仅为了表现剩余价值率，是从一般的流动劳动的形式的比率中所揭示出来的资本主义的特殊的关系，并且是为了说明，$\frac{m}{v}$转化为$\frac{剩余劳动}{必要劳动}$，才能够正确指出一个工作日中这两个构成部分的比率，并且，只有以此为基础，才能进一步探索资产阶级提高对工人的剥削程度的两种方法，即绝对剩余价值生产和相对剩余价值生产的秘密。

（三）研究剩余价值率的重大意义

剩余价值率表示工人受资本家剥削的程度

马克思说：“剩余价值率是劳动力受资本剥削的程度或工人受资本家剥削的程度的准确表现。”而资产阶级经济学者通常所用的计算利润的方法，则是对工人受资本家剥削的程度的歪曲，因而是不正确的。为了“准确表现”资本对劳动力的剥削程度，我们必须把剩余价值率和利润率严格地区分开来。

不能把剩余价值率和利润率相混同

对利润率的研究，是《资本论》第三卷第二章的事情，但我们现在必须简单地加以说明。所谓利润，是剩余价值的转化形式。利润率是剩余价值和全部资本的比率，它好像不是可变资本在量上发生变化的结果，而像是全部预付资本的产物。以上例而言，产品价值为 590 元，其中 c 410 元，v 90 元，m 90 元，剩余价值率$\frac{m\ 90}{v\ 90}=100\%$；而利润率则为$\frac{m\ 90}{c\ 410+v\ 90}=18\%$。从表面上看，剥削程度只有 18%，但实际是 100%，其间竟相差四倍以上。所以要正确地反映工人的被剥削程度，必须计算剩余价值率。马克思说："只要知道了剩余价值的各个规律，利润率是容易理解的。如果走相反的道路，则既不能了解前者，也不能了解后者。"①这是因为剩余价值率是反映经济本质的范畴，利润率只是表示某一经济现象，现象与本质往往是不一致的，掌握了本质也就更容易理解现象；如不懂得本质，虽然对现象进行仔细的研究，还不能得到科学的说明。

剩余价值率是从量的方面来考察工人的被剥削程度，但不能因此把剥削程度同剥削量混淆起来。剥削程度表现为剩余价值率，剥削量表现为剩余价值量，所以，马克思说："剩余价值率虽然是劳动力剥削程度的准确表现，但并不是剥削的绝对量的表现"②。例如，一劳动日的必要劳动为 5 小时，剩余劳动为 5 小时，另一工人的一劳动日中，必要劳动为 6 小时，剩余劳动为 6 小时，剩余价值率都是 100%，但剩余价值的绝对量则不相同，前者为 5 小时，后者为 6 小时。

随着资本主义的发展，剩余价值率不断提高。根据有关资料，美国工业中的剩余价值率：1899 年为 128%，1909 年为 130%，1919 年为 122%，1929 年为 158%，1935 年为 200%，1947 年为 210%，1955 年为 235%，1958 年为 267%。日本：1935 年为 302%，1954 年为 316%，1955 年为 320%，1960 年为 345%，1970 年为 443%。这些资料虽不尽准确，但至少可以说明，剩余价值率的总趋势是不断上升的。

---

① 《资本论》第 1 卷，人民出版社 2004 年版，第 249 页注（28）。

② 《资本论》第 1 卷，人民出版社 2004 年版，第 252 页注（30a）。

（四）计算剩余价值率的方法

用什么方法计算剩余价值率呢？方法虽然是很简单的，但“是读者所不习惯的”，因为这是马克思的创造。

第一步：从全部产品价值中抽去不变资本，从而求出该产品中有多少是新创造的价值。

第二步：在新创造的价值中，求出可变资本和剩余价值的绝对量。方法：如果已知可变资本量，把新创造的价值减去可变资本量，即得剩余价值的绝对量。如果已知剩余价值量，把新创造的价值减去剩余价值量，即得可变资本的绝对量。

第三步：计算剩余价值和可变资本的比率，即得剩余价值率。

马克思为了便于读者理解起见，在第 17 段以工业为例，第 18、19 段又以农业为例，作为计算剩余价值的范例。

有人认为这样计算的产品价值，是以与价值相等为基础，可是市场价格时高时低，经常脱离价值，不是不能确切计算出剩余价值率吗？对此，马克思在第 254 页注（31a）特别加以说明。他指出这只是例解，是假定价格与价值相等的。在资本主义的实际生活中，经常是以平均价格为基础，那将要有更复杂的计算。这牵涉价值转化为生产价格问题，那是在《资本论》第三卷中所要研究的。

2. 产品价值在产品相应部分上的表现

产品价值的三个要素

产品价值包含三个要素：c、v、m。例如：20 磅棉纱的价值是 30 元，等于 24 元的 c 加 3 元的 v，再加 3 元的 m。c 是旧价值的转移，v 和 m 都是新创造的价值。现在就来考察这三部分价值怎样表现在产品的相应部分上。

就工作日完成的结果来考察各项价值要素在产品相应部分上的表现

一种表现的方法是，把总产品 20 磅棉纱当作工作日完成的结果来考察，把 20 磅棉纱分成几个量，分别代表各项价值要素。

首先，在 20 磅棉纱代表的 30 元的价值中，$\frac{8}{10}$的产品即 16 磅棉纱的价值 24 元，代表了不变资本 24 元的价值。

其次，$\frac{2}{10}$的产品即 4 磅棉纱，代表了 6 元新创造的价值。其中 2 磅棉纱代表可变资本 3 元的价值，另 2 磅棉纱代表 3 元的剩余价值。

这样，劳动结果的 20 磅棉纱就分成三个部分：16 磅棉纱表现不变资本部分，2 磅棉纱表现可变资本部分，2 磅棉纱则表现剩余价值部分。如用公式来表示，就是：

20 磅棉纱＝16 磅棉纱＋2 磅棉纱＋2 磅棉纱。

事实上，每个商品价值都包含 c、v、m 这三部分，可是从现象上看，从生产结果看，就好像这三个价值因素被分割为三堆产品了。好像在 16 磅棉纱中，不需要任何活劳动的加入，在另 4 磅棉纱中，不需要任何生产资料的加入了。

马克思说："这种划分很简单，但又很重要，这一点在以后把它应用到复杂的尚未解决的问题上时就可以看出。"这里所指"复杂的尚未解决的问题"，是指在第十章考察个别资本家因提高劳动生产率而取得超额剩余价值时，在第三卷考察级差地租的产生时，也都需要运用这一原理。

从产品的形成过程来考察不同价值要素在劳动时间分配上的表现

另一种表现的方法是，从产品的形成过程来考察各项价值要素在劳动时间分配上的表现。

纺纱工人在 12 小时内生产 20 磅棉纱，1 小时生产 $1\frac{2}{3}$磅。所以他在最初的 9 小时 36 分时间内，生产出 16 磅棉纱，相当于消耗掉 24 元不变资本的价值；又在其后 1 小时 12 分时间内，生产 2 磅棉纱，相当于 3 元可变资本的价值；再在最后的 1 小时 12 分时间内，生产 2 磅棉纱，相当于 3 元的剩余价值。

我们也可以用公式来表示：

12 小时＝9 小时 36 分＋1 小时 12 分＋1 小时 12 分。

“这是英国工厂主日常应用的计算方法”。马克思指出，“这个公式是正确的，其实它就是上面的第一个公式[①]，不过把现成产品的各部分同时并存的空间变成了它们依次出现的时间”。为什么呢？因为上述“第一个公式”是从工作日完成的结果，从产品并存的空间上来考察的；而“这个公式”是从产品的形成过程，从“它们依次出现的时间”上来考察的。

由于把产品各构成部分的表现和它的生产混为一谈而产生的错误

以上的计算方法，只是把价值构成的三个因素，分摊在已经生产出来的产品中，或分摊在工人的全部劳动时间中。可是资本家和一些资产阶级经济学者，根据后一计算方法，却得出极其荒谬的结论。他们认为：在最初的 9 小时 36 分时间内，生产或补偿生产资料的价值；在再次的 1 小时 12 分时间内，生产或补偿工资的价值；只有在“最后一小时”才生产剩余价值。如果缩短一小时的劳动时间，剩余价值就会消失。这一观点的根本错误在于：把使用价值的生产和价值的创造混为一谈，把旧价值的转移和新价值的创造混为一谈，把新创造的价值和产品总价值混为一谈。因为纺纱工人不可能有这样的二重奇迹，即在一个工作日的 12 小时内，一方面把棉纱纺出来，把它的使用价值生产出来，一方面又把棉花、纱锭、蒸汽机、机油等等生产资料的价值全部生产出来（实际上，这部分价值只是被转移的），这样，纺纱工人就必须“把一个有一定强度的工作日变成 5 个这样的工作日”。这就是说，生产资料的价值 24 元是四个工作日生产出来的，新价值 6 元是一个工作日生产出来的，工人在一个工作日内，既生产了新价值，又生产了全部生产资料的旧价值，一个工作日生产的价值，等于五个工作日生产的价值。一个工作日怎能变成五个工作日呢？根本不可能。但是在不能区分转移旧价值和创造新价值的人们看来，必然得出这样的错误结论。事实上，工人在一个工作日内，只生产了 20 磅

---

① 指就工作日完成的结果来考察各项价值要素在产品相应部分上的表现的公式。

棉纱的使用价值，而没有生产它的全部价值，只是生产了 6 元的新价值，同时又转移了 24 元的旧价值而已。把转移旧价值和创造新价值混为一谈，必然也要把价值的生产和使用价值的创造混为一谈。西尼耳的“最后一小时”，就是这种错误理论的典型代表。

3. 西尼耳的“最后一小时”

西尼耳的“最后一小时”的谬论

英国的资产阶级庸俗经济学家西尼耳，为了帮助资产阶级反对工人争取十小时工作日的斗争，反对 1833 年的新工厂法[①]，提出了资本家的利润是在工人劳动十一小时半中的最后一小时生产出来的谬论。马克思把这种谬论戏称为“西尼耳的‘最后一小时’”。

西尼耳的谬论可用例子说明如下：

假定工人每日劳动 $11\frac{1}{2}$小时，全日产品的价值 115000 元，其中包括固定资本 80000 元，流动资本 20000，总利润 15000 元。这样，工人在每半个小时内生产 5000 元的价值。西尼耳认为：工人在二十个的半小时（即十个小时）内，生产出 100000 元的价值，补偿资本家的预付资本；在第二十一个的半小时内，生产 5000 元的价值，用以补偿厂房及机器的亏损，西尼耳把这称之为总利润（!）[②]；在最后的两个半小时，即最后的一个小时内，工人才生产出 10000 元价值，作为资本家的纯利润。西尼耳宣称：如果“劳动时间每天缩短一小时，纯利润就会消失，缩短 $1\frac{1}{2}$小时，总利润也会消失”。

---

① 1833 年，英国国会通过关于工厂的立法。该工厂法规定，除特殊情况外，每个少年每天不得做十二小时以上的工作。

② 西尼耳的总利润这一概念，不仅包括利润部分，而且包括不属利润的用于补偿厂房及机器亏损部分，这是奇谈怪论，所以，马克思在总利润后用“!”来表示。

对西尼耳“最后一小时”的批判

马克思对西尼耳的谬论进行了批判。马克思指出一个极简单的道理：如果工作时间由十一小时半降至十小时，那么就会减少一个半小时的生产资料的消耗，过去用十个小时才能补偿已消耗的生产资料的价值，现在只要八个半小时的产品价值就可以补偿，“最后的一小时”不是仍然存在吗？

马克思还进一步从理论上，即从工作日长短和纯利润关系方面进行批判。为了说明问题，首先确立几个前提：第一，同等时间内生产的价值是相等的；第二，一个工作日所创造的价值，分为再生产工资部分和利润部分；第三，例中所举的工资与利润各占一半；第四，二小时产品的价值包含十一个半小时的劳动量。这样，如果按照西尼耳的说法，纺纱工人一小时的劳动，就要创造出 $5\frac{3}{4}$ 小时的价值，这不是绝不可能的奇迹吗？事实上，纺纱工人一日劳动所生产的只是一定量纱的使用价值，并不是这一定量纱的全部价值，因为其中还包含旧价值的转移部分。所以，不能认为一小时劳动可以创造出代表 $5\frac{3}{4}$ 小时的价值，但一个小时内劳动产品的价值，却可包含 $5\frac{3}{4}$ 小时的价值，因为其中 $4\frac{3}{4}$ 小时是旧价值的转移，其中一小时才是新价值的创造。由此就可得出结论：二小时劳动的产品价值，等于全日十一个半小时劳动的物体化，实际上是：工人以 $5\frac{3}{4}$ 小时再生产出工资，以 $5\frac{3}{4}$ 小时生产出利润，前者是有付给报酬的，后者是没有付给报酬的，剩余价值率是半天比半天，即 100％，所以不存在什么只有最后一小时才创造利润的问题。如果增加劳动时间，由十一时半增至十三小时，即增加一个半小时，剩余价值率就会从 100％增加到 $126\frac{2}{23}$％，但不会增加到 200％，甚至 200％以上。如果相反，缩短劳动时间为十个半小时，剩余价值率只是降低至 $82\frac{14}{23}$％，并不会使全部纯利润都丧失。

这样，我们就可看出，西尼耳犯了两个根本性错误：第一，他把旧价值的转移过程和新价值的创造过程混为一谈了，把使用价值的生产和价值的创造混为一谈了。十一个半小时内生产出来的产品价值不只包含十一个半小时的劳动，因为它除了十一个半小时劳动新创造的价值外，还包含生产资料旧价值的转移部分。西尼耳却把它们混淆起来，他认为十一个半小时，即创造了预付资本的价值，又创造了新价值，他不懂得创造价值和转移价值的关系，结果把价值形成过程和使用价值的生产同等看待，得出离奇而荒谬的结论。西尼耳的这一错误，是沿袭了古典学派的错误而产生的。古典学派不懂得劳动的二重性，因而不懂得价值的创造与转移的关系。西尼耳利用古典学派的这一错误，作为他“最后一小时”的理论依据。第二，西尼耳从资本家销售商品的观点出发，以为商品分批出卖时，首先是赚回自己的预付资本，最后才取得利润。这就掩盖了每一商品中都包含利润的事实，即掩盖每一商品价值都是由不变资本、可变资本、剩余价值构成的事实。西尼耳的这一错误，不是从古典学派接受过来的，而是他自己的“新东西”，所以产生这种“新东西”，是由他狭隘的资产阶级的实际利益所决定的。

马克思在批判西尼耳这一谬论的同时，还指出“这位教授先生总算从这次曼彻斯特的旅行中得到了一些好处!”[①] 为什么呢？因为西尼耳是反对李嘉图的劳动价值学说的，他和李嘉图学派进行论战时，提倡有名的“节欲说”[②]，即“发现”利润是出自资本家的劳动，利息是来源于资本家的禁欲主义。这就是说，利润不是来源于工人的劳动，而是对于资本家节欲的报酬。可是现在的西尼耳，他已认识到全部利润“取决于工人的一小时无酬劳动”[③]，这就是马克思所说的西尼耳在旅行中得到的一些好处。

西尼耳的“最后一小时”提出以后，被工厂视察员多次批判，连西尼耳自己以后也放弃了这个论点，转而支持工厂立法。到了1847年，由于无产阶级斗争的开展，迫使英国政府颁布了十小时工作日法令。

① 《资本论》第1卷，人民出版社2004年版，第264页注（33）。
② 参见《资本论》第1卷，人民出版社2004年版，第688页。
③ 《资本论》第1卷，人民出版社2004年版，第264页注（33）。

可是资产阶级的经济学家，为了反对这个法令，把连西尼耳自己都已放弃了的“最后一小时”理论又重新搬了出来，这表现在1848年4月15日伦敦出版的《经济学家》杂志所发表的英国经济学家威尔逊的文章上。

4. 剩　余　产　品

代表剩余价值的那部分产品是剩余产品

使用价值是价值的物质承担者，剩余价值也必须依存于一定量的使用价值中。从产品的价值构成看，每一产品都包含有三个要素，都包含有剩余价值。但构成产品价值的三个要素也可用产品的不同部分来表现，例如：一部分产品补偿不变资本，一部分产品补偿可变资本，一部分产品则体现为剩余价值的物质承担者，代表剩余价值的那部分产品称为剩余产品。

剩余产品不是资本主义特有的范畴，只要有剩余劳动存在，就能把它创造出来。但在资本主义社会里，剩余产品有它独特的特点，因为它是剩余价值的物质承担者。马克思说：“这种剩余劳动体现为剩余价值，而这个剩余价值存在于剩余产品中。”①

剩余产品的水平是如何决定的呢？它同计算剩余价值率一样，也不是剩余产品同总产品的其余部分的比率，而是剩余产品同代表必要劳动的那部分产品的比率。对于资本家来说，生产的目的在于取得尽可能多的剩余价值，也就是要生产出尽可能多的剩余产品。“产品的绝对量”，即产品总量，他们是不关心的；所关心的只是“剩余产品的相对量”，即剩余产品在总产品中所占的百分比。有的时候，资本家甚至会人为地减少产品的绝对量，以便增加剩余产品的相对量。资本主义社会财富的大小，不是由生产了多少产品来计量，而是由生产了多少剩余产品来计量的。

---

① 《资本论》第3卷，人民出版社2004年版，第927页。

工作日是必要劳动和剩余劳动之和

工人在一天之内进行劳动的时间，称为工作日。在一个工作日内的劳动时间的绝对量，等于必要劳动时间加剩余劳动时间。例如：必要劳动时间 6 小时，剩余劳动时间 6 小时，一个工作日的绝对量就是 12 小时。所以工作日是“必要劳动和剩余劳动之和”。

为什么马克思要在这里指出这个问题呢？因为以前研究的是一般剩余价值的生产，以后就要研究绝对剩余价值和相对剩余价值的生产，前者是以延长工作日、延长剩余劳动时间为特点的，后者是以工作日长度不变、缩短必要劳动时间、相对延长剩余劳动时间为特点的。不懂得工作日的长度以及它由必要劳动时间和剩余劳动时间之和所构成的原理，就无法分析绝对剩余价值的生产和相对剩余价值的生产。马克思在这里提出这一问题，起着承上启下的作用。

■ 马克思对必要劳动和剩余劳动的研究，充分体现了一般和特殊的辩证法。

必要劳动和剩余劳动，是一般的经济范畴，在每个社会都是存在的。没有必要劳动，生产不出必需消费的产品，劳动者本身就不能维持生存，社会也就不能存在。没有超过必要劳动的剩余劳动，没有剩余产品，社会就不能发展。必要劳动和剩余劳动的区分，是寓于不同的各种生产方式中的同一性或共性，这是抽掉了它在不同生产方式的特殊形态以后所留存的一般特点。而剩余劳动的产生和存在，又是由生产力发展水平所决定的。

不同社会形态有不同的生产关系，不同的生产关系决定剩余劳动有不同的社会形式。剩余劳动在奴隶社会表现为奴隶主收入，在封建社会表现为地租，在资本主义社会则表现为剩余价值。剩余劳动和剩余产品的不同表现形式，是一个社会和另一个社会区别的所在，因而在不同的社会中，剩余劳动又具有特殊性。

在以生产资料公有制为基础的社会里，剩余劳动不表现剥削与被剥削关系，因而不具有对抗性质。但在阶级对抗的社会中，生产者的剩余劳动为剥削阶级所占有，剩余劳动与剥削密切相联系，也就具有对抗性质。在有剥削的阶级社会里，剥削剩余劳动的实质是一致的，但剩余劳动所表现的形式又不同，从而具有特殊性。我们不仅要从一般的意义上来了解剩余劳动被剥削的实质，更重要的是从特殊的意义上，把握剥削剩余劳动的特殊方式，才能真正掌握该社会的生产实质。一般寓于特殊之中，一般通过特殊而表现，所以马克思在谈到剩余劳动时，经常把它当作阶级剥削关系中的特有范畴来对待，经常把它和资本主义的剩余价值的生产联系起来，以便从它的特殊性上来说明。只有了解各个特性才能了解其共性，而了解共性又有助于深化对特性的认识。这是从特殊到一般、从一般到特殊的认识过程的辩证法。

对必要劳动和剩余劳动的区分，是马克思的重大贡献，它在剩余价值学说中占有一定的地位：

第一，由于把整个工作日分解为必要劳动与剩余劳动，清楚地显现出资本家在工作日中无偿占有的部分；

第二，从剩余劳动和必要劳动的比率中来计算剩余价值率，从而揭露资本家对工人的剥削程度；

第三，指出剩余劳动在资本主义制度下的特点，它创造剩余价值，并在物质上表现为剩余产品；

第四，指出必要劳动和剩余劳动之和构成工作日，为进一步探索绝对剩余价值和相对剩余价值的秘密奠定理论基础；

第五，揭露了在资本主义工资的形式上，如何掩盖着必要劳动和剩余劳动的划分，掩盖着资本主义的剥削真相。

第八章
工　作　日

第四章到第七章，研究了剩余价值生产的一般原理，揭露了资本主义生产的实质。从第八章起，开始研究剩余价值生产的具体形式和方法。资本家加强剥削剩余价值的方法主要有两种，一是绝对剩余价值的生产，一是相对剩余价值的生产。绝对剩余价值是在劳动生产率不变、必要劳动时间已定的情况下，由延长剩余劳动时间而产生的剩余价值。第八章所研究的是：资本家怎样延长劳动时间，加强对绝对剩余价值的剥削；工人又怎样为了争取正常工作日，和资本家展开激烈的斗争。在第八章中，马克思总结英国历史上工人阶级和资产阶级斗争的经验教训，运用大量的现实资料和历史资料，把经济理论的分析和现实的阶级斗争密切结合起来，教导工人阶级要团结起来，为争取自身的解放，进行反对资本主义的斗争。

第八章共有七节，其基本内容大致可概括为三个部分。第一节，从理论上说明决定工作日界限的因素，说明工人和资本家围绕着工作日长度而斗争的实质。第二、三、四节，揭露资本家加强剥削绝对剩余价值的特点和无限制地延长劳动时间的贪欲。第五、六、七节，总结英国历史上工人和资本家围绕着工作日长度而斗争的经验教训，指出工人阶级必须团结起来和资产阶级作斗争的历史任务。

1. 工作日的界限

工作日是个可变量，它本身是不定的

一个工作日，是由必要劳动时间和剩余劳动时间构成的。必要劳动时间是由劳动力的价值决定的。在必要劳动时间已定的情况下，工作日的长度，决定于剩余劳动时间的长短。那么，剩余劳动时间的长短是由什么决定的呢？这就是本节要研究的问题。

假定劳动生产率不变、劳动力价值已定、必要劳动时间是已定的，如一天的必要劳动时间是 6 小时，那么，这一个工作日究竟是多少劳动时间呢？可以是 7 小时、9 小时、12 小时等等，因此，剩余劳动时间相应地就是 1 小时、3 小时、6 小时等等。所以一天的劳动时间究竟有多长，不是一个不变量，而是一个可变量。“工作日是可以确定的”，就是说，每天都要有规定的劳动时间；“但是它本身是不定的”，就是说，这一日劳动时间的长短是可以变动的。

工作日的最低界限和最高界限

既然工作日本身是不定的，那么，工作日的长度有没有一个界限呢？有的，一个是最低界限，一个是最高界限，工作日只能在一定的界限内变动。工作日的“最低界限是无法确定的”。如果把必要劳动时间作为工作日的最低界限那是不对的，因为资本主义生产的性质决定了工人的必要劳动时间只能是工作日的一部分，不能是它的全部。如果工作日等于必要劳动时间，资本家就剥削不到剩余价值，就不成其为资本主义了。所以在资本主义制度下，工作日决不会缩短到这个最低限度。工作日的最高界限取决于两点。其一是劳动力的身体界限。“一个人在一个 24 小时的自然日内只能支出一定量的生命力”，他必须拿出一部分时间休息、睡觉、吃饭等等，以满足生理上的需要，否则就不能恢复劳动力，就不能继续到资本家的工厂里去做工。其二是道德的和社会的界限。工人除了劳动、休息、吃饭之外，还必须有一定的时间来满足精神的和社会的需要，如学习、娱乐、照顾子女和参加社会活动等等，“这些需要的范围和数量由一般的文化状况决定”，就是说，由一定国家的经济和文化发展的水平所决定。这两种因素形成了工作日的最高界限，“工作日是在身体界限和社会界限之内变动的”。由于最高界限有很大的伸缩性，这就产生了各种各样长度的工作日。

无产阶级和资产阶级为规定工作日长度而斗争

唯利是图的资本家，从剥削阶级的本性出发，根本不管工人的身体健康和生命的长短，总是要尽量延长工作日。他唯一所关心的，就是榨取最多的剩余劳动，获取最多的剩余价值。

马克思极其深刻地形象化地指出："作为资本家，他只是人格化的资本。他的灵魂就是资本的灵魂。而资本只有一种生活本能，这就是增殖自身，创造剩余价值，用自己的不变部分即生产资料吮吸尽可能多的剩余劳动。资本是死劳动，它像吸血鬼一样，只有吮吸活劳动才有生命，吮吸的活劳动越多，它的生命就越旺盛。"

资本家为了延长工作日，总"是以商品交换规律作根据的"，也就是以商品交换原则为其阶级利益辩护。他认为：既然购买了一天的劳动力，劳动力在一天内的使用权就属于他，他就有权尽量延长工作日。"他和任何别的买者一样，力图从他的商品的使用价值中取得尽量多的利益。"

对资本家为延长工作日的辩护，工人进行了驳斥。即使根据商品交换规律，工人也完全有理由要求在工作日的正常长度内进行劳动。因为劳动力是存在于工人的身体当中的，如果过度延长工作日，就会破坏工人的身体健康，缩短工人的寿命。例如：一个工人可以有 30 年的劳动能力，他的劳动力的日价值应该是他总价值的 $\frac{1}{365\times30}$ 或 $\frac{1}{10950}$。由于工作日的过度延长，缩短了他的寿命，只能劳动 10 年，这实际上就是在一天之内出卖了三天的劳动力。可是，资本家每天支付给工人的仍然是工人劳动力总价值的 $\frac{1}{10950}$。因此，资本家是付给工人一天的代价，而使用了三天的劳动力。这是违反商品交换规律的，这不是等价交换，而是对劳动力的劫掠！使用劳动力和劫掠劳动力是完全不同的两回事，因此，工人完全有权利要求正常长度的工作日。

商品交换的性质本身没有给工作日规定任何界限，也没有给剩余劳动时间规定任何界限。资本家坚持买者的权利，要尽量延长工作日。工人坚持卖者的权利，要求把工作日限制在一定的正常数量之内。"于是这里出现了二律背反[①]，权利同权利相对抗，而这两种权利都同样是商品交换规律所承认的。"在这里，"力量就起决定作用"。这就是说，剩余劳动时间的长短，也就是工作日的长短，是由工人阶级和资产阶级之间的阶级斗争决定的，取决于双方斗争力量的实际对比。当资产阶级力量还很

---

① 二律背反，又叫二律矛盾，指两个互相排斥但同样可以论证的命题之间的矛盾，这是康德哲学中的一个重要术语。

强大、工人阶级无力反抗时，就会被迫接受比较长的工作日；反之，如果工人阶级已经相当强大并对资产阶级积极进行斗争时，资产阶级也会被迫缩短工作日。“所以，在资本主义生产的历史上，工作日的正常化过程表现为规定工作日界限的斗争，这是全体资本家即资本家阶级和全体工人即工人阶级之间的斗争。”当然，工人即使争取到正常的工作日，也不能摆脱被剥削的地位。工人的斗争目标应当是消灭雇佣劳动制度。这是马克思一再教导工人阶级的真理。

2. 对剩余劳动的贪欲。工厂主和领主

历史上的各种剥削者，“不论这些所有者是雅典的贵族①，伊特鲁里亚的神权政治首领②，罗马的市民③，诺曼的男爵④，美国的奴隶主⑤，瓦拉几亚的领主⑥，现代的地主⑦，还是资本家⑧”，他们的共同特点是：占有生产资料，强迫劳动者为他们提供剩余劳动，用“追加超额的劳动时

---

① 雅典的贵族：雅典位于希腊半岛中部，公元前8世纪，进入阶级社会，形成了贵族、农民、手工业者三个等级，一切大权均由贵族掌握。在贵族的统治下，农民生活极其贫困，有的向贵族借高利贷，有的沦为奴隶，有的耕种贵族的土地，把收成的六分之五交给贵族。

② 伊特剌斯坎的僧侣：伊特剌斯坎是意大利北部文化发达最早的古国，僧侣居于统治地位，是宗教和世俗的主宰者，他们依靠剥削奴隶劳动维持生活。

③ 罗马的市民：公元前509年，由于贵族领导的废除罗马“王政”的斗争，建立了罗马的贵族共和国。罗马市民是那个时代的第二等级。他们多数人生活贫困，遭受压迫；也有少数人成为富有者，上升为奴隶主。在罗马的市民中，一方面对贵族有矛盾，另一方面又往往成为实现贵族意图的政治工具，参加军队，掠夺奴隶，分享奴隶主的掠夺成果。

④ 诺曼的男爵：10世纪，在法兰西北部，建立了诺曼的公国。11世纪后半期，诺曼的威廉公爵成为当时法兰西最强大的封建主，他依仗雄厚的实力，在1066年征服了英格兰，把耕地的七分之一留给自己，把其余的土地赐给他的亲属或追随者，建立了许多男爵领地，即男爵的地主庄园。

⑤ 美国的奴隶主：1776年美国建国后，北美发展了以工业资本家占统治地位的资本主义经济，南美则发展了以种植场主占统治地位的奴隶制经济。这种奴隶制与古代的奴隶制不同，它是资本主义时代的产物，是资本家一手建立起来的野蛮制度，种植场主就是奴隶主。

⑥ 瓦拉几亚的领主：瓦拉几亚是13世纪末和14世纪初，在罗马尼亚境内建立的一个封建国家，那里是世袭的大领主占统治地位。

⑦ 现代的地主：这里主要是指资本主义产生后的英国地主。他们把土地租给农业资本家去耕种，自己收取地租；也有的是自己直接经营农场和牧场。

⑧ 马克思举出上述8个例子，代表剥削者的不同类型，即：奴隶制下的贵族、僧侣、市民，资本主义时代的奴隶主，封建社会的地主，资本主义社会的地主、资本家。

间来为生产资料的所有者生产生活资料”。所以，对剩余劳动的榨取，是剥削者的共同特点，“资本并没有发明剩余劳动”。但是，他们榨取剩余劳动的形式则有所不同。在本节，马克思运用大量的实际材料，把工厂主和领主进行对比，论证在资本主义社会里，资本家追求剩余劳动的特点，进一步揭露资本的实质。

那么，工厂主在榨取剩余劳动这方面，和领主相比，有哪些不同的特点呢？

资本主义生产本身的性质，决定着资本家对剩余劳动的贪欲是无限的

第一，资本家剥削剩余劳动的贪欲是无限的。生产本身的性质，决定着对剩余劳动的需求。如果在一个社会经济形态中，生产的目的主要是为了使用价值，对剩余劳动需求的范围就会受到或大或小的限制。这就是说，当剥削者的目的主要是攫取生活资料，直接用于本人的奢侈和享受时，这种需求还是有止境的。反之，在商品生产占统治地位的社会里，资本家生产的目的是为了取得剩余价值，而剩余价值的质的无限性和量的有限性之间的矛盾，会促使资本对剩余劳动的无限制贪欲。资本家就是人格化的资本，他的本能就是不断地无限制地获取剩余价值。

工厂主和领主剥削剩余劳动形式的差别，丝毫不会改变剩余劳动和必要劳动之间的量的比率

第二，资本家剥削剩余劳动的形式更加隐蔽。在工厂里，必要劳动时间和剩余劳动时间是融合在一起，觉察不出来的，从形式上看，好像全部劳动都是有报酬的。相反，在封建制度下，剩余劳动具有独立的、可以感觉得到的形式。例如，徭役制下的农民，在自己的土地里完成必要劳动，在主人的领地里完成剩余劳动，两者在时间上和空间上都是截然分开的，封建领主剥削了多少剩余劳动是显而易见的。但是，“这种表现形式上的差别，显然丝毫不会改变剩余劳动和必要劳动之间的量的比率”。虽然在工厂里的劳动好像全部都有报酬，但实质上仍然存在着必要劳动和剩余劳动的区分，资本家仍然剥削到一定量的剩余劳动，只是从表现上看不出来而已。也正因此，封建领主为了加强剥削，就直接追求徭役的天数；而资本家为了加强剥削，就无限度地要求延长每天的劳动时间。

英国工厂法的产生，说明资本家的掠夺欲，使国家的生命力遭到根本的摧残

第三，资产阶级的法律更加具有欺骗性。马克思把1831年多瑙河两公国颁布的徭役劳动法——“组织规程”，和在1833年以后英国颁布的工厂法相比较，指出资产阶级如何利用国家法律，维护对剩余劳动的剥削，使剥削更加合法化。

多瑙河两公国主要指罗马尼亚境内的瓦拉几亚公国和摩尔多瓦公国。一般地说，先有封建的农奴制度，然后才产生徭役地租，产生徭役劳动。但多瑙河两公国完全相反，他们的农奴制倒多半是由徭役劳动产生的，因为他们那里原来的生产方式是建立在共同耕种公田的基础上，后来公田被少数统治者侵占以后，才出现徭役劳动，但在法律上还没有明文规定。19世纪初叶，俄国是横跨欧、亚、美三洲的国际宪兵。1828年俄土战争后，瓦拉几亚和摩尔多瓦成为沙俄在国外的重要据点，沙皇的侍从武官基谢廖夫被任命为这两个公国的公爵，在他的统治下，颁布了称为“组织规程”的徭役劳动法，把农奴制用法律固定下来。虽然法定的工作日只有14天，但法令所规定的一个工作日的产品，即使是希腊神话中的巨人塞克洛普也完成不了，农民实际要用三天或更多的时间才能完成，所以14天的徭役劳动，实际上要做56个工作日。马克思指出：“如果说通过一项项条文使对剩余劳动的贪欲合法化的多瑙河两公国‘组织规程’是这种贪欲的积极表现，那么，英国的工厂法是这种贪欲的消极表现。”英国的工厂法对工作日实行强制的限制，来节制资本无限度地榨取剩余劳动的渴望。国家如不限制工作日，就会使劳动者的生命遭到根本的摧残，使劳动力供给的源泉枯竭，也就是“使国家的生命力遭到根本的摧残”。因此，从整个资产阶级的利益出发，撇开日益高涨的工人运动不说，也有必要把工厂劳动限制一下。可见，工厂法的产生，从消极方面说明资本家对工人的剥削已达到了多么厉害的程度！工厂法规定一定长度的劳动日，从形式上看，不像徭役劳动法那样公开规定农民必须给领主做多少无偿劳动，但实质上保证了资本家剥削剩余劳动的合法化，是从维护资本统治的利益出发的。这就表明：资本主义的工厂法和封建制度的徭役劳动法相比，具有更大的欺骗性。

尽管如此，资本家还是千方百计地突破规定的工作日，采取早上班、迟下班、侵占工人吃饭时间等方法，加强对剩余劳动的榨取。特别是在“全日工”和“半日工”出现以后，更加暴露了资本家对剩余劳动的贪欲，在资本家眼里，“工人不过是人格化的劳动时间。一切个人之间的区别都化成‘全日工’和‘半日工’的区别了”。

3. 在剥削上不受法律限制的英国工业部门

在这一节，马克思用活生生的实际材料，揭露了那些不受法律约束的生产部门，怎样无限制地延长工作日，摧残工人的身体，剥夺工人的生命，以加强对剩余劳动的榨取。这些材料是鲜血淋漓的实际记录，字里行间充满了无产阶级的革命感情。

从这节列举的花边织造业、陶器业、火柴制造业、壁纸工厂、面包业、铁路运输业、裁缝业、铁匠的实际材料可以看出：资本家无限制地延长工作日的贪欲，是骇人听闻的。除了对成年工人尽量延长劳动时间外，特别是对女工、童工进行残酷的剥削。有的童工从早上两三点一直干到夜里十一二点，连 7 岁的儿童一天也要干 15 小时的活，有的甚至要连干两天两夜。有的女工平均每天要劳动 16 个半小时，在忙季，甚至要连续干 30 个小时，有的被活活累死。当时的理查逊医生就这样写着：“累死——这是目前普遍存在的现象，不仅在时装店是如此，而且在很多地方，在一切生意兴隆的地方都是如此”①。

过度延长工作日，给工人带来严重的后果。它使工人劳累过度，未老先衰，生命缩短；它使工伤事故不断发生，造成大批工人的残废和死亡；它使童工的身心发育受到严重的摧残，使女工的健康得不到起码的保证。资本家是吸血的魔鬼，把工厂变成了可怕的地狱。

---

① 《资本论》第 1 卷，人民出版社 2004 年版，第 296 页。

在旧中国的资本主义企业中，劳动时间之长是世界各国所少见的。工矿企业的工作日，普遍长达12—14小时，有的竟达18—20小时。在上海纱厂中所流行的“礼拜工”，连工人的假日休息时间都被剥夺掉。女工和男工一样，每天也要劳动十三四小时。童工的处境则尤为恶劣，普遍的是从早上6点劳动到午后6点，有的甚至要成天成夜地继续工作。

马克思说，资本主义的生产，“它靠缩短工人的寿命，在一定期限内延长工人的生产时间”[①]。延长工作日，对资本家来说，就能榨取得更多的剩余价值；对工人来说，就是带来灾难和死亡。

4. 日工和夜工。换班制度

资本家为了榨取更多的剩余价值，采取日工和夜工的换班制度。换班制度是资本家加强剥削剩余劳动的一种方法。

为什么资本家要采取换班制度呢？马克思在本节第一段就论证了这个问题。“从价值增殖过程来看，不变资本即生产资料的存在，只是为了吮吸劳动，并且随着吮吸每一滴劳动吮吸一定比例的剩余劳动。”这也就是说，只要工人运用资本家的生产资料在一定时间内进行劳动，就会给资本家提供一定量的剩余劳动。相反，如果生产资料闲置在那里，就剥削不到剩余劳动，这就会给资本家造成损失。因此，“在一昼夜24小时内都占有劳动，是资本主义生产的内在要求”。但是，要一个劳动者每天都劳动24小时，从身体上说是不可能的。为了克服身体上的障碍，资本家就采用换班制度，“要求白天被吸尽的劳动力和夜里被吸尽的劳动力换班工作”。这样，在24小时内就可以从不同的劳动者身上都剥削到剩余劳动了。换班制度反映了资本主义的生产实质。

实行日工和夜工的换班制度，不仅对夜工带来许多害处（马克思在第298页注94作了具体的揭露），而且为资本家延长工作日提供了极大

---

① 《资本论》第1卷，人民出版社2004年版，第307页。

的方便。例如：工人做完一班工以后，往往要再做几小时工或另一班的工。有时有的工人难免因某种原因不能上工接班，这时，上一班的工人就得留下来补充他们的位置，有时甚至要连续做三班工。

至于资本家，对换班制度是赞不绝口的。资本家绝不会关心工人的身体和生命，他们唯一关心的是最大限度地榨取劳动力，是物质的损失、时间的浪费、机器的磨损。资本家桑德森的谬论，反映了资产阶级对换班制度的看法。马克思引用这个材料，既是对资产阶级丑恶灵魂的深刻揭露，也是对资本主义思想的有力批判。

5. 争取正常工作日的斗争。14 世纪中叶至 17 世纪末叶关于延长工作日的强制性法律

从第五节到第七节，马克思根据英国的历史，总结了工人阶级和资产阶级围绕着争取正常工作日而斗争的历史经验。从英国的情况看，这个斗争可分为两个阶段，从 14 世纪中叶到 17 世纪末叶为第一阶段，从 18 世纪末叶到 19 世纪为第二阶段。第五节论述第一阶段的斗争情况，第六节论述第二阶段的斗争情况。

资本是不管劳动力的寿命长短的。它唯一关心的是在一个工作日内最大限度地使用劳动力

究竟一个工作日能延长到什么程度呢？资本把工人的全部可供支配的时间，都当作是劳动时间，至于工人受教育的时间，发展智力的时间，参加社会活动的时间，自由运用体力和智力的时间，以至于休息时间，它都是不管的，它“不仅突破了工作日的道德极限，而且突破了工作日的纯粹身体的极限”。它不管工人的死活，唯一关心的只是在一个工作日内最大限度地使用劳动力，在尽量多的时间内迫使工人去劳动，榨取更多的剩余价值。这就“必然使工作日延长到违反自然的程度，从而缩短工人的寿命，缩短他们的劳动力发挥作用的时间”。

马克思在第 4 段中以美国奴隶主对待奴隶的材料为例说明：当工作

日的无限延长使奴隶过早死亡，奴隶主补充奴隶有困难时，奴隶还可受到一点人的待遇，但在实行奴隶贸易以后，奴隶可以源源不断地得到补充，奴隶主就不顾奴隶的死活，要在最短的时间内把奴隶榨干。资本家对待工人也是这样。在第5—7段中，马克思以英国的材料为例说明：因为过度劳动，造成工人的过早死亡，但由于过剩人口存在，仍然有大批失业者拥向劳动市场。在第8段中马克思进一步指出：由于过剩人口的经常存在①，资本迅速摧残了人们的生命，它对工人的健康和寿命，是根本不会关心的。“人们为体力和智力的衰退、夭折、过度劳动的折磨而愤愤不平，资本却回答说：既然这种痛苦会增加我们的快乐(利润)，我们又何必为此苦恼呢？”这就深刻地揭露和批判了把自己的快乐建立在别人痛苦的基础上的损人利己资产阶级世界观。但是，这种情况并不是出于个别资本家的善意或恶意，而是由客观经济规律决定的，由资本主义制度决定的。“自由竞争使资本主义生产的内在规律作为外在的强制规律对每个资本家起作用。”因为在自由竞争中，资本家为了战胜对方，避免失败和破产的危险，就不顾工人的死活，尽量加强对工人的剥削。资本主义生产的内在规律，驱使每个资本家这样做。

两个阶段工厂立法的历史背景和实际内容

从英国的历史看，为争取正常工作日而斗争的两个发展阶段，有着不同的历史背景和实际内容。这种斗争，主要是围绕着工厂法而进行的，出现了两种对立的倾向。第一阶段的劳工法，“力图强制地延长工作日”；而第二阶段的工厂法，则是以“强制地缩短工作日”为主要内容的。看起来，这是一个矛盾，但实质都是一样的。为什么呢？在第一阶段，资本主义处于萌芽时期，工人还没有形成为一个强大的阶级，劳动力还只是形式上隶属于资本，所以，资产阶级不能单纯地依靠经济关系的力量，还要依靠国家政权的帮助，即通过立法手段，来延长工作日。特别是当时不少农民破产以后，脱离土地，流入城市，还不习惯于当雇

① 这个问题在本书第二十三章有专门的论述。

佣工人，必须由国家的强制力迫使他们忍受延长工作日而产生的痛苦[①]。在第二阶段，即到了18世纪末叶和19世纪的时候，情况完全变化了。一方面，大工业开始出现，资本冲破了一切限制，以其自身的经济力量，强迫劳动者接受最苛刻的条件，加强对劳动者的剥削；另一方面，工人阶级也逐渐成长壮大，开展了对资本家的反抗斗争，这一阶段英国工厂法的出现，是这种斗争的成果。所以马克思说："从14世纪中叶至17世纪末，资本借国家政权的力量力图迫使成年工人接受的工作日的延长程度，同19世纪下半叶国家在某些地方为了限制儿童血液变成资本而对劳动时间规定的界限大体相一致，这是很自然的了。"为什么"大体相一致""是很自然的"呢？因为这两个阶段的工厂立法，都是代表资本家的利益，维护资本的统治地位的。

14世纪中叶至17世纪末叶英国关于延长工作日的强制性法律

从第10—18段，主要论述斗争的第一阶段，即14世纪中叶至17世纪末叶，英国关于延长工作日的强制性法律。

1349年爱德华三世颁布的第一个劳工法、1496年亨利七世的法令、1562年的伊丽莎白法令，这三个法令都是以强迫延长工作日为特点，"但实际上，工人的待遇要比法令规定的好得多"。因为当时资本的力量还不够强大，在工人的反抗下，有些工人不是按照法令的规定一天劳动12小时，而是只做10小时的工。

在18世纪的大部分时间内，工人靠四天的工资就可以生活一星期。资本还不能从经济上驱使工人去劳动，必须依靠国家的法律进行强制。因此，资产阶级学者曾为此展开辩论：一些人反对延长工作日，说过度劳动会减少工人的创造性，使他们技巧退步；另一些人却主张强迫延长工作日，诬蔑工人"天生是好逸恶劳的"，胡说什么"一周进行6天适度的劳动并不是什么奴隶制"。他们之间的争论，反映了资本家们强迫延长工作日的卑鄙意图。事实上，资本就是在这一时期内，把劳动时间延长到标准的最高界限12小时的。

---

① 这个问题在第二十四章有详细的论述。

6. 争取正常工作日的斗争。对劳动时间的强制的法律限制。1833—1864 年英国的工厂立法

第六节主要是论述斗争的第二阶段，即从 18 世纪末到 19 世纪，围绕着英国的工厂立法而展开的工人阶级为争取正常工作日的斗争。

资本从 14 世纪开始，经过几百年的时间，才把工作日延长到 12 小时。自 18 世纪 70 年代大工业出现以来，这个界限被突破了，直接延长到 14 小时、16 小时，甚至 18 小时。被压迫的工人一旦从机器的轰隆声中清醒，就又开始进行反抗。他们发现，从 1802 年到 1833 年，议会颁布的 5 个劳动法①，只是一纸空文，要改善自己奴隶般的处境，必须坚决进行斗争。

从 1833 年的工厂法到 1847 年的新工厂法

从第 3—20 段，围绕着三个工厂法，叙述工人和资本家斗争的历史过程。

首先是 1833 年颁布的工厂法，规定了标准的工作日，以及每个少年每天不得做工 12 小时以上；但是这个法律并未干涉资本榨取成年劳动力的自由，并且完全忽视了儿童劳动法律的执行。即使如此，资本家还采用换班制度来对付这个工厂法，并企图把儿童的年龄界限从 13 岁降为 12 岁。但是，由于 19 世纪 30 年代的形势起了变化，工人阶级在政治方面开展了以无记名选举为中心的大宪章运动，在经济方面提出了 10 小时工作日法案；代表地主阶级利益的托利党，为了维护谷物法②，也用伪善的博爱家口吻对资本家

---

① 五个劳动法系指：1. 1802 年的学徒法。2. 1819 年工厂法，禁止棉纱工厂雇佣 9 岁以下儿童，禁止儿童和 16 岁以下的人做夜工，每天工作不超过 12 小时等等。3. 1825 年工厂法，规定每日工作不超过 13.5 小时。4. 1831 年工厂法，禁止棉纺工厂使用 21 岁以下的工人做夜工，任何工厂，18 岁以下的工人工作时间不得超过 12 小时，星期六不得超过 9 小时。5. 1833 年工厂法。

② 谷物法，是英国国会于 1815 年通过的一项法律，该法规定，当谷物价格在英国本土低于 80 先令 1 夸特时禁止进口谷物。这就使英国的大土地所有者能够在国内维持高昂的粮食垄断价格，不致遭受输入廉价粮食的竞争，它是代表地主的利益的。资本家反对谷物法，因为粮食昂贵，就要增加工人的工资。1838 年底，开展了资产阶级反谷物法的斗争，要求完全实行自由贸易。谷物法终于在 1846 年 6 月被废除。

痛加攻击；资产阶级为了争取工人支持他们发起的废除谷物法的运动，在站起来了的工人阶级面前，被迫作了让步，于是就出现了1844年6月7日的补充工厂法案。

这个补充工厂法案，规定18岁以上的女工在各方面受到与少年工相同的待遇，劳动时间为12小时，禁止做夜工等等；13岁以下的儿童的工作日缩短为每天6个半小时，午后班与午前班必须使用不同的童工；工厂的钟要与铁路时钟保持一致，这些条文“由国家予以公布，是长期阶级斗争的结果”。这样，受工厂法约束的各工业部分，一般都实行12小时的工作日。

“1846—1847年在英国经济史上划了一个时代”，谷物法被废除了。由于谷物法的废除，不仅使谷物贸易自由，也促使其他自由贸易的立法相继成立，如食糖贸易自由、航海贸易自由、木材贸易自由等等；由于谷物法的废除，大量廉价谷物从国外输入，促使工业品大量输出，这就刺激了工业生产的发展；由于谷物法的废除，受到进口谷物竞争的威胁，导致农业技术的改进，促使农业劳动生产率的提高；由于谷物法的废除，“自由贸易被宣布为立法的指路明灯”，航海贸易的发展，新的市场和殖民地不断开辟，使资本主义经济迅速繁荣起来，一句话，千年王国出现了，资本主义的黄金时代出现了。历史证明：废除谷物法，成为英国经济史上的一个转折点。

但是，另一方面，“宪章运动和争取十小时工作日的鼓动在这期间达到了顶点”。因为随着资本主义经济的发展，工人阶级在发展、壮大，他们在政治上、经济上反对资产阶级的斗争也在发展、壮大。代表地主贵族利益的托利党，不甘心于废除谷物法所遭受的失败，对资产阶级进行报复，转而支持工人阶级。经过激烈的斗争，议会终于通过了10小时工作日法案，这就产生了1847年6月8日的新工厂法，规定把工作日限制为10小时。资本家为了阻挠这个工厂法的实施，一方面减低工资，对工人进行威胁，另一方面又用欺骗、贿赂、胁迫等手段，引诱工人请愿以撤销这个法案，这些阴谋迅速被工人揭穿，“十小时工作日法令于1848年5月1日生效”，资本终于在工人阶级面前失败了。但同时，资产阶级又发起了新的进攻。

资本的猖狂进攻

1848年的革命形势发生了新的变化。由于英国资产阶级力量的强大，由于宪章运动中一部分人主张和平行动，更由于没有工人阶级政党的领导，宪章运动失败了。在法国，1848年6月23日到26日，巴黎无产阶级反对资产阶级的武装起义，在资产阶级的血腥镇压下也失败了。在革命势力遭到挫折、反动势力极其嚣张的形势下，一切反动阶级联合起来，转而对工人阶级猖狂进攻，工人阶级到处被迫害。这时，资本家就公开起来反对10小时工作日法令。这是一次持续了两年多的资本家的“叛乱”，“这次叛乱蛮横无耻，疯狂已极”。从第22—39段，马克思概述了资本的这个进攻过程。

资本家向工人进攻的第一步，就是解雇一部分少年工和女工，恢复成年男工的夜工制度。资本家进攻的第二步，就是只允许工人在进厂前和离厂后吃饭喝水，把吃饭时间安排在休息时间内。资本家进攻的第三步，就是对妇女和少年工人恢复换班制度。在资本的强力压制下，10小时工作日法令终于在1850年被废止，“资本进行了两年的叛乱终于取得了胜利”。

1850年的新的补充工厂法，是工人阶级反击资本家的进攻所取得的胜利

“但是，随着资本获得表面上的最后胜利，情况立即又发生了变化。”以前，工人的反抗一直采取守势；现在，在资本的残酷剥削面前，不得不组织新的进攻。他们在兰开夏郡和约克郡召开声势浩大的集会表示抗议，揭露资产阶级反叛10小时工作日法令和他们的欺骗行为，“阶级对抗已经达到难以置信的紧张程度”。在这种情况下，工厂主被迫对工人采取某种妥协，这就是议会于1850年8月5日通过了新的补充工厂法，恢复了10小时工作制，规定了中午的吃饭时间，结束了换班制度。这个新的工厂补充法的产生，是工人阶级反击资本家进攻所取得的胜利。

1860年，在许多工业部门中，分别受到1850年工厂法的约束，新的工厂法得到普遍贯彻执行。取得这种进步的原因是，经过半世纪来的长时间的斗争，一方面资本的抵抗力量逐渐削弱，另一方面工人阶级的进攻力量随着工人阶级的同盟者的增加而迅速地发展和增强。连资产阶级经济学者也伪善地宣称，“认识在法律上规定工作日的必要性”了。

上述英国的历史证明：围绕着争取正常工作日而进行的斗争，是工人阶级和资产阶级的阶级斗争。剩余劳动时间的长短和工作日的长短，完全是由这两个阶级的力量对比决定的。

7. 争取正常工作日的斗争。英国工厂立法对其他国家的影响

根据英国工厂法的历史事实得出的两点结论

在上面对英国工厂法的历史叙述中，首先是把现代工业作为“榨取劳动的特殊领域”来考察的，其次是把身体上和法律上未成年的人的劳动当作“这种榨取的最鲜明的例子”来考察的。为什么要把现代工业作为特殊领域来考察呢？因为在当时，现代工业和简单协作、工场手工业同时并存，它们都存在着资本榨取劳动的现象。把现代工业作为榨取劳动的特殊领域来考察，既因为它是代表发达的资本主义企业，又是针对当时的简单协作和工场手工业而言。为什么要把身体上和法律上未成年的人的劳动当作被榨取的“最鲜明的例子”来考察呢？因为资本对童工的剥削极其残酷，极其贪得无厌；剥削儿童的劳动，甚至残害他们的幼小生命，也是当时社会上存在的严重问题。

当我们研究了英国工厂法的上述历史事实后，可以得出如下两点结论：

第一，“资本无限度地、放肆地延长工作日的欲望”，首先是在现代工业部门开始的，然后逐步蔓延到其他工业部门。同样，限制工作日的立法，也是首先在现代工业部门中实行，然后才逐步推行到资本主义的其他生产部门。

第二，在资本主义生产的一定成熟阶段上，孤立的工人，“自由”出卖劳动力的工人，对于资本家肆意地延长工作日，是无抵抗地屈服的。只有工人团结起来，作为一个阶级进行斗争，才能战胜资本家。因此，“正常工作日的确立是资本家阶级和工人阶级之间长期的多少隐蔽的内战的产物”。

这种斗争开始于现代工业的范围内，开始于现代工业的发源地，因而首先在资本主义发展最早的英国发生。由于英国工人首先开展了对资本家的坚决斗争，马克思称赞当时“英国的工厂工人不仅是英国工人阶级的先进战士，而且是整个现代工人阶级的先进战士，最先向资本的理论挑战的也正是他们的理论家”。马克思在第 346 页注(191)中指出，空想社会主义者罗伯特·欧文就是这样的理论家。

英国的工厂法对其他资本主义国家的影响

英国的工厂法对其他资本主义国家产生了很大的影响。

首先是法国。1848 年 2 月，资产阶级革命胜利后，颁布了缩短工作日 1 小时的法令，在巴黎，把工作日限为 10 小时，外省为 11 小时。尽管这个法令和英国的工厂法相比更加不完备，但却有独特的优点，这就是：一下子给所有的工厂和作坊毫无区别地规定了同样的工作日界限，而且这个法律一经宣布，无论男工、女工、童工都提出了普遍的权利要求，这同英国工厂法从现代工业再推广到其他部门，从童工、女工逐步推广到男工的贯彻执行情况相比，是一个进步。

在美国，以 1860 年解放“黑奴”为转折点，工人运动得到普遍而迅速的发展。马克思深刻地指出：“在黑人的劳动打上屈辱烙印的地方，白人的劳动也不能得到解放。”1861—1865 年南北战争的第一个果实，就是出现了争取 8 小时工作日运动。这个运动以特别快的速度，传遍美国各地。1866 年 8 月，美国工人代表大会提出为争取 8 小时工作日而斗争。9 月，在国际工人代表大会（即第一国际）上，根据马克思的建议，通过了把工作日限制为 8 小时的决议，得到了各国工人阶级的热烈响应和支持。1886 年 5 月 1 日，在美国芝加哥等地，爆发了 20 万工人要求改善劳动条件、实行 8 小时工作制的总罢工，虽然遭到统治者的血腥镇压，但由于工人阶级坚持斗争，最后取得了胜利。为了纪念芝加哥工人阶级的英勇斗争，由恩格斯领导的第二国际第一次代表大会通过决议，确定每年 5 月 1 日为国际劳动节。

事实证明：为争取正常工作日而斗争的工人运动，是从资本主义“生产关系本身中本能地成长起来的”，因为资本家无限制地延长劳动时间，必然要引起工人的反抗，这也是英国的工厂法在其他资本主义国家产生很大影响的基本原因。

工人阶级必须团结起来和资产阶级作斗争

工人从生产过程出来时同他进入生产过程时是不同的。在进入生产过程以前，工人是劳动力商品的所有者，表面上是自由的，但进入生产过程以后，什么自由都没有了。“实际上，他‘只要还有一块肉、一根筋、一滴血可供榨取’，吸血鬼就决不罢休。”因此，工人们必须团结起来，“作为一个阶级”和资产阶级作斗争，首先是要“强行争得一项国家法律，一个强有力的社会屏障”，即争取用法律规定一个正常的工作日，在其中，要明确规定，工人出卖劳动力的时间何时开始，何时结束。当然，工人阶级联合起来，还必须从经济斗争发展成为政治斗争，彻底推翻资本主义制度，才能得到彻底解放。在第二十四章第七节中，马克思着重研究了这个问题。

■ 工作日这一章，是马克思以崇高的无产阶级革命感情，用血与火的文字写出来的。我们现在学习它，还会受到极其深刻的阶级教育。

首先，马克思在这一章中，运用大量生动的实际材料，揭示了资本主义生产的实质。“资本主义生产——实质上就是剩余价值的生产，就是剩余劳动的吮吸”[①]。资本“无限度地盲目追逐剩余劳动，像狼一般地贪求剩余劳动”[②]。资本家为了增殖资本，加强对剩余劳动的榨取，必然千方百计地延长工作日。因此，延长工作日是由资本主义生产的实质所决定的，是从资本主义生产关系本身发生的。工人阶级为了改善自己的极其困苦的处境，反对延长劳动时间，争取正常的工作日，必然要与资产阶级进行激烈的斗争。

其次，马克思还告诉我们：资本主义的工厂法，不管是延长工作日还是限制工作日，都是代表资产阶级的利益，为资本主义服务的。资本主义国家无非是资产阶级的政治代表，资本主义工厂法也无非是资产阶级意志在法律方面的具体表现。马克思在本章中，用具体丰富的历史材

---

① 《资本论》第1卷，人民出版社2004年版，第307页。
② 《资本论》第1卷，人民出版社2004年版，第306页。

料，揭露了资本从没有法律限制的产业部门到有法律限制的产业部门，都是对剩余劳动的剥削；揭露了资本主义制度建立初期，生产力和生产关系、经济基础和上层建筑之间的矛盾，如何表现为工人阶级和资产阶级之间的矛盾，这两个阶级又如何围绕工作日的长度，进行着激烈的斗争；特别是无情地揭露了资本主义的上层建筑——国家、法律、意识形态，如何反映资本主义的经济基础，为巩固这个经济基础服务。

第九章

剩余价值率和剩余价值量

第九章的题目是“剩余价值率和剩余价值量”，实际上，第九章的内容主要是研究剩余价值量的问题。在第七章，已对剩余价值率作了论述，在这里，不再专门研究它，只是从剩余价值率对剩余价值量的关系上才研究它的。

研究剩余价值是为了揭露资本主义的剥削实质。前面几章研究了剩余价值的性质及其来源，以及计算剥削程度和用延长工作日来加强剥削的方法，但是还没有对决定剩余价值量的各种因素进行全面考察，而这正是本章的任务。考察决定剩余价值量的各种因素，首先，是为了进一步揭露资本主义生产的实质；其次，是要进一步论证资本家是怎样产生的。从小业主发展成为资本家，必须掌握一定数量的货币，才能由量变引起质变。马克思研究剩余价值量的目的之一，就是要区分小业主和资本家，这实质上也是对第四章货币转化为资本的一个补充。

决定剩余价值量的因素有：劳动力的日价值，剩余价值率，可变资本总额，雇佣工人总数，工作日长度，必要劳动时间和剩余劳动时间在一个工作日内的比例等等，本章就是分析这些因素对剩余价值的关系，揭示决定剩余价值量的规律。

决定剩余价值量的三个规律

马克思研究了决定剩余价值量的三个规律。第 1—6 段，首先研究第一个规律。

假定劳动力的日价值，从而上个工作日中必要劳动时间是已定的，那么，只要知道剩余价值率，就能够得出一个工人在一定时间内为资本家提供的剩余价值量。例如：在一个工作日内，必要劳动时间是 6 小时，表现为 3 元，这就是一个劳动力的日价值；如果剩余价值率是100%，这一天的剩余价值量就是3元。这3元是工人在6小时剩余劳动时间内生产出来的，或者说，工人每天提供6小时的剩余劳动量。可见，剩余价值率是决定剩余价值量的一个重要因素。

以上是就一个工人在一个工作日内的情况而言。但在一个资本家的工厂中，有许多雇佣工人，付给这些工人的劳动力价值的全部货币，体现为可变资本，“因此，可变资本的价值，等于一个劳动力的平均价值乘以所使用的劳动力的数目”。例如，一个劳动力的日价值为3元，全厂有100个工人，100×3＝300（元），这300元是可变资本。“在已知劳动力价值的情况下，可变资本的量与同时雇用的工人人数成正比。”例如，用300元的可变资本，可雇用100个工人，用600元的可变资本，就可雇用200个工人。如果把一个工人在一个工作日内所提供的剩余价值，乘以该厂所使用的工人总数，就会得出该厂一日剥削到的剩余价值量。例如：一个工人每日提供的剩余价值为3元，100个工人可提供剩余价值300元，200个工人就可提供600元。可见，可变资本是决定剩余价值量的又一个重要因素。

所以，决定剩余价值量的第一个规律是：“所生产的剩余价值量，等于预付的可变资本量乘以剩余价值率，或者说，是由同一个资本家同时剥削的劳动力的数目与单个劳动力受剥削的程度之间的复比[①]决定的。”简单地说，剩余价值量，是由预付的可变资本和剩余价值率这两个因素决定的，要计算剩余价值量，就要用预付的可变资本乘剩余价值率。

马克思在第352页所列的公式，实际上是两个公式：

$M=\frac{m}{v}\times V$，这是个公式，它反映了规律中的第一句表述，即：剩余价值量等于预付的可变资本乘剩余价值率。

$M=k\times\frac{a'}{a}\times n$，这是又一个公式，它反映了规律中的另一句的表述，即：剩余价值量，等于一个劳动力的价值、该劳动力所受剥削的程度、同

① 复比，是算术上的一个术语，指一个量与两个量或两个以上的量所成的比例。马克思在这里系指：剩余价值量在劳动力价值已定时，就与一个资本家同时剥削的工人人数及一个劳动力受剥削的程度这两个量成正比。

时受剥削的雇佣工人人数这三者的乘积。这两个公式所说明的都是一个意思。

既然剩余价值量是由预付的可变资本和剩余价值率这两个因素决定的，因此，“一种因素的减少可以由另一种因素的增加来补偿”。例如：V为300元，m′为100%，剩余价值量就是300元；如果V减少为150元，m′却增加一倍为200%，150元的V，仍然可以带来300元的剩余价值；这就是说，一方减少，另一方依同比例提高，剩余价值量会仍然不变。由此可见，“可变资本的减少，可以由劳动力受剥削的程度的按比例的提高来抵偿，或者说，所雇用的工人人数的减少，可以由工作日的按比例的延长来抵偿”。这就充分显示了这两个因素对剩余价值量的决定作用。“因此在一定限度内，资本所能榨取的劳动的供给，并不取决于工人的供给。”这就是说，在一定限度内，资本榨取到的剩余价值量，并不是完全由资本所剥削的工人人数决定的，例如：工人人数减少，V量减少，但m′依同比例提高，剩余价值量仍然不变，这是一种情况；V量虽然减少，但m′提高的比例大于V量减少的比例，剩余价值量仍可增加，这又是一种情况。这些情况都说明，剩余价值量并不是完全由被雇佣的工人人数决定的，被雇佣的工人人数或可变资本量，只是决定剩余价值量的因素之一。当然，上述情况必须“在一定限度内”，假如m′的提高抵偿不了V的减少，也会出现剩余价值量减少的情况。“反过来说，如果剩余价值率降低了，那么，只要可变资本量或雇用工人人数按比例增加，所生产的剩余价值量就仍然不变。”如上例，如果m′由100%下降为50%但V却增加一倍，由300元增加为600元，仍然可以剥削到300元的剩余价值。

在第7段，马克思研究了第二个规律。

第二个规律是从第一个规律引申出来的。在第一个规律中就已指出，剩余价值量是由预付的可变资本量和剩余价值率这两个因素决定的，可变资本的减少可由剩余价值率按比例的提高来补偿，受雇佣工人人数的减少可由按比例地延长工作日来补偿。但是，这种补偿是有不能超越的界限的，即不能超过一个工作日内的生理界限和道德界限。例如：一个工厂原有500个工人，工作日是12小时，其中必要劳动6小时，剩余劳动6小时，m′为100%，假定6小时表现为3元，每日提供的剩余价值量为 500×3＝1500（元）。如果工人从 500 人减为 100 人，即使工作日由 12 小时延长到 18 小时，m′提高一倍，由 100％提高为 200％，每日剥削到的剩余价值量也只有 600 元。如果 m′再提高一倍，工作日就要延长到 24 小时，完全没有休息、吃饭、睡觉的时间，这在事实上是不可能的，即使如此，m′为 300％，剩余价值量也只是 900 元，还赶不上原来的 1500 元。这就说明，不管资本家如何想通过减少可变资本，用延长劳动时间的办法来榨取更大的剩余价值量，毕竟要受到客观规律的限制，即劳动时间不能延长到每天 24 小时。所以，剩余价值量的第二个规律是："平均工作日（它天然总是小于 24 小时）的绝对界限，就是可变资本的减少可以由剩余价值率的提高来补偿的绝对界限，或者说，就是受剥削的工人人数的减少可以由劳动力受剥削的程度的提高来补偿的绝对界限。"

为什么马克思要表述第二个规律呢？他说："这个非常明白的第二个规律，对于解释资本要尽量减少自己所雇用的工人人数即减少转化为劳动力的可变资本部分的趋势（以后将谈到这种趋势）所产生的许多现象，是十分重要的。"因为由于资本家追求超额剩余价值，不断改进技术，提高劳动生产率，引起资本有机构成的提高，造成平均利润率下降的趋势，资本家用延长工作日的办法来阻碍平均利润率的下降，但受到工作日小于 24 小时的生理界限的限制，就是第二个规律发生作用的结果。"而这种趋势是同资本要生产尽可能多的剩余价值量的另一趋势相矛盾的。"这就是说，一方面，减少可变资本，减少受雇佣的工人人数，必然使剩余价值量的增加受到阻碍；另一方面，资本又有要求生产尽可能多的剩余价值量的趋势，这两种趋势是不一致的，是矛盾的。这个问题将在《资本论》第三卷第三篇中进行研究。

在第 8、9 段，马克思对第三个规律进行了研究。

第三个规律也是从第一个规律中引申出来的。既然剩余价值量是由剩余价值率和预付的可变资本量这两个因素决定的，"在剩余价值率和劳动力价值已定的情况下，所生产的剩余价值量同预付的可变资本量成正比"。例如：表现劳动力价值的必要劳动时间为 6 小时，等于 3 元，m′为 100％，如果 V 为 300 元，可雇佣 100 个工人，每天的剩余价值量是 300 元；如果 V 为 600 元，可雇佣 200 个工人，每天的剩余价值量就是 600

元。这就是说，如果剩余价值率已定，劳动力价值已定，可变资本越大，所生产的剩余价值量也就越大。

但是，资本是分为c和v两个部分的。在不同的生产部门中，c和v的比例是不同的；即使在同一生产部门内，c和v的比例，也随着生产过程的技术基础和社会结合的变化而变化。但是不管c和v的比例怎样变化，对这个规律不会有任何影响。"因此，上面确认的规律就具有这样的形式：在劳动力的价值已定和劳动力受剥削的程度相同的情况下，不同的资本所生产的价值量和剩余价值量，同这些资本的可变组成部分即转化为活劳动力的组成部分的量成正比。"马克思为什么对第三个规律采取两种表述形式呢？前一种表述是就个别资本而言；如考察几个不同资本所取得的剩余价值量，就采取后一种表述形式，因为不同资本之间c和v的比例是不同的。

但是，"这一规律同一切以表面现象为根据的经验显然是矛盾的"。为什么呢？第三个规律表明：在劳动力价值和剩余价值率已定的情况下，可变资本越大，剩余价值量就越大，可变资本和剩余价值量成正比例。但现实的经济生活却不是这样的情况，剩余价值并不是与可变资本成正比例，而是与全部预付资本成正比例的。例如：在不同部门中，c和v的比例不相同，如纺纱厂与面包厂的资本都是100万元，纺纱厂的c为60万元，v为40万元；面包厂的c为20万元，v为80万元；如以第三个规律来要求，在m′为100%的情况下，纺纱厂可榨取剩余价值40万元，面包厂可榨取剩余价值80万元。但事实上，预付100万元的等量资本，却取得等量利润，假使平均利润率是40%，不管纺纱厂和面包厂，它们的利润都是40万元。这就说明：第三个规律和实际的经济现象在表现上是矛盾的。"要解决这个表面上的矛盾，还需要许多中项"。所谓"中项"，就是中间环节的意思。因为要解决这个矛盾，就要弄懂剩余价值如何转化为利润，利润如何转化为平均利润，剩余价值率如何进一步发展为平均利润率，价格如何转化为生产价值等一系列问题，而这些问题是在《资本论》第三卷中才进行研究的。

接着，马克思对古典经济学和庸俗经济学进行了批判。"尽管古典经济学从来没有表述过这一规律，但是它却本能地坚持这一规律，因为这个规律是价值规律本身的必然结果。"古典经济学不懂得c和v的区分，他们把利润和剩余价值混为一谈，这就不懂得可变资本量对剩余价值量的关系，就不可能表述这一规律；但是他们却本能地坚持了这一规律，因为古典学派是主张劳动价值论的，是坚持价值规律的，实际上就等于承认剥削工人的劳动越多，剩余价值量就越多。“古典经济学企图用强制的抽象法把这个规律从现象的矛盾中拯救出来。”这就是说，虽然他们没有能够解决第三个规律和平均利润率规律这种表面上的矛盾，但是他们在说不清楚问题的情况下，还是坚持了劳动价值论和价值规律的原理。例如，古典学派的李嘉图，由于不懂得劳动二重性，无法说清楚劳动创造价值的科学原理，在等量资本可以取得等量利润的现象面前，不懂得价值规律如何转化为生产价格规律等一系列问题，却认为商品价值受工资和利润变动的影响，因而对劳动价值论做了“小小”的修正。但他又认为：这种情况只是偶然的、例外的，而且变动的幅度很小。这说明，李嘉图虽然碰到了难题，但仍然没有放弃劳动价值论的原理，所以马克思才说他是企图用强制的抽象法把这个规律从现象的矛盾中拯救出来。但是，由于李嘉图无法解决这个难题，李嘉图学派终于“被这块拦路石绊倒”了。李嘉图死后，李嘉图学派的继承者，如詹姆斯·穆勒、麦克库洛赫等人，由于不懂得价格如何转化为生产价格，在无法说明价值规律和生产价格规律的情况下，放弃了劳动价值论。穆勒认为：蓄积的劳动也创造价值，实质上就是承认资本创造价值。麦克库洛赫认为：机械的运动、自然力的作用等等，都能创造价值。由于他们放弃了劳动价值论，造成了李嘉图学派的破产。至于庸俗经济学者，如巴师夏、萨伊、马尔萨斯等人，他们的共同特点是反对劳动价值论，“在这里也像在其他各处一样，抓住了现象的外表来反对现象的规律”。就是说，他们在价值规律和平均利润率规律相矛盾的问题上，同他们在工资、利息、地租等问题上一样，只根据事物的现象，否定事物的本质，即利用等量资本取得等量利润的现象，作为反对劳动价值论的理由，这正充分表现了他们的无知。

能不能把上述三个规律看成是一个规律的三种不同表述呢？不能。这三个规律的表述，是互相联系的，又是有区别的。第一个规律是决定剩余价值量的基本的规律，它适用于任何情况。不管劳动力价值是否变动，也不管资本的有机构成是否提高，剩余价值量总是要由可变资本和剩余价值率这两个基本因素来决定，总是要用可变资本量乘剩余价值率的公式来计算一个资本家的剩余价值量的。如不阐明这个规律，就根本无法了解剩余价值量的决定问题。但是，在现实经济生活中，这两种因素是会经常发生变动的。由于变动的方向和程度不同，会产生多种情况，所以就要引申出第二和第三个规律来。第二个规律说明，尽管资本家想通过提高剩余价值率，在工人身上榨取更多的剩余价值，来补偿可变资本的减少，但必然受到客观规律的限制。这是为在第三卷中研究利润率下降倾向的规律服务的。第三个规律说明，由于不同企业里的资本有机构成不同，因而剩余价值量就不同。有机构成愈高，剩余价值量就愈小；反之，有机构成愈低，剩余价值量就愈大。剩余价值量和可变资本成正比例，明显地表示出剩余价值是由可变资本产生的。同时，揭示了第三个规律与平均利润率规律的矛盾，为剩余价值转化为利润等一系列研究提供了线索，解决了古典学派无法解决的问题。所以说，这三个规律是有区别的，是不能互相代替的，不能看成是一个规律的三种不同表述。

上述情况是就个别资本来考察的。马克思在第 10 段中又进一步从社会总资本的角度，考察剩余价值量的决定问题。马克思指出：工人人数和工作日的长度，是决定社会总资本所生产的剩余价值量的两个因素。如果工作日长度已定，剩余价值量就随工人人数的增加而增加；反之，如果工人人数已定，剩余价值量的多少就要由工作日的长度来决定。当然，这个规律只适用于我们已经研究过的绝对剩余价值的生产，对于第四篇即将考察的相对剩余价值生产是不适用的。

货币转化为资本必须有一定的最低限额

从上述剩余价值量的研究中证明：工人人数是决定剩余价值量的一个重要因素，而雇佣一定数量的工人，就需要一定量的可变资本和不变资本，所以要使货币转化为资本，必须有一定量的最低限额，如果达不到这个最低限额，货币就不能转化为资本，这个最低限额是这种转化的前提。那么，这一定量货币的最低限额应该是多少呢？如果货币所有者雇佣的工人很少，所生产的剩余价值就只能使他过工人那样的生活。例如：假定一个工人的必要劳动时间是 8 小时，剩余劳动时间是 4 小时，要养活一个和工人同等生活水平的资本家，就要有两个工人提供 8 小时的剩余劳动。这就既要付给这两个工人的工资，还要有这两个工人在劳动时所推动的生产资料。“在这种情况下，他的生产的目的就只是维持生活，不是增加财富；而在资本主义生产下，增加财富是前提。”如果货币所有者雇佣的工人不多，他自己就还要同工人一样，直接参加生产过程，进行劳动。尽管他得到的剩余价值已超过他维持生活需要的限度，他还不是资本家，而是小业主，是“介于资本家和工人之间的中间人物”。小业主和资本家相比有什么区别呢？首先，资本家是不参加劳动的，他的全部时间“都用来占有从而控制他人的劳动”，而小业主自己是直接参加生产劳动的。其次，在剥削到的剩余价值量上也有差别，小业主剥削到的剩余价值量比资本家要少得多，因此，资本家握有的货币量和雇佣的工人人数，都必须超过小业主。资本家是从小业主发展而来的，从小业主转化为资本家的界限，就是预付资本的最低限额，就是雇佣工人人数的最低限额。中世纪行会为了限制手工业师傅变为资本家，就规定每个师傅雇佣帮工的最高限额①。“货币或商品的占有者，只有当他在生产上预付的最低限额大大超过了中世纪的最高限额时，才真正变为资本家。”这是一个从量变到质变的发展过程。只有货币所有者握有的货币超过了一定的限额时，货币才转化为资本，小业主才发展成为资本家。

从货币所有者转变为资本家必须握有的货币的最低限额，在资本主义生产的不同发展阶段上是不同的；即使在一定的发展阶段上，在不同的生产部门内，由于它们的技术条件不同，货币的这种最低限额也各不相同。在资本主义初期，有些生产部门所需要的最低限额资本，在个人手中是找不到的。要经营这种企业，或者是由国家对私人进行帮助，或者是由几个资本家集资合伙，“这种公司就是现代股份公司的前驱”。

在生产过程中资本对劳动的强制关系

第13—18段，是整个第三篇的结束语。主要说明，在生产过程中，资本发展成为一种强制关系。

马克思首先指出，在生产过程中，资本是一种强制关系。前面说过，在流通领域，资本家作为货币所有者，工人作为劳动力所有者，按照商

---

① 根据1292年编的《人丁税册》中的资料，巴黎当时的行会师傅只有一个帮工。

品交换的等价原则，平等自由地进行买卖。但交易成功后，工人进入生产过程，就完全不同了。在生产过程中，资本家是资本的化身，是人格化的资本，他握有指挥工人劳动的权利，监督工人有规律地并以应有的劳动强度进行工作。但是资本家指挥生产的目的，不是为了取得使用价值，而是为了榨取剩余价值。为要达到这个目的，在生产过程中，“资本发展成为一种强制关系”。这种强制关系的特点，就是强迫工人超过必要劳动时间以外提供更多的剩余劳动。和历史上的剥削者相比，资本在精力、贪婪和效率方面，远远超过了奴隶制社会、封建社会以直接强制劳动为基础的生产制度。奴隶劳动是在奴隶主鞭子的直接强制下进行的，封建社会农民的劳动是在封建地主超经济剥削的直接强制下进行的，这种在生产过程中的直接强制，远远赶不上资本对劳动的强制。这种资本对劳动的强制关系，不管是在以使用手工劳动为基础的旧式面包业中，还是在使用机器生产的工厂，如现代棉纺业中，都是同样有效的。

其次，资本的强制关系，和奴隶制社会、封建社会的直接强制相比，有什么不同呢？也就是说，资本如何变成强制关系的呢？

如果仅从劳动过程来考察，工人只是有目的地进行生产活动，使用劳动工具，作用于劳动对象，生产出一定的产品，在这里，生产资料只是工人生产活动的手段和材料，看不出什么强制关系。但是，如从价值增殖过程来考察，就完全不同了。“生产资料立即转化为吮吸他人劳动的手段。不再是工人使用生产资料，而是生产资料使用工人了。不是工人把生产资料当作自己生产活动的物质要素来消费，而是生产资料把工人当作自己的生活过程的酵母来消费，并且资本的生活过程只是资本作为自行增殖的价值的运动。”这就说明，资本对劳动的强制关系，不是直接的，而是间接的，资本的强制是通过物的形式，即生产资料的形式来进行的。起初，货币用来购买生产资料和劳动力，转化为生产过程的物质要素；然后，生产资料成为剥削工人剩余劳动的工具，变成了榨取他人劳动和剩余劳动的合法权和强制权。资本对劳动的强制，是通过统治人的形式表现出来的，和那种人和人的关系被物和物的关系所掩盖的商品拜物教的情况一样，这正体现了资本主义生产所固有的特征，和奴隶制社会、封建社会的直接强制相比，显然是不同的。

再次，资本的这种强制关系，在资本家的思想上是怎样反映出来的呢？资本家把资本的强制关系，把资本自行增殖的能力，把生产资料对工人的统治，把死劳动对活劳动的支配，看成是自然现象，好像资本、生产资料天然就能带来剩余价值似的。因此在出卖工厂时，不仅要计算生产资料的价值，而且要计算这些生产资料的增殖能力；不仅要计算生产这些生产资料所必需的劳动，而且要计算借助这些生产资料榨取到的剩余劳动；一句话，即把生产资料的价值和它的剥削能力加在一起。这说明：在生产过程中物统治人的形式，形成资本对劳动的强制关系，反映到资本家的思想里，同样地，也是这样地倒置着。第 360 页举的例子，就无情地嘲讽了资本家的荒谬和可笑。

■ 对剩余价值量的研究，马克思是从本质上进行分析的。分析决定剩余价值量的各种因素，以及各种因素在不同情况下的相互影响，从而探讨决定剩余价值量的规律，这就进一步揭露了资本主义生产的实质。决定剩余价值量的三个规律，都是资本主义生产过程的本质的反映。本质与现象往往是不一致的，揭露这些本质，才能正确认识资本主义社会经济生活中的种种现象。这是马克思研究剩余价值量时的一个特点。

事物总是从量变到质变向前发展的。货币转化为资本，小业主转化为资本家，是一个从量变到质变的发展过程。研究剩余价值量的规律，有利于研究资本主义生产发生和发展的过程，有利于揭露资本主义的剥削实质，有利于进一步展开对资本主义矛盾的分析。事实上，由量变到质变，是在矛盾运动中前进的。马克思分析决定剩余价值量的诸因素如何在矛盾中运动的同时，揭示了从量变到质变的辩证发展，是他研究剩余价值量时的又一个特点。

资本、生产资料对劳动的强制，物支配人的现象，是资本主义生产的本质的特征，是资本主义生产关系的产物。马克思在第三篇的结束语中，围绕着资本强制劳动这一主题，揭示了资产阶级和工人阶级之间存在着深刻的阶级对立，揭示了工人阶级的被剥削被统治的地位，实际上是以阶级斗争为线索，对第三篇进行的小结，也是把资本和劳动的对立、资产阶级和工人阶级的对立，作为一根红线贯穿全书的一个鲜明表现。

第四篇
相对剩余价值的生产

第十章
相对剩余价值的概念

第四篇是研究相对剩余价值的生产。第四篇和第三篇一样，都是揭露资本家怎样在生产过程中剥削工人所创造的剩余价值，以及采用什么方法来加强对工人的剥削。这两篇的中心课题都是揭露资本主义生产的实质，揭露资本主义生产关系、阶级关系的实质，但也有其差别之处。第三篇是在假定必要劳动时间不变的前提下，把技术的改进和劳动生产力的提高暂时撇开不论，来说明资本家如何用绝对地延长劳动时间的方法，加强对工人的剥削的。第四篇则是以劳动时间固定不变为前提，说明资本家如何通过改进技术，改进生产方法，提高劳动生产力，以缩短必要劳动时间，从而相对地延长剩余劳动时间，来加强对剩余劳动和剩余价值的榨取。因此，第三篇的中心，是说明工人阶级和资产阶级怎样围绕着工作日的长短界限而进行剧烈的斗争。第四篇的中心，是论述在资本主义条件下，生产技术的改进和劳动生产力的提高，只是使资产阶级得到好处，而给工人带来的却是灾难！马克思运用生产力和生产关系对立统一的原理，说明生产力的发展怎样引起资本主义生产关系的发展和改变；而资本主义生产关系的发展又怎样反作用于生产力，既促进生产力向前发展，又如何使生产力中的主要因素工人阶级受到更加严重的剥削和摧残。

第四篇的研究是建立在第三篇所阐述的全部原理的基础上的。第三篇不仅研究了剩余价值生产的特殊方法之一即绝对剩余价值的生产，而且也考察了一般剩余价值的生产，如在第五、六、七、九等章中，既研究了一般剩余劳动如何表现为剩余价值，又研究了剩余价值率和剩余价值量的问题。对剩余价值生产的特殊方法（指绝对剩余价值和相对剩余价值的生产）的研究都必须以一般剩余价值的研究为基础，而特殊的剩余价值生产的方法又是在一般剩余价值的基础上的发展和补充。

第四篇共有 4 章。第十章为全篇提供了理论原则，它分析了相对剩余价值的概念，指出相对剩余价值是通过提高劳动生产力、缩短必要劳动时间、相应地延长剩余劳动时间而生产的剩余价值。第十一、十二、十三章，从资本主义发展的三个基本历史阶段，研究劳动生产力如何逐步提高，资本如何逐步加强对劳动者的剥削，从而取得更多的相对剩余价值。

（一）相对剩余价值的概念

生产相对剩余价值的方法，是缩短必要劳动时间，相对地延长剩余劳动时间

资本家提高剥削程度，加强对剩余价值的榨取，经常采用两种方法：即绝对剩余价值的生产和相对剩余价值的生产。

生产绝对剩余价值的方法是在必要劳动时间不变的情况下，通过延长工作日来增加剩余劳动时间，榨取剩余价值。这种方法对资本家来说，有两方面的问题：一方面，工作日有生理的和道德的界限，不能绝对无限地延长，不能完全满足资本家狼一样的贪欲；另一方面，工作日的延长又遇到工人阶级的激烈反抗，特别是随着无产阶级的日益成长和壮大，这种反抗愈来愈大。因此，资本家还要寻求在工作日长度不变的情况下，加强剥削剩余价值的方法。

在工作日长度已定的情况下，怎样延长剩余劳动时间呢？

假设工作日长度为 12 小时，其中必要劳动时间 10 小时，剩余劳动时间 2 小时。

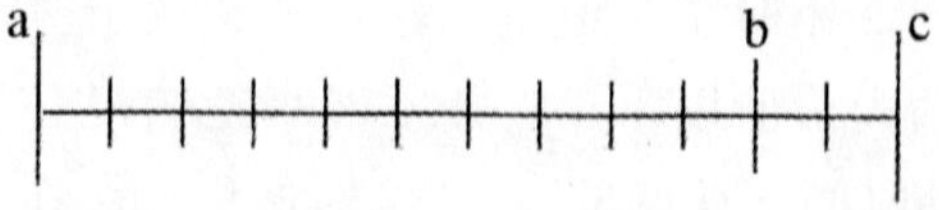

a—c 表示工作日长度，a—b 表示必要劳动时间，b—c 表示剩余劳动时间。在这种情况下，既要不延长 ac 线，即不增加工作日的长度，又要延长 bc 线，即增加剩余劳动时间，唯一的方法只有缩短 ab 线，才能相应地延长 bc 线。我们如果把 b 向前移动 1 小时，即得：

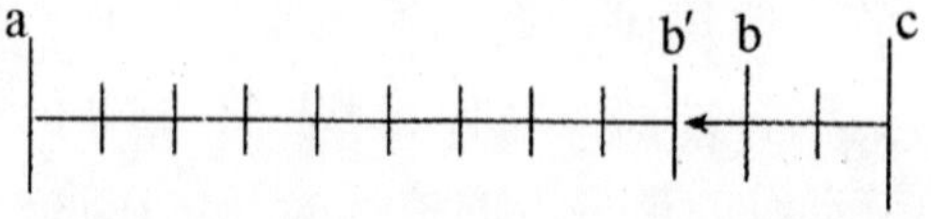

这样，a 至 b′为 9 小时，即必要劳动时间由 10 小时缩短为 9 小时，b′至 c 为 3 小时，即剩余劳动时间由 2 小时增加至 3 小时。这就是说，在工作日长度不变的情况下，剩余劳动时间的增加，是来自必要劳动时间的缩短。工人原来为自己而使用的 1 小时，现在则为资本家生产剩余价值了。马克思把“通过缩短必要劳动时间、相应地改变工作日的两个组成部分的量的比例而生产的剩余价值，叫作相对剩余价值”。

把工资压低在劳动力价值以下来缩短必要劳动时间的方法，在这里应被排除

那么，怎样缩短必要劳动时间呢？

前面讲过，必要劳动时间是由为维持工人及其家属所必需的生活资料的价值所决定的，也就是为劳动力的价值所决定的。“劳动力的价值，即生产劳动力所需要的劳动时间，决定再生产劳动力价值所必要的劳动时间。”例如：工人一日所必需的生活资料是用 10 小时生产出来的，如果一个劳动小时用货币来表示是 5 角，10 个劳动小时就是 5 元。那么，劳动力的日价值就是 5 元。工人在一日内要把它的劳动力的日价值再生产出来，就需要劳动 10 小时。因此，必要劳动时间就是 10 小时。可见，知道维持工人及其家属所必需的生活资料的价值，也就知道劳动力的价值，从而也就知道必要劳动时间的量。

在资本主义社会的实际生活中，资本家经常不按照等价交换的原则来购买劳动力，而是以低于劳动力的价值来支付，例如只支付工人 4 元 5 角。为了把 4 元 5 角再生产出来，只要 9 小时就够了。这样，剩余劳动时间就由 2 小时相应地延长到 3 小时了。但是，这种延长剩余劳动时间的办法，是把工资压低在劳动力价值以下，它并不能真正缩短必要劳动时间，而只是侵占了必要劳动时间。马克思说："虽然这种方法在工资的实际运动中起着重要的作用，但是在这里它应该被排除。"这就是说，资本家的确经常以低于劳动力的价值来支付工资，但那是第六篇所要研究的问题。在那种情况下，劳动力只能萎缩地再生产，"剩余劳动的范围的扩大，只是由于侵占了必要劳动时间的范围"。现在我们是要从纯粹的形态上来研究有关剩余价值生产的一般规律，就必须以商品交换的规律为前提，一切商品，包括劳动力这一特殊商品在内，都必须是等价交换，而把非等价交换的情况，必要劳动时间被侵占的情况撇开。在这一假设下，必要劳动时间的缩短，不能由工资低于劳动力价值而产生，而只能在劳动力本身的价值降低时产生。

要缩短必要劳动时间，必须提高劳动生产力

究竟用什么方法才能真正缩短必要劳动时间呢？如果生产工人所必需的生活资料的时间，原来需要 10 小时，现在只要 9 小时，那么，这些生活资料的价值就会降低，从而劳动力的价值也会降低，必要劳动时间就会缩短。要使生产这些生活资料的时间从 10 小时降为 9 小时，就必须提高劳动生产力。

提高劳动生产力的方法，或是采用新的生产工具，或是采用新的劳动方法，或是二者同时采用。例如：改进生产工具，用木机织布改为铁机织布，劳动效率就会提高几倍甚至几十倍；如果劳动方法进步了，新的经验总结了，劳动组织调整了，分工更加明确，时间的浪费减少，劳动效率也会因此而提高。因此，要提高工人的劳动生产力，正如马克思所说的，"他的劳动生产条件，也就是他的生产方式，从而劳动过程本身，必须发生革命"。

必须注意，马克思在这里所使用的"生产方式"这一概念，是指生产过程中劳动者劳动的形式和方法，用马克思的话说，就是"劳动生产条件""劳动过程的技术条件和社会条件"，既包括劳动者所使用的工具，又包括劳动者的劳动经验和技能，以及劳动组织等方面，与通常把生产方式当作生产力与生产关系在一定历史条件下的统一的含义是不一样的。[①]

劳动生产力的提高缩短了生产商品的社会必需的劳动时间，从而使单位商品价值量降低。马克思在第一章就已指出："劳动生产力越高，生产一种物品所需要的劳动时间就越少，凝结在该物品中的劳动量就越小，该物品的价值就越小。"[②] 在上篇考察绝对剩余价值的生产时，"曾假定生产方式是既定的"，就是说，劳动过程的技术条件和社会条件不变，生产力没有提高，因而生活资料的价值和劳动力的价值都是不变的，"资本占有历史上遗留下来的或者说现存形态的劳动过程"，即采用历史上已经形成的生产技术条件。绝对剩余价值的生产是延长工作日的长度。但是，资本主义的发展，必然引起技术条件的改变，引起生产力的提高，从而引起相对剩余价值的产生。相对剩余价值的产生，必须以变革生产方式、提高劳动生产力为基础，因为只有劳动生产力的提高，才能降低生活资料的价值；只有生活资料价值的降低才能降低劳动力的价值；只有劳动力价值的降低，才能缩短必要劳动时间，从而相对地延长剩余劳动时间，产生相对剩余价值。

绝对剩余价值和相对剩余价值的区别

马克思说："我把通过延长工作日而生产的剩余价值，叫作绝对剩余价值；相反，我把通过缩短必要劳动时间、相应地改变工作日的两个组成部分的量的比例而生产的剩余价值，叫作相对剩余价值。"可见，绝对剩余价值是以工作日的绝对延长为基础；相对剩余价值则以劳动生产力的提高为基础，它是生产方式发生革命的结果。

绝对剩余价值和相对剩余价值的区别，是资本家提高对工人剥削程度的两种方法的差别。但就另一意义上说，这两种不同方法都标志着同一内容：资本家对工人的无情剥削，对剩余价值的无厌榨取。

---

① 《经济学》第142期彭纛的文章认为：马克思、恩格斯使用生产方式这一概念在不同地方有五种不同的含义：一、当作社会形态的同义语；二、当作生产关系来使用；三、侧重于技术方面、生产力方面；四、指劳动组织；五、作为生活资料的谋得方式。

② 《资本论》第1卷，人民出版社2004年版，第53页。

（二）个别资本家追求超额剩余价值的结果，引起相对剩余价值的产生

只有提高生产生活资料的部门和为这些部门提供生产资料的部门的劳动生产力，才会降低劳动力的价值

既然劳动生产力的提高必然引起劳动力价值的降低，是不是所有部门的劳动生产力的提高，都会得到这样的结果呢？

一种是直接生产生活资料的部门，和为生产生活资料的部门提供不变资本的物质要素（即生产资料）的部门，例如生产布的纺织部门和为纺织部门生产纺纱机、织布机等的产业部门；做衣服的缝纫部门和为缝纫部门生产缝纫机、线等的部门。这些部门的劳动生产力的提高，都会降低必要生活资料的价值，从而降低劳动力的价值。我们知道，单位商品的价值，不仅包括工人的劳动新创造的价值，还包括从不变资本中转移来的旧价值。如果为生产必要生活资料提供生产资料的部门的劳动生产力提高了，它们的产品的价值就会降低，从而生产生活资料的部门的不变资本转移到产品中去的价值也会减少，结果也会降低生活资料的价值，从而引起劳动力价值的降低。这可算是间接的影响。

一种是“既不提供必要生活资料、也不为制造必要生活资料提供生产资料的生产部门”，例如，只生产供资本家消费的奢侈品或军事工业，它们的劳动生产力的提高，对劳动力的价值不会发生影响。

劳动力价值的降低等于全部必要生活资料价值降低的总和

当然，个别生活资料价值的降低，“只是相应地，即只是按照该商品在劳动力的再生产中所占的比例，降低劳动力的价值”。因为工人消费的生活资料是多方面的，其总和是由许多不同种商品构成的，个别生活资料如衬衫的价值的降低，只会减少工人购买衬衫的支出，从而只是降低劳动力价值的这一相应部分。因此，劳动力价值的降低，等于全部必要生活资料价值降低的总和。所以马克思说：“劳动力价值随着它的再生产所必要的劳动时间的缩短而降低，这种必要劳动时间的全部缩短等于所有这些特殊生产部门中这种劳动时间缩短的总和。”

资本家降低生活资料价值的直接目的是为了在竞争中取得超额剩余价值

提高劳动生产力，降低生活资料的价值，从而降低劳动力的价值，缩短必要劳动时间，增加剩余劳动时间，取得相对剩余价值率，提高一般剩余价值率①，这只是资本主义生产的必然结果，并不是个别资本家自觉的直接目的。我们必然把个别资本家生产的直接目的和资本主义生产的必然结果区别开来。从个别资本家来看，他对提高劳动生产率，“决不是必然抱有相应地降低劳动力的价值，从而减少必要劳动时间的目的”，而只是为了取得超额剩余价值，在竞争中处于有利地位。马克思说：“必须把资本的一般的、必然的趋势同这种趋势的表现形式区别开来。”所谓必然趋势，是指每个资本家都要占有更多的剩余价值；所谓表现形式，是指在竞争中发生的现象。竞争，是客观的强制规律，也是资本家改进生产的直接动机，但这只是表现形式，它是受剩余价值规律所制约的。关于“资本主义生产的内在规律怎样表现为资本的外部运动”，马克思是在《资本论》第三卷中进行考察的。

个别资本家如何由于劳动生产力提高而取得超额剩余价值呢？假设一个劳动小时用货币来表示是 5 角，一个十二小时工作日就会生产出 6 元的价值，这是新创造的价值。又假定在 12 小时内，在社会平均的生产条件下，可生产 12 个商品，每一单位商品所转移来的生产资料的旧价值也是 5 角，这样，每一个商品的价值是 1 元（即转移来的旧价值 5 角，加新创造的价值 5 角）。现在再假定，有一个资本家，由于采用了新的生产工具，改进了操作技术，劳动生产力提高一倍，在 12 小时内不是生产 12 个商品，而是生产 24 个商品，这时，每一商品所转移来的生产资料的旧价值不变，仍然是 5 角，但 12 小时劳动新创造的价值 6 元，则分摊在 24 个商品中，每个商品包含的新价值，不是 5 角，而是 2 角 5 分了。这样，该资本家所生产的商品的个别价值只等于 7 角 5 分（即旧价值 5 角，加新价值 2 角 5 分）。当生产资料转化为一件产品时，过去需要一个劳动小时

① 所谓一般的剩余价值，不是指个别资本家取得的剩余价值率，而是整个资本主义社会的剩余价值率。

加到生产资料中去，现在只需要半个劳动小时了。但商品的现实价值，不是取决于个别劳动时间所形成的个别价值，而是取决于社会必要劳动时间所决定的社会价值，因此，该商品的现实价值即社会价值是 1 元，而不是 7 角 5 分。这样，该资本家按照社会价值出售 24 个商品就可得 24 元，减去转移到商品中的生产资料的价值 12 元和工资 3 元的预付资本后，可以取得 9 元的剩余价值。可是其他的资本家，每日只能生产 12 个商品，售得 12 元，减去生产资料 6 元和工资 3 元的预付资本后，只取得 3 元的剩余价值。该资本家比其他的资本家多取得剩余价值 6 元，这就形成超额剩余价值。所以超额剩余价值是个别价值与社会价值之间的差额，它是因个别资本家提高劳动生产力而产生的。

但是，随着劳动生产率的提高和产品的增加，要求有更大的市场，因此，采用新的生产方法的资本家为了打开商品的销路，在竞争中打垮自己的对手，就要减低商品的售价，“因此，资本家要高于商品的个别价值但又低于它的社会价值来出售商品”。如上例：该资本家把每一商品售价值降低为 9 角，24 个商品可售得 21 元 6 角，减去预付资本 15 元，仍可得剩余价值 6 元 6 角。而其他的资本家也按 9 角出售其商品，12 个商品只售得 10 元 8 角，减去预付资本 9 元，只得剩余价值 1 元 8 角。如果前个资本家以 8 角出售其商品，还可得剩余价值 4 元 2 角，而其他资本家只能取得 6 角的剩余价值了。这样，因改进技术而提高劳动生产力的个别资本家，不仅比别的资本家取得更多的剩余价值，而且在竞争中处于有利地位。所以，“每个资本家都抱有提高劳动生产力来使商品便宜的动机”。

超额剩余价值实质上也是相对剩余价值

超额剩余价值实质上也是相对剩余价值。因为“在这种场合，剩余价值生产的增加也是靠必要劳动时间缩短和剩余劳动的相应延长”。仍以上例来说，一般资本家在 12 小时内生产 12 个商品，销售后得 12 元，减少补偿不变资本 6 元和工资 3 元后可得剩余价值 3 元。个别资本家在 12 小时内生产 24 个商品，销售后得 24 元，减去补偿不变资本 12 元和工资 3 元后，可得剩余价值 9 元。这样，用下述两种方法都可以得出缩短必要劳动、相应延长剩余劳动的同样结果：第一，从各项价值要素在产品相应部分上的表现来考察，24 个商品中有 12 个代表不变资本，3 个代表劳动力的价值，9 个代表剩余价值。而一般资本家的 12 个商品中，6 个代表不变资本，3 个代表劳动力价值，3 个代表剩余价值。可见，一般资本家的必要产品和剩余产品之比是 3∶3，而个别资本家则是 3∶9，剩余产品从 3 个商品变成 9 个商品了[①]。第二，从必要劳动和剩余劳动的比例来考察。马克思指出，“生产力特别高的劳动”，“在同样的时间内，它所创造的价值比同种社会平均劳动要多”。如以上例来说，个别资本家在 12 个劳动小时内生产 24 个商品，按社会价值卖 24 元，其中 12 元补偿不变资本，剩下的 12 元是体现 12 个劳动小时所创造的价值，即 1 小时创造 1 元的价值，因此工人只要劳动 3 小时，就能再生产 3 元的可变资本，其余 9 小时就是剩余劳动了。而一般资本家在 12 个劳动小时内只生产 12 个商品，卖 12 元，其中 6 元补偿不变资本，剩下的 6 元是体现 12 个劳动小时所创造的价值，即 1 小时只创造 5 角的价值，因此工人要劳动 6 小时才能再生产 3 元的可变资本，其余的 6 小时是剩余劳动。这就是说，个别资本家因提高劳动生产率之故，就可以把必要劳动时间从 6 小时缩短为 3 小时，把剩余劳动时间从 6 小时延长至 9 小时。“可见，采用改良的生产方式的资本家，比同行业的其余资本家在一个工作日中占有更大的部分作为剩余劳动。他个别地所做的，就是资本全体在生产相对剩余价值时所做的。”所以，超额剩余价值实质上也是采用相对剩余价值生产的方法，即缩短必要劳动时间、相对地延长剩余劳动时间而产生的。

必须注意，超额剩余价值是个别资本家在商品社会价值不变的情况下因提高劳动生产力而取得的。每个资本家都想取得更多的超额剩余价值，都想在竞争中处于有利的地位，因而都要改进技术，提高劳动生产力。可是，当新的生产方式被普遍采用，因而劳动生产力普遍提高，使单位商品所包含的社会必要劳动时间降低，从而商品的个别价值和社会价值的差额消失的时候，个别资本家所取得的超额剩余价值也就消失了。但另一方面，当劳动生产力的提高扩展到同生产必要生活资料有关的生

---

① 马克思在第 257 页曾指出，把产品分成几个量，分别代表不变资本、可变资本和剩余价值，这种划分对以后复杂问题的理解是很重要的。在这里，就是以上原理在这一复杂问题上运用的表现。

产部门，以致使构成劳动力价值要素的商品的社会价值降低的时候，就会引起劳动力价值的降低，使必要劳动时间缩短，剩余劳动时间相对延长，从而产生相对剩余价值。因此，相对剩余价值是个别资本家为追求超额剩余价值、提高劳动生产力所造成的最终结果，是在个别资本家追求超额剩余价值的基础上自发地形成的。

"价值由劳动时间决定这同一规律，既会使采用新方法的资本家感觉到，他必须低于商品的社会价值来出售自己的商品，又会作为竞争的强制规律，迫使他的竞争者也采用新的生产方式。"在这里，我们可以看到价值规律、竞争规律和剩余价值规律之间的相互关系。资本家生产的目的，是对剩余价值的无厌榨取。改进生产技术，采用新的生产方式，提高劳动生产力，是在追求更多的剩余价值这一目的下进行的。但在生产中创造的剩余价值，必须通过商品的售卖来实现。资本家在售卖商品时必然发生竞争，在竞争中，有些资本家的商品的个别价值低于社会价值，可以在社会价值以下售卖其商品，因而处于有利地位，而那些其商品的个别价值等于或高于社会价值的资本家，在竞争中则处于不利地位，甚至会因此而破产。竞争有一种客观的强制力，迫使资本家改进生产技术，提高劳动生产力，才能依据价值规律的要求，取得更多的剩余价值。

有人把超额剩余价值同绝对剩余价值、相对剩余价值相并列，认为这是生产剩余价值的第三个方法。其实，资本家加强对工人的剥削只有两个基本方法，超额剩余价值实质上也是相对剩余价值。这是因为它们之间有基本的共同点：第一，都是以提高劳动力为基础；第二，都是由缩短必要劳动时间，相对地增加剩余劳动时间而产生的。但是，也不能把超额剩余价值和相对剩余完全等同起来，它们之间还有差别，这表现在：第一，超额剩余价值是个别资本家提高劳动生产力，使个别价值低于社会价值的结果；相对剩余价值是整个资本家阶级提高劳动生产力，降低劳动力价值，缩短必要劳动时间，相对延长剩余劳动时间而产生的。第二，超额剩余价值为个别资本家所获得，相对剩余价值则为整个资产阶级所获得。第三，获得超额剩余价值是个别资本家的直接目的，而相对剩余价值的产生是这一目的的最后结果。前者不仅表现资本家剥削工人的关系，同时也表现资本家之间的竞争关系。

从资本主义的发展过程看，超额剩余价值产生在相对剩余价值之前。个别资本家由于提高劳动生产力，取得超额剩余价值，引起其他资本家都追求超额剩余价值，竞相提高劳动生产力，从而超额剩余价值才为相对剩余价值所代替。当相对剩余价值出现后，个别资本家则采用更新的技术，再提高劳动生产力，还可取得超额剩余价值，从而促进技术不断改进，生产力不断发展，这是剩余价值规律在资本主义发展过程中所发生的作用。但这种发展是在追逐剩余价值的目的支配下，在剥削工人剩余劳动的基础上进行的，劳动生产力越发展，资本对劳动的剥削越加强，工人所受的苦难和折磨就越增加。

（三）提高劳动生产力来使商品便宜，并通过商品便宜来使工人本身便宜，是资本的内在的冲动和经常的趋势

相对剩余价值的增加和劳动生产力的提高成正比

劳动生产力和单位商品价值量，从而也和劳动力的价值成反比。就是说，劳动生产力提高了，单位商品价值量就会降低，由生活资料的价值所决定的劳动力的价值也会降低。相反，劳动生产力和相对剩余价值是成正比的。就是说，劳动生产率提高了，相对剩余价值也会随之增加。例如，在 12 小时内必要劳动时间为 6 小时，剩余劳动时间为 6 小时，如果由于劳动生产力的提高，生活资料的价值下降一半，劳动力的价值也就下降了一半，那么，再生产工人所消费的生活资料就不再需要 6 小时，而只要 3 小时了；这样，必要劳动时间就缩短为 3 小时，剩余劳动时间则延长为 9 小时。这种由 6 小时增至 9 小时所创造的剩余价值，是由于劳动生产力提高的结果。“因此，提高劳动生产力来使商品便宜，并通过商品便宜来使工人本身便宜，是资本的内在的冲动和经常的趋势。”也就是说，这是资本主义发展的客观必然性。

劳动生产力的提高，既降低了单位商品的价值量，又增加了剩余价值量

劳动生产力的提高，既降低了单位商品的价值量，又增加了剩余价值量这一事实，是资本主义发展的必然结果，也是资本家所不断追求的。从资本家的立场来看，商品价值的多与少是无关紧要的，他所关心的，只是剩余价值，但要使剩余价值实现，同时补偿预付资本的价值，就必须把商品卖掉。在资本家看来，预付的资本越少越好，而剩余价值则越多越好。因为商品价值小，预付的资本就少，他就可以用较小资本取得更多的剩余价值。劳动生产力与商品价值成反比，与相对剩余价值成正比这一原理，正好符合资本家的主观要求。所有这一切，如果正确认识了剩余价值规律和价值规律的作用，就会十分清楚的。资产阶级经济学者不懂得这一点，所以提出这样的问题：生产费用越节省，商品的交换价值就越降低，但资本主义财富是由交换价值形成的，那么，成本降低，交换价值降低，不是财富反而减少了吗？这与资本家不断追求财富的愿望不是相矛盾吗？资产阶级经济学者由于不懂得前述原理，不能解决这个矛盾，因此，重农学派的代表魁奈一下子就难到他们，使他们无法答复。其实，只要懂得上述原理，这个问题是不难回答的。因为，劳动生产力的提高，使单位商品价值量减少，而相对剩余价值却因此增加了，这完全符合资本家以小量的资本取得大量的剩余价值的要求，在这里是不存在什么矛盾的。

资本主义发展劳动生产力的目的

劳动生产力的提高，本来可以生产更多使用价值来满足劳动者日益增长的需要；但资本主义生产却把劳动者的消费限制在劳动力价值的最低范围内。劳动生产力的提高，本来可以为工作日的缩短提供条件；但资本主义生产的“目的决不是为了缩短工作日。它的目的只是为了缩短生产一定量商品所必要的劳动时间”。资本主义发展劳动生产力的目的，不是为劳动者谋福利，而是为了取得更多的剩余价值。马克思说：“在资本主义生产中，发展劳动生产力的目的，是为了缩短工人必须为自己劳动的工作日部分，以此来延长工人能够无偿地为资本家劳动的工作日的另一部分。”劳动生产力的提高，不仅没有使工人的工作日缩短，“甚至还可能延长”。有些资产阶级经济学家的著作里就是这样为资本家延长工人的工作日辩护的：劳动生产力的提高，缩短了必要劳动时间，工人应该为生产力的发展而感谢资本家，如何感谢呢？那就是延长工作日。在这里，充分暴露了资本主义提高劳动生产力的实际目的，是为了取得更多的剩余价值。

马克思在最后还提出一个问题："在商品没有变便宜的情况下，究竟能在多大的程度上达到这个结果"？就是说，不采取提高劳动生产力来缩短必要劳动时间的方法，又不绝对地延长工作日，有没有其他的方法，能使剩余劳动时间延长，增加剩余价值呢？马克思指出："我们在下面考察相对剩余价值的各种特殊的生产方法时，就可以看到。"这里实际上是指提高劳动强度问题。因为提高劳动强度和提高劳动生产力是不同的。劳动强度的提高，虽然劳动时间的绝对量没有延长，但同一时间内所消耗的劳动量却随之增大；虽然同一时间内生产的使用价值量有所增加，但单位商品中所凝结的劳动量并未减少，从而它的价值也不会降低；虽然在这里也有剩余价值的增加，但又与提高劳动生产力而增加的剩余价值有着质的不同。这一点，在第十三章第三节中进行了分析。

■ 通过第十章的学习，进一步明确了：相对剩余价值的生产，是资本主义生产的独特道路。

在存在着阶级和剥削的社会里，剥削阶级掠取劳动者的剩余劳动，是剥削阶级存在的基础。但对剩余劳动的掠取，在不同的阶级社会里，情况是不同的。资本主义掠取剩余劳动不同于以往几个阶级社会的地方，一是大大增加了剩余劳动量，另一是有了增加剩余劳动量的更巧妙的方法。

绝对剩余价值的生产是加强剥削、增加剩余劳动量的方法之一，但这种靠延长工作日来加强剥削的方法是在不改变历史上已有生产方式的情况下进行的，它对于剥削程度的加强是一望而知的，它与以往社会不同的只是：奴隶社会是用鞭子的纪律来延长工作日，资本主义是用饥饿的纪律来延长工作日。

相对剩余价值的生产则不然。它是通过劳动生产力的提高来增加剩余劳动量，工人的劳动时间并未绝对延长，工人所消费的生活资料也未绝对减少[①]，从表面上看不出资本家对工人剥削程度的加强。可是，正是相对剩余价值的生产，促使资本主义生产不断发展，劳动生产力不断提高，资本主义生产关系不断向前发展，直至占据统治地位；与此同时，资本家日益积累资本，而工人则日益贫困化。

对剩余价值的无偿占有，即剥削工人劳动所创造的价值超过劳动力价值的那一部分，是资本主义剥削的秘密，一下子是看不出来的。相对剩余价值的生产，又是资本家加强对工人阶级剥削的特殊方法，更是不容易看出来的。资本主义剥削不同于奴隶社会、封建社会的实质在于此，资本主义加强剥削的特殊方法也在于此。

① 在这里，工作日延长和实际工资下降的因素，都暂时撇开不论。

第十一章

协　作

前章讲过，资本家为了取得相对剩余价值，必须不断提高劳动生产力以缩短必要劳动时间。资本主义的劳动生产力是怎样不断提高的呢？自 15 世纪起，资本主义生产先后采取简单协作、工场手工业、机器大工业三个不同的生产形式，这三种生产形式的历史发展过程，是劳动生产力不断提高、资本主义生产逐步发展的过程，也是资本家不断加强对工人剥削、增加更多的相对剩余价值生产的过程。本章所考察的资本主义的简单协作，是这种发展过程的第一种形式，它还不是完善的资本主义的生产形式。但是，协作既是资本主义生产的起点，又是资本主义生产方式的基本形式，因此，通过对协作的研究，既可了解资本主义的生产方式——生产力和生产关系是在怎样的起点上发展起来的，又可了解资本家是怎样不断加强相对剩余价值的生产、确立资本对劳动的统治地位的。

马克思在这里所论证的简单协作，当然是指资本主义发展初期的手工业方面的协作，但他在论证时也举出许多农业上的例子，这说明本章所论证的一般原理，不仅适用于手工业生产方面，也适用于技术落后的农业生产方面。因此，通过本章的学习，不仅可以懂得资本主义如何利用简单协作的生产形式加强剥削，并不断向前发展；还可以从集体劳动优于个体劳动的原理来加深认识我党在农业、手工业方面实行合作化的优越性；同时，马克思关于协作的原理，还可运用来总结我国社会主义协作的经验，进一步巩固和发展社会主义的专业化协作，以便更好地进行社会主义建设。因此，学习这一章有重大的现实意义。

本章的论述方法同第五章一样，首先论证任何社会都存在的协作的一般原理，进而论证资本主义协作的条件和特点。这样，既阐明了不同社会里协作的一般共同点，又论述了资本主义协作的特殊性。第五章对价值增殖过程只是从最一般的形式来研究，本章则对简单协作中的价值增殖，对相对剩余价值的生产，进行了更具体的分析。

（一）简单协作是资本主义生产的起点

什么是协作？马克思说："许多人在同一生产过程中，或在不同的但互相联系的生产过程中，有计划地一起协同劳动，这种劳动形式叫作协作。"[①] 这就是说，协作是一种劳动形式，但不是个别人的劳动形式，而是许多人依计划同时进行、协同动作的劳动形式；这种劳动形式，或是存在于同一生产过程中，或是存在于不同的但又相互联系的生产过程中。

协作有简单协作和复杂协作之分。简单协作只是许多人的协同动作，但还没有细致的分工。复杂协作是以分工为基础的。资本主义的大机器生产，无非是更复杂更细致的协作。

协作只是一种劳动形式，它必须依附于一定的生产组织之中。在资本主义发展的第一、第二阶段，其生产组织都是手工工场，第一与第二阶段相区别的地方，就在于前者是以没有细致分工的简单协作为基础，后者是以分工的复杂协作为基础。

在同一资本家命令下的简单协作，是资本主义的简单协作，它是资本主义生产的起点。马克思说："人数较多的工人在同一时间、同一空间（或者说同一劳动场所），为了生产同种商品，在同一资本家的指挥下工作，这在历史上和概念上都是资本主义生产的起点。"为什么呢？从历史上看，资本主义生产是在封建社会内部发展起来的，资本主义商品生产是在小商品生产的基础上发展起来的，从封建社会的行会手工业的工场发展到资本主义初期的简单协作的手工工场，正是由封建经济到资本主义经济的最初的转变，简单协作标志着资本主义经济的开始。从逻辑上说，由封建经济转变为资本主义经济，是一个由量变到质变的辩证发展

① 《资本论》第1卷，人民出版社2004年版，第378页。

过程，封建的行会手工业和简单协作的手工工场的区别，首先表现为量的差异。在当初，行会老板带领两三个学徒，和自己一道从事劳动，可是当学徒变成雇佣工人，并发展到一定数量以后，行会老板就可以依靠他们创造的剩余产品来生活，本身不必参加劳动，从此产生了不劳而获的资本家。所以，从逻辑上看，资本主义经济也是从简单协作开始的。

（二）简单协作的一般优点

要研究资本主义简单协作，必须先研究协作的一般原理，研究协作在不同的社会里所共同具有的优越性。这种优越性，完全不依存于这种劳动形式的社会历史形式，而是由协作劳动本身的性质所产生的。在这里，我们把劳动的社会因素、新生产工具的采用、复杂的细致的分工等暂时撇开不谈（那是下两章论证的范围），可以看出简单协作比个体劳动有如下的优越性。

协作使个人劳动取得社会平均劳动的性质

第一，协作使个人劳动取得社会平均劳动的性质。

商品价值是由抽象的社会必要劳动决定的。是一个人单独劳动，还是许多人联合劳动，都不会改变价值的性质。10个工人无论是单独劳动12小时还是在资本家指挥下联合起来劳动12小时，其产品都是体现120个劳动小时。所以协作劳动和个体劳动，在价值生产上不会引起任何差别。不过，在一定限度内还是会发生变化。我们知道，决定价值量的不是个别劳动时间，而是社会必要劳动时间，社会必要劳动时间“始终只是作为同种的许多不同的个别量的平均数”。比方说，一个工人的工作日为12小时，同时雇佣10个工人，一日共劳动120小时，从资本家的角度看，各个人的工作日，只是120小时的$\frac{1}{10}$，是10除120的结果。可是，每个个别工人的劳动生产率有高有低，每个工人生产同一商品所花费的时间与这种平均的社会必要劳动时间一般是不一致的，不是高于这一平均数，就是低于这一平均数。如果这10个工人分别由5个小业主所雇佣，“那么每个业主能否生产同样的价值量，从而能否实现一般剩余价值率，就是偶然的了”。在这种偶然的情况下，个别劳动时间低于这个平均数的就会占便宜，而高于平均数的就会吃亏。从个别劳动来看，如果高于这个平均数很显著，他的劳动就不能当作平均劳动，他的劳动力就不能当作平均劳动力，这样的劳动力不是根本卖不出去，就是只能低于劳动力的平均价值出卖。但是在资本家同时雇佣一定数量的工人进行协作劳动的情况下，这种个别劳动和平均劳动的差异，就会互相抵消。资本家正是由于取得了平均的社会必要劳动量，才能实现一般的剩余价值率。“因此对单个生产者来说，只有当他作为资本家进行生产，同时使用许多工人，从而一开始就推动社会平均劳动的时候，价值增殖规律才会完全实现。”如果单个生产者不是当作资本家，而是当作小业主，他不是同时雇佣许多工人来推动社会平均劳动，价值增殖就只能部分地偶然地实现，不能完全地实现，价值增殖就不是当作客观规律而起作用。因此，剩余价值规律必须在雇佣许多工人、推动平均社会必要劳动的条件下，才能发生作用；也只有在这一条件下，才有资本主义的生产。

协作可以节省生产资料

第二，协作可以节省生产资料。

这从以下两种情况表现出来。一种情况是：生产资料被更充分地利用了。我们知道，不管在手工业生产上或农业生产上，个人使用的许多生产工具，有一些并不是经常使用的，但在个体劳动时，每人都必须置备一套，否则生产过程就会中断；而在协作劳动时就可由几个人交替使用这一套工具，不需每人各备一套，这样，就提高了生产工具的利用率。我们知道，商品的价值不是由使用价值决定的，生产资料的利用率提高，只是使用价值的充分发挥，并不影响它本身的价值量，正如一本书是1个人读，还是10个人读，或100个人读，都不会改变这本书的价值量一样。但同样一套生产工具，价值量虽不变，因利用率高低不同，其价值向产品中转移的情况就有了差别。这部分生产工具的价值，在个体劳动时，是转移到少量的产品中；在协作劳动时，则转移到较多的商品中。虽然转移的价值总量不变，可是在后一情况下，单位产品中所转移来的物化劳动，从而单位产品的价值量就比前一情况为少。另一种情况是：生产资料价值的增加，其比例小于生产资料规模的增大。比如，供 20 个工人劳动的工房，当然会比供两个工人劳动的工房大，但是，建造一座容纳 20 个人的工房，比建造 10 座各容纳两个人的工房，所耗费的劳动要少。这就是说，供 20 个工人劳动的工房同供两个工人劳动的工房比较，规模扩大了，效果提高了（从供两人提高到供 20 人使用，提高使用率 10 倍），但其造价却不需要比后者增加 10 倍。也就是说，协作劳动同分散劳动比较，生产资料的开支不需要按人数成比例地增加。因此，马克思说："大量积聚的并且共同使用的生产资料的价值，一般地说，不会和这些生产资料的规模及其效果成比例地增加。"这样，协作劳动所需要的生产资料的价值总量相对地减少了，从而必须转移到产品中去的物化劳动也减少了，单位商品的价值量就会降低。由此可见，单位商品价值量的降低是由于节省生产资料所引起的，这种节省，有两方面的原因：一是由于生产资料的利用率提高，生产资料转移的总价值分摊在更多的商品中去了。一是与分散的生产资料相比，协作所需要的生产资料的价值虽有所增加，但由于不会和生产资料的规模和效果成比例地增加，所以相对地说，加入生产过程的生产资料的价值绝对量却是较小，因而转移的物化劳动的绝对量也减少了。对这种结果，我们还要从两方面去考察。第一，生产资料的节约使单位商品价值降低了，商品便宜了，从而使劳动力的价值下降。而劳动力价值的下降，必然引起必要劳动时间的缩短，相对剩余价值就由此产生了。第二，生产资料的节约使生产资料的价值绝对量相对地减少了，从而使预付的不变资本量也减少了，因此剩余价值和整个预付资本的比例改变了，利润率提高了①。

协作创造出一种新的集体力

第三，协作创造出一种新的集体力。

什么是集体力？马克思在第 378 页注(11)和(11a)举了两个例子来说明：一块大木头，一个人或许多人分别地去搬，无论如何也搬不动，如果许多人共同去抬，就可以搬动了。又如"一吨重的东西，一个人举不起来，10 个人必须竭尽全力才能举起来，而 100 个人只要每个人用一个指头的力量就能举起

① 关于利润率的提高和下降的问题，属于《资本论》第三卷研究的内容，这里暂时撇开不论。

来”。为什么能够呢？因为许多人在一起协同动作的时候，就产生了一种集体力。这种集体力是孤立的个别劳动者不可能有的。这种由许多个别劳动者的共同协作，必然使劳动者的人数的增加即量变，引起集体力产生质变。马克思说：“一个骑兵连的进攻力量或一个步兵团的抵抗力量，与每个骑兵分散展开的进攻力量的总和或每个步兵分散展开的抵抗力量的总和有本质的差别，同样，单个劳动者的力量的机械总和，与许多人手同时共同完成同一不可分割的操作（例如举重、转绞车、清除道路上的障碍物等）所发挥的社会力量有本质的差别。”在这里，结合劳动的效果或者是个人劳动根本不可能达到的，或者是只能在很小的规模上达到的。

必须注意：这种由协作而引起的质的变化，只是在简单协作范围以内的质的变化，是在没有技术革新和技术革命的情况下的质的变化。这种变化所引起的劳动生产率的提高，不能不受旧有技术条件的限制。例如，一块大木头一个人搬不动，10 个人可以搬动了，但还远不如用起重机或火车、汽车运输的效率高。所以，简单协作所创造的这种新的生产力，即集体力，不是由改变生产的技术条件所产生，而是由于打破了个体劳动的限制所产生的。

协作可以增进劳动效能

第四，协作可以增进劳动效能。

个体劳动是孤立地进行的，他们没有竞争对象，当然谈不上产生竞争心。但把多数劳动者集合于一个场所进行劳动时，就会产生社会接触，“就会引起竞争心和特有的精力振奋，从而提高每个人的个人工作效率”。为什么会有竞争心呢？因为人是社会的动物，有了社会接触，有了竞争，就会提高劳动者的积极性（当然这与社会主义社会里劳动者的积极性是根本不同的），也就能够提高劳动生产率。当然这种竞争心是私有制的产物，和公有制的社会主义社会里劳动者之间的劳动竞赛，不可同日而语。社会主义劳动竞赛，是建立在同志式的互助合作的基础上，是在学先进、比先进、赶先进、帮后进的情况下进行的，由劳动竞赛所提高的劳动生产率，会大大超过由竞争心而提高的劳动生产率。

协作使劳动具有连续性和多面性

第五，协作使劳动具有连续性和多面性。

什么是劳动的连续性呢？马克思举了建筑工人盖房屋作例证。要把砖瓦从地上搬到屋顶，如果由一个劳动者抱着砖瓦，一层一层地上去、下来，不仅要花费较多的体力，也会消耗更多的时间。如果同时有许多人在一起协作，从梯足到梯顶排成一条龙，把砖瓦依次传递上去，既节省劳力，又节省时间。这种一条龙的组织形式，使劳动具有连续性，使“劳动对象可以更快地通过这些阶段”，从而提高劳动生产率。

什么是劳动的多面性呢？马克思还以建筑房屋为例。盖一幢大楼房，是要在一个较大的空间范围内动工的，工程的各方面都要有人照顾。如果仅由一个劳动者去干，必然顾此失彼。当许多劳动者协同动作时，虽然他们彼此并不联系，但各人从各个不同方面进行工作，也就很自然地把各方面都照顾到。这样，“因为结合劳动者或总体劳动者前前后后都有眼睛和手，在一定程度上是全能的”。这种全能的眼睛和手，是分散、独立的个别劳动者所不可能具备的。

协作使不同的工作可以同时进行

第六，协作使不同的工作可以同时进行。

一个人只有一双手，只能在一个时间内做一项工作，不可能同时做许多种不同的工作。由于协作，许多劳动者有许多双手，就能在同一时间内做许多不同的工作。这种情况，在需要分工合作才能完成的工作中是经常看到的。仍以建筑房屋为例。有人运砖瓦，有人砌墙壁，有人支木窗，有人拌泥灰，因此能在短时间内把房子建筑起来。如果只由个别劳动者去干，泥灰拌好再去运砖，砖运好再去砌墙，那时泥灰已经干透，不能使用了，这不仅增加劳动时间的消费，而且几乎使房屋无法建成。生活中这一类事是很多的，如果单靠一个人工作，而没有几个人同时做不同的事情，这种事情就根本办不成功。马克思在第 380 页注（15）中引德斯杜特的话来说明这一点：“如果问题是要完成一件复杂的劳动，那就必须同时做各种事情。一个人干这个，另一个人干那个，大家合起来将会取得一个人的努力所根本不能达到的结果。一人划船，另一人掌舵，第三人撒网或叉鱼，没有这种协力，捕鱼就不可能取得成果。”

协作能在短时期内完成必须完成的工作

第七，协作能在短时期内完成必须完成的工作。

在生产中，尤其是在农业生产中，常常有许多工作必须在一个较短的时期内完成，完成这一工作的时间，既不能推迟，也不能提早，这种“紧急时期”是“由劳动过程的性质本身所决定的”。例如割麦，割早了，麦子不熟，割迟了，又会掉麦穗。如果需割的麦子只是一两亩，个别劳动者在两三日中是可以完成的。如果需割的麦子是 100 亩，这时如不集中足够数量的劳动力，不采取协作的形式，还让一两个人慢慢地割，那一定会降低产量，影响收成。“短促的劳动期限可以由在紧要关头投入生产场所的巨大的劳动量来补偿。在这里，能否及时获得成果，取决于是否同时使用许多结合的工作日，成效的大小取决于劳动者人数的多少”。这种情况，对农业来说尤其重要。马克思在第 381 页注（16）中引用他人的话说：“在紧要关头完成它们〈农业劳动〉有更大的效果。”“在农业上没有比时间因素更重要的因素了。”

协作既可以扩大劳动的空间范围，又可以与生产规模相比相对地在空间上缩小生产领域

第八，协作，一方面可以扩大劳动的空间范围，另一方面可以与生产规模相比相对地在空间上缩小生产领域。

在生产过程中，每个劳动者能力所及的范围是有一定的客观限制的，无论怎样强的劳动力，只能在他力所能及的范围内发生作用，超过这个范围，即使是再重要再必需的工程，也只能是望洋兴叹。例如，要修建一个水库，没有一定数量的劳动者共同协作是不行的。如果个别劳动者想单独建筑一个水库，夜以继日地劳动也无济于事。所以，个别劳动者只能在狭小的空间内发生作用。但许多劳动者协作，就可以把劳动的空间范围扩大，从而把生产的规模扩大。另一方面，在劳动空间范围扩大的同时，对参加协作的个别劳动者来说，他的活动范围比未参加协作时，却在空间上缩小了。这是因为：参加协作的每个个别劳动者，只担负整个工作任务中的一小部分，总是在所担负任务的这个狭小的范围之内工作，所以他的活动范围不仅不会随着生产规模的扩大而扩大，相反，会有所缩小。但是他所起的作用却比单独劳动时大了，因为他是整体劳动中的一个组成部分，他所起的作用是和整体所起的作用分不开的。个别生产者活动的空间范围的缩小，可以更好地发挥人力和物力的作用。“劳动空间范围的这种缩小，会节约非生产费用”，因为“这种缩小是由劳动者的集结、不同劳动过程的靠拢和生产资料的积聚造成的”。

协作提高了社会劳动的生产力

简单协作的一般优点已如上述，总的说来，协作会提高生产力。马克思在第 13 段中作了总结性的叙述，指出：在所有上述的情形下，“结合工作日的特殊生产力都是劳动的社会生产力或社会劳动的生产力①。这种生产力是由协作本身产生的”。这是一种新的生产力，其所以是新的，因为它把个人的限制打破了，使劳动者在有计划地同别人协作中充分发挥他的作用。因此，结合的工作日会比同样数量的单干的个人工作日的总和产生出更大的力量，可以在同样的时间内生产更多的使用价值，因而可以减少生产一定使用价值所必要的劳动时间，从而降低单位商品的价值。

以上所说的协作的一般原理，是由结合劳动的劳动性质决定的，不是由不同的社会形态而产生的，因此，这些原理在不同社会里都是完全适用的。

（三）资本主义协作的条件和特点

一定量的可变资本和不变资本集中在资本家手中，是资本主义协作的条件

以上的分析是从生产力方面考察量变如何引起质变，现在我们从生产关系方面来考察资本主义的简单协作的条件和特点。

首先，从协作的条件来看。任何社会里协作都必须具备的条件是：“劳动者集结在一定的空间”，因为劳动者不在一起，就不能直接地共同工作。这一条件在资本主义制度下的特点是：“同一个资本，同一个资本家，如果不同时使用雇佣工人，也就是同时购买他们的劳动力，雇佣工人就不能进行协作。”因

① “劳动的社会生产力”，系指社会生产力而言；“社会劳动的生产力”，系指劳动生产率而言。

为丧失了生产资料的工资劳动者，本身没有集合的场所，不能互相自由结合。资本家是把他们所占有的生产资料和生活资料作为不变资本和可变资本来使用的。资本主义协作的条件，协作的人数或规模，首先依赖于有多少可变资本而定。没有一定量的可变资本，没有一定量的劳动者受雇佣，就不可能有许多劳动者的结合劳动。可变资本愈多，所雇佣的劳动者愈多，协作的规模就愈大。其次，资本主义协作的条件，协作的人数或规模，也要依赖于有多少不变资本而定。只有劳动者，没有生产资料，劳动者无法进行劳动，更谈不到协作了。不变资本愈大，所购买的生产资料愈多，协作的规模就愈大。“因此，较大量的生产资料积聚在单个资本家手中，是雇佣工人进行协作的物质条件，而且协作的范围或生产的规模取决于这种积聚的程度。”

这种积聚在资本家手中的可变资本和不变资本，必须具备一定的最低限额，才能使资本主义协作得以进行。如果达不到这一定的最低限额，他只能是小业主，而不是资本家，他只能驱使少数劳动者进行劳动，而不能把许多劳动者结合起来，因此就不会有资本主义协作。马克思说：“由小业主变成资本家，从而使资本关系在形式上建立起来，需要有一定的最低限额的单个资本。现在，这个最低限额又表现为使许多分散的和互不依赖的单个劳动过程转化为一个结合的社会劳动过程的物质条件。”这就是说，资本对劳动者的关系，在形式上所必需的条件，现在表现为：把许多分散的个人劳动过程结合为一个社会劳动过程所需的物质条件了。

资本家对协作的管理，在内容上是二重的，在形式上是专制的

其次，从对协作的管理来看。任何社会，包括社会主义社会和共产主义社会的共同劳动都需要有一个统一的指挥。因为在共同劳动中，每个人只在互相配合的前提下负责完成分配给他的那一部分任务；如果各行其是，不互相配合，协作是不能进行的。马克思说：“一切规模较大的直接社会劳动或共同劳动，都或多或少地需要指挥，以协调个人的活动，并执行生产总体的运动——不同于这一总体的独立器官的运动——所产生的各种一般职能。一个单独的提琴手是自己指挥自己，一个乐队就需要一个乐队指挥。”在资本主义条件下，协作的指挥权为资本家所掌握。在生产过程中，不能缺少资本家的命令，劳动者也不能不服从资本家的命令。因此，“这种管理、监督和调节的职能就成为资本的职能”。资本的这种特殊职能，取得了特殊的性质。这种特殊的职能和性质表现在以下两方面。

资本对协作的管理的一个特征是：从内容上看，资本主义的管理是二重的。因为资本主义的生产过程具有二重性，一方面是劳动过程，一方面是价值增殖过程，因此资本家对于这一生产过程的管理与监督也是二重的，一方面是对生产的管理，一方面是对工人的剥削。资本主义管理在内容上的这种二重性，是资本主义生产过程二重性的反映，它是资本的特殊的职能，所以资本家不仅是为生产而进行管理，而且是为了占有剩余价值而进行管理，这种管理是建筑在剥削与被剥削、压迫与被压迫的基础上的。一方面，“随着同时雇佣的工人人数的增加，他们的反抗也加剧了”；另一方面，“资本为压制这种反抗所施加的压力也必然增加”。他们之间的对抗，随着协作规模的扩大而扩大，随着压迫的加重而加剧。

资本对协作的管理的另一个特征是：在形式上是专制的。在生产过程中，劳动的联系是被当作资本家的计划来贯彻的，工人的活动是被当作资本家的意志和权力来规定的。工人必须绝对服从资本家的意志。随着协作规模的扩大，“这种专制也发展了自己特有形式”。这就是，设立了贯彻这种专制的特殊机构。当初，资本达到一定的最低限额，资本家就不从事劳动，从小业主变成为资本家；现在，协作规模扩大了，资本家不亲自执行监督工人的职能，而委托给他的代理人，如经理、工头、监工之类，这些人是生产上的将官和士官，是资本家的直接代表。这种“特种的雇佣工人”，成为专制制度的具体执行者，监督工作固定为他们的专职。

资产阶级经济学家在研究奴隶制度时，认为奴隶主对奴隶的监督是一种非生产费用，但他们一转过来研究资本主义生产方式时，却把资本对劳动管理的上述二重职能，即对生产的管理和对剩余价值的剥削混为一谈，从而模糊资本的剥削实质，掩盖资本家和工人在生产过程中的对抗性质。“利润是资本家劳动报酬”的谬论，也就由此产生了。其实，资本家对生产过程管理的这种二重性，其主导方面在于执行剥削的职能，也正如他生产商品并不是为了生产使用价值而是为了生产剩余价值一样。所以，马克思说：“资本家所以是资本家，并不是因为他是工业的管理者，相反，他所以成为工业的司令官，因为他是资本家。”

因协作而产生的社会生产力，好像是资本天然具有的生产力

再次，从协作的结果来看。在一般社会里，由协作而提高的劳动的社会生产力，直接表现为劳动者协作的结果。但资本主义协作所产生的劳动的社会生产力，不直接表现为劳动者协作的结果，却好像是资本天然具有的生产力，是资本内在的生产力。为什么会产生这一现象呢？因为工人一无所有，只有受雇于资本家，才能进行协作劳动。“他们的协作是在劳动过程中才开始的，但是在劳动过程中他们已经不再属于自己了。他们一进入劳动过程，便并入资本。”所以，作为协作的劳动者，“他们本身只不过是资本的一种特殊存在方式”，是可变资本部分的具体体现，因此，劳动者由协作而产生的社会生产力，就好像是资本所特有的作用，好像是由资本本身直接产生的。同时，资本在取得这种劳动的社会生产力时，是不费资本分文的。资本家在劳动力市场购买 100 个劳动者，他是分别与 100 个劳动者订契约，他所购买的是分散的个别劳动力，而不是这 100 个的集体劳动力，他所支付的仅是 100 个个别劳动力的价值，而不是 100 个人的结合劳动力的价值。可是当把这 100 个劳动者带进劳动过程、进行协作时，他们已不是 100 个个别的劳动力，而是由协作产生的结合的劳动力，会创造出新的生产力，会提高社会的劳动生产力。这种由协作而产生的成果，为资本家无偿占有。正是“因为劳动的社会生产力不费资本分文”，“又因为工人在他的劳动本身属于资本以前不能发挥这种生产力，所以劳动的社会生产力好像是资本天然具有的生产力，是资本内在的生产力”。

资本主义协作以自由雇佣工人为前提，协作自身表现为资本主义生产过程的一个特有形式

更次，从协作本身所具有的特点来看。在不同社会里，简单协作都显示了巨大的作用。古代亚洲人、埃及人、伊特鲁里亚人的庞大建筑，如宫殿、庙宇、金字塔、巨像等，都是由无数劳动者的简单协作所制造出来的。这种协作的产生，是由于该帝国的君主和教主有指挥这些群众的权力。这种指挥权，在不同社会里属于不同的阶级和集团，从而使协作本身具有不同的特点。原始公社就有协作存在，例如，狩猎就是“最初的协作形式”[①]，但它有不同于资本主义协作的两个特点：其一是，“以生产条件的公有制为基础”，那里不存在私有制和剥削；另一是，“以个人尚未脱离氏族或公社的脐带这一事实为基础”，即以统一的家庭共同体协作为基础。资本主义协作则不然，生产资料已不属于劳动者，而是属于资本家；协作者并不依附于家族共同体，而是在私有财产的基础上取得一个特有的形式。在奴隶社会、封建社会和现代的殖民地“偶尔采用的大规模协作，以直接的统治关系和奴役关系为基础，大多数以奴隶制为基础”。这与以雇佣劳动为基础的协作不同。“资本主义的协作形式一开始就以出卖自己的劳动力给资本的自由雇佣工人为前提。”从历史上看，这个前提是与小农经济、手工业经济相对立而发展的。在小农经济、手工业经济的场合，是以劳动者直接占有所使用的生产资料为基础；在资本主义制度，是以劳动者丧失生产资料，不得不出卖劳动力，从而为资本家生产剩余价值为基础，因而“对农民经济和独立的手工业生产来说，资本主义协作不是表现为协作的一个特殊的历史形式，而协作本身倒是表现为资本主义生产过程所固有的并表示其特征的历史形式”。为什么协作好像是资本主义所特有的劳动形式呢？因为“一方面，资本主义生产方式表现为劳动过程转化为社会过程的历史必然性，另一方面，劳动过程的这种社会形式表现为资本通过提高劳动过程的生产力来更有利地剥削劳动过程的一种方法”。这也就是说，表现为资本天然具有的、由协作而发挥的社会劳动的生产力，使资本主义生产过程不同于单个的独立劳动者或者小业主的生产过程，即使劳动过程社会化；而这种社会化的目的，只是为了通过提高劳动生产力来取得更多的剩余价值，特别是相对剩余价值。因此，资本主义协作既是提高劳动生产力、使劳动更加社会化、生产更多使用价值的一般劳动过程，同时又是降低单位商品价值，从而降低劳动力价值、取得相对剩余价值的过程。资本主义协作的实质，表现为资本对劳动的无情榨取；而协作这一劳动形式，只

① 《资本论》第1卷，人民出版社2004年版，第388页注（23a）。

是榨取剩余价值的一种特殊方法。既然剩余价值的生产是资本主义所固有的，因而加强对剩余价值榨取的方法之一——协作的劳动形式，也就好像是资本主义所固有的了。在前资本主义社会里，协作是不具备这个特点的。这正是资本主义协作与其他社会的协作根本不同的地方。

协作是资本主义发展最初阶段的特殊形式，也是资本主义生产方式的基本形式

简单形态的协作，是同规模较大的生产结合在一起的，但它并不是资本主义发展成熟时期的固定的特殊形式。它仅仅在资本主义初期，在分工和机器都未起重要作用的手工工场里起支配作用，它在手工工场中与封建的个体手工业相区别，在一些大农业中与个体的小农经济相区别。随着资本主义向前发展，到了工场手工业和机器大工业时期，简单协作就发展为复杂协作。那时候，协作的简单形态本身表现为同它的进一步发展的形式并存的一种特殊形式。尽管在资本主义发展的各个不同阶段上，协作的内容和形式是不同的，“协作仍然是资本主义生产方式的基本形式”。

■ 马克思告诉我们：简单协作可以显示出大的作用。这就充分证明了集体劳动比个体劳动优越的原理，我国社会主义改造和建设的实践也充分证明了这一原理的正确性。马克思在本章所分析的是在没有分工、没有实行技术改革的前提下简单协作的优越性。当然，发展农业，从根本上说，从长远来说，必须实行机械化，“农业的根本出路在于机械化”，没有彻底的技术改革，协作所产生的效果是有一定限度的。但是，即使在没有实行技术改革的情况下，只要劳动过程发生变化，打破个体劳动的限制，也能创造出新的社会的劳动生产力。

马克思告诉我们：简单协作是资本主义发展最初阶段的劳动形式，它为进一步的分工和机器的使用创造了条件。协作不仅可以养成劳动者共同劳动的习惯，而且简单协作本身的进一步发展，必然出现分工，分工就可使每项工种更加简单化，为发明和使用新式的工具和机械设备提供了条件。简单协作对于推动和促进机械化的实现，缩短实现机械化的过程，有极其重要的意义。在工业生产上如此，在农业生产上也是如此，所以，农业生产专业化协作的实现也会为农业机械的发展创造良好的条件。

第十二章
分工和工场手工业

本章所研究的中心内容是：以分工为特征的工场手工业，在资本主义发展的一定阶段上，如何提高了劳动生产率，生产出更多的相对剩余价值。这说明：随着资本主义生产的发展，对劳动者的剥削也加强了。

第十一章是以简单协作的手工工场为基础来分析，本章是以复杂协作的工场手工业为基础来分析。上一章所论述的问题是，资本如何把分散的手工业劳动者联合起来进行集体劳动，为它生产相对剩余价值；本章所论述的问题是，资本把劳动者联合起来进行集体劳动时，如何进一步改变劳动方法，改变操作技术，从而生产更多的相对剩余价值。

本章共分五节：第一节，论述工场手工业的起源；第二节，论述它的简单要素；第三节，论述它的总机构；第四节，论述工场手工业分工的特殊性；第五节，论述工场手工业的资本主义性质。前三节都是从劳动过程这一方面来研究工场手工业的，后两节则从工场手工业所具有的资本主义特殊性，即从社会经济特点方面进行研究。在这里，我们可以看出马克思的说明方法，在第五章、第十一章和本章中，都是相同的。在第五章中，先论述了劳动过程的一般特点，然后再论述剩余价值的生产过程，从一般到特殊地来说明资本主义的生产过程。在第十一章中，先论述了简单协作的一般优点，然后再论述资本主义简单协作的特点，也是从一般到特殊地来说明资本主义的简单协作。在本章中，先从劳动过程来看工场手工业所引起的新的变化，然后再看工场手工业的资本主义特点。这样的论述，使我们易于掌握本章的基本线索：一方面，工场手工业大大提高了社会的劳动生产力，成为劳动过程的特殊组织形式；另一方面，它加强了对工人的剥削，又是相对剩余价值生产的特殊形式。

这说明：随着劳动社会化的发展，劳动社会化与资本主义形式之间的矛盾也不断发展和加深。

1. 工场手工业的二重起源

以分工为基础的协作，在工场手工业上取得自己的典型形态

简单协作进一步向前发展，就产生分工。“以分工为基础的协作，在工场手工业上取得了自己的典型形态。”为什么呢？因为“这种协作，作为资本主义生产过程的特殊形式，在真正的工场手工业时期占居统治地位”。也就是说，以分工为基础的协作，在资本主义发展过程中，形成为一个独立的阶段，它是在简单协作的基础上产生的、过渡到机器大工业以前的一个独立阶段。从欧洲的情况看，这一阶段所处的历史时期，大约从 16 世纪中叶到 18 世纪末叶。

工场手工业生产的两种方式

这种以分工为基础的复杂协作的工场手工业，是怎样从简单协作的基础上发展起来的呢？它是依照两种不同的方式产生的。

一种方式是：把不同种专长的手工业者集合在一个工场里。我们知道：一个产品的完成，往往需要经过许多不同种类的工作。在个体手工业的条件下，这种种工作是由分散的个体手工业者来进行的；而在工场手工业里，则把这许多具有不同专长的个体手工业者联合在资本家的工场内，在同一个资本家的指挥下进行劳动。例如：生产一辆四轮马车，需要车匠、锁匠、漆匠、描金匠等等，马车工场手工业把这些不同的手工业者联合在同一个资本家的工场内进行劳动，按照原来的分工，协力完成马车的生产。由于同时制造许多辆马车，所以，当一部分马车还在漆匠手中时，另一部分马车就可以进行描金了。“到此为止，我们的立足点还是简单协作”，就是说，还是以简单协作为基础，因为，“它在人和物方面的材料都是现成的”。但是，在这个基础上产生的工场手工业“很快就发生了本质的变化”。这种质变表现在：一方面，他们“逐渐地失去了全面地从事原有手工业的习惯和能力”。例如，锁匠、描金匠，过去当

他们还是独立手工业者时，他们不仅做马车的锁、描马车的金，同时还做其他种类的锁，描其他产品的金；现在，他们变成被资本家雇佣的雇佣劳动者，由于马车工场手工业内部的分工，他们专门从事马车生产上的部分劳动，原来能做其他种类的锁，描其他产品的金的工作渐渐不熟练，甚至被遗忘了，逐渐地变得只能做马车的锁、描马车的金了。也正因此，“另一方面，他们的片面活动现在取得了一种最适合于狭隘活动范围的形式”。这就是说，由于他们专做马车的锁、描马车的金，在不断实践中，积累了劳动经验，提高了劳动技能，发展了这一方面的专长。总之，他们一方面逐渐失去了全面工作的能力，另一方面逐渐发展了一个方面的专长。

另一种方式是：把同一专长的手工业者联合在一个工场中。虽然他们已不是独立的手工业者，而是雇佣劳动者，他们同在一个资本家的工场里劳动，但是，起初他们还是每个人都制造整个商品，仍照手工业的方法操作，还没有进行分工，所以这还是最简单形式的协作。“但是外部情况很快促使人们按照另一方式”，即按照分工的形式来组织工人的劳动。例如有一大批订货，必须在短时间内交出，如果还是各人制造整个商品，就不能按期完成，如果每人只负责制造产品的一部分工作，大家分头去做，就能在规定时期内取得预期的效果。由于这种偶然的分工一再重复，人们逐渐认识到分工的好处，“各种操作不再由同一个手工业者按照时间的先后顺序完成，而是分离开来，孤立起来，在空间上并列在一起，每一种操作分配给一个手工业者，全部操作由协作者同时进行”，“并渐渐地固定为系统的分工”。过去，生产某一商品的许多种工作都由一个劳动者去做，因而这种商品是个别劳动者的产品；现在，每个人都只完成生产同一商品的一部分工作，因而商品已转化成为结合劳动者的社会产品了。以制针业为例，过去从拉钢丝到磨针都由一个人顺次来进行，现在是有的人拉钢丝，有的人切断，有的人穿针眼，有的人磨针尖，等等，分头来进行。这时候，简单协作形式也就发展为工场手工业形式。

由此可见，工场手工业是依照两种不同的方式产生的。他们之间的区别是：前者“以不同种的独立手工业的结合为出发点”，但结合的结果使它们丧失独立地位，从而把独立手工业者之间的分工变为工场手工业的内部分工，这是通过缩小劳动的范围而取得的。后者是“以同种手工业者的协作为出发点”，在协作过程中建立了以前从事同一劳动的劳动者之间的分工，这种分工是第一次开始建立的。但是，这两种不同的生产方式都取得同一结果：一方面，把分散的手工业者结合起来，另一方面，又使劳动者从生产过程中分割开来，产生了“一个以人为器官的生产机构”。从此，手工业劳动者已不再是从事全面工作的独立劳动者，而变成了这个行业的局部工人。由各个局部工人的结合，构成生产的总体，这就是以人为器官的生产机构。

理解工场手工业的分工必须把握住的问题

对这种以分工为特征的手工业的理解，必须把握住下列几个问题：第一，它的基础依然是手工业。在生产过程中所产生的分工，和手工业活动分成各种不同的工作部分，完全是一致的；它的生产，也同手工业一样，完全“取决于每个工人使用工具时的力量、熟练、速度和准确”。正是由于这个狭隘的技术基础，“使生产过程得不到真正科学的分解”。这也是区别工场手工业和机器大工业的一个极重要的标志。第二，每个工人只从事一部分工作，“他的劳动力就转化为终身从事这种局部职能的器官”。这是由以手工劳动为基础、劳动完全依赖于技术熟练这一客观事实所决定的。第三，这种分工虽然是一种特殊形式的协作，但“它的许多优越性都是由协作的一般性质产生的，而不是由协作的这种特殊形式产生的”。这就是说，这种以分工为特征的协作的优点，是由协作的一般性质产生，而不是由于资本主义协作的特殊形式产生，即使在不同的社会里，这种协作的优越性还是同样起作用的。

2. 局部工人及其工具

由独立劳动者变为局部工人所引起的变化

生产过程不外是物的因素和人的因素的结合，在工场手工业内部，人和物这两个基本要素的结合有什么新的变化呢？这种变化会引起什么新的结果呢？从人的因素方面看，它使劳动者成为局部工人，即劳动者由于分工之故，他不再担任生产某一产品的全部工作，而只担任部分的工作，从事部分的劳动，其结果是大大提高了劳动生产率。

第一，由于根据各人的特长，把许多劳动者归属于统一的分工体系之下，使每个劳动者终身只从事一种简单的操作，这样，他自己的整个身体就变得非常适应这种操作的需要，“转化为这种操作的自动的片面的器官”，因而可以提高劳动效率，以较少的时间把工作做完。由于结合的总劳动者是由各个局部工人构成的，局部工人减少了劳动时间，总劳动时间也就减少了，因此，与独立的手工业比较，在较短时间内能生产出较多的东西，或者说，劳动生产率提高了。

第二，由于积累了劳动经验，改进了劳动技术，从而增强了劳动效果。这是由两方面的原因所造成的：其一是，由于工人经常反复地做一种操作，并把注意力集中到这种有限的操作上，就比较容易在实践中总结和积累经验，学会消耗最少的力量达到预期的效果，从而不断改进劳动技术；另一是，这种操作经验和技术，一代一代地传下去，劳动者的后代可以在前人已有的经验和技术的基础上，加以总结和发展，进一步取得新的经验。这样不断地总结经验，改进劳动技能，就会增强劳动效果，提高劳动生产率。

由于工场内部的分工而产生的劳动者的熟练，把劳动者终身束缚于从事一种局部劳动的职业中，并代代相传，这和古代社会的世袭职业和种姓制度是差不多的。例如，印度在公元前 2000 年的时代，在恒河流域的国家里，把人分为僧侣、武士、农民和手工业者及商人、奴隶四个种姓（即等级），人们生下来之后只能世袭他父亲的种姓。工场手工业的分工一代一代地继承下去，也如同种姓制度的继承一样。封建社会的行会制度也是如此。不过它们之间也有差别。因为种姓制度和行会制度，是当作社会法令来颁布的，而工场手工业把局部劳动变为一个人的终生职业，并没有当作社会法令来规定。

第三，提高劳动强度，减少了劳动力的非生产消耗。一个手工业劳动者要完成某一商品生产的全部工作，必须依次经过不同的劳动操作，时而变更位置，时而调换工具。在由这一工作转到另一工作的过程中，就会产生许多时间上的空隙。在分工协作的情况下，劳动者终日不断地做同一工作，这种空隙就会减少。这样会由于两方面的原因而使劳动生产率提高：一方面是，避免了因变换工作所造成的时间浪费，使工人可以基本上连续不断地投入生产，从而提高了劳动强度，使劳动者在工作日不变的情况下支出更多的劳动量，这样就增加了单位时间内的产品数量；另一方面是，劳动力的非生产消耗减少，劳动力的使用更加节约化。这样，在一定的时间内，就会生产出更多的使用价值。当然，由于这种劳动生产率的提高是在工人不断从事单调的劳动的情况下获得的，因此是会妨碍劳动者精力的集中和焕发的。

劳动工具的专门化

从物的因素方面看，在工场手工业时期，劳动工具有了很大的改良。它使劳动工具改进了，简化了、多样化了。原来，同一工具会在不同的劳动过程内被使用，而同一工具在同一劳动过程内又有不同用途。但是，由于工场手工业内部分工的结果，独立劳动者变成局部工人，只在劳动过程中从事一种局部操作，与此相适应，工具形式也必然要发生变化，使工具分化和专门化了。劳动工具的分化，使同种的工具只适合于每种特殊的用途，取得特殊的固定形式；劳动工具的专门化，则使每种这样的特殊的用途，取得特殊的固定形式；劳动工具的专门化，则使每种这样的特殊的工具只有在专门的局部工人的手中才能充分发挥作用。由于工具改进得更加适合于劳动过程中专门操作的需要，就会大大提高劳动生产率。特别是，“工场手工业时期通过劳动工具适合于局部工人的专门的特殊职能，使劳动工具简化、改进和多样化。这样，工场手工业时期也就同时创造了机器的物质条件之一，因为机器就是由许多简单工具结合而成的”。

3. 工场手工业的两种基本形式——混成的工场手工业和有机的工场手工业

工场手工业的两种基本形式

工场手工业的组织有两种基本形式。这两种形式虽然有时交错在一起，但仍然是两个本质上不同的类别。这两种不同的组织形式是由于制品本身的性质引起的。根据制品本身的性质，工场手工业的组织可以区分为混成的工场手工业和有机的工场手工业。

在混成的工场手工业中，制品“是由各个独立的局部产品纯粹机械地组合而成”。例如钟表，它是由发条、齿轮、字盘、指针、表壳等许许多多零件构成的，这些零件都是由局部工人生产出来的，生产这些零件时，工人互相之间没有联系，只有最后到装配工人手中，把这些零件装配起来，才成为一个产品。这就产生一个特点：在生产各个零件时，局部工人不一定都集中于同一的工场中，他们也可以在自己的家内劳动，只要按时按质按量交货就行。特别是在如下的情况下，家内劳动是会大量存在的，即：第一，在自己家内劳动的劳动者互相竞争①；第二，生产分为许多性质不同的过程，使人们不大可能共同地使用某些生产工具；第三，局部工人在家内劳动时，资本家可节省建筑厂房等的费用。不过应该注意：这种在家内劳动的局部工人，是为资本家工作的，其地位与那种直接为顾客工作的独立手工业者是不同的。前者受资本剥削，本身是雇佣工人；后者是独立生产者，他占有生产资料和产品作为谋生的工具，不受别人剥削。

在有机的工场手工业中，制品是“依次经过一系列互相关联的过程和操作而取得完成的形态”。例如针条，要经过把钢丝拉直、切断、穿针眼、磨针尖等72种乃至92种特殊的操作，也就是经过72个乃至92个局部工人之手，才能生产出来。这些局部工人的操作是有机地联系着的，如果前者不把钢丝拉直，后者就无法切断，当然也就无从磨尖了。在这种劳动组织里，我们看到如下两个情况：其一是，由于把原来分散的手工业者结合在一起分工协作，制品的各个特殊生产阶段之间的空间距离缩短了，制品从一个阶段转移到另一阶段所需要的时间减少了，同样，用在这种转移上的劳动也减少了，因而同独立手工业相比，在同一时间内可以生产出更多的产品，劳动生产率提高了。这种提高是由工场手工业的一般协作性质产生的。虽然，工场手工业同手工业和简单协作相比，

---

① 这种情况系指：家内劳动者为了取得必要的工资收入，维持生活，不得不延长劳动时间，提高劳动强度，多生产产品，从而产生家内劳动者之间的竞争。

是一个很大的进步，但是，由于工场手工业特有的分工原则，制品就得不断地由一个人之手转到另一个人之手，由一个过程转到另一个过程。这种情况，从大工业的角度来看，表现为“一种特殊的、破费的、工场手工业原则所固有的局限性”。为什么呢？因为由一个过程转到另一个过程，是由人来完成的，需要花费不少的移动劳动，而机器大工业是用机械的传送装置来移转的，它会比人力移转更迅速、更准确，从而节约人的劳动，降低生产成本[①]。另一情况是，由于分工的有机联系，“不同的阶段过程由时间上的顺序进行转化为空间上的并存”。这就是说，就各个操作而言，是一个接着一个进行的，就全部生产过程说，却是同时进行的，这样，就可以在同时间内，供给较大量的制品，从而提高劳动生产率。这种提高也是由于工场手工业的一般协作性质产生的。“工场手工业不只是发现了现成的协作条件，而且还通过把手工业的活动加以分解部分地创造出协作条件。”正是由于工场手工业创造了以分工为特征的协作的条件，才使劳动生产率比简单协作有了进一步的提高。

从这两种组织形式看，它们之间的差别可以归结为不完善的形式和完善的形式之间的差别。马克思把有机的工场手工业称为“工场手工业的完成形式”，就是这个意思。我们研究工场手工业的特点，应从完成形式的有机的工场手工业出发，因为工场手工业的特点在这一形式中才得到最充分的表现和发展。

下面，就来看看工场手工业所具备的特点。

工场手工业的分工，使劳动更加具有连续性、划一性、规则性、秩序性，并提高了劳动强度

和独立手工业甚至简单协作不同，工场手工业的分工使劳动更加具有连续性、划一性、规则性、秩序性，并提高了劳动强度。现在的情况是：一个或一组工人供给另一个或另一组工人以原料，一个或一组工人的产品成为另一个或另一组工人劳动的起点，而每个工人能否按时完成所分配的工作，就会直接影响以后其他工人工作的正常进行。因此，就迫使每个工人都必须在规定的时间内拿出生产成果来，这就加

① 参阅《资本论》第1卷，人民出版社2004年版，第436—438页。

强了劳动的连续性、划一性、规则性和秩序性。工人为了按时完成工作，必须更紧张地劳动，从而提高了劳动强度，并使每个人的劳动更加具有社会平均劳动的性质。我们知道，在独立手工业生产的情况下，每个生产者都必须在社会必要劳动时间的范围内来生产，这是由竞争规律所制约的，即是通过交换、通过竞争才表现出来，这是外部的强制。可是，在工场手工业的情况下，由于生产过程本身的有机联系，各个工人之间的直接的互相依赖，在一定劳动时间之内必须提供一定的产品，就成为生产过程本身的技术规律了。当然，这并不是说竞争规律不起作用了，而是说，一定时间生产一定产品，不仅是生产过程外部的竞争的要求，而且是生产过程本身的技术规律的要求了。

工场手工业的分工使不同种工作需要不同比例的人数

每一个工人分工担任不同的工作，而不同的工作又需要有不同的时间，因此在相等的时间内会提供不等量的局部产品。这就使不同的工作，需要有不同比例数的工人来担任。马克思以活字铸造业为例，指出，如果每小时一个铸工能铸 2000 个字，一个分切工能截开 4000 个字，一个磨字工能磨 8000 个字，那么，雇佣一个磨字工就需要雇佣 4 个铸工和 2 个分切工。这种生产中的劳动量必须按比例地分配，是由分工的有机联系引起的。“工场手工业的分工在发展社会劳动过程的质的划分的同时，也发展了它的量的规则和比例性。”这就是说，工场手工业的分工不仅使工人终生从事一种工作，使他的器官单纯化，而且为各种器官的大小创立了数学上固定的比例。因此，工场手工业要扩大它的生产规模时，必须按比例地增加各个局部工人的人数。当然，也有些工作并不需要按比例增加人数，如监督的劳动、运输的劳动等。

工场手工业的分工使局部工人成为总机构中的一个特殊器官

工场手工业的又一特点是：局部工人成为总机构中的一个特殊器官。整个工场手工业就是由这许多特殊器官组成的。马克思以玻璃瓶制造业为例来说明这一情况。这与独立的手工业者或简单协作不同。独立的手工业者或简单协作，是在没有分工的情况下，一个人完成整个产品的生产的，个人产品只是整个社会产品的一部分，不能说他是总机构中的特殊器官。在工场手工业，个人不能独立生产某一产品，个人劳动只能完成产品的某一部分，整个产品只有在许多不同的局部工人和局部工人小组的分工协作下才能生产出来，因而局部工人和局部工人小组也就成为总机构中的特殊器官了。

工场手工业发展为不同的工场手工业的结合

在第一节论述工场手工业的二重起源时，我们曾指出，它可以由不同种的手工业者结合而产生。在工场手工业形成以后的发展过程中，又会产生不同的工场手工业的结合。在这里，经常出现两种情况：一种是，制造生产资料的工场手工业同制造产品的工场手工业相结合。例如，制造玻璃需要用坩埚，由于坩埚质量的好坏会直接影响玻璃的质量，制造玻璃的工场手工业为了保证玻璃产品的质量，就同制造坩埚的工场手工业相结合。另一种是，制造产品的工场手工业，也可以同那些又把它的产品当作原料的工场手工业，或者同那些把它的产品与自己的产品结成一体的工场手工业联合起来。例如玻璃制造业，常常同磨玻璃业和铸铜业相结合。这种结合的结果，既可保证产品的质量，又使互相独立的、各有分工的诸生产过程得到更好的配合。不过，这种结合的工场手工业，虽然也有某些优点，但比起机器大工业来，还是有缺点的，因为“它不能在自己的基础上达到真正的技术上的统一。这种统一只有在工场手工业转化为机器生产时才能产生”。这是因为：工场手工业是以手工技术为基础的，虽然它们之间互相结合起来，但技术上还不能统一，而大工业中的机器，它们的操作和它们之间的结合，是应用力学化学等技术的原理来解决的，因而取得了现实的技术统一性。

由许多局部工人结合而成的总体工人是工场手工业时期特有的机器

工场手工业时期也就间或使用机器。这时候，比较简单的机械已经产生。但是，当时机器一般还只起从属的辅助的作用，起主要的支配作用的还是局部工人的分工。由于分工使每个工人只担负一部分工作，许多局部工人的总和，构成总体工人，因而局部工人只是总体工人的有机组成部分，就像机器的各个部分是整个机器的有机组成部分一样。这种由局部工人结合而成的总体工人，就成为手工业时期的特有的机器。其所以是特有的，因为它不是由机械组成的，而是由活的劳动者组成的。分工愈发展，局部工人就愈专门化，工场主就愈能按工人的素质来使用工人，使工人的特长得到片面发展，更能适应工场内部分工的需要。虽然这种片面发展会对工人的全面发展造成缺陷，但从工场主看来，“局部工人作为总体工人的一个肢体，他的片面性甚至缺陷就成了他的优点”。这样，工人“从事片面职能的习惯，使他转化为本能地准确地起作用的器官，而总机构的联系迫使他以机器部件的规则性发生作用”。

分工产生了简单劳动和复杂劳动的差别，从而产生了劳动力的等级制度及与其相适应的工资等级制度

分工使个别工人只从事某一种操作，但各人所从事的操作是不相同的，有的简单，有的复杂，有些是低级的，有些是高级的，这就产生了复杂劳动与简单劳动、熟练劳动与非熟练劳动的区分。因此，不同的局部工人，需要不同的教育程度，花费不同的训练和学习费用，从而有不同量的劳动力价值。资本家购买劳动力时，根据不同量的劳动力价值，支付不同量的工资，这就出现了劳动力的等级制度及与其相适应的工资等级制度。

分工的结果，使劳动力价值降低，增加了相对剩余价值的生产

由分工产生的简单劳动与复杂劳动、熟练劳动与非熟练劳动的差别，既牺牲了工人的完整的劳动能力，发展了他的片面的专长，又使一些工人只从事任何人都能胜任的简单操作，任何一种专门发展都谈不上，也就是说，造成了一类是过去手工业生产所极端排斥的所谓的非熟练工人。从非熟练工人来说，完全不需要学习费用；从熟练工人来说，由于职能的简化，学习费用比手工业者要低，他已不像手工业者那样需要学习生产某一产品的全套技能，而只要学习某一工序的生产技能了。在这两种情况下，劳动力的价值都会降低。由学习费用的消失或减少所引起的劳动力的相对贬值，就会缩短必要劳动时间，增加相对剩余价值的生产，因而它直接包含着资本的更大的增殖。

4. 工场手工业内部的分工和社会内部的分工

两种分工产生的历史过程及其相互关系

以上三节，从劳动过程出发，论述了工场手工业的一般特点。下面两节，考察工场手工业所具有的资本主义生产的特征。工场手工业的主要特征是分工，因此就从研究工场手工业分工的特殊性开始。马克思对这种特殊性的研究，是以它和社会分工相比较来论证的。

马克思把工场手工业内部的分工叫作“个别的分工”；把社会内部的分工叫作“一般的分工”，那是就社会生产分为工业、农业等部门而言的，或者叫作“特殊的分工”，那是就工农业部门内部进一步分成许多不同的大小部门而言的。那么，工场手工业的分工和社会的分工，有哪些相似点和联系呢？

首先，从两种分工产生的历史过程看。“社会内部的分工”，“同工场手工业内部的分工一样，是从相反的两个起点发展起来的”。什么是社会内部分工的相反的起点呢？从它产生的历史过程看，第一个起点是在氏族或家庭内部自然分工的基础上产生的。最早出现的是性别和年龄的分工，那是纯粹建立在生理的基础上。随着公社的扩大，人口的增加，这种分工也在扩大。第二个起点是在不同的氏族、公社、家庭互相接触的地方引起的产品交换，并使这种产品逐渐转化为商品。不同的公社在各自的自然环境中，找到不同的生产资料和不同的生活资料。因此，它们的生产方式、生活方式和产品，也就各不相同。由于产品不同产生了交换，交换的发展又扩大了公社之间的经济联系，这就使原来相互独立的公社，变成互相依赖了，从而产生了社会分工。这种分工使“原来独立的东西丧失了独立”，也就是使原来不同而又互不依赖的生产领域，变成社会总生产的多少互相依赖的部门。但是商品交换的发展对原始公社本身发生了解体作用，那些没有脱离公社、仅具有自然分工的人们，逐渐占有生产资料，成为独立的生产者，他们原来在一个公社内是按性别和年龄分工的，是互相依赖的，现在却成为互相独立的了，这就是使“原来非独立的东西获得了独立”。社会分工就是从以上两个相反的起点发展来的。

这种相反的起点，为什么又会同工场手工业内部的分工一样呢？在第一节中就已说过，工场手工业是以二重起源形成的，它们或者是以不同种的独立手工业的结合为出发点，使原来独立的手工业非独立化和片面化，以致它们在同一个商品的生产过程中成为只是互相补充的局部操作；或者是以同种的手工业者的协作为出发点，使原来由同一个手工业者按时间的先后顺序完成的、因而是非独立的操作分离开来，孤立起来，并且独立化到这种程度，以致每一种操作成为特殊工人的专门职能。[①] 可见，工场手工业内部分工的产生，和社会内部分工的产生一样，也是从相反的两个起点发展起来的。这是它们的相似点之一。

其次，从两种分工的物质前提看。工场手工业内部的分工必须以同时使用一定量工人为前提。不难想象，没有一定数量的工人在一起工作，是不可能进行什么分工的。同样，社会内部的分工也以人口数量和人口密度作为物质前提。这是它们的相似点之二。

最后，从两种分工的相互关系看。一方面，因为商品生产和商品流通是资本主义生产方式的一般前提，所以只有社会内部分工和商品生产已有相当程度的发展，较大数量的生产资料积聚在单个资本家手中，才能同时雇佣许多工人在一个工场内生产，才会产生工场手工业的分工。另一方面，工场手工业分工产生后，又会发生反应作用，使社会分工进一步发展和增加。为什么呢？第一，工场手工业的分工使劳动工具简化了，从而生产这些工具的行业也会分化，出现新的生产部门。第二，当工场手工业的生产扩展到这样一种行业，即从前当作主要行业或辅助行业和其他行业联系在一起、并由同一生产者经营的行业，这时，这种行业就会发生分离和互相独立的现象。第三，当工场手工业的生产扩展到某种商品的一个特殊的生产阶段，该商品的各个生产阶段就变为各种独立的行业。第四，在制品是由局部产品纯粹机械地组合成的整体的地方，这些局部产品的制造可以成为独立的生产部门。第五，为了使工场手工

① 参见《资本论》第 1 卷，人民出版社 2004 年版，第 392 页。

业内部的分工更完善，同一生产部门，根据其原料的不同，根据同一原料的不同形式，而分成不同的生产部门。这一切都说明，工场手工业分工的产生和发展，会促进社会分工的发展。

两种分工的差别

社会内部的分工和工场内部的分工，尽管有许多相似点和联系，但二者不仅有程度上的差别，而且有本质的区别。马克思比较了牧人、皮匠、鞋匠之间的社会分工和工场手工业内部的分工，指出社会分工和工场手工业分工的差别是：

第一，从生产结果方面看。作为社会分工而互相独立的各个部门所生产的产品，是为各个人所占有，都是作为商品而存在。而工场手工业的局部工人是不生产商品的，最后成为商品的，是许多工人的共同产品，而不是由局部工人单独完成的。

第二，从劳动联系方面看。社会内部的分工是以不同劳动部门的产品的买卖为媒介，人和人的关系要通过物和物的关系才能表现出来。而工场手工业内部和局部劳动之间的联系，则是以不同的劳动力出卖给同一个资本家，而这个资本家把它们作为一个结合劳动力来使用为媒介。劳动力的买和卖，是这种劳动联系由以形成的出发点，在这里，它直接表现着资本家剥削工人的关系。

第三，从生产资料的占有方面看。以商品交换为媒介的社会分工是以生产资料分散在许多互相独立的商品生产者手里为前提。而工场手工业分工则以生产资料积聚在一个资本家手中为前提。因为工场手工业的分工是由一个资本家把许多工人作为一个结合劳动力来使用而产生的，这些工人能够作为结合劳动力的物质条件之一是资本家必须具备一定数量的生产资料。

第四，从劳动力和生产资料的分配方面来看。社会内部对劳动力和生产资料的分配，不是有计划的，而是“偶然性和任意性发挥着自己的杂乱无章的作用”①。当然，有了分工，就应有符合分工的比例，有工农业的分工，就应有工农业之间的比例，有部门之间的分工，就应有部门

① 这里所指的是以生产资料私有制为基础的商品生产的社会，不包括社会主义社会。

之间的比例。即使在生产资料私有制的社会里，各生产部门之间也要求不断地保持平衡，一方面因为，商品生产者生产的使用价值，是为了满足社会的需要，生产和需要必须保持相应的比例；另一方面，价值规律要求用社会必要劳动时间去生产每一种商品。“但是不同生产领域的这种保持平衡的经常趋势，只不过是对这种平衡经常遭到破坏的一种反作用。”因为在私有制的商品经济条件下，不可能有统一的经济计划来安排比例，而只能通过商品生产者的竞争，通过价值规律自发的强制的作用来调节社会生产。各个生产者是在盲目的无政府的状态中进行生产，他们事先不了解社会需要什么商品，需要多少，供求不相一致的现象是经常发生的。当供大于求时，商品价格就跌到价值之下，当供小于求时，商品价格则涨至价值之上。商品生产者就是根据市场价格涨落的晴雨表来了解市场供求的情况，安排和调整自己的生产。总之，从社会分工方面来看，生产资料和劳动力的分配，不可能是有计划的。工场手工业内部的分工则不然，在那里，“保持比例数或比例的铁的规律使一定数量的工人从事一定的职能”，这种比例既是固定的，又是按资本家的主观意图有计划地加以规定的。

第五，从人们在生产中的相互关系方面看。社会分工使各个商品所有者成为独立的生产者互相对立着，他们盲目生产，互相竞争，受价值规律、竞争规律所支配，他们只为个人的经济利害关系所驱使，他们之间除了那种由于经济关系而加在他们身上的压迫和强制外，不承认有别的什么权威。工场手工业的分工则不然，工人是在资本家的统一命令下工作着，他们必须服从资本家的意志，按照资本家的意志去行动，在这里，资本对劳动的专制，具有无限权威，因而这种分工是在压迫与被压迫、统治与被统治的基础上进行的。

亚当·斯密不懂得社会分工与工场手工业分工的区别，把二者混同了，他错误地认为：整个社会是一个大的手工工场，真正的手工工场是小手工工场。他在考察分工的效果时，认为：不管是大手工工场或小手工工场，都能提高劳动生产率，促使国民财富的增长。所以马克思说：“有人可能像亚·斯密那样，认为这种社会分工和工场手工业分工的区别只是主观的，也就是说，只是对观察者才存在的”。这是针对斯密的上述错误观点而言。

工场手工业内部的分工是资本主义生产方式的独特创造

在资本主义社会内，社会分工和工场手工业分工是同时并存的，前者是在无政府状态中进行的，后者是在资本家的专制下进行的，两者密切联系、互相制约。这是资本主义特有的现象，在资本主义以前是不存在的。

原始公社内部，在年龄、性别的分工的基础上，早就出现了特殊的社会分工。马克思以原始的印度公社为例指出，一方面公社的分工是有计划的，是由一定社会权力机关所决定的，不同于资本主义生产方式的、无政府状态的社会分工；另一方面，也不同于工场手工业内部的分工，因为那不是以资本对劳动的专制为基础的。在公社里，每一个手工业者是独立的，不承认任何权威。

在封建社会里，有行会制度，也有分工，但行会的规章严格限制一个行会师傅所能雇佣的帮工的人数，阻止行会师傅变成资本家。同时，行会还竭力抑制商业资本的侵入，商人只能购买商品，不能购买作为商品的劳动。如果由于外界情况的变化，引起进一步的分工，现存的行会就会分离为几个分支的行会，或者是另行产生新的行业，另组新的行会。但是各种手工业并不联合在一个工场内，劳动者与生产资料还是结合着的，因而工场手工业还不可能产生，当然也没有工场手工业的分工。

总之，整个社会内部的分工，不论是否以商品交换为中介，在各种社会经济形态里都是存在的。但在不同社会里有其不同的特点。而“工场手工业分工却完全是资本主义生产方式的独特创造”。它是在资本主义生产中产生和发展的，因而具有资本主义的特殊性。

5. 工场手工业的资本主义性质

工场手工业的资本主义性质

工场手工业的资本主义性质，表现在以下几个方面：

第一，更多的生产资料和生活资料转化为

资本。工场手工业的分工，比简单协作需要更多的工人。现在，单个资本家所必需使用的最低限额的工人人数，要由现有的分工来规定。分工愈发展，所需的工人人数就愈多。同时，为得到分工所产生的好处，工人人数必须按比例增加，这在第三节已经说明了。由于工人人数增加，可变资本必须相应地扩大，这时就会有更多的生活资料转化为资本。由于工人人数增加，生产扩大了，所需的生产资料也必须相应地增加，建筑物、炉子等共同生产条件的规模要扩大，原料尤其要增加，而且要比工人人数快得多地增加。因为分工提高了劳动生产率，使工人在一定时间内所推动的生产资料的量增大，所生产的产品增加，从而也就需要消耗更多的原料。因此，不变资本必须相应增加，这时就会有更多的生产资料转化为资本。所以，“单个资本家手中的资本最低限额越来越增大，或者说，社会的生活资料和生产资料越来越多地转化为资本，这是由工场手工业的技术性质产生的一个规律”。

第二，劳动力更加隶属于资本。工场手工业和简单协作一样，执行职能的劳动体是资本的存在形式。由集体劳动而提高的生产力，表现为资本的生产力，工人隶属于资本，为资本家而工作。但是工场手工业比简单协作更进了一步，它产生了分工，一方面，不仅使以前独立的工人服从资本的指挥和纪律，而且由于分工，在工人中间创造出不同的等级，即熟练劳动与非熟练劳动的等级；另一方面，由于分工，从根本上侵袭了工人的劳动力，“把工人变成畸形物”，工人只能从事某一方面的工作，丧失了生产整个产品的独立能力。过去，工人因为丧失了生产资料，无法独立进行生产，不得不把劳动力卖给资本家；现在，由于工人丧失了生产整个产品的独立能力，他们如果不把劳动力出卖给资本家，更无法单独进行生产。这是因为：劳动力“只有在一种联系中才发挥作用，这种联系只有在它出卖以后，在资本家的工场中才存在”。“分工在工场手工业工人的身上打上了他们是资本的财产的烙印。”工场手工业使工人进一步变成了资本的附属物。

第三，使工人在身心方面发生某种程度的萎缩。个体农民或独立手工业者的生产规模较小，但在这较小的范围内，生产是根据他自己的知识、意志来进行的，他要考虑生产的全面过程，从而产生掌握整个生产的知识和能力。但在工场手工业内部，由于分工，工人被畸形化为局部工人，他的知识和意志只能在所分工的范围内使用和贯彻，而掌握整个生产的能力却逐渐丧失掉。“生产上的智力在一个方面扩大了它的规模，正是因为它在许多方面消失了。”针对这种情况，英国工场手工业时期的学者弗格森曾经说过，“无知是迷信之母，也是工业之母。思索和想象会产生错误”。相反，这种全面管理生产的能力，日益依附于资本，作为资本的人格化而与工人相对立。所以马克思说：“工场手工业分工的一个产物，就是物质生产过程的智力作为他人的财产和统治工人的力量同工人相对立。”这种对立有一个发展过程，在简单协作中开始，在工场手工业中得到发展，在大工业中完成。为什么呢？因为“在简单协作中，资本家在单个工人面前代表社会劳动体的统一和意志，工场手工业使工人畸形发展，变成局部工人，大工业则把科学作为一种独立的生产能力与劳动分离开来，并迫使科学为资本服务”。分工使局部工人畸形化，造成人民群众身心的萎缩，用亚当·斯密的话说，“终生从事少数简单操作的人……没有机会运用自己的智力……他的迟钝和无知就达到无以复加的地步”。在这里，斯密把分工的资本主义性质看成是分工的自然现象，其实，这种现象只是资本主义特有的产物。因为分工本身，只是提高劳动生产率的手段，而分工的资本主义性质，才会使人民群众发生萎缩。斯密看到后一现象，却没有真正弄清楚问题的真正原因；加尔涅只看到前一方面，即只看到分工对提高劳动生产率的作用，认为“这种分工是过去进步的结果和未来进步的原因”，却不懂得分工的资本主义性质，他们对分工都只有片面的理解。

第四，工场手工业的分工创造了新的生产力，增加了相对剩余价值生产。“工场手工业分工通过手工业活动的分散，劳动工具的专门化，局部工人的形成以及局部工人在一个总机构中的分组和组合，造成了社会生产过程的质的划分和量的比例，从而创立了社会劳动的一定组织，这样就同时发展了新的、社会的劳动生产力。”这就是说，工场手工业成为新的社会劳动组织后，劳动生产率比简单协作时大大提高了。但由于工场手工业分工是资本主义生产方式的独特创造，它大大加强了资本对雇佣劳动的统治，它是“靠使各个工人畸形化来发展社会劳动生产力”的，从提高劳动生产率中得到好处的是资本家，而工人得到的却是遭受越来越重的剥削。劳动生产率的提高降低了生活资料的价值，劳动力的价值也随之降低，必要劳动时间就会缩短，剩余劳动时间就会相对地延长，从而生产出更多的相对剩余价值。因此，马克思指出："只是生产相对剩余价值即靠牺牲工人来加强资本（人们把它叫作社会财富，'国民财富'等等）自行增殖的一种特殊方法"。它起着两重作用，"一方面，它表现为社会经济形成过程中的历史进步和必要的发展因素，另一方面，它表现为文明的和精巧的剥削手段"。

在经济思想史上对分工的两种片面看法

在经济思想史上，对分工有两种不同的片面观点。在古代的奴隶社会里，像奴隶主的思想家色诺芬、柏拉图等人，由于在他们所处的时代里自然经济占统治地位，因而都从使用价值的角度来看分工。随着资本主义商品经济的发展，资产阶级经济学的古典学派相应出现，从使用价值的角度来看分工的观点就被从交换价值角度来看分工的观点所代替。他们认为，分工的意义在于使商品便宜，从而加速资本的积累。

色诺芬是古代希腊奴隶主的大思想家，他的经济观点是从维护奴隶劳动为基础的自然经济出发的，但他却最早地注意到分工问题。他把分工看成是增加使用价值数量和改善使用价值质量的一个条件，在分工的条件下制造的物品都能尽善尽美。他既从维护自然经济的观点来观察分工，同时也指出分工对发展商品流通的意义，这表现了色诺芬在维护自然经济时的不彻底性，所以马克思称之为"特有的市民阶级的本能"。

柏拉图是古代希腊唯心主义哲学家，他提出的理想国是为贵族的永久统治寻找理论根据。他企图证明，社会必须分成三个等级，这就是，执政的哲学家、卫士、农民和手工业者，而第三等级必须养活前两个等级。这种划分是以他的分工理论为基础的，他把这种使剥削奴隶的制度永远巩固下去的分工，看成是自然的和不变的。这是运用经济上的分工理论为政治上的奴隶主统治作辩护的一个典型观点。所以马克思说："在柏拉图的理想国中，分工被说成是国家的构成原则。"

资产阶级政治经济学古典学派的代表人物之一亚当·斯密，他处于工场手工业时代，"人们把他看作工场手工业时期集大成的政治经济学家，是因为他特别强调分工”[①]。他在所著的《国民财富的性质和原因的研究》一书中，就是从分工开始进行研究的。但他把重点放在交换价值上面。他认为，国民财富是由一国人民全年劳动提供的，而国民财富的多少，既取决于参加生产的劳动量，又取决于劳动生产率，而劳动生产率又取决于劳动者的能力和技巧，而能力和技巧又决定于分工，所以国民财富及其增长取决于分工的发展。但是，“亚·斯密还把工具的分化同机器的发明混为一谈”[②]。因为英国当时处于产业革命前夕，大生产的主导形式还是以手工劳动为基础的工场手工业，机器只起辅助作用，因而他在论述分工的意义时，把机器的发明归因于分工。这是由他所处的时代决定的。随着大工业的发展，要求创造和使用机器以提高劳动生产率，因而斯密“认为机器只起了从属作用”[③] 的观点，就遭到资产阶级经济学家罗德戴尔的反对。他批判斯密的分工论，认为机器能代替更多人的劳动，并大大提高劳动生产率，并不是单纯依靠分工就能达到的。

从经济思想史上对分工的这两种观点来看，它都反映了不同的时代特征，一则着重于使用价值，一则着重于交换价值，但都是片面的，因而不可能对分工有全面的正确的理解。而作出全面研究和科学分析的，首先要归功于马克思。

工场手工业还不能建立资本对劳动的绝对统治

工场手工业只是资本主义发展的一个阶段，“所特有的倾向的充分实现遇到了多方面的障碍”，这是因为：第一，工场手工业虽然把工人分为熟练工人和非熟练工人，但它的技术基础还是手工业劳动，还需要使用大批的熟练工人；同时，工场手工业虽然使有些操作适宜于使用女工和童工，但总的说来，这种倾向由于习惯和男工的反抗而遭到破坏。这就是说，被剥削的工人的范围还受到限制。第二，虽然工场手工业降低了工人的教育费用，从而降低了工人的价值，

① 《资本论》第1卷，人民出版社2004年版，第404页注（44）。“关于分工，亚·斯密没有提出任何一个新原理。”（见上注）

② 《资本论》第1卷，人民出版社2004年版，第404页注（44）。“关于分工，亚·斯密没有提出任何一个新原理。”（见上注）

③ 《资本论》第1卷，人民出版社2004年版，第404页注（44）。“关于分工，亚·斯密没有提出任何一个新原理。”（见上注）

即降低了劳动力的价值，但较难的局部劳动仍然需要较长的学习时间，甚至在这种学习时间已成为多余的地方，工人还竭力要把它保留下来。这就是说，在剥削的程度上也受到某种客观上的限制。第三，由于手工熟练依然是工场手工业的基础，工人还未终身附属于机器，还未完全隶属于资本，所以资本不得不经常同工人的不服从行为作斗争。这就是说，资本对劳动还未建立起绝对的统治地位。最后，“工场手工业既不能掌握全部社会生产，也不能根本改造它”。为什么呢？因为它还是建立在手工劳动的狭隘的技术基础上，这种狭隘的技术基础是代表一定的生产力发展水平的，生产力的发展决定着生产关系的发展，当新的生产力还未出现并普遍发展时，生产关系要想得到充分发展是不可能的。因此，资本主义要从工场手工业阶段再向前发展，必须进行技术革命。只有在新的技术基础上，才能大大发展资本主义生产关系。

“工场手工业最完善的产物之一，是生产劳动工具本身特别是生产当时已经采用的复杂的机械装置的工场。”正是由于这些工场生产出许多不同种的劳动工具，在这个基础上进一步发展，把不同的工具联结起来，逐渐就产生了机器，这就从工场手工业过渡到机器大工业阶段。“机器使手工业的活动不再成为社会生产的支配原则。因此，一方面，工人终生固定从事某种局部职能的技术基础被消除了。另一方面，这个原则加于资本统治身上的限制也消失了。”

■ 马克思告诉我们：从一般劳动过程看分工，它是提高劳动生产率的手段。在不同的社会里都有分工存在，但都和当时的生产力发展水平相适应。随着社会生产力的发展，就要改变社会劳动组织，促进企业内部的分工并出现新的社会分工。新的分工出现以后，又会提高劳动生产率，推动社会生产力向前发展。分工就是在生产力和生产关系对立统一中不断向前发展和体现它的优越性。但是，工场手工业的分工对于提高劳动生产率所起的作用毕竟还是有限的，因为它还是建立在手工技术的基础上，它必须向前发展，过渡到以机器体系为基础的进一步的分工。因此，随着资本主义生产的发展，企业内部的分工和社会分工都在不断地调整和变化。

马克思告诉我们：工场手工业的分工具有资本主义性质。资本家组织分工，把分工作为提高劳动生产率的手段，是为了加强对剩余价值的榨取。工场手工业不仅是劳动过程的特殊组织形式，对资本家来说，更重要的是生产相对剩余价值的方法。一方面，通过分工，促使工场手工业的劳动组织和生产技术发生变动，在劳动社会化方面前进了一大步；另一方面，随着工场手工业中剩余价值的增加，资本的权力也在不断发展，工人阶级的苦难日益加深。随着工场手工业向资本主义机器大工业的推移，资本主义生产关系和社会生产力的矛盾，劳动社会化和资本主义私人占有之间的矛盾日益向前发展，工人阶级和资产阶级之间的矛盾也必然逐步发展并逐渐激化。

第 十三 章

机器和大工业

本章所研究的机器大工业，是资本主义发展的第三种生产形式，也就是资本主义生产方式的成熟形式。资本主义生产方式是建立在机器和大工业的物质技术基础之上的。从手工劳动发展为机器生产，社会生产力有了很大的提高，但是，资本主义使用机器的目的，不是为了减轻工人的劳动负担，而是为了剥削更多的相对剩余价值。因此，随着机器大工业的出现，生产力的发展，资本主义生产关系也随之发展变化，生产关系和生产力的矛盾，工人阶级和资产阶级的矛盾，也在不断地发展和激化。本章的中心任务，在于揭示机器大工业时期生产力和生产关系的矛盾运动，揭示资本主义使用机器如何为资本家生产相对剩余价值，对工人阶级以至对整个社会产生怎样的影响。

本章共十节，可概括为三个方面。第一至四节，研究机器的产生和发展，以及资本主义使用机器如何加强剥削，使劳动更加隶属于资本，对工人产生严重的影响，也就是说，资本主义的使用机器怎样发展了生产力与生产关系的矛盾。第五、六、七节，主要分析资本主义的基本矛盾如何表现为工人阶级和资产阶级之间的阶级斗争。马克思指出这种斗争为什么首先表现为工人和机器之间的斗争，指出工人阶级的敌人不是机器，而是资本主义制度（第五节），并批判了资产阶级政治经济学为掩盖资本主义使用机器所产生的矛盾而炮制的荒谬理论（第六、七节）。第八、九、十节，研究机器大工业对社会的影响：它不仅促使工场手工业、手工业、家庭劳动产生了新的变革（第八节），而且发展了资本主义生产方式的矛盾，为新社会准备了物质条件和革命力量（第九节），以及工业革命促使农业的资本主义化，从而使资本主义生产关系得到全面的发展（第十节）。

1. 机器的发展

机器是生产剩余价值的手段

本章一开始，马克思就明确指出资本主义使用机器的目的。他引用了资产阶级经济学家穆勒的话后接着说："但是，这也决不是资本主义使用机器的目的。像其他一切发展劳动生产力的方法一样，机器是要使商品便宜，是要缩短工人为自己花费的工作日部分，以便延长他无偿地给予资本家的工作日部分。机器是生产剩余价值的手段。"这里所说的"生产剩余价值的手段"，系指生产相对剩余价值而言。因为机器的使用，提高了劳动生产力，降低了单位商品的价值，这就缩短了必要劳动时间，相应地延长了剩余劳动时间，因此，就扩大了相对剩余价值的生产。

从劳动过程看机器，它只是一种生产工具，可以起到节省劳动、减轻劳动消耗的作用。如从生产关系方面来看，不同的阶级掌握机器，就会起着不同的作用。在资本主义制度下，机器是资本家生产相对剩余价值的手段，是榨取工人剩余劳动的工具。这种作用，并不是来源于机器本身，而是由资本主义生产关系造成的。只有在资本主义社会里，机器才成为生产剩余价值的手段。

简单协作、工场手工业、机器大工业，资本主义发展中所采取的这三种生产形式，都是以扩大相对剩余价值的生产为特征。但机器大工业与前两种生产形式又有所不同，它不仅在量上大大地增加了相对剩余价值的生产，特别是在质上改变了相对剩余价值生产的技术基础。简单协作和工场手工业都是建立在手工劳动的技术基础上，由于机器的采用和大工业的出现，资本主义的生产方式才取得了与它相适应的技术基础。

劳动资料如何从手工工具转变为机器

"生产方式的变革，在工场手工业中以劳动力为起点，在大工业中以劳动资料为起点。"因为工场手工业主要是从实现劳动分工开始，而在大工业中则主要是把手工工具改变为机器。因此，首先应该研究，劳动资料如何从手工工具转变为机器，也就是说，机器和手工工具有什么区别。

有的资产阶级经济学家认为，工具是简单的机器，机器是复杂的工具；有的则认为，机器和工具的区别，只在于动力的来源不同，工具的动力是人，机器的动力则是自然力，如风、水、牲畜等。这两种观点都是错误的，“因为其中没有历史的要素”。这就是说，他们在考察机器的时候，不是把机器看成是同一定的社会经济条件相联系的历史要素，而是把机器看成同社会历史、同人、同经济条件毫无联系的物件。如果说工具是简单的机器，那么原始社会就已有了石器工具，不是原始社会就已有了机器吗?！如果说机器的动力是自然力而不是人力，那么奴隶制社会就已出现了利用风力的风车，不是奴隶制社会就已有了机器吗?！这种混淆机器和工具的本质区别的错误说法，是为了掩盖资本主义的剥削关系，掩盖机器是生产剩余价值的手段的实质。

所有发达的机器都由三个本质上不同的部分组成：发动机、传动机构、工具机或工作机。发动机是整个机器的动力；传动机构是把发动机发出来的力量传送到工具机上面去；工具机是由许多部件和零件组成，其中最主要的部件是工具，工具机依靠发动机的动力，通过传动机构的推动，用自己的工具，作用于劳动对象，并按照一定的目的来改变它。18 世纪的工业革命，就是从工具机开始的。“每当手工业或工场手工业生产过渡到机器生产时，工具机也还是起点。”这一点，对于我国当前进行的技术革新和技术革命来说，仍然具有现实意义。

在第 6—8 段，马克思就工业革命的发展过程，对工具机进行了分析，他指出了如下要点。第一，工具机上的部件，是从手工工具发展而来的，有些本身就是原来的手工工具，但安装到一种机构上去以后，就成为机器，因为它们已经不是人的工具，而是一个机构上的工具了。“工具机是这样一种机构，它在取得适当的运动后，用自己的工具来完成过去工人用类似的工具所完成的那些操作。”“在真正的工具从人那里转移到机构上以后，机器就代替了单纯的工具。”可见，工具机和手工工具的不同之处在于：手工工具是由人手直接掌握使用的，工具机则是把工具安装在一个机构上，由机器去操纵。第二，工具机代替了手工工具以后，有一个明显的优点：手工工具是由人操纵的，必然受到人的身体器官数量的限制，一个人只有两只手，一般不能同时操作一个以上的工具；而一架工具机却可以同时使用许多工具，“一开始就摆脱了一个工人的手工工具所受到的器官的限制”。第三，工业革命首先是从工具机开始的。作为单纯动力的人和作为真正操作工人的人之间的区别，在许多手工工具上特别明显地表现出来。例如，在纺车上，脚只起动力的作用，而引纱和捻纱的手，则从事真正的纺纱操作。最先受到工业革命影响的，不是脚踏的踏板，而是用手引纱的纱锭。在工场手工业时期，甚至以前，就已经出现了用自然力为动力的现象，但动力的变革，并没有引起工业革命。“相反地，正是工具机的创造才使蒸汽机的革命成为必要”，才引起整个工业技术基础发生重大的变化。所以“作为工业革命起点的机器，是用这样一个机构代替只使用一个工具的工人，这个机构用许多同样的或同种的工具一起作业，由一个单一的动力来推动，而不管这个动力具有什么形式”。当然，这里所说的“只是机器生产的简单要素”，因为大工业中的机器会比上述情况复杂得多。

在第 9、10 段，马克思又对发动机进行了分析。由于工具机的出现和在工具机上的工具数量的增加，就需要有比人力更强大的动力。这种动力是从哪里取得呢？马克思分析了使用马力、风力、水力等历史过程，一直到蒸汽机的出现，才取得了普遍应用的形式，因为蒸汽机完全受人控制，可以移动，不受地点条件的限制，能发出巨大的动力等等。只是在工具机出现以后，“发动机才取得了一种独立的、完全摆脱人力限制的形式”。现在，一台发动机可以推动许多台工具机。随着同时被推动的工具机的增加，发动机也在增大，传动机构也在扩大，从而形成一个庞大的机器体系。

必须把许多同种机器的协作和机器体系区别开来

大工业中的机器有两种情况，一种是由许多同种工具机的简单协作构成的，一种是由许多不同的工具机的分工协作构成的。

许多同种机器的协作系指：“整个制品是由同一台工作机完成的。”马克思以信封制造机和纸袋制造机为例，说明“在工场手工业中分成几种操作顺次进行的整个过程，现在由一台由各种工具结合而成的工作机来完成”。这时，又有简单协作重新出现，“这种协作首先表现为同种并同时共同发生作用的工作机在空间上的集结”。例如，许多织布机集结在同一厂房内，就组成织布厂，许多缝纫机集结在同一厂房内，就组成缝纫厂。但这是在工厂内的同种工作机的简单协作，和在工场手工业中的简单协作不同，因为“这里存在着技术上的统一”，它们都是由一个共同的发动机发出动力，经过传动机构的带动，使许多工作机同时进行操作。而在工场手工业内，在用人力操作的条件下，要求每个工人都能如此一致地协同动作是完全不可能的。

真正的机器体系则不同，它是由许多不同种机器的有机联系所构成的，劳动对象要经过一系列各不相同而又互相补充的工具机的不同操作，最后才制成产品，在这种情况下，“真正的机器体系才代替了各个独立的机器”。在这里，工场手工业所特有的以分工为基础的协作又出现了，但这种协作现在表现为各个局部工作机的结合，两者是不同的：第一，在工场手工业中，劳动的每一个局部过程事先必须适应工人；在机器生产中，劳动过程客观地按照它本身的性质，分解为各个组成阶段，怎样完成每一个局部过程，都是由科学和实践的经验借助机器来解决，因此，工人不仅在操作上必须适应机器，而且各组工人之间在数量上的比例，也必须同各局部机器的比例相适应。第二，在工场手工业中，各个工人的直接协作，造成各个特殊过程的分离，是由分工本身产生的；在机器生产中，各种单个工作机和各组工作机结合成为一个有组织的体系，原料从整个过程的最初阶段起，到产品形成止，都是不依靠人手，而是依靠机器，由一个阶段传送到另一个阶段，使整个过程连续不断，可见，“在发达的工厂中，起支配作用的是各特殊过程的连续性”。第三，在工场手工业中，以分工为基础的协作是靠人来进行的；在机器生产中，不管是由许多同种工作机的结合，还是由许多不同种工作机的分工协作，都是由一个自动的原动机来推动，它本身形成一个大自动机。当工作机不需要人来推动、只需要人从旁照料时，我们就有了自动机的机器体系。上述三点，体现出了“在工场手工业生产和机器生产之间一开始就存在着本质的区别”。

“通过传动机由一个中央自动机推动的工作机的有组织的体系，是机器生产的最发达的形态。”资本主义的大工业，就是建筑在机器体系的这个现代技术基础之上的。

用机器生产机器，才能建立大工业的技术基础

但是，这些机器是怎样制造出来的呢？机器首先是由工场手工业内的局部工人和手工工场外的手工业者用手工工具制造出来的。在工场手工业时期就已准备好了熟练的机械工人，代替手工劳动的机器，在很长的一段时间内是由工场手工业生产的。因此，“机器生产是在与它不相适应的物质基础上自然兴起的”。机器生产发展到一定程度，必然要推翻这个旧的基础，建立起与它自身的生产方式相适应的新基础。如果要依靠工场手工业的局部工人的力量和技巧来制造机器，大工业也就得不到充分的发展。例如，机器规模的扩大，自动体系的发展，难于加工的材料的应用，“都碰到人身的限制”。因此“大工业发展到一定阶段，也在技术上同自己的手工业和工场手工业的基础发生冲突”。

“一个工业部门生产方式的变革，会引起其他部门生产方式的变革。”首先，在有紧密联系的工业生产部门之间必须相应地发生变革。例如，用机器纺纱，必须用机器织布，而这又引起漂白业、印染业等一系列部门采用机器。工业部门应用机器，也会推动农业机械化的发展，引起交通运输业的变革。这就需要有大量的庞大的机器，制造这样的机器是工场手工业所不能胜任的。

怎样解决这个矛盾呢？马克思说：“大工业必须掌握它特有的生产资料，即机器本身，必须用机器来生产机器。这样，大工业才建立起与自己相适应的技术基础，才得以自立。”这就是说，只有用机器来生产机器，才能建立起与大工业相适应的新的技术基础。用机器制造机器，必须具备两个最重要的生产条件：一个是，“要有能供给各种强度的力量同时又完全受人控制的发动机”；一个是，“机器各部件所必需的精确的几何形状，如直线、平面、圆、圆柱形、圆锥形和球形，也同时要用机器来生产”。蒸汽机的出现，提供了巨大的动力，具备了前一个条件；而机器制造业中构成真正工具机的部分，如钻床、机械旋床、刨床、蒸汽锤等的出现，则具备了后一个条件。

机器的应用使劳动过程发生了变化

在本节最后一段，马克思论述了应用机器后资本主义的劳动过程所发生的一些变化：第一，“以自然力来代替人力”；第二，“以自觉应用自然科学来代替从经验中得出的成规”；第三，社会劳动过程的组织由“完全客观的生产有机体”，即由有组织的机器体系，来代替纯粹是主观的“局部工人的结合”；第四，“劳动过程的协作性质，现在成了由劳动资料本身的性质所决定的技术上的必要了”。所有这一切的变化，都大大地提高了劳动生产率。

2. 机器的价值向产品的转移

机器的价值比手工工具的价值大

“由协作和分工产生的生产力，不费资本分文。”同样，用于生产过程的蒸汽和水等自然力，也不费资本分文。但是，要把蒸汽等自然力用于生产过程，就必须有蒸汽机等机器。机器是用大量的劳动制造出来的，它本身有较大的价值。

大工业应用机器生产，把巨大的自然力和自然科学并入生产过程，大大提高了劳动生产力，是看得清清楚楚的。但是“生产力的这种提高并不是靠增加另一地方的劳动消耗换来的，这一点却决不是同样一目了然的”。为什么呢？因为机器的作用和机器本身的价值是不同的两回事。资本家支付的只是机器的价值；对于机器所提供的巨大生产力，资本家没有花费分文，就同利用自然力一样，完全地占有了。人们弄不清楚，往往把这两件事混为一谈。

机器本身是有价值的，但“机器不创造价值”，只是把它自身的价值转移到它所生产的产品去，成为产品价值的一个组成部分。“机器不是使产品变便宜，而是按照它自身的价值使产品变贵。”这并不是说，由于机器的使用，使单位商品的价值提高了；而是说，由于机器提高了劳动生产率，在一定时间内生产出更多的产品，减少了单位产品中物化劳动和活劳动的消耗，而且后者减少的比例更大，因而单位产品中活劳动所占比例相对缩小，转移来的物化劳动却相对地增大了。

为什么价值大的机器生产的产品会更便宜

既然机器的价值比手工工具的价值大，为什么机器生产的产品反而比手工劳动生产的产品更便宜呢？

首先，“机器的价值和机器定期转给产品的价值部分，有很大的差别”。在第六章就已说过，有些生产资料全部参加劳动过程，但只部分地参加价值增殖过程，机器就是这样。机器的价值虽然大，但不是一下子全部转移到产品中去，而只是根据它每天平均的损耗而部分地转移它的价值。机器在生产中使用的时间越长，它每天平均的磨损就越少，因而转移的价值也就越小。与手工工具相比，机器的使用和磨损之间的这种差别要大得多。原因有三：第一，机器是用比较坚固的材料制成的，经久耐用；第二，机器的使用是遵照严格的科学规律的，它的各个组成部分和它的消费资料的消耗，都能够更多地节约；第三，“机器的生产范围比工具的生产范围广阔无比”。而“机器的生产作用范围越是比工具大，它的无偿服务的范围也就越是比工具大”。我们知道，不管是机器还是手工工具，它们不创造价值，而只是把自身的价值转移到产品中去，因此，除去它们每天的平均损耗和机油、煤炭等辅助材料的消费而加到产品上的那个价值组成部分外，它们的作用和自然力一样，都是不需要任何代价的。而机器的作用范围是比工具大，因而能够比工具提供更大的无偿服务。所以，机器的价值虽比工具大，但分摊在更多的产品上，这就为降低单位产品的价值提供了可能性。

其次，共同消费的生产资料，会更加节约。在简单协作和工场手工业中，因共同使用生产条件，会节省生产资料的支出；在机器生产中，同一工作机是由它的许多工具共同消费的，同一发动机及传动机构是由许多工作机共同消费的，与工场手工业相比，生产资料的消费会更加节约。

决定机器价值向产品转移的诸因素

从第4—7段，马克思进一步考察了决定机器价值向产品转移的诸因素。

如果机器的价值和机器转给日产品的价值部分之间的差额已定，那么，单位产品中所包含的由机器转移来的价值量的大小，就决定于产品的数量。例如：一台机器的价值表现为3650

元，其使用期为 10 年，则每年转移 635 元，每天转移 1 元。如果一天生产 5 个产品，转给每个产品的价值是 2 角；如果一天生产 10 个产品，转给每个产品的价值是 1 角。这就是说，在一定时间内，机器转给产品的价值同产品的数量成反比，产品越多，转移到单位产品中的价值部分就越小，反之亦然。

如果工作机的作用范围已定，那么，产品的数量就取决于工作机作业的速度。例如，一台纺纱机有 20 个锭，这是它作用的范围，一小时转动 1000 次，可纺 50 磅纱，转动 2000 次，就可纺 100 磅纱。这就是说，在工作机的作用范围已定的情况下，工作机作业速度同产品的数量成正比，而同机器向单位产品转移的价值量成反比。机器的作业速度愈快，生产的产品愈多，转给单位商品中的价值部分就愈小，反之亦然。

如果机器转给产品的价值的比率已定，那么，这个价值部分的大小就取决于机器本身价值的大小。例如：一台机器使用 10 年，每年转移其价值的十分之一，如果该机器价值表现为100000元，每年即转移 10000 元，如果机器价值是 300000 元，每年即转移 30000 元，在这种情况下，机器转给产品的价值同机器本身的价值成正比。

总之，由机器转移到单位产品中去的价值，取决于这样几个因素：机器本身的价值；机器的使用年限；机器的效率即产品的数量等。

由此可见，如与手工业或工场手工业的产品相比，“在机器产品中，由劳动资料转来的价值组成部分相对地是增大了，但绝对地说是减少了”。为什么“相对地说是增大了”呢？前面已经说过，机器“按照它自身的价值使产品变贵”。因此，单位产品中由机器转移来的价值组成部分，“同产品（如一磅棉纱）的总价值相比较的量是增大了”。为什么“绝对地说是减少了”呢？因为使用机器，提高了劳动生产率，使转移入产品中的机器价值分摊到更多的产品中，因而同手工产品比，包含在单位产品中的由机器转移来的价值组成部分的绝对量是减少了。

机器的生产率是由它代替的人类劳动力的程度来衡量的

使用机器能节省劳动，但是，生产机器又要花费一定的劳动。如果生产机器所花费的劳动和使用机器所节省的劳动完全相等，那么，生产一个商品所需要的劳动量就没有减少，也就是说，劳动生产率没有提高。但是，在通常情况下，由于使用机器能比手工工具提供更大的劳动生产率，所以使用机器所节省的劳动总比生产机器所花费的劳动要大得多，两者之间的差额就是机器的生产率。因此，“机器的生产率是由它代替人类劳动力的程度来衡量的”。这说明，机器是节约劳动的手段。

资本主义使用机器的界限

如果仅仅是为了节约劳动，使单位产品的价值降低，那么，只要生产机器所费的劳动少于使用机器所代替的劳动，在生产中使用机器就是有利的。但是，这一原则对资本家来说是不适用的，因为在资本主义制度下，使用机器的界限表现得更为狭窄。

资本家使用机器的目的，并不是为了节约劳动，而是为了取得更多的剩余价值。因此，“对资本说来，只有在机器的价值和它所代替的劳动力的价值之间存在差额的情况下，机器才会被使用”。或者说，机器的价格低于它所代替的工人工资的情况下，资本家才使用机器。这就是资本主义使用机器的界限。例如：生产 100 双皮鞋，用手工劳动就要有 20 个工人，如每人工资 50 元，合计要 1000 元；如改用机器生产，同样生产 100 双鞋，只要两个工人，只要付出工资 100 元，因此，机器的价值必须小于 900 元，才会出现机器价值和它所代替的 18 个劳动力价值之间的差额。如果机器的价值超过 900 元，资本家就宁愿多雇佣工人采用手工劳动，而不使用机器。这表明了资本主义生产方式的局限性，也说明了为什么在发达的资本主义国家里，在使用机器生产的同时还存在着大量的手工劳动。

由于必要劳动时间在一个工作日中的比例，在不同国家内，或在同一国家的不同时期内是不同的，由于在实际生活中工资往往低于劳动力价值，因此，机器的价格和它所代替的工资之间的差额，可能有很大的变动；但是，不管怎样变动，只要不存在这个差额，资本家就不愿采用机器。这也是一个国家、一个部门发明的机器，却往往不被本国、本部门采用，而为另一国、另一些部门所采用的原因，这表现了资本主义生产关系怎样阻碍着生产力的发展。

马克思在第 451 页注(116a)特别指出：“在共产主义社会，机器的使用范围将和在资产阶级社会完全不同。”在社会主义制度下，由于实现了生产资料的公有制，机器已不再是剥削剩余价值的手段。社会主义使用机器的目的，是为了多快好省地建设社会主义，因此，机器真正成为节约劳动、减轻劳动负担、提高人民物质文化生活水平的手段。和资本主义使用机器的界限相比，充分体现了社会主义制度的优越性。

3. 机器生产对工人的直接影响

资本主义使用机器，对工人本身有哪些直接的影响呢？这就是：既扩大了被剥削范围，即工人的家属也受资本剥削，又提高了被剥削程度，即延长工作日、提高劳动强度。

资本对补充劳动力的占有。妇女劳动和儿童劳动

由于机器简化了操作过程，即使体质较弱、只要四肢比较灵活的工人也能操作，因此，资本主义使用机器后，可以大量使用女工和童工，这就产生了下列严重的后果：

第一，扩大了资本剥削的范围。以前，只是工人本身在工厂里受剥削；现在，“它使工人家庭全体成员不分男女老少都受到资本的直接统治”了。资本“不仅夺去了儿童游戏的时间，而且夺去了家庭本身惯常需要的、在家庭范围内从事的自由劳动的时间”。

第二，使劳动力价值下降。以前，一个成年工人劳动力的价值是包括维持他自己及其家属所需要的生活资料费用的，现在，这种费用的负担不再集中在成年工人身上，而是分担到他全家人身上了，成年工人劳动力的价值就会由此下降，因此，“机器使男劳动力贬值了”。如果有四个劳动力的一家，过去维持一家的生活只要一个人去劳动，现在四个人都要去劳动，而且都要为资本提供剩余劳动，这样，剥削的程度也加强了。

第三，使“工人和资本家之间的契约发生了革命”。原来，在劳动力市场上，资本家和工人在形式上都是平等的商品所有者，按照契约进行劳动力的买卖。现在，由于生活所迫，成年男工不得不出卖童工和女工的劳动力。“从前工人出卖他作为形式上自由的人所拥有的自身的劳动

力。现在他出卖妻子儿女。他成了奴隶贩卖者。”“机器引起的劳动力买者和卖者之间的法的关系的革命，使全部交易本身失去了自由人之间的契约的外表”，表面上的平等、自由也不存在了。

第四，使女工、童工的身体和精神受到严重的摧残。马克思引用了大量触目惊心的材料，说明资本对女工和童工的剥削所造成的严重的社会后果：使他们身体受到摧残，工人子女出生后头几年的惊人的死亡率，道德的败坏，精神的颓废，等等。

第五，“机器使儿童和妇女以压倒的多数加入结合劳动人员中，终于打破了男工在工场手工业时期仍在进行的对资本专制的反抗”。为什么呢？在工场手工业中，熟练劳动与非熟练劳动的区分是很明显的，资本家的残酷剥削会受到成年男工的反抗；在使用机器的大工业中，劳动简单化了，大量的女工和童工投入劳动力市场，成年男工遭到失业的威胁，如果他们进行反抗，资本就可用女工、童工来代替他们。

工作日的延长

机器本来是提高劳动生产率、缩短生产商品的必要劳动时间的手段，但资本主义使用机器，却使它成为资本家把工作日延长到超过一切自然的界限的手段。这是因为，一方面，机器为资本延长工作日“创造了新条件”；另一方面，机器又为资本榨取剩余劳动“创造了新动机”。

第一，手工工具离开了人的操纵，就不能发挥作用，而机器的运动和活动，则是离开人而独立的，它可以在 24 小时内不停地生产。这就为资本家压制工人的反抗，尽量延长工作日，提高机器利用率，提供了可能性。

第二，为了在更短的时间内获得同量的剩余价值。我们知道，机器发挥作用的时间越长，生产的产品越多，转移到单位产品中去的价值部分就越小。如果两台同样的机器，一台使用 7 年半，每天使用 16 小时，一台使用 15 年，每天使用 8 小时，它们会生产出同等数量的产品，因而会给资本提供同等数量的剩余价值。但前者只要 7 年半的时间就可以取得，后者则需 15 年的时间。资本为了加速对剩余劳动的吞噬，必然采用前一种使用机器的方法。

第三，为了减少机器的有形损耗和无形损耗。机器的有形损耗，一是由于使用而磨损，一是由于不使用而生锈、损坏，机器利用率愈高，后一种损耗就愈少。机器的无形损耗，或者是由于生产方法的改进和劳动生产率的提高，生产同样的机器所花费的社会必要劳动时间减少了，因而使原有机器的价值相应地降低；或者是由于出现了新的更好的机器，同原有的机器相竞争，因而使原有的机器贬值，在这两种情况下，机器的价值就“不再由实际对象化在其中的劳动时间来决定，而由它本身的再生产或更好的机器的再生产的必要劳动时间来决定了”。“机器总价值的再生产时期越短，无形损耗的危险就越小，而工作日越长，这个再生产时期就越短。”因此，资本家为了尽量减少机器的有形损耗和无形损耗，总是尽量延长工作日，提高机器利用率。

第四，为了在不增加机器、厂房等不变资本的情况下，扩大生产规模，增加对剩余劳动的剥削。在工作日和其他条件不变的情况下，要扩大生产规模，剥削更多的工人，就要增加用于机器、厂房、原材料和辅助材料等方面的不变资本。如果延长工作日，提高机器利用率，原材料和辅助材料的消费虽然需要相应地增加，但投资在机器和厂房上面的不变资本部分仍可保持不变，这样，生产规模扩大了，“不仅剩余价值增加了，而且榨取剩余价值所必需的开支减少了”。特别是，随着不变资本部分增加的速度超过了可变资本部分，就更增强了资本延长劳动时间的动机。在资产阶级的辩护士西尼耳之流看来，机器规模的扩大，竟使延长工作日成为“合乎愿望的事情”！

第五，为了取得更多的超额剩余价值。首先采用新机器的生产部门，提高了劳动生产率，使产品的个别价值低于社会价值，就可取得超额剩余价值，即“高额的利润”。但这只是个“过渡时期”，当大多数资本家都采用新机器生产时，产品的社会价值就会降低，这种超额剩余价值就不存在了。因此，资本家在这个“过渡时期”就要尽量延长工作日，提高机器利用率，以便取得更多的超额剩余价值。

第六，为了提高剩余价值率，以补偿因减少工人人数而引起的剩余价值量的下降。“剩余价值量取决于两个因素，即剩余价值率和同时使用的工人人数。”资本家使用机器，提高了劳动生产力，一方面，可以减少必要劳动时间，相对地增加剩余劳动时间，提高剩余价值率；另一方面，又相对地减少了所使用的工人人数，从而减少剩余价值量，因此，“利用机器生产剩余价值包含着一个内在的矛盾”，即机器要提高剩余价值率，就只有减少工人人数。在机器普遍应用，机器产品的价值成为所有同类商品起调节作用的社会价值时，这个内在的矛盾就会表现出来。资本家为了补偿由于减少被剥削的工人人数而引起的损失，就要拼命延长工作日，以便不仅增加相对剩余劳动，而且增加绝对剩余劳动。

总之，“机器的资本主义应用，一方面创造了无限度地延长工作日的新的强大的动机，并且使劳动方式本身和社会劳动体的性质发生这样的变革，以致打破对这种趋势的抵抗，另一方面，部分地由于使资本过去无法染指的那些工人阶层受到资本的支配，部分地由于使那些被机器排挤的工人游离出来，制造了过剩的劳动人口，这些人不得不听命于资本强加给他们的规律”。这就是说，一方面，由于使用机器，资本家增加了无限度地延长工作日的新的动机，如减少机器的有形损耗和无形损耗，取得超额利润，等等。而在机器生产代替手工劳动的情况下，工人成为机器的单纯附属物，这就为资本打破工人对延长工作日的抵抗创造了新的条件。另一方面，由于大量使用女工童工，以及破产的农民和手工业者投入雇佣劳动队伍，加上一部分被机器排挤的工人，形成大量的失业人口，因此使工人不得不服从于资本延长工作日以增殖剩余价值的需要。这样，在经济上就产生了一种反常现象：机器本来是缩短劳动时间的手段，而在资本主义条件下，它“竟变为把工人及其家属的全部生活时间转化为受资本支配的增殖资本价值的劳动时间的最可靠的手段”。

劳动的强化

当资本无限制地延长工作日受到工人阶级激烈反抗时，资产阶级国家就被迫用法律规定工作日的长度。资本不能再用延长劳动时间的方法扩大了劳动的外延量了，就转而在劳动的内含量上打主意，提高劳动强度。

所谓提高劳动强度，就是提高劳动力的紧张程度，也就是在一定时间内增加劳动力的支出。英国在进入机器大工业时期以后的 50 年中，延长工作日和提高劳动强度一直是同时并进的。但是进行到一定时刻，二者会互相排斥，以致要延长工作日就只有降低劳动强度，要提高劳动强度就只有缩短工作日。自工厂法规定正常的工作日，使资本不能靠延长劳动时间来增加剩余价值的生产以后，“资本就竭尽全力一心一意加快发展机器体系来生产相对剩余价值。同时，相对剩余价值的性质也发生了变化”。资本家怎样通过加快发展机器、提高劳动强度来增加相对剩余价值呢？为什么相对剩余价值是在工作日长度不变时，缩短必要劳动时间，相对地延长剩余价值的性质会发生变化呢？我们知道，相对剩余价值是在工作日长度不变时，缩短必要劳动时间，相对地延长剩余劳动时间而产生的剩余价值。这是以劳动生产力的提高为基础的。现在，因使用机器，提高了劳动强度，在同一时间内支出的劳动量增加了。例如，10 小时的劳动生产出相当于 12 小时的产品，因而产品的价值就表现为 12 小时。本来，在 10 小时内，必要劳动时间是 6 小时，剩余劳动时间是 4 小时，现在由于提高劳动强度，必要劳动时间所体现的产品，只要 5 小时就能生产出来，另 5 小时的剩余劳动时间，却能生产出相当于 6 小时的产品，这样，必要劳动时间缩短了，剩余劳动时间延长了，相对剩余价值也就由此产生。但是这种必要劳动时间的缩短，不是来自由于劳动生产力的提高而引起的劳动力价值的降低，而是来自由于劳动强度的提高，而在 10 小时内生产出相当于 12 小时的产品，所以它不会引起单位商品价值量的下降，也不会引起劳动力价值的下降，这就是相对剩余价值的性质所发生的变化。

“在一定的限度内，力的作用持续时间上的损失，可由力的作用程度来弥补。”这就是说，工作日的缩短可用提高劳动强度的办法来补偿。资本家使用机器来提高工人的劳动强度，是通过两种方法达到的，一种是加快机器的运转速度，另一种是扩大工人看管机器的台数，即扩大工人的劳动范围。这两种方法往往是同时采用的。马克思引用了英国棉、毛、丝、麻工厂的大量实际材料，说明资本家如何不断地改良机器，把工人的劳动强度提高到损害身体健康和破坏劳动能力的惊人的程度。

4. 工　　厂

前节考察资本主义使用机器给工人直接带来的影响，本节则考察以机器为主体的资本主义工厂对工人的影响。

机器是主体，工人受机器支配，是资本主义工厂的特征

什么是工厂？资产阶级经济学家尤尔博士，这位自动工厂的“平达”[①]，有两种完全不同的说法：一方面认为工厂是各种工人的协作，这些工人共同看管和推动着进行生产的机器体系；另一方面又认为工厂是由无数机械的和有自我意识的器官所组成的庞大的自动机，这些器官为了进行生产而不断地活动，它们都受一个自行发动的动力所支配。尤尔的这两种说法绝不是相同的。按照第一种说法，工人是主体，机器体系是客体，工人支配机器；按照后一种说法，机器体系是主体，工人是客体，工人被机器支配。马克思指出：后一种说法“表明了机器体系的资本主义应用从而表明了现代工厂制度的特征”。资本主义工厂是以大规模的机器体系为主体的、工人只处于被支配地位的一种协作组织。工人受机器支配，人受物支配，是资本主义工厂的特征。这个特征是从资本主义的生产关系中产生的，是由这种生产关系的性质决定的。

上述资本主义工厂的特征，具体表现为下列几个方面。

机器虽然从技术上推翻了旧的分工制度，但又在更令人厌恶的形式上加以恢复

首先，在使用机器生产的资本主义工厂里，劳动分工发生了重大的变化。过去，工人是依靠个人的技巧操纵工具，现在直接操纵工具的是机器，工人只是机器的助手。“使用劳动工具的技巧，也同劳动工具一起，从工人身上转到了机器上面。”这就使工具的效率不再受人的身体器官的数量的限制，得到了彻底的解放。“这样一来，工场手工业分工的技术基础就消失了。”工场手工业所建立的因工人的技术而划分的等级制度，被各种劳动的平等或均等的趋势所代替，工场手工业的局部工人之间的人为差别，被主要是年龄和性别的自然差别所代替。

在工厂里重新出现了分工，但这种分工同工场手工业分工不同，它

---

① 平达：从希腊语来，原是希腊抒情诗人的名字，后演变为颂歌。这里借用歌颂者，含有讽刺之意。

首先是把工人分配到各种专门机器上去，分配到工厂的各个部门去，使工人在并列着的同种工作机上劳动。“工场手工业的有组织的小组被一个主要工人同少数助手的联系代替了。”在这里，一种是操作机器的工人，一种是这些工人的助手。除了这两类主要工人外，还有为数不多的工程师、机械师、细木工等等。他们是高级的工人，不属于工厂工人的范围，而只是同工厂工人聚集在一起。这种分工是纯技术性的。

由许多不同种机器的有机联系所构成的机器体系，要求把各种不同的工人小组分配到各种不同的机器上去。但是，“机器生产不需要像工场手工业那样，使同一些工人始终从事同一种职能，从而把这种分工固定下来”。因为工厂的全部运动是从机器出发，所以资本可以随意更换工人，例如实行换班制度，也不致使劳动过程中断。还因为，机器使操作简单化了，工人很容易学会使用机器，所以也没有必要专门培养一种特殊的工人成为机器工人。至于操作机器的工人的助手，他们干的活一方面可以用机器来代替，另一方面由于这种活十分简单，更可以经常换其他的人干。

可见，“机器从技术上废弃了旧的分工制度”。但是，由于机器的资本主义应用，“这种旧制度”“被资本当作剥削劳动力的手段，在更令人厌恶的形式上得到了系统的恢复和巩固”。这表现在：工人“过去是终身专门使用一种局部工具，现在是终身专门服侍一台局部机器”。资本这样“滥用机器的目的是要使工人自己从小就转化为局部机器的一部分”。这样就不但可以减少工人的教育和训练费用，从而降低劳动力的价值，而且可以使工人更加隶属资本，因为工人的劳动更加片面化，如果离开工厂就无法独立生产，从而更加依赖资本家。“在这里，像在其他各处一样，必须把社会生产过程的发展所造成的较大的生产率同这个过程的资本主义剥削所造成的较大的生产率区别开来。”资本主义生产过程是劳动过程和价值增殖过程的统一，用机器生产代替手工劳动，大大提高了劳动生产率，这是由社会生产过程的发展所造成的；而使用机器增加了相对剩余价值的生产，提高了剥削的程度，则是资本主义生产关系所造成的。不能把这两者混为一谈。因此，资本主义工厂所实行的分工，在提高劳动生产率的同时，又加强了对工人的剥削。

工人成为机器的单纯附属物，智力变成资本支配劳动的权力

其次，在使用机器生产的资本主义工厂里，工人成为机器的单纯附属物，“智力转化为资本支配劳动的权力”。从生产过程的主观因素（工人）和客观因素（生产资料）的关系上看，在工场手工业以及手工业中，同在资本主义工厂中有显著的不同。一、前者是工人利用工具，后者是工人服侍机器；二、前者，劳动资料的运动是由工人的活动引起的，后者，工人是跟着劳动资料运动；三、前者，工人是一个活机构的肢体，是整个活机构的一个组成部分，后者，工人成了机器这样的死机构的单纯附属物。本来，“一切资本主义生产”“就有一个共同点，即不是工人使用劳动条件，相反地，而是劳动条件使用工人”。由于资本主义工厂同工场手工业有上述的不同，才使这种颠倒“取得了在技术上很明显的现实性”。同时，也使在资本主义的简单协作中就已经出现的“生产过程的智力同体力劳动相分离，智力转化为资本支配劳动的权力”的现象“在以机器为基础的大工业中完成”了。因为在个体生产的情况下，生产资料和产品都为劳动者所有，劳动者的意志和知识直接支配着生产的全过程，这时，智力同体力劳动是结合在一起的。在资本主义简单协作的情况下，许多工人在一个资本家的命令下劳动，生产的管理和指挥成为资本家的职能，但工人还掌握着生产某一产品的全套技能。在以分工为特征的工场手工业中，工人成为局部工人，只从事产品生产的某一方面的操作，丧失了生产整个产品的独立能力，因而智力同体力劳动的分离有了进一步的发展。而在使用机器生产的资本主义工厂里，工人的手工技术和劳动经验为应用于机器生产中的科学技术所代替，工人们只担负着沉重的单调的体力劳动，“机器不是使工人摆脱劳动，而是使工人的劳动毫无内容”。在工人中，只有操纵机器的工人和助手的区别，整个机器体系的指挥则为资本家和工程师、机械师等技术人员所控制，这就使得生产过程中的智力变成资本支配劳动的权力，成为资本统治劳动的客观力量。智力劳动和体力劳动的对立，体现为智力劳动对体力劳动的剥削。尽管个别工人还有部分的技巧，但“在科学面前，在巨大的自然力面前，在社会的群众性劳动面前，作为微不足道的附属品而消失了”。

资本主义的工厂制度把工厂变成监狱

在以机器生产为基础的大工业中，都需要“对劳动过程实行社会调节”，建立必要的纪律，而在资本主义工厂里，资本家却把这种纪律发展成为完整的工厂制度。资本主义的工厂制度是资本对工人的专制。在政治上主张分权制和代议制的资本家，在工厂里“却通过私人立法独断地确立了对工人的专制”。“工厂主是绝对的立法者。他随心所欲地颁布工厂的规则；他爱怎样就怎样修改和补充自己的法规。”①。资本主义工厂的纪律是靠饥饿来维持的，“一切处罚都简化成罚款和扣工资”。资本为了吸工人的血，根本不顾工人死活。资本拼命提高工人的劳动强度，丝毫不关心改善劳动条件。在资本看来，节约生产资料远比工人的健康重要。因此，在资本主义工厂里，劳动的物质条件很差，人为的高温，污秽的空气，震耳欲聋的喧嚣，都损害工人的健康，更不用说经常发生的工伤事故了。“至于工人的福利设施就根本谈不上了”。空想社会主义者傅立叶把资本主义工厂称为“温和的监狱”是很确切的。只有彻底废除资本主义制度，实现生产资料的公有制，才能使工厂从“温和的监狱”变成社会主义的企业。

5. 工人和机器之间的斗争

机器出现后，工人才开始反对劳动资料本身

资本家和工人之间的斗争，是从资本主义生产关系一建立就开始的。在工场手工业时期，工人反对资本的斗争就如火如荼地进行着。但那时斗争的直接目的，主要是为了提高工资和改善劳动条件，而不是反对工场手工业本身。“只有在采用机器以后，工人才开始反对劳动资料本身，即反对资本的物质存在方式”。马克思列举了工人暴动、抗议示威、捣毁机器甚至扼杀机器的发明者等等历史事实，说明这一斗争的情况。

① 《资本论》第1卷，人民出版社2004年版，第489页注（190）。

工场手工业时期没有发生工人反对劳动资料本身的情况，那时反对建立工场手工业的，是行会师傅和享有特权的城市，而不是雇佣工人。这是因为，工场手工业的分工虽然也提高了劳动生产率，但在现实生活中并没有出现工人被排挤而失业的现象。原因是：在工场手工业时期，手工业生产虽然已经解体了，但仍旧是基础。中世纪遗留下来的城市工人相对来说是不多的，而当时由于世界市场的出现和发展，对产品的需要大量增加，单靠原来的手工业工人不能满足扩大生产的需要，工场手工业还吸收农村中破产的农民当工人。“因此，当时工场内的分工和协作更多地显示了自己的积极方面，即提高在业工人的生产效率。”

工人反对机器的原因

工人为什么要反对机器呢？这是因为，在资本主义生产方式中，“劳动资料一作为机器出现，就立刻成了工人本身的竞争者”。而在开始时，工人还没有学会把机器和机器的资本主义使用区别开来，认为他们的失业是机器带来的，因此，就把满腔的怒火发泄在机器上面。那么，为什么机器的资本主义应用会起着排挤工人的作用呢？因为一旦工具由机器来操纵，原来只有操纵局部工具的技能的工人就失去了作用，因而“劳动力的交换价值就随同它的使用价值一起消失”。这就使一部分工人被机器所排挤，成为过剩人口。在过剩人口中，有些人“在旧的手工业和工场手工业生产反对机器生产的力量悬殊的斗争中毁灭”了，以至发生“织布工人的尸骨把印度的平原漂白了”的可怕的景象；有些人“则涌向所有比较容易进去的工业部门，充斥劳动市场”，使劳动力供过于求，引起劳动者之间的竞争，资本家由此压低在业工人的工资，使工资降到劳动力的价值以下。这就给工人阶级带来深重的灾难。机器排挤工人，在新采用的机器同传统的手工业生产或工场手工业生产发生竞争时，表现得最为明显。但在大工业本身内，机器的不断改良和自动体系的发展也发生类似作用。马克思还举了许多例子说明，许多机器的发明，都是作为“资本对付工人暴动的武器而出现的”。“可见，资本主义生产方式使劳动条件和劳动产品具有的与工人相独立和相异化的形态，随着机器的发展而发展成为完全的对立。因此，随着机器的出现，才第一次发生工人对劳动资料的暴烈的反抗。”

工人阶级的敌人不是机器，而是资本主义制度

工人反对机器的斗争，表现了工人运动的自发性质。机器本来是节约劳动的手段，但在资本主义条件下，却成为剥削剩余价值的工具。机器所以会排挤工人，不在于机器本身，而在于机器的资本主义应用。马克思说："工人要学会把机器和机器的资本主义应用区别开来，从而学会把自己的攻击从物质生产资料本身转向物质生产资料的社会使用形式，是需要时间和经验的。"这就给工人阶级指出了正确的斗争方向。实际上，工人阶级的敌人并不是机器，而是资本主义制度。只有推翻资本主义制度，才能从根本提高工人生活和解决失业问题，才能使工人摆脱由使用机器而带来的种种灾难。但是，工人阶级要认识到这一点，必须经过长期斗争的实践过程，特别是要学习马克思主义理论。毛泽东同志精辟地指出："无产阶级对于资本主义社会的认识，在其实践的初期——破坏机器和自发斗争时期，他们还只在感性认识的阶段，只认识资本主义各个现象的片面及其外部的联系。这时，他们还是一个所谓'自在的阶级'。但是到了他们实践的第二时期——有意识有组织的经济斗争和政治斗争时期，由于实践，由于长期斗争的经验，经过马克思、恩格斯用科学的方法把这种经验总结起来，产生了马克思主义的理论，用以教育无产阶级，这样就使无产阶级理解了资本主义社会的本质，理解了社会阶级的剥削关系，理解了无产阶级的历史任务，这时他们就成了一个'自为的阶级'。"①

6. 关于被机器排挤的工人会得到补偿的理论

被机器排挤的工人会得到补偿的理论是错误的

在英国，19 世纪上半期，机器广泛和迅速地被采用，大批工人失业，沦落街头，成为一个严重的社会问题。针对这种情况，资产阶级庸俗经济学者制造出一种"被机器排挤的工人

① 《毛泽东选集》第 1 卷，人民出版社 1991 年版，第 288—289 页。

会得到补偿”的理论，为资本主义的剥削制度辩护。按照他们的说法：机器不仅排挤出雇佣工人，同时还游离出与这些雇佣工人的劳动力价值相等的生活资料，这些生活资料将形成资本，去如数雇佣这些被排挤的工人，因此工人失业的痛苦只是暂时的，资本与工人迟早总要再度结合，而到那时，补偿就实现了。

这种“理论”显然是错误的，其目的是为了调和阶级矛盾，取消工人阶级对资产阶级的斗争。马克思从理论和实践的结合上给予有力的批驳。

首先，马克思以壁纸工厂为例，说明使用机器、直接排挤工人的部门，只是把一部分可变资本变为不变资本，不会游离出资本来雇佣被排挤的工人。例如：假定一个壁纸工厂的总资本是6000元，其中：用于购买原料等不变资本为 3000 元，用于购买劳动力的可变资本为 3000 元(假设雇佣 100 个工人，每个工人的年工资为 30 元)，现在由于使用机器，资本家解雇 50 个工人，把这 50 个工人的工资 1500 元用来购买机器，结果是：在 6000 元的总资本中，不变资本从 3000 元增为 4500 元，可变资本从 3000 元减为 1500 元。在这里，资本并没有被游离出来，倒是被束缚在一种不再同劳动力相交换的形式中，也就是说，可变资本转化为不变资本。哪里还有什么游离的资本来使被解雇的工人得到“补偿”重新被雇佣呢！

前面说过，资本主义使用机器的界限是机器的价格低于它所代替的工人的工资。如果新采用的机器费用少于机器所排挤的劳动力和劳动工具的总额，如上例，因减少 50 个工人而存在的1500元，只以其中 1000 元购买机器，那 500 元不是游离出来了吗？在这种情况下，游离出来的 500 元只能雇佣 16 个工人，其实是大大少于 16 个工人，因为要使 500 元变为资本，就必须把其中的一部分作为不变资本，而只能其中的一部分作为可变资本去雇佣工人。

其次，以机器制造业为例来说明：即使由于使用机器的部门购买机器，使制造机器的部门相应地扩大生产，增加工人，但是无论如何，制造机器的部门所使用的工人总比机器所驱逐的工人少。如上例：在壁纸工厂被排挤的 50 个工人的工资 1500 元，转到制造机器的部门以后，就分解为三个部分：一、制造机器所需要的生产资料的价值；二、制造机器的机械工人的工资；三、机器制造业资本家的剩余价值。这就是说，转移到制造机器部门的 1500 元中，作为工资支付的只是其中的一部分，所以，制造机器部门所增加的工人数，根本“补偿”不了因使用机器而排挤出去的工人数。

事实上，资产阶级庸俗经济学者并不是指用这种方式游离资本，他们指的是被游离出来的工人的生活资料。按照他们的说法，价值 1500 元的生活资料将形成一个资本，依靠被解雇的 50 个工人的劳动来增殖它的价值，这个资本迟早总要和劳动力重新结合在一起，这就是所谓“补偿”。

这种说法也是没有根据的。他们把用来雇佣工人的可变资本同工人取得工资后所购买的生活资料混同起来了。这 1500 元只代表被解雇的 50 个工人的工资，工人得到工资后用它去购买生活资料，因此，这些生活资料对于工人来说，不是资本，而是商品。从工人对这些生活资料来说，不是雇佣工人，而是买者。这一部分工人被机器排挤以后，确实无钱再去购买这些生活资料了，这只是说明，对这些商品的要求减少了，因此，这部分生活资料从来就不是用作雇佣工人的可变资本的，这就根本不存在什么“游离”出资本和重新结合的问题。再者，由于这部分生活资料卖不出去，供过于求，必然引起市场价格的下降。如果这种情况持续下去，这些商品的生产就会缩小，资本就会转移到别的部门中去，因而，生产这些商品所雇佣的工人就会被解雇。这说明：“机器不仅在采用它的生产部门，而且还在没有采用它的生产部门把工人抛向街头。”

事实的真相是：被机器排挤的工人被抛到劳动市场，形成大量的失业人口，他们的生活是极其痛苦的，这将在第七篇第二十三章中考察。这里只指出一点：从一个工业部门被排挤出来的工人，即使在另外一个工业部门找到工作做，那么，第一，这只是因为有一个新的追加资本起媒介作用，使他们同被游离的生活资料重新建立联系，而绝不是过去已经执行职能的并且现在转化成机器的资本的作用。第二，他们因为劳动的片面性，离开原来的部门就只能在少数低级的、人员充斥和工资微薄的劳动部门找到职业。第三，每个工业部门每年都要吸收一批新工人，作为人员的正常补充和扩充。一旦机器把一部分就业工人游离出来时，补充人员又会重新分配，由其他劳动部门来吸收，“不过，原来的那些牺牲者大部分在过渡期间堕落丧亡”。

“补偿论”的实质在于掩盖资本主义使用机器所产生的矛盾和对抗

机器排挤工人，不是机器本身的责任，而是资本主义使用机器所产生的结果。就机器本身说，它会使采用它的生产部门增加产品，降低单位商品的价值，而且最初也没有使其他工业部门生产的生活资料的数量发生变化。在机器被采用以后，社会拥有的可以用来养活被解雇工人的生活资料同以前一样多。资产阶级经济学的辩护者正是根据这一点，认为社会既存在这么多的生活资料，即使一部分工人被机器排挤出来，这些生活资料迟早总会转化为资本，把被解雇的工人再吸收进来。因此，在他们看来，同机器的资本主义应用不可分离的矛盾和对抗是不存在的。他们利用生活资料没有减少这一经济现象来歪曲资本主义的现实，否认机器的资本主义应用给工人阶级带来的种种灾难。事实上，机器和机器的资本主义应用是完全不同的，“因为机器就其本身来说缩短劳动时间，而它的资本主义应用延长工作日；因为机器本身减轻劳动，而它的资本主义应用提高劳动强度；因为机器本身是人对自然力的胜利，而它的资本主义应用使人受自然力奴役；因为机器本身增加生产者的财富，而它的资本主义应用使生产者变成需要救济的贫民”。资产阶级学者为了掩盖资本主义使用机器所产生的矛盾和对抗，把机器和机器的资本主义应用混为一谈。在他们看来，机器只能有资本主义的应用，而不可能有别的（如社会主义的、共产主义的）应用。因此，他们把机器使用工人和工人使用机器看成是一回事，把工人反对机器的资本主义应用说成是反对机器本身，谁要是揭露机器的资本主义应用的真相，谁就是根本不愿意有机器的应用，就是社会进步的敌人！这完全是为资本主义剥削制度辩护的谬论。其实，工人阶级的苦难不是由机器造成的，正如杀人不是刀本身的罪一样。问题在于：在资本主义制度下，机器成为剥削剩余价值的手段，罪过不在于机器本身，而在于机器的资本主义应用。在废除了资本主义制度以后，机器的社会主义应用会提高工人的生活，就是证明。

在应用机器的劳动部门出现排挤工人的同时，也能引起其他劳动部门就业的增加，但这和所谓补偿理论毫无共同之处

虽然机器在应用它的劳动部门必然排挤工人，但是它能引起其他劳动部门就业的增加。不过，这种作用同所谓的补偿理论毫无共同之处。这是因为，这种现象的出现并不是由于什么资本的“游离”，而是由于新的追加资本。

具体地说，由于一些劳动部门采用机器，究竟会使哪一些劳动部门增加就业的工人呢？从第509—514页，马克思列举了七种情况。

第一，在一个工业部门使用机器，扩大生产，那么，给这个工业部门供应生产资料的那些部门首先要扩大生产，增加工人。虽然，机器产品总是比手工产品便宜，当机器产品的总量和它所代替的手工产品的总量相等时，所使用的劳动总量就要减少，因此，使用机器使生产劳动资料（如机器、煤炭等）所需要的劳动量的增加，同使用机器而引起的雇佣工人人数的减少相比，必然较小，只有这样，才会使产品便宜。但是事实上，机器产品的总量总是远远超过被它代替的手工产品的总量，这样，就要大大增加原料的消耗，生产原料的劳动量就要随着增加；同时，也要增加生产劳动资料（如机器、厂房等）的劳动量。至于“生产这些东西所必须追加的劳动可能增长的界限，随着机器产品量和同数工人能够生产的手工产品量之间的差额而变化”。这就是说，如果差额小，使用机器所节省的劳动量就少，机器的效率就低，就要花费更多的劳动量才能生产这些劳动资料；如果差额大，使用机器所节省的劳动量就大，机器的效率就高，生产这些劳动资料就不须追加更多的劳动量。总之，随着某一部门采用机器，必然引起原料和劳动资料的生产部门扩大生产，这就要投入更多的劳动量，增加就业工人。在这些部门就业的工人数量会因此增加多少，在工作日长度和劳动强度已定的情况下，取决于不变资本和可变资本的比例。如果可变资本所占的比例大，增加的工人就比较多；反之，增加的工人就比较少。

第二，如果只在生产某种产品的初期阶段或中间阶段使用机器，那么，在这些产品还要进入的中间阶段或最后阶段中，因为仍然使用手工

劳动，就要增加工人。例如：纺纱厂使用机器，生产的棉纱又多又便宜，但织布工场仍使用手工劳动，要把这些棉纱织成布，就要增加织布工人。

第三，用机器生产原料和半成品以后，使社会分工更细，从而使社会生产部门更加多样化。分工促进了专门行业的发展，这些行业就要增加工人。

第四，采用机器的直接结果，为资本家提供了更多的剩余价值，他们占有的社会财富也增加了，从而产生出新的奢侈要求，并发展了奢侈品的生产，这就使生产奢侈品的企业要增加工人。

第五，机器大工业的发展，造成了新的世界市场，进出口的商品量增加了，这就相应地要求发展交通运输业，使这些部门的工人增加。

第六，由于使用机器，生产迅速扩大，就有可能投资于一些在较长时间内才能收效的产品的工业部门，如建设运河、船坞、隧道、桥梁等，因而，一些全新的生产部门出现了，这些部门就需要一定数量的工人。

第七，由于大工业领域内生产力的极度提高和对工人剥削的加强，有可能把一部分人用于非生产劳动，这就扩大了为剥削者享受而服务的“仆役阶级”。马克思所举的英格兰和威尔士的人口与职业的调查材料，充分暴露了资本主义对劳动力的浪费和资产阶级的腐朽性、寄生性。

7. 工人随机器生产的发展而被排斥和吸引。棉纺织业的危机

这一节，马克思继续批判资产阶级学者所鼓吹的另一个谬论，这就是：在机器大工业经过一定的发展时期之后，就业的工人最终是增加而不是减少。同时，还进一步揭露了资本主义使用机器给工人带来的痛苦和灾难。

马克思分析了实际生活中的下述三种情况。

在工厂部门极度扩展的同时，所使用的工人人数不仅可能相对地减少，而且可能绝对地减少

一种情况是“到了一定的发展程度上，在工厂部门极度扩展的同时，所使用的工人人数不仅可能相对地减少，而且可能绝对地减少”。据兰开夏郡、柴郡和约克郡的调查，1860—1865年，570所工厂拥有的机器、纱锭、蒸汽机的马力等都增加了，但同时雇用的工人数却减少了。这正说明资本主义使用机器起着排挤工人的作用。虽然从个别工厂来说，也有就业人数增加的现象，但这往往只是表面的，因为这种增加有的是由于附属部门的逐渐合并引起的，并不是生产基础的扩大；有的是由于增加了女工和童工，但成年工人则因此减少。

就业工人人数的相对减少和绝对增加是并行不悖的

另一种情况是就业工人人数的相对减少和绝对增加是并行不悖的。例如：假定每周总资本500元，其中，不变资本占2/5即200元，可变资本占3/5即300元（如以1元雇用1个工人计算，则可雇用300个工人）。由于采用机器生产，不变资本增大为400元即占4/5，可变资本减为100元即占1/5，这样，就会有200个工人被解雇。如果工厂生产扩大，总资本由500元增加到1500元，以1200元作为不变资本，以300元作为可变资本，同从前一样，仍可雇用300个工人。如果总资本扩大到2000元，以其中的4/5即1600元作为不变资本，以1/5即400元作为可变资本，就可雇用400个工人。在这种情况下，就业工人的绝对数增加了，即从原来的300人增加为400人。可见，随着机器本身的发展，工厂规模的扩大，“工厂工人的人数最终可以比被他们排挤的工场手工业工人或手工业工人的人数多”。但是，同预付总资本相比，被雇用工人的相对数还是减少了，因为如果按原来可变资本占3/5计算，在2000元的总资本中，可变资本应为1200元，可雇用1200个工人，现在只雇用400人，故相对减少了800人。

在生产周期中，工人时而被排斥，时而被吸引

再一种情况是，在生产周期中，工人时而被排斥，时而被吸引。在机器大工业初期，采用机器的资本家，由于提高劳动生产率，使个别价值低于社会价值，从而获得特殊利益（超

额剩余价值)，这就加速了资本积累，并把社会资本吸引到最有利的生产部门中来。随着机器的普遍采用，机器制造业的建立，资本主义生产方式获得了与之相适应的物质技术基础，采掘、金属加工以及交通运输业都发生革命，“总之，一旦与大工业相适应的一般生产条件形成起来，这种生产方式就获得一种弹性，一种突然地跳跃式地扩展的能力，只有原料和销售市场才是它的限制”。一方面，机器直接引起原料的增加，另一方面，机器产品的便宜和交通运输的变革，又扩大了国外市场。由于大工业国家里的人口过剩，促进了对国外的移民并把外国变成殖民地，变成宗主国的原料产地，从而出现了新的国际分工，使殖民地和落后国家成为原料供应地或主要从事农业的生产地区，使宗主国成为主要从事工业的生产地区，资本主义生产在世界范围内迅速地扩张起来。

但是，资本主义生产的无限扩大的趋势同它的相对狭小的消费基础是矛盾的。这一矛盾的发展必然引起资本主义周期性的经济危机，即生产过剩的危机。由于大工业的巨大扩展能力和它对世界市场的依赖，必然造成热病似的生产；而当市场收缩时，就出现瘫痪状态。“工业的生命按照中常活跃、繁荣、生产过剩、危机、停滞这几个时期的顺序而不断地转换。”资本家之间为了避免危机时期所遭受的损失，展开了激烈的竞争。他们为了使商品便宜，除采用改良的机器和新的生产方法外，就尽量把工资压低到劳动力的价值以下，这就又加深了生产和消费的矛盾。在危机时期，由于商品卖不出去，使有些工厂倒闭或处在半开工状态，形成大批的失业或半失业人口。到了繁荣时期，又普遍扩大生产，不仅要把被排挤的工人吸收进来，而且还会增加新的人员。“工人就这样不断被排斥又被吸引，被赶来赶去，而且被招募来的人的性别、年龄和熟练程度也不断变化。”从第 10—17 段，马克思以英国 1770—1863 年棉纺织业为例，考察了在危机、停滞、繁荣等周期过程中，工人如何时而被排斥、时而被吸引的痛苦的生活状况。

从上述资本主义发展过程中的这三种情况看，就业工人或者是绝对减少；或者是相对地减少绝对地增加；或者是时而被排斥，时而被吸引。这就证明了资产阶级学者认为就业工人最终是增加而不是减少的结论是不符合实际情况的，是从调和阶级矛盾、取消工人运动、为资产阶级服务的立场出发的。

8. 大工业所引起的工场手工业、手工业和家庭劳动的革命

本节主要说明：机器大工业对工场手工业、手工业和家庭劳动所发生的社会影响。

以手工业和分工为基础的协作的消灭

机器大工业如何消灭以手工业为基础的简单协作和以分工为基础的工场手工业？马克思以收割机代替简单协作、制针机代替工场手工业为例，说明在这个转变过程中，往往是先采用工具机，后使用动力机。在转变过程中，小生产者也可以间或地、暂时地使用机器，或者是租用蒸汽，或者是采用小型机器，但经过一段时期，大工业还是要使这些小生产者破产和消灭的。机器大工业取代手工业和工场手工业，是一个逐步发展的过程。在某些不宜于大规模生产的企业，往往需要经过手工业生产、工场手工业生产的这些过渡阶段，才达到工厂生产。

工厂制度对于工场手工业和家庭劳动的反作用

工厂制度的发展，使其他工业部门的性质也发生了变化。这首先表现为对工场手工业的反作用。我们知道，机器生产的原则是，把生产过程分解为各个阶段，应用自然科学来解决由此产生的问题。而工场手工业的分工，则是以手工技术为基础的。当机器挤进工场手工业的这个或那个局部过程时，就会使这个局部过程的技术基础和劳动组织发生变化。这样，工场手工业组织就逐渐被溶解，并不断发生变化。此外，机器生产也使总体工人的构成发生根本的变革，大量使用女工、童工和非熟练工人，即使用廉价的劳动力。这种情况不仅适用于使用机器或不使用机器的一切大规模结合的生产，而且适合于所谓家庭工业。工厂制度使家庭劳动也发生变化，把所谓现代家庭工业变成工厂、手工场或商店的分支机构。“资本除了把工厂工人、手工工场工人和手工工业工人大规模地集中在一起，并直接指挥他们，它还通过

许多无形的线调动着另一支居住在大城市和散居在农村的家庭工人大军。”

现代工场手工业中对廉价劳动力和未成熟劳动力的剥削，比在工厂中还要无耻，因为工场的劳动比工厂繁重，而劳动条件却比工厂差。而这种剥削在所谓的家庭劳动中，又比在工场手工业中更加无耻。这是因为：一、家庭劳动是分散的，工人对资本的反抗力由于分散而减弱；二、在资本与家庭工人中间，挤进了一大批分配原料收取成品的中间剥削者；三、家庭劳动到处都要和机器生产或工场手工业生产进行竞争；四、家庭劳动的条件极其恶劣；五、职业越来越不稳定；六、家庭劳动是“过剩”人口的最后避难所，在这里，工人之间必然产生激烈的竞争。“由于采用机器生产才系统地实现的生产资料的节约，一开始就同时是对劳动力的最无情的浪费和对劳动发挥作用的正常条件的剥夺”，对于家庭劳动来说，“这种节约就越暴露出它的对抗性的和杀人的一面”。马克思在 (c) 现代工场手工业和 (d) 现代家庭劳动这两小节中，用大量骇人听闻的实际材料，说明机器大工业出现以后，工场手工业和家庭劳动的工人受着资本残酷剥削的苦难状况。

现代工场手工业和家庭劳动向大工业的过渡。这一革命因工厂法在这两种生产形式中的实行而加速

现代工场手工业和家庭劳动为什么和怎样向大工业过渡呢？马克思以英国的服饰业部门为例，分析了这个转变过程。他指出，从事服饰生产的手工工场、分散的手工业生产和家庭生产，所以能够存在很长时间，主要是靠把工资降到仅够糊口的最低限度，把劳动时间延长到人能忍受的最高限度的办法来使产品便宜，生产大量剩余价值。但是，采用这种办法终究会遇到某些不可逾越的自然界限。“当这一点终于达到时（这需要很长的时间），采用机器和把分散的家庭劳动（还有工场手工业）迅速转化为工厂生产的时刻就来到了。”缝纫机就是占领服饰所有部门、使这些部门向大工业过渡的具有决定性的革命意义的机器。缝纫机排挤了大批老年妇女和未成熟的儿童，扼杀了最弱的手工劳动者，因饥饿而死亡的人数的惊人增长同缝纫业的扩大齐头并进。但是，“社会生产方式的变革，生产资料改革的这一必然产物，是在各种错综复杂的过渡形式中完成的”。在裁缝业、衬衫业、制鞋业等行业中，就有多种的过渡形式交织在一起。如：有的地方是真正的工厂生产；有的地方是中间人从资本家那里取得原料，雇用工人聚集在“小屋”里使用缝纫机；有的地方是手工业者或家庭工人同自己的家人或少数外面雇来的工人一起，利用自己的缝纫机来生产；等等。“但是，过渡形式的错综复杂并不能掩盖向真正的工厂生产转化的趋势。”促成这种趋势的原因，首先是缝纫机本身的性能，它的多种多样的用途，促使以前分散的生产部门联合在一个资本的指挥之下；其次是，初步的缝纫工作以及其他一些操作最适合在机器所在的地方进行；最后是，由于服饰过剩、卖不出去，由于缝纫机本身的生产过剩、采取按周出租缝纫机的办法而引起竞争，更由于缝纫机的结构不断改良，价值降低，使旧机器不断贬值，大资本家用极低价格来收买它，从中获利，还由于用蒸汽机代替人力，结果，使那些用自己的缝纫机生产的手工业者和家庭工人不可避免地遭到剥夺，沦于破产，从而加速向机器大工业的过渡。

这种自发进行的工业革命，由于工厂法的实行而被人为地加速了。第一，由于工厂法的推行，强制规定工作日的长度、休息时间、上下工时间，实行儿童的换班制度，禁止使用一切未满一定年龄的儿童等等，这就要求采用更多的机器，扩充共同使用的生产资料，也就是使生产资料在更大的程度上集中起来，与此相适应，也就使工人在更大的程度上结集起来。而随着工作日和儿童劳动受到限制，使原来依靠对廉价劳动力的无限制剥削而存在的工场手工业和家庭劳动，失去立足之地，更加速了资本的集中。第二，工厂经营要求生产结果具有正常的保证，而工厂法规定的工作日的休息时间，又要求劳动能够突然地和周期地停顿下来，而不损害正处在生产过程中的制品，这一点，纯机械性质的行业比那些要经历某种化学和物理过程的行业容易做到。有的资本家往往把后一种行业生产过程的不容易中断的技术上的障碍，看成是生产上无法克服的永恒的“自然界限”。但工厂法的推行反而刺激这类行业采用新的生产技术，新的机器，把这种永恒的“自然界限”消灭。结果是，工厂法加速了生产技术的改进，“使工场手工业生产转化为工厂生产所必需的物质要素成熟起来”，同时，使用机器的工厂生产必须扩大资本支出，这又

"加速了小师傅的破产和资本的积聚"。第三，在计件工资盛行的地方，工人往往用过度劳动和夜间劳动来补偿他在一天或一星期中所旷费的时间。特别是在那些尚未受工厂法约束的工厂和手工工场里，在所谓旺季，由于突然增加的订货，周期地盛行着骇人听闻的过度劳动；在家庭劳动的领域里，这种过度劳动简直是拿工人的生命去冒险。工厂法的推行，规定正常的工作日，使劳动量在全年得到均衡地分配。这种规定，对于那种害死人的、本身同大工业制度不相适应的风气，是第一个合理的约束，同时，也有利于机器的使用，这又加速了向大工业过渡的发展进程。

9. 工厂立法（卫生条款和教育条款）。它在英国的普遍实行

本节主要说明：工厂法对大工业本身所产生的社会影响。

在第八章中已经研究过工厂法，但那只是从工人阶级与资产阶级围绕着工作日长度而进行斗争的问题上来研究的。本节则研究工厂法本身，研究工厂法的实质、主要内容和社会后果。

> 工厂法的卫生条款清楚地表明资本主义生产方式的特点

工厂法是大工业的必然产物，它的推行，是社会对资本主义生产过程自发形式的第一次的反作用。马克思在分析工厂法的普遍化和其造成的社会后果之前，精辟地分析了工厂法中的卫生条款和教育条款。

从工厂法的卫生条款来看，它的内容是非常贫乏的，只是就粉刷墙壁、清洁措施以及通风设备和危险机器的防护等做出一些规定。虽然这些条款只是要求资本家拿出少量的钱，但却遭到资本家的疯狂反对。因此，在许多工厂里，往往由于缺乏必要的安全设备，造成死亡和严重的伤残事故，由于缺乏起码的卫生保健设施，严重损害着工人的健康。"工厂法的这个部分清楚地表明，资本主义生产方式按其本质来说，只要超过一定的限度就拒绝任何合理的改良。"马克思以资本家拒不执行每人都要有 500 立方英尺间作为劳动场所一事为例，揭露了资本主义生产方式的本质。

工厂法的教育条款说明工厂制度萌发了未来教育的幼芽

工厂法的教育条款，整个说来是不足道的，但它关于凡是参加工厂劳动的学龄儿童必须接受小学教育的规定，却是应该肯定的。在一些工厂里实行的半工半读制度，使儿童一面劳动，一面读书，虽然上课的时间比正规的日校学生少一半，但学到的东西一样多，而且往往更多。这就“证明了智育和体育同体力劳动相结合的可能性，从而也证明了体力劳动同智育和体育相结合的可能性”。因此，马克思指出，“正如我们在罗伯特·欧文那里可以详细看到的那样，从工厂制度中萌发出了未来教育的幼芽，未来教育对所有已满一定年龄的儿童来说，就是生产劳动同智育和体育相结合，它不仅是提高社会生产的一种方法，而且是造就全面发展的人的唯一方法”。

接着，马克思通过对由大工业发展所提出的工艺教育问题的分析，进一步揭露了资本主义生产方式的矛盾，并论证了共产主义教育制度问题。机器大工业的发展，一方面，消灭了那种使工人终生固定于从事某种局部操作的工场手工业分工，另一方面，大工业的资本主义形式又再生产了这种分工，使工人成为一部分机器的附属物。这就造成了工场手工业分工和大工业性质之间的尖锐矛盾，因为，工场手工业的分工与大工业在技术基础上是有重要区别的。当手工技术成为社会生产的一般基础时，生产者只依附于某一生产部门，他的职业的原有的多面性的破坏，就成为发展的必要因素。在这一基础上，各个行业中经验的积累和技术的成就，会作为秘诀，世世代代地传下来。大工业打破了这种情况，大工业的科学原理创造了现代的工艺学，把杂乱的、分散的、保守的社会生产过程，“分解成为自然科学的自觉按计划的和为取得预期有用效果而系统分类的应用”，“现代工业从来不把某一生产过程的现存形式看成和当作最后的形式。因此，现代工业的技术基础是革命的，而所有以往的生产方式的技术基础本质上是保守的”。现代工业通过机器、化学过程和其他方法，使工人的职能和劳动过程的社会结合同生产的技术基础一起不断地发生变革；它还不断地把大量资本和大批工人从一个生产部门投到另一个生产部门，使社会内部的分工发生变革。这样，就出现了一个“绝对的矛盾”，一方面，“大工业的本性决定了劳动的变换、职能的更动和工人的全面流动性。另一方面，大工业在它的资本主义形式上再生产出旧的分工及其固定化的专业”。这就是说：机器大工业，一方面，在技术上废除了工场手工业的旧的分工制度，工人不再是终生束缚在某种局部操作上，为适应劳动的经常变换，就需要掌握多种生产技能；另一方面，在资本剥削剩余价值的基础上，又把旧式分工制度重新确定起来，使工人成为机器的部分附属物，终身束缚于某种固定化的专业。这个绝对的矛盾破坏着工人生活的一切安宁、稳定和保障，“通过工人阶级的不断牺牲、劳动力的无限度的浪费和社会无政府状态造成的灾难而放纵地表现出来”。但是，“一种历史生产形式的矛盾的发展，是这种形式瓦解和新形式形成的唯一的历史道路”。建立在机器大工业技术基础上的客观要求，就是要“承认劳动的变换，从而承认工人尽可能多方面的发展是社会生产的普遍规律”，还要用全面发展的个人来代替那种局部工人。因此，为了满足这种客观需要，资本主义社会不得不建立各种工艺学校和职业学校，使工人的子女受到一些有关工艺和各种生产工具的实际操作的教育。所以，工艺教育是由机器大工业物质技术基础所产生的客观要求。马克思指出：“如果说工厂立法作为从资本那里争取来的最初的微小让步，只是把初等教育同工厂劳动结合起来，那么毫无疑问，工人阶级在不可避免地夺取政权之后，将使理论的和实践的工艺教育在工人学校中占据应有的位置。”在这里，马克思就预见到，无产阶级专政条件下的教育原则。历史的发展完全证实了马克思的科学预见。

毛泽东继承、捍卫和发展了马克思主义的教育思想，为无产阶级教育指出了正确的方向，提出了“教育必须为无产阶级政治服务，必须同生产劳动相结合”，“使受教育者在德育、智育、体育几方面都得到发展，成为有社会主义觉悟的有文化的劳动者”的教育方针。坚决贯彻上述教育方针，才能使教育更好地为社会主义经济基础服务。

大工业既瓦解了旧家庭制度的经济基础，也瓦解了旧的家庭关系本身

工厂法最初仅仅表现为对资本的剥削权利的干涉，当它管束到所谓家庭劳动时，也就表现为对父母权利的直接侵犯。父母为了取得一点工资，不惜让子女在机器旁边去做长时间的艰苦劳动。当然，这并不是由于父母滥用权力所引起，而是由于资本主义的剥削方式所引起的。马克思指出："大工业在瓦解旧家庭制度的经济基础以及与之相适应的家庭劳动的同时，也瓦解了旧的家庭关系本身。"不论这种瓦解表现得多么可怕，"但是由于大工业使妇女、男女少年和儿童在家庭范围以外，在社会地组织起来的生产过程中起着决定性的作用，它也就为家庭和两性关系的更高级的形式创造了新的经济基础"。

工厂法的普遍化及其后果

起初，工厂法只在个别行业中实行，随着大工业的发展，它发展成为一切社会生产中普遍实行的法律。马克思以采矿业为例，揭发了在工厂法没有施行的时候工人所遭受的灾难，以及在实行工厂法过程中资本家的卑鄙无耻。机器大工业的出现，一方面，加强了资本对雇佣劳动的无限制剥削，另一方面，也促进了工人阶级和资产阶级之间的阶级斗争，工厂法是这一阶级斗争过程中的产物。促使工厂法普遍化还有一个重要原因，就是资本家要求平等的竞争条件，即要求对劳动的剥削实行平等的限制。受到工厂法限制的工厂主，要求没有受工厂法限制的工厂也实行工厂法；否则，他们就感到会在竞争中吃亏。

工厂法的普遍推行进一步发展了工人阶级和资产阶级之间的矛盾。因为：第一，由于工厂法的推行，加速了现代工场手工业和家庭劳动向大工业的过渡，也就是"破坏一切还部分地掩盖着资本统治的陈旧的过渡的形式，而代之以直接的、无掩饰的资本统治"。这样，它也就使工人阶级反对资本统治的直接斗争普遍化了。第二，它加深了个别企业中的"划一性、规则性、秩序和节约"和"整个资本主义生产的无政府状态"之间的矛盾，并提高了劳动强度，扩大了机器与工人的竞争。第三，它在消灭小生产和家庭劳动的同时，也消灭了"过剩人口"的最后避难所，把大量失业工人抛向街头，造成严重的社会问题。第四，"它在使生产过程的物质条件和社会结合成熟的同时，也使生产过程的资本主义形式的矛盾和对抗成熟起来，因此也同时使新社会的形成要素和旧社会的变革要素成熟起来"。这就是说，机器大工业的发展使生产高度社会化的同时，又加强了资本对劳动的剥削，使生产社会化和资本主义私人占有的矛盾越来越尖锐，使工人阶级和资产阶级的对抗越来越深刻；随着资本主义的发展，工人阶级不断发展和壮大，这个新社会的形成要素和旧社会的变革要素日益成熟，成为资本主义制度的掘墓人。所以，资本主义机器大工业的发展，既提供了代替资本主义的物质生产技术基础，又产生了推翻资本主义制度的社会革命力量。

10. 大工业和农业

本节主要说明：大工业的发展对农业所产生的社会影响。

大工业对农业的影响，《资本论》第三卷进行了详细研究。在这里，只是先简短地提一下某些结果。①

资本主义机器大工业的发展，引起了农业的资本主义化，这种影响主要表现在下列三个方面。

加速了小农的破产，使农村阶级关系发生变化

第一，加速了小农的破产，使农村阶级关系发生变化。由于在农业中使用机器，提高了农业劳动生产率，小农经济在竞争中失败了，绝大部分个体农民丧失土地和劳动资料，成为一无所有的贫民，即农村的无产者，他们被迫转到农业资本家开办的资本主义大农场去做工，成为农业工人。“这样，农村中社会变革的需要和社会对立，就和城市相同了。”这就是说，农村的阶级关系发生了变化，过去是以个体农民为主体，现在一方面是经营农场的农业资本家，另一方面是被雇用的农业工人，这就和城市中的资本家与工人的阶级对立关系完全一样了。

加深了工农业之间、城乡之间的对立，又为消灭这个对立创造了条件

第二，加深了工农业之间、城乡之间的对立，又为消灭这个对立创造了条件。

由于机器在农业中的应用，那种最陈旧的最不合理的小农经济的经营方法，被科学在工艺上的自觉应用所代替了，这就使“农业和工

① 至于农业革命对工业的反作用，马克思在第二十四章第五节专门进行研究。见《资本论》第1卷，人民出版社2004年版，第854—859页。

场手工业的原始的家庭纽带，也就是把二者的幼年未发展的形态联结在一起的那种纽带，被资本主义生产方式撕断了”。为什么呢？从历史上看，在一个很长时期内，农业和手工业结合在一起，成为农村自然经济的一个特征。到了奴隶社会初期，虽然产生了农业和手工业的分工，但在以后的一个很长的时期内，手工业仍然普遍地作为农村家庭副业来经营。可是，由于资本主义机器大工业的发展，破坏了家庭手工业，由于农业的资本主义化，农村中的个体经济被资本主义的商品经济所代替，这就彻底撕断了农业和手工业相结合的纽带，形成了工业和农业的对立。“但资本主义生产方式同时为一种新的更高级的综合，即农业和工业在它们对立发展的形态的基础上的联合，创造了物质前提。”这种物质前提，表现在工业方面，需要农业供应更多的原料、粮食和生活资料；表现在农业方面，则需要工业供应更多的农业机械和化学肥料以及建筑材料等等。当然，资本主义只能创造出这种物质前提，但不能消灭工农业之间的对立；要在新的更高级的基础上使工农业结合起来，只有在社会主义社会里才有可能。

随着资本主义在工业和农业方面的发展，城市和乡村之间的对立也逐步加深。“资本主义生产使它汇集在各大中心的城市人口越来越占优势，这样一来，它一方面聚集着社会的历史动力”，即革命的工人阶级，“另一方面又破坏着人和土地之间的物质变换”。所谓“人和土地之间的物质变换”，是指：人们利用土地来生产自己所需要的生活资料（如食物、衣服等），人消费了这些生活资料以后，又会留下一些东西（如粪、尿、垃圾等），这些东西回到土地上去，又会形成土地的新的物质成分。但是，资本主义破坏了这种人和土地之间的物质变换，因为在资本主义社会里，人口大量集中在城市，人们消费生活资料以后留下来的东西，不能回到土地上去，“从而破坏土地持久肥力的永恒的自然条件”。“这样，它同时就破坏城市工人的身体健康和农村工人的精神生活。”这就是说，城市工人生活在拥挤肮脏的工厂中，身体健康受到损害；而农业劳动者由于与作为文化中心的城市相隔绝，精神生活十分贫乏。“但是资本主义生产通过破坏这种物质变换的纯粹自发形成状况，同时强制地把这种物质变换作为调节社会生产的规律，并在一种同人的充分发展相适合的形式上系统地建立起来。”这是说，在资本主义时期，随着化学工业和农业机械制造工业的发展，人们能够用科学的方法生产农业机械和化学肥料，使农业生产进入一个新的更高的阶段，为这种物质变换在更高的形态上系统地建立起来创造了物质前提。

加强了对农业劳动者和土地的掠夺

第三，加强了对农业劳动者和土地的掠夺。

同工场手工业工人转化为工厂工人的苦难历史一样，农业资本化的历史，也是广大农民被剥削、日益贫困破产的苦难史。农业的劳动资料成为剥削农业工人并使其贫困的手段，农业劳动过程的社会结合，表现为对农业工人的压制。“在现代农业中，像在城市工业中一样，劳动生产力的提高和劳动量的增大是以劳动力本身的破坏和衰退为代价的。”这就是说，农业资本家以破坏劳动力为代价来提高农业劳动生产率，用提高劳动强度加强剥削的方法来榨取大量的剩余劳动。此外，“资本主义农业的任何进步，都不仅是掠夺劳动者的技巧的进步，而且是掠夺土地的技巧的进步”。这就是说，农业资本家在残酷剥削农业劳动者的同时，还用掠夺土地的办法，加紧消耗土地的肥力。这种情况，在自耕农的条件下是不会存在的。因为自耕农自己占有土地，他们会尽量爱护土地的肥力。但在资本主义社会里，经营农场的农业资本家是租赁大土地所有者的土地来从事生产的，他们为了在租期以内生产出更多的产品，获得更多的剩余价值，就尽量利用土地的肥力，这就出现了掠夺土地的现象。因此，“在一定时期内提高土地肥力的任何进步，同时也是破坏土地肥力持久源泉的进步”。农业资本主义的发展，就是在牺牲农业劳动者和破坏土地的肥力的过程中进行的。

■ 马克思对机器和大工业的研究，是紧紧围绕着资本主义基本矛盾而展开的。资本主义的发展，先后采取了简单协作、工场手工业、机器大工业三种生产形式，只有到了机器大工业时期，资本主义才奠定了新的物质技术基础，从根本上改变了社会生产方式。马克思、恩格斯在《共产党宣言》中说过：“资产阶级在它的不到一百年的阶级统治中所创造的生产力，比过去一切世代创造的全部生产力还要多，还要大。”[①] 资本主义的这种巨大的生产力，主要是在机器大工业时期才造成的。随着

① 《马克思恩格斯选集》第1卷，人民出版社2012年版，第405页。

生产力的发展，资本主义的生产关系也在发展变化，资本家对工人的剥削加强了，榨取的剩余价值量加大了，而工人所受的苦难却更加深重。建立在机器大工业物质基础上的巨大生产力，一开始就和资本主义生产关系存在着深刻的对抗性矛盾。在本章中，紧紧围绕着生产力与生产关系的矛盾，论述这种新的生产力如何取代手工劳动的旧的技术基础；论述资本主义生产关系如何在变革过程中加强对工人的剥削；论述资本主义的上层建筑，如资本主义的法律、资产阶级思想等，如何为资本主义制度辩护，维护资本主义的经济基础；论述工人阶级必须从反对机器的自发斗争发展为推翻资本主义的物质条件和新的社会革命力量等等。这就把资本主义社会的生产力和生产关系的矛盾、经济基础和上层建筑的矛盾，如何体现为工人阶级和资产阶级的矛盾，活生生地显现在我们的眼前，这是马克思对唯物辩证法的最深刻的应用，是需要认真进行学习的。

这一章虽然是研究资本主义的经济问题，但许多基本原理对于研究社会主义经济也有重大的启示。为了把我国建设成为现代化的社会主义强国，就要建设比资本主义更先进更强大的物质技术基础。本章所论述的关于生产技术发展过程的原理，关于生产力和生产关系相互作用的原理，关于工业和农业相互关系的原理等，如果排除其资本主义的特点，只从一般的劳动过程来考察，其基本精神对社会主义建设还是适用的。至于本章中所谈到的：社会主义社会必须实行教育与生产劳动相结合；大工业为消灭脑力劳动和体力劳动、工业和农业、城市和乡村的对立和建立更高级的家庭关系创立物质基础等原理，对于建设有中国特色的社会主义来说，也有极其重要的现实意义。

毛泽东同志根据马克思所阐述的一系列基本原理，总结了我国和国际上建设社会主义的经验，提出了“尽量采用先进技术”的思想。他指出：“我们不能走世界各国技术发展的老路，跟在别人后面一步一步地爬行。我们必须打破常规，尽量采用先进技术，在一个不太长的历史时期内，把我国建设成为一个社会主义的现代化的强国。”[①] 邓小平同志进一

① 《毛泽东文集》第8卷，人民出版社1999年版，第341页。

步总结了现代科技革命的新经验，提出了“科学技术是第一生产力”的马克思主义新论断，提出了“发展高科技，实现产业化”的新思想，他还指出，“经济发展得快一点，必须依靠技术和教育”①。党中央以上述思想为指导，及时提出“科教兴国”战略，既要大力发展科学技术和教育，注意新建企业对先进技术的采用，又要特别注意对现有企业进行技术改造、技术革新，以摆脱长期存在的技术落后状态，这也是提高企业素质、提高产品质量、提高劳动生产率、提高经济效益以促进经济发展的关键所在。

① 《邓小平文选》第 3 卷，人民出版社 1993 年版，第 377 页。

第五篇

绝对剩余价值和相对剩余价值的生产

第十四章

绝对剩余价值和相对剩余价值

第三篇研究了绝对剩余价值的生产，第四篇研究了相对剩余价值的生产，但都是把它们分开来独立进行考察的。第五篇则是在前两篇研究的基础上，把绝对剩余价值和相对剩余价值作为统一的资本主义生产来考察，对这两个形式综合地加以研究，从质和量两个方面研究它们的共同性、相互关系以及剩余价值量的变化规律。第十四章着重从质的方面研究这两种剩余价值生产的共同性和相互关系，第十五、十六章着重从量的方面研究剩余价值量的变化规律和剩余价值率的计算公式。

第十四章在研究绝对剩余价值与相对剩余价值的关系的同时，还研究了资本主义制度下的生产劳动、剩余价值和自然条件的关系，这些都是比较重要的理论问题，是对前几章的重要补充。

（一）资本主义制度下的生产劳动

什么是生产劳动？马克思指出，如果撇开它的各种历史形式，仅从简单的劳动过程来考察，“劳动本身则表现为生产劳动”。也就是说，生产劳动必须是生产物质资料的劳动。但是马克思又指出：这个定义对于资本主义制度下的生产劳动是绝对不够的。为什么呢？因为这个定义只反映了人和自然之间的社会生产关系，没有反映出资本主义生产关系的本质。“从资本主义生产的意义上说”，“只有生产资本的雇佣劳动才是生产劳动”。[1] 本章要进一步研究这个问题。

随着劳动过程本身的协作性质的发展，生产劳动的概念必然扩大

一方面，“随着劳动过程的协作性质本身的发展，生产劳动和它的承担者即生产工人的概念也就必然扩大”。在个体生产的经济条件下，“同一劳动者是把后来彼此分离开来的一切职能结合在一起的”。在那里，劳动者自己占有生产资料，劳动过程是纯粹个人的劳动过程，他们在生产时不仅要亲自动手，直接操作，而且要承担整个生产过程的计划、组织、技术等方面的工作，因而，脑力劳动和体力劳动是结合在一起的。到了资本主义社会，随着社会生产力的发展，特别是社会分工和资本主义协作的发展，产品从由一个人从头到尾地生产出来变成由许多人共同生产出来，转化为总体工人即结合劳动人员的共同产品。脑力劳动不仅与体力劳动分离开来，而且发展到处于敌对的对立状态。“为了从事生产劳动，现在不一定要亲自动手；只要成为总体工人的一个器官，完成他所属的某一种职能就够了。”这就是说，参加生产的工人，即使只担任其中一小部分的操作，只是当作总劳动者的一个分子，完成某一方面的职能，也是生产劳动；或者不亲自动手，不直接生产物质资料，但对生产物质资料有一定贡献的人，如辅助工人之类，也算是生产劳动者。因此，生产劳动的概念就扩大了，产品的生产过程不再是由单个劳动者独立完成，而是由总体工人来完成。这样，前面所说的“关于生产劳动的最初的定义”，虽然“对于作为整体来看的总体工人始终是正确的”，因为他们在协作中完成着物质资料生产的全过程；但是，对劳动者个人来说就不适用了，因为他们这时候已不能单独完成某一产品的生产了。

---

① 《马克思恩格斯全集》第 33 卷，人民出版社 2004 年版，第 136 页。

从资本主义生产看，只有生产剩余价值的劳动才是生产劳动

另一方面，从资本主义生产的实质看，生产劳动的概念又缩小了。“资本主义生产不仅是商品的生产，它实质上是剩余价值的生产。工人不是为自己生产，而是为资本生产。”从资本主义的观点看，是不是生产劳动，就要看这种劳动能不能带来剩余价值。所以，在资本主义制度下，只有生产剩余价值的劳动才是生产劳动。如果没有生产剩余价值，尽管生产了物质资料，也不是生产劳动。因此，“生产劳动的概念缩小了”。马克思以教员为例子说明：在资本主义社会里，一个教员，只有当他替经营教育的资本家带来剩余价值时，他才是生产工人，他的劳动才算生产劳动。由此可见：在资本主义社会里，衡量是否生产劳动的界限，就在于有否为资本家带来剩余价值。

马克思给资本主义生产劳动下了一个完整的科学的定义：“生产工人的概念决不只包含活动和效果之间的关系，工人和劳动产品之间的关系，而且还包含一种特殊社会的、历史地产生的生产关系。这种生产关系把工人变成资本增殖的直接手段”。这就是说，生产劳动的概念既包含着人和物的关系，即人和自然的关系；也包含着人和人的关系，即生产关系。所以资本主义的生产劳动，一方面是生产物质资料（即使用价值）的劳动，一方面是生产剩余价值的劳动。从资本主义意义上来说，不生产剩余价值的劳动就不是生产劳动。①

古典政治经济学对生产劳动的看法

古典政治经济学对生产劳动的看法，是和他们对剩余价值性质的看法密切联系在一起的。以魁奈为代表的重农学派认为：农业劳动能带来剩余价值，只有农业劳动才是生产劳动，其他的劳动都不是生产劳动。亚当·斯密认为：不仅农业劳动，工业劳动也能带来剩余价值，不仅物质生产领域，即使非物质生产领域（如资本家开设的学校、医院之类）也能带来剩余价值，只要能带来剩余价值的劳动，都是生产劳动。这说明，“古典政治经济学——有时本能地有时自觉地——一直把提供剩余价值看作是生产劳动的标志。它对生产劳动所下的定义，随着它对剩余价

① 参阅《马克思恩格斯全集》第33卷，人民出版社2004年版，第137页。

值性质的分析的加深而改变”[①]。马克思在《资本论》第四卷，即《剩余价值理论》[②] 第一册第四章，对此做了详细的分析和批判。

（二）绝对剩余价值与相对剩余价值的关系

绝对剩余价值的生产构成资本主义体系的一般基础，并且是相对剩余价值生产的起点

绝对剩余价值与相对剩余价值是生产剩余价值的两种形式，它们之间是对立统一关系，既有联系，又有区别。

首先，从它们相互之间的联系来看，“绝对剩余价值的生产构成资本主义制度的一般基础，并且是相对剩余价值生产的起点”。

为什么绝对剩余价值的生产构成资本主义体系的一般基础呢？这是因为：一切剥削制度都是建立在剥削剩余劳动的基础上的，把劳动者的劳动延长到必要劳动时间以上而产生的剩余劳动，是一切剥削制度的共同基础。资本主义和其他剥削制度的不同之处，就在于雇佣工人的剩余劳动形成剩余价值，所以，用绝对地延长剩余劳动时间的办法来生产剩余价值，是资本主义制度的一般基础。如果没有这个必要劳动时间以外的延长，没有雇佣工人在剩余劳动时间内创造出剩余价值，就不会有资本主义制度。

为什么绝对剩余价值的生产又是相对剩余价值生产的起点呢？这是因为：如果没有资本主义体系的确立，没有绝对剩余价值这个一般基础，就根本不会有相对剩余价值生产。相对剩余价值是在缩小必要劳动时间、相对地延长剩余劳动时间的情况下产生的，这就必须以工作日已延长到必要劳动时间以上，从而划分为必要劳动时间和剩余劳动时间这两个部分为前提，而这正是绝对剩余价值生产所要求的，所以，相对剩余价值生产只有在绝对剩余价值生产的基础上用各种方法缩短必要劳动时间才能够进行。

---

① 《马克思恩格斯〈资本论〉书信集》，人民出版社 1976 年版，第 348—349 页。斯密对生产劳动有两个定义，学术界有不同理解，那是需要另行探讨的问题。

② 即《马克思恩格斯全集》第 26 卷，人民出版社第一版。第二版为第 33、34 卷。

劳动对资本在形式上的隶属，发展为实际上的隶属

其次，从它们之间的区别来看，“绝对剩余价值的生产只同工作日的长度有关；相对剩余价值的生产使劳动的技术过程和社会组织发生彻底的革命”。它们之间的这种区别，在资本主义的发展过程中表现为：劳动对资本的形式上的隶属，让位于劳动对资本的实际上的隶属。

劳动隶属于资本主要表现为：在资本主义生产过程中，作为物化劳动的资本拥有对活劳动的支配权。资本成为剥削雇佣劳动的工具，劳动者则是被资本剥削、榨取的对象，劳动者是被动的，是受资本支配的，也就是说，是隶属于资本的。在资本主义初期，在绝对剩余价值生产起主导作用的条件下，劳动还只是形式上隶属于资本。这是因为：资本家雇佣各个分散的手工业劳动者，把他们集中到一个手工工场中，使他们在资本家的直接支配下进行劳动，也就是使劳动隶属于资本；但这时还是以手工劳动为基础的，工人在劳动时使用的手工工具，还不能在生产中起支配工人的作用；再者，这些工人是刚从独立手工业者转变来的，有长期的生产经验和劳动技能，因而在生产过程中有一定程度的自动性，这时，资本对劳动的支配，主要是通过资本家对生产过程的支配来实现的，由于没有改变原有的手工技术基础，因而雇佣劳动还只是形式上隶属于资本。随着资本主义的发展，先后采取了简单协作、工场手工业、机器大工业三种生产形式，生产的技术基础改变了。由于手工工具发展成为机器，工人在生产中失去了任何独立性，专门从事机器的某一操作，成为机器的单纯附属物，不是工人使用机器，而是机器体系役使工人，工人受机器所支配。工人离开了机器，离开了工厂，就不能独立进行生产活动。与此同时，生产技术和劳动组织也不断发生革命。这就产生了劳动对资本的实际上的隶属。因此，在相对剩余价值的生产条件下，劳动实际上隶属于资本。雇佣劳动从形式上隶属于资本发展到实际上隶属于资本的过程，反映了资本主义经济关系的发展过程。同时也说明，相对剩余价值的生产是以特殊的资本主义生产方式为前提的，在技术基础和劳动组织方面都发生了根本的革命，这与绝对剩余价值生产有着显著的区别。

在第6段，马克思还简单分析了一些“中间形式”，如高利贷资本或商业资本剥削独立生产者，资本在这时还没有直接支配生产过程，没有直接用强制的办法榨取剩余劳动，因而生产者没有在形式上隶属于资本。资本在这里像寄生虫一样剥削着农民和小生产者。这种剥削形式一方面排斥资本主义的生产方式，另一方面又逐步向资本主义生产方式过渡。例如，高利贷者最终还是要过渡为资本主义的借贷资本家，商人最终还是要过渡为资本主义的工业或商业资本家的。还有，在现代家庭劳动即资本主义的家内劳动中，“某些中间形式还会在大工业的基础上在某些地方再现出来”，如在现代家庭劳动中，“在真正的雇主和工人之间挤进了一大批贪婪的寄生虫”[①]，但是，它的样子已经完全改变了。

生产相对剩余价值的方法，同时也是生产绝对剩余价值的方法

再次，从它们之间的共同点来看，“生产相对剩余价值的方法同时也是生产绝对剩余价值的方法。无限度地延长工作日正是表现为大工业的特有的产物”。为什么呢？因为机器大工业的发展，一方面，为资本家提高劳动生产率、降低劳动力的价值、缩短必要劳动时间，从而为扩大相对剩余价值的生产创造条件；另一方面，也为资本家延长劳动日和提高劳动强度，从而增加绝对剩余价值的生产创造了新条件和新动机。这个问题，马克思在第十三章第三节已作了详细的论述，这里不再重复。可见，在机器大工业时期，在相对剩余价值生产起主导作用的情况下，同时也存在着绝对剩余价值的生产。而且随着相对剩余价值生产的发展，绝对剩余价值生产也会同时向前发展。就是在现代某些资本主义国家，虽然生产自动化有所发展，但资本家还实行很长的工作日，并利用最新技术成就来提高劳动强度。所以生产相对剩余价值的方法，同时就是生产绝对剩余价值的方法。在资本主义生产方式已经普遍化、掌握一切重要生产部门的时候更是如此。这时，生产相对剩余价值的特殊方法只在下面两种情况下起作用：第一，原来没有发生技术革命，劳动只是在形式上隶属于资本的企业，现在发生技术革命了，形成了劳动对资本实际上的隶属，这就是说，相对剩余价值的作

① 《资本论》第1卷，人民出版社2004年版，第532页。

用范围扩大了。第二，原来已经有了技术革命的企业，现在进一步发生了技术革命，这就是说，相对剩余价值的生产现在又进一步增强了。

绝对剩余价值和相对剩余价值之间的同一性和区别

最后，马克思还分析了它们之间的同一性和区别。“从一定观点看来，绝对剩余价值和相对剩余价值之间的区别似乎完全是幻想的。”为什么呢？因为相对剩余价值是在工作日长度不变的条件下用缩短必要劳动时间而产生的；但是，从扩大剩余劳动这一点来看，相对剩余价值也是在必要劳动时间以外增加剩余劳动时间的结果，这就是说，相对剩余价值也是由于绝对地增加剩余劳动时间而产生的，从这一点看，同绝对剩余价值的生产好像没有什么不同。同样，绝对剩余价值固然是在必要劳动时间以外绝对地延长工作日而产生的，但是，这必须以劳动生产率已有一定的提高、从而必要劳动时间限制为工作日的一部分为前提，这就是说，绝对剩余价值也是靠提高劳动生产率产生的，从这一点看，又好像是相对剩余价值的生产。所以，从表面上看来，相对剩余价值是绝对的，绝对剩余价值是相对的，说它们有区别似乎完全是幻想的。但是，这种同一性只是表面上的，如果注意资本主义现实生活中的剩余价值的运动，这种表面上的同一性就消失了。在资本主义生产方式成为普遍的生产方式的情况下，只要观察剩余价值率的提高情况，绝对剩余价值和相对剩余价值的差别就可以明显地反映出来。如果劳动生产力和劳动强度已定，要提高剩余价值率，只有延长工作日，增加绝对剩余价值生产；如果工作日长度已定，要提高剩余价值率，只有缩短必要劳动时间，增加相对剩余价值生产。这种必要劳动时间缩短的原因，可能是由于工资降低到劳动力价值以下，可能是由于劳动生产率的提高引起生活资料和劳动力价值的下降，也可能是由于劳动强度的增加而生的。[①] 可见，在资本主义的现实经济生活中，绝对剩余价值与相对剩余价值是有显著的差别的，不能混为一谈。

---

① 由提高劳动强度而产生的剩余价值，是绝对剩余价值还是相对剩余价值，我国学术界有不同意见，有人认为是属于绝对剩余价值；也有人认为是属于相对剩余价值；又有人认为既是绝对剩余价值又是相对剩余价值。这是需要进一步研究的问题。不过，马克思在这里谈到“又以劳动生产率或劳动强度的变化为前提”，显然是指由提高劳动强度而产生的相对剩余价值。

总之，资本主义生产的实质是剩余价值的生产，不管是绝对剩余价值，还是相对剩余价值，都是对工人的剥削，本质都是一样的。它们的区别，只是在资本主义生产过程中起着不同的作用，但又都是剩余价值规律发生作用的具体表现。

（三）剩余价值生产不是由自然条件决定，而是由资本主义生产关系决定的

没有一定程度的劳动生产率，就不能产生剩余劳动

无论是绝对剩余价值，还是相对剩余价值，都必须以一定程度的劳动生产率为前提。只有劳动生产率发展到一定程度，劳动者才能在必要劳动时间以外提供剩余劳动。一切剥削阶级都是靠剥削剩余劳动生活的。如果生产力低下，劳动者不能提供剩余劳动，就不可能有剥削阶级。“**阶级的存在**仅仅同**生产发展的一定历史阶段**相联系”①，阶级剥削是建立在有一定程度的劳动生产率、劳动者能提供一定量的剩余劳动的基础之上的。

剩余价值生产是历史发展的产物

“可以说剩余价值有一个自然基础，但这只是从最一般的意义来说”。随着人类社会的发展，劳动生产率不断提高，必然产生剩余劳动。既然存在着剩余劳动，也就没有绝对的自然障碍，可以妨碍一个人去剥削别人。这种人剥削人的现象，并不是什么特别神秘的事情，而是在劳动生产率有了一定的发展，剩余劳动出现以后才产生的。在文化初期②，劳动生产力很低，但是人们的需要也很低，专靠别人养活的人数，和直接从事生产的劳动者相比，是很少的。随着社会劳动生产力的增进，专靠别人养活的人数逐渐增加起来。“资本关系就是在作为一个长期发展过程的产物的经济土壤之上产生的。”这就是说，资本剥削剩余价值的关系是在资本主义经济基础之上产生的，而资本主义的经济基础即生产关系，乃是一个长期发展过程

---

① 《马克思恩格斯〈资本论〉书信集》，人民出版社 1976 年版，第 67 页。

② 这是根据摩尔根对史前时期的划分而言。摩尔根把史前时期划分为：蒙昧、野蛮、文化三个时代。

的产物。生产关系是由生产力决定的，资本主义社会的产生是由于生产力不断发展，生产关系和生产力发生矛盾的结果。“作为资本关系的基础和起点的现有的劳动生产率，不是自然的恩惠，而是几十万年历史的恩惠。”剩余价值也绝不是自然的产物，而是历史长期发展的产物。因此，生产力是生产关系的基础，但决不等于说自然条件是剩余价值的基础。

自然条件对人类社会有一定的影响，但人对自然起着支配作用

自然条件对人类社会的发展有一定的影响。

在不同的社会里，生产力的发展水平是不相同的。但“劳动生产率是同自然条件相联系的。这些自然条件都可以归结为人本身的自然（如人种等等）和人的周围的自然”。这就是说，不仅人类周围的自然环境同劳动生产率有关系，这是作为劳动生产率主体的人，本身也是自然的产物，是由动物进化而来的。外界自然条件在经济上可以分为生活资料的自然富源和劳动资料的自然富源两大类。在史前时期，人类社会处于低级阶段，前一类富源起决定作用。到了较高的发展阶段，后一类富源则起决定作用。如英国，办起了资本主义的大工业，就要依赖劳动资料的自然富源，进行开矿、炼钢等等；而印度，由于比英国落后，主要是利用生活资料的自然富源进行农业生产，有的地方甚至主要依靠采集和狩猎来生活。可见，自然条件对劳动生产率有一定的影响，因而对能够提供多少剩余劳动也会有一定的影响。土地越肥沃，气候越好，劳动者生产自己的生活资料的必要劳动时间就越少，可以为别人提供的剩余劳动就越多。例如，埃及由于土地肥沃，气候温和，劳动者取得生活资料的必要劳动时间较少，因而能够提供出大量的剩余劳动，兴建宏伟的建筑物，如金字塔之类。这种自然条件对剩余劳动的影响，是客观地存在着的。

既然自然条件对剩余劳动有一定的影响，在资本主义社会里，在工作日长度和其他条件不变的情况下，自然条件越好，提供的剩余劳动越多，剩余价值量就越大。但决不能反过来说，资本主义的产生是由自然条件决定的，不能说“最肥沃的土壤最适于资本主义生产方式的生长”[①]。

① 这是针对美国资产阶级庸俗经济学家凯里的观点而进行批判的。参阅《马克思恩格斯〈资本论〉书信集》，人民出版社 1976 年版，第 299 页。

马克思指出："资本主义生产方式以人对自然的支配为前提。"这就是说，资本主义的产生，是由于人类支配自然、改造自然、与自然作斗争的结果。如果人们只是单纯地依赖自然的恩赐，生产力就不可能发展到一定的高度，资本主义社会也就永远不会出现。所以"资本的祖国不是草木繁茂的热带，而是温带。不是土壤的绝对肥力，而是它的差异性和它的自然产品的多样性，形成社会分工的自然基础，并且通过人所处的自然环境的变化，促使他们自己的需要、能力、劳动资料和劳动方式趋于多样化"。这就是说，由于自然环境变化多端，自然界所提供的物质多种多样，人类为了满足自己的需要，就要利用自然，改造自然，与自然作斗争，从而产生了各式各样的分工，在不断实践中，提高了向大自然索取物质财富的能力。由此可见，人类所以有今天这样水平的劳动生产率，不是自然条件现成地提供出来的，而是人们与自然作斗争的结果。马克思说："社会地控制自然力，从而节约地利用自然力，用人力兴建大规模的工程占有或驯服自然力，——这种必要性在产业史上起着最有决定性的作用。"他例举了埃及、伦巴第等地兴修水利、改造自然的事例，说明人对自然的支配作用。

由此可见，在生产力的发展中，自然条件有一定的影响，但不起决定作用，决定的因素是人不是物，推动生产力发展的是人们的社会实践即阶级斗争、生产斗争和科学实验。人是生产力中最活跃、最革命的积极因素，是利用自然、改造自然、使自然物质为人类服务的主要力量。在废除资本主义剥削的社会主义社会里，劳动者在政治上、经济上和思想上都得到解放，就能发挥出在以往任何社会里都无法比拟的积极性，创造出史无前例的奇迹，使社会生产力得到迅速的发展。

良好的自然条件只提供剩余劳动的可能性，剩余价值的生产是资本主义经济关系的产物

"良好的自然条件始终只提供剩余劳动的可能性，从而只提供剩余价值或剩余产品的可能性，而决不能提供它的现实性。"这是因为，由于自然条件不同，同一个劳动量在不同的国家里可以满足不同的需要量。如在热带地方，一个人穿一件衣服，三件衣服就可满足三个人的需要；如到寒带地方，三件衣服只够一个人穿，就只能满足一个人的需要了。因此，在其他条件相似的情况下，各国劳动者的必要劳动时间就不同，从而可能提供的剩余劳动时间也不同。所以，自然条件只作为自然界限对剩余劳动发生影响，而社会生产越是发展，这一自然界限就越退缩。但是，良好的自然条件只提供剩余劳动的可能性。能否把这种可能性变为现实性，取决于社会的经济制度。马克思举出亚洲群岛东部一些岛屿上居民采集西米粉为例。在那里，由于有良好的自然条件，居民为了满足自己的生活需要，每周只要劳动一天就够了，其余五天都是自然给予的闲暇时间。自然条件如此优越，却没有产生他们去为别人提供剩余劳动生产剩余价值的现象。可见，剩余价值绝不是由良好的自然条件所产生的。如果这些居民中产生阶级分化，少数人把西米树占为私有，广大居民要取得西米粉，就要为剥削者提供剩余劳动。如果这些剥削者是资本家，被剥削的居民是雇佣劳动者，他们在剩余劳动时间内就会创造出剩余价值。这说明，剩余价值不是由良好的自然条件带来的，“剩余产品无论如何不是来自人类劳动的某种天生的神秘性质”，而是由资本主义社会制度造成的，是资本主义经济关系的产物。那种认为“提供剩余产品是人类劳动的一种天生的性质”，只是一种错觉，是不符合实际情况的。

马克思进一步指出：由社会历史发展而出现的社会劳动生产力和受自然条件制约的劳动生产力，在资本主义社会里都表现为资本的生产力，这就是说，都被资本家用来生产剩余价值了。

总之，剩余价值生产应该由生产关系来说明，不能由生产力来说明，更不能由自然条件来说明。

批判剩余价值来源于劳动生产力的谬论

从第590页第1段到592页，马克思批判了资产阶级政治经济学认为剩余价值来源于劳动生产力的错误观点。

古典学派最杰出的代表“李嘉图从来没有考虑到剩余价值的起源。他把剩余价值看作资本主义生产方式固有的东西，而资本主义生产方式在他看来是社会生产的自然形式”。这就是说，在李嘉图看来，资本主义的生产关系是不发展的，只有它的生产力才是发展的，所以资本主义生产方式是自然存在的、永恒不变的，至于剩余价值，则是资本主义固有的东西，他从来不去研究它的起源。当“他在谈到劳动生产率的时候，不是在其中寻找剩余价值存在的原因，而只是寻找决定剩余价值量的原因”。李嘉图把商品价值分割为工资与利润，他证明：利润的变化最终是由劳动生产率决定的，而劳动生产率是通过工资的变化来影响利润的。劳动生产率提高，生活资料的价值下降，支出的工资就减少，资本家的利润就增加。反之亦然。所以李嘉图所研究的，不是剩余价值的来源，而是剩余价值量怎样随劳动生产率的变化而变化。

李嘉图只论证了劳动生产率同剩余价值量的关系，但李嘉图学派却公开宣称，“劳动生产力是利润（应读作剩余价值）产生的原因”。这种观点比重商主义者前进了一步，因为重商主义者认为剩余价值是在流通领域中，通过商品交换而产生的。李嘉图学派把利润的来源由流通领域转移到生产领域，就比较接近问题的实质。但是李嘉图学派的这种观点是错误的，他们把剩余价值看成是由自然条件产生的，并没有能揭示剩余价值的真正来源，而为资本主义制度作辩护。这是由他们所代表的阶级利益决定的。马克思说：“这些资产阶级经济学家实际上具有正确的本能，懂得过于深入地研究剩余价值的起源这个爆炸性问题是非常危险的。”

在李嘉图以后的半个世纪，资产阶级的庸俗经济学家穆勒，又重复李嘉图学派的庸俗观点，但比起重商主义者来说，也提供了新的东西。他说：“利润不是来自交换这种偶然的事情，而是来自劳动生产力；不管交换是否发生，一个国家的总利润是由劳动生产力决定的。如果没有职业的区分，那就既没有买，也没有卖，但是利润依然存在”。穆勒为了显示自己比重商主义者高明，竟然不承认交换是利润产生的必要条件，把利润仅仅看成是劳动生产率提高的结果，还千方百计地为这种谬论作辩护。从第 590—592 页，马克思对穆勒曲解剩余价值起源的上述谬论进行了具体而深刻的批判。

■ 第十四章篇幅不长，但内容极其深刻。全章是通过生产力和生产关系的相互作用中来研究资本主义生产关系的。在研究资本主义制度下的生产劳动时，不仅把它当作单纯的劳动过程，而且把它当作资本主义的生产过程，即当作价值增殖过程来考察，这就揭示了资本主义的生产劳动，无非是资本主义生产关系的本质表现。在研究绝对剩余价值和相对剩余价值的关系时，既从历史发展过程指出它们的联系和差别，又从现象到本质揭示了它们的同一性和区别，肯定了相对剩余价值是从资本主义生产关系本身发生的。在研究剩余价值与自然条件的关系时，既肯定了自然条件对劳动生产率、对整个社会经济发展过程所起的作用，又指出剩余价值虽以一定的劳动生产率的发展为前提，但更为重要的是，它是长期历史发展过程中形成的社会经济关系的产物。围绕着生产关系和生产力相互作用来展开对剩余价值的有关基本理论的研究，才能揭露资本主义的内在矛盾，揭露资本主义的剥削实质。

自然条件和社会生产的关系，剩余价值和劳动生产率的关系，在生产过程中人和物的关系，是对立统一的两个方面。资产阶级经济学者为了替资本主义制度作辩护，不敢揭露资本主义的剥削实质，往往把由资本主义制度所造成的贫困，或把资本主义生产出来的物质财富，归结为来源于自然条件的好坏。马克思从人和物的对立统一中，指出人是主要的方面；在生产过程中，是以人支配自然为前提。这就从辩证唯物主义和历史唯物主义出发，正确地阐明了人和物的关系，主观和客观的关系，自然条件对社会经济的作用，批判了剩余价值来源于劳动生产力的谬论，有力地揭露了资产阶级经济学的欺骗性。马克思所提出的这些重要原理，对于调动一切积极因素，充分发挥人的主观能动性，充分利用自然资源，建设中国特色社会主义，有一定的现实意义。

第十五章

劳动力价格和剩余价值的量的变化

本章着重研究劳动力价格（即工资）和剩余价值量的关系。也就是说，从它们的关系中，探讨剩余价值量的变化规律。

第九章已经研究过剩余价值量的决定规律，但那是从剩余价值率和剩余价值量的相互关系的角度来进行研究的；这一章是从劳动力的价格和剩余价值量的相互关系的角度来研究，主要说明：在资本主义错综复杂的经济变化过程中，剩余价值的相对量和绝对量是怎样增加起来的，进一步揭示了资本的剥削程度。

第七章也研究过剩余价值的相对量，但那是在研究绝对剩余价值生产时，仅从工作日的长度来考察它对剩余价值量的影响；在研究了相对剩余价值的生产，了解到劳动生产力和劳动强度对剩余价值量也会产生重要影响之后，就要从工作日长度、劳动生产力、劳动强度这三个方面对剩余价值量的影响综合进行考察，研究剩余价值量的变化规律。

马克思首先提出：决定劳动力的价值有三个因素：一个是“平均工人通常必要的生活资料的价值”。在一定时期内，这些生活资料的数量是一定的、不变的；但由于劳动生产率的变动，它们的价值量是可变的。又一个是“劳动力的发展费用”，即工人为了掌握劳动技术所必须支付的学习费用。这种费用是随生产方式的变化而变化的。如手工劳动所支付的学习费用和掌握操纵机器的技术所需的学习费用，显然有所不同。另一个是“劳动力的自然差别”，这就是说，男工、女工，童工、成年工人，他们劳动力价值是不一样的。在生产上究竟要使用哪种劳动力，又是由生产方式所决定的。在下面的研究中，为了论述方便起见，后面这两个因素暂时撇开，仅就第一个因素来考察。

在研究时，还要假定：一、商品是按照它的价值出售的，二、劳动力的价格有时可能比它的价值高，但从不比它的价值低。[①] 在作了这种假定后，我们就来研究：一、工作日的长度（即劳动的外延量），二、劳动强度（即劳动的内含量），三、劳动生产力（即由于生产条件的发展程度不同，在同样时间内等量劳动会提供不同数量的产品）这三个因素的多种变化情况，怎样影响着劳动力价值和剩余价值量的变化。本章只是着重谈几种最主要的变化情况。

Ⅰ. 工作日的长度和劳动强度不变（已定），劳动生产力可变

在这个假定下，劳动力价值和剩余价值是由三个规律决定的。

第一个规律

“不论劳动生产率如何变化，从而不论产品量和单个商品的价格如何变化，一定长度的工作日总表现为相同的价值产品[②]。”这就是说，在劳动生产率变化时，虽然在一定时间内创造的产品量变化了，但工人新创造的价值量并没有改变，只是把这些价值分配在较多或较少的商品上面，引起单位商品价格的变化。可见，一定量的劳动时间总是创造一定量的价值，与劳动生产率的变化无关。

第二个规律

“劳动力的价值和剩余价值按照相反的方向变化。劳动生产力的变化，它的提高或降低，按照相反的方向影响劳动力的价值，按照相同的方向影响剩余价值”。例如，一个十二小时工作日的价值产品为 6 元，其中劳动力的价值为 3 元，剩余价值为 3 元。在这种情况下，如果劳动

① 劳动力价值与劳动力价格的关系，是在第十七章专门研究的问题。商品价格是价值的货币表现，劳动力价格也是劳动力价值的货币表现。劳动力价格（即工资）可能等于劳动力价值，也可能大于或小于劳动力价值。这是由工资变动的规律决定的。我们不能简单地把二者等同起来。这里所作的只是一个假定。在资本主义的现实生活中，劳动力价格经常低于它的价值。

② 价值产品，指凝结在产品里面的工人新创造的价值。只包括 v 和 m，不包括生产资料价值的转移部分，即 c 部分。产品价值，则包括 c、v、m。

力价值提高为 4 元，剩余价值就必然下降为 2 元；如果劳动力价值下降为 1 元，剩余价值则必然提高为 5 元，所以劳动力的价值和剩余价值按照相反的方向变化。这种变化是由劳动生产力的变化引起的。由于劳动生产力的提高，劳动力价值由 3 元下降为 1 元，剩余价值才可能由 3 元提高至 5 元；反之，劳动生产力下降，劳动力价值由 3 元提高为 4 元，剩余价值必然由 3 元下降为 2 元，所以，劳动生产力的提高或降低，按照相反的方向影响劳动力的价值，按照相同的方向影响剩余价值。“由此可以得出结论，劳动生产率的提高会降低劳动力价值，从而提高剩余价值；相反地，劳动生产率的下降会提高劳动力的价值，降低剩余价值。”由此可见，劳动生产率的变化必然引起劳动力价值和剩余价值的变化。

李嘉图在表述这个规律时错误地认为：劳动力价值和剩余价值的变动方向虽然相反，但它们变动的比例是相同的，即以同一比例增加或减少。实际上，劳动力价值和剩余价值的变动比例是不相同的。例如：假定在 12 小时的工作日内，劳动力价值表现为 4 元，等于 8 小时的必要劳动，剩余价值表现为 2 元，等于 4 小时的剩余劳动；如果由于劳动生产率的提高，劳动力价值由 4 元降低为 3 元，等于 6 小时的必要劳动，剩余价值由 2 元提高为 3 元，等于 6 小时的剩余劳动。一方增加的和另一方减少的都是 1 元或 2 个小时，但它们之间的比例并不一样。就劳动力价值方面说，由 4 元降低为 3 元，即降低了 25%，就剩余价值方面说，由 2 元提高 3 元，即提高 50%。为什么在比例上会发生不等的现象呢？这是因为它们计算的基数不等的缘故。“由此可见，劳动生产力的一定变化所引起的剩余价值的那一部分，如果那部分原来较小，比例就较大，原来较大，比例就较小。”

第三个规律

“剩余价值增加或减少始终是劳动力价值相应的减少或增加的结果，而决不是这种减少或增加的原因”。这就是说，剩余价值量的任何变化，都是由劳动力价值量的相反变化引起的，而劳动力价值量的变化，又是由劳动生产率的变化引起的；所以，劳动生产率的变化所引起的劳动力价值的变化，是剩余价值量变化的原因，但不能反过来说，劳动生产率的变化所引起的劳动力价值变化是剩余价值量变化的结果。所以

“按照第三个规律，剩余价值量的变化是以劳动生产力的变化所引起的劳动力价值的变动为前提的。剩余价值量变化的界限是由劳动力价值的新的界限决定的”。

但是，在这个规律发生作用的条件下，也会发生各种中间的变动，即出现一些特殊情况，使这个规律的作用不能全面表现出来。一种可能出现的情况是，劳动力价值降低了，但劳动力价格（工资）没有完全相适应地降低，因而剩余价值量也没有完全相适应地提高。例如，由于劳动生产率提高，劳动力价值由 4 元降低为 3 元，但这时的工资、即劳动力的价格还可能只是 3 元 8 角、3 元 6 角、3 元 5 角等等，因此，剩余价值只能相对地提高为 2 元 2 角、2 元 4 角、2 元 5 角等等，不能提高到 3 元。为什么会产生劳动力价格的降低和劳动价值的降低不完全相适应的情况呢？因为工资下降程度，“取决于资本的压力同工人的反抗这二者的力量对比”。

另一种可能出现的情况是，在劳动生产力提高时，工人和资本家的生活资料量可以同时按照同样的比例增长，而劳动力价格和剩余价值之间不发生任何量的变化。例如：原来的劳动力价值为 3 元，代表 6 小时必要劳动时间，剩余价值为 3 元，代表 6 小时剩余劳动时间。在工作日的划分不变的情况下，虽然劳动生产率提高一倍，劳动力价格和剩余价值仍然保持不变，但它们现在却各自表现为增加了一倍的产品数量。这时候劳动力的价格虽然不变，但它能取得比原来多一倍的生活资料，因而劳动力价格就提高到劳动力的价值以上。再一种情况是，劳动生产率提高，从而劳动力价值下降了，但劳动力价格没有降低到劳动力新价值的最低界限。例如：如果劳动生产率提高一倍，劳动力价值从 3 元下降为 1 元 5 角，但劳动力的价格只降为 2 元 5 角、2 元 3 角、1 元 8 角等等，这时，劳动力价格虽然下降了，但劳动力价格仍高于已经下降了的劳动力新价值，工人还能取得比原来更多数量的生活资料。“可见，在劳动生产力提高时，劳动力的价格能够不断下降，而工人的生活资料量同时不断增加。但是相对地说，即同剩余价值比较起来，劳动力的价值还是不断下降，从而工人和资本家的生活状况之间的鸿沟越来越深。”

把上述三个规律联系起来理解，这就是：不管劳动生产率提高或降低，工人在一定劳动时间内总是只创造一定的价值量；但由于劳动生产率的提高或降低，必然引起劳动力价值的降低或提高，促使剩余价值量的增加或减少；所以，剩余价值量的变化，是由劳动生产率的变化引起的，劳动生产率的变化是剩余价值量变化的原因；而劳动生产率的变化和剩余价值量的变化是成正比的，劳动生产率越提高，剩余价值量就越大。从这个规律的发展趋势证明：随着资本主义发展，劳动生产力不断提高，剩余价值量也不断增大。

李嘉图表述这三个规律时所存在的缺点

李嘉图第一个严密地表述了上述三个规律，但他的阐述有缺点。第一，他把劳动生产力当作唯一可变的因素，不把工作日长度和劳动强度的变化当成重要因素来考察，也就是说，只把劳动生产力变化的上述三个规律，看成是在资本主义条件下普遍存在的、而且是唯一的条件。事实上，在资本主义社会里，只有劳动生产力变化，而没有工作日长度和劳动强度变化的情况是不存在的。第二，“李嘉图从不研究剩余价值本身”，他把剩余价值本身和剩余价值的特殊形式如利润、地租等混同起来，他用利润代替剩余价值，这就不仅混淆了利润和剩余价值的区别，而且“把剩余价值率的各种规律同利润率的各种规律直接混为一谈”。这样，就不可能正确阐明剩余价值量的变化规律。

Ⅱ. 工作日和劳动生产力不变，劳动强度可变

劳动强度较大的工作日，会提供较多的价值产品

劳动强度的提高就要增加在一定时间内的劳动消耗，因此，强度较大的工作日会比强度较小的工作日提供更多的产品。在一定时间内提供更多的产品，这是和提高劳动生产力相同的地方。但也有不同之处：在劳动生产力提高的情况下，由于单位产品中所费的劳动比以前少，单位产品中的价值也就下降；而在劳动强度提高的情况下，由于产品的数量虽然增加了，但支出的劳动也相应地增多了，因此单位产品中所费的劳动同以前一样，单位产品的价值也就保持不变，从而它的价格也不变，而产品的价值总量则随着产品数量的增加

而增加，它们的价格总额也就增大。这就是说，在工作日长度不变的情况下，劳动强度提高，生产的产品增多，就体现为较多的价值产品。因而，在货币的价值不变的情况下，也就体现为较多的货币。

提高劳动强度对劳动力价格和剩余价值的影响

我们知道，商品的价值量是由社会必要劳动时间决定的，平均的劳动强度是决定社会必要劳动时间的因素之一。

“强度较大的工作日的价值产品随着它的强度同社会的正常强度的偏离程度而变化。因此，同一个工作日不再像以前那样表现为一个不变的价值产品，而是表现为一个可变的价值产品。”这就是说，当劳动强度提高到超过社会平均的劳动强度水平时，12 小时劳动所创造的价值，就不是不变的，而是可变的，即 12 小时劳动可以创造出 13 小时、14 小时、16 小时等等的价值量。假定原来一个十二小时工作日的价值产品表现为 6 元，其中劳动力价值 3 元，剩余价值 3 元，如果由于提高劳动强度，一个工作日价值产品表现为 8 元，那么，这个价值产品的两个部分，即劳动力的价格和剩余价值的分割就会发生变化。它们可以同比例增加，即各由 3 元增加到 4 元，也可以不同比例增加，如劳动力价格由 3 元增加到 4 元，也可以不同比例增加，如劳动力价格由 3 元增加至 3 元 5 角，剩余价值由 3 元增加至 4 元 5 角。在这两种场合，“劳动力价格虽然提高，但不一定要超过它的价值。相反地，在劳动力价格提高时，劳动力价格还可能降低到劳动力的价值以下”。为什么劳动力的价格提高了，却反而降到它的价值以下呢？因为劳动强度提高了，劳动力的消耗增加了，因而劳动力价值就要相应地大幅度地增加。例如：一个工人本来可以劳动 40 年，由于劳动强度提高，增加了体力消耗，结果只劳动了 20 年就死去，因此它的劳动力价值因提高劳动强度就要上涨一倍。如果这时候劳动力价格由 3 元增加为 3 元 5 角或 4 元，就仍然低于劳动力价值。上述情况说明：由于提高劳动强度，劳动力价值也随之提高，虽然劳动力价格也提高，但仍然低于已经提高了的劳动力价值。而剩余价值则随着劳动强度的提高而增大。可见，劳动强度的提高，使资本家增加了剥削收入，使工人受到更重的剥削。

由提高劳动生产率而引起的剩余价值量的增加，往往受到部门的限制，因为只有那些生产工人日常消费品或与此有关的部门提高了劳动生产率，才会引起劳动力价值的下降。但由提高劳动强度而引起的剩余价值量的增加，则不受产品性质和生产部门的限制，只要劳动强度提高了，价值产品的量变化了，剩余价值量就会随之改变。

如果社会的平均劳动强度提高了，某一部门提高的劳动强度等于社会的平均劳动强度，它就不再被算作外延量，在同一劳动时间内所生产的价值和剩余价值就不会增加。但是在不同的国家内，平均的劳动强度是不同的，有的高些，有的低些，因此，把价值规律应用在不同国家的工作日上的时候，就要将劳动强度计算进去。“一个国家的强度较大的工作日，比另一个国家的强度较小的工作日，表现为更大的货币额。”因为强度较大国家的工作日会体现为较多的价值产品。

Ⅲ. 劳动生产力和劳动强度不变，工作日可变

这种情况下，工作日可以向两个方向变化，或者缩短，或者延长。

在工作日缩短的情况下

在工作日缩短的情况下，假定劳动生产力和劳动强度都没有变化，因而劳动力价值也不会发生变化，剩余价值就会降低。这时，不仅剩余价值的绝对量会降低，剩余价值的相对量也会降低。资本家为了避免因剩余价值下降所受到的损失，就尽量压低工资，即把劳动力的价格压低到它的价值以下。资产阶级的代言人往往以缩短工作日会使资本家受到损失为借口，反对缩短工作日。其实，在资本主义的现实生活中，不会只出现工作日缩短而劳动生产力和劳动强度不变这种情况；在工作日缩短以前或以后，劳动生产率和劳动强度总会发生变化，而后二者的变化就会使剩余价值增加。我们在这里说劳动生产力和劳动强度不变、工作日可变，只是研究中的一种假定而已。

在工作日延长的情况下

如果工作日延长了，劳动力价值不变，剩余价值的绝对量和相对量都会一同增加。例如，原来一个十二小时工作日，必要劳动时间为 6

小时，劳动力价值表现为 3 元，剩余劳动时间 6 小时，剩余价值表现为 3 元；现在工作日延长为 14 小时，必要劳动时间不变，劳动力价值不变，剩余劳动时间由 6 小时延长为 8 小时，剩余价值的绝对量由 3 元增加到 4 元；剩余价值和劳动力价值相比，即剩余价值的相对量由 3 元比 3 元增加为 4 元比 3 元。在这种情况下，“虽然劳动力价值按其绝对量来说没有变化，但就其相对量来说却降低了”。

因为工作日延长，价值产品也会随之增加，因此，剩余价值和劳动力价格也可以同时等量地或不等量地增长。这种增长可能是由于工作日的延长而产生的，也可能是由于劳动强度的提高而产生的。对于由劳动强度提高而引起劳动力价格的增长，同时会出现劳动力价格低于劳动力价值以下的情况，这在第二节中就已分析过了。在这里，由于工作日延长，剩余价值量增加了，虽然劳动力价值的绝对量没有变化，但相对量却降低了。由于工作日延长，尽管劳动力的价格不变，甚至有所增长，也会降到劳动力的价值以下。因为工作日的长度有一个自然标准，这种标准必须适合人体的性质。在这个标准的一定点内，增加劳动力的消耗，可以用增多的报酬来补偿。如果“超过这一点，损耗便以几何级数增加，同时劳动力再生产和发挥作用的一切正常条件就遭到破坏。劳动力的价格和劳动力的剥削程度就不再是可通约的量了”。这就是说，劳动力的过分损耗，破坏了劳动者必需的生活条件和生存条件，就不能实现劳动力的再生产，因而这种损耗也就不可能用任何报酬来补偿，商品交换的规律受到破坏，劳动力的价格和劳动力的剥削程度就不能计算、无法衡量了。在这种情况下，即使劳动力价格有所提高，还会大大低于劳动力价值，再高的工资也补偿不了劳动力的过分损耗，这说明劳动者受着极其深重的剥削。

Ⅳ. 劳动的持续时间、劳动生产力和劳动强度同时变化

这三个因素同时变化，可能出现许多种情况的组合。可能两个因素变化，一个因素不变，也可能三个因素同时发生变化；它们可能在同一程度上变化，也可能在不同程度上变化；它们可能向一个方向变化，也

可能向相反的方向变化，以至它们的变化可以部分地互相抵消，也可能全部地互相抵消。这些多种组合的情况，只要根据以上三节的分析，就可推论出来。下面只谈两种重要的情况。

劳动生产力降低，同时工作日延长

一种情况是，劳动生产力降低，同时工作日延长。

“这里所谈的劳动生产力的降低，是指这样一些劳动部门，它们的产品决定劳动力的价值。”例如，生产消费资料的部门的劳动生产力降低了，劳动力价值就会提高，必要劳动时间会延长，在这种情况下，如果工作日不变，剩余价值的绝对量和相对量都会减少。如果工作日延长，剩余价值就会增加。例如，一个十二小时工作日，其中一半补偿劳动力的价值，另一半形成剩余价值，即必要劳动 6 小时，其价值产品为 3 元，剩余劳动 6 小时，其价值产品为 3 元。假定因土地肥力下降造成农产品的相应涨价，劳动力价值由 3 元提高为 4 元，即必要劳动由 6 小时提高为 8 小时，这时候如果工作日不变，剩余劳动就会由 6 小时减少到 4 小时，剩余价值就会从 3 元降到 2 元；如果工作日延长到 14 小时，剩余劳动仍为 6 小时，剩余价值仍为 3 元，这就是说，剩余价值的绝对量不变，但剩余价值的相对量却降低了。如果工作日延长到 16 小时，剩余劳动就会由 6 小时增加到 8 小时，剩余价值的绝对量在增加，但它的相对量却不变。由此可见，在劳动生产力降低、同时工作日延长的情况下，可能是剩余价值绝对量不变，但它的相对量却降低；可能是剩余价值的绝对量增加，但它的相对量却不变；也可能是剩余价值的绝对量和相对量同时增加。

李嘉图不懂得工作日长度和劳动强度的变化对剩余价值的影响，错误地把劳动生产力的变化看成是影响剩余价值的唯一的因素，因而不懂得由劳动生产力降低而带来的剩余价值的减少，会由工作日的延长和劳动强度的提高而得到补偿。1799 年到 1815 年期间，当英国生活资料价格上涨引起了名义工资提高的时候，李嘉图就错误地认为：农业劳动生产力的降低引起工资的上涨，会使剩余价值减少。他把这个幻想的假定当作出发点，来分析工资、利润和地租的相对量的关系。其实，在当时，由于劳动强度的提高和工作日的延长，剩余价值也绝对地和相对地增加了。所以这个时期的特点是：一方面，资本家剥削的剩余价值迅速增加，把一部分剩余价值转化为资本，因而使资本加速增长；另一方面，工人遭受到严重的剥削，工人阶级更加贫困化，需要救济的赤贫也加速增长。

总之，在劳动生产力降低、工作日延长的情况下，剩余价值量不但不会降低，而且会迅速增长。

劳动强度和劳动生产力提高，同时工作日缩短

另一种情况是，劳动强度和劳动生产力提高，同时工作日缩短。

提高劳动生产力和增加劳动强度，都会使在一定时间内生产的产品总额增加，因此，它们都能缩短工人生产自己的生活资料或其等价物所必需的工作日部分，即都起着缩短必要劳动时间的作用。必要劳动时间是工作日的绝对最低界限。如果工作日缩小到只是必要劳动时间，那么剩余劳动就消失了，没有剩余劳动，也就没有剩余价值，这就不成其为资本主义了，所以，这在资本主义制度下是不可能发生的。只有资本主义消灭以后，在生产资料公有制的社会主义社会里，才允许把工作日限制在必要劳动上。但是，马克思指出，在社会主义社会里，“必要劳动将会扩大自己的范围”：一方面，是因为随着工人生活条件的改善，他们的生活需要也将不断地提高和扩大；另一方面，“是因为现在的剩余劳动的一部分将会列入必要劳动，即形成社会准备基金和社会积累基金所必要的劳动”。这就是说，在社会主义社会里，消灭了人剥削人现象，为剥削者所占有的剩余劳动已经不存在了，由原来的剩余劳动所形成的社会准备基金和社会积累基金，对于公有制的工人来说也是必要的，因此，工人的全部工作日都将是必要劳动。①

“劳动生产力越是增长，工作日就越能缩短；而工作日越是缩短，劳

---

① 社会主义社会有没有剩余劳动，是学术界有争论的问题。马克思在这里谈到在社会主义社会里工人的全部工作日都将是必要劳动，就是说，没有被剥削者所占有的剩余劳动，因为剥削现象已经消灭了。但剩余劳动是形成社会发展的基础，“一般剩余劳动，作为超过一定的需要量的劳动，必须始终存在”。（《马克思恩格斯全集》第 25 卷，人民出版社 1974 年版，第 925 页。）“在一个更高级的社会形态内，使这种剩余劳动能够同一般物质劳动所占用的时间的较显著的缩短结合在一起”。（同上书，第 926 页）可见，社会主义和共产主义社会还是有剩余劳动存在的。不过，这种剩余劳动是指超过劳动者自己生活需要以外的多余部分，不是被剥削者所占有，而是为了社会发展的需要，如果从整个社会来看，也是必要的。

动强度就越能增加。”从社会的角度看，劳动生产率提高的同时，也会出现劳动的节约，这种节约既包括生产资料的节约，也包括活劳动的节约，即一切无用劳动的免除。但是这种节约在资本主义社会里有其局限性，一方面，个别企业实行节约，另一方面，整个社会由于竞争和无政府状态，却造成了生产资料和劳动力的最大浪费。

最后，马克思还指出，在劳动强度和劳动生产力已定的情况下，劳动越是普遍化，“社会工作日中用于物质生产的必要部分就越小，从而用于个人的自由活动，脑力活动和社会活动的时间部分就越大。从这一方面来说，工作日的缩短的绝对界限就是劳动的普遍化。在资本主义社会里，一个阶级享有自由时间，是由于群众的全部生活时间都转化为劳动时间了”。这就是说，资产阶级的不劳而获，是建筑在广大群众辛勤劳动的基础上的，这就不可能出现劳动的普遍化，也不可能把工作日缩短到一定的程度。只有消灭了剥削制度，才能真正实现劳动的普遍化，才能把工作日缩短到一定的界限内，劳动者也才能有更多的时间从事脑力活动和社会活动。

■ 不管是劳动生产力的提高，还是劳动强度的增加，或工作日的延长，都会为资本家带来更多的剩余价值；与此同时，伴随着工资的不变或提高，往往也会使劳动力的价格低于劳动力的价值，使工人的生活日益贫困化，这就使工人和资本家之间的鸿沟越来越深。马克思通过对上述诸因素的分析，揭示了资本主义经济运动过程中剩余价值量变化的规律，进一步揭露了资产阶级对工人阶级的剥削关系，也是对第三、四篇综合考察的结果所作的重要的补充。

在这一章中，马克思对共产主义劳动作了极其精辟的启示。如：关于共产主义社会中的必要劳动问题，关于提高劳动生产力、节约生产资料、消除无用劳动问题，关于劳动普遍化的实现问题，等等，对于研究社会主义经济运动的规律，指导我们进行社会主义建设，都有现实意义。

不是孤立地形而上学地研究问题，而是从相互联系相互作用的辩证运动中来研究问题，是马克思在方法论上与李嘉图完全不同的地方。资产阶级经济学家不懂得唯物辩证法，当然不可能揭示剩余价值量变化的客观规律，更不可能揭露资本主义生产的实质。

第十六章

剩余价值率的各种公式

这一章着重批判了资产阶级古典学派关于剩余价值率公式的错误，提出了剩余价值率的科学的计算公式。

马克思对剩余价值率公式的科学表述

在第七章中，马克思分析绝对剩余价值时，对剩余价值率提出了两种计算公式：$m'=\frac{m}{v}=\frac{\text{剩余劳动}}{\text{必要劳动}}$。马克思在研究相对剩余价值时，通过分析劳动力价值和可变资本的关系，又提出了$m'=\frac{\text{剩余价值}}{\text{劳动力价值}}$的计算公式。这就形成了马克思在本章确立的第一类公式，即：

$$\text{I}.\ \frac{\text{剩余价值}}{\text{可变资本}}\left(\frac{m}{v}\right)=\frac{\text{剩余价值}}{\text{劳动力价值}}=\frac{\text{剩余劳动}}{\text{必要劳动}}$$

前两个公式是“价值的比率”，即从价值的角度来看它们的比例关系；后一个公式是生产这些价值所需要的“时间的比率”，即从时间上来考察它们的比例关系。这些互相代替的公式在概念上是严格的。

批判古典学派剩余价值率公式的错误

上述科学的计算公式，在资产阶级古典学派那里是不存在的，虽然他们在实质上已经制定出来，但还不是有意识地制定的。为什么呢？因为有许多概念他们是不懂的，或者是不明确的。例如：古典学派就不懂得把资本划分为可变资本与不变资本，“剩余劳动的概念在资产阶级政治经济学里表述得不清楚”①，他们总是用利润代替剩余价值等等，因此，

① 《资本论》第1卷，人民出版社2004年版，第607页注（2）。

他们所表述的剩余价值率公式，必然是错误的。

古典学派关于剩余价值率的公式是：

$$\text{Ⅱ}.\ \frac{\text{剩余劳动}}{\text{工作日}}=\frac{\text{剩余价值}}{\text{产品价值}}=\frac{\text{剩余产品}}{\text{总产品}}$$

第一公式是从劳动间的形式上来考察的，第二个公式是从价值的形式上来考察的，第三个公式是从产品的形式上来考察的。“这里所说的产品价值只能理解为工作日的价值产品，产品价值的不变部分不包括在内”。这里所说的“价值产品”，系指新创造的价值，包括可变资本和剩余价值；而“产品价值”是指产品中的全部价值，包括不变资本、可变资本和剩余价值。

古典学派的上述公式，有两方面的错误：

第一，它掩盖了资本家对工人的剥削程度。例如：假定一个十二小时工作日，必要劳动和剩余劳动各 6 小时，剩余价值率应该是 100%；如以古典学派的公式来计算，$\frac{\text{6 小时剩余劳动}}{\text{12 小时工作日}}$，剩余价值率只有 50%，资本剥削劳动的真实情况就被掩盖起来了。其次，如果按照古典学派的公式来计算，剩余价值率永远不会达到 100%。因为剩余劳动始终只能是工作日的一部分，或剩余价值始终只能是价值产品的一部分，所以剩余劳动必然始终小于工作日，或剩余价值必然始终小于价值产品。二者必须相等，才能达到 100%的比率。但这在事实上是不可能存在的，因为维持必要劳动的部分是不可缺少的，如果必要劳动等于零，必要劳动消失了，劳动力本身也就消失了，也就不可能有整个工作日，更谈不到创造产品和创造价值了。所以，按照古典学派公式来计算，剩余价值率永远达不到 100%，更不可能提高到 100%以上。但剩余价值率或实际的劳动剥削程度完全能够达到这种程度。马克思以英国农业为例，说明那里的剩余价值率达到了 300%。

第二，它掩盖了资本主义剥削关系的特殊性质。在古典学派的公式中，看不到可变资本或劳动力价值，这就掩盖了可变资本与活劳动力的交换，以及与此相适应的工人与产品的分离。这就造成了一种假象：工人取得工资，资本家取得产品，共同分享劳动成果，资本家和工人之间只存在着按不同比例来分配产品的协作关系，不存在剥削关系。这样，就掩盖了剩余价值的真正来源，掩盖了资本家和工人在生产过程中尖锐的阶级对立。

第三个公式

马克思指出，把剩余价值率表述为$\frac{\text{无酬劳动}}{\text{有酬劳动}}$的公式，可能引起一种误解，好像资本家是支付劳动的报酬而不是支付劳动力的报酬。其实，只要把$\frac{\text{剩余劳动}}{\text{必要劳动}}=\frac{\text{无酬劳动}}{\text{有酬劳动}}$联系起来看，这个误解就会消除，而且前一公式还会得到通俗的表述。资本家购买劳动力，就取得对劳动的支配权。工人在工作日的一部分生产一个等于他的劳动力价值的价值，在这个意义上可以把必要劳动叫有酬劳动；工人在工作日的另一部分，即剩余劳动时间内创造出剩余价值，被资本家无偿地占有，在这个意义上可以把剩余劳动称为无酬劳动。无酬劳动只是剩余劳动的通俗说法，它表示了剩余价值的真正来源。因此，资本不仅是对劳动的支配权，从本质上来说，而且是对无酬劳动的支配权。“一切剩余价值，不论它后来在利润、利息、地租等等哪种特殊形式上结晶起来，实质上都是无酬劳动时间的化身。资本自行增殖的秘密归结为资本对别人的一定数量的无酬劳动的支配权。”所以第三个公式也反映出资本主义生产的实质。

■ 在这简短的一章里，马克思在批判古典学派关于剩余价值率公式的基础上，进一步揭露了资本主义生产关系的实质，明确指出了工资与剩余价值率的关系，不是工人和资本家对产品的分配关系，而是资本剥削劳动的关系；明确指出了资本实质上是对无酬劳动的支配权，剩余劳动实质上是无酬劳动；明确指出了剩余价值率可以是300%，而不是不能超过100%，工人受资本家剥削程度是极其严重的，等等，这就通过剩余价值率的计算，反映出资本主义生产关系的实质。马克思对剩余价值率公式的科学表述，与古典学派的公式相比，既是批判的，又是革命的。

第六篇
工　资

第十七章
劳动力的价值或价格转化为工资

《资本论》第一卷是研究资本的生产过程，以直接生产过程中的资本作为研究对象，分析资本如何在生产过程中起着剥削剩余价值的作用。那么，马克思在第三、四、五篇分析了绝对剩余价值生产和相对剩余价值生产以后，为什么要紧接着在第六篇分析工资这一经济范畴呢？工资与剩余价值的关系如何呢？它是属于生产的范畴，还是属于分配的范畴呢？

工资这一篇实际上是剩余价值理论的一个组成部分。全部剩余价值学说是建立在劳动力和劳动的区别、即资本家购买的是劳动力而不是劳动这一观点的基础上。劳动新创造的价值超过劳动力本身价值的多余部分，构成剩余价值。但是从实际生活的经济现象来看，劳动力价值却得不到正确的表现，反而采取了虚伪的外观，即表现为劳动的价值。这种虚伪的外观，并非个别人偶然看错，或有意歪曲的结果，而是由资本主义生产关系自身产生出来的。因此，要使剩余价值学说建立在更牢固的基础上，只说明剩余价值如何产生还是不够的，还必须进一步说明劳动价值这一假象和劳动力价值这一本质之间的关系，否则剩余价值学说就是不巩固的。因此，马克思分析了绝对剩余价值和相对剩余价值以后，又回过头来研究劳动力价值的这一转化形式。本篇着重揭露了工资的本质，分析了劳动力价值如何转化为劳动价值的原因，指出了工资这一形式的发展，如何掩盖资本家对工人的剥削关系，使剩余价值学说奠定在更牢固的基础上。

当然，工资这一篇，除去它是剩余价值理论的组成部分之外，还有它的独立的意义。马克思关于工资的基本形式的分析，关于资本家如何利用工资的形式的分析，关于工资国民差异的分析，也都具有重要的理论价值。如前所述，资本家用延长劳动时间的方法加强对绝对剩余价值的榨取，用提高劳动生产力的方法加强对相对剩余价值的榨取，并用提高劳动强度的方法榨取更多的剩余价值；现在则要进一步说明：在工作日长度、劳动生产力、劳动强度等条件不变的情况下，资本家还有办法来加强对工人的剥削，这就是，使劳动力的价格低于劳动力的价值。这是通过工资的具体形式，特别是计件工资的形式来达到的。所以，这一篇还是从直接的生产过程，进一步揭露资本家对工人的剥削关系，揭露这种加强剥削的事实真相。

本篇所论述的，既是分配问题，也是生产问题，马克思是把生产与分配联系起来而不是孤立地进行考察的。分配关系是历史规定的生产关系的表现，表现生产关系的一个方面。人们以怎样的地位参加生产，就以怎样的形式参与分配，生产的形式和结构决定分配的形式和结构。有些资产阶级经济学家硬把生产与分配割裂开来，他们把工资看作单纯的分配形式，把工资说成是分配产品时才出现的范畴，这是错误的。马克思批评那些只从分配形式来理解工资的资产阶级经济学家们时说：“工资，总是先要以**资本形式**同工人相对立，然后才取得收入的形式，即工人的收入的形式。”① 从第一卷中所分析的工资来看，它虽是分配问题，但首先是在生产形式上出现的。因为表现为工资的价值，在资本家那里是当作可变资本出现的，从资本家的角度看，工资也是生产成本中的一个重要组成部分，资本家所考虑的是，如何从出卖商品中不但收回预付

① 《资本论》第3卷，人民出版社2004年版，第994—995页。

的资本（包括作为工资的可变资本），而且取得更多的剩余价值，并保证再生产的正常进行。因此，工资既是可变资本的表现形式，又是资本家用来加强剥削剩余价值的手段，所以应该放在直接的生产过程来研究。

第六篇所讲的是马克思的工资理论，但不能认为马克思的工资理论全部包含在第六篇中。如第四章中关于劳动力价值的分析，第十五章中关于劳动力价格和剩余价值的相互关系的分析，第七篇中关于工资运动规律的分析，都是马克思的工资理论的重要内容。第六篇所讲的工资，主要是从劳动力价值或价格如何转化为劳动的价值或价格，它又如何以歪曲的外表掩盖着资本家和工人之间的关系出发的。

本篇有四章。第十七章，主要考察劳动力价值这一本质如何被歪曲地表现为劳动的价值这一现象形态，也就是研究资本主义工资的本质。第十八、十九章，考察工资的基本形式：计时工资和计件工资，指出计时工资是劳动力价值的转化形式，计件工资又是计时工资的转化形式，即这种现象形态如何在具体形式上歪曲地表现其本质的。第二十章，研究工资的国民差异，指出在资本主义发达的国家中，虽然它的名义工资较高，但剥削程度却很大。这一切都是围绕着资产阶级对工人阶级的剥削关系而进行分析的。

学习第十七章，必须注意两个问题：第一，要弄懂资本主义工资的实质，研究劳动力的价值或价格是怎样转化为劳动的价值或价格的，以及为什么会产生这一转化？转化以后产生怎样的结果？第二，古典学派已接近于对这一问题的解决，但由于他们站在资产阶级的立场上，还不能真正解决它；马克思对古典学派的工资理论进行了批判，有些地方就是针对古典学派的错误理论而写的。

（一）“劳动的价值”是从资本主义生产关系产生的虚幻用语

在资本主义社会，工资表面上表现为劳动的价格

资本家购买劳动力，支付一定数量的货币，这就表现为工人的工资。从表面现象看，工资并不直接表现为劳动力的价值或价格，而是表现为劳动的价格，表现为对一定量劳动支付的一定量货币。这一表面现象掩盖着资本家与工人之间的真实关系。资产阶级经济学者往往不能正确认识这一现象。像重农学派的魁奈，把劳动价值称之为“必要价格”；古典学派的亚当·斯密，则称之为“自然价格”；他们同时又认为，由于劳动力供求关系的影响，还会产生“劳动的市场价格”，这种“市场价格”是围绕着“必要价格”而上下波动的。这一看法显然是错误的。因为劳动力是商品，有价值，而劳动本身不是商品，没有价值，它只是劳动力的使用，具有创造价值的属性而已。他们的错误是：把劳动当作商品，当作可以买卖的东西，这样，工资就变成劳动的价值或价格，而不是劳动力的价值和价格了。

劳动不是商品，没有价值

为什么劳动不是商品，没有价值呢？

第一，如果说劳动有价值，就会与劳动价值学说相矛盾。商品价值是由生产它所花费的社会必要劳动时间决定的，如果说劳动是商品，本身具有价值，那么劳动的价值是由什么来决定的呢？如果说，是由抽象的人类社会劳动的凝结所决定，就等于说劳动的价值是由劳动来衡量，说劳动的价值决定于劳动，劳动决定劳动的价值，就等于俗话所说的“半斤等于八两，八两等于半斤”，这是无谓的同义反复。[①]

第二，如果说劳动有价值，就会与商品交换的原理相矛盾。按照商品交换的一般原理，劳动要作为商品出卖，就必须在出卖以前已经独立

① 马克思在《资本论》第1卷（人民出版社2004年版）第613—614页注（21）中，引证了资产阶级庸俗经济学家贝利的匿名著作《对价值的本质、尺度和原因的批判研究》一书中对李嘉图的批判。马克思为什么要引证这一段话呢？目的是为了批判李嘉图的劳动是商品，其价值是由劳动决定的错误论点。李嘉图的理论体系中有一个不能解决的矛盾，这就是：既承认价值是由于劳动决定的，又承认资本是和劳动相交换的，如果它们之间是等价交换，资本家就无法取得剩余价值了。这一矛盾不能解决，使得李嘉图无法了解资本主义生产的实质。为什么李嘉图不能解决这一矛盾呢？因为他不懂得劳动力和劳动的区别，不懂得劳动力是商品，而劳动不是商品。李嘉图把劳动当作商品，就出现了劳动决定劳动的价值这个同义反复的问题。他知道这是悖理的，是他在论述上的难关，但是他又把这一难关巧妙地回避过去了。他认为：劳动的价值是由生产工资所必要的劳动来计量，“他这里指的是为生产付给工人的货币或商品所必需的劳动量”。这无非是说，劳动的价值是由工资的劳动量决定的，而工资的劳动量又是由货币或商品的劳动量决定的。经过这一迂回，劳动决定劳动的价值这一悖理的难关好像没有了，其实并没有得到真正的解决：说劳动的价值由商品或货币的劳动量来测量，和说劳动的价值由劳动来决定是一样的，只是经过一个迂回，模糊了人们的视线罢了。马克思在第二段中所指的劳动的价值由劳动决定是悖理的假设，就是针对李嘉图的这一错误观点而批判的。

存在了。可是事实却不然，劳动是人和自然界发生关系的一个过程，要使劳动能够独立存在，即能进行劳动，必须和一定数量的生产资料相结合，工人正是由于丧失了生产资料才出卖劳动力的。他没有生产资料，不可能进行劳动，在资本家购买劳动力以前，劳动并没有独立存在。如果工人已经占有生产资料，已经进行劳动，劳动已有一个独立存在，并凝结在一定的产品中，那么他出卖的已不是什么劳动，而是出卖他自己的商品了，那他就不是一个雇佣工人，而是一个小商品生产者了。

第三，把以上矛盾存而不论，如果劳动是商品，有价值，根据一定数量的劳动，付给一定数量的货币，就形成以对象化劳动的货币和现实的活劳动直接相交换，这种交换，“会或者消灭那个正是在资本主义生产的基础上才自由展开的价值规律，或者消灭那种正是以雇佣劳动为基础的资本主义生产本身”。这就是说，不是违反价值规律的要求，就是破坏了资本主义本身得以存在的基础。因为货币与活劳动直接相交换，如果按照等价交换的原则，工人 12 小时劳动所创造的价值，例如 6 元，全部付给工人，资本家就榨取不到剩余价值，资本主义生产的基础就不存在，资本家也就不成其为资本家了。如果工人 12 小时劳动只得到 3 元，就会形成货币与活劳动的不等价交换。我们知道，资本主义生产是以商品交换为条件的，等价交换又是商品生产的经济规律，即价值规律所要求的。用不等价交换来攫取剩余价值，并不是资本主义生产剩余价值的必要前提，相反，剩余价值的产生是必须在等价交换的前提下来加以论证的。

小资产阶级的经济学家西斯蒙第不懂得这一点，他认为：“每当已经完成的劳动同将要完成的劳动相交换时，后者〈资本家〉获得的价值必须多于前者〈工人〉”[①]。马克思针对这一观点进行批判，指出：“从劳动分为对象化劳动和活劳动这一形式上的区别而引出较多量劳动同较少量劳动相交换，这是徒劳无益的。”因为商品的交换，是由商品所包含的价值量决定的，而“决定商品的价值量的，是生产商品所必需的劳动量，而不是劳动的对象形式”。因此，如果以较少的对象化劳动能交换较多的活劳动。就会违背价值规律的要求。特别是，由于“商品的价值不是由

① 《资本论》第 1 卷，人民出版社 2004 年版，第 615 页注（24）。

实际对象化在商品中的劳动量来决定，而是由生产该商品所必要的活劳动的量来决定”，如果劳动生产力提高，连原来已经生产出来的商品的价值也会降低，那么，上述的说法就更加荒谬了。

第四，在市场上，与货币所有者相对立的是工人，工人出卖的是劳动力而不是劳动。因为劳动在出卖以前并不是一个现实的存在，劳动只有在资本家购买到了劳动力以后，才能开始。所以当劳动实际进行时，劳动已不属于工人，而是属于资本家了，从而工人也无权再出卖其劳动了。劳动不可能当作商品在市场上出卖。

由以上分析我们得出一个结论：“劳动是价值的实体和内在尺度，但是它本身没有价值”，它不是商品。

“劳动的价值”是一个虚幻的用语，是从生产关系本身中产生的

那么，为什么在资本主义社会的表面现象上，却产生劳动价值或劳动价格的范畴呢？这并不是个别人的错误认识，也不是个别人的有意歪曲，这一范畴的产生来自资本主义生产关系本身。马克思说：“在‘劳动的价值’这个用语中，价值概念不但完全消失，而且转化为它的反面。这是一个虚幻的用语，就像说土地的价值一样。但是这类虚幻的用语是从生产关系本身中产生的。”为什么它和土地的价值一样是一个虚幻的用语呢？为什么这类虚幻用语是从资本主义生产关系本身中产生的呢？我们知道，土地是自然存在的东西，不是由人类劳动生产出来的，所以它没有价值。但在资本主义社会里，土地所有者由于私人占有土地，以地租形式瓜分的一部分剩余价值，把地租“看作一个想象资本的利息”，[①] 用地租除以一定的利息率，就等于地价，即土地的买卖价格，于是由地价就产生了一种幻想，好像土地本身就有价值似的。到了社会主义国家把土地公有以后，土地不能买卖，没有地价，就不再表现出具有价值这一幻想了。劳动力的买卖也是这样。在资本主义社会里，工资是按照劳动力的价值来支付的，但劳动力的使用是劳动，从表面现象上看，是支付多少劳动，取得多少报酬，工资好像是工人全部劳动的报酬似的，因而人们就幻想出劳动价值这一概念，而劳动力商品及其价值就被这一表现象所掩盖了。如

① 《资本论》第3卷，人民出版社2004年版，第702页。

果没有资本家私人占有生产资料的资本主义生产关系，工人没有把劳动力当作商品来出卖，就不会出现“劳动的价值”这一幻想和假象了。可见，劳动的价值实际上是不存在的，它是从资本主义生产关系中产生出来的一个幻想。所以，“它们是本质关系的表现形式的范畴。事物在其现象上往往颠倒地表现出来，这是几乎所有的科学都承认的，只有政治经济学例外”。这里所说的“政治经济学”，是指古典学派的政治经济学，因为古典学派不懂得现象如何歪曲地表现事物的本质的原理，只抓住现象，说什么劳动的市场价格、自然价格等等，不能通过现象揭露本质，因此无法了解工资实质上是劳动力价值的转化形式。

（二）古典学派所称的“劳动的价值”其实就是劳动力的价值

古典学派的经济学家如斯密、李嘉图等，都认为工资是劳动的价格。那么，这个价格是如何决定的呢？他们认为和其他商品一样，是由“供求关系的变化”决定的，供求的变动使劳动的市场价格围绕它的自然价格上下波动。供给超过需要，劳动的市场价格就会低于自然价格；供给赶不上需要，就会高于自然价格；在需要与供给平衡时，劳动的市场价格和自然价格就相等了。劳动的自然价格又是如何决定的呢？他们认为，就短期来看，劳动的价格是上下波动，就长期来看，劳动的价格的上下波动可以互相抵消，均衡为一个平均价格，这种平均价格就是自然价格①。这种自然价格也像其他商品的价格一样，只能是用货币来表现的劳动的价值。这就是说，劳动的自然价格实质上就是劳动价值的货币表现。劳动的价值又是怎样决定的？他们又认为，这一价值也和其他商品的价值一样，是由生产费用决定的。劳动的生产费用又是什么呢？这是谁也无法回答的问题。于是，他们就回避这个问题，而进一步问：工人所需的生产费用是什么呢？这个问题“是不自觉地代替了原来的问题”，即用

① 重农学派在研究“纯产品”（即剩余价值）时，曾说到工资问题。魁奈认为：纯产品是产品价值超过该产品的生产费用的余额。只有农业才提供纯产品。而农产品中的生产费用则是由种子和工人的维持费所构成。纯产品的多少是以工资的多少为转移。魁奈把工资看作一个已知量，即把工资归结为维持工人生活的最低限度的生活资料，这就是重农学派所说的“必要价格”。由此可见，重农学派的“必要价格”和古典学派的“自然价格”的含义，基本上是一致的。

劳动力的生产费用代替劳动的生产费用。古典学派“在劳动本身的生产费用上只是兜圈子，没有前进一步”。事实上，他们所称的劳动的价值是由生产费用决定的观点，实质是指劳动力的价值是由生产或再生产它所需的生活资料的价值决定的。古典学派“称为劳动的价值的东西，实际上就是劳动力的价值”。问题在于：他们不懂得劳动力和劳动的区别，他们虽然“几乎接触到事物的真实状况，但是没有自觉地把它表述出来。只要古典政治经济学附着在资产阶级的皮上，它就不可能做到这一点”①。因此，他们只能在劳动价格、劳动价值等现象上兜圈子，不能认识工资的本质。他们虽然研究了劳动的市场价格同它的所谓价值之间的区别，研究了这种价值同利润率、同劳动所生产的商品价值的关系等等，但从来没有发现，分析的进程不仅已从劳动的市场价格推移到它的假想的价值，而且又把这个劳动价值本身化为劳动力的价值。这样，他们就把“劳动的价值”“劳动的自然价格”当作价值关系的最后的适当表现而纠缠不清，从而陷入了无法解决的混乱和矛盾中。古典学派的这种混乱与矛盾，“为庸俗经济学的在原则上只忠于假象的浅薄性提供了牢固的活动基础”。这是因为，古典学派把劳动力价值或价格和劳动的价值或价格混为一谈，好像工人出卖的是劳动，工资是全部劳动的报酬，庸俗经济学就抓住这一点大加发挥，认为工人所取得的工资已经是全部劳动的报酬，资本家所得的利润和工人没有任何关系，从而说什么：在生产过程中，工人因劳动而取得工资，资本家因资本而取得利润，地主因土地而取得地租，是理所当然的事，这样，资本家与工人之间就不存在剥削关系了。这种为资产阶级辩护的庸俗政治经济学，就是这样从古典学派那里寻找理论根据的。

（三）劳动力的价值或价格转化为劳动的价值或价格

劳动力的价值表现为劳动的价值

我们现在就来看看，劳动力的价值或价格怎样转化为劳动的价值或价格、从而表现为工资的。

---

① 《资本论》第1卷，人民出版社2004年版，第622页。

我们假定：工人一日劳动12小时，创造出相当于6元的价值，而劳动力的日价值相当于3元，即只要劳动6个小时就可再生产出来。资本家购买工人一日的劳动力，就有权使工人劳动12小时，而只按照劳动力价值3元来支付，这样，从表面上看，这3元不像是劳动力的价值，却好像是12小时劳动的报酬，因而劳动力的日价值就表现为一日劳动的价值了。由此就产生了一个假象：劳动力的价值就决定劳动的价值，或者用货币来表现，就决定劳动的必要价格。也就是说，劳动力的价值表现为好像是劳动的价值；价格是价值的货币表现，用货币表现劳动力价值就是劳动力价格，却在表现上变成为，用货币表现劳动的价值成为劳动的价格了。这一假象，由于以下事实更加好像真有其事似的，这就是：如果劳动力的价格同它的价值相偏离，那么劳动的价格也就会同它的所谓价值相偏离。例如，劳动力的日价值是3元，可是价格低于其价值，日劳动力的价格只是2元，这一情况就假象为：一日12小时劳动的价值为3元，但只具有2元的价格，因此，劳动力价格与价值的不一致，就转化为劳动的价格与价值的不一致这一现象形式了。

既然劳动的价值只是劳动力的价值的不合理的用语，那么劳动的价值（即劳动力的价值）必定总是小于劳动的价值产品。因为“劳动力的价值产品不是由劳动力本身的价值来决定的，而是由劳动力执行职能的时间长短来决定的”。如上例，工人劳动12小时创造的价值产品是6元，而劳动力的日价值是3元，后者小于前者，这样，资本家才能剥削到剩余价值。因此，在劳动力的价值转化为劳动的价值的情况下，就会得到一个荒谬的结果：创造6元价值产品的12小时劳动，其本身只有3元的价值。

工资的形式掩盖了必要劳动和剩余劳动、有酬劳动和无酬劳动的区分

当劳动力价值或价格转化成为劳动的价值或价格的工资形式以后，资本家对工人的剥削就被这一形式掩盖起来了。“于是，工资的形式消灭了工作日分为必要劳动和剩余劳动、分为有酬劳动和无酬劳动的一切痕迹。全部劳动都表现为有酬劳动。”事实上，工资只是劳动力的价值或价格，而劳动力价值只是在必要劳动时间内生产出来的，所以工资只是工人新创造的价值的一部分，不是工人新创造价值的全部。可是当工资表现为劳动的价值或价格的范畴时，好像工人的全部劳动都有给付似的，好像资本家对工人没有剥削似的。因此，工资这一形式掩盖着资本主义的剥削关系，隐蔽着剩余价值生产的秘密，扭曲着资本家和工人之间的对立关系，使资本主义剥削制度带有极大的虚伪性和欺骗性。

资本主义生产的特点是剥削雇佣劳动，但工资形式却掩盖了剥削关系，由工资形式所造成的“这种假象，就是雇佣劳动和历史上其他形态的劳动的不同之处”[①]。在封建社会里，在徭役劳动的情况下，农奴在一星期里有三天在自己的“份地”上或者租种的土地上从事为自己的劳动，有三天在地主的土地上从事为地主的强制劳动，因而必要劳动和剩余劳动的区分，有酬劳动和无酬劳动的区分是很明显的，地主对农民的剥削是一目了然的。在奴隶劳动下，奴隶的产品全部为奴隶主所占有，奴隶主以“恩赐”的方式把极少量的生活资料供给奴隶，奴隶“实际上为自己劳动的工作日部分，也表现为为主人的劳动”。这样，好像奴隶的全部劳动都是剩余劳动，都是没有报酬似的，都表现为无酬劳动。相反地，在雇佣劳动下，工资好像是全部劳动的报酬，好像工人的全部劳动都是必要劳动，都是有酬劳动，好像没有剩余劳动，没有剥削似的，“甚至剩余劳动或无酬劳动也表现为有酬劳动”。这正是资本主义剥削制度的特点。为什么会产生这种特点呢？因为“在奴隶劳动下，所有权关系掩盖了奴隶为自己的劳动，而在雇佣劳动下，货币关系掩盖了雇佣工人的无代价劳动”。

劳动力价值转化为工资，掩盖着资本主义的真实关系

这样，我们就看出，“劳动力的价值和价格转化为工资形式，即转化为劳动本身的价值和价格，具有决定性的重要意义。这种表现形式掩盖了现实关系，正好显示出它的反面”。这就是说，工资掩盖了剥削的实质，它表现得好像没有任何剥削似的，资本家和工人的关系就看不清楚了。资本主义生产关系的本质，正是由于这个转化而被掩盖起来的。“工人和资本家的一切法的观念，资本主义生产

① 《马克思恩格斯选集》第2卷，人民出版社1995年版，第79页。

方式的一切神秘性，这一生产方式所产生的一切自由幻觉，庸俗经济学的一切辩护遁词，都是以这个表现形式为依据的。”

（四）劳动力价值或价格转化为工资的必然性

一般的商品买卖关系，掩盖着劳动力特殊商品买卖的资本主义关系

“如果说世界历史需要经过很长时间才揭开了工资的秘密，那么相反地，要了解这种表现形式的必然性，存在理由，却是再容易不过的了。”

劳动力价值或价格之所以会表现为劳动的价值，并取得了工资的表现形式，有如下几点原因：

第一，一般的商品买卖关系，掩盖着劳动力特殊商品买卖的资本主义关系。资本家以一定数量的货币付给工人，工人在一定时间内为资本家劳动。劳动力这种特殊商品的买卖关系，其中即蕴藏着劳动新创造的价值可以大于劳动力价值的秘密，可是在劳动力的买卖的直观形式上，却同普通商品的买卖一样。这是因为，普通商品的买卖表现为，你给我货币，我给你商品；而资本和劳动的交换则表现为，资本家付给工人工资，工人为资本家劳动。从表现上看来，这两者好像具有同等意义。正是这一假象，掩盖着劳动力特殊商品买卖的资本主义实质。

劳动力商品和其他一切商品的区别

第二，劳动力商品和其他一切商品的区别，是普通意识所不能领会的。首先，一般的商品不能以同一单位来测量其交换价值和使用价值，例如布的价值可以劳动时间来测量，布的使用价值就不可以劳动时间来测量；但劳动力商品则有一个独特的现象，可以用同一单位来测量其价值和使用价值。因为不仅劳动力的价值以时间来测量，而且它的使用价值即劳动，也是以时间来测量的，这就使人们往往把二者混而为一，不能认清它们之间的区别。其次，普通商品的交换，在市场上，一方让渡其商品，另一方则付给货币；而劳动力的买卖则不同，在劳动力市场上，资本家和工人只订立契约和凭证，工资并不是在购买劳动力时被支付，而是在工人出卖劳动力、在资本家的工厂里进行劳动后才被支付，因而使人们看起来，工资不像是劳动力的价格，而是劳动的报酬。再次，一般商品的价值和使用价值是明显地可以区别开来的，而劳动力的价值和使用价值却有其不易辨别之处。因为工人出卖的是劳动力，取得劳动力的价值，但“工人提供给资本家的‘使用价值’，实际上不是他的劳动力，而是劳动力的职能，即一定的有用劳动”。可是这一职能同普通商品的使用价值不一样，劳动力的职能即劳动，“又是形成价值的一般要素”，即具有创造价值的属性。看不清劳动力的使用价值这一特点，也就不能探索出劳动新创造的价值和劳动力价值之间的关系，不能揭露剩余价值的秘密。正是由于以上的原因，人们往往把劳动力与一般商品相混同，从而把劳动力与劳动相混同，因而就把劳动力的价值看成是劳动的价值。

在工资形式的掩盖下，工人和资本家都看不出劳动力价值和工资之间的关系

第三，在工资形式的掩盖下，工人和资本家都看不出劳动力价值和工资之间的关系。首先，从工人方面来看，在劳动时间不变的情况下，劳动力价值或价格的变动，直接表现为劳动的价值或价格的变动。例如，劳动时间是 12 小时，创造出相当 6 元的价值，而劳动力的价值只是 3 元，在 6 个小时内就可再生产出来，也就是以 12 小时劳动获得 6 小时劳动的价值产品，所以对他说来，他的 12 小时劳动实际上是 3 元的购买手段。在以下两种情况下劳动力的价格会发生变化：一种是生活资料的价值变动了，劳动力价值也随之变动，增为 4 元或减为 2 元；另一是在劳动力价值不变的情况下，由于需要与供给发生变化，劳动力价格可以高于或低于劳动力的价值，增至 4 元或减至 2 元。但是，不管是哪一种情况，工人所提供的都是 12 小时的劳动。“因此，在他看来，他所获得的等价物的量的任何变化，都必然表现为他的 12 个劳动小时的价值或价格的变化。”斯密正是由于被这一表面现象所迷惑，就错误地认为：生活资料的价值是可以变动的，同一工作日的工资是可以或多或少的变动的，但“劳动的价值是不变的”。事实上，生活资料价值的变化，必然引起劳动力价值的变化，从而引起工资的变化，怎会得出“劳动的价值是不变的”结论呢！这是由于斯密不懂得价值与交换价值的区别，不懂得价值的内在尺度和外部尺度的区别所致。其次，从资本家方面来看，他所关心的，是如何以尽可能少的货币换取尽可能多的劳动。因此，“他实际上所关心的只是劳动力的价格和劳动力执行职能时所创造的价值之间的差额”。他永远也不会懂得，在现实生活中，如果劳动的价值这种东西确实存在，而且他确实支付了这一价值，他对工人就没有什么剥削，货币就不会转化为资本，他也就不成为资本家了。

工资的现实运动的两种现象，仿佛证明了被支付的是劳动的价值

第四，工资的现实运动的两种现象，仿佛证明了被支付的是劳动的价值。一种现象是：工资随工作日长度的变化而变化。在计时工资的情况下，劳动时间越长，工资就越多；劳动时间越短，工资就越少。这样，工资就好像是根据劳动多少而支付的报酬。另一种现象是：从事同一劳动的各种不同的工人之间，工资又存在着差别，这就好像是，工资的差别是由于各人提供的劳动量不等而产生的，因而工资又好像变成为劳动的报酬了。马克思为了说明这一现象的实质，曾以奴隶制度与雇佣劳动制度相比较，指出在奴隶制度下，奴隶被当作商品在奴隶市场进行买卖，由于每个奴隶的劳动力强弱不相同，从而奴隶的价格也不相同，由奴隶价格高而增加的收入，不是归奴隶本身，而是为奴隶主所占有，在这里，因劳动力强弱而引起收入的差异，不会幻觉地成为决定劳动报酬差异的原因。但在雇佣劳动制度下，出卖劳动力的是工人本身，劳动力的强弱和劳动的多少，直接表现为劳动报酬的多少，并归工人自己所有，因而就产生了工资成为劳动的报酬的幻觉。

劳动力的价值或价格与劳动的价值或价格的关系，是本质和现象的关系

总起来说，劳动力的价值或价格与劳动的价值或价格，它们是怎样的关系呢？简单地说，后者是由前者转化而来的，是本质和现象的关系。事物的本质和现象往往是不一致的，劳动的价值这一现象，正是它的反面，即劳动力价值的本质的反映。古典学派虽然曾设想通过事物的现象进一步分析事物的本质，但他们由于资产阶级的局限性，当近似地接触到事物的真正关系时，就停止了研究，从而不能对本质有系统而正确的说明。庸俗经济学为了替资产阶级作辩护，尽量搜集各种现象，根据现象作有利于资产阶级利益的说明，企图掩盖事物的本质，显然是反科学的。只有马克思主义的政治经济学，才能站在无产阶级的立场，通过现象分析其本质，再论证本质又如何表现为现象。这种对本质和现象的关系的科学分析，是唯物辩证法的具体运用。

■ 马克思在1868年1月8日给恩格斯的信里，曾提到《资本论》第一卷中的“三个崭新因素”，他指出第三个因素是：“工资第一次被描写为隐藏在它后面的一种关系的不合理的表现形式，这一点通过工资的两种形式即计时工资和计件工资得到了确切的说明。”① 现在我们先从第十七章的内容看，马克思是怎样把隐藏在工资背后的关系描写出来的呢？他进行了哪些精辟的分析呢？

首先，对为什么劳动不是商品这一问题进行了精辟的分析。在第四章中，虽已对劳动力和劳动的区别作了精辟的分析与说明，指出了劳动力成为商品，是货币转化为资本和剩余价值产生的基础，但在那里仅仅指出了劳动力和劳动的区别，并没有作详细研究。也就是说，第四章只论证了工人出卖的是劳动力而不是劳动，但没有论证为什么工人出卖的是劳动力而不是劳动的问题。马克思在本章中，针对古典学派所沿用的“劳动的价值”的概念进行了批判，详细分析了劳动不可能是商品、它本身没有价值的种种原因，这就指出“劳动的价值”仅仅是一个现象形式，不是事物的本质，还必须通过现象进一步揭露其本质，这就提出了工资形式是由什么转化而来的问题，为探求工资的本质奠定了理论基础。

其次，对劳动力价值的进一步转化作了精辟的分析。在过去几章中已经讲过，商品价格是价值的货币表现，价值只有在交换中才能表现出来，劳动力也是如此，它的价格是它的价值的货币表现，由劳动力价值到劳动力价格是一个转化，正如商品的价值转化为商品的价格一样。但劳动力价值的特点不止于此，马克思在本章中论证它的进一步转化，即在劳动力价值转化为劳动力价格的基础上，又发生了劳动力价值或价格转化为劳动的价值或价格，即转化为工资。正是由于这一转化，使得工

---

① 《马克思恩格斯〈资本论〉书信集》，人民出版社1976年版，第250页。

资这一现象形式把资本主义的剥削实质掩盖起来了。因此，揭露这一转化的秘密，也就是揭露资本主义剥削的秘密，以及这个秘密怎样在虚伪的形式下被掩盖起来的。

再次，对本质与现象的关系作了示范性的精辟的分析。指出科学的任务不能停止于表面现象的研究，必须通过现象进一步揭露其本质，这是因为，现象与本质往往是不一致的，资产阶级经济学者只研究现象，不探求其本质，固然是由他们代表的阶级利益所决定，也是由他们研究的方法所决定的。不掌握从现象到本质的研究方法，就不可能洞察资本主义社会的一切秘密。要运用这一方法，必须占有大量材料，加以概括和分析，进行抽象的思维，去粗取精，去伪存真，由此及彼，由表及里，从而探索事物的本质。由此可见，由现象到本质，再由本质到现象的分析方法，是马克思对唯物辩证法的具体运用，也是我们必须认真学习的地方。

第十八章
计时工资

上一章已经说过，劳动的价值或价格或工资是现象形式，而劳动力的价值和价格是这一现象形式所掩盖着的本质关系。“前者是直接地、自发地、作为流行的思维形式再现出来的，而后者只有科学才能揭示出来。”① 科学研究是通过分析现象形式揭示其本质，但不能消灭“流行的思维形式”。同发现了商品拜物教只是人和人交换劳动的关系表现为物和物的关系而引起的幻觉以后仍不能消灭商品拜物教这一范畴一样，发现了工资形式掩盖着劳动力价值这一实质后，还不能从政治经济学中取消工资这一经济范畴。科学研究虽然揭露了资本主义工资的本质是劳动力的价值或价格，但它表现为劳动的价值或价格这一现象却依然存在。科学研究的任务，不仅要通过现象揭露本质，还要说明本质如何通过现象（甚至假象）表现出来。因此，分析了资本主义工资的实质以后，还要进一步研究它的具体形式如何歪曲地表现其本质。

马克思在第四章中考察劳动力的价值时，为了论证剩余价值的起源，抽象去劳动力价值的具体表现形式，通过分析劳动力的买和卖揭露资本主义剥削的实质。在第十七章中，证明工人出卖的是劳动力而不是劳动，工资表现为劳动的价值或价格，是劳动力价值或价格的转化形式。在研究了工资的本质以后，马克思在第十八、十九章中，转而考察工资形式如何掩盖工资本质，以及如何被资本家作为加强剥削雇佣劳动的手段来利用。

马克思首先研究计时工资，因为计时工资是劳动力价值或价格的直接转化形式，研究了计时工资，才便于进一步分析计件工资的特点。在

① 《资本论》第1卷，人民出版社2004年版，第621—622页。

研究计时工资时，又着重揭露“劳动价格”这一范畴的作用和意义，研究了计时工资运动的规律性。

（一）计时工资是劳动力价值或价格的转化形式

工资的两个基本形式

资本主义国家的工资形式是多种多样的，但基本形式只有两种，即计时工资和计件工资，因为不管哪种具体形式都是由这两种形式派生出来的。计时工资是劳动力价值或价格的转化形式，计件工资又是计时工资的转化形式。理解了这两种基本形式，对工资的其他形式也就不难理解了。

计时工资是劳动力价值或价格的转化形式

计时工资是按照劳动时间的长短来支付的工资。劳动力是按照一定的时间出卖的，根据工人出卖劳动力的时间，付给他的劳动力价值的货币额就是他的工资。如果出卖劳动力的时间是一个月，就形成月工资；出卖劳动力的时间是一周或一日，就形成周工资或日工资。计时工资是一定时间内劳动力的价值或价格的表现形式，也是劳动力价值或价格的转化形式。

“在第十五章叙述过的关于劳动力价格和剩余价值的量的变化的规律，只须改变一下形式，就转化为工资规律。”这就是说，在那里分析由工作日长度、劳动强度和劳动生产力三个因素的变化，决定劳动力价格和剩余价值量的规律，对于工资是完全适用的。因此，现在就不必再重复论证这些规律，而只着重论述计时工资的若干特点。

在研究计时工资时，必须把名义工资和实际工资区别开来。在发达的资本主义社会里，工资是用货币来支付的，用一定数量货币来表现的工资，例如 20 元、50 元等等就是名义工资。但是工人出卖劳动力取得货币，并不是为了货币本身，而是为了用货币购买他所需要的生活资料。所以，实际工资就是工人用那些货币所能够买到的商品和取得的各种服务（如理发、洗澡、看戏、乘车等等），它是以一定数量的生活资料表现出来的工资。名义工资和实际工资可能发生不同方向的变化。例如：在名义工资不变，甚至提高的场合下，由于物价上涨或货币贬值，实际工资可以降低。反之，在名义工资不变的情况下，由于物价下降或币值提高，实际工资可以提高。观察工人的实际生活水平，必须以他们的实际收入的生活资料数量为根据，而不能以名义工资为根据。

在考察计时工资时必须把工资总额与劳动价格区别开来

计时工资是劳动力价值或价格的转化，表现为劳动的价值或价格。但是，我们不能把计时工资总额和劳动价格混为一谈。劳动价格是工人出卖劳动力一小时的价格，它表现为一小时劳动的报酬。它是计时工资的计算单位，工人一天、一周、一月的工资，就是以每一劳动小时的价格为基础来计算的。计算劳动价格的方法，是以“劳动力的平均日价值除以平均工作日的小时数，就得出平均的劳动价格”。例如，一个十二小时工作日，劳动力的日价值是 6 元，以 12 小时除以 6 元等于 5 角，5 角就是一小时的劳动报酬，或一小时的工资单价，即劳动价格。事实上，工人劳动 12 小时，共创造新价值 12 元，每一小时新创造的价值是 1 元，而劳动价格只是 5 角，另外的 5 角已被资本家剥削去了，所以，劳动价格并不是工人在一小时内新创造的全部价值，不是一小时劳动的全部报酬，而只是一小时劳动力价格的转化形式。计时工资总额是按日、按周、按月来计算的工资的总和。由于工作日的长度不同，工人每天所提供的劳动量也不同，因此，“同样的日工资、周工资等等可以代表极不相同的劳动价格，也就是说，可以代表对同量劳动所支付的极不相同的货币额”。例如，有两个企业，工人的日工资都是 6 元，一个企业的工人的劳动时间是 12 小时，劳动价格是 5 角；另一个企业的工人的劳动时间是 13 小时，劳动价格只有 4 角 6 分多。这说明，日工资总额虽然相同，但由于工作日长度不同，劳动价格却不一样。

（二）计时工资的一般规律

工资总额、劳动价格、工作日长度三者之间的关系

在计时工资条件下，要了解工人实得的工资数目和工人受剥削的真实情况，必须把工资总额和劳动价格、工作日长度联系起来考察，即必须考察工资总额、劳动价格、工作日长度三者之间的关系。这里有三种不同情况：

第一，在日工资、周工资等不变的情况下，如果延长工作日，就会降低劳动价格。例如，原来工作日长度是 12 小时，日工资为 6 元，劳动价格为 5 角。现在把工作日延长到 13 小时，日工资总额不变，即仍为 6 元，劳动价格却降为 4 角 6 分多。如果把工作日延长到 15 小时，劳动价格就会降低到 4 角。这说明：在日工资不变的情况下，资本家可以用延长工作日、降低劳动价格的方法来加强对工人的剥削。

第二，在日工资、周工资等提高的情况下，如果延长工作日，劳动价格可以不变。例如，日工资由 6 元增至 6 元 5 角，但劳动时间也由 12 小时增至 13 小时，劳动价格仍然是 5 角。这说明：在日工资总额提高的情况下，由于工作日延长，劳动价格可以不变，工人受剥削的程度没有减轻。

第三，在日工资、周工资等提高的情况下，如果把工作日延长到一定点以上，劳动价格还会下降。例如，日工资由 6 元提高为 6 元 3 角，但劳动时间由 12 小时延长至 14 小时，劳动价格就由 5 角下降为 4 角 5 分。这说明：即使日工资有所提高，如果工作日过度延长，劳动价格还会下降，资本家对工人的剥削还会加强。

可见，在日工资、周工资不变或提高的情况下，由于延长工作日，劳动价格下降的情况也会发生。以下两种情况也会和延长工作日产生同样的结果：其一是，“如果不是增加劳动的外延量而是增加劳动的内涵量”，就是说，不是用延长工作日的方法，而是用提高劳动强度的方法，也会使劳动价格下降；另一是，“这也适用于工人家庭的收入，只要家长提供的劳动量是靠家庭成员的劳动而增加的”。就是说，如果由于工人的家庭成员，如妻、子、女等也参加劳动，从而全家的工资总额有一定程度的增加，同样会使劳动价格降低。不过前者只是剥削程度的加强，后者不仅提高了剥削程度，而且扩大了剥削范围。

计时工资的一般规律

从以上三者相互关系中，我们可以看到计时工资的一般规律，这就是：“如果日劳动、周劳动等等的量已定，那么日工资或周工资就决定于劳动价格，而劳动价格本身或者是随着劳动力的价值而变化，或者是随着劳动力的价格与其价值的偏离而变化。反之，如果劳动价格已定，那么日工资或周工资就决定于日劳动或周劳动的量。”这就是说，如果工作日的长度不变，工人的日工资或周工资的大小就决定于劳动价格，而劳动价格又是由劳动力的价值或价格决定的。如果劳动价格不变，日工资或周工资的大小就取决于工作日的长度。

（三）计时工资的一般规律发生的作用和结果

资本家利用计时工资加强对工人的剥削

资本家不仅可以把计时工资作为延长劳动时间，降低劳动价格，加强对工人剥削的手段，还可利用劳动时间的缩短，加强对工人的剥削。

在第7、8段中，马克思首先论述资本家如何利用计时工资的形式，在缩短工作日的情况下，使工人处于半失业状态，从而不能取得劳动力的价值，陷于极大的痛苦与灾难的深渊中。

如前所述，劳动价格是计时工资的计算单位，资本家以劳动价格为基础，只规定每小时的平均工资数，而不规定工作日的长度，也不规定工人的计时工资总额，使工人做1小时工拿1小时工资，做10小时工拿10小时工资，这样，资本家就可以根据自己的需要，把工作日时而任意延长，时而任意缩短，“使最惊人的过度劳动同相对的或完全的失业互相交替”。特别是在经济危机期间，商品过剩，生意萧条，资本家就缩短工作日，使工人由每日劳动12小时降至8小时、6小时或4小时，即以6小时而论吧，如果12小时创造的价值为12元，他一日劳动力的价值只是6元，1个劳动小时的劳动价格为5角。因此，工人一天必须劳动12小时，才能挣得相当于劳动力日价值的6元工资。如果资本家只让他劳动6小时，他就只能得到3元的日工资，即只得到劳动力日价值的半数，而资本家却还可以取得3元的剩余价值。“现在资本家不让工人做满维持自身生存所必要的劳动时间，也能从工人身上榨取一定量的剩余劳动。”在资本家任意缩短工人就业的时间、使工作日不再包含一定的小时数的情况下，必要劳动和剩余劳动，“有酬劳动和无酬劳动之间的联系就被消除了”。这是因为：原来工人的必要劳动时间和剩余劳动时间都是6小时，劳动时间缩短为 6 小时后，有 3 小时是无酬劳动，但这并不是剩余劳动，因为剩余劳动是超过工人自身需要以后的多余部分，而现在，工人只取得 3 小时有酬劳动的 3 元工资，根本满足不了自身的需要。在这种情况下，有酬劳动不能反映必要劳动，不能反映劳动力的价值，从而必要劳动与剩余劳动、有酬劳动与剩余劳动的区别，也失去了原来的意义。这也就是说，工人如果一日只劳动 6 小时，所得到的工资就不能买到他所需要的全部生活资料，不得不过着极其贫困和痛苦的生活，而资本家却仍然剥削到剩余价值。

在第 9、10 段中，马克思又论述资本家如何利用计时工资的形式，延长劳动时间，加强对工人的剥削。

如前所述，在工资提高的情况下，由于工作日的延长，也会引起劳动价格的下降。由延长工作日而加强对工人的剥削，不仅表现在劳动价格的降低上，而且表现在劳动力的过多消耗不能得到应有的补偿。由于劳动力的消耗超过一定的时间界限后就会比劳动时间增加得更快，人们习惯于把达到一定点的工作日当作是正常的，称为“正规的劳动时间”，例如每日劳动 10 小时，而超过这个界限的劳动时间形成额外时间，例如每日劳动 12 小时的后 2 个小时就是额外时间。付给额外时间的额外报酬往往少得可怜。即使额外报酬按劳动价格来支付，也补偿不了劳动力的消耗。这是因为，在额外时间里，劳动力的消耗将会更大，“由于劳动力的损耗，劳动力的价值会同劳动力执行职能的时间一起增加，而且前者增加的比例比后者更快”。这种过多的劳动消耗，绝不是微小额外报酬所能补偿的。在资本主义国家中，由于正常时间内的劳动价格很低，工人们的日工资不能维持生活，不得不在额外时间去做报酬较高的工作，忍受资本家残酷的剥削。

计时工资的一般规律对工人所产生的结果

计时工资的一般规律所起的作用，对工人阶级来说，会引起两方面的结果。

第一个结果是：劳动价格愈低，工人为了得到低微的工资，维持最低的生活水平，就必须延长工作日，增加劳动量，“劳动价格的低廉在这里起了刺激劳动时间延长的作用”。

第二个结果是：“劳动时间的延长反过来又会引起劳动价格的下降，

从而引起日工资或周工资的下降。”为什么呢？因为劳动价格是以工作日长度与劳动力日价值相比的结果，如果没有任何补偿，单是工作日的延长就会引起劳动价格的降低。而且由于下述情况，资本家还能够再把劳动价格降低。例如：在工作日延长的情况下，一个工人从事一个半人或两个人的工作，那么即使劳动力市场的供给不变，劳动的供给还是增加了，由此造成的工人之间的竞争，使资本家能够趁机压低劳动价格，而劳动价格的降低反过来又使他能够更加延长劳动时间。“但是这种对异常的即超过社会平均水平的无酬劳动量的支配权，很快就会成为资本家本身之间的竞争手段。”这是因为：劳动价格的无酬部分不需要计算在商品价格之内，为了竞争的需要，资本家不仅可以把这一部分赠送给商品购买者，还可以把延长工作日而产生的异常的剩余价值的一部分也不包括在商品的出售价格中，从而以异常低廉的价格出卖商品，来打击他的竞争者，使自己在销售市场上处于有利地位。这种现象起先不过是延长工作日、降低劳动价格所产生的结果；久而久之，就成为延长工作日和降低劳动价格的不变基础了。

上述两个结果是互相联系、互相影响的。由于劳动价格的下降，工人为了取得低微的工资，不得不延长工作日；而由于劳动时间的延长，又使资本家有可能降低劳动价格，减少工人工资。马克思说：“资本主义生产的总趋势不是提高而是降低工资的平均水平，在或大或小的程度上使**劳动的价值**降低到它的**最低限度**”[①]。这是资本主义发展过程中的必然现象，也是资本主义工资运动的规律性。

反映在资本家头脑中的只是生产关系的假象

资本家由于被阶级利益所蒙蔽，不可能认识计时工资的实质，而只能反映“生产关系的假象”，只从现象形式来考察它。第一，他不懂得，劳动的正常价格并不等于劳动新创造的价值的全部，其中包含着一定量的无酬劳动，正是这种无酬劳动才是形成利润的正常源泉。第二，在资本家看来，剩余劳动时间是不存在的，因为它已包含在正常工作日中。但超过正常工作日的额外时间是存在的。

① 《马克思恩格斯选集》第2卷，人民出版社2012年版，第68页。

他们为了反对那些从工人的额外时间中榨取更多的剩余价值的竞争者，甚至主张对这种额外时间支付额外报酬，使那些竞争者无法以异常低廉的价格出售商品。但是他仍然不知道，这种额外报酬和一般的劳动价格一样，并不是额外时间新创造价值的全部，其中包含着一部分无酬劳动。只不过是额外报酬与劳动价格不同，其中的有酬劳动与无酬劳动的比例也有所不同。这种只限于表面形式的认识，并不是由于资本家愚蠢或不聪明，而是由于资本主义生产关系所造成的假象掩盖了事物的本质。对于资本家来说，由于他们所处的阶级地位，根本不可能通过假象来认识事物的本质。

■ 在第十七章分析了工资的本质以后，接着在第十八章又分析这一本质所表现的具体形式。我们知道，由劳动力价值表现为价格，是一个转化；而劳动力价值和价格转化为劳动的价值和价格，转化为计时工资，又是一个转化；到下一章还可看到，计时工资会再转化为计件工资。这种转化过程，是事物的本质表现为现象的过程。马克思在考察资本主义工资时，是通过现象深入地分析其本质，然后再说明本质如何一步步转化为诸种不同的复杂现象。我们在学习《资本论》的过程中，必须认真学习马克思的分析方法。

从计时工资的分析中，我们进一步认识到：资本家不仅利用计时工资，把生活资料分配给工人，作为劳动力再生产的必要手段，使劳动力能不断地供给于资本，而且利用工资的形式来延长工作日，降低劳动价格，加强对工人的剥削。马克思的工资理论是剩余价值理论的必要组成部分，也是马克思在政治经济学上的革命的一个重要部分。

第十九章

计件工资

前一章研究了资本主义工资的一种基本形式，即计时工资；本章将研究工资的另一种基本形式，即计件工资。

为什么要在研究计时工资以后再来研究计件工资呢？因为工资是劳动力价值或价格的转化形式，但劳动力的价值或价格并不直接转化为计件工资，而是直接转化为计时工资。计件工资只是计时工资的转化形式，它更加歪曲了资本家与工人之间的真实关系，更加在虚伪的表象下掩盖着它背后所隐蔽的劳动力的价值与价格。计时工资是把劳动力价值和价格表现为劳动的价值和价格，而计件工资则是把劳动力的价值和价格表现为劳动产品的价值和价格，使人们从表面看来，工人不是出卖劳动力，也不是出卖活劳动，而好像是出卖对象化劳动似的。因此，在研究计时工资的基础上再来研究计件工资，才能正确理解计件工资的实质，揭露计件工资这一形式是怎样掩盖着资本主义的剥削，资本家又是如何利用这一形式作为加强剥削雇佣劳动的手段。

本章一开始就对计件工资的本质进行分析，指出计件工资是计时工资的转化形式；接着又研究了计件工资的特点，这些特点使它不同于计时工资，而更加适合于资本主义的生产方式；最后还指出，随着劳动生产率的变化，计件工资也会发生变化，这种变化引起了工人与资本家在工资问题上的斗争。

（一）计件工资是计时工资的转化形式

计件工资所造成的表面现象

计件工资和计时工资不同，它不是以劳动时间的长短作为计算工资的标准，而是按照工人在一定时间内所完成的产品件数或所完成的作业量来计量。在这里，工资的多少是以工人所完成的产品量或作业量的多少为转移的。

计件工资较之计时工资更加具有虚假的外观，这表现在如下两个方面：其一是，工资的多少是按工人所完成的产品量来计量的，这样，好像工人出卖的，既不是劳动力，甚至也不是活的劳动，而是已经对象化在产品中的劳动。因此，另一是，工人的工作能力越大，生产的产品越多，工资就越高；反之，就越低。这样，好像工资不是由劳动力价值或价格来决定，而是由工人的工作效率来决定。由于这两种假象，计件工资形式就更加掩盖着资本主义工资的实质，更加看不出它是以劳动力价值或价格为基础的转化形式了。

计时工资和计件工资在一些行业中同时并存，说明它们在本质上是没有差异的

能不能由于具体形式上的差别，就说计件工资和计时工资有着本质上的不同呢？不能。“工资支付形式的区别丝毫没有改变工资的本质”。不管是计时工资或计件工资，它都是劳动力价值的转化形式，不过前者是劳动力价值的直接转化形式，后者又是前者的转化形式而已。正是由于它们在本质上是一致的，因而在同一个职业部门中，资本家可以同时采用这两种工资形式。当计时工资比计件工资对资本家有利时，他就采用计时工资；当计件工资比计时工资对资本家更有利时，资本家就转而采用计件工资。

计件工资同计时工资一样，也掩盖着有酬劳动和无酬劳动的区别

从现象上看，完成一件产品，就领取一件产品的工资，好像每件产品都是有酬的，有酬劳动和无酬劳动的区别消失了。事实并非如此。计件工资同计时工资一样，它也掩盖着有酬劳动和无酬劳动的区别。例如：在计时工资的情况下，工人劳动12小时，资本家支付工资6元，这6元好像是12小时劳动的报酬，有酬劳动和无酬劳动的区别就看不出来了。在计件工资的情况下，假定工人在12小时内创造出12件产品，每一产品中所包含的新价值为1元，但资本家付给工人每件产品的计件工资为5角，一日合计仍为6元，这6元好像是12件产品的报酬，在这里有酬劳动和无酬劳动的区别同样看不出来了。

计件工资是计时工资的转化形式

如前例所说，为什么每一件包含1元新价值的产品只付给工人5角的计件工资呢？它是根据什么推算出来的呢？计件工资是以计时工资为基础的，也就是说，是根据计时工资计算出来的。实行计件工资首先要规定每件产品的工资单价，确定一件产品的工资单价的方法是，以日工资除以一个工人在一个平均的工作日中所能完成的产品件数（通常以劳动强度较高的工人的最高产量为标准）。如前例，工人一工作日劳动12小时，生产出12件产品，一工作日的计时工资为6元，6元日工资除以12件产品，即得每件5角的工资单价。所以说，计件工资和计时工资一样，都是以一天的工资和一定的工作日长度为根据的，两者实质上都是反映劳动力价格，只因经过一再转化，表面上看不出来而已。计件工资既以计时工资为基础，它就决不会高于计时工资，也可以说它是变相的计时工资。所以马克思说："计件工资只是计时工资的转化形式"，"计件工资的形式同计时工资的形式一样是不合理的"。

前面讲过，在实行计件工资的情况下，似乎工人出卖的不是劳动力，也不是活的劳动，而是对象化劳动；实际上，计件工资并"不直接表现价值关系"。在这里，不是研究工人消耗了多少劳动时间，创造出多少价值，而是研究工人在一定时间内，生产出多少产品，再根据产品数来衡量他所支出的劳动，付给他多少工资。所以计件工资和计时工资的区别仅仅在于："在实行计时工资的情况下，劳动由劳动的直接的持续时间来计量；在实行计件工资的情况下，则由在一定时间内劳动所凝结成的产品的数量来计量。"而它们的相同之处，又在于都以劳动力的价值和价格为基础。"劳动时间本身的价格最终决定于这个等式：日劳动价值＝劳动力的日价值。"这就是说，用劳动力日价值除以工作日长度，得出一小时的劳动价格，这是计时工资的计量单位。用一日的计时工资总额（即日工资）除以一日劳动所创造的产品数，得出一件产品的工资单价，这是计件工资的计量单位。在这里，它们都有一个共同的假象：工人一日的劳动的价值，等于劳动力的日价值。

（二）计件工资的特点

是资本家克扣工资和欺诈的最丰富的源泉

计件工资的形式不同于计时工资的形式，它具有自己的特点。这些特点更加掩盖了资本主义的剥削实质，便于资本家利用它来加强对工人的剥削。

第一，计件工资是资本家克扣工资和欺诈的最丰富的源泉。实行计件工资时，资本家规定了产品的质量，产品必须合乎质量规格，计件价格才能得到完全的支付。这种质量规格是由产品来表现的，所以“劳动的质量是由产品本身来控制的”。如果产品不合乎资本家规定的质量规格，工人就要被克扣工资，或者受到罚款的处分。资本家为了达到克扣工资的目的，在验收产品时往往故意挑剔刁难，使工人得不到应有的计件价格，使工资大大低于劳动力价值，“从这方面说，计件工资是克扣工资和进行资本主义欺诈的最丰富的源泉”。

是资本家测量劳动强度的尺度

第二，计件工资是资本家测量劳动强度的尺度。根据经验可以计算出在一定时间内，在平均的劳动强度下，能生产多少产品，并以此为标准来确定每一件产品的工资单价。如果工人的劳动强度低于平均的劳动强度，不能按时生产一定数量并合乎质量规格的产品，就得不到应有的计件工资。因此，劳动强度不须依靠别人的监督，可以通过产品的数量和质量表现出来。在这种情况下，资本家就可以保证得到平均强度的劳动。

是资本主义家庭劳动和形成层层剥削和压迫的制度的基础

第三，计件工资是资本主义家庭劳动和形成层层剥削和压迫的制度的基础。在实行计件工资的情况下，“既然劳动的质量和强度在这里是由工资形式本身来控制的，那么对劳动的监督大部分就成为多余的了”。因此，有些产品，资本家不必把工人都集中在工厂内来生产，可以分给家庭劳动者去生产，这就成为资本主义家庭劳动的基础。我们知道，家庭劳动是资本主义工场手工业时期的特征之一，但在资本主义发展的各个阶段上它都是存在的。由于实行家庭劳动和计件工资，又产生了层层剥削和压迫的制度。这种制度有两种基本形式。一种形式是资本家把活计分给包工头，包工头再发给各个家庭劳动者。包工头把每件工资单价打了折扣付给工人，自己从中取得利润。这些“中间人的利润完全来自资本家支付的劳动价格和中间人实际付给工人的那部分劳动价格之间的差额”。另一种形式是资本家把一定的任务按时、按质、按量地以契约的形式包给工头，由工头自行招募工人和支付工资。这种工头总是尽量地压低工资水平，从加强剥削中取得收入。“在这里，资本对工人的剥削是通过工人对工人的剥削来实现的。”在这两种情况下，工人不仅要受资本家的剥削，而且要受到包工头或工头的中间剥削。

是提高劳动强度、延长工作日的手段

第四，计件工资是提高劳动强度、延长工作日的手段。在实行计件工资时，工人在一定时间内生产的产品越多，收入就越多，因此，“工人的个人利益就会使他尽可能紧张地发挥自己的劳动力，而这使资本家容易提高劳动强度的正常程度”。在第 637 页注（51a）里，马克思又以伦敦的机器制造业资本家惯用的诡计为例，指出“人们往往人为地助长这种自然的结果”。因为资本家付给强壮灵巧的人以追加工资，促使其他工人也跟着拼命地干，当工人普遍提高劳动强度时，就把劳动强度的正常水平提高了。所以计件工资是资本家提高劳动强度的手段。“同样，延长工作日也是工人的个人利益之所在，因为这样可以提高他的日工资或周工资。”因为工作日越延长，生产的产品越多，工资就越多，工人为了挣得微薄的工资，保持必要的生活水平，不得不延长工作日，所以计件工资也就成为延长工作日的手段。在工作日延长和劳动强度提高的情况下，就会使计件工资的单价下降，这就是马克思所讲的“这就会引起那种在研究计时工资时已经指出过的反作用”。当然，“更不用说，即使在计件工资保持不变的情况下，工作日的延长本身就包含着劳动价格的下降”。

是资本家降低工资水平的手段

第五，计件工资又是资本家降低工资水平的手段。计件工资既然是按产品数量计算，由于各个工人的技能、体力、精力、耐力等等有很大的差别，在一定时间内所生产的产品数量就有多有少，因此每个工人的实际收入就不同。“当然，这决不会改变资本和雇佣劳动之间的一般关系。”因为从整个工场看，个人的差别会互相抵消，而且各个工人各自提供的剩余价值量是同他们各自的工资相适应的。但是计件工资给个性提供的较大的活动场所，一方面促进了工人个性的发展，从而促进了自由精神、独立性和自我监督能力的发展，资本家可以借此提高工人的劳动强度，延长劳动时间，加强对工人的剥削。另一方面也促进了工人之间的互相竞争。因为资本家总是愿意把活计交给劳动效率较高的工人去做，工人怕找不到工做，就竞相提高劳动效率，资本家就利用这一情况压低工资，加强对工人的剥削。“因此，计件工资有一种趋势，就是在把个别工资提高到平均水平以上的同时，把这个水平本身降低。”

计件工资是最适合资本主义生产方式的工资形式

“从以上所述可以看出：计件工资是最适合资本主义生产方式的工资形式。”为什么呢？因为它极巧妙地掩盖了资本主义的剥削实质，又极巧妙地成为资本家加强剥削的手段。马克思指出：虽然在14世纪英法两国的劳工法中都已承认计件工资与计时工资可以同时存在，但计件工资的普遍采用则盛兴于工场手工业时期。特别是“大工业的狂飙时期”，“计件工资成了延长劳动时间和降低工资的手段”。马克思还指出，在农业中，农场主采用计件工资，增加劳动强度和劳动时间，加强对农村无产者的剥削。

（三）计件工资运动的规律

随着资本主义生产的发展和劳动生产率的提高，每件产品所代表的劳动时间减少了，从而计件工资也下降了，“因为计件工资是一定劳动时间的价格表现”。例如，原来12小时生产12件产品，其中新创造的价值为12元，一日劳动力的价值为6元，一个劳动小时的价格是5角，每件产品代表一个劳动小时，所以每件产品的工资单价也是5角。如果劳动生产率提高一倍，12小时内可生产出24件产品，这时，一个劳动小时的价格仍是5角，但每件产品现在不是代表一个劳动小时，而只是代表半个劳动小时，所以每件产品的工资单价是2角5分，一日劳动力价值仍为6元，但每件产品的工资单价却下降一半。由此可见，资本主义计件工资的规律是："计件工资的下降是与同一时间内所生产的产品件数的增加成比例的，从而，是与耗费在同一件产品上的劳动时间的减少成比例的"。这就是说，随着劳动生产率的提高，一定时间内生产的物品增多了，每件物品所代表的劳动时间就减少了，因此每件产品的工资单价也就降低了。就是说，劳动生产率越高，计件工资越低。

这种由于劳动生产率提高而引起的每件产品的工资单价的变化，如从5角降至2角5分，虽然不是由劳动力价值的变化引起的，但也会因此而引起工人与资本家之间的斗争：这或者是因为资本家以此为借口来实际降低劳动的价格，或者是因为在劳动生产力提高的同时也提高了劳动强度；或者是因为工人往往认为被支付的是他的产品，而不是他的劳动力，因而要求在商品的出售价格没有相应地降低的情况下不降低工资。

■ 马克思对资本主义工资的分析，是从现象到本质、从本质到现象地进行的。我们知道，资本主义生产关系的本质，是资本家对剩余价值的榨取。其所以能够榨取剩余价值，是以劳动力成为商品，劳动新创造的价值大于劳动力本身的价值为前提的。可是在现实生活中，看不清劳动力这一商品的特殊性质，看不清劳动力价值和劳动新创造的价值之间的关系，从而也就看不清资本主义剥削的秘密。为了揭露资本主义剥削的秘密，以及这一秘密怎样被虚伪的形式掩盖着，就必须分析劳动力这一特殊商品，必须分析劳动力的价值和它的转化形式。马克思对劳动力价值的分析，着重指出了它和一般商品不同的地方。第一，一般商品的价值只转化为价格（在发达的资本主义社会里，还转化为生产价格），而劳动力商品的价值却经过多次的转化。首先是劳动力的价值转化为劳动力的价格；其次是劳动力的价值或价格转化为劳动的价值或价格，转化为计时工资；再次是由劳动价格或计时工资再转化为计件工资。在计件工资的形式上，不仅劳动力的价值或价格被掩盖了，甚至连劳动的价值或价格也看不清楚了，所以计件工资是更加适合资本主义生产方式的工资形式。第二，对一般商品价值的研究，是从它的表面现象，即交换价值的分析开始的，从而探索隐藏在它后面的价值，然后再分析这一价值如何通过其现象形式表现出来的。对劳动力价值的研究，虽然也是从表面的形式开始，但不是从计件工资或计时工资的形式开始，而是从资本流通开始，即货币如何转化为资本开始，然后直接分析劳动力这一商品的使用价值与价值，指出劳动力和劳动的区别，这就为揭露资本主义剥削秘密奠定理论基础。在揭露剩余价值生产的秘密的基础上，再来研究劳动力价值如何通过具体形式表现出来，它如何表现为工资；而工资的形式，又如何掩盖资本主义的剥削实质。从这里可以看出：马克思是如何运用从现象到本质、再从本质到现象的分析方法，来研究劳动力的价值，从而论述整个资本主义生产的实质及其现象形态。

第二十章

工资的国民差异

在研究过工资的本质和工资的基本形式以后，马克思为什么又要论述工资的国民差异呢？这主要是为了说明什么问题呢？

上面讲过，工资这一篇是剩余价值理论的重要补充，是从分配的角度说明剩余价值的生产的。第十七章分析了工资的实质，指出它怎样掩盖着资本主义的剥削。第十八、十九章分析了工资两种基本形式的特征及其运动的规律，论证资本家在利用工资形式掩盖剥削的同时，又如何利用它加强剥削，使劳动力价格低于其价值，从而侵吞工人的必要劳动的一部分。本章是在以上研究的基础上，通过资本主义发展程度不同的各国工资水平的差异的分析，说明资本主义条件下工资量的发展趋势，这就是：名义工资虽较高，但实际工资却较低，工资收入越来越不能补偿过多的劳动消耗，工人受剥削的程度越来越高。这就证明，在资本主义发展过程中，随劳动生产率提高的决不是工资水平的增长，而是无产阶级地位日益恶化，生活更加贫困。

对现象和本质不一致的进一步揭露，是这一章的主要特点。从不同国度的空间所产生的工资水平的差异，进一步说明不同时间的工资水平的差异，从而论证资本主义制度下工资量的发展趋势，又是本章的基本目的。学习这一章，不仅对现实资本主义各国工资水平的差异可以有正确的理解，而且为学习资本积累和无产阶级的相对贫困化和绝对贫困化的原理奠定良好的基础。

工资是由劳动力价值和价格的规律决定的，这一规律发生作用的结果，产生国民工资的差异

工资既是劳动力价值或价格的转化形式，决定劳动力价值和价格的规律也就必然转化为决定工资运动的规律。但是劳动力价值在不同时期、不同国家，它的量是不同的。这是因为，在不同时期、不同国家里，“决定劳动力的价值量的变化的一切因素：自然的和历史地发展起来的首要的生活必需品的价格和范围，工人的教育费用，妇女劳动和儿童劳动的作用，劳动生产率，劳动的外延量和内涵量”各不相同，从而工资的水平亦不相同。

资本主义工资量的发展趋势，不仅是劳动力价值的规律发生作用的结果，而且是许多经济规律发生作用的结果。剩余价值规律和劳动力价值规律对工资作了本质的规定，工资无非是再生产劳动力所必要的生活资料价值的货币表现。在工作日、劳动强度、劳动生产力的变动的不同组合的情况下，决定剩余价值的绝对量和相对量的规律，也决定着劳动力价格（包括其转化形式的工资）绝对量和相对量的规律①。名义工资和实际工资运动的规律，也会引起工资的绝对量和相对量的运动。计时工资和计件工资运动的规律，又会使工作日延长，劳动强度增进，劳动生产率提高，会引起工资的绝对量和相对量的运动。

上述许多规律发生作用的结果，决定了资本主义工资量的发展趋势。在一国的不同时期内，由于资本主义发展的水平不同，产生了工资水平的差异。如以国与国比较，则资本主义发展水平不同的各国，会表现为国民工资的同时存在的差异。由于资本主义较发达的国家是从过去不发达的阶段发展而来的，比较资本主义发展程度不同的各国工资水平的差异，就可看出资本主义制度下工资量的发展趋势。

怎样比较不同国家的国民工资的差异呢？马克思说：“即使作最肤浅的比较，首先也要求把不同国家同一行业的平均日工资化为长度相等的工作日。在对日工资作了这样换算以后，还必须把计时工资换算为计件工资，因为只有计件工资才是计算劳动生产率和劳动内涵量的尺度。”有

① 这一规律已在第十五章中论述过。

些人往往只从货币数量上来比较，这是不正确的。如果美国一个工人每月收入 6 美元，在葡萄牙同样一个工人每月只收入相等于 4 美元比价的瑞斯（葡萄牙铸币），就说葡萄牙工人的工资比美国低，那是连最肤浅的比较都没有的。因为在这里，货币的名义工资究竟能代表多少实际工资呢？实际工资是否能够补偿劳动力的再生产费用，补偿已消耗的劳动力的价值呢？这是要透过现象来分析的本质问题。怎样透过现象分析本质呢？这就是马克思所说的方法，首先把各国同一职业的日工资照同样的工作日来还原，例如美国一个纺纱工人，日劳动 12 小时，其工资为 6 元，葡萄牙一个纺纱工人，日劳动 10 小时，其工资为 4 元，则美国的劳动价格为 5 角，葡萄牙的劳动价格为 4 角；然后再把各自不同的计时工资额按同一工作日各自所生产的不同的产品量去平均，即把计时工资还原为计件工资，则美国工人在 12 小时内生产出 24 个产品，以日工资 6 元计算，每件产品的计件工资单价为 2 角 5 分，而葡萄牙工人在 10 小时内生产出 10 件产品，以日工资 4 元计算，每件产品的工资单价为 4 角。如果我们假定美、葡工人所创造的一件产品中都包含 1 元的新价值，那么美国工人一日生产 24 件产品，其新价值为 24 元，而工人只取得 6 元，即工资占新创造价值中的 25%；而葡萄牙工人一日生产出的产品为 10 件，其新价值为 10 元，而工人却取得 4 元，即工资占新创造价值中的 45%。这样我们就看到：发达的资本主义国家比不发达资本主义国家，货币的名义工资高，但工人在新创造的价值中所取得的份额与资本家所占有的份额相比，即工资的相对量却是较低的；同样，由于工作日延长，劳动强度提高，造成了劳动力的加速消耗，使实际工资不能补偿劳动力的消耗，低于劳动力的价值，可以说，工资的绝对量也是低的。

价值规律在国际市场上的应用

在分析工资的国民差异时，正确理解价值规律的国际应用是一个关键。社会必要劳动时间决定商品的价值量，是价值规律的客观要求。但从国内来说，每一生产者所消耗的个别劳动时间，往往会少于或多于社会必要劳动时间。因此，如果所消耗的劳动时间多于社会必要劳动时间，其劳动就不能算作正常质量的劳动。如果所消耗的劳动时间少于社会必要劳动时间，那么，其劳动在同一时间内就会体现更多的价值。所以，“在一个国家内，只有超过国民平均水平的强度，才会改变单纯按劳动的持续时间进行的价值计量”。在世界市场上，价值不是以一定国度内的劳动的平均单位作为计算的尺度，而是以世界劳动的平均单位作为计算的尺度。这种“世界劳动的平均单位”，形成国际价值。所谓国际价值，就是在世界的平均技术水平条件下，在各国劳动者的平均劳动强度下，生产某种商品时所需要的世界社会必要劳动时间。由于各国的劳动强度不相同，有的国家高些，有的国家低些。因此，“强度较大的国民劳动比强度较小的国民劳动，会在同一时间内生产出更多的价值，从而表现为更多的货币”①。这就是说，发达的资本主义国家生产商品所消耗的必要劳动，少于国际平均的社会必要劳动。

生产商品的个别劳动少于社会必要劳动，在国内的作用是显然的。如果个别资本家把个别劳动时间减少到社会必要劳动时间以下，即把商品的个别价值降低到社会价值以下，他在出售商品时就可以降低价格，如果价格降低的幅度是在个别价值之上、社会价值之下，他就既可以在竞争中处于有利地位，又可比其他资本家得到超额剩余价值。

在世界市场也是这样。不过在这里互相对立的不是劳动生产率不同的各个个别资本家，而是劳动生产率不同的各国资本家。劳动生产率高的资本主义国家，在商品生产上所花费的必要劳动量低于国际平均的社会必要劳动量，即低于国际价值，它在世界市场上出售商品时，为了争夺世界市场，可以把商品价格降低到和商品的国内价值相等，就会在竞争中处于有利地位。如果没有发生这种情况，即仍按国际价值出售商品，那么，“生产效率较高的国民劳动在世界市场上也被算作强度较大的劳动”。

名义工资在资本主义发达的国家比不发达的国家高，但实际工资不是这样

资本主义生产方式越发达，劳动生产率和劳动的国民强度就越高。劳动生产率高于平均的国际水准的国家，在同一劳动时间内能生产较多的商品，从而生产较多的国际价值。因此，“不同的国家在同一劳动时间内所生产的同种商品的不同量，有不同的国际价值，从而表现为不同的价格，即表现为按

① 在这里，是要把货币换算为金这种世界货币的。

各自的国际价值而不同的货币额”。例如，美国一个工人劳动1小时，可以织出10丈布，而葡萄牙一个工人劳动1小时，只能织出8丈布，这表明美国的劳动生产率高，同样是一小时的劳动，美国的10丈布和葡萄牙的8丈布，就有不同的国际价值。在国际市场上，如果1丈布的价格是1美元，那么，美国的10丈布就可卖10美元，而葡萄牙的8丈布只能卖8美元。这说明，同一劳动小时生产出来的商品，在美国表现为较多的货币，在葡萄牙则表现为较少的货币。“所以，货币的相对价值在资本主义生产方式较发达的国家里，比在资本主义生产方式不太发达的国家里要小。”货币的相对价值就是指单位货币所购买到的商品中所包含的劳动量。比如：在较发达的国家里，5小时生产10件产品，每件产品的国际价格为1元，5小时所体现的10件产品的国际价格为10元，1元所购得的一件产品所包含的劳动量即货币的相对价值为半小时。在不太发达的国家里，5小时生产2.5件产品，每件产品的国际价格仍为1元，则5小时所体现的2.5件产品的国际价格只有2元5角，但1元所购得的一件产品所包含的劳动量即货币的相对价值却为2小时。可见，在世界市场上，同样5个劳动小时，较发达的国家比不太发达的国家可以生产更多的商品，从而表现为较多的国际价值即较多的货币量（前者是10元，后者是2元5角），但货币的相对价值却比较小（前者是半小时，后者是2小时）。“由此可以得出结论：名义工资，即表现为货币的劳动力的等价物，在前一种国家会比在后一种国家高；但这决不是说，实际工资即供工人支配的生活资料也是这样。”

资本主义发达的国家，名义工资较高，但相对劳动价格较低，工人受剥削更重

但是，即使撇开上面所谈的不同国家货币价值的相对的差异，也常常可以发现，在资本主义较发达的国家，它的名义工资比不太发达的国家高，“而相对的劳动价格，即同剩余价值和同产品价值相比较的劳动价格，在后一种国家却比在前一种国家高”。例如，美国工人1个工作日劳动12小时，生产商品12件，每件包含新创造价值1元，共12元，日工资6元，占新创造的价值的50%，剩余价值率为100%。葡萄牙工人一个工作日劳动12小时，由于劳动生产率较低，只生产商品6件，每件也包含1元的新价值，合计为 6 元，日工资 4 元，占新创造的价值的$\frac{2}{3}$，剩余价值率为 50%。这说明，前一种国家同后一种国家相比，名义工资虽较高，但工人在所创造的产品价值中归自己的份额的比例却较小，而被资本家占有部分的比例却更大。这就是说，资本主义越发展，劳动生产率越提高，名义工资虽有提高，但资本家对工人的剥削程度却越来越大，因而较发达的资本主义国家比不太发达的资本主义国家，资本对劳动的剥削程度更大。由此可见，名义工资的大小并不能表示剥削程度的大小。

在研究较发达的资本主义国家的工资和剥削程度的关系时，我们还需要注意这样一种情况：资本主义越发达，劳动生产率越提高，劳动强度也在提高，工人为要补偿劳动力的过度消耗，需要消费较多的生活资料。因此，虽然名义工资高于不太发达的国家，但其实际工资还会低于劳动力价值，从而使劳动力只能在萎缩的状态下再生产，使无产阶级更加贫困化。为什么呢？因为衡量无产阶级的生活水平不能仅考察实际工资的绝对量，还应考察实际工资和劳动力价值的关系，即要看到实际工资能补偿劳动力的消耗的程度。如果 1 个美国工人 1 个工作日需要消费 6 件商品，而日工资 6 元的收入仅能购买 4 件商品，实际工资仅能补偿劳动力价值的$\frac{2}{3}$，而葡萄牙工人 1 个工作日需要消费 4 件商品，而日工资 4 元的收入只能买到 3 件商品，实际工资仅能补偿劳动力价值的$\frac{3}{4}$，这样，从实际工资的绝对量看，美国工人较葡萄牙工人高；从实际工资能补偿劳动力消耗的程度看，葡萄牙工人却比美国工人多。一个得到较多工资但更加不能补偿劳动力消耗的工人，比那种工资较少但劳动力消耗也较少的工人，受剥削的程度更重，生活是更加贫困的。

以上所论证的工资量发展趋势的原理，是资本主义实际经济生活的反映，连某些资产阶级代言人也不得不承认。像工厂委员会委员考威尔曾就纺纱业调查的结论说："英国的工资虽然对于工人说来可能比大陆高，但是对于工厂主说来，实际上比大陆低。"英国工厂视察员雷德格雷夫曾就英国与大陆诸国的比较统计，证明"大陆的劳动，尽管工资较低，劳动时间也长得多，但是同产品相比较，还是比英国贵”。马克思在引用资产阶级代言人的一些材料后指出：“它们根据经验知道，即使工资水平多少同中等劳动强度是相符合的，但是劳动的相对价格（同产品相比较的价格）通常是按相反方向变动的。”这就是说，劳动生产率越低，劳动强度越低，工资在产品中所占的比重就越大；反之，就越小。

对凯里的工资理论的批判

马克思对工资国民差异的分析，证明资本主义越发达，劳动生产率越提高，资本的剥削就越加强，阶级矛盾就越尖锐。而美国的资产阶级反动经济学家亨·凯里，为了抹杀资本主义剥削制度的阶级对立，粉饰阶级矛盾，却炮制了一种荒谬的工资理论，企图证明各国工资水平同各国劳动生产水平成正比例，以便由此引出资本主义工资总是随着劳动生产率而升降的结论。就是说，资本主义越发展，劳动生产率越提高，工资水平也就越提高。这样，资本主义社会就被描绘成不存在阶级对抗的、各社会集团和谐一致的美妙社会了。凯里是怎样得出这一错误的结论呢？他把毫无批判地、表面地拼凑起来的统计材料杂乱无章地罗列在一起，并对这些现象材料作种种符合于资产阶级利益的曲解。更妙的一点是，凯里认为，正是国家的干涉歪曲了这种自然的经济关系。因此，在计算国民工资时，似乎必须把工资中以税收的形式归国家所有的那一部分看作是归工人自身所有的。我们知道，资产阶级国家是代表资产阶级的意志的，是为资产阶级服务的，资产阶级通过国家机关所集中的赋税收入来实现国民收入的再分配，是为了巩固资本主义统治，进一步剥削劳动人民，怎么可以把这种国家费用同劳动人民的工资收入混为一谈呢？马克思批判地指出：凯里先生难道不应当进一步想一想，这种“国家费用”不也是资本主义发展的“自然果实”吗？接着，马克思批判了凯里在逻辑上的混乱和错误：第一，他把资本主义的生产关系当作永久的自然规律和理性规律，认为破坏这一规律的是国家的干涉；第二，他又从英国对世界市场的恶魔般的影响，来说明国家干涉是必要的；第三，他认为阶级对立这一结论，不是实际经济生活的反映，而是从李嘉图等经济学家的头脑里产生出来的；第四，他还认为破坏资本主义生产方式和谐发展的是贸易。这种混乱的逻辑，奇妙的思考，当然不可能反映资本主义现实经济关系本身。

马克思对国民工资差异的分析，虽然是从自由资本主义阶段的情况出发的，但也完全适用于垄断资本主义阶段。现实的资料证明：在最发达的资本主义国家的美国，工业中的剥削率（以工资总额除利润总额计算）随工业的发展和劳动生产率的提高而上升，1929 年为 158%，1935 年为 200%，1955 年为 235%，1958 年为 267%。剥削率的提高，说明了工资在新创造价值中所占的比例降低。在战后年代，各项指标以 1944 年为 100，到 1957 年，每个产业工人的实际工资上升 104.6，而其生产量则上升 126.3，实际工资同产量指数的比例下降 82.7。这表明，在劳动生产率和劳动强度提高的同时，与产品价值相比的工资却下降了。每个产业工人的实际工资与由劳动强度增加而引起的劳动力过度消耗相比，也是减少了。如果把产业工人的实际工资，用包括失业工人在内的工人人口平均计算，实际工资还是绝对地降低的。这些材料证明，马克思关于国民工资差异的分析，关于资本主义工资量发展趋势的分析，是完全正确的，凯里之流所宣扬的阶级调和论，完全是骗人的鬼话。

■ 马克思对工资的国民差异的分析，做出了卓越的理论贡献。

第一，对价值规律的国际应用作了精辟的分析。指出价值规律的国际应用虽然受到许多条件的影响，但其本质仍未改变，从而在国际市场上形成国际价值；并指出国际价值的应用，使发达的资本主义国家的货币相对价值较低，而名义工资较高，这是理解国民工资差异的基本理论根据，也是认识发达的资本主义国家各种经济现象的必要基础。

第二，为研究不同国家的工资水平提供了科学方法。指出单凭货币工资的大小不能真正反映工人的工资水平，必须把货币工资与实际工资相比较，把实际工资和劳动力的消耗相比较，必须从劳动生产率、劳动强度、工作日长度等因素来考察。

第三，科学地探究了资本主义工资量的发展趋势。从不同空间出发，研究资本主义发展程度不同国家的工资水平，从而推论同一国家在不同时间里工资水平的差异，得出资本主义工资量发展趋势的结论。这就进一步证明：资本主义越发展，资本对劳动的剥削就越加强，无产阶级与资产阶级的矛盾也就更加尖锐化。

第七篇

资本的积累过程

第七篇是研究资本的积累过程。什么是资本积累呢？马克思说：“我们以前考察了剩余价值怎样从资本产生，现在我们考察资本怎样从剩余价值产生。把剩余价值当作资本使用，或者说，把剩余价值再转化为资本，叫作资本积累。”① 资本积累过程就是剩余价值转化为资本的过程。

用什么方法来研究资本积累呢？马克思说：“我们首先抽象地来考察积累，也就是把积累只看作直接生产过程的一个要素。”② 这就是说，在本篇中，只从直接的资本主义生产过程来考察积累的实质，至于与积累有关的其他条件则暂时撇开。第一，把剩余价值必须通过流通过程来实现的问题撇开了。资本循环必须通过三个阶段：第一阶段，资本家用货币在商品市场上购买生产资料和劳动力；第二阶段，资本家把买到的生产资料和劳动力结合起来，进行生产，在生产出来的商品中包含原预付资本加上剩余价值；第三阶段，资本家把生产出来的商品卖出去，取得货币，把这些货币又重新转化为资本。这种连续不断的资本循环，就形成资本流通。资本流通的详细情况，是在《资本论》第二卷中进行分析，在本篇中，“假定资本是按正常的方式完成自己的流通过程的”，“既不研究资本在流通领域里所采取的那些新形式，也不研究这些形式所包含的再生产的具体条件”。第二，把剩余价值分配的各种具体形式撇开了。为什么说直接从工人身上榨取剩余价值的资本家，“是剩余价值的第一个占有者，但决不是剩余价值的最后所有者”呢？因为不同的资本家集团，

① 《资本论》第1卷，人民出版社2004年版，第668页。

② 《资本论》第1卷，人民出版社2004年版，第652页。

如产业资本、商业资本、借贷资本以及土地所有者等，都要共同瓜分剩余价值，剩余价值还要转化为利润、利息和地租等，这种情况是在《资本论》第三卷进行研究的，在本篇中暂时把它撇开，而“把资本主义的生产者当作全部剩余价值的所有者”，或只当作参加分赃的人的代表。撇开这两方面的问题以后，才便于从资本主义的生产过程考察积累的本质。

为什么可以把“剩余价值的分割和流通的中介运动”这两个问题撇开呢？第一，这些假定不会影响对积累的分析，同时也符合现实情况；第二，采取了上述假定后，更有利于对积累的分析，因为上述二种情况把积累过程的简单的基本形式搞模糊了。

第七篇除导言外，共有五章。第二十一章，研究资本主义的简单再生产，着重论述资本主义的再生产过程也就是资本主义生产关系的再生产过程。第二十二章，研究资本主义的扩大再生产，着重论述资本主义的占有方式和占有规律，批判资产阶级经济学家在扩大再生产问题上的种种错误观点。第二十三章，研究资本积累的一般规律，着重论述资本积累和资本有机构成的提高对工人阶级的影响，论述资本主义制度下无产阶级的相对贫困化、绝对贫困化和资本主义基本矛盾的激化过程。第二十四章，研究资本的原始积累，阐述资本主义生产关系形成的历史过程，揭示资本主义积累的历史趋势，提出剥夺者就要被剥夺的革命结论。第二十五章，批判资产阶级政治经济学的现代殖民理论，进一步论证了资本是在一定历史条件下产生的一种社会关系。

第二十一章

简单再生产

资本积累是以资本主义的扩大再生产作为前提条件的，扩大再生产是资本主义生产的特征。那么，马克思研究资本主义的再生产过程为什么要从简单再生产开始呢？这是因为：首先，简单再生产是扩大再生产的基础和出发点，如果没有资本主义的简单再生产，也就谈不上资本主义的扩大再生产。其次，马克思研究资本主义简单再生产的目的，是为了论证资本主义的再生产过程实质是资本主义生产关系的再生产过程，以进一步揭露资本主义的剥削实质。

（一）简单再生产

再生产的概念

什么是再生产？马克思指出："一个社会不能停止消费，同样，它也不能停止生产。因此，每一个社会生产过程，从经常的联系和它不断更新来看，同时也就是再生产过程。"这就是说，不是把生产过程当作孤立的过程来看，而是从它的经常联系和不断更新的过程来看，生产过程同时就是再生产过程。如果生产在原有的规模上重复，就是简单再生产。如果生产在扩大了的规模上进行，就是扩大再生产。

生产的条件同时也是再生产的条件

如果仅从劳动过程的角度看，生产过程就是生产物质资料的过程。进行生产必须具备人和物这两个要素，进行再生产也必须具备这两个要素。要使劳动者能够源源不断地供应劳动力，就要有一定数量的生活资料供消费。要使生产能够继续进行，还要有一定数量的生产资料。"在其他条件不变的情况下，社会在例如一年里所消费的生产资料，即劳动资料、原料和辅助材料，只有在实物形式上为数量相等的新物品所替换，社会才能在原有的规模上再生产或保持自己的财富，这些新物品要从年产品总量中分离出来，重新并入生产过程。"这就是说，简单再生产的一个必要条件是：生产过程中所消耗的生产资料，必须从当年生产的产品中得到补偿，否则，便没有简单再生产。"因此，一定量的年产品是属于生产的。"也就是说，要把年产品中的一部分作为生产资料，重新投入生产过程。可见，物质资料的生产是再生产的一个重要条件。

生产具有资本主义的形式，再生产也就具有同样的形式

人们在生产过程中必然要结成一定的生产关系，因此，从生产的社会过程的角度看，再生产过程同时也是生产关系的再生产过程。例如：在资本主义社会里，“生产具有资本主义的形式，再生产也就具有同样的形式”。在资本主义制度下，劳动过程只是表现为价值增殖过程的手段，同样，再生产过程也只是表现为把资本预付出去作为剥削剩余价值的手段。某个人之所以能作为资本家，就是因为他的货币不断地执行资本的职能，起着增殖的作用。例如，一定数量货币额的资本，在今年生产了一定量的剩余价值，在明年及以后各年必须重复同样的活动。在这里，工人创造的剩余价值作为资本的自行增殖的果实，表现为资本的收入的形式。

资本主义的简单再生

“简单再生产只是生产过程在原来规模上的重复”。如果资本家把剥削到的剩余价值全部用于个人消费，生产仍在原有规模上反复进行，那就是资本主义的简单再生产。

资本主义的简单再生产，具有资本主义生产过程的“某些新的特征”，这就是：一方面是资本的再生产，一方面是雇佣工人的再生产。这些特征，在孤立地考察资本主义生产过程时是看不出来的。下面就对这两方面进行分析。

（二）资本的再生产

可变资本的再生产

如果把资本主义生产当作孤立的过程来考察，似乎资本家支付给工人的工资，是由资本家预付出来的，只是在资本家把工人生产的商品卖掉以后，才把这部分预付的可变资本收回来。其实，这只是一种假象。为什么会产生这种假象呢？这是因为：一方面，资本家用货币作为票据付给工人，让工人从他自己生产而被资本家占有的产品中取得属于他自己的那一部分；另一方面，工人也不断地把这些票据交还给资本家，才能从资本家那里取得他所生产的产品的一部分，“产品的商品形式和商品的货币形式掩饰了这种交易”。这就是说，由于资本家不是从工人生产的产品中直接拿出一部分给工人，而是把货币作为票据付给工人，工人要用货币去购买商品，才能拿到他自己生产的那一部分产品，因而就产生了资本家把工资预付给工人的假象了。如果把资本主义的生产过程当作连续不断的再生产来考察，这种假象就消失了。我们看到，工人是在自己的劳动力发挥了作用以后才得到工资的。工人在生产过程中不仅生产了剩余价值，而且也生产了资本家付给他的报酬的可变资本，即工资部分。属于工资这部分的产品，是在工人取得工资以前就已生产出来，并被资本家占有了，工人只是在不断地再生产这种基金的时候，他才被雇用。所以，当工人把一部分生产资料转化为产品时，他以前的一部分产品就已转化为货币，“工人今天的劳动或下半年的劳动是用他上星期的劳动或上半年的劳动来支付的”。

不管在什么社会里，劳动者必须消费一定数量的生活资料，才能保证劳动力的再生产。这种劳动者所必需的生活资料基金或劳动基金，都是由劳动者自己生产出来的。如在封建社会徭役制下的农民，以一半时间在地主的田地上进行无酬劳动，以一半时间在自己的耕地上劳动，自己消费自己生产的产品，因而消费基金不需要采取工资和可变资本的形式。但在资本主义制度下，由于生产资料为资本家所占有，一方面，工人生产的产品“不断以资本的形式离开工人”，即被资本家全部占有；另一方面，工人又通过工资和商品交换的形式，再从资本家那里把这部分商品拿回来，取得必要的生活资料。劳动基金采取工资形式和商品交换形式，丝毫没有改变这种事实：工人所取得的只是自己以前生产的产品。可见，“可变资本不过是工人为维持和再生产自己所必需的生活资料基金或劳动基金的一种特殊的历史的表现形式”。这就是说，作为工资而付给工人的可变资本部分，只是资本主义社会这个特殊历史条件下劳动基金的表现形式而已。

诚然，从再生产过程看，可变资本是由工人自己生产出来的。但是，这一过程总要从某地某时开始。因此，下述的情况是可能的：资本家用于购买劳动力的货币资本曾经来自原始积累（这个问题将在二十四章论述）。然而，资本主义简单再生产还会引起一些特殊的变化：不仅可变资本是工人生产出来的，而且全部资本也是由工人生产出来。

全部资本的再生产

例如：某个资本家有 10 万元资本，每年可剥削到 2 万元的剩余价值，在简单再生产条件下，这 2 万元的剩余价值全部被资本家个人消费掉，5 年以后，他所消费的剩余价值共为 10 万元，和他原来的资本总额相等。这时候，虽然资本家手中仍然保留着 10 万元，但他能够这样，是因为他每年占有了 2 万元的剩余价值。所以从再生产过程看，全部资本都是由剩余价值转化而来的，都是由工人创造出来的。

也许资本家会辩解说：我的这些资本，在数量上没有改变，在形式上也没有改变，像厂房、机器，都是我原来用资本购买的，在开始经营的时候就已存在了，怎能说是工人创造出来的呢？"但是，这里问题在于资本的价值，而不在于资本的物质组成部分。"如果某人有 10 万元的房屋、机器等财产，又借了 10 万元的债并完全用掉，那他 10 万元的财产仅能抵偿债务，说他没有财产倒是完全确切的，因为我们在这里考察的是资本的价值。如上例，经过 5 年以后，资本家的预付资本已全部被他自己消费掉，剩下的 10 万元都是他无偿占有的剩余价值，"他的原有资本的任何一个价值原子都不复存在了"。

从资本主义简单再生产过程来考察，即使资本家最初的资本是从其他地方挣得的，但经过一个时期以后也会完全变成积累起来的剩余价值，"成为无酬的他人劳动在货币形式或其他形式上的化身"。

上述分析说明：资本主义的一切财富，包括资本家的全部资本，都是工人阶级和劳动人民创造出来的，不是资本家养活工人，而是工人养活资本家。无产阶级在夺取政权以后剥夺资产阶级的资本，把它收归国有，不过是工人阶级把被资产阶级掠夺去的一部分财产收回而已，这完全是正义的、合理的。

（三）雇佣工人的再生产

雇佣工人的再生产是资本主义再生产必不可少的条件

第四章第三节已经讲过，劳动力成为商品，是一定历史条件的产物，要使货币转化为资本，货币所有者就必须在市场上找到作为商品的劳动力。一方握有货币或一定数量生产资料、生活资料，另一方一无所有、不得不出卖劳动力，他们在市场上相遇，进行劳动力的买和卖，这时资本才产生。“所以，劳动产品和劳动本身的分离，客观劳动条件和主观劳动力的分离，是资本主义生产过程事实上的基础或起点。”但是，这种起初只是作为资本主义生产的基础或起点的事实，从再生产过程看，“就作为资本主义生产本身的结果而不断重新生产出来，并且永久化了”。一方面，作为生产过程的结果的产品被资本家占有，产品转化为资本，转化为资本家继续榨取剩余价值的手段；另一方面，每一次生产过程结束后，工人走出生产过程时又和进入这个过程以前一样，仍然是一无所有，他们为了生活，不得不继续出卖劳动力。因为工人在进入生产过程以前，就把劳动力卖给资本家，“他自己的劳动就同他相异化而为资本家所占有，并入资本中了”，因而在生产进行的过程中，他的劳动也只是对象化在别人的产品里面。所以，资本主义的生产过程是资本家消费劳动力的过程，工人的产品不断地转化为资本，转化为吸收剩余价值的价值，转化为购买劳动力的生活资料和使用生产者的生产资料。可见，工人不断地把产品当作资本，当作剥削和统治工人自己的权力来生产，而资本家同样不断地把工人当作雇佣工人来生产，也就是把工人和劳动资料分离开来，使工人继续保持在丧失生产资料不得不出卖劳动力的状态中，以便源源不断地供应劳动力，保证资本的继续再生产。“工人的这种不断再生产或永久化是资本主义生产的必不可少的条件。”

工人的个人消费是资本主义再生产的一个要素

接着，马克思进一步分析工人的个人消费同资本主义再生产的内在联系。

工人的消费有两种，一种是生产消费，一种是个人消费。从表面上看，生产消费属于资本家，个人消费则完全属于工人自己。但是，如果不是从单个资本家或单个工人来考察，而是从资本家阶级和工人阶级来考察，情况就不同了。工人的个人消费，是为资本家再生产劳动力的一种必要的手段。而劳动力的再生产，对于资本家来说，是具有极其重要意义的事情。如果没有工人的个人消费，没有劳动力的再生产，资本家就失去了剥削对象，就无法取得剩余价值了。“当资本家把自己一部分资本转变为劳动力时，他就由此增殖了自己的总资本。他一举两得。他不仅从他由工人那里取得的东西中，而且从他给工人的东西中获得利益。”这就是说，资本家用可变资本买劳动力，一方面从工人那里取得了劳动力的使用权，用来生产剩余价值；另一方面，又通过工人的个人消费，把劳动力再生产出来，“把资本用来交换劳动力的生活资料再转化为可供资本重新剥削的劳动力。这种消费是资本家最不可少的生产资料即工人本身的生产和再生产”。所以，工人的个人消费是资本生产和再生产的一个要素。虽然从工人自己看来，个人消费是为了维持自己的生存，不是为资本家，但这也不会改变问题的性质。资本家对待工人，正如饲养役畜，不是为了役畜的享受，而是为了使用它，使它成为生产过程中的必要的要素。正如以草喂牛，是为了用牛耕田一样。

从社会的角度看，工人是资本的附属物

资本家和资产阶级政治经济学家认为，在工人的个人消费中，只有维持工人生命的那个必要部分才是生产的，除此以外，工人为了自己的享受而消费的东西，都不是生产消费。这种观点是错误的。“实际上，工人的个人消费对他自己来说是非生产的，因为这种消费仅仅是再生产贫困的个人；而对资本家和国家来说是生产的，因为它生产了创造他人财富的力量。”因此，从社会的角度看，从再生产的角度看，工人的个人消费也应纳入资本主义的再生产过程。工人的“个人消费一方面保证他们维持自己和再生产自己，另一方面通过生活资料的耗费来保证他们不断重新出现在劳动市场上”。从社会的角度看，工人和死的劳动工具一样是资本的附属物。“罗马的奴隶是由锁链，雇佣工人则由看不见的线系在自己的所有者手里。”因为在资本主义的饥饿纪律下，工人不把劳动力出卖给资本家就不能生存。但是，从表面上看，工人出卖劳动力似乎是自由的、平等的。“他的独立性这种假象是由雇主的经常更换以及契约的法律拟制来保持的。”这就是说，工人可以把劳动力卖给这个资本家，也可卖给另一个资本家，即可以自由地出卖劳动力；但是工人并没有不出卖劳动力的自由，没有不受剥削的自由，无论如何，他都要出卖劳动力，要受资本家的剥削，不管是在哪个资本家的工厂里劳动，总是隶属于整个资产阶级的。马克思还以英国棉纺织厂资本家反对工人迁往国外来说明“资本对劳动力的所有权”。

“工人阶级的再生产，同时也包括技能的世代传授和积累。”在资本家看来，熟练劳动力的存在是自己的生产条件，也是自己的可变资本的实际存在，所以资本家极其重视熟练劳动力。在经济危机时期，这一点就会明显地表现出来。如 1863 年由于棉荒而引起英国一些棉纺织企业倒闭，一部分纺织工人失业，对这些失业的熟练工人如何处置，曾经引起激烈的争论。从工人阶级中和一些其他社会阶层中发出呼声，要求设法把这部分失业工人移往国外。资产阶级的代表极力反对这种做法，他们叫嚷工人“是有智慧的和受过训练的力量，不是在一代之内就能替换的”，“如果鼓励或允许〈!〉劳动力迁往国外，那资本家怎么办呢?”他们指责移民的办法是愚蠢的，是“自杀性”的计划。在资产阶级看来，工人只是隶属于资本的活机器。

资本主义生产关系的再生产

由上可见，“资本主义生产过程在本身的进行中，再生产出劳动力和劳动条件的分离。这样，它就再生产出剥削工人的条件，并使之永久化”。在再生产过程中，不断地把工人生产的产品转化为资本，转化为剥削剩余价值的手段；不断地把工人作为劳动力的卖者，投入商品市场。“它不断迫使工人为了生活而出卖自己的劳动力，同时不断使资本家能够为了发财致富而购买劳动力”，使工人在经济上永远隶属于资本。“工人经济上的隶属地位，是通过他的卖身行为的周期更新、雇主的更换和劳动的市场价格的变动来实现的，同时又被这些事实所掩盖。”

“可见，把资本主义生产过程，在联系中加以考察，或作为再生产过程加以考察时，不仅生产商品，不仅生产剩余价值，而且还生产和再生产资本关系本身：一方面是资本家，另一方面是雇佣工人。”这就是说，资本主义的生产过程，不仅是物质资料的再生产过程，而且是资本主义生产关系的再生产过程。它一方面不断生产出资本和资本家，另一方面又不断生产出雇佣工人。资本主义的再生产过程，是物质资料再生产和资本主义生产关系再生产的统一。这就是马克思研究资本主义简单再生产时所作的重要结论。

■ 在这一章中，马克思从分析资本主义简单再生产出发，深刻阐述了资本主义的再生产过程也就是资本主义生产关系的再生产过程。通过理论分析，马克思作出了重要的结论：第一，不仅可变资本，而且全部资本，都是由剩余价值转化而来的，都是工人创造的，因此，无产阶级夺取政权后，剥夺资本家的资本，消灭资本主义的生产资料私有制，是完全必要和合理的事情。这样就深刻地批判了私有财产神圣不可侵犯的这个传统的剥削阶级观点，为无产阶级的革命行动提供了强有力的理论根据。第二，既然资本主义再生产过程就是资本主义生产关系的再生产过程，资产阶级对工人阶级的剥削关系就是资本主义制度本身的产物，工人阶级要摆脱被剥削被压迫的命运，就不能采取改良的方法，而必须进行无产阶级革命，推翻资本主义制度，彻底改变资本主义的生产关系，建立起新的社会主义的生产关系。这样，就有力地批判了“阶级调和论”“和平进入社会主义”等修正主义谬论，为无产阶级革命指出了正确的道路。

第 二十二 章

剩余价值转化为资本

从第二篇到第六篇研究资本如何剥削剩余价值，第七篇研究剩余价值又如何转化为资本。现在研究的资本，是从再生产的角度来考察的。上一章从简单再生产的角度来看资本，就会发现，尽管资本的最初来源各有不同，经过一个时期以后，它无非都是剩余价值的转化，虽然在量上还没有改变。本章从扩大再生产的角度来看资本，就会发现，资本不断因剩余价值资本化即资本积累而增大。上一章只分析旧资本价值的再生产，本章则分析从剩余价值转化而来的新资本的形成，重点是考察这种新资本形成的性质和决定这种资本量增长的各种因素。

本章共分五节，第一节，论证剩余价值如何转化为资本，商品生产的所有权规律如何转化为资本主义占有的规律。第二节至第五节，都是对资产阶级政治经济学的批判。第二节批判古典学派认为转化为资本的剩余价值全部都成为可变资本的错误；第三节批判资产阶级经济学的所谓“节欲说”，同时还论证资本积累的客观必然性；第四节继续批判所谓“节欲说”，着重分析影响积累规模的诸因素；第五节批判资产阶级经济学的所谓“劳动基金”的学说。一般说来，第一节与第四节是比较难读的，但又是本章中的重要部分。

1. 规模扩大的资本主义生产过程。商品生产所有权规律转变为资本主义占有规律

(一) 资 本 积 累

资本积累的概念

扩大再生产是在规模扩大的情况下进行的。从一般的过程来考察，要把生产规模扩大，就必须使年产品除去补偿已消耗的物质资料外，还有一部分节余用于再生产。要进行资本主义的扩大再生产，则必须把剩余价值转化为资本。

我们假设，资本家预付了 10 万元的资本，以其中 8 万元作为不变资本，2 万元作为可变资本，剩余价值率为 100%，剩余价值为 2 万元，则全部产品价值为 12 万元。如果资本家不把剩余价值用于个人消费，而把它积累起来，当作资本，投入生产，就会使生产规模扩大，这种“把剩余价值当作资本使用，或者说，把剩余价值再转化为资本，叫作资本积累”。所以资本主义扩大再生产是以资本积累为特点的。

当然，2 万元的剩余价值必须表现在一定量的剩余产品中，例如，表现在 2000 磅棉纱中。从这 2000 磅棉纱本身来看，它只代表 2 万元的价值，究竟它体现的是不变资本，是可变资本，还是剩余价值？我们是看不出也嗅不出的。“一个价值是剩余价值这一点，表明这一价值怎样来到它的所有者手里，但是丝毫也不能改变价值或货币的本性。”这就是说，这 2000 磅棉纱虽然是 2 万元剩余价值的体现物，但这 2 万元货币的性质或价值的性质，依然不会改变；也就是说，资本积累本身不会改变价值和货币的性质，无非是把这一部分价值放在一定的生产关系中，使它起着资本的作用而已。因此，把 2000 磅棉纱卖出，取得 2 万元货币，如以其中 1.6 万元购买生产资料，以 4000 元雇佣工人，则 2 万元的剩余价值就转化为资本，发挥资本的职能，在下一个生产过程中，这一部分追加

的资本又可带来 4000 元的剩余价值。

这样，我们就看出资本价值和转化为资本的剩余价值之间的不同点。资本价值首先是以货币形式预付的，而转化为资本的剩余价值，则首先以剩余产品的形式存在。把剩余产品出售以后，剩余价值才取得货币形式。“从这时候起，资本价值和剩余价值二者都成了货币额，并且以完全相同的方式重新转化为资本”。这时候，资本价值与转化为资本的剩余价值，就合二为一，不再有所区分了。资本家把这二者都用来购买商品，即购买生产资料和劳动力，以便在扩大的规模上重新开始商品生产。

资本积累的条件

把剩余价值或其中的一部分，不用于资本家的个人消费，而用于扩大再生产，必须具备一定的物质条件。

市场上流通的商品，是年生产基金的一部分。这些年生产基金，“已经存在于由各个单个资本的总额或社会总资本在一年中转化成的各种物品的总额中了，而每个资本家只占有其中的一个相应部分”。通过在市场上的交换，产品从一个人的手里转到另一个人的手里，这既不能增大年产品的总额，也不能改变产品自身的性质；但正是由于交换，使年产品中的一部分补偿该年已消耗的生产资料，另一部分供给工人所需的生活资料，这就是补充一年中消费掉的不变资本和可变资本的物质成分。年产品除去以上成分后，留下的部分就是剩余价值依以体现的剩余产品。如果这部分剩余产品全是满足资本家需要的消费品，它就只能为资产阶级所消费，而不能当作资本积累起来。要使剩余价值能转化为资本，必须使这部分剩余产品在物质形式上能作为追加的生产资料和生活资料。所以马克思说：“如果不是出现了奇迹，能够转化为资本的，只是在劳动过程中可使用的物品，即生产资料，以及工人用以维持自身的物品，即生活资料。”“总之，剩余价值所以能转化为资本，只是因为剩余产品（它的价值就是剩余价值）已经包含了新资本的物质组成部分。”显然，即使把剩余产品销售后取得货币，如果买不到生产资料和生活资料，这种追加的货币就无法投入生产过程，因而不可能转化为剥削别人劳动手段的资本。

要扩大再生产，除了必须有追加的生产资料和生活资料外，还必须有追加的劳动。如果追加的生产资料不与追加的劳动相结合，不由追加的劳动来推动它，是无法进行生产的。这种追加的劳动，可从已经被使用的工人身上用加强剥削的方法来得到，即或者在外延方面延长劳动时间，或者在内涵方面提高劳动强度。如果工作日和劳动强度不变，就必须有追加的劳动力，即追加的新工人。这种追加的劳动力，资本主义制度本身已把他们生产出来了。这是因为：第一，工人除出卖劳动力取得工资、维持较低的生活水平外，不可能占有生产资料，单独进行生产，这样，资本主义就会把工人阶级当作靠工资过活的阶级再生产出来，从而使他们必须源源不断地出卖劳动力。第二，在通常情况下，工人所取得的工资能维持本身和家属子女的生存，使资本家能够源源不断得到追加的劳动力。把追加的劳动力和追加的生产资料合并起来，剩余价值向资本的转化就完成了，这就出现了规模扩大的再生产。“具体说来，积累就是资本以不断扩大的规模进行的再生产。”

追加资本的来源

从资本积累的过程看，更加表明了资本的真正来源。例如，10 万元资本取得 2 万元剩余价值，2 万元剩余价值转化为资本又取得 4000 元剩余价值，4000 元剩余价值再转化为资本又取得 800 元剩余价值，如果说原有的 10 万元资本有种种不同的来源（马克思在第二十四章分析了这种原始资本的来源），那么以后追加的 2 万元、4000 元、800 元的资本，情况就完全不同了，它们都是剩余价值的化身，都是新形成的资本。“它一开始就没有一个价值原子不是由无酬的他人劳动产生的。合并追加劳动力的生产资料，以及维持这种劳动力的生活资料，都不外是剩余产品的不可缺少的组成部分，即资本家阶级每年从工人阶级那里夺取的贡品的不可缺少的组成部分。”资本家以其中一部分作为可变资本，以工资形式付给工人，实质上是“用从被征服者那里掠夺来的货币去购买被征服者的商品”。如果说，在简单再生产的情况下，假使资本家最初预付的资本不是依靠剥削得来的，但在经过一个或长或短的时期也会完全变成资本化的剩余价值，那么，在扩大再生产的情况下，任何一个追加的资本，在一开始时就已是资本家无偿占有的剩余价值。

马克思在第 13 段中指出了三种情况。第一，“如果追加资本所雇用的就是把它生产出来的人，那么他们首先必须继续使原有资本增殖，其次要对自己过去劳动的产品用比它所费劳动更多的劳动买回来”。这就是说，如果生产扩大，资本追加，但不增加工人人数，只是由原有的工人用延长劳动时间或提高劳动强度的方法，提供追加的劳动量，这时的工人，一方面，要在原有的时间内，继续为原有资本生产剩余价值；另一方面，在追加的劳动时间内为追加资本生产剩余价值。当然，在这追加的劳动时间内，工人也会得到报酬，取得一定量的生活资料；而这些生活资料正是他过去劳动的产物，为资本家无偿占有，这个部分现在转化为可变资本了。工人要取得这一部分（生活资料形式上的可变资本），仅付出过去生产这些生活资料的时间是不够的，还要为它生产剩余价值，这就是“要对自己过去劳动的产品用比它所费劳动更多的劳动买回来”的意思。第二，如果资本家用过去所剥削到的无酬劳动来雇用追加的工人，问题的实质也不会有丝毫改变，就是说，追加资本仍然是工人的无酬劳动创造的。第三，资本家把追加的资本转化为机器，而机器又把这种追加资本的生产者抛向街头，只用几个儿童来代替他们。在以上三种场合下，“工人阶级总是用他们这一年的剩余劳动创造了下一年雇用追加劳动的资本”。这就是说，工人在今年所创造的剩余价值，成为明年资本家剥削工人的追加资本，“这就是所谓‘资本生资本’”。

从资本积累中我们清楚地看到：“现在，对过去无酬劳动的所有权，成为现今以日益扩大的规模占有活的无酬劳动的唯一条件。”这就是说，过去所剥削的剩余价值转化为资本，就成为现在依不断扩大的规模来剥削剩余价值的唯一条件。资本家的资本愈多，所雇用的工人愈多，所剥削的剩余价值量愈大，其中转化为资本积累的部分也就愈多，这就是：“资本家已经积累的越多，他就越能更多地积累”。

（二）商品生产所有权规律转变为资本主义占有规律

从商品生产所有权规律到资本主义占有规律的转变

资本主义的占有方式和占有规律是本节的主要问题。

从形式上看，作为追加资本的剩余价值，只是原资本的一部分，即可变资本购买劳动力的结果。没有可变资本购买劳动力，就不可能剥削到剩余价值，当然也不可能把剩余价值转化为资本。但是，这种用可变资本购买劳动力商品的形式，是以交换双方即货币所有者和劳动力商品所有者对自己所有物的价值有自由支配权作为前提，在交换时，一方让渡货币，另一方则出卖了劳动力。这种交换，“始终符合商品交换的规律，资本家总是购买劳动力，工人总是出卖劳动力”，所以从形式上看，资本对劳动力的购买，同简单商品的交换一样，都是以承认商品生产的所有权作为前提的。

从内容上看，资本对劳动力的购买，已不仅是简单商品生产的所有权一般转移的问题，而是资本对无偿劳动的占有。因为第一，用来购买劳动力的这种可变资本，只是资本家未付给报酬而无偿占有的剩余产品的一部分，即剩余价值转化为资本的一部分，实质上是用工人自己生产的产品来购买劳动力。第二，这个可变资本部分虽已付给工人，但还必须由工人来补偿，“在补偿时还要加上新的剩余额”，即提供剩余价值。可见，在资本与劳动力交换的过程中，资本不仅利用工人过去的无酬劳动来购买劳动力，还从所购买的劳动力的使用中占有新的剩余价值，形式上的所有权的转变掩盖着内容上的资本对过去和现在的剩余劳动的无偿占有。马克思说：“资本家和工人之间的交换关系，仅仅成为属于流通过程的一种表面现象，成为一种与内容本身无关的并只是使它神秘化的形式。劳动力的不断买卖是形式。其内容则是，资本家用他总是不付等价物而占有的他人的已经对象化的劳动的一部分，来不断再换取更大量的他人的活劳动。”

从简单商品生产来看，所有权是建立在自己劳动的基础上的。作为买卖双方对立的，都是其商品的所有者，只有让渡自己的商品，才能占有别人的商品，而自己的商品必须依靠自己的劳动生产出来，这就不可能无偿占有别人的劳动或产品。可是在资本主义制度下，商品的所有权规律却转化为资本占有的规律了，“现在，所有权对于资本家来说，表现为占有他人无酬劳动或它的产品的权利，而对于工人来说，则表现为不能占有自己的产品”。因为工人丧失生产资料，不可能在生产过程中占有产品，只能由出卖劳动力而取得工资；资本家在占有工人所创造的产品中，除去补偿他预付的资本以外，还取得剩余价值，以其中一部分积累起来，当作资本，再用来购买工人的劳动力，实质上是用工人自己的劳动来支付给工人自己，资本家却无偿地占有剩余价值并把它作为剥削工人的手段。可以说，同简单商品生产的占有方式正好相反，资本主义的占有方式只是简单商品生产的占有方式的否定。这说明它们之间是有区别的，这种区别是由私有制性质的不同所引起的。因为简单商品生产的私有制使劳动者能占有自己的劳动成果，而资本主义的私有制使劳动者不可能占有自己劳动的成果。但是，从另一方面说，资本主义的占有方式不仅是简单商品生产占有方式的否定，而且也是简单商品生产占有方式发展的必然归结。为什么呢？简单商品生产的发展，必然引起资本主义关系的产生，特别是劳动力成为商品后，商品的所有权规律才得以转化为资本主义占有的规律；没有简单商品交换的发展，不可能有劳动力成为商品这一资本主义关系的产生，当然也不可能产生资本主义的占有。因此，我们不能只看到二者之间的区别，还要看到它们之间的联系。

这一转变，并不是价值规律的破坏，而是由于对价值规律的应用

商品生产所有权规律转化为资本主义占有规律，好像是对价值规律的破坏，因为等价交换的原则和资本主义无偿占有别人劳动好像是矛盾的。但是实质上，这并不是对价值规律的违反，“相反地，是由于这些规律得到应用”。

为什么呢？从资本对劳动力的购买关系来看，他们双方都是依照价值规律来进行的。工人出卖自己的劳动力，取得它的价值，即工资；资本家购买劳动力，支出他的可变资本，从而取得劳动力的使用价值，即劳动。在这里，看不出对价值规律有任何违反或破坏。

那么，资本家无偿占有的剩余劳动的部分是从哪里来的呢？我们知道，产品价值首先包含所费的生产资料的价值，即对象化劳动部分；其次，还包含新创造的价值，即劳动力价值的等价和剩余价值。剩余价值是工人的劳动所创造的价值超过劳动力价值以上的多余部分，它是由于“劳动力这种特殊商品具有独特的使用价值，它能提供劳动，从而能创造价值”这一事实所产生的。资本家所以能占有剩余价值，并不是由于用不等价的方式来购买劳动力，而只是由于买者在消费这种商品的过程中得到更大的价值。交换规律只要交换的商品价值相等，而对这一商品的消费，是在买卖行为结束后才开始，与交换规律本身是没有任何关系的。所以资本家对剩余价值的无偿占有，不仅不是对价值规律的破坏，毋宁说是依靠对价值规律的应用，即依靠等价的原则购买到劳动力这一商品，才能实现其对剩余劳动的占有。因为资本消费劳动力的结果是：一、产品属于资本家，而不属于工人；二、在产品价值中包含有剩余价值，那是由工人所创造、为资本家无偿占有的；三、工人为了维持劳动力的再生产，必须继续不断地出卖其劳动力。这样，在劳动力的不断买卖（这一买卖都是依价值规律进行的）中，资本家不断地占有剩余价值，因此，价值“规律并没有遭到违反，相反地，只是得到不断发生作用的机会”。

从孤立的生产过程看不出这一转变，如从再生产过程看，这一转变就表现出来了

不管是简单再生产，还是扩大再生产，如果仅仅从孤立的生产过程看，不能发现商品所有权规律到资本占有规律的转变，看不出资本主义占有的实质；只有从再生产过程看，这一转变才表现出来。

为什么从孤立的生产过程看不出资本主义占有规律呢？因为在孤立的商品生产中，互相对立的仅仅是彼此独立的卖者和买者，经过一次买卖，他们的关系就会结束。如果同一买者和同一卖者再次碰在一起，那完全是偶然的事情。在这里，我们当然看不出现在付给劳动力价值的工资是由上一次工人所创造的剩余价值转化而来的。“因为买卖只是在个别人之间进行，所以不可能在这里去寻找整个社会阶级之间的关系。”

如果从再生产的过程看，“尽管每一个单独考察的交换行为仍遵循交换规律，但占有方式却会发生根本的变革，而这丝毫不触犯与商品生产相适应的所有权”。这就是说，虽然个别的交换行为是按照价值规律进行的，但从不断的再生产过程看，资本家却不断地占有剩余价值，产生了与简单商品生产占有方式（即生产者占有自己的产品）完全不同的资本主义占有方式（即资本家占有别人劳动的产品），这就是在占有方式上的“根本的变革”。所以，资本主义的占有规律只有在再生产过程中才能表现出来。

以上的转变是由劳动力成为商品才引起的

“一旦劳动力由工人自己作为商品自由出卖，这种结果就是不可避免的。”这就是说，从劳动力成为商品的时候起，才不可避免地使商品生产所有权规律转变为资本主义占有规律。为什么呢？劳动力成为商品以后，商品生产就普遍化了，每一个产品都是为了出卖而生产，都必须当作商品投入市场，资本家正是由于购买了劳动力这一商品，并生产和出卖了商品，才剥削到在使用劳动力的过程中所创造的剩余价值，从而产生了资本主义的占有。“商品生产按自己本身内在的规律越是发展成为资本主义生产，商品生产的所有权规律也就越是转变为资本主义的占有规律。”在这里，历史的进程和逻辑的发展是完全一致的。

从再生产过程看，全部预付资本都是剩余价值的转化

前面的分析说明，在再生产过程中，全部预付资本都是由剩余价值转化来的，是资本主义占有规律发生作用的结果。我们在第二十一章中已经看到：在简单再生产的情况下，资本家的预付资本，不管有怎样的来源，经过一定时期以后都转化为积累资本或资本化的剩余价值。本章又告诉我们：在扩大再生产的情况下，追加的资本完全是剩余价值资本化的结果，工人所创造的剩余价值不断地转化为资本并为资本家所占有。因此，“在生产的巨流中，全部原预付资本，与直接积累的资本即重新转化为资本（不论它是在积累者手中，还是在他人手中执行职能）的剩余价值或剩余产品比较起来，总是一个近于消失的量（数学意义上的无限小的量）”。这就是说，把原来预付的资本与剩余价值转化的资本相比较，原来预付的资本只是一个微不足道的量。可见，全部资本都是由剩余价值转化来的。有些资产阶级经济学家把资本说成是“用来重新生产剩余价值的积累起来的财富”，或把资本家说成是“剩余产品的占有者”，虽然是从现象出发，但也接触到了这一重要问题。

2. 政治经济学关于规模扩大的再生产的错误见解

古典学派在资本积累问题上比货币贮藏者的偏见前进了一大步

在这一节里，马克思对古典学派政治经济学关于资本积累的观点进行了批判。

“在资产阶级经济学看来，具有决定性重要意义的是，宣布资本积累是每个公民的首要义

务，并谆谆告诫人们，如果把全部收入吃光用尽，而不把其中相当的一部分用来雇用追加的生产工人，让他们带来的东西超过他们耗费的东西，那就不能积累。”从古典学派提倡资本积累并把它继续投入生产这一观点来说，是比货币贮藏者的偏见前进了一大步。货币贮藏者主张把货币贮藏起来，使它的现有的实物形式免遭破坏。这种单纯的贮藏，不会使货币生出货币，不会使货币变成资本并增殖价值，是十足的愚蠢行为。从资本家看来，货币贮藏意味着商品积累，“大量商品的积累是流通停滞或生产过剩的结果”，反而使积累起来的货币遭受损失。所以，不把积累起来的货币用于贮藏，而当作资本投入生产，这一观点是正确的，因为它反映了当时资本主义生产的客观要求。马克思还指出，在生产过程中必须留有一定的储备，这“是一切生产方式所共有的”。这一观点对于制定社会主义的国民经济计划也有指导作用。

古典学派在资本积累问题上的错误见解

亚当·斯密认为，积累过程的特点是剩余产品由生产工人消费，而不是由非生产工人消费。“这一点是对的。但它的错误也正是从这里开始。”为什么呢？这种看法实质上是说，一切转化为资本的剩余价值，全部用来购买劳动力。这是错误的。我们知道，剩余价值转化为资本以后不是全部用来购买劳动力，而是分割为不变资本与可变资本，以其中一部分购买劳动力，以另一部分购买生产资料，使工人进行劳动，消费生产资料，才能进行生产；如果仅用于购买劳动力，没有生产资料，工人不可能与生产资料相结合，就不会有生产过程。斯密也看到这一点，但又作出一个荒谬的结论：虽然每一单个资本都是用于购买生产资料和劳动力，但社会资本只分解为可变资本，或者说，只用来支付工资。他是这样推论的：例如，一个呢绒厂主把2000镑转化为资本。他把这些货币的一部分用来雇织工，另一部分用来购买毛纱和织毛机等等。而把毛纱和织毛机卖给他的人，又把其中的一部分用来支付劳动，依此类推，直到2000镑完全用于支付工资，或者这2000镑所代表的全部产品都由生产工人消费掉。斯密这种由一个企业到另一个企业的推论，是极其荒唐的。事实上，无论个别资本或社会资本，都不会只转化为可变资本，而总是一部分转化为可变资本，一部分转化为不变资本。斯密的“依此类推”，推来推去还是不能解决问题。

古典学派的这一错误观点，是代表资产阶级利益，为资本家辩护的。它的目的是要说明资本积累对工人阶级“有利”。因为如果把积累起来的资本全部用来购买劳动力，资本积累的结果必然会增加对劳动力的需要，引起工资的提高，这样，资本越积累，对工人就会越有利。这完全是对工人的欺骗，是为资本家的利益作辩护。

3. 剩余价值分为资本和收入。节欲论

剩余价值分割为资本与收入的比例，决定积累量的大小

前一章所研究的，是资本主义的简单再生产，在那里假定，剩余价值全部为资本家个人消费掉，不把它转化为资本；本章所研究的，是资本主义的扩大再生产，在这里假定，剩余价值全部被资本家积累起来，而不用于个人消费。但在实际生活中，剩余价值不仅仅是前者，也不仅仅是后者，而是二者兼而有之。资本家把剩余价值的一部分用于个人消费，把另一部分当作资本积累起来，这样，剩余价值就分为资本和收入。

必须注意，“收入”一词有双重用法，马克思在第 682 页注(33)中作了说明。从广义方面说，剩余价值全部都是资本家的收入；从狭义方面说，剩余价值中除去积累部分以外，为资本家个人直接消费掉的部分才称为收入。马克思在这里是从后一意义上来使用“收入”一词的。

既然剩余价值分为资本与收入这两部分，那么，“在剩余价值量已定时，这两部分中的一部分越大，另一部分就越小。在其他一切条件不变的情况下，这种分割的比例决定着积累量”。这就是说，积累的规模取决于这种分割比例的大小。例如，有剩余价值 10 万元，如资本与收入的分割比例为 6∶4，即可积累 6 万元，如分割比例为 8∶2，即可积累 8 万元。当然，这里所说的分割比例决定着积累规模，是以剩余价值量已定为前提的，如果剩余价值量增加或减少，即使分割的比例已定，积累的规模也会变化。马克思在下一节专门论证几种影响剩余价值量的因素如何决

定积累的规模。

把剩余价值分割为资本与收入的比例，没有固定的标准，而是随资本家的个人意志而转移。但是资本家决不会把全部剩余价值都用于个人消费，他必须把其中一部分积累起来，这又是由资本主义的客观经济规律所决定的。

资本积累的客观必然性

资本积累的客观必然性，首先是由资本家生产的目的决定的。资本家生产的动机，“不是使用价值和享受，而是交换价值和交换价值的增殖”。资本家“作为价值增殖的狂热地追求者，他肆无忌惮地迫使人类去为生产而生产，从而去发展社会生产力”，因为只有生产的不断扩大，生产力的不断提高，才能提供更多的剩余价值。所以资本家和货币贮藏者是不同的，货币贮藏者绝对的致富欲，在于贮藏更多的货币，这“表现为个人的狂热”；而资本家绝对的致富欲，在于把剩余价值转化为资本，以便取得更多的剩余价值，从而推动着生产的扩大和发展，“在资本家那里却表现为社会机制的作用，而资本家不过是这个社会机制中的一个主动轮罢了”。正是由于这个主动轮的作用，使资本主义生产不断扩大和发展，一方面源源不断地剥削到更多的剩余价值，并以其一部分转化为资本，另一方面使生产更加社会化，这就“为一个更高级的、以每一个个人的全面而自由的发展为基本原则的社会形式建立现实基础”，即为社会主义社会创造出物质条件，这是资本家所意想不到的客观必然结果。

资本积累的客观必然性，又是由竞争规律所决定的。“竞争使资本主义生产方式在内在规律作为外在的强制规律支配着每一个资本家。竞争迫使他不断扩大自己的资本来维持自己的资本，而他扩大资本只能靠累进的积累”。因为大企业比中小企业具有许多优越性，中小资本家为了避免在竞争中破产的命运，必须扩大企业规模，而扩大生产规模要依靠资本积累。这样，资本家追求剩余价值的内在规律，又为竞争这一外部强制的规律所规定，支配着每个个别资本家，使资本的不断积累成为客观发展的必然趋势。

既然资本积累是资本主义发展的客观必然性，资本家用于个人的消费愈多，积累就会相应减少，所以，就资本家的行动只是执行资本的职能来说，他的私人消费也就成了对他的资本积累的掠夺。但“积累是对社会财富世界的征服。它在扩大被剥削的人身材料的数量的同时，也扩大了资本家直接和间接的统治”。这就是说，积累使生产扩大，使被剥削的工人人数增加，从而也就扩大了资本家对工人直接的和间接的统治。

资本积累和资本家的享受是同时增长、并行不悖的

在对待个人消费与积累资本的关系上，现代化的资本家和古典的资本家是不同的。“古典的资本家谴责个人消费是违背他的职能的罪恶，是对积累的‘节制’”。就是说，个人消费多了，就会使积累相应减少，就会妨碍积累。怎样解决这种享受欲与致富欲的矛盾呢？他们主张降低个人的享受来增加积累，因而把个人消费看成是违背自己职能的罪恶。“而现代化的资本家却能把积累看作是对自己的享受冲动的‘禁欲’。”这意思就是说，现代化的资本家解决了这种享受欲和致富欲的矛盾，既扩大了积累，又大大增加了享受。马克思把“禁欲”二字加上引号，是作为反义词来用的，是对资本家辛辣的嘲讽。

现代化的资本家怎样解决享受欲与致富欲的矛盾呢？这是通过增加剩余价值量的剥削，并把奢侈作为致富的手段而达到的。“资本主义生产的进步不仅创立了一个享乐世界；随着投机和信用事业的发展，它还开辟了千百个突然致富的源泉”。例如：在交易所里，可以买空卖空，一转手间取得巨大利润。这种投机活动与信用制度的发展分不开。为了取得别人的信任，必须表示自己的基金雄厚，表示自己的豪华与阔绰。所以，“在一定的发展阶段上，已经习以为常的挥霍，作为炫耀富有从而取得信贷的手段，甚至成了‘不幸的’资本家营业上的一种必要”。这样，奢侈不但是资本家满足享受欲的需要，而且是资本家取得信用、进行投机、以便攫取更多的剩余价值的手段。因此，“奢侈被列入资本的交际费用”。由此可见，资本家的积累和货币贮藏者是不同的。货币贮藏者的财富的增加，同他自己的个人劳动和个人消费的节约成比例。资本家的积累则不同，他们所积累的资本的增加，既不取决于自己的劳动，也不完全取决于个人消费的节约，而是取决于“榨取别人的劳动力的程度”，即剥削了多少别人的剩余劳动。只要剩余价值量增加，虽然个人消费的收入部分增加了，积累的资本还是会增加的。因此，资本家的挥霍和封建主的挥霍是不同的。封建主的挥霍“是直截了当的”，纯粹为了享受。而资本家的挥霍，“在它的背后总是隐藏着最肮脏的贪欲和最小心的盘算”，这就是通过奢侈浪费，讲阔绰，摆排场，取得信用，进行投机，以便攫取更多的利润。这样，挥霍浪费虽多，但由于剩余价值量增加，积累的资本量仍会增大，所以“资本家的挥霍仍然和积累一同增加，一方决不会妨害另一方”。

在第 7—9 段里，马克思引用英国艾金医生的意见，从资本主义的发展过程来说明，资本家的致富欲和享受欲的矛盾是怎样解决的。他把曼彻斯特的工业划分为四个时期，在第一个时期，资本家的利润很低，为了积累不得不“大大节俭”，但他们主要还是靠剥削学徒使他们忍饥挨饿而大发横财的。到了第二个时期，资本家赚到的财产还是少量的，他们还过着和过去一样俭朴的生活。在第三个时期，奢侈开始了。第四个时期，“是穷奢极欲，大肆挥霍的时期，这是靠扩大营业来维持的”。这说明：资本主义越发展，剥削到的剩余价值量越多，一方面积累的资本就越多，另一方面资本家的挥霍浪费也越大，资本的积累和资本家的享受，是同时增长、并行不悖的。

对积累和收入的认识，古典学派和马尔萨斯是不同的

对积累和收入的认识，古典学派和马尔萨斯是不同的。

“为积累而积累，为生产而生产——古典经济学用这个公式表达了资产阶级时期的历史使命。”他们主张无止境地扩大生产。“在古典经济学看来，无产者不过是生产剩余价值的机器，而资本家也不过是把这剩余价值转化为追加资本的机器”，因而无产者同资本主义生产中所使用的机器和所生产的商品是没有任何区别的，对于“社会”来说，重要的只是利润量的增大。由此他们反对一切阻碍生产发展的力量。古典学派的这种主张反映了资本主义生产方式的特征，表现出资本主义生产方式的历史使命。但这种无止境地扩大生产的主张是建立在不正确的理论上的。他们看不出资本主义生产的发展是在矛盾冲突中实现的，看不出生产的扩大必然使无产阶级贫困化并产生经济危机；只是片面地强调积累的增加，生产的扩大，追求利润会成为扩大生产的刺激，这样，古典学派就把错误观点同发展社会生产力的进步要求结合在一起。

英国的庸俗经济学家马尔萨斯，代表地主阶级的利益，提出了“第三者”的理论。他主张把社会上的人分成三个等级，即地主、资本家和工人。他认为资产阶级处于中间地位，一方面，上层阶级对他有引诱，他希望上升；一方面，无产者的地位对他有威胁，他害怕下降。这种上升的希望和下降的恐惧，使资本家拼命进行积累。这样，为积累而积累，就成为资本家的本性，成为资本家的任务，而挥霍浪费的任务则由地主等人承担起来，成为驱使资本家积累的力量，所以他说，最重要的就是“把支出欲和积累欲分开”。

马尔萨斯的上述观点，即资本家担负积累的任务、地主担负挥霍的任务的观点，受到了那些早就变得享乐成性的资本家的反对。他们的代言人之一，一个李嘉图派指出：如果按照马尔萨斯的上述主张去做，生产不但不会得到促进，反而会受到阻碍。“而且让一部分人过着游手好闲的生活，只是为了去鞭策另一些人，这也不是十分公正的。”虽然他认为用地主瓜分资本家剥削到的剩余价值的办法来刺激工业资本家去积累是不公正的，但他又觉得，要使工人勤勉地劳动，必须尽可能地把工人的工资减到最低限度。这种既反对地主瓜分剩余价值，又主张加强对工人剥削的立场，反映了新兴的产业资本家和保守的地主势力之间的矛盾和斗争，也反映了资本家的本性是要残酷剥削工人。

对西尼耳节欲论的批判

李嘉图派和马尔萨斯关于工业资本家和游手好闲的土地所有者之间如何瓜分剩余价值、如何有利于积累的争论，在法国七月革命时期平息下去了。1830 年法国的七月革命，打破了贵族和僧侣在法国重建封建专制制度的企图，大资产阶级攫取了革命胜利的果实，代表地主阶级立言的马尔萨斯等人也就因此不再争论了。但是随之而来的资本家在社会上占据统治地位，资本主义社会巩固地建立起来了，无产阶级和资产阶级之间的矛盾成为社会的主要矛盾。随着资本主义矛盾的发展，无产阶级反对资产阶级的斗争也发展起来。七月革命后不久，“城市无产阶级在里昂敲起了警钟，而农村无产阶级在英国又燃起了熊熊烈火，海峡此岸在传播欧文主义，海峡彼岸在传播圣西门主义和傅立叶主义”。在英吉利海峡两岸的英国和法国出现了空想社会主义，他们都提出了改革社会的计划，并进行了一些实际活动。空想社会主义的传播引起了资产阶级的恐惧，他们千方百计地掩盖资产阶级对无产阶级的剥削，掩盖资产阶级与无产阶级之间的矛盾。资产阶级的庸俗经济学者用诳言和狡辩掩盖事实的真相，“用阿谀的词句来替换经济学的范畴”。1836 年西尼耳新发现的“节欲论”，正是庸俗经济学发现的“不可超越的标本”。

西尼耳傲然宣称：“我用节欲一词来代替被看作生产工具的资本一词。”这是什么意思呢？西尼耳认为，生产工具就是资本，这种资本不是剩余价值转化的结果，而是资本家自己节欲的结果，这样，资本家就没有剥削工人，资产阶级与无产阶级之间也就不存在矛盾了。他为了论证资本来源于节欲的观点，把生产费用归结为两个互不联系的要素，即节欲与劳动。他认为无论节欲与劳动都是牺牲。工人的劳动牺牲了自己的安静和休息，取得了报酬——工资；资本家的节欲牺牲了自己的享受，也应该得到报酬——利润，资本家就是把这种报酬转化为资本的。由此可见，西尼耳“节欲论”的实质，无非是掩盖资本家对工人的剥削，为资本主义进行辩护。

西尼耳“节欲论”的错误是显而易见的。第一，他把资本的真正来源掩盖起来。事实上，资本并不是资本家节欲的报酬，而是工人创造的剩余价值通过积累转化来的。第二，他是在做名词概念的游戏，根本不能说明问题。如果说，谷物不全部消费掉，留一部分做种子，是资本家的节欲！酿葡萄酒有发酵的时间也是资本家的节欲！那么，人的一切行动都可以看作他的相反行动的“节欲”。吃饭是绝食的节欲，行走是站立的节欲，劳动是闲逸的节欲，闲逸是劳动的节欲等等。[①] 这样便一切都是节欲了。第三，从实际生活看，资本家恰恰不爱好节欲。因为资本越大，剥削的剩余价值越多，积累的资本也越多，同时他们消费的剩余价值部分也越多，所以资本家与挥霍浪费往往是联系在一起的，根本无所谓节欲。所以马克思讥讽西尼耳说：“够了，世界之所以能生存，无非全靠这

① 见《资本论》第 1 卷，人民出版社 2004 年版，第 688 页注（41）第二版补注。

个在毗湿奴神前的现代赎罪者资本家的自我修行。”[①] 就是说，资本主义社会之所以存在，是由于资本家的节欲?! 但谎言和谬论总是要被现实生活完全摒弃的，连西尼耳自己在次年，即 1837 年，也用“最后一小时”产生利润的另一荒谬观点，来否定他在前一年所提出的资本来源于节欲的谬论。

在不存在资本形式的社会中，扩大再生产不采取资本积累的形式

以上所论述的是资本主义社会里的扩大再生产，因而积累就采取剩余价值资本化的资本积累形式。但是，“在极不相同的经济的社会形态中，不仅都有简单再生产，而且都有规模扩大的再生产，虽然程度不同。生产和消费累进地增加，因此，转化为生产资料的产品也会累进地增加”。这就是说，不管在什么社会里，只要有扩大再生产，就必须有与之相适应的积累。所以，积累在不同社会里都是存在的，但只有在资本主义社会里才采取资本积累的形式。如果不是资本主义社会，积累的过程“就不会表现为资本积累，因而也不会表现为资本家的职能”。马克思接着列举了两种情况，一种是，小农经济的扩大再生产不采取资本积累的形式。因为他们是自耕农民，他们的产品、劳动手段与生活资料，都是他们自己的劳动生产出来的，不是剥削别人的劳动的收入，他们本身不会履行资本家的职能，当然也不会有剩余价值资本化。另一种情况是，在封建地主把土地租给农民耕种的地方，农民把剩余产品当作地租交给地主，地主把其中一部分用于个人消费，也可以用其中一部分作为雇用新劳动者的工资来进行扩大生产。在这里，只体现地主对农民的剥削关系，地主并不执行资本家的职能，这种扩大再生产也不表现为资本积累。在社会主义社会里当然也有社会主义积累，但社会主义已实现了生产资料公有制，消灭了雇佣劳动和剩余价值等等现象，当然更谈不到有资本积累，积累的性质已起了根本的变化。由此可见，把剩余价值转化为资本的资本积累，是资本主义扩大再生产的特点，是资本主义社会特有的现象。

---

① 毗湿奴神：印度教三大神之一。这三大神代表宇宙的创造、护持和毁灭。毗湿奴神的特点是下凡救世，常以人或动物的形象化身，降临世上来挽救人类。印度教徒相信通过刻苦的自我修行就可得到神的恩典和保佑。这当然是迷信的说法。

4. 几种同剩余价值分为资本和收入的比例无关但决定积累量的情况：劳动力的剥削程度；劳动生产力；所使用的资本和所消费的资本之间差额的扩大；预付资本的量

剩余价值分割的比例不变，剩余价值量越多，积累越多

上一节所讲的是，在剩余价值量已定的情况下，积累量的大小取决于资本和收入的比例。本节所论述的恰恰相反，是假定在资本与收入的比例已定的情况下，积累的资本的大小取决于剩余价值的绝对量。剩余价值量越多，积累的资本就越多；反之，则越少。例如，在剩余价值中，以 80%作为资本积累起来，以 20%用于资本家的个人消费，即资本与收入按 8 比 2 的比例来分割。如果剩余价值是 1000 元，则积累的资本为 800 元，用于资本家个人消费的为 200 元；如果剩余价值是 2000 元，则前者为 1600 元，后者为 400 元。可见剩余价值量的大小决定着积累的资本量，因而“决定剩余价值量的一切情况也影响着积累的量”。现在，我们就从研究决定积累的因素的角度，再一次考察决定剩余价值量变化的诸因素及其同资本积累的关系。

劳动力的剥削程度决定着积累量的大小

第一个因素是，劳动力的剥削程度决定着积累量的大小。

劳动力的剥削程度表现在剩余价值率上，这在第七章研究剩余价值率时已经分析过了。古典学派往往把由于加强对工人的剥削而造成的积累的加速和由于提高劳动生产力而造成的积累的加速，看成是一回事。这一观点显然是不正确的。因为剥削程度的加强并不等于劳动生产力的提高。马克思是把这两个因素分开加以论述的。

怎样加强对劳动力的剥削程度呢？马克思着重分析了两种情况。

一种情况是：把工资压低在劳动力价值以下，“这实际上是把工人的必要消费基金转化为资本的积累基金”。

马克思在研究剩余价值的生产时是以工资等于劳动力价值为前提进

行考察的，这是为了科学地说明，在等价交换的情况下剩余价值如何产生，从而揭露资本主义的剥削实质。但实际上，工资往往低于劳动力的价值，这自然会加强剥削程度，把工人的一部分消费基金变为资本家的积累基金。因此而增加的资本积累，显然不是由于资本家的“节欲”，而是由于减少了工人消费的结果。在第693—695页，马克思举了许多实例，说明资本家及其经济学者是如何尽量设法压低工人的生活消费，缩减工人的消费基金，寻找资本积累的源泉的。

另一种情况是：增加劳动力的支出，即延长劳动时间或提高劳动强度，这样，在没有相应增加不变资本的支出的情况下，也可以增加剩余产品和剩余价值，即增加积累的实体。

我们知道，不管在哪个企业里，劳动资料和所使用的工人人数是必须保持一定的比例的，工人增加了，用于购买劳动资料的不变资本也要增加。例如，有10万元劳动资料的不变资本的工厂可雇用100个工人，如果雇用150个工人，不变资本这部分必须增加到15万元才行。如果厂家不增加雇佣工人，而是采取增加劳动力支出的方法，使100个工人从原来每人劳动8小时增加至12小时，这样，就不需要增加劳动资料了(只是损耗得快一些)。“可见，由提高劳动力的紧张程度而获得的追加劳动，没有不变资本部分的相应增加，也能够增加剩余产品和剩余价值，即积累的实体。”这在采掘工业和农业中特别显著。在采掘工业中，原料是由自然无偿赠予的，这里的不变资本几乎完全由劳动资料组成，只要劳动量增加了，就能更多地增殖剩余价值。在这里，“由于劳动力具有弹性，即使不预先增加不变资本，积累的领域也能扩大”。在农业上也是如此，“只要原有数量的工人付出更多的劳动量，不必预付新的劳动资料，也可以提高肥力。这又是人对自然的直接作用，这种作用无需新资本的介入，也会成为扩大积累的直接源泉”。当然也有另外一些情况，例如，有些工业部门的劳动量增加了，虽然不要增加劳动资料，但不变资本的另一个组成部分原料则必须相应地增加。假设一个纺织厂在机器设备不变的情况下，从原来只有日班生产增加为日夜两班连续生产，就必须增加在棉花和棉纱的形式上的资本的支出。但是因为采掘工业和农业可以为这些工业部门供给原料和它所用的劳动资料的原料，“所以采掘工业和农业无需追加资本而生产的追加产品，对于加工工业也是有利的”。

“总的结论是：资本一旦合并了形成财富的两个原始要素——劳动力和土地，它便获得了一种扩张的能力，这种能力使资本能把它的积累的要素扩展到超出似乎是由它本身的大小所确定的范围，即超出由体现资本存在的、已经生产的生产资料的价值和数量所确定的范围。”这就是说，资本一经和劳动力、土地（即不是劳动产品的自然物）相结合，就获得了一种扩张的能力，这种扩张力表现为，由于增加劳动的支出（即增加了劳动时间和提高了劳动强度），资本家可以在最少的花费的条件下，加强对工人的剥削，取得更多的剩余价值，从而加快现有资本增殖的速度。

社会劳动生产率的水平也是决定积累量大小的一个因素

第二个因素是，社会劳动生产率的水平也决定着积累量的大小。

为什么劳动生产率的提高会成为扩大积累量的因素呢？我们知道，劳动生产率提高的结果是产品量的增加，同时也是剩余产品量的增加和商品的变便宜。这样，资本家在不减少甚至增加他的个人消费品数量的情况下，仍可以增加积累的资本量。因为在剩余产品数量增加的情况下，如果把剩余价值分割为资本与收入的比例不变，就可以不减少积累基金而增加资本家的物质资料的消费量。这时候，如果资本家只要保持原有消费的物质资料的量，就可以把消费基金的一部分转化为积累基金，从而使积累量扩大。例如，原有剩余价值 1 万元，资本家以其中的 6000 元用于积累，4000 元用于个人消费，这 4000 元可购买相当于 2000 个商品。如果由于劳动生产率提高商品变便宜了，4000 元的消费基金可以购买 4000 个商品。这时，如果资本家仍只消费 2000 个商品，就只需花 2000 元，可以把剩下的 2000 元消费基金转化为积累基金，如果消费 3000 个商品，也只需花 3000 元，仍可剩下 1000 元消费基金转化为积累基金。这种情况说明：资本积累的增加并没有减少而且可以增加资本家的消费。同时也证明了那种认为资本家依靠节欲才能积累资本的说法是完全错误的。从工人方面来看，劳动生产率提高使商品变便宜，从而使劳动力的价值降低，剩余价值率和剩余价值量增加。这一现象，“即使在实际工资提高的情况下也是如此”。

因为第一，假设可变资本量不变，但由于劳动力价值降低，同样的可变资本可雇用更多的工人，推动更大的劳动量（即使实际工资有所提高，但提高的比例赶不上劳动生产率增进的比例，雇用工人的量仍然会增大）；第二，由于劳动生产率提高，单位商品价值量降低，如果不变资本的量仍不变，它的价值就可以体现在较多的生产资料中，因而同一资本所推动的生产资料的量也扩大了。由于生产资料和工人都增加，追加的资本的价值尽管保持原状，仍然能扩大对工人的剥削，增加剩余价值量，从而使积累量增加。

在第19段中，马克思又从科学和技术进步的情况出发，进一步论证了劳动生产率的提高会如何扩大资本积累的规模。首先，从不变资本的一部分即劳动资料的方面来看。例如机器，它是在一个长时间内才被消费的，但是它每年都有一部分达到生产职能的终点，被新的机器所代替。如果由于科学和技术的进步，劳动生产率提高了，代替旧机器的将是更为有效更为便宜的机器，“旧的资本也会以生产效率更高的形式再生产出来”。其次，从不变资本的另一部分即原材料方面来看。它们几乎是每年都要再生产的。如果科学和技术发展了，劳动生产率提高了，原材料就可以更便宜。不仅如此，“化学的每一个进步不仅增加有用物质的数量和已知物质的用途，从而随着资本的增长扩大投资领域”。例如，煤炭不仅可以燃烧，而且可以做染料，当发现它的这种新用途时，染料部门的生产就可以扩大，生产成本就会降低。同时，由于科学技术的进步，更好地进行原材料的综合利用，把生产过程中的废料重新投回到生产过程中去，以致无需增加资本，就可增加原料的供应。以上一切都说明了，把科学技术的新成就应用于生产过程的时候，即使资本本身的量不增大，它的效率仍会相应地增大，“正像只要提高劳动力的紧张程度就能加强对自然财富的利用一样，科学和技术使执行职能的资本具有一种不以它的一定量为转移的扩张能力”，这种扩张能力表现在可以推动更多的劳动量和生产资料量，从而使资本的积累量增加。

当然，生产力的发展，科学技术的进步，在新的机器设备不断出现时，旧的机器设备会受到无形损失，经济上称之为无形损耗或精神损耗，这就是原有的机器贬值。但是，资本家会通过加强剥削的方法把损失转嫁到工人身上。

在第 20、21 段中，马克思又指出，在劳动生产率提高时，由劳动转移到产品中去的旧资本价值将会增加。这就是说，随着劳动生产率提高，工人用同一的劳动量，创造出同量的新价值使它加入产品内的同时，却可把更多的生产资料的旧价值转移和保存在新的产品中。马克思以英国纺纱工人和中国纺纱工人相比为例来论证以上的观点，指出“在创造新价值时又保存旧价值，这是活劳动的自然恩惠”，指出“劳动的这种自然能力表现为合并劳动的资本所固有的自我保存的能力”，“劳动的一切力量都显现为资本的力量”，因而在资本主义制度下，劳动的这种力量随劳动生产率提高而增进，只是有利于资本家，它替资本家把更多的旧价值转移和保存起来，使这些旧价值在生产过程中成为剥削剩余价值的力量，成为增加资本积累的实体。

所使用的资本和所消费的资本之间的差额的增大，也决定着积累量的大小

第三个因素是，所使用的资本和所消费的资本之间的差额的增大，也决定着积累量的大小。

所使用的资本，是指在生产过程中使用的全部资本；所消费的资本，是指在生产过程中实际消耗的资本。所使用的资本和所消费的资本这两个概念，是在以劳动二重性为根据的劳动过程与价值增殖过程的基础上发展起来的。我们知道，投在劳动资料上的资本，在生产过程中不是一次全部消耗掉，而是逐渐消耗的，因此其价值是部分地逐步地转移到新产品中去，这样，所使用的资本总是大于所消费的资本，从而形成所使用的资本和所消费的资本之间的差额。

为什么“随着资本的增长，所使用的资本和所消费的资本之间的差额也在增大”呢？这是由于：资本总额增加了，用于劳动资料部分的资本必然相应地增大（特别是在劳动生产率提高、科学技术发展的情况下，用于劳动资料上的资本将会增大），这就使所使用的资本与所消费的资本之间的差额比例发生变化，即它们之间的差额比例增大；即使在这种差额比例不变的情况下，随着资本中固定资本总数的增长，这一差额的总数也跟着增大。

那么，所使用的资本和所消费的资本之间的差额增大，怎么会成为决定积累规模的因素呢？这是由两方面的情况决定的。一方面，劳动资料的价值虽然部分地、逐步地转移了，但它们的使用价值并不会同比例地丧失掉，而是依旧用自己的整体在生产中发挥着原有的作用，像自然力一样，无代价地为资本家服务。所以马克思说，这些劳动资料，“它们越是整个地被使用而只是部分地被消费，那么，它们就越是像我们在上面说过的自然力如水、蒸汽、空气、电力等等那样，提供无偿的服务”。但是，固定资本的这种无偿的服务，并不能直接扩大积累规模，问题在于被转移走的部分价值方面，因此，还要考察另一方面的问题，这就是，资本家把转移走的价值部分继续积累起来，作为更新基金，并继续用于扩大再生产。正是由于固定资本部分依然发挥原有的作用，而转移走的价值部分又被继续用于扩大再生产，这样，资本就像有了分身法似的，一个资本的价值发挥两个资本价值的作用了。这就会使积累规模增大，使再生产扩大。

由此可见，年使用的资本和所消费的资本之间的差额越增大，所使用的资本像自然力一样的无偿的服务就越多，所消费的资本，即转移走的价值越增大，更新的基金就越多，资本家把这部分更新基金用作再生产，就使资本积累规模扩大，这就是所使用的资本与所消费的资本之间的差额增大成为决定积累规模的因素的原因。

资产阶级经济学家把这种无偿的服务看成是资本的优点，从而建立起美化资本主义的理论。他们对过去劳动的功绩赞扬备至，像麦克库洛赫就认为，过去劳动应当得到特殊的报酬（利息、利润等等）。他们把生产资料在劳动过程中的作用归功于与工人自身无关的资本，因而认为利润不是工人创造的，而是过去劳动的特殊报酬，是资本创造出来的。这种观点显然是错误的。

决定积累量大小的又一因素是预付资本的量

预付资本的量，是决定积累量的第四个因素。

我们知道，在剥削程度和剩余价值率已定的情况下，使用工人人数越多，剩余价值量就越大，用于资本积累的部分也会随之增大，而要增加使用工人人数，就要增加预付总资本的量，使其中用于可变资本的部分也相应地增大，从而增加使用工人人数。因此，预付资本的量就成为决定积累规模的一个因素。

资本家的资本越大，剥削到的剩余价值越多，就既能够拿出更多的消费基金供自己挥霍享受，过着荒淫无耻的生活，又能够拿出更多的积累基金投入生产，使积累的规模加大，使生产不断扩大。那种认为积累的资本是由于资本家"节欲"的结果的谬论，是完全站不住脚的。所以马克思讽刺"节欲论"者说："资本家既能过更优裕的生活，又能更加'禁欲'。"

5. 所谓劳动基金

这一节是批判资产阶级经济学所谓"劳动基金"的学说。

这一学说的内容是什么呢？福塞特说："一个国家的流动资本就是它的劳动基金。因此，要想计算出每个工人所得到的平均货币工资，只要简单地用工人人口的数目去除这个资本就行了。"[①] 福塞特所称的流动资本，实际上就是马克思所说的可变资本。按照这种说法，好像劳动基金是一个固定的不变的量，不管有多少工人，他们都是共同分配这个不变的劳动基金。如果工人人数增加了，工资就会下降。例如，劳动基金 100 元，10 个工人分配，每人可得 10 元，如果由 20 个工人分配，每人只能得 5 元。

劳动基金学说是沿袭古典学派对社会资本的错误看法而形成的。古典经济学从来就喜欢把社会资本看成一个有固定作用程度的固定量。英国的功利主义者边沁则进一步发展了这一偏见，认为资本的一部分，即可变资本部分是一个固定的量，"可变资本的物质存在，即它所代表的工人生活资料的量或所谓劳动基金，被虚构为社会财富中一个受自然锁链束缚的而且不能突破的特殊部分"。福塞特又具体运用这一虚构，提出了

① 《资本论》第 1 卷，人民出版社 2004 年版，第 706 页。

用工人人数去除劳动基金的计算法，从而形成了所谓劳动基金的学说。

劳动基金学说的错误是极其明显的。首先，他们沿袭的、把社会的资本视为一个有固定作用程度的固定量的这一古典学派观点就是错误的。我们知道，资本并不是一个固定不变的量，它是随剩余价值的不断资本化而不断增加的。我们还知道，一定量的资本只表现一定量的价值，而这些价值所依附的物质形式，是随科学的发展和劳动生产率的提高而增加，它们的作用程度和资本本身的量是相独立的。所以，社会资本不仅没有固定的量，也不可能有固定作用的程度。其次，把可变资本看成为固定的量也是错误的。一定的生产资料需要工人来推动它，但所需的工人人数则随科学的发展和剥削程度的大小而变化，因此是没有一定的。再者，每一工人所取得的工资，即劳动力的价格也是没有一定的，它是随劳动力市场的供求情况而转移，随无产阶级和资产阶级之间的阶级力量的对比而变化的。既然工人人数是没有一定的，而每一个工人的劳动力价格也是没有一定的，作为可变资本而形成的劳动基金又怎么能够是一个固定不变的量呢？再次，他们“把劳动基金的资本主义界限改写成劳动基金的社会的自然界限”。在资本主义社会里，工资基金确实是有界限的，这是由资本主义生产的实质所规定的。资产阶级不可能随生产的发展而提高工人的生活水平，总是把工人所消费的生活资料限制在一定的范围内，使他们在萎缩的情况下维持劳动力的再生产，从而造成无产阶级的贫困化。但这种界限不是自然所赋予的，工人在所生产的产品中取得多少份额，是社会规定的。劳动基金学说则把劳动基金的固定量看成是自然的规定，不是社会的规定，从而抹杀资本主义的剥削关系。

劳动基金学说的实质在于：企图掩盖资本主义制度下工资下降的真实关系，模糊工人阶级为争取提高工资而斗争的重大意义。马克思说：“这是一个非常狡猾的手法。”因为劳动基金既然是固定不变的量，又是受自然所限制的，按照这种虚构的说法，就业的工人增加，工资就会降低，由于资本加强剥削而造成的工资的降低就被说成是由就业工人增加所引起，这样，工人们向资本家要求提高工资的斗争就变成无意义的了，资产阶级与无产阶级的矛盾就不存在了，他们就应该团结一致，共同为发展生产而努力了。这种狡猾的手法，深刻地暴露了他们为资产阶级利益辩护的卑鄙意图。

劳动基金学说是一种完全不符合事实的诡辩，是无法令人相信的。甚至资产阶级经济学者自己也感到惶惑不安。著名的英国经济学家和哲学家约翰·斯图亚特·穆勒，有一个时候曾经是这个理论的热烈拥护者，后来却公开放弃了这个理论。到了马尔萨斯，又以他的人口论为依据，对劳动基金的理论作出了新的解释。马尔萨斯并不支持可变资本是一定固定量的观点，他在承认名义工资可以提高的同时，否认实际工资有增长的可能性。他认为人口的增长超过生活资料的增长，所以生活资料不能充分满足一切需要，因此，在名义工资提高时，只能相应地提高生活资料的价格，工人并不能获得更多的生活资料。这样，劳动基金学说就又建筑在马尔萨斯的荒谬的人口论的基础上了。

■ 马克思在研究资本主义扩大再生产时对资本积累的分析，深刻地解剖了资本主义扩大再生产过程中的秘密，即剩余价值如何转化为资本，工人自己创造的产品又怎样转化成为资本家继续剥削工人的条件。马克思对积累与扩大再生产的关系的分析，如果抽去资本主义关系，把它当作一般的原理来考察，对研究社会主义的积累也是适用的。

马克思告诉我们：要进行规模扩大的再生产，必须进行资本积累，而这种积累的资本是由剩余价值转化来的。我们如果撇开资本主义关系来看，社会主义积累虽然不是来源于剥削，而是劳动者为社会的劳动，但积累仍然是扩大再生产的源泉。要实行扩大再生产，没有一定数量的资金积累是不行的。因此，我们既要照顾消费，也要照顾积累，既要看到目前利益，也要看到长远利益，使积累和消费之间有切合实际的比例。如果片面地强调积累，采取较高的积累率，不注意逐步提高人民的生活水平，即所谓高积累、低消费的办法，是不对的；反之，如果只顾消费、不顾积累、采取“分光吃光”的办法，也是不能搞好社会主义建设的。因此，在制定国民经济计划时，必须正确安排积累和消费的比例关系。

马克思告诉我们：积累的主要方法，在生产方面主要是提高劳动资料的使用效果，节省劳动资料，合理地使用生产工具和原材料，尽量利用废料，合理地使用劳动力，降低成本，改进技术，提高劳动生产率等，这些方法对于社会主义社会也是完全适用的。社会主义积累不可能像资本主义国家那样，采取战争、战败国赔款、掠夺殖民地等方法，而必须采用内部积累的方法，这就必须厉行增产节约，反对浪费，充分利用现有的机器设备，充分挖掘生产潜力，采用最新的现代科学技术，不断进行技术革新和技术革命，充分调动劳动者的社会主义积极性。

第 二十三 章

资本主义积累的一般规律

本章要研究资本积累对整个无产阶级的影响。马克思说：“我们在这一章要研究资本的增长对工人阶级的命运产生的影响。在这种研究中，最重要的因素是资本的构成和它在积累过程进行中所起的变化。”资本的增长使工人阶级的命运日益恶化。这就是：随着无产阶级队伍的增长，就业工人遭受资本家的日益严重的剥削，大批的失业工人更是过着极其贫困的生活，资本积累使无产阶级相对贫困化和绝对贫困化。产生这种影响的最重要的因素，是反映生产力发展状况的资本有机构成的变化。在本章中，马克思通过对资本主义基本矛盾的发展、资本有机构成不断提高的精辟分析，揭示了资本主义积累的一般规律，论述了无产阶级贫困化是资本主义制度的必然产物。

本章共分五节，第一节，论证在资本有机构成不变的情况下，资本的增大对工人阶级命运所产生的影响；第二节，论证在资本有机构成提高、可变资本相对减少的情况下，资本的增大对工人阶级命运所产生的影响；第三节，论证资本主义的扩大再生产，同时也是相对过剩人口或产业后备军的日益扩大的生产；第四节，论述相对过剩人口的各种存在形式，揭示资本主义积累的一般规律；第五节，用大量的实际材料证明资本积累一般规律所起的作用，怎样使无产阶级日益贫困化。贯穿在这五节之中的，都是研究在资本主义扩大再生产的情况下，无产阶级和资产阶级的矛盾如何随着资本主义的发展而日益尖锐化。

1. 在资本构成不变时，对劳动力的需求随积累的增长而增长

资本的有机构成

什么是资本的有机构成呢？

每一个资本，在生产过程中从物质方面看，都表现为一定数量的生产资料和活的劳动力；同时，在生产资料的数量和劳动力数量之间，是存在着一定的比例关系的，这个比例是由生产的技术水平决定的。例如，用手工织布，一个工人可操纵一台木质织布机，8 个小时织布 15 尺；如用电动织布机，一个工人可看 3 台机器，每台机器 8 个小时可织布 30 尺。前者是一个人推动一台机器，消耗 15 尺布的原料；后者是一个人推动 3 台机器，消耗 90 尺布的原料。可见，由于生产的技术水平不同，一个劳动力推动的生产资料的数量也不同，两者之间的比例也不同，这种生产资料数量和劳动数量之间的比例，叫作资本的技术构成，它反映着一定时期的技术发展水平。

每一个资本，如从价值方面看，可分为不变资本和可变资本。既然生产资料和劳动力之间存在着一定的比例关系，因而用于购买生产资料的不变资本和用于购买劳动力的可变资本之间也必须相应保持一定的比例关系。这种不变资本与可变资本之间的比例，叫作资本的价值构成。

资本的技术构成和资本的价值构成是密切联系着的，资本的价值构成是以技术构成为基础的。技术构成变了，价值构成也就要跟着发生变化。例如：在手工织布的情况下，一个工人推动一台木机，消耗 10 尺布的原料，这反映了以手工技术为基础的技术构成。如果这些木机和原料的价值为 50 元，工人工资为 50 元，其价值构成就是 50c∶50v，即 1∶1。现在再看看以电动织布机为基础的生产，一个工人可推动 3 台机器，消耗 90 尺布的原料，这反映了另一种技术构成。如果这些机器和原料的价值为 200 元，工人工资为 100 元，其价值构成即为 200c∶100v，即 2∶1。可见，由于技术构成的改变，价值构成也跟着改变，所以，价值构成的变化是反映着技术构成的变化的，两者之间有着密切的关系。马克思说：

“为了表达这种关系，我把由资本技术构成决定并且反映技术构成变化的资本价值构成，叫作资本的有机构成。”就是说，资本的有机构成就是资本的价值构成，但这种价值构成是由资本的技术构成所决定，并且反映技术构成的变化。不能离开技术构成，片面地认为价值构成就是资本的有机构成，看不到价值构成和技术构成之间的有机联系。

技术构成和价值构成的关系，在实际生活中往往会出现三种情况：第一，两者的变化并不按同一比例进行。马克思在第719页指出，价值构成的变化只是近似地表示出技术构成的变化。例如，在当时，一定量纺纱劳动在生产中所消费的原料、劳动资料等等的量比18世纪初要多几百倍，而价值构成只提高了6倍。这是因为，随着劳动生产率提高，虽然更多地消耗了生产资料，但又使单位商品的价值量下降，从而使生产资料的价值量下降。“因此，不变资本和可变资本之间的差额的增大，同不变资本转变成的生产资料的量和可变资本转变成的劳动力的量之间的差额的增大相比，要慢得多。”[①] 第二，在技术构成变化的情况下，价值构成可以不发生变化。例如，由于劳动生产率提高，过去一人推动一台机器，生产30尺布，现在一人推动2台机器，生产60尺布，技术构成提高了；假设过去的一台机器、30尺布的原料代表不变资本50元，现在，单位商品的价值量下降一半，2台机器和60尺布的原料仍代表不变资本50元，而用于支付工资的可变资本也仍为50元，这样，技术构成虽然变化了，但价值构成却没变化。第三，在价值构成变化的情况下，技术构成可以不变。例如，同样是一个工人推动一台机器，织30尺布，但由于棉花歉收，这30尺布的原料价格上涨一倍，因而不变资本增多，改变了价值构成，但技术构成并未发生变化。在以上三种情况中，第一种情况说明技术构成变化引起价值构成的变化只是比例不同而已，所以还可说是有机构成的变化；在第二、三种情况下，它们之间的变化不能互相反映，就不属于研究有机构成的范围之内了。

马克思在第3段中指出：从个别企业来说，根据其不变资本与可变资本的比例，形成个别资本构成。但不同企业的不变资本与可变资本的

① 《资本论》第1卷，人民出版社2004年版，第719页。

比例不一致，因此个别资本的构成也不同。如果把一个部门的各个个别企业资本的构成加以平均，就可以知道这个生产部门的总资本的构成。如果把一切生产部门的平均构成总平均，就可以知道一个国家的社会资本的构成。了解这些不同的资本构成是极其重要的，只有运用不同企业资本有机构成不同的原理，才能理解资本主义社会的平均利润的形成和农业中的地租等情况。

马克思在《资本论》第三卷中还说到三种不同的资本构成："我们把那种同社会平均资本相比，不变资本占的百分比高，从而可变资本占的百分比低的资本，叫作**高**构成的资本。反之，把那种同社会平均资本相比，不变资本比重小，而可变资本比重大的资本，叫作**低**构成的资本。最后，我们把那种和社会平均资本有同样构成的资本，叫作平均构成的资本。"① 例如，如果社会平均资本构成是80c∶20v，而一个企业的资本构成却是90c∶10v，这就是高构成的资本；另一个企业的资本构成是70c∶30v，就是低构成资本；某些企业的资本构成正好是80c∶20v，就是平均构成的资本。

资本有机构成的理论是马克思首先建立的，它不仅为分析资本主义积累的历史趋势和工人阶级的日益贫困化提供深刻的理论根据，还为理解资本主义社会的经济现象、经济范畴，如平均利润与生产价格、资本周转的速度以及地租等等，奠定了必要的理论基础。这一理论，如果抽去其资本主义的特质，对于分析社会主义制度下的工业和农业，探索提高劳动生产率的途径等，也是完全适用的。

在资本有机构成不变的情况下，对劳动力的需要会随资本的增加而增加，工资可能提高，但这并不改变资本主义生产的基本性质

在资本主义扩大再生产的情况下，假设资本有机构成不变，也就是说，为了推动一定量的生产资料或不变资本始终需要同量劳动力，同时其他情况也不变，那么，增加一定量的生产资料，就必须相应增加一定的劳动量才能推动它。这样，资本量的增大，就包含其中的可变资本量按原构成的比例相应增大，资本对工人的需要也随着增大，"对劳动的需要和工人的

① 《资本论》第3卷，人民出版社2004年版，第183页。

生存基金，显然按照资本增长的比例而增长，而且资本增长得越快，它们也增长得越快”。这就可能导致发生资本对工人的需要超过工人的供给的情况，这时候，劳动力供不应求，工资就不免要昂贵起来。为什么可能产生劳动力供不应求的现象呢？一方面，由于剩余价值转化为资本的部分增大，转化为可变资本的部分增加，这部分合并到原来的可变资本中去，使可变资本总量增大，因而对工人的需要就会增长。另一方面，“因为在致富欲的特殊的刺激下，例如，在由于新发展起来的社会需要而开辟了新的市场、新的投资领域等等的情况下，只要改变剩余价值或剩余产品分为资本和收入的比例，积累的规模就能突然扩大”。这就是说，在有新市场、新投资范围或社会新的需要的情况下，扩大生产可以取得更多的剩余价值，资本家就会增加积累的资本，突然扩大生产，因而对工人的需要会突然增加。由于上述原因，劳动力暂时供应不足，工资上涨是完全可能的。

工资上涨，对于雇佣工人的维持和繁殖是有利的，但这“丝毫不会改变资本主义生产的基本性质”。为什么呢？从简单再生产来看，它不断地再生产出资本主义的生产关系，即一方面再生产资本家，另一方面再生产雇佣工人；同样，扩大再生产只是一方面生产出“更多的或更大的资本家”，另一方面再生产出“更多的雇佣工人”。资本家与工人的阶级地位，是不会有任何改变的。工资的增加只是临时改变工人的生活状况。在资本主义社会中，工人消费生活资料，不仅是为了保持自身的生存，而且是为了源源不断地把劳动力供给资本使用，劳动力的再生产，实际上只是资本自身再生产的一个要素，所以，资本的积累，一方面是生产资料的增加，另一方面是雇佣工人的增加。正是由于雇佣工人的增加是资本积累的一个要素，它就根本不会改变资本主义生产的根本性质。

批判古典学派所谓“适度的工资”的谬论

马克思接着批判了古典学派所谓“适度的工资”的谬论。

在第680页马克思就已指出：“亚·斯密使人们形成一种流行的看法，把积累仅仅看成剩余产品由生产工人消费，或者说，把剩余价值的资本化仅仅看成剩余价值转变为劳动力。”也即是说，积累的资本会全部转化为可变资本，即转化为工资。古典学派从这一错误命题出发，提出了所谓“适度的工资”的理论。他们认为：“应当使工人免于挨饿，但不应当使他们拥有任何可供储蓄的东西。”“能使工人勤勉的唯一手段是适度的工资。工资过低会使工人依各自的气质或者变得垂头丧气，或者悲观绝望，工资过高则会使他们变得傲慢不逊，好逸恶劳”。他们一方面不让工人有过多的工资，另一方面又主张必须保证工人有必需的工资，以便保证劳动力对资本源源不绝的供应。这种理论的实质，是不让工人摆脱被雇佣被剥削的地位，使其永远隶属于资本，从而维持资本主义的再生产。他们根本的错误在于：忽视了剩余价值规律是资本主义生产方式的绝对规律，即资本主义的基本经济规律，不懂得资本主义生产的特征，用形而上学的观点孤立地、片面地、表面地看待工资的高低问题。但是他们在论证这一问题时，并没有掩盖工人的劳动是资本家致富的源泉这一真理。他们说：“既然工人使人变富，那工人越多，富人也就越多……穷人的劳动就是富人的财源。”“拥有独立财产的人所以能够拥有财产，几乎完全是靠别人的劳动，而不是靠他们自己的能力，他们的能力决不比别人强；富人不同于穷人的地方，不在于占有土地和货币，而在于拥有对劳动的支配权”。他们所以能够认识到这一点，是从承认劳动创造价值的观点出发的；但是由此而得出的“适度的工资”的理论却是错误的。

即使工资稍有提高，工人生活稍有改善，但仍不能改变雇佣工人的地位

如上所述，假定资本积累是在有机构成不变的情况下进行，那么，随着资本的增长，可变资本也会相应增加，从而增加对工人的需要，使工资稍有增加。在这种情况下，工人对资本的从属关系，不是加强，资本没有加重对工人的剥削，而只是扩大被剥削的工人人数。工人在自己所创造并越来越多地转化为追加资本的剩余产品中，会有较大的份额在工资的支付手段的形式上再流回到工人手中，从而使工人扩大享受的范围，吃穿好一些，待遇高一些，个人财产多一些。但是，工人生活状况的这种暂时改善，并不能从根本上改变雇佣工人的被剥削被压迫的地位，“不会消除雇佣工人的从属关系和对他们的剥削”。为什么呢？因为资本主义生产的特征是：资本家购买劳动力，不是为了用他们的服务或创造的产品来满足资本家的个人需要，而是为了使工人生产的商品中所包含的劳动量比资本家支付了报酬的劳动量大，即为资本家提供剩余价值。“生产剩余价值或赚钱，是这个生产方式的绝对规律。”也就是说，剩余价值规律是资本主义生产方式的基本经济规律。所以，劳动力只有在下述情况下才能够为资本家所购买，即：第一，“它会把生产资料当作资本来保存”；第二，它会“把自身的价值当作资本再生产出来”，即生产出可变资本，以便于资本家作为工资来支付；第三，它“并且以无酬劳动提供追加资本的源泉”，即为资本提供剩余价值，以便用作资本积累。因此，虽然工人的工资稍有提高，生活状况稍有改善，劳动力的售卖条件虽然有利，但劳动力还需要不断地再售卖，不断地提供一定数量的无酬劳动，使财富作为资本不断地扩大再生产。工人的被雇佣被剥削的地位依然不能改变。即使完全撇开工资提高而劳动价格同时下降等情况不说，假定工资提高，劳动价格也提高，“工资的增大至多也不过说明工人必须提供的无酬劳动量的减少。这种减少永远也不会达到威胁制度本身的程度”。这就是说，工资的提高最多只是剥削程度的减轻，但不能改变资本对工人的剥削关系，不能改变资本主义生产的基本性质。所以，“由于资本积累而提高的劳动价格，实际上不过表明，雇佣工人为自己铸造的金锁链已经够长够重，容许把它略微放松一点”而已。

资本积累和工资提高之间的因果关系

由资本积累而引起的劳动价格的提高，即工资的提高，不外是下述两种情况之一：

一种情况是，工资的提高并不妨碍积累的进行。因为工资虽提高，即使剩余价值率会下降（实际上，工资提高可以和剩余价值率提高同时产生），但因为生产扩大，雇佣工人人数增加，剩余价值量仍可扩大。在这种情况下，工资的提高决不会妨碍积累的进行。

另一种情况是，工资的提高使积累减少。因为工资提高，使利润的刺激变得迟钝了，因而积累减少了。但是，随着积累的减少，对工人的需要也就随之减少，劳动力供不应求的状况就会改变，资本和劳动力间的不平衡就消失了。这时，工资就会逐步降低，“劳动价格重新降到适合资本增殖需要的水平，而不管这个水平现在是低于、高于还是等于工资提高前的正常水平”。可见，“资本主义生产过程的机制会自行排除它暂时造成的障碍”。

从上述两种情况看，变动的基本原因是在资本积累的方面，而不是在工资提高的方面。在前一种情况下，是资本的增大引起可供剥削的劳动力不足，使劳动力供不应求，工资提高，而不是工人人口减少引起资本过剩。在后一种情况下，是资本的减少使可供剥削的劳动力成为过剩，从而引起工资下降，而不是工人人口的增加引起资本的不足。所以资本积累量的变动是原因，工资量的变动是结果。“用数学上的术语来说：积累量是自变量，工资量是因变量，而不是相反。”就是说，工资的变动是依赖于资本积累量的变动，正像数学中因变量是随自变量的变化而变化一样。但是这种因果关系是事物的本质的内部联系，从表面现象是不容易看出来的。因此马克思说：“正是资本积累的这些绝对运动反映为可供剥削的劳动力数量的相对运动，因而看起来好像是由后者自身的运动引起的。”这就是说，资本积累多了，劳动力就感到少；资本积累少了，劳动力就感到多。这种资本积累的绝对运动，反映出来的现象却好像是：由于劳动力少了，资本就多，由于劳动力多了，资本就少，劳动力的多少好像是由劳动力自身运动所决定，不是由资本的运动所决定。从表面上看，事物真正的因果关系完全颠倒了。资产阶级经济学者从现象出发，不懂得它们之间的真正的因果关系，往往把原因当成结果，把结果当成原因。这些经济学家和通货学派一样无知。本来，资本主义生产的周期性是由资本主义的经济制度决定的，而不是由流通中的货币量决定的。但从表面上看，却正好相反，“在工业周期的危机阶段，商品价格的普遍降低表现为货币相对价值的提高，而在繁荣阶段，商品价格的普遍提高表现为货币相对价值的降低”。通货学派从这一表面现象出发，用货币流通量的多少来解释资本主义生产的周期性，他们错误地认为：“物价高时，流通的货币太多；物价低时，流通的货币太少”。这种只看现象、不研究本质、倒果为因的观点，和那些认为工资高低决定资本积累量的经济学家的观点，都是无知和对事实的完全误解。

工资提高的界限是不侵犯资本主义制度的基础，并保证资本的扩大再生产

从表面现象看，劳动力少了，资本就多；劳动力多了，资本就少，资本主义生产好像是由“自然人口规律”决定的，马尔萨斯正是由此出发建立他的人口理论的。其实，资本主义生产不是由“自然人口规律”所决定，而是由资本主义的经济规律所支配的。简单地说就是："资本、积累同工资率之间的关系，不外是转化为资本的无酬劳动和为推动追加资本所必需的追加劳动之间的关系。因此，这决不是两个彼此独立的量，即资本量和工人人口数量之间的关系；相反地，归根到底这只是同一工人人口所提供的无酬劳动和有酬劳动之间的关系。"这是因为：如果工人提供的无酬劳动即剩余价值量迅速增多，资本的积累量就会大大增加，在有机构成不变的情况下，就必须大大追加可变资本，从而增加对工人的需要，产生劳动力供不应求、工资提高的现象。如果工资提高不影响积累的规模，工人所提供的无酬劳动与资本所需要的追加劳动都会同时增加。但如果工资提高会使积累削弱，资本对劳动的需要就会减弱，工资上涨的现象将会受到阻止。因此，工资提高限制在这样的界限内，"这个界限不仅使资本主义制度的基础不受侵犯，而且还保证资本主义制度的规模扩大的再生产"。这就是说，当工资提高影响到资本积累、影响到资本主义的扩大再生产时，由于资本主义生产规律的作用，就会反转过来把工资降低，以保证资本主义扩大再生产的正常进行。这也就是说，在资本积累和扩大再生产过程中，工资的上涨和对工人剥削的减低，最多只是偶然现象，实际上，它是被排除出去的。所以马克思说："被神秘化为一种自然规律的资本主义积累规律，实际上不过表示：资本主义积累的本性，决不允许劳动剥削程度的任何降低或劳动价格的任何提高有可能严重地危及资本关系的不断再生产和它的规模不断扩大的再生产。"

2. 在积累和伴随积累的积聚的进程中资本可变部分相对减少

劳动生产率的提高成为积累的最强有力的杠杆

上一节考察了在资本有机构成不变的情况下，资本积累对工人阶级所产生的影响。这一节要考察在资本有机构成提高的情况下，资本积累对工人阶级所产生的影响。

随着资本主义生产的发展，劳动生产率不断提高，技术构成即生产资料和劳动力的比例不断发生变化，与之相适应的价值构成也在变化，从而引起资本有机构成的提高。资本积累就从量的增长发展到质的变化。

马克思说：“一旦资本主义制度的一般基础奠定下来，在积累过程中就一定会出现一个时刻，那时社会劳动生产率的发展成为积累的最强有力的杠杆。”关于劳动生产率的发展怎样成为生产剩余价值的有力的杠杆，已在第四篇论述过。现在要考察劳动生产率的发展同资本有机构成提高的关系。

劳动生产率的增长表现为劳动的量比它所推动的生产资料的量相对减少

为了纯粹地考察这个问题，把自然条件和工人的技术熟练程度暂置不论，“那么，社会劳动生产率的水平就表现为一个工人在一定时间内，以同样的劳动力强度使之转化为产品的生产资料的相对量”。劳动生产率提高，用来进行劳动的生产资料的量也会随之增长。在这里，这些生产资料起着双重作用。其一是，“一些生产资料的增长是劳动生产率增长的结果”。例如，由于采用新的机器，提高了劳动生产率，就能在一定时间内加工更多的原料，这类生产资料的增加是劳动生产率增长的结果。另一是，“另一些生产资料的增长是劳动生产率增长的条件”。例如，采用新的机器，能在一定时间内生产出更多的产品，因此，这类生产资料的采用是劳动生产率增长的条件。“但是，不管是条件还是结果，只要生产资料的量比并入生产资料的劳动力相对增长，这就表示劳动生产率的增长。因而，劳动生产率的增长，表现为劳动的量比它所推动的生产资料的量相对减少，或者说，表现为劳动过程的主观因素的量比它的客观因素的量相对减少。”

劳动生产率提高，引起资本有机构成提高

既然劳动生产率的提高表现为劳动的量比它所推动的生产资料的量相对减少，这就引起资本技术构成的提高。资本技术构成上的这种变化，“又反映在资本的价值构成上，即资本价值的不变组成部分靠减少它的可变组成部分而增加”。例如：原来用于生产资料上的不变资本和用于劳动力上的可变资本各占 50%，由于劳动生产率的提高，劳动量与生产资料量的比例相对缩小，因而用于生产资料上的不变资本占 70%，用于劳动力上的可变资本占 30%。这样，资本的价值构成就由 5∶5 变为

7∶3，资本的有机构成提高了。资本主义的历史材料证明：随着资本主义的发展，资本的有机构成是逐步提高的，一方面，资本愈积累，不变资本所占的比例愈增多，“只代表所耗费的生产资料价值或资本不变部分的那个价格要素的相对量，同积累的增进成正比”；另一方面，资本愈积累，可变资本所占的比例则相对地愈减少，“用来支付劳动或代表资本可变部分的另一价格要素的相对量，一般同积累的增进成反比”。

在谈到劳动生产率提高引起资本有机构成的提高的时候，我们还须注意如下两个问题：

一是价值构成的变动只是近似地反映技术构成的变动，两者变动的比例并不是完全一致的。例如：价值构成由 5c∶5v 提高为 7c∶3v，而劳动的量所消费的生产资料的量却增加了几百倍，技术构成比价值构成提高的比例大得多。这是因为，“随着劳动生产率的增长，不仅劳动所消费的生产资料的量增大了，而且生产资料的价值比生产资料的量也相对地减小了”。这就是说，生产资料的价值虽然绝对地在增大，但和生产资料的量相比，却相对地减小了。“因此，不变资本和可变资本之间的差额的增大，同不变资本转变成的生产资料的量和可变资本转变成的劳动力的量之间的差额的增大相比，要慢得多。”

二是随着资本积累的增加和资本有机构成的提高，可变资本部分的相对量虽然减小，但它的绝对量则可能增大。例如，原有资本 6000 元，其构成为：c 3000 元，v 3000 元，即 3c∶3v；后来由于资本积累，有机构成提高，资本增至 10000 元，其构成为：c 6000 元，v 4000 元，即 6c∶4v，虽然可变资本的相对量从占总资本的一半降为$\frac{2}{5}$，但它的绝对量则从 3000 元增至 4000 元。可见，在有机构成提高时，可变资本的绝对量也是可能增大的。

资本积累和劳动生产率提高的相互推动，引起资本有机构成的变化

第四篇已经讲过，劳动生产率的提高以大规模的协作为前提，劳动者的分工与结合，生产资料的大规模积聚和经济地使用，共同使用大规模劳动资料的出现，利用巨大的自然力为生产服务，生产过程中科学技术的应用等，都只有在这种前提下才能实现。可是在商品生产中，生产资料属于私人所有，失去生产资料的人只有把自己的劳动力当作商品来出卖，而占有生产资料的人又独立地分别从事各种商品生产。在这种商品生产的基础上，劳动生产率提高的前提，即实现大规模的协作，"只有通过单个资本的增长来实现，或者说，随着社会生产资料和生活资料转化为资本家的私有财产来实现"。这就是说，只有集中大量的资本，才能实现大规模的协作，提高劳动生产率。因此，"商品生产的基础只有在资本主义的形式上才能担负起大规模的生产。所以，单个商品生产者手中一定程度的资本积累，是特殊的资本主义的生产方式的前提"。这也就是说，只有一定量的资本积累，才能产生资本主义。这种资本如何积累，是在第二十四章中进行论证的。

资本积累和劳动生产率的提高，是互相推动的。一方面，"一切在这个基础上生长起来的提高社会劳动生产力的方法，同时也就是提高剩余价值或剩余产品的生产的方法，而剩余价值或剩余产品又是积累的形成要素。因此，这些方法同时也就是资本生产资本或加速资本积累的方法"。这就是说，随着劳动生产率的提高，剩余价值和剩余产品都增加了，剩余价值转化为资本的部分增多了，资本积累加速了。另一方面，"剩余价值不断再转化为资本，表现为进入生产过程的资本量的不断增长。这种增长又成为一种扩大的生产规模以及随之出现的提高劳动生产力和加速剩余价值生产的方法的基础"。这就是说，由于剩余价值量增加，积累的资本的量增加，生产的规模扩大，就为提高劳动生产率和加速剩余价值的生产奠定基础。可见，资本积累是劳动生产率提高的条件，而劳动生产率提高又反过来成为加速资本积累的条件。随着资本主义生产的发展，资本越积累，劳动生产率就越提高；劳动生产率越提高，资本积累也就越迅速。"因此，特殊的资本主义的生产方式随着资本积累而发展，资本积累又随着特殊的资本主义的生产方式而发展。"这样，随着资本积累与劳动生产率提高的相互推动，"引起资本技术构成的变化，从而使资本的可变组成部分同不变组成部分相比越来越小"，引起资本有机构成的提高。

资本积累引起有机构成的提高，是由量变到质变的转化。资本积累表现为资本额的增加，是量的变化；但由此引起规模扩大的再生产，提高了劳动生产率，引起资本有机构成提高，这就出现质的变化。由量变引起质变，如由低的资本有机构成转变为高的资本有机构成，是以一定量的资本积累即追加资本为前提的。但质变也会引起量的增加，如资本有机构成提高，就会加速资本积累。所以，资本量的增长和它的构成的变化是存在着有机联系的。马克思在《资本论》法文版里特地加进如下的话："在积累的进行中，资本不同诸物质要素还不仅有量的和同时的增加。社会劳动的生产力的发展，和这种进步一同发生的，也实现在质的变动上，成为资本技术构成的一步一步的改变。资本的客观要素，和它的主观要素相比，会不断增加。"①

资 本 积 累

资本有机构成的提高，要以个别资本的增大为前提。而个别资本总额的增大，又是通过资本积聚和资本集中来实现的。

什么是资本积聚呢？资本家拿出一部分剩余价值作为资本，投入生产，使资本总额增大，就叫作资本的积聚。例如：一个 10000 元的资本，经过一年的生产过程，剥削到 3000 元的剩余价值，资本家将其中 1000 元用于个人消费，以其余的 2000 元用于积累，作为追加资本。这样，资本总额就从 10000 元增加到 12000 元。所以，资本积聚一般是由资本积累直接产生并和资本积累直接联系着的。所以马克思称之为"这种直接以积累为基础的或不如说和积累等同的积聚"。因此，资本积累的规模愈大，资本就积聚得愈多，从而，个别资本的总额也就愈大。

从个别企业看，"每一单个资本都是生产资料的或大或小的积聚，并且相应地指挥着一支或大或小的劳动军。每一个积累都成为新的积累的手段"。个别资本通过积累而使本身增大。"社会资本的增长是通过许多单个资本的增长来实现的。"在其他条件不变的情况下，单个资本是按照它在社会总资本中所占的比例而增长的。同时，主要由于资本家家庭内部的分产，从原资本上还会分出枝杈来，成为新的独立的资本。"因此，随着资本的积累，资本家的人数也多少有所增加。"

资本积聚有两个特征：第一，"在其他条件不变的情况下，社会生产资料在单个资本家手中积聚的增进，受社会财富增长程度的限制"。这是

① 《资本论》第 1 卷，人民出版社 1953 年版，第 784 页译者注。

因为，个别资本积聚的增进，要求这部分资本发挥作用、投入生产时所需要的生产资料的量必须相应增加；如果没有社会财富的增加，没有生产出更多的生产资料，要实现生产资料在单个资本家手中的积聚是不可能的。第二，社会资本是固定在各特殊生产部门，分在各资本家之间的，他们既互相独立，又互相竞争，因此，“积累和伴随积累的积聚不仅分散在许多点上，而且执行职能的资本的增长还同新资本的形成和旧资本的分裂交错在一起”。为什么会受到新资本形成的阻碍呢？因为新形成的资本要执行资本的职能，即进行资本主义生产，必须具备一定的数量才能开办工厂、购买机器和原料等等，但刚由一部分剩余价值转化而来的资本，需要经过一个积聚的时期，才能达到这样的数量。新形成的资本在没有达到这个数量以前，就还不能直接作为新资本而发生作用。为什么会受到旧资本分裂的阻碍呢？因为从旧资本分裂出来的新资本，数量比旧资本少了，无法维持原有规模的继续生产，积累的增长就受到限制。由于上述特点，所以资本积累“一方面表现为生产资料和对劳动的支配权的不断增长的积聚，另一方面，表现为许多单个资本的互相排斥”。资本积聚的这种局限性，只有在资本集中的情况下才能克服。

资 本 集 中

个别资本也可以依靠资本集中来增大。合并几个资本为一个更大的资本，叫作资本的集中。资本集中与资本积聚不同，它不是个别资本家把剩余价值资本化的结果，“这是已经形成的各资本的积聚，是它们的个体独立性的消灭，是资本家剥夺资本家，是许多小资本变成少数大资本”。这就是把社会上现有的资本加以合并，使个别资本增大，其结果，只是出现了大资本、大企业，但不会引起社会资本总量的扩大，这是因为“它仅仅以已经存在的并且执行职能的资本在分配上的变化为前提”，“资本所以能在这里，在一个人手中膨胀成很大的量，是因为它在那里，在许多人手中丧失了”。

为什么会产生资本集中呢？这是由竞争和信用发生作用的结果。我们知道，竞争和生产无政府状态是资本主义的客观经济规律，而竞争的胜负首先取决于所产商品是否便宜，而商品的便宜又取决于劳动生产率，而劳动生产率又取决于生产规模，因为生产规模大的大企业能采用先进技术，合理组织劳动，降低成本，在竞争中居于有利地位。“竞争的结果总是许多较小的资本家垮台，他们的资本一部分转入胜利者手中，一部分归于消灭。”资本家在竞争中能否取得胜利，不但要看他生产规模的大小，要看他有没有一定的信用，有没有银行的支持。在这方面，大资本也居于有利地位，可以通过信用制度，支配别人的资本。马克思说：信用事业，“起初，它作为积累的小小的助手不声不响地挤了进来，通过一根根无形的线把那些分散在社会表面上的大大小小的货币资金吸引到单个的或联合的资本家手中；但是很快它就成了竞争斗争中的一个新的可怕的武器；最后，它转化为一个实现资本集中的庞大的社会机构”。

在资本主义社会里，通过什么方法来实现资本的集中呢？一种是“通过吞并这条强制的途径来实现”，即大资本吞并中小资本，就像大鱼吃小鱼、小鱼吃虾米一样。一种是“通过建立股份公司这一比较平滑的办法把许多已经形成或正在形成的资本溶合起来”。在这里，马克思揭露了股份公司的实质，它不过是通过信用制度使资本集中的一种手段，是大资本吞并小资本的一种和平手段，从而批判了资产阶级所谓股份公司是民主制度这样一个说法的欺骗性与虚伪性。

资本积聚和集中，是互相作用、密切联系的。一方面，资本积聚的进行一定会引起资本集中。因为资本愈积聚，企业生产规模愈大，就愈加强竞争，加强大资本对中小资本的吞并；同时，竞争又推动中小资本家联合起来，组织股份公司，因而引起资本的集中。所以马克思说：“现在单个资本的互相吸引力和集中的趋势比以往任何时候都更加强烈。”另一方面，资本集中必然加速积聚。因为由资本集中建立起来的大企业，能采用先进的科学技术，提高劳动生产率，加强对工人的剥削，因而会有更多的剩余价值转化为资本，使个别资本的总额增大。当然，集中与积聚还是有区别的。积聚“不过是规模扩大的再生产的另一种表现——特别不同的地方。集中可以通过单纯改变既有资本的分配，通过单纯改变社会资本各组成部分的量的组合来实现”。由于积聚的资本是依靠剩余价值的资本化来实现的，其结果，可促使社会资本总量的增加。而资本集中则是由许多小资本转化为少数大资本，是资本家之间对资本的重新分配和重新组合，其结果，只能改变现有资本在不同资本家之间的分配，不可能因此而增加社会资本的总量。

资本集中补充了积累的作用

"集中补充了积累的作用，使工业资本家能够扩大自己的经营规模。"因为迅速地集中的大量资本，可以兴建规模巨大的企业。与资本集中相比，实行资本积累则是一个缓慢的过程。马克思指出："假如必须等待积累使某些单个资本增长到能够修建铁路的程度，那么恐怕直到今天世界上还没有铁路。但是，集中通过股份公司转瞬之间就把这件事完成了。"集中大大增进了资本积累的规模和速度。随着资本的集中，"又扩大和加速资本技术构成的变革，即减少资本的可变部分来增加它的不变部分，从而减少对劳动的相对需求"，引起资本有机构成的提高。

在有机构成提高下的资本积累，资本对工人的需要愈来愈少

在资本积累与集中的过程中，不管是追加的新资本，还是原有的旧资本，都会利用新的发现和发明，实现技术改革。在这种情况下，用较少量的劳动就足以推动较多量的机器和原料，因而引起对劳动需要量的绝对减少，产生相对人口过剩。

在最后一段，马克思对第二节的基本内容作了扼要的归纳。他指出，在资本有机构成提高下的资本积累，一方面，新形成的追加资本，由于有机构成的提高，吸引的工人会越来越少；另一方面，旧资本由于在技术上不断更新，即"周期地按新的构成再生产出来"，也"会越来越多地排斥它以前所雇用的工人"。所有这些，结果都是资本对工人的需要相对减少，因而必然引起工人的相对过剩，使工人阶级遭受到失业和半失业的威胁，使他们的生活日益贫困化，这就是在有机构成提高下的资本积累，对工人阶级所产生的影响。

3. 相对过剩人口或产业后备军的累进生产

相对过剩人口的形成

随着劳动生产力的发展而引起的资本有机构成的提高，比资本积累要快得多。这是因为：第一，资本积累和资本集中是同时并进的，在

资本集中时可以利用新的技术发明，进行技术变革；第二，“追加资本的技术变革，也伴随有原资本的技术变革”。因此，“随着积累的进程，资本的不变部分和可变部分的比例会发生变化”，这就是：不变资本所占的比例愈来愈大，可变资本所占的比例愈来愈小。“因为对劳动的需求，不是由总资本的大小决定的，而是由总资本可变组成部分的大小决定的”，所以随着可变资本在总资本中所占的份额相对地减少，而且比总资本的增长速度还要更快地减少，对工人的需要也相对地减少。当然，随着总资本的增大，可变资本的相对量的减少并不排斥它的绝对量的增加，但增加的比例越来越小。正是由于可变资本相对量的减少，对工人的需要相对减少，就会“生产出相对的，即超过资本增殖的平均需要的，因而是过剩的或追加的工人人口”，可是表现出来的现象恰恰相反，好像是由于工人人口的增加比可变资本增加得更快，才产生过剩人口。其实，相对人口过剩是可变资本相对减少的结果，并不是工人人口增加的结果。马尔萨斯的人口论，就是从现象出发，从人口增加率而不是从资本主义制度去找相对人口过剩的原因，当然不可能得出正确的结论。

资本主义生产方式特有的人口规律

就社会总资本来考察，资本积累的运动是周期性的，在经济繁荣时期积累就扩大，在危机时期积累会缩小。但社会总资本的积累，是不同诸生产部门同时发生的不同变化的综合结果。如就不同生产部门来考察，资本对劳动的需要在不同部门有不同的变化。这主要有下列情况。第一，某些部门，虽然投入的资本总额不变，但由于资本的集中、生产资料的积聚、技术构成的提高，可变资本相对地和绝对地减少了。第二，有些部门，虽然投入的资本量有增加，但由于有机构成提高，可变资本部分和所吸收的劳动力却绝对减少。第三，另一些部门，资本有时是在有机构成不变的基础上增长，因此不变资本与可变资本同时增加，对工人的需要也同时增大；有时是在有机构成提高的情况下增长，因此可变资本部分减少，对工人的需要也同时减少。但是，不管各个生产部门发生怎样的具体变化，就其总趋势来看，“在一切部门中，资本可变部分的增长，从而就业工人人数的增长，总是同过剩人口的激烈波动，同过剩人口的暂时产生结合在一起”。这就是说，一方面，资本积累，可变资本增加，对工人的需要增加，因而资本对工人有较大的吸引力；但另一方面，伴随资本积累而来的是有机构成的提高，可变资本相对减少，对工人的需要也相对减少，产生相对人口过剩，因而资本对工人有较大的排斥力。这种排斥力，有时采取较明显的形式，即把已雇用的工人排斥出去，使其失业；有时则采取不大明显但作用相同的形式，即使追加的工人难以找到工作。随着已经执行职能的社会资本量的增长及其增长程度的提高，随着生产规模的扩大和雇佣工人人数的增加，随着劳动生产力的发展，随着社会财富的一切源流更加广阔和更加充足，资本对工人的更大的吸引力和更大的排斥力互相结合的规模不断扩大，资本有机构成和资本技术形式变化的速度不断加快，那些时而同时地时而交替地被卷入这些变化的生产部门的范围不断增大。因此，“工人人口本身在生产出资本积累的同时，也以日益扩大的规模生产出使他们自身成为相对过剩人口的手段。这就是资本主义生产方式所特有的人口规律”。简单地说，资本主义生产方式特有的人口规律，就是相对过剩的人口规律，这就是：在资本主义社会中，随着资本的积累，一部分工人必然成为相对多余的人，被逐出生产，受穷挨饿。

资产阶级经济学者为资本主义社会的失业现象作辩护，英国马尔萨斯的人口论就是为此目的而炮制的。马尔萨斯在他所著《人口论》第一版第七章的末尾，把他的全部论点归结为如下三条：一、人口的增加，必然要受到生活资料的限制；二、生活资料增加，人口也常常随着增加；三、占优势的人口繁殖力，为贫富及罪恶所抑制，因而使现实的人口得与生活资料保持平衡。他认为：生活资料是按算术级数增长的，即依一、二、三、四……的比例增长，而人口是按几何级数增长的，即依一、二、四、八……的比例增长，因此，生活资料的增加赶不上人口的增长，必然造成失业和贫困；要解决贫困和失业，就必须阻止人口的繁殖。他认为阻止人口繁殖的因素有两个：贫困与罪恶，因此，战争、瘟疫、饥馑等灾难，对人类来说是“慈善的事业”。这样，他就荒谬地把相对人口过剩现象，不归因于资本主义制度本身，而看成是自然规律，并认为是适合于各个时代、各个国家的人类生活以及现代人类的生活的自然规律。

马尔萨斯的人口论的目的是为了掩盖资本主义的剥削实质，取消工人阶级和资产阶级之间的斗争，以巩固资产阶级的统治地位。但是他所提出的生活资料按算术级数增加的命题，纯粹属于虚构，因此他的追随者不得不用所谓“土地收益递减规律”来代替无人相信的算术级数。而马尔萨斯在其《人口论》以后的各版中也转而采用这一说法。

恩格斯还在他早期著作中，如在1844年写的《政治经济学批判大纲》和1845年写的《英国工人阶级状况》中，就对马尔萨斯的人口论进行了严厉的批判。恩格斯指出：马尔萨斯的“人口论”，是“资产阶级对无产阶级的最公开的宣战”①。

马克思在《资本论》中对马尔萨斯人口论进行了深刻的批判。他科学地论证了，资本主义制度的相对人口过剩，是资本主义经济规律发生作用的结果，“事实上，每一种特殊的、历史的生产方式都有其特殊的、历史地起作用的人口规律。抽象的人口规律只存在于历史上还没有受过人干涉的动植物界”。这样，就彻底批判了马尔萨斯把人口规律看成是自然规律的错误。

历史的实践也完全证明，马尔萨斯所提出的人口增长速度超过生活资料增长速度的规律是不存在的。例如：英国人口在1688年为550万人，1913年增为4590万人，在225年中增加了7.3倍，但同一期间，国民收入却增加了45倍。特别是在社会主义制度里，由于劳动者成为社会的主人，生产积极性大大提高，消灭了失业现象，社会生产在有计划按比例规律的作用下高速度发展，因而既不存在相对过剩人口，也不会出现生活资料的增长赶不上人口增长的现象。

在帝国主义时期，新马尔萨斯分子为资产阶级发动侵略战争制造理论根据，宣扬什么“绝对人口过剩”的威胁已使人类濒于饿死的边缘。像美国的天然资源保护委员会主席维尔扬·福脱在所写的《救亡的道路》一书中硬说，世界上有一半以上的人口是得不到食物供应的“过剩人口”。按照他的意见，只有采用残酷的办法，如毁灭性战争，才是“救亡的道路”。

---

① 《马克思恩格斯全集》第2卷，人民出版社1957年版，第572页。

相对剩余劳动人口是资本主义生产方式的存在条件之一

相对剩余劳动人口是资本积累发展的必然产物，反过来又成为资本积累的杠杆，甚至成为资本主义生产方式存在的一个条件。这主要有两方面的原因：

第一，资本主义生产的发展是不平衡的。在某个时期，资本会疯狂地流入那些特别有利的产业部门，使这些产业部门的企业的规模迅速增大。为什么资本有这种突然的扩张力呢？这是因为：随着资本积累的增加和劳动生产力的发展，能够转化为资本的剩余价值量增大了；随着资本主义信用的发展，资本家可以集中社会财富的一个异常大的部分作为追加资本投入生产；随着生产过程技术条件的改进，能够以最大的规模极迅速地把剩余产品转化为追加的生产资料。由于以上条件，资本可以迅速地流入那些市场突然扩大的旧生产部门，或流入那些由旧生产部门的发展而引起的新兴生产部门，如铁路等等。这些部门资本的突然扩张，需要吸收大批的工人，这就“必须有大批的人可以突然地被投到决定性的地方去，而又不致影响其他部门的生产规模。这些人就由过剩人口来提供”。如果没有剩余劳动人口的存在，这些部门的生产要得到突然的扩张是不可能的。

第二，资本主义生产的发展是周期性的。它不断经历着危机、萧条、复苏、繁荣、再到危机等阶段，每一周期大约是10年[①]。在危机到来时，生产缩小，工厂倒闭，工人失业，过剩人口增加；当生产处于高涨时，生产扩大，需要吸收大量的劳动力，如果没有剩余劳动人口存在，资本家要迅速扩大生产是不可能的。因此，资本主义生产的周期性，“就是建立在产业后备军或过剩人口的不断形成、或多或少地被吸收、然后再形成这样的基础之上的”。而工业周期的阶段变换，又会反过来创造出失业人口，补充产业后备军，成为过剩人口再生产的一个非常有力的因素。

资本主义生产的这种周期性，在资本主义以前的社会里是不存在的，在资本主义生产的幼年时期也还没有出现。那时资本积累虽然很慢，它

---

① 这里所指的10年时间，是19世纪的情况。到了帝国主义阶段，再生产的周期性有了变化，周期时间大大缩短。

还是受到可供剥削的工人人口的自然限制。但资本主义发展到一定阶段，生产的周期性就表现出来了，“生产规模突然的跳跃式的膨胀是它突然收缩的前提；而后者又引起前者，但是没有可供支配的人身材料，没有不取决于人口绝对增长的工人的增加，前者是不可能的”。这就是说，资本主义生产规模的急剧扩张，导致商品供应的相对过剩，从而促使生产规模的急剧收缩；而生产规模的突然收缩，又使商品供应不足，引起生产的急剧扩张，这时候，如没有一定数量的工人，生产的扩张是不可能的。这些工人是由资本对劳动的需要相对减少而被排斥出来的。“因此，现代工业的整个运动形式来源于一部分工人人口不断地转化为失业的或半失业的人手。”资产阶级经济学不懂得这个问题，他们却把信用的膨胀和收缩当作工业周期变化的原因，这正说明了他们的认识是多么浅薄！但当这种周期性一经固定下来以后，资产阶级经济学家也不讳言相对过剩人口是资本主义生存的条件之一了。不仅英国的赫·梅里韦尔承认，在生产的周期过程中，“他们必须找到可供支配的人手”，才“能够依据市场情况在必要时加强或收缩他们的营业活动”，甚至马尔萨斯也认为过剩人口对于现代工业来说是必要的。但当他们承认这一点以后，又从资产阶级的利益出发，掩盖资本家与工人的矛盾，对失业的工人说：“我们工厂主增大你们必须借以生存的资本，为你们做了我们所能做的事情；而你们必须去做其余的事情，去使你们的人数同生存资料相适应。”

因此，资本主义生产决不满足于对在业工人的剥削，它还需要有大批的产业后备军，以便随时满足资本价值增殖的需要，使资本主义生产得以周期性地进行。可见，剩余劳动人口的存在，乃是资本主义生产方式存在的条件之一。

相对过剩人口的生产，比资本积累的增进、有机构成的提高、可变资本的相对减少更为迅速

以上我们在论证相对过剩人口的形成时，是假定雇佣工人的增减恰好与可变资本的增减相符合。但实际上，两者并不完全一致。可变资本的增加，往往会和工人人口不增加或甚至减少相并行，可变资本不变，所需工人可以减少，可变资本减少，所需工人可以减少得更快。这些情况，又是助长过剩人口增加的原因。现在我们就来看看这些情况。

第一，在可变资本增加的情况下，如果原有工人因延长劳动时间或提高劳动强度而供给了较多的劳动，工人人数可以不变或甚至减少。在这种场合，可变资本的增加只表示劳动量的增加而不表示雇佣工人的增加。工人虽因提供较多的劳动而得到较多的工资，但对资本家来说，还是很有利的。因为如果增加工人人数，资本家就要相应地增加机器等设备，增大不变资本；如不增加工人人数，使原有工人提供更多的劳动，资本家就可在不增加机器设备的情况下扩大生产，剥削到更多的剩余劳动。

第二，在可变资本不变的情况下，资本家用延长劳动时间、加强劳动强度的方法，可以使同样数量的工人推动更多的劳动。

第三，在可变资本不变的情况下，资本家用不熟练工人代替熟练工人，用女工代替男工，用儿童代替成人的方法，就可以用同一资本的价值买到更多的劳动力。

由于以上三种情况，就使“相对过剩人口的生产或工人的游离，比生产过程随着积累的增进而加速的技术变革，比与此相适应的资本可变部分比不变部分的相对减少，更为迅速”。这是相对过剩人口迅速形成的原因之一。

过剩人口迅速形成的另一原因是，产业后备军和在业工人之间的相互影响。一方面，在业工人为了避免失业的痛苦，不得不过度劳动，延长劳动时间，提高劳动强度，使资本减少对工人的需要，使失业工人更难以就业；另一方面，失业工人为了争取摆脱饥饿的处境，愿意在低廉工资的条件下，支出较多的劳动，这就加强了对在业工人的压力，迫使在业工人不得不过度劳动，不得不服从资本家的支配。这样，“工人阶级的一部分从事过度劳动迫使它的另一部分无事可做，反过来，它的一部分无事可做迫使它的另一部分从事过度劳动，这成了各个资本家致富的手段，同时又按照与社会积累的增进相适应的规模加速了产业后备军的生产”。这种在业工人和失业工人的互相影响，使相对过剩人口迅速增加。

决定工资的一般变动的，不是工人人口绝对数量的变动，而是相对过剩人口的增减

大体说来，工资的一般变动只由同工业周期相适应的产业后备军的膨胀和收缩来调节。如在繁荣时期，生产扩大，资本需要较多的劳动力，过剩人口相对减少，工资就上涨；在危机时期，生产收缩，资本对劳动力的需要大大减少，相对过剩人口增加，工资就下降。“因此，决定工资的一般变动的，不是工人人口绝对数量的变动，而是工人阶级分为现役军和后备军的比例的变动，是过剩人口相对量的增减，是过剩人口时而被吸收、时而又被游离的程度。”这就是说，工资的变动，和因工业周期的变动而造成的相对过剩人口的多少有关。马克思在第715—716页中，曾批判了那种把资本积累的绝对运动，看成是劳动力自身的运动引起的错误观点，现在又指出，由于生产的周期性，使过剩人口发生变化，从而影响工资的变动，从而进一步论证了工资增长的界限取决于积累本身的原理。

资产阶级经济学家不懂得相对过剩人口是资本积累发展的产物，工资变动受相对过剩人口所调节，而制造出所谓“工资铁律”和被机器排挤的工人会得到补偿的理论。

曾经被机会主义分子拉萨尔大肆鼓吹的所谓“工资铁律”，原是由重农学派的杜尔哥系统地进行论证的。他们从资本的运动依存于人口量的绝对运动这一教条出发，认为工资的变动依存于人口绝对量的变动。他们的说法是：由于资本积累，造成对劳动力的更多需要，引起工资的提高。工资的提高引起工人人口的迅速增长，这种增长持续到劳动力供过于求，工资又下降。工资的下降，使对工人的剥削相应提高，从而重新加速资本积累，而低工资又会抑制工人阶级的增长，于是，又会出现劳动力供不应求、工资上涨……这样不断地反复下去。

“工资铁律”是虚构的，是错误的。因为：第一，资本对劳动力的急剧增长的需要，不是靠工人人口的绝对增长来满足。不然，就要经过相当长的时间，而“在真正有劳动能力的人口因工资提高而可能出现某种实际增长以前，已经一再经过了这样一个时期，在这个时期必然发生工业战，展开厮杀，并且决出胜负”。第二，资本对劳动力的急剧增长的需要是由相对过剩人口来满足的。事实上，工资的提高往往是微不足道的，

虽然因为工资原来很低，一点点提高就在百分比上表现很高。资本家决不会等待微薄的工资促使工人繁殖，而是“采用了更多的机器，工人转瞬间又‘过剩’”了。第三，这种说法是“把调节工资的一般变动或调节工人阶级即总劳动力和社会总资本之间的关系的规律，同在各个特殊生产部门之间分配工人人口的规律混为一谈了”。这就是说，资产阶级经济学家把某一特殊生产部门的工人人数随资本根据市场供求情况对该部门的投资的变动而变动，说成是资本的运动依存于工人人数的绝对运动。

在批判了所谓“工资铁律”的谬论以后，马克思又指出：“这里正好应该回过来谈一下经济学辩护论的一大业绩。”这是指詹姆斯·穆勒、麦克库洛赫、托伦斯、西尼耳、约翰·穆勒等庸俗经济学家所提出的、关于被机器排挤的工人会得到补偿的“理论”。这个“理论”，在本书第十三章第六节已作了详细的批判。按照这一“理论”，一个部门因采用机器而被排挤出来的工人，会在另一部门中找到工作。马克思在第十三章中论证了，机器不仅排挤了采用机器的部门中的工人，而且还排挤不采用机器部门中的工人。在本章中，马克思又进一步指出：“相对过剩人口是劳动供求规律借以运动的背景。它把这个规律的作用范围限制在绝对符合资本的剥削欲和统治欲的界限之内”。这是因为，相对过剩人口给在业工人施加压力，使他们提供过度劳动，而在繁荣时期，相对过剩人口又供给资本大量劳动力。“寻求投资场所的追加资本本来会激起的劳动总需求的增加”，“会按照工人被机器抛向街头的程度而抵消”。可见，“对劳动的需求同资本的增长并不是一回事，劳动的供给同工人阶级的增长也不是一回事，所以，这里不是两种彼此独立的力量互相影响”，而是“资本在两方面同时起作用。它的积累一方面扩大对劳动的需求，另一方面又通过‘游离’工人来扩大工人的供给”，“劳动供求规律在这个基础上的运动成全了资本的专制”。马克思进一步揭露了庸俗经济学家为资本辩护的厚颜无耻，讽刺他们就像忠实于唐吉诃德的仆人一样，忠诚地为资本家的利益服务。当工人阶级试图加强在业工人和失业工人的团结以反抗资本家的压制时，辩护士就叫嚷必须维持自由竞争来反对工人的团结，而在没有形成失业大军的场合，为了加强对工人的压制，辩护士又主张放弃自由竞争而采用强制手段。

4. 相对过剩人口的各种存在形式。资本主义积累的一般规律

相对过剩人口的各种存在形式

在研究了相对过剩人口的实质以及它存在的必然性以后，就转而对它的具体表现形式进行研究。

“每个工人在半失业或全失业的时期，都属于相对过剩人口。”过剩人口除去与工业周期相适应的“周期反复的形式”外，经常具有三种形式。

一、“流动的形式”。在现代工业中心，工人时而被排斥，时而被吸收，即时而失业，时而就业，处在流动的状态中。这种过剩人口，是由采用新机器，缩减生产，关闭企业，而在一定时期内失去工作的工人形成的。在生产扩大时，他们中间一部分人找到工作；在生产缩小时，他们中间一部分人又要失业。

流动的过剩人口是和工业的规模一同增大的。在现代工业中，资本需要的少年工人数量较大，成年工人数量较小，因而少年工人不能满足需要而成年工人却超过需要，使相当部分成年工人成为流动过剩人口。另一方面，由于分工把工人束缚在一定的产业部门，有些部门的工人多余，不容易转业，而有些部门却抱怨人手不足。此外，由于资本迅速地消费劳动力，工人未老先衰，落入过剩者的队伍，他们寿命短促，一代一代地更迅速地更替着。

二、“潜在的形式”。主要是指农业中的过剩人口。这种在农村潜在的过剩人口，只有当他们流入城市时才明显地表现出来。随着资本主义在农业中的发展，随着机器的广泛采用，资本“对农业工人人口的需求就随着在农业中执行职能的资本的积累而绝对地减少，而且对人口的这种排斥不像在非农业的产业中那样，会由于更大规模的吸引而得到补偿”。因此，农村不断有潜在的过剩人口，因而“农业工人的工资被压到最低限度，他总是有一只脚陷在需要救济赤贫的泥潭里”。

三、"停滞的形式"。他们形式上是就业人口的一部分，但职业极不固定。"它为资本提供了一个贮存着可供支配的劳动力的取之不竭的蓄水池。"他们的生活水平比一般工人的生活水平更低。"它的特点是劳动时间最长而工资最低。"这种过剩人口的主要形式，是为资本主义企业加工的家庭劳动和依靠当短工过活的广大劳动者阶层。

"最后，相对过剩人口的最底层陷于需要救济的赤贫的境地。"如果把真正的流氓无产阶级撇开不说，他们包括：一、有劳动能力但被淘汰的工人，如乞丐之类；二、孤儿和待救济的贫民的子女；三、衰败的、流落街头的、没有劳动能力的人，如因分工而失去灵活性的人，超过工人正常年龄的人，以及工业上的牺牲者，如被机器弄成残废的人。这些需要救济的赤贫"和相对过剩人口一起，形成财富的资本主义生产和发展的一个存在条件"。

资本主义积累的一般规律

根据以上分析，我们可以看出，随着资本积累，出现了相对过剩人口和产业后备军，这是资本主义发展的必然结果，是资本主义发展的客观规律。因此，马克思作出结论说："社会的财富即执行职能的资本越大，它的增长的规模和能力越大，从而无产阶级的绝对数量和他们的劳动生产力越大，产业后备军也就越大。可供支配的劳动力同资本的膨胀力一样，是由同一些原因发展起来的。因此，产业后备军的相对量和财富的力量一同增长。但是同现役劳动军相比，这种后备军越大，常备的过剩人口也就越多，他们的贫困同他们所受的劳动折磨成反比。[①] 最后，工人阶级中贫苦阶层和产业后备军越大，官方认为需要救济的贫民也就越多。**这就是资本主义积累的绝对的、一般的规律**。"这一段话的意思是说：资本越是积累，产业后备军就越大；和就业人口相比，产业后备军越大，经常失业的人口就越多；他们越是失业，也就越是贫困。这

① 这句话，马克思亲自校订过的法文版是："成正比"。"成反比"和"成正比"，是从不同角度说的，都是对的。为什么说他们的贫困同所受的劳动折磨"成反比"？因为失业之故，不再在资本家的工厂里做工，不再受繁重的劳动所折磨，但生活却更加贫困了。为什么又可以说是"成正比"呢？失业者为了生活，在饥饿死亡线上挣扎，即使劳动极重而报酬极低的工作也要去做，因而贫困越加重，劳动所受的折磨也越加深。

就是资本主义积累的一般规律。这一规律的实质是：在一方，资本的积累越多；在另一方，工人的失业和贫困就越大。

资本主义积累的一般规律，也就是资本主义发展的规律。马克思在这里分析的特点是：把资本主义的发展同资本积累有机地结合起来。他说："特殊的资本主义的生产方式随着资本积累而发展，资本积累又随着特殊的资本主义的生产方式而发展。"① 随着资本主义的发展，一方面是资本的积累、资本的积聚和集中，出现了大企业、大资本家，另一方面却产生相对人口过剩，失业半失业人数日益增加，他们的生活日益贫困化，从而使资产阶级同无产阶级之间的矛盾日益加深。随着无产阶级被剥削的日益加重，生活的绝对贫困，无产阶级的反抗也在增长，所以资本积累的发展必然引起无产阶级革命的爆发，剥夺者被剥夺，这是资本主义积累的必然趋势，也是资本主义发展的历史趋势。马克思正是从经济关系的分析中来揭露阶级矛盾，从而论证无产阶级革命的胜利是历史发展的必然性，这就为无产阶级指出了正确的方向，并鼓舞他们去为推翻资本主义制度而进行革命斗争。

要正确理解资本主义积累的一般规律，还要注意以下三个问题：

第一，在资本主义社会里，劳动生产力越高，对工人就业的威胁就越大，工人的生活也就越不安定。这是因为：劳动生产力的提高，使资本的有机构成改变，对工人的需要减少，从而加速相对过剩人口的形成。这种劳动生产力和生产资料比劳动人口增长得更快的事实，在表面上却反而好像是：工人人口的增长比资本的增殖更快。

第二，"一切生产剩余价值的方法同时就是积累的方法，而积累的每一次扩大又反过来成为发展这些方法的手段"。这就是说，一方面，随着剩余价值生产的增加，剩余价值转化为资本的部分也增加了；另一方面，随着资本积累的扩大，又可以扩大生产、榨取更多的剩余价值，加重对工人的剥削。所以，"不管工人的报酬高低如何，工人的状况必然随着资本的积累而恶化"。

第三，资本积累的一般规律，实质上是两方面的积累，一方面是资

① 《资本论》第 1 卷，人民出版社 2004 年版，第 721 页。

本的积累，一方面是贫困的积累。“在一极是财富的积累，同时在另一极，即在把自己的产品作为资本来生产的阶级方面，是贫困、劳动折磨、受奴役、无知、粗野和道德堕落的积累。”这就把工人牢牢锁在资本上面。

对曲解资本主义积累对抗性质的观点的批判

对于资本主义积累的对抗性质，资产阶级经济学者虽然以各种不同形式说出来，但由于他们把资本主义生产方式同资本主义前的生产方式的特点相混同，因而对资本积累的对抗性质作了种种曲解。

比如，威尼斯的修道士奥特斯，把资本主义生产的对抗性理解为社会财富的普遍的自然规律。他认为：“一些人勤劳迫使另一些懒惰。穷人和懒惰者，是富人和勤劳者所造成的一个必然结果。”正是由于他把贫富之间的对抗性当成自然规律，就不能认识产生这种贫富对抗的原因，而只能在谈论这种对抗时，表示叹惜，并从而找到基督教的善行、终身不婚、修道院和慈善机关存在的理由。

英国的高教会新教牧师唐森，曾十分露骨地颂扬贫困是财富的必要条件。他认为：“饥饿不仅是和平的、无声的和持续不断的压力，而且是刺激勤勉和劳动的最自然的动力，会唤起最大的干劲。”所以，一切问题都归结为怎样使工人阶级的饥饿永久化。他在这种贫富对抗面前，不仅表现得十分冷酷无情，而且恬不知耻地加以赞扬。施托尔希的观点同唐森基本上是同出一辙的，他赞扬由于有无产者的贫困，才会“使其他阶级有闲暇，有开阔的心境和传统的〈妙！〉高贵品性”。

小资产阶级的经济学家西斯蒙第，曾正确说明这种贫富分化的对抗性质。他指出，“劳动生产力的无限增长的结果，只能增加那些游手好闲的富人的奢侈和享受”。但是，他不懂得这种对抗是资本主义积累的一般规律发生作用的必然结果，因而也不可能有更深刻的分析。

只有马克思运用辩证唯物主义和历史唯物主义的观点和方法，从商品分析开始，逐步揭露了资本主义在经济上的对抗性质，以及在资本主义发展过程中，它们之间的对抗如何日益尖锐化。可见，马克思不仅看出了这一客观的阶级对抗性质，而且从政治经济学的角度给予理论的分析和深刻的论证，指出这一对抗来源于资本主义制度本身，这样，就从思想上武装了无产阶级，指导他们为消灭资本主义制度而斗争。

5. 资本主义积累一般规律的例证

在这一节中，马克思用大量的实际材料做例证，说明资本主义积累的一般规律。

本节分为六个小节。在第一小节中，马克思以 1846—1866 年英格兰的材料，说明随着资本积累的增进，一方面是财富的增大，资本的积聚与集中，另一方面是工人的贫困。马克思曾在前面论述工作日和机器的那几篇里，考察工人在工厂内部的情况。但是，“为了全面说明积累的规律，还必须注意工人在厂外的状况，他们营养和居住的状况”[①]。因此，在第二小节中，马克思以英国工人阶级中报酬微薄的阶层的低下的营养状况和恶劣的住宅状况为例证，指出：“一个工业城市或商业城市的资本积累得越快，可供剥削的人身材料的流入也就越快，为工人安排的临时住所也就越坏。”[②] 在第三小节中，考察了流动人口和矿工的恶劣不堪的住宅情况。在第四小节中，先考察了危机对工人阶级中报酬最优厚部分（即工人贵族）的影响，深刻描绘了因危机而失业的工人的生活贫困状况。然后又揭露了资本家所谓“比利时是工人的乐园”的真相。马克思根据杜克佩西奥提供的材料，指出以比利时标准工人家庭的营养状况同士兵、水兵和囚犯的营养作比较，“只有少数工人家庭才能达到同囚犯差不多的营养，更不用说达到水兵或士兵的营养了”[③]。马克思在以上四小节中考察了工业无产阶级贫困化的状况以后，在第五小节中又转而考察农业无产阶级的贫困化状况。他指出：“资本主义生产和积累的对抗性质，在任何地方再也没有比在英格兰农业（包括畜牧业）的进步和农业

① 《资本论》第 1 卷，人民出版社 2004 年版，第 752—753 页。
② 《资本论》第 1 卷，人民出版社 2004 年版，第 762 页。
③ 《资本论》第 1 卷，人民出版社 2004 年版，第 773 页。

工人的退步上表现得更残酷的了。”[①] 随着农业中资本主义的发展，土地所有者和租地农场主的财富日益膨胀，而农民却变成食宿都很坏的农奴。他们的营养状况不如囚徒，而劳动量却比囚徒多一倍。马克思以英国12个郡的农村劳动者住宅的悲惨状况为例证，指出：“一个地区的人口越稀少，那里的‘相对过剩人口’就越多，他们对就业手段的压力就越大，农村人口多于住房的绝对过剩也就越大，从而农村中地方性的人口过剩以及最容易传染疾病的人口拥挤现象也就越严重。”[②] 另一方面，“农村中尽管经常出现‘相对过剩人口’，但同时也感到人手不足”[③]。这是因为，农业有季节性，收获季节需要更多的劳动力。“农业工人按耕作的平均需要来说总是过多，而按特殊的或者临时的需要来说又总是过少。”但在资本主义制度下所出现的农业劳动力的暂时不足，并不会引起工资的提高，而只会迫使妇女和儿童参加田间劳动，从而反过来造成农业中男工过剩，使人们的工资下降。马克思以帮伙制度为例证，深刻地说明了上述现象。这些帮伙由妇女、男女青少年和男女儿童所组成，他们在帮头（农村的无赖汉）的驱使下，从事过度的劳动，而报酬则很低。这种帮伙制度使租地农场主“能把他的劳动人员大大压低到正常水平以下，而又能经常拥有一批额外劳力来应付额外工作，花尽量少的钱榨取尽量多的劳动，并使成年男工‘过剩’”[④]。在第六小节中，马克思还考察了爱尔兰的情况。当时爱尔兰的资本积累是较缓慢的，但是，“这个总资本的各个组成部分的积聚却发展得越来越快了。最后，尽管它的绝对增长量很小，但是相对地说，即同已经减少的人口比较起来，它还是增大了”[⑤]。另一方面，劳动者的生活是更加恶化了，随着生活资料价格成倍上涨，工资愈加低廉，劳动者的痛苦日益增大。这说明，资本主义积累的一般规律，在资本主义发展较慢的地区也同样起作用，日益加深两个阶级之间的对抗。

---

① 《资本论》第1卷，人民出版社2004年版，第774页。

② 《资本论》第1卷，人民出版社2004年版，第796—797页。

③ 《资本论》第1卷，人民出版社2004年版，第797页。

④ 《资本论》第1卷，人民出版社2004年版，第802页。

⑤ 《资本论》第1卷，人民出版社2004年版，第809页。

在这一节中，马克思运用丰富的实际材料，生动而有力地论证了积累的对抗性，一直到今天，我们读到这些材料时，仍然会激起强烈的阶级感情和革命义愤，增强为无产阶级解放事业而奋斗的决心和力量。

■ 马克思对资本主义积累一般规律的研究，是和对资本主义发展规律的研究结合在一起的。他第一次论证了无产阶级同资产阶级的对抗随着资本主义的发展而日益加深，为我们考察无产阶级的状况和批判新老修正主义提供了强大的理论武器。

修正主义者为了替资本主义制度辩护，麻痹无产阶级的革命斗志，曲解资本主义积累一般规律的作用和无产阶级贫困化的生活真实。修正主义的鼻祖伯恩斯坦在他所著的《论社会主义前提》一书中，既否认资本的积聚和集中，又否认工人阶级的状况随资本主义的发展而日益恶化的事实。无产阶级的叛徒考茨基虽然打着批判伯恩斯坦的招牌，实际上是走着修正马克思主义的道路。他一方面既承认工人阶级的生活有日益恶化的趋势，但又认为这种趋势将被相反的方面的其他趋势所战胜；另一方面只承认工人阶级的相对贫困化，不承认绝对贫困化。在帝国主义阶段，那些为垄断资本利益服务的庸俗经济学家，继承考茨基这一谬论，根据个别资本主义国家在个别年代里工资稍有上升的特殊现象，就大肆污蔑马克思关于资本主义积累一般规律的理论已经过时，胡说什么已不存在工人阶级的绝对贫困化了。1955 年前后在国际经济论坛上所出现的这一股歪风，受到了马克思主义经济学家的有力批驳。

现代资本主义社会的大量事实，充分证明了马克思对于资本主义积累一般规律的理论是完全正确的，证明了无产阶级的贫困化，不仅是相对的，而且是绝对的。马克思在《资本论》中，只是提出了无产阶级贫困化的概念，并未明显指出相对贫困和绝对贫困的问题。但他在 1861—1863 年经济学手稿中就已指出："被剥夺了劳动资料和生活资料的劳动能力是绝对贫困本身"。"工人本身，按其概念是贫民，是这种单独存在的、与物的条件相脱离的能力的化身和承担者。"① 这就是说，工人丧失生产

① 《马克思恩格斯全集》第 47 卷，人民出版社 1979 年版，人民出版社 1979 年版，第 39 页。

资料靠出卖劳动力为生这一事实本身，就说明工人是“绝对贫困”的“贫民”。因此，不能把贫困化片面理解为工人的生活一天比一天坏，一天比一天更加贫困。当然，在个别国家的个别时期内，工人阶级的生活水平也可能暂时提高，但是我们决不能被表面现象所迷惑。看待资本主义国家工人的实际生活水平：第一，不能仅从个别时期的特殊情况着眼，必须从一个较长时期的发展情况来研究；第二，不能用少数工人贵族的生活水平来掩盖绝大多数工人的贫困；第三，不仅要看到在业工人的生活水平，还要看到失业工人的生活水平。这就是说，研究问题必须全面，不要片面性；要用辩证的方法，不能用形而上学的方法。

第 二十四 章

所谓原始积累

在这一章中，马克思论述资本主义生产关系产生的历史前提，即最初的资本家和无产者在历史上是怎样产生的。特别是论述了资本主义必然灭亡的历史趋势，这不仅是马克思关于资本积累理论的重要组成部分，而且是对《资本论》第一卷的总结。

本章共分七节：第一节，论述原始积累的实质；第二、三节，论述雇佣工人的形成过程；第四、五、六节，论述资产阶级的形成过程；第七节，论述资本主义发展的历史趋势，对资本主义制度作出了历史性的结论。

1. 原始积累的秘密

原始积累是资本主义生产方式的起点

以前的研究都假定：资产者已握有较大量的资本，劳动者则一无所有、不得不出卖自己的劳动力，他们在市场上相遇，从而开始资本主义的生产过程。但是，劳动者如何丧失生产资料、成为不得不出卖劳动力的一无所有的无产者呢？资本家从事剩余价值生产所必需的资本，是通过什么途径积累起来呢？要回答这个问题，就要研究资本的原始积累。“这种积累不是资本主义生产方式的结果，而是它的起点。”原始积累和资本积累是不同的。资本积累是以资本主义生产方式的存在为前提，它是通过对雇佣劳动剥削使剩余价值资本化而实现的，如果没有剩余价值生产，也就没有资本积累。原始积累是在资本主义生产方式占统治地位以前，资产阶级利用各种政治、经济的强制手段，对农民小生产者和殖民地人民进行残酷掠夺而实现的，它是资本主义生产方式产生的历史前提，其之所以是“原始”的，因为它是在资本主义生产方式形成以前所进行的积累，是资本主义生产方式的“前史”。

资产阶级经济学对原始积累的错误看法

资产阶级经济学者为了掩盖资本主义的剥削实质，美化资本家的发家史，把最初用来剥削工人的资本，说成是靠他们自己的勤劳节俭而积累起来的。他们说什么在很久以前就有两种人，一种是勤劳的、聪明的、节俭的人，另一种是懒惰的、耗费过了头的无赖汉；前者把财富积累起来成为资本家，后者则丧尽财富，成为一无所有的雇佣工人。他们把原始积累描绘成像田园诗式的东西。其实，“在真正的历史上，征服、奴役、劫掠、杀戮，总之，暴力起着巨大的作用”。原始积累绝不是资本家勤劳节俭的结果，而是对直接生产者实行暴力剥夺的结果。

原始积累是生产者与生产资料分离的历史过程

货币和商品要转化为资本，必须具备两个条件，一是少数人握有货币、生产资料和生活资料，能够购买别人的劳动力来生产剩余价值；一是大批劳动者丧失了生产资料和生活资料，不得不出卖自己的劳动力。“商品市场的这种两极分化，造成了资本主义生产的基本条件。资本关系以劳动者和劳动实现条件的所有权之间的分离为前提。”这就是说，资本主义生产关系是建筑在劳动者和生产资料所有权相分离的基础之上的，“所谓原始积累只不过是生产者和生产资料分离的历史过程”。研究原始积累就是研究这种分离的过程。

原始积累是从封建剥削变为资本主义剥削的历史过程

“资本主义社会的经济结构是从封建社会的经济结构中产生的。后者的解体使前者的要素得到解放。”这就是说，形成资本主义生产关系所必要的物质条件，是在封建社会内部孕育起来的。从这个意义上说，原始积累过程也是封建关系逐渐解体、资本关系逐渐形成的历史过程。

怎样才能使直接生产者成为可供资本剥削的自由劳动者呢？第一，要使他们脱离封建行会的支配，从行会束缚下解放出来。行会是封建社会城市中手工业者的联合组织，行会中的主要人物是行东，他拥有自己的作坊和生产资料，有一两个帮工和学徒。行东、帮工、学徒是行会内部的一种等级关系，要成为行东，需先做过一定时期的帮工和学徒。行会有详细的生产和销售规则，目的是为了避免相互间的竞争和阻止非行会成员混进市场。行会在其产生和发展的初期，在促进城市手工业的发展上曾经起过积极作用；但随着商品生产的发展和市场的扩大，就逐渐变成生产力进一步发展的障碍，它限制富裕的行东不能采用新的技术设备，不能雇用更多的工人。要使劳动者能自由地出卖劳动力，资本家能自由雇用大批工人，“就必须摆脱行会的控制，摆脱行会关于学徒和帮工的制度以及关于劳动的约束性规定”。这就是说，要摆脱封建剥削才能发展资本主义的剥削。第二，要使直接生产者丧失一切生产资料，并有支配自身的人身自由。如果劳动者仅仅脱离封建行会的束缚，还不能获得大量的劳动力，只有当他们丧失一切生产资料，如农民丧失了土地时，才不得不把自己的劳动力当作商品来出卖，这就是马克思所说的，“新被解放的人只有在他们被剥夺了一切生产资料和旧封建制度给予他们的一切生存保障之后，才能成为他们自身的出卖者”。上述两方面情况，资产阶级历史学家只讲前一点，对后一点则编造出神话式的谎言，竭力加以掩盖。为什么呢？因为直接生产者丧失生产资料的过程，是一个暴力掠夺的历史过程，雇佣工人是被暴力剥夺而形成的，资产阶级是靠暴力剥夺而起家的，“这种剥夺的历史是用血和火的文字载入人类编年史的”。资产阶级学者为了掩盖资产阶级的丑恶本质，就讳言暴力剥夺的历史事实。

“在原始积累的历史中”，“首要的因素是：大量的人突然被强制地同自己的生存资料分离，被当作不受法律保护的无产者抛向劳动市场。对农业生产者即农民的土地的剥夺，形成全部过程的基础”。这是因为：极大部分雇佣工人是由农民转化而来的，只有剥夺农民的土地，造成直接生产者和生产资料相分离，才能造成大量的雇佣工人，这是形成资本主义生产关系的基础。但是这种剥夺的历史，在不同的国家带有不同的色彩，按不同的顺序，在不同的历史时代通过不同的阶段。只有在英国，它才具有典型的形式，所以马克思就拿英国作例子来进行分析。

2. 对农村居民土地的剥夺

在这一节里，马克思以英国的材料为例，说明农民被剥夺土地的历史过程，也就是无产阶级的形成过程。

英国封建末期的经济情况

在14世纪末和15世纪初，英国的农奴制度实际已经不存在了，在人口中占绝大多数的是自由的自耕农。过去本身也是农奴的管事①，这时也被自由的租地农场主排挤了。农业中的雇佣工人包括两种人，一种是自耕农，利用空闲时间做些短工；一种是雇农，他们除了工资以外，还分得一点土地和居住的小屋，实际上也是自耕农。这说明，当时农村中纯粹的资本主义的雇佣工人还是不存在的。这时，虽然封建领主还占有一部分土地，但是“小农户仍然遍布全国”。

对农村居民土地的剥夺情况

15世纪70年代到16世纪最初的几十年，揭开了资本主义生产方式变革的序幕，开始了用暴力掠夺农民土地的过程。首先，“在英国，特别是佛兰德毛纺织工场手工业的繁荣，以及由此引起的羊毛价格的上涨，对这件事起了直接的推动作用”。15世纪末，由于毛纺织业的发展，引起对羊毛的大量需要，羊毛价格上涨，养羊成为获得高额利润的事情，新贵族和资产阶级为了获得高额利润，采用暴力手段把农民从土地上驱逐出去，变耕地为牧场，有的农民因为拒绝离开，竟被活活烧死，这就是英国历史上的“羊吃人”现象②。其次，“在16世纪，宗教改革和随之而来的对教会地产的大规模的盗窃，使暴力剥夺人民群众的过程得到新的惊人的推动”。天主教会是英国相当大一部分土地的封建所有者，在宗

---

① 管事：是当时英国封建庄园的管理人。在封建农奴制度下，大封建领主派遣专人管理庄园，最高的管理人称为“主管”，在“主管”下设“管事”。“管事”专门管理庄园的农耕、畜牧等事务，如监督农奴劳动、征收租税等等。“管事”通常是从农奴中挑选出来的，有时也由佃农充任。他们享有封建领主所给予的各种优待和特权，如可以免除徭役或不交地租，并且得到大块的佃领地。“管事”在经营这种佃领地时，常常雇用一些工人。

② 参看［英］托马斯·莫尔：《乌托邦》，商务印书馆1982年版。

教改革过程中，他们把教会的一部分土地送给国王宠臣，或者是非常便宜地卖给投机的租地农场主和市民，把旧的世袭佃户大批赶走使之成为无产者，把他们耕种的土地合并过来。再次，“在 18 世纪最后几十年，农民公有地的最后痕迹也消灭了”。英国国会先后通过了许多圈围土地的法令，使土地越来越集中在少数大土地所有者手里，“法律本身现在成了掠夺人民土地的工具”。这样，一方面，加强了大租地农场主的垄断地位，另一方面，使更多的农民转化为资本主义的雇佣工人。第 10—23 段所引用的大量材料，就是说的这种情况。最后，在 19 世纪产生的所谓清扫领地，是“英国的一切剥夺方法的顶点”。经过这次剥夺，农民的小屋也被清扫掉，他们在已经耕种过的土地上再也找不到栖身之所了，只得参加到出卖劳动力的雇佣工人的行列中去。在分析了英国上述剥夺农民土地的情况以后，马克思作出如下的结论：“掠夺教会地产，欺骗性地出让国有土地，盗窃公有地，用剥夺方法、用残暴的恐怖手段把封建财产和克兰财产变为现代私有财产——这就是原始积累的各种田园诗式的方法。这种方法为资本主义农业夺得了地盘，使土地与资本合并，为城市工业造成了不受法律保护的无产阶级的必要供给。”这就是说，通过各种暴力手段，剥夺农民土地，使直接生产者与劳动资料分离，从而产生出大量的雇佣工人。

3. 15 世纪末以来惩治被剥夺者的血腥立法。压低工资的法律

这一节主要说明，新兴资产阶级如何利用国家法律迫使被剥夺了土地的农民成为资本的剥削对象。

15世纪末以来惩治被剥夺者的血腥立法

被剥夺了土地的农民，不能一下子就变为雇佣工人。这是因为：一方面，工场手工业所需要的是有一定熟练技术的工人，刚刚遭到暴力剥夺而被驱逐出来的农民，不可能很快被工场手工业所吸收；另一方面，这些农民突然离开了惯常的生活轨道，也不可能一下子就适应工场

纪律的约束。所以当他们被剥夺土地以后，就大批地变成乞丐、盗贼、流浪者。英国在 15 世纪末和 16 世纪，从亨利七世开始颁布惩治被剥夺者的血腥立法，亨利八世以后，这些法律愈来愈残酷，凡违反法律者，要处以种种酷刑，从鞭打、监禁、烙印直至处死，使丧失了土地的农民“被迫习惯于雇佣劳动制度所必需的纪律”。

压低工资的法律

资产阶级利用国家政权颁布各种法律，强迫失去了生产资料和生活资料的劳动者去做工，但还不能保证获得大量的有一定熟练技术的雇佣劳动者。“单是在一极有劳动条件作为资本出现，在另一极有除了劳动力以外没有东西可以出卖的人，还是不够的。这还不足以迫使他们自愿地出卖自己。”这是因为在资本主义生产关系刚刚产生的时期，雇佣工人很少，他们同小农经济和行会组织还保持着一定的联系，资本主义生产方式还是建立在手工劳动的技术基础上，劳动还只是在形式上隶属于资本。在这种情况下，资产阶级还不可能让工人完全由资本主义生产的规律去自由支配，还需要依靠国家权力，对劳动者实行超经济的强制，因而制定许多关于延长工作日、限制工资、禁止结社的法律（第 11—17 段引证的大量材料，都是说明这个问题）。这些法律，都是为了驯服劳动者，使他们成为资本增殖的工具。因此，马克思说：“新兴的资产阶级为了‘规定’工资，即把工资强制地限制在有利于赚钱的界限内，为了延长工作日并使工人本身处于正常程度的从属状态，就需要并运用国家权力。这是所谓原始积累的一个重要因素。”

4. 资本主义租地农场主的产生

在第二、三节，考察了雇佣工人的产生过程，第四节到第六节则考察资产阶级的产生过程。第四节先考察农业中的资本家，即租地农场主的产生过程。剥夺农民土地，只是直接产生了大土地所有者，并不能产生租地农场主。资本主义租地农场主的产生，是经过了许多世纪的漫长过程的。在英国，租地农场主的最初来源是替封建领主管理庄园的一种农奴，叫作“管事”；此后，进一步发展为从地主那里取得种子、牲畜和农具的租地农民；不久，发展成为自己筹集一部分农业资本（另一部分仍由地主供给）的分成农即半租地农场主，他们把土地收入的一部分作为地租交给地主。这种形式的进一步发展，就是真正的租地农场主，这种人向地主租种土地，雇用农业工人进行生产，把剥削到的剩余产品的一部分作为地租交给地主。他们和地主不一样，地主是依靠土地收取地租，他们是靠经营土地、剥削农业工人所创造的剩余价值。

在 15 世纪，租地农场主的经济水平还是中等的。15 世纪最后 30 多年开始的农业革命，即关于土地所有权的资产阶级革命，使农村居民破产，租地农场主暴富起来。同时，由于对公有牧场的掠夺，租地农场主几乎不费任何代价，就大大增加了自己的牲畜数量，从而大大增加了资本。到了 16 世纪，又出现了一个新的有决定意义的因素。由于贵金属的价值下降，造成农产品价格上涨，因此，一方面工资降低了，工资的一部分变成了租地农场主的利润；另一方面租地农场主按新价格出售农产品，按期限往往很长的租约规定的旧价格支付货币地租，又大大地增加了剥削收入。租地农场主“是同时靠牺牲自己的雇佣工人和地主的利益而致富的”。因此，在 16 世纪末的英国农村，就出现了很富有的农业资本家。

5. 农业革命对工业的反作用。工业资本的国内市场的形成

农业革命对工业的反作用

资本的原始积累首先在农业中发生，农业的资本主义革命必然对工业发生反作用。

由于农业的资本主义革命，虽然种地的人数减少了，但生产出来的农产品和过去一样多，或者比过去更多。这些农产品为租地农场主所占有。过去，这些生活资料是由农民自己生产，自己占有，自己消费；现在，“被驱逐出来的农民必须从自己的新主人工业资本家那里，以工资的形式挣得这些生活资料的价值”。因此，被剥夺

了的农民，不仅成为劳动力的出卖者，而且成为生活资料的购买者。“这些生活资料现在转化为可变资本的物质要素。”另一方面，农产品中的一部分，是供工业作为原料用的，过去，农民把它作为再生产的物质要素，现在，也是由资本家所占有，“它转化为不变资本的一个要素”。这说明，对农民的剥夺，不仅提供了大量的雇佣劳动者，使他们成为资本的剥削对象，而且使他们的生活资料、生产资料也转化为资本的物质要素，从而为资本主义的发展创造了不可缺少的国内市场。

工业资本的国内市场的形成

这是因为：第一，以前农民自己生产和加工的绝大部分供自己消费用的生活资料和原料，现在都为农场主所占有，农场主把它们出售，“手工工场则成了他的市场”；第二，以前的一些手工业品，是农民用自己的原料自己生产、自己消费的，现在则成为工场手工业的产品，工场主把它们作为商品出售，“农业地区正是这些东西的销售市场”；第三，以前的商品是由大量分散的小生产者生产出来的，而购买这些商品的买主也分散在各地；现在这些商品都集中由工业资本来供应，这就产生了巨大的市场。所以，随着农民的土地被剥夺，“农村副业被消灭了，工场手工业与农业分离的过程发生了”。

“只有消灭农村家庭手工业，才能使一个国家的国内市场获得资本主义生产方式所需要的范围和稳固性。”这是因为，在工场手工业时期，工场手工业只是国民经济的一个很小的部分，它和城市手工业和农村家庭副业是同时存在的。那时，工场手工业虽然排挤手工业和个体农民，但仍然需要他们把原料加工到一定程度，所以就产生了他们在某些地方被消灭、又在另一些地方重新出现的现象。在农村家庭手工业还存在的情况下，必然有一部分产品由生产者自己直接消费，不作为商品投入市场，投入市场的商品部分，只是小量的、分散的。只有到了机器大工业时期，工业的发展为农业提供先进的技术和设备，彻底地剥夺了绝大多数农村居民，使农业和农村家庭手工业完全分离，使所有的生活资料和原料都成为商品，这才产生了巨大的资本主义的国内市场。

6. 工业资本家的产生

这一节主要说明，工业资本家是怎样产生的，工业资本的原始积累是怎样形成的。

工业资本家不是像租地农场主那样逐渐地产生的

工业资本家的产生和租地农场主的产生不同，他们不是逐渐地产生的，而是暴力掠夺的产物。

诚然，由于阶级分化，“有些小行会师傅和更多的独立小手工业者，甚至雇佣工人，转化成了小资本家”，他们不断扩大剥削，积累资本，“成为不折不扣的资本家”。这种由阶级分化产生资本家的过程是十分缓慢的，“无论如何也不能适应 15 世纪末各种大发现所造成的新的世界市场的贸易需求”。

其次，高利贷资本和商人资本，在资本主义生产方式产生以前就已经存在了，但把它们转化为工业资本时，“曾受到农村封建制度和城市行会制度的阻碍”，当然也不可能成为工业资本的主要来源。

原始积累的主要因素

那么，工业资本的原始积累是怎样形成的呢？马克思指出：“美洲金银产地的发现，土著居民的被剿灭、被奴役和被埋葬于矿井，对东印度开始进行的征服和掠夺，非洲变成商业性地猎获黑人的场所——这一切标志着资本主义生产时代的曙光。这些田园诗式的过程是原始积累的主要因素。”一句话，资本的原始积累是通过暴力来进行的。如以英国为例，原始积累的不同因素，可以“系统地综合为殖民制度、国债制度、现代税收制度和保护关税制度”。这些方法，一部分（如殖民制度）是以最残酷的暴力为基础。“但所有这些方法都利用国家权力，也就是利用集中的、有组织的社会暴力，来大力促进从封建生产方式向资本主义生产方式的转化过程，缩短过渡时间。”马克思明确指出：“暴力是每一个孕育着新社会的旧社会的助产婆。暴力本身就是一种经济力。”怎样理解马克思的这一重要原理呢？我们知道：从一个社会形态过渡到另一个社会形态，必须借助暴力，由封建社会转变为资本主义社会，就是通过暴力而实现的，由资本主义转变为社会主义，也必须进行暴力革命。暴力革命是马列主义的一个重要原理。但是暴力本身并不能随心所欲地创造新的社会经济形态，而只是促进适应发展生产力要求的新社会的早日出现，起着助产婆的作用。如果没有十月怀胎，助产婆也无能为力。可见，从一个社会经济形态发展到另一个社会经济形态，是生产关系和生产力的矛盾发展的结果，而生产力则起着主要的和最终的决定作用。当不变更生产关系，生产力就不能发展的时候，变更生产关系就起决定作用。当不推翻旧政权，就不能解放生产力的时候，暴力革命就起决定作用。因此，用革命暴力夺取政权，利用政权建立新的经济基础，都必须符合生产关系要适合生产力的性质、经济基础决定上层建筑的规律。例如通过暴力只能使封建社会转变为资本主义社会，不能使封建社会转变为社会主义社会。“暴力本身就是一种经济力”，它受经济状况所决定，是特定的经济基础的产物。

殖民制度在原始积累过程中起着重要作用。殖民主义者用最残酷的手段掠夺被征服地区人民的大量财富，使它源源流回本国。马克思运用大量的实际材料，论证殖民主义者如何通过“盗人制度”（把人抢走当奴隶卖掉），进行不等价贸易或空头贸易，杀戮土著居民，直接靠掠夺、杀人越货而取得财宝等残酷手段，使“原始积累在不预付一个先令的情况下进行”。

国债制度是原始积累最强有力的手段之一。国家债权人实际上并没有付出什么，因为他们贷出的金额成了容易转让的公债券，这些公债券在他们手里和同量资金一样地起作用。“于是就有了这样产生的有闲的食利者阶级，充当政府和国民之间中介人的金融家就大发横财，包税者、商人和私营工厂主也大发横财，因为每次国债的一大部分成为从天而降的资本落入他们的手中”。

由于国家要支付巨大国债本息，必须不断增加捐税，“所以现代税收制度就成为国债制度的必要补充”。税收制度和国债制度是密切联系着的，一方面，国债的增加，最终还是要靠提高税收来偿付；另一方面，由于国债的增加引起了增税，又使政府在遇到新的额外开支时，总是要借新债。但是税收的增加，实际上是“对农民、手工业者，一句话，对一切中等阶级下层分子的暴力剥夺”。所以现代税收制度是剥夺小生产者、从而使资本家致富的手段。有的资产阶级经济学家，不懂得资本主义制度是造成人民贫困的根本原因，却从国债和税收的制度中去寻找人民贫困的根本原因，这显然是错误的。

“保护关税制度是制造工厂主、剥夺独立劳动者、使国民的生产资料和生活资料资本化、强行缩短从旧生产方式向现代生产方式的过渡的一种人为手段。”对进口商品课以高额关税，商品进口就发生困难，有时甚至完全被禁止，这就摆脱了外国竞争者的威胁，使民族工业得到保护。同时，对出口商品却给予出口补助金，这就有利于本国资本家在国际市场上战胜对方。保护关税制度往往会导致商业战争。在商业战争中的胜利者英国，又把从战败国掠夺来的大量财富并入自己的资本积累。

资本的原始积累，就是靠“殖民制度、国债、重税、保护关税制度、商业战争等等”暴力手段而产生的。可是资产阶级学者却“丢掉了最后一点羞耻心和良心”，恬不知耻地夸耀这些卑鄙行径，赞扬贩卖黑人的特权，赞扬奴隶贸易，并把这些事实当作英国的国策。这种掠夺有理、剥削有功的谬论，完全是强盗逻辑。

总之，资本主义生产关系的形成过程，也就是直接生产者和劳动资料的分离过程，一方面，生产资料和生活资料转化为资本，另一方面，个体劳动者则转化为雇佣工人。而这种分离是通过暴力来进行的。“资本来到世间，从头到脚，每个毛孔都滴着血和肮脏的东西。”这就是说，不仅从再生产过程看，每个资本都是由剩余价值转化而来的，即使从它的最初起源看，也不是资本家勤劳节俭的结果，而是用暴力掠夺的产物。

7. 资本主义积累的历史趋势

这一节论证了资本主义生产关系产生、发展、灭亡的规律和社会主义代替资本主义的历史必然性。它不仅是全章总结，也可以说是《资本论》第一卷的总结，在全书中占有极其重要的地位。

马克思首先指出，资本的原始积累，即资本的历史起源，是直接生产者的被剥夺，使生产者与劳动资料相分离的历史过程，也就是以个体劳动为基础的私有制的解体过程。

所谓私有制，是指对劳动资料和劳动的外部条件（如土地）的私人所有权，简言之，即对生产资料的私人所有权，它是公有制的对立物。“但是私有制的性质，却依这些私人是劳动者还是非劳动者而有所不同。”“一种以生产者自己的劳动为基础，另一种以剥削他人的劳动为基础。”[①]虽然它们同属于私有制这一经济范畴，但性质却不一样。

从以个体劳动为基础的私有制向以雇佣劳动为基础的资本主义私有制的转化

“劳动者对他的生产资料的私有权是小生产的基础”。小生产者，一方面占有生产资料和产品，是私有者；另一方面，自己进行劳动。这种生产方式在奴隶制度和农奴制度里就已经存在，但只是处于从属地位；只有在劳动者运用自己的工具成为自由私有者的地方，它才得到充分的发展并具有典型的形式。

这种私有制“是以土地和其他生产资料的分散为前提的”。这种分散的小规模的经营方式与社会化的大生产不相容。“它既排斥生产资料的积聚，也排斥协作，排斥同一生产过程内部的分工，排斥对自然的社会统治和社会调节，排斥社会生产力的自由发展。”所以，它发展到一定程度就会阻碍生产力的发展。

随着社会生产力的发展，“这种生产方式必然要被消灭，而且已经在消灭”。它的消灭表现为：把个人分散占有的生产资料转化为少数资本家占有的生产资料，把多数人的小财产转化为少数人的大财产。为了实现这一转化，就要对广大人民群众进行可怕的残酷的剥夺。这种剥夺包括一系列的暴力方法，“是用最残酷无情的野蛮手段，在最下流、最龌龊、最卑鄙和最可恶的贪欲的驱使下完成的”。这种剥夺的直接结果是，以个体劳动为基础的私有制被以雇佣劳动为基础的资本主义私有制所代替。

① 《资本论》第1卷，人民出版社2004年版，第876页。

从资本主义私有制到社会主义公有制的转化

同小生产的私有制一样，资本主义私有制也是一个历史范畴。资本主义生产方式占统治地位以后，随着社会生产力的迅速发展，生产社会化程度进一步提高，“从而对私有者的进一步剥夺，就会采取新的形式”。这就是说，现在要剥夺的已经不是独立经营的个体劳动者，而是那些剥削许多工人的资本家了。

对资本家的剥夺，“是通过资本主义生产本身的内在规律的作用，即通过资本的集中进行的”。为什么呢？

第一，在资本积累的过程中，随着资本的积聚和集中，“一个资本家打倒许多资本家”，大资本不断吞并中小资本，出现了规模巨大的企业。在大企业中，集中着大量的工人，“规模不断扩大的劳动过程的协作形式日益发展，科学日益被自觉地应用于技术方面，土地日益被有计划地利用，劳动资料日益转化为只能共同使用的劳动资料，一切生产资料因作为结合的、社会的劳动的生产资料使用而日益节省”，这就是说，生产的社会化大大发展了。随着资本主义世界市场的形成，资本主义的生产社会化从一国的范围扩大到世界的范围。但是另一方面，一小撮资本家占有生产资料的绝大部分，控制着整个社会的生产，无情地剥削广大劳动群众，这种生产社会化和资本主义私人占有之间的矛盾，是资本主义的基本矛盾，它随着资本主义的发展越来越尖锐化，这就表明：资本主义私有制已日益成为社会生产力发展的桎梏。

第二，随着资本主义的发展，资本主义积累一般规律的作用，一方面，少数资本巨头占有了大量的资本；另一方面，工人阶级的“贫困、压迫、奴役、退化和剥削的程度不断加深”，而社会化的大生产使他们产生高度的组织性和纪律性，阶级斗争的实践又提高了他们的阶级觉悟和革命信心，因而他们对资产阶级反抗的力量不断增长。这就是说，阶级对立加深了，阶级矛盾更加尖锐化，无产阶级已成为资本主义制度的掘墓人。

“资本的垄断成了与这种垄断一起并在这种垄断之下繁盛起来的生产方式的桎梏。生产资料的集中和劳动的社会化，达到了同它们的资本主义外壳不能相容的地步。这个外壳就要炸毁了。资本主义私有制的丧钟就要响了。剥夺者就要被剥夺了。”这就是资本主义积累的历史趋势，也就是资本主义发展的历史趋势。历史的发展完全证明了马克思的科学论断，任何反动力量都阻挡不住历史车轮的前进。

资本主义产生和灭亡的辩证法

马克思在最后的两段中，简要地说明了资本主义产生和灭亡的辩证法。从以个体劳动为基础的私有制转化为以雇佣劳动为基础的资本主义私有制，是对私有制的第一个否定，是少数人剥夺多数人，所以这个过程长久得多，艰苦得多，困难得多。从资本主义的生产资料私有制转化为社会主义的生产资料公有制，是人民群众剥夺少数掠夺者的过程，是对私有制的否定之否定。这种否定不是重新建立私有制，而是把私有制转变为公有制，也就是说，“在协作和对土地及靠劳动本身生产的生产资料的共同占有的基础上，重新建立个人所有制”。这里所说的“生产资料的共同占有的基础”，就是指生产资料的公有制，这里所说的“重新建立个人所有制”，是指社会主义社会对消费品的个人占有。恩格斯在《反杜林论》中说，在社会主义制度下，产品“一方面由社会直接占有，作为维持和扩大生产的资料；另一方面由个人直接占有，作为生活资料和享受资料”①。又说：“社会所有制涉及土地和其他生产资料，个人所有制涉及产品，也就是涉及消费品”②。这种消费品的个人所有制，是建立在生产资料公有制的基础之上的。③

■ 资本积累的历史趋势，也就是资本主义发展的历史趋势，正像以个体劳动为基础的私有制必然要为资本主义私有制所代替一样，资本主义私有制也必然要为社会主义公有制所代替。资本主义制度必然要为

---

① 《马克思恩格斯选集》第3卷，人民出版社2012年版，第667页。

② 《马克思恩格斯选集》第3卷，人民出版社2012年版，第509页。

③ 对重新建立起来的“个人所有制”的含义，目前国内外学术界有不同解释：一种意见认为，“个人所有制”指的是生产资料公有制基础上对消费品的个人所有制；另一种意见认为，指的是生产资料的社会主义、共产主义公有制；又一种意见认为，这里指的既包含土地和其他生产资料，也包括生活资料。查考“个人所有制”一词，德文原文是：individuelles Eigentum，既可译为“个人所有制”，也可译为“个人财产”。英文译本的原文是：individual property，可以比较确定地译为“个人财产”。但不管如何翻译，都有一个包括或不包括生产资料在内的问题，因此，还有待于进一步研究。

社会主义制度所代替，这是社会发展的客观规律，是不以人们的主观意志为转移的。马克思深刻地分析了资本主义的经济关系，揭示了资本主义生产关系发生、发展和灭亡的规律，作出了上述结论，这是科学的结论、革命的结论。一切剥削阶级的思想家，特别是资产阶级的经济学家，为了维护剥削阶级的利益，总是把生产资料私有制说成是永世长存、神圣不可侵犯的，把资本主义制度说成是自然存在、永远不会改变的。马克思的上述结论是对他们的反动谬论的强有力的批判，坚定了无产阶级彻底埋葬资本主义制度的必胜信心。这个结论，既是对《资本论》第一卷所作的总结，也是对资本主义制度所作的最后的判决，是在批判一切剥削阶级思想的基础上所取得的革命成果。

暴力革命是马列主义的一个重要原理。资产阶级利用暴力剥夺小生产者，剥削国内外劳动人民，建立和发展资本主义的生产关系。无产阶级革命也要利用暴力推翻资产阶级的统治，建立和发展社会主义的生产关系。有些资产阶级学者，歪曲暴力的作用，把暴力说成是产生剥削的主要原因，即把剥削说成是一部分人对另一部分人用强力实行奴役和掠夺的结果。事实上，暴力只能促进某种剥削方式的产生，只能保护和加强某种剥削方式，但它本身不能产生剥削。剥削的产生，显然是由生产资料的私有制所决定的。也有些资产阶级学者，特别是修正主义者，混淆革命暴力和反革命暴力的本质区别，反对革命的暴力。在这一章中，马克思论述了关于暴力革命的重要原理，精辟地指出暴力对于新社会的产生起着助产婆的作用，又指出暴力是一种经济力，揭示了社会革命的深刻根源在于经济生活之中。这不仅是批判资产阶级思想的有力武器，也是批判修正主义的强有力的思想武器，有极其重大的现实意义。

第二十五章

现代殖民理论

这一章是批判资产阶级经济学的现代殖民理论。这里所说的殖民地，是指自由移民所开拓的处女地。在那里，每个移居的侨民都可以自由地取得土地。

在这一章里，通过批判英国资产阶级庸俗经济学家韦克菲尔德的殖民理论，进一步说明资本的实质和资本主义生产方式建立和发展的前提。

个体劳动者的私有制和资本主义私有制是两种极不相同的私有制

以自己劳动为基础的小生产的私有制和以剥削别人的劳动为基础的资本主义的私有制，在性质上是不同的，它们不仅是对立的，而且后者是在前者破产的基础上成长和发展起来的。但是资产阶级经济学家不承认这一点，在原则上把这两种极不相同的私有制混为一谈。

在西欧，资本主义生产方式或者已经直接征服整个国民生产，即在国民经济中占据统治地位，或者是资本主义生产还不很发达，但也至少已经间接地控制着整个国民经济。在这样的情况下，资产阶级经济学家“热心地起劲地把资本主义以前世界的法的观念和所有权观念应用到这个已经完成的资本世界”。这就是说，他们把简单商品生产条件下的自由平等的贸易行为和资本主义条件下用资本购买劳动力、从而剥削雇佣劳动的行为混为一谈，用简单商品生产的法权观念和所有权观念来解释资本主义经济，掩盖资本主义的剥削。

但是，“殖民地的情况却不是这样”。在那里，以个体劳动为基础的私有制阻碍着资本主义私有制的发展，“这两种完全对立的经济制度之间的矛盾，在它们的斗争中实际地得到证实”。在那里，资本家以宗主国的力量作为后盾，企图用暴力来消灭以个体劳动为基础的私有制。资产阶级经济学家，当他论证资本主义生产方式占统治地位的本国情况时，就大声宣布这两种生产方式是对立的。他们证明，在殖民地，不剥夺劳动者，不相应地把他们的生产资料转化为资本，劳动的社会生产力的发展，协作、分工以及机器的大规模使用等等，都是不可能的。这就是说，不剥夺以个体劳动为基础的私有制，资本主义的私有制就不能发展。资产阶级经济学家对宗主国和殖民地这两种自相矛盾的说法，从反面证明马克思关于"原始积累只不过是生产者和生产资料分离的历史过程"的科学论断的正确。

资本不是物，而是以物为媒介的一种历史社会关系

马克思指出，韦克菲尔德在殖民地发现了关于宗主国的资本主义关系的真理。他发现，只有生产资料和生活资料，没有雇佣工人，还不能使一个人成为资本家。资本不是一种物，而是一种以物为媒介的人和人之间的社会关系。马克思特地在第 878 页注 (256) 引了他自己的著作《雇佣劳动与资本》中的一段话："黑人就是黑人。只有在一定的关系下，他才成为奴隶。纺纱机是纺棉花的机器。只有在一定的关系下，它才成为资本。脱离了这种关系，它也就不是资本了，就像黄金本身并不是货币，砂糖并不是砂糖的价格一样……资本是一种社会生产关系。它是一种历史的生产关系。"马克思之所以要加这个注，是因为资本是一种社会关系的观点首先是由他论证的。

韦克菲尔德并不懂得资本的实质。第一，他不懂得，"生产资料和生活资料，作为直接生产者的财产，不是资本。它们只有在同时还充当剥削和统治工人的手段的条件下，才成为资本"。他错误地把生产资料和生活资料实体在任何情况下都称为资本。第二，他把生产资料为许多小生产者个人占有而出现的分散现象，称为资本的均分。按照这种说法，占有生产资料的小生产者也就变为资本家了?! 真是荒谬之至!

剥夺人民群众的土地是资本主义生产方式建立的基础

韦克菲尔德认为：在美洲新殖民地，"对土地所有权的热情妨碍了雇佣工人阶级的存在"。这就是说，由于生产者在殖民地可以较容易地取得土地，自己占有生产资料，能为自己积累，所以缺乏大批的因丧失生产资料而不得不出卖劳动力的雇佣工人，不可能产生资本主义的生产方式。

但是，当韦克菲尔德谈到资本主义生产方式占统治地位的欧洲时，却说什么资本和雇佣劳动的产生并不是靠剥夺小生产者，而是靠一种原始的社会契约。这就是说，生产者的劳动资料被剥夺，资本家和工人的形成，被说成是人们之间"自愿协商和结合的结果"。这是为资本主义制度辩护。

"我们已经知道，剥夺人民群众的土地是资本主义生产方式的基础。"换句话说，资本关系是在剥夺小生产者的基础上发展起来的。但在殖民地，大量土地仍然是人民的财产，因此每个移民都能够把一部分土地变为自己的私有财产和个人的生产资料，而又不妨碍后来的移民这样做。这就是殖民地繁荣的秘密，也是阻碍在殖民地建立资本关系的症结所在。因为土地没有被剥夺，就不会产生雇佣工人，因而不会产生资本关系。由于小生产占主导地位，农业还没有和工业分离，农村家庭工业也还没有被消灭，不会形成资本主义的国内市场，工业资本家也就很难产生。因此，韦克菲尔德发现：在殖民地，只有剥夺小生产者的生产资料，才能建立资本主义的生产关系；只有消灭以个体劳动为基础的私有制，才能建立资本主义的私有制。这就戳穿了他自己美化宗主国资本关系的胡言乱语。

相对过剩人口是资本主义生产方式存在和发展的必要条件

资本主义制度不仅生产出雇佣工人，而且和资本积累相适应，不断地生产出大批的相对过剩人口。只是由于这些相对过剩人口的存在，劳动的供求规律才能在正常轨道上进行，工资的变动才能被限制在资本剥削所容许的范围内，工人对资本家的从属关系才能得到保证，资本主义生产方式才能存在和发展。

资产阶级经济学家把宗主国这种工人对资本家的从属关系，说成是劳动力商品所有者和货币所有者之间平等买卖的自由契约关系。"但是在殖民地，这个美丽的幻想破灭了。"虽然人口的增长很快，但劳动市场却总是供应不足。劳动的供求规律遭到了破坏。一方面，资本家不断地把资本投入殖民地，另一方面，由于容易取得土地，雇佣工人却不断地变成个体农民和独立经营的手工业者，他们从劳动市场上消失，使劳动力供不应求。所以韦克菲尔德埋怨说，雇佣劳动的供给不经常，不规则，不充足，“不仅总是过少，而且没有保证”。他的门徒梅里韦尔也感叹地说，在文明国家（指宗主国），劳动隶属于资本是一种自然规律；在殖民地，必须用人为的手段才能建立起来。

马克思通过揭露资产阶级经济学家这种自相矛盾的说法，再次指出，资本和劳动绝不是什么自由契约关系，而是剥削和被剥削关系，相对过剩人口是资本主义生产方式存在和发展的必不可少的条件。

“系统的殖民”计划的破产

“究竟应该怎样治疗殖民地的反资本主义的癌疾呢?”也就是说，怎样才能使资本关系在殖民地产生出来呢？如果一下子把全部土地都由人民的财产剥夺为资本家的财产，就会使生产者丧失劳动资料，但同时也会消除殖民地，即消除自由移民的现象。怎样才能一举两得呢？韦克菲尔德提出一个“系统的殖民”计划，其内容可归纳为两个方面：一方面，由政府对处女地规定较高的价格，迫使移民在赚到购买土地的钱、成为独立生产者以前，必须从事较长期的雇佣劳动；另一方面，政府把高价出售土地得来的钱，用来从欧洲输入新的雇佣工人，为资本家充实雇佣劳动市场。韦克菲尔德认为：“按照这个计划，劳动的供给必然是不断的和有规则的”。他的这种计划，英国政府采用了好些年，但随着欧洲资本主义的发展，结果只是使移民潮流从英国殖民地转向美国，遭到了可耻的失败。同时，随着资本主义在美洲、澳洲的发展，资本的迅速集中和相对过剩人口的大量产生使韦克菲尔德的“系统的殖民”计划成为多余的东西了。

本章的主题

在最后一段中，马克思指出本章的目的并不是要研究殖民地的状况，“我们感兴趣的只是旧大陆的政治经济学在新大陆发现并大声宣布的秘密：资本主义的生产方式和积累方式，从而资本主义的私有制，是以那种以自己的劳动为基础的私有制的消灭为前提的，也就是说，是以劳动者的被剥夺为前提的”。这就是说，韦克菲尔德的现代殖民理论，只不过是从反面证实了马克思主义理论的科学性和正确性。

■ 为什么在研究资本的生产过程的《资本论》第一卷的最后一章，要批判资产阶级经济学家的现代殖民理论呢？我们知道，《资本论》的研究对象是资本主义的生产关系，而资本主义生产关系的实质就是资本对雇佣劳动的剥削关系，所以资本关系是全书研究的主题。通过对资产阶级经济学家现代殖民理论的批判，进一步揭露他们怎样制造种种谬论为资本的剥削实质作辩护。例如：他们把两种私有制混同起来，用商品交换的自由平等的外观来掩盖对劳动力剥削的实质；他们把资本家和工人的剥削关系歪曲为自由的契约关系，等等。可是一到殖民地，他们的新发现就完全否定了为资本主义作辩护的种种谎言，更加证实了马克思主义理论的正确性，这就使人们对资本主义生产过程的认识进一步深化。

这里所研究的殖民地，和帝国主义征服、掠夺的殖民地是有区别的。现代殖民主义者，虽然不再采取“系统的殖民”的老办法，但不管采用什么方法，在实质上，他们都是要掠夺和压迫殖民地的人民大众，并使其贫困破产，以攫取高额利润。所以认识新老殖民主义者的侵略和剥削的本质，对于开展反对霸权主义、反对殖民主义的斗争，有一定的现实意义。